大學叢書

新亞論叢

第二十五期

《新亞論叢》編輯委員會
主編

學術顧問

文　鵬（中國社會科學院）　　　　黃兆強（臺灣東吳大學）
朱蔭貴（上海復旦大學）　　　　　郭英德（北京師範大學）
何漢威（臺灣中央研究院）　　　　陶國璋（香港中文大學）
何廣棪（香港新亞研究所）　　　　張海明（北京清華大學）
李　山（北京師範大學）　　　　　鄭永常（臺灣成功大學）
李金強（香港浸會大學）　　　　　楊祖漢（臺灣中央大學）

編輯委員會

谷曙光（中國人民大學）　　　　　程光敏（香港新亞文商書院）
林援森（香港樹仁大學）　　　　　勞悅強（新加坡國立大學）
林燊祿（臺灣中正大學）　　　　　區志堅（香港樹仁大學）
周國良（香港樹仁大學）　　　　　葉修成（天津財經大學）
柳泳夏（韓國白石大學）　　　　　楊永漢（香港新亞文商書院）
張偉保（澳門大學）　　　　　　　廖志強（香港新亞文商書院）
張萬民（香港城市大學）　　　　　趙善軒（英國皇家歷史學會會員）
黃熾森（臺灣東華大學）　　　　　魏崇武（北京師範大學）

本期主編

過常寶（北京）　　　　鄭潤培（澳門）　　　　楊永漢（香港）

稿　約

(1) 本刊宗旨專重研究中國學術，以登載有關文學、歷史、哲學等研究論文為限，亦歡迎有關中、西學術比較的論文。
(2) 來稿均由本刊編輯委員會送呈專家審查，以決定刊登與否，來稿者不得異議。
(3) 本刊歡迎海內外學者賜稿，每篇論文以一萬五千字內為原則，中英文均接受；如字數過多，本刊會分兩期刊登。
(4) 本刊每年出版一期，每年九月三十日截稿。
(5) 本刊有文稿行文用字的刪改權，惟以不影響內容為原則。
(6) 文責自負，有關版權亦由作者負責，編委會有權將已刊登論文轉載於其他學術刊物。
(7) 若一稿二投，需先通知編輯委員會，刊登與否，由委員會決定。
(8) 來稿請附約二百字中文提要及約一百字作者簡介，刊登時可能會刪去。
(9) 來稿請用 word 檔案，電郵至：socses@yahoo.com.hk

編輯弁言

　　首先，在此先更正第二十四期：〈其寧惟永：《洛陽伽藍記》中的佛教隱喻——以永寧寺一節為例〉的作者是涂皓文，因手民之誤，漏寫作者姓氏，編委會在此致歉。

　　第二十五期收到中港臺的論文總數超過六十多篇，內容非常廣泛，文哲論文占大部份，落選的論文約十餘篇。委員會本期因其中一篇論文出現分歧，最後要作出第三次評審才通過。

　　本期刊原先是為新亞研究所師生出版論文的園地，方便師生將研究成果發表於學界，想不到本刊竟維持了二十五年。期間的艱難，回想起來，心情仍有起伏。第一期得到研究所所長李杜教授的支持，並特意為本刊寫序訓勉；張仁青教授、邱燮友教授特別為本刊撰文，這份情誼，至今難忘。當年的編輯多是在所學生，經驗不足，且財政困難，多次想放棄；感謝這二十多年來幫忙過本刊的機構，令本刊可以繼續出版。前數期是由師生湊錢出版，後來論文數目增多，出版成本提高，而改由機構資助。最初是由臺灣天工出版社負責，後來香港國際教科文出版社免費為本刊出版，非常感激。當時為節省成本，文稿交由內地印刷商負責編印，可惜當時電腦軟件問題，印刷時的繁簡字互換，往往出現「笑話」，令編委非常尷尬。國際教科文出版社資助了本刊一段時間，編委會評估後，希望重回香港或臺灣出版。最後得到臺灣萬卷樓圖書公司為本刊承擔出版及發行，印刷精美，編輯認真。

　　當時的編委學生，現在大多已擔任大學教授，我們亦廣邀有學術地位的教授作顧問，也開放給各地學術機構投稿。曾投稿本刊的國家包括新加坡、泰國、印度、英國等地學者，可見本刊在國際上已有一定的知名度。在本刊的嚴格審評下，投稿稿件逐年增加，亦見本期刊已獲得學界的認同。本期所收的稿件總數較多，部分論文內容若接近，編委會只選較優越的論文刊登。因此，本期約有三分之一的作品未選入，未必代表該作品水平不足。最後，感謝林以邠編輯，她細心與認真的校對及印證內容，令編委十分感動。

　　在此一提，新亞研究所七十周年所慶論文集亦在二〇二五出版。論文作者包括中、港、臺、法國、新加坡等地的著名教授學者。研究所校友會邀請參與研討會的教授，大多心慕新亞精神，亦相信新亞研究所是學術重鎮，故樂意出席，並提交論文，參與此盛會。

　　值二十五期出版，謹書本刊出版的緣由，並期望新亞精神長存不息。

《新亞論叢》編輯委員會

二〇二四年

目次

編輯弁言 I

殷周所見「作冊」職官考 ....（北京）陳思琦　1

〈泰〉、〈否〉兩卦象與意解構 ....（臺北）毛炳生　11

《詩經》「阻」字與《春秋左傳》「慼」字辨析 ......（北京）楊豪峰　23

《楚辭》「縣圃」考 ....（蘭州）程　雪、王志翔　33

〈考工記〉兵器名物通釋 ....（西安）李亞明　43

「學為人師，行為世範」的哲學闡釋 ....（北京）李　鑫　69

論莊子的生死觀 ....（香港）楊永漢　81

「以政為戰」與「以戰喻政」
　　——《韓非子》的戰爭書寫 ....（西安）李世堯　97

《太平經》的道、元氣與宇宙生成探析 ....（北京）田春玲　111

《四十二章經》與《道德經》會通 ....（武漢）張思齊　125

蜀漢後期（西元234-263年）對南中及西北政策的得失初探 ....（香港）廖智峯　139

為權力辯護的「性分」：郭象《莊子注》的一種考察角度 ......（上海）章　含　151

論燕公體之儒學倫理內核與文體形式間的關係 ......（北京）張　釗　167

動詞與秩序：李賀詩歌的主體建構 ....（北京）解雯雯　189

唐代日食禳救禮儀與相關表狀文意旨演變 ....（北京）王　聰　201

論北宋慶曆時期晝寢詩歌的文化轉向與文學書寫 ....（北京）鐘文軒　211

王假有廟：《萃》、《渙》兩卦的天命與變易 ......（北京）邊　疆　223

蘇軾的辟言表達與老境書寫 ....（北京）楊一泓　235

知兵與尚武：「傷心人」與「婉約派」之外秦觀的非典型側面 ......（北京）謝賢良　247

論李延平答朱子經典之問及其經學詮釋特質 ....（北京）陳亞楠　253

| 重思朱子晚年工夫論中的致知與誠意 | （北京）余　光 | 267 |

「志者，心之所之」
　——朱子志說的詮釋可能、維度和性質 ……………（北京）劉卓然　279

《四書管窺》與元代朱子學的思想異動 ………………（上海）崔　翔　293

把儒學落到生命實處：王陽明《大學問》札記 ………（香港）陳志宣　305

王陽明與湛甘泉辯格物 …………………………………（北京）朱　雷　311

良知觀之中西互鏡
　——王陽明與舍勒的良知思想比較及其現代啟示 …（北京）林劍英　327

「天下之精神所注」的制藝——袁宏道的時文觀評議 …（成都）趙　玲　341

順治時代的「長恨歌」：吳偉業《清涼山讚佛詩》主題探論 ………（北京）胡佳偉　355

論方苞《禮記析疑》即事之治的禮樂美學思想 ………（安徽）李忠超　371

桐城義法之新變與《左傳微》 …………………………（北京）吳敬堂　383

晚清詩人江湜在閩事跡考辨 ……………………………（北京）余樂川　393

老子「道法自然」義研究 ………………………………（北京）李玉琪　401

黃侃教授〈與長女念容函〉考述 ………………………（香港）何廣棪　417

一九〇〇至一九一二年香港教育制度的開端 …………（香港）陳志軒　421

論牟宗三判教思想中的心性之學 ………………………（北京）張豔麗　441

人際關係與商業營運
　——以中興銀行為例 ……………………………………（武漢）胡　孝　451

石排灣漁村水上話的語法 ………………………………（香港）馮國強　461

A Study of Corporate Link in Relation to Corporate Culture of Lee Kum Kee
　—Si Li Ji Ren, Entrepreneurial innovations …………（香港）Au Chi Kin　481

《新亞論叢》文章體例 …………………………………………………………497

殷周所見「作冊」職官考

陳思琦

北京師範大學文學院

商周時期，史官系統是一個龐大的職官系統，在政治生活中也發揮著重要的作用。除此之外，在商周時期，史官的名稱也很多，查已知的甲骨文、金文，史官有大史、御史、內史、北史、小史、省史、作冊、作冊內史、尹氏、內史尹氏等多種名稱。關於先秦的史官制度，不管是史官體系的建立還是具體某個史官職能的考辨，一直以來學者們都極為重視，有一些問題基本已經解決，但有些問題還存在論述的空間，比如「作冊」一職，在史官系統中處於什麼地位，基本職責又是什麼還有待考察。

殷周時期的職官系統處於不斷地變化之中，史官系統也是如此，而作為史官系統的組成部分，在歷時的變化中，作冊的職能是否發生了變化？作冊一職是否與其他史官有職責的重合，甚至出現互稱現象？這都是值得討論的，所以本文主要立足於在整個史官系統的框架下，作冊一職在商周時期職責範圍的動態變化，對「作冊」這一先秦時重要的史官作細緻的考察。

一　史官稱謂的相對混亂

據已知的甲骨、金文材料，商周時史官的名類非常多，稱呼方式也有多種，現將其統計如下表一、表二：

表一　甲骨、金文中所見商朝史官種類：

職名	氏名	時代	出現次數	備註
史	無	商	7	
作冊	有	商	7	
大史	無	商	5	
大史寮	無		1	
上史	有		1	
西史	有		1	
東史	無		1	

職名	氏名	時代	出現次數	備註
北史	無		2	
小史	無		1	
御史	無		9	

表二　甲骨、金文中所見西周史官種類：

職名	氏	時代	次數	備註
史	有	西周早期	21	
史	有	西周中期	22	
史	有	西周晚期	13	
史	有	未確定時期	10	
大史	有	西周早	3	
大史	有	西周中	1	
大史	有	西周晚	1	
公大史	無	西周早	1	
大史寮	無	西周中	1	
作冊	有	西周早	16	
作冊	有	西周中	2	
作冊內史	有	未確定時期	1	
作冊內史	有	西周中（懿）	1	
作命內史	有	西周中（恭）	1	
作冊尹	無	西周中（恭懿時期）	1	《癲壺》作「作冊尹」，曾參與周王對師晨、走、楚、師永、師藉、師察等人的冊命，又稱內史尹、內史尹氏。
作冊尹	有	西周中晚（夷厲時期）	2	
內史	有	西周早	1	
內史	有	西周中	9	
內史	有	西周晚	3	
內史	有	未確定時期	1	
內史友	有	西周中	2	

職名	氏	時代	次數	備註
內史尹	無	西周中	1	
內史尹氏	闕名	西周中	1	
瀕事（史）	無	西周早	2	
辛史	無	西周早	1	
彭史	無	西周早	1	
甯史	無	西周早	1	
中史	無	康昭時期	1	
緉史	無	未確定時期	1	
公史	有	未確定時期	1	
省史	有	西周中（孝夷時期）	1	
女史	無	西周中（孝夷時期）	1	

從二表可以看出在殷商時期史官的種類並不豐富，二表中的東史、北史、西史，袁林先生在〈說「史」〉一文中認為，他們是擔任征伐之事的史官，[1] 目前對於他們是否是史官還存在爭議。而史、大史、作冊、小史、御史這幾類確定是史官的，大部分官職則延續到了西周時期。還需注意的是，在殷商時期卜史不分家，卜辭中的貞人很多都肩負史官的職責。在卜辭中貞人是一個龐大的集團，董作賓先生在《甲骨文斷代研究例》中將五期卜辭作了詳細地分析，統計得出殷商時期的貞人有三十一人；[2] 陳夢家先生在《殷虛卜辭綜述‧百官》進一步考證，認為當時有貞人一百二十二人。[3] 而史官，據二表統計，總共出現三十次，頻率遠低於對貞人的記載。所以可推測，在殷商時期，史官這種稱謂尚未普及，史官意識也不突出，還沒有從貞卜的系統中獨立出來。但商代甲骨中出現了「大史寮」（《殷墟書契前編》5‧39‧8），寮《說文》：「穿也。」段注：「小空也。」又注曰：「《左傳》曰：『同官為寮』。」寮有「寮屬」之意，甲骨中出現「大史寮」一詞，意味著在殷商時期史官系統已經有了一定規模，但其中的層級結構尚不明確。

甲骨、金文中所見的西周時期的史官稱謂則更加豐富。在西周中期出現了內史的稱謂，也出現了稱謂連用的現象，比如作冊內史、作冊尹、內史尹。

作冊、內史都是史官稱謂的一種。比如作冊，最早出現在商代甲骨上（《戰後京津新獲甲骨錄》703），但作「作冊」二字，無法判斷到底是一種職官稱呼還是僅代表一種

---

[1] 袁林：〈說「史」〉，《蘭州大學學報》（社會科學版），1991第2期，頁62-67。
[2] 董作賓：〈甲骨文斷代研究例〉，見劉夢錫：《中國現代學術經典》石家莊：河北教育出版社，1996年，董作賓卷，頁346-350。
[3] 陳夢家：《殷虛卜辭綜述》北京：科學出版社，1956年，頁121。

職能，直到一九七七年在甘肅慶陽發現了一件商代玉戈，經學者考證應該與武丁時期較為接近，且上面明確有「作冊吾」三字。[4]「吾」應該為氏，因此推定此時「作冊」應指一種官職。內史作為一種官職當無異議，而「尹（尹氏）」用在金文中有時也指史官。尹有長官的意思，《爾雅·釋言》：「尹，正也。」郭璞注謂：「官正也」，邢昺疏曰：「言為一官之長也」。在金文中尹也可以指史官，比如在《史獸鼎》（《集成》02778）：

> 尹命史獸涉工于成周，十又一月癸未，史獸獻工于尹。咸獻工，尹賞史獸裸，賜豕鼎一、爵一。對揚皇尹丕顯休，用作父庚永寶尊彝。

尹可以賞賜、委派任務給史獸，所以尹為史獸的長官，應為史官之屬。

稱謂連用的現象也值得探討，比如在《師晨鼎》與《師俞鼎》中出現了作冊尹與作冊內史同時指稱一個人的現象：

> 唯三年三月初吉甲戌，王才周師彔宮，旦，王各大室，即立，司馬共右師晨，入門立中廷，王乎作冊尹冊命師晨……。（師晨鼎，《集成》02817）
> 唯三年三月初吉甲戌，王才周師彔宮，旦，王各大室，即立，司馬共右師俞入門立中廷，王乎作冊內史冊命師俞……。（師俞簋，《集成》04277）

師晨與師俞在同一時間，同一地點接受了王的冊命，連輔助的右者司馬共都一樣，所以可以肯定作冊尹與作冊內史為同一個人的兩種稱呼。作冊尹意味著作冊史官的長官，而作冊內史又與作冊尹指代相同，那麼作冊與內史之間又是什麼關係？王國維認為作冊為內史之異名，[5]那麼作冊是否等於內史，我們在文例中似乎並不能確認，只知道作冊與內史在使用時，有時意義相同。

在金文中確實也出現過作冊與內史混用的現象，比如《師虎簋》及《牧簋》銘文記載的宣命史官為「內史吳」，而同時代的《吳方彝》銘文中作「作冊吳」，據陳夢家考證，在共王元二年之間，作冊與內史互用，[6]可知在一定時期中作冊與內史確可混用，但是否代表作冊與內史職責相同，為同一種官職的兩種稱呼呢？筆者認為並不是這樣，不止是作冊與內史，在西周的史官稱謂中，經常存在著混用的現象。比如：

> 唯十又九年四月既望辛卯，王才（在）周康卲（昭）宮，各（格）於大（太）室，即位，宰訊佑趞入門，立中廷，北卿（嚮）。史留（籀）受王命書，王呼內史免冊錫趞玄衣純黹、赤市、朱黃、鑾旂、攸（鋚）勒，用事……（趞鼎《集成》02851）

4　《文物》，1979年第2期，頁93。
5　王國維：〈釋史〉，《觀林堂集》北京：中華書局，2004年，頁272-273。
6　陳夢家：《西周銅器斷代》北京：中華書局，2004年，頁151。

唯廿又八年五月既望庚寅，王才（在）周康穆宮，旦，王各（格）大（太）室，即位，宰頵佑寰，入門，立中廷，北卿（嚮），**史辪受王命書，王呼史淢冊錫寰**玄衣黹純、赤市……（寰盤，《集成》10172）

唯三年五月既死霸甲戌，王在周康卲宮。旦，王各（格）大（太）室，即位。宰引佑頌入門，立中廷，**尹氏受王命書，王呼史虢生冊命頌**。王曰：頌！命汝官嗣（司）成周貯二十家，監嗣（司）新造，貯用宮御……（頌鼎，《集成》02827）

《趠鼎》為宣王十九年所作，[7]《寰盤》據李學勤先生認為應為宣王時器，而《頌鼎》張懋鎔先生對有較為深入的討論，他認為三年頌器應置於幽王時期。[8] 所以三器同屬於宣王后，西周晚期的器物，且冊命時出現兩名史官，一者將冊命文書給王，另一個人宣讀冊命文書。三器中，受冊命書給王的分別是史留、史辪、尹氏，宣讀冊命的分別是內史𠂤、史淢、史虢，可見史、內史、尹氏三種稱呼在西周晚期時可以互用。

再比如，冊命的史官，在《王臣簋》和《諫簋》銘文中稱為「內史微」，在《蔡簋》中則被稱為「史微」，而在揚簋銘文中又稱作「內史史微」。內史和史可以混稱，而「內史史微」這種稱呼是兩種史官稱呼的疊加用法，所以不難得出結論，西周時出現一些史官稱謂的疊加現象，比如「作冊內史」、「內史史」、「作冊尹」等，其中的稱呼並沒有層級關係，而是集中可以混用的稱呼之間的連用。

從中可以得出結論，儘管西周時史官名類眾多，但其中大部分稱謂可以混用，這種稱謂的相對混亂現象也證明了在西周時期的史官尚未形成嚴格的層級系統。所以我們不能因為「作冊」與「內史」在一些文例中有混用現象就說明兩種職官相同，想要深入瞭解作冊職官的職能，不能把它放在內史的範圍下考察，而是應該從歷時的角度梳理從商至周，作冊一職的職責發生了哪些變化。

二 作冊職責的歷時演變

雖然作冊並不等於內史，但從二表中可以看出，作冊一職在殷商時所占比例很大，西周早期也大量出現，至西周中期頻率驟然降低，以至於到晚期時這種稱法則消失。在恭懿時期，出現了作冊與內史連用的現象，隨後內史一職則大量出現，而內史這種稱謂在殷商與西周早期則從未出現。我們不禁可以推斷，自恭懿時期，內史承襲了作冊的職能，並在後世的材料中保存了下來，並且經過演變，逐步成為了《周禮》中所謂的「內史」，而作冊一職則逐漸消失在人們的視野中。

---

7 夏商周斷代工程專家組：《夏商周斷代工程1996-2000年階段成果報告》北京：世界圖書出版公司北京公司，2000年，頁35。

8 張懋鎔：〈幽王銅器新探〉，《文博》2005 年第 1 期。

（一）殷商及西周早期

作冊一職在商及西周早期大量出現，現將這一時期出現作冊的材料統計如下：

表三　商及西周早期甲、金文中所見「作冊」統計表

職名	氏名	時代	出處	備註
作冊	吾	武丁時期	《文物》，1979年第2期	作冊吾
作冊	西		《甲骨文合集》5658反	
作冊	淄		《殷墟文字乙編》4692	
作冊		乙辛時期	《殷墟書契前編》4.27.3	
作冊友史	易	商代晚期	《帚農鼎》（《集成》02710）	庚午。王令帚晨省北田四品。才二月。乍冊友史易晨貝。用乍父乙尊。羊冊。
史冊		商代晚期	《史冊戈》（《集成》10875）	史冊
作冊友史		商	《博古圖》第一卷，頁7	
作冊	般	商代晚期	《作冊般甗》（《集成》00944）	王宜人方，無敄。咸。王商乍冊般貝。用乍父己尊。來冊。
作冊兄		商代晚期	《作冊兄鼎》近出253	作冊兄
作冊	豐	商代晚期	《作冊豐鼎》（《集成》02711）	癸亥。王追於乍冊般新宗。王商乍冊豐貝。大子易東大貝。用乍父己寶尊。
作冊	宅	商代	《作冊宅方彝》《西清古鑒》第13卷，頁6-7	
作冊		商代晚期	《六祀其卣》（《集成》05414）	
作冊	翩	西周早	《作冊翩父乙尊》（《集成》05991）	隹明僳殷成周年。公易乍冊翩鬯。貝。翩揚公休。用乍父乙寶尊彝。冊殷。
作冊	大	西周早	《作冊大方鼎》（《集成》02758）	公來鑄武王。成王異鼎。隹四月。既生霸己丑。公賞乍冊大白馬。大揚皇天尹大僳宝。用乍且丁寶尊彝。雋冊。
作冊		西周早	《集成》02504	康医才朽自。易乍冊憲貝。用乍寶彝。

職名	氏名	時代	出處	備註
作冊	翻	西周早	《作冊翻卣》(《集成》05432)	隹公大史見服于宗周年。才二月既望乙亥。公大史咸見服于辟王。辨於多正。事四月既生霸庚午。王遣公大史。公大史在豐。商乍冊翻馬。揚公休。用乍曰己旅尊彝。
作冊	麥	康王	《麥方鼎》	
作冊	折	昭王	《作冊折尊》(《集成》06002，按：同一批器物還有《作冊折觥》、《作冊折方彝》)	令乍冊折兄望土于相侯。易金。易臣。揚王休。
作冊	睘	昭王	《作冊睘尊》(《集成》05989)	
作冊	睘	昭王	《作冊睘卣》(《集成》05407)	王姜令乍冊睘安夷白。夷白賓睘貝。布。
作冊	矢令	昭王	《作冊矢令簋》(《集成》04301)	乍冊矢令尊宜於王姜。姜商令貝十朋。臣十家。鬲百人。
作冊	矢令	昭王	《作冊令方彝》	丁亥，命矢告于周公宮，公命出同卿事寮……既咸命，甲申，明公用牲于京宮，乙酉，用牲于康宮。戊既，用牲于王。明公歸貝王。明公賜太師鬯，金，牛曰用禱。賜令鬯，金，牛，曰用禱

商及西周早期的甲骨金文中所見「作冊」共二十三處，出現的頻率比較高，可見作冊在這一時期還是比較活躍的。上文論述到在殷商時，尚沒有成熟的史官意識，貞人與史官很多時候沒有區別，而貞人都是由貴族擔任，所以擔任作冊一職，應也為貴族。傳世文獻中記錄了康王時作冊的活動，《史記‧周本紀》中載：「康王命作策畢公分居裡成周郊，作《畢命》。」[9]《書序》與之相同，「作策」作「作冊」，可知在康王時畢公擔任作冊一職，又《尚書‧顧命》載：「太保率西方諸侯入應門左，畢公率東方諸侯入應門右」，從中可以看出畢公在職官中擁有很高的地位，甚至可以率領諸侯。郭沫若根據這則材料斷定畢公當時擔任大史之職，[10]而大史在周處擁有崇高的地位，在西周早期出現了「公大史」的用法，可知大史應該是由公一級別的貴族擔任，考慮到西周時各種職官

9　（漢）司馬遷：《史記》北京：中華書局，1959年，卷四，頁134。
10　郭沫若：〈周官質疑〉，《金文叢考》北京：人民出版社，1954年，頁69。

的名稱可以相互混用的現象，畢公稱「大史」，也可稱作「作冊」，所以作冊在殷商及西周早期都是由地位高的貴族擔任。

作冊在商及西周早期重要的活動就是參與祭祀。在《作冊般甗》中就記載了王在對人方出兵之前舉行宜祭，結束祭祀之後，賞賜作冊般貝的事。可知作冊般肯定是參與了祭祀，才會被賞賜。作冊參與早期祭祀活動的例子還見於《宰椃角》中，銘文記載了王于庚申命宰椃作父丁尊彞，又在廿五舉行羽祭。銘文最後有「🈳冊」的標記，表示🈳氏記錄下來。這種「某（氏）冊」的用例在商及西周早期頻頻出現，比如《帝晨鼎》中的「羊冊」，《作冊般甗》中的「來冊」，冊寫作雙冊並列之形，皆是金文中常見的作冊家族的標誌。所以《宰椃角》中也是由作冊記錄下來的，只有參與了羽祭，才能記錄，所以這也是作冊參與祭祀的證據了。除此之外，上述講到的作冊家族的族徽常常出現在銘文的末尾，也說明了作冊一職擔任書寫的職能。

除了祭祀、掌管文書，作冊還參與到重大的禮儀場合中，「殷禮」就是其中之一。《作冊䰜父乙尊》銘文說：「隹明僳殷成周年。公易乍冊䰜鬯。」明僳即周初重要的重臣，在成周舉行殷禮後，公賞賜乍冊䰜鬯。殷禮即會合諸侯的禮，乍冊䰜定時參與了殷禮才會被賞賜，所以在殷商及西周早期，作冊是可以參與到「外交」禮節中的。筆者認為，作冊不止參與在禮中，還起到了重要的作用。在《史牆盤》銘中，史牆敘述了自家高祖、烈祖、乙祖、亞祖、文祖至史牆本人的譜系，亞祖是活動與康王至昭王時期的史官，銘文中稱其為「作冊折」，由於史官世代世襲，可知史牆的祖上應都擔任作冊，銘文在敘即烈祖時說：「武王既伐殷，微史烈祖乃來見武王。武王則令周公舍寓於周俾處。」在《癲鐘》銘中這一段文句相同，只是將「于周俾處」改作「以五十頌處」，即五十種禮。可見，作冊在早期應是知曉禮節的，參照《作冊䰜父乙尊》的銘文，作冊在禮儀儀式上應是發揮重要作用的。需要注意的是，這種外交之禮，據《周禮》記載應是有大史負責，在金文中卻又與作冊一職的職能重疊。

從西周早期金文中還可知，作冊一職與王后關係緊密，甚至直接聽從王后的命令。比如在《作冊睘卣》中，睘聽命與王姜，冊命夷伯，在《作冊夨令簋》中則記載作冊令敬王姜以酒肴。在服務物件上，作冊則也服務於王后，這與後世所謂「內史」的職責有所交叉。《🈳鼎》銘中記載：「內史龍聯天君」，天君即王后，張亞初、劉雨在《西周金文官職研究》中說：「內史和內史之僚屬執行王后的命令，可證內史確實是宮內之史官。」[11] 可見作冊與內史又有相似之處。

上述都表明，在早期作冊與大史、內史的職能有交叉，都說明在早期史官系統內部職權的劃分是不明確的，而作冊一職在早期史官系統中無疑是十分重要的。

---

11 張亞初、劉雨：《西周金文官職研究》北京：中華書局，2004年，頁29。

（二）西周中晚期

西周中晚期作冊出現的次數明顯減少，現統計如下：

表四　甲、金文中所見西周中晚期作冊職官

職官	氏	時期	出處	備註
作冊尹		孝王	《師晨鼎》（《集成》02817）	王乎乍冊尹冊令師晨。
作冊內史		孝王	《師俞簋蓋》（《集成》04277）	王乎乍冊內史冊令師俞。
作冊內史		西周中	《免盤》（《集成》10161）	隹五月初吉。王才周。令乍冊內史。易免鹵百寽。免蔑靜女王休。用乍般盉其萬年寶用。
作冊尹		西周中（恭懿）	《瘨壺》（《文物》，1978年第3期） 《輔師嫠簋》（《考古學報》，1958年第2期） 《走簋》（《大系錄》，卷61） 《走馬休盤》（《三代》17·18·1）	
書史		西周中	《倗生簋》（《集成》04262，即《格伯簋》）	
作冊	吳	西周中（恭）	《吳方彝蓋》（《集成》09898）	宰胐右作冊吳入門，立中廷，北向，王乎史戊冊令。
作冊尹		西周中（夷）	《南宮柳鼎》（《錄遺》，卷98）	王乎作冊尹冊命柳。
作冊尹		夷厲時期	《師旋簋》（《考古學報》，1962年第1期）	周王冊命史旋時，克代宣王命。
作冊	封	西周晚	《作冊封鬲甲》（《中國歷史與文物》，2002年2期，頁4）	

在西周中晚期的金文材料中，作冊經常出現的職責是冊命、賞賜諸侯百官。這一職能在作冊睘卣中就已出現，但在西周中後期才大量出現在金文材料中。可知冊命，是這一時期作冊的重要任務。

從已知材料中看，在恭王時期，冊命禮發生了明顯的變化。從冊命史官來說，從原來的一個人變成了兩個人。比如趞鼎中：「**史䲧受王命書，王呼內史冊錫趞**。」頌鼎中：「**尹氏受王命書，王呼史虢生冊命頌**。」在冊命禮中，有史官二人，一人受王冊命書，一人宣讀冊命。

這種出現兩個史官的冊命制度，在吳方彝中出現了「作冊」與「史戊」，「**宰朏右作冊吳入門，立中廷，北向，王乎史戊冊令**」。從中可以看出作冊吳站在庭中，面向北，受王以冊命詔書，而史戊則是代王宣命的史官。傳世文獻中也有可與之相對讀的例子，《逸周書・嘗麥解》中：「**乃命太史尚大正，即居於戶，西南向。九州口伯咸進在中，西向。宰乃承王中升自客階，作策執策，從中宰坐尊中於大正之前，太祝以王命作策，策告太宗。王命□□秘，作策許諾，乃北向縶書於兩楹之間。**」[12]其中「作策」即「作冊」，這裡面對冊命禮說得更加詳細，大史立於門前，面向西南，協助大正的工作，而作冊要執策給大祝，大祝作辭書於簡冊上，然後作冊也是面向北，站在兩柱之間，宣讀王的詔令。兩則材料都有兩位史官，在吳方彝中作冊是啟到受王以書的作用，在《逸周書》中則宣讀冊命。

由於商周時史官之間的稱謂並不作嚴格區分，且經常混用，所以作冊的職責到底是受書還是宣讀冊書就不那麼重要，重要的是，我們可以確定，作冊不僅在西周早期出現在冊命禮中，在西周中期冊命制度有所變化的條件下，仍然出現在冊命禮中，基於此，我們有理由推測，作冊一直活躍於冊命禮中，只不過自西周中晚期後，內史不斷取代作冊出現在金文材料中，作冊這一稱謂逐漸消失了。

至此，作冊職官的演變脈絡已經基本清楚，作冊作為先秦史官系統重要的一環，掌握其發展演變對於瞭解先秦史官系統有極大說明。其實在先秦的史官系統中，每一環都不是獨立存在的，其與其他職官有著千絲萬縷的聯繫，所以如果想要深入瞭解某一職官，則必須將其置於整體的史官系統中。以作冊來說，它與大史、內史在職能上、服務物件上都有一些重疊，所以在各個職官職責的發展演變中探討彼此之間的區別與聯繫不失為一種好的方法。

---

12 黃懷信、張懋鎔、田旭東：《逸周書匯校集注》上海：上海古籍出版社，1995年，頁726-729。

〈泰〉、〈否〉兩卦象與意解構

毛炳生

臺北華梵大學東方人文思想研究所

一　前言

〈泰〉與〈否〉，分別為《周易》的第十一卦與十二卦。〈序卦傳〉：「〈泰〉者，通也。物不可以終通，故受之以〈否〉。」[1]〈泰〉義為通，〈否〉義與〈泰〉相反，即不通。〈序卦傳〉是以物極必反之理概略說明〈否〉之所以被安排在〈泰〉後的緣故；而（唐）孔穎達則受到（東晉）韓康伯的啟發，從卦象立說，認為「六十四卦二二相耦，非覆即變」[2]。《周易》六十四卦以兩卦為一組對列，共三十二組，故稱「二二相耦」。覆者，是後卦卦象為前卦卦象的顛倒。變者，是前卦爻象屬性改變，或原陽爻轉為陰爻，或原陰爻轉為陽爻，即成後卦。學者廖名春先生認為《周易》覆卦共二十八組，變卦四組，〈泰〉、〈否〉兩卦列於覆卦部分。[3]但仔細觀察兩卦卦象，是既覆又變，頗為特殊。〈泰〉《乾》下《坤》上，顛倒後為《坤》下《乾》上，成〈否〉。而下《乾》三陽爻，轉為陰爻後即《坤》；上《坤》三陰爻，轉為陽爻後即《乾》。〈泰〉六爻屬性全部改變後亦成〈否〉。《周易》作意，以卦象為體，卦爻辭為用；而用在於指導人間事理。王弼〈周易略例・明象〉說：「夫象者，出意者也；言者，明象者也。」[4]意由象出，可知象與意具有一定的關聯性；故在解釋卦爻辭時，不能捨象求意，否則即易流於臆解，無法正確地讀通卦爻辭。而覆與變的結構乃有暗示作用。如一組卦象為覆，即反覆，暗示前後卦的事理相反；如爻象為變，即演變，暗示前後卦的事理具有因果關係。茲以〈泰〉、〈否〉兩卦為例，以窺《周易》象與意的結構妙思。

1　（唐）孔穎達：《周易正義・序卦第十》，（清）阮元：《十三經注疏》影印清本，臺北：藝文印書館，民62年（1973）5月。《易傳》引文均取自《周易正義》，以下不再重複注明。
2　同前注書，〈序卦第十〉孔疏。
3　廖名春：《周易經傳十五講》香港：中和出版公司，2020年5月。
4　樓宇烈：《王弼集校釋・周易略例》臺北：華正書局，2006年8月。

二　〈泰〉的象與意分解

☰ 乾下坤上　泰　　　　互體 ☱ 兌下震上　歸妹[5]

卦旨：論述創業之事，要記取歷史教訓。

（一）解卦

1. 解卦名：王弼注：「泰者，物大通之時也。」[6]凡大通必暢順；當事情暢順時，人心也安，故泰有暢順義與安心義。
2. 解卦象：〈象傳〉：「天地交，〈泰〉。」〈泰〉的下《乾》為天，上《坤》為地，意象為天地交合。從人事言，《乾》代表君，在下；《坤》代表臣，在上。[7]按《周易》疊卦次序，必先置下卦，然後在下卦上疊上一卦，先後有序。由此規則暗示事理發展必由下往上。故卦象顯示，在下的乾君必先紆尊降貴，往前，在上的臣子才會跟他交心。〈象傳〉解釋〈屯‧初九〉爻象時說：「以貴下賤，大得民也。」陽爻在下，陰爻在上，也是採用這種觀念立說的。君臣上下同德，施政必然暢順，民心也安，故卦名〈泰〉。
3. 解卦辭：

　　　　小往大來。吉亨。

卦辭大小相對，往來並提。卦事發展由下至上稱往，由上至下稱來。小往大來，意謂小的要往前相邀，大的才會下來相迎。下卦乾君，為寡，小往即君往；上卦坤臣，為眾，大來即眾臣來。言外之意，寡君應主動禮賢，眾臣才會跟他交心。君為寡，故小；臣為眾，故大。以一人之志，感召眾人之力，齊心合力於國家事務，國家事務自然可以順利推展，故既吉又亨。吉者吉祥；亨者亨通。

（二）解爻

　　　　初九，泰 ☰ 之升 ☷：拔茅，茹以其彙。征吉。[8]

---

[5] 互體又稱互卦，係由本卦二、三、四爻組成下卦，三、四、五爻組成上卦。〈泰〉的互體為〈歸妹〉。互體暗示卦中藏卦，其卦象與爻辭的製作具有互聯性，不能忽略，故特別標示。
[6] 樓宇烈：《王弼集校釋‧周易注》臺北：華正書局，民95年（2006）8月。
[7] 八卦所取物象和事象，皆以〈說卦傳〉為本，非有需要，下文不再另作注明。
[8] 爻辭以作者所編《周易文本》為準，本書在傳統格式外，加入「之卦」。之卦對爻辭製作具有啟發性的作用，不能忽略。《周易文本》個人出版品，2023年2月（ISBN：978-626-01-0918-9）。

1. 解爻辭：拔茅，茹以其彙，爻象。征吉，斷語。
   拔，（東漢）許慎《說文解字》云：「擢也。」[9]茅，茅草。拔茅，拔起茅草。茹，量度。《詩經・邶風・柏舟》：「我心匪鑒，不可以茹。」毛傳：「茹，度也。」[10]以，助詞。彙，匯集；同類彙集。茅草叢生，其彙，指叢生的茅草。茹以其彙，意謂拔除茅草時，要考量將所有茅草一起拔除。拔茅的動作，象徵開墾。征，遠征。吉，吉祥。征吉，遠征是吉祥的。
   本爻說明國家發展之道，首在開墾；同時也暗示出征，剷滅群小。
2. 解爻象：初爻是一卦事理的開始。初九爻變，[11]由陽轉陰，下《乾》☰變《巽》☴。《巽》為木，即樹木。《巽》初爻為陰，柔順。由象理推演，《巽》二陽爻在上，代表樹幹；一陰爻在下，即為樹根。初爻為地才之下，[12]根藏地下。之卦遇〈升〉，卦名為升起義。由此卦象變化，興起拔根的意象。上卦《坤》，為眾，茅草叢生，根部交錯相連，故爻象為「拔茅，茹以其彙」。下卦又稱內卦，代表內部；上卦又稱外卦，代表外部。卦事由初爻往上爻發展，也即由內逐步往外。本卦下卦三連陽，剛健；往上卦柔順的三連陰去，陰陽合拍，故「征吉」。

   九二，泰䷊之明夷䷣：包荒。用馮河，不遐遺。朋亡？得尚于中行。

1. 解爻辭：包荒，爻象。其餘為補充語。
   包，屈萬里說：「包、匏音近，包即匏也。」[13]高亨注：「包，借為匏，瓠也。今語謂之葫蘆。」[14]二人之說是。包，葫蘆。荒，（漢）鄭玄注：「荒，讀為康，虛也。」[15]（唐）李鼎祚《周易集解》作「巟」。巟與荒通。《集解》引翟玄注：「巟，虛也。」虛，即空無一物。荒，又有荒野義。《說文》：「荒，蕪也。」荒蕪之地必在郊野。荒、廣音近，可通假。荒野遼闊，故又可引申為廣大。包荒，意謂大葫蘆。
   用，施為。馮，音義通憑。高亨注：「其本字為淜。《說文》：『淜，無舟渡河也。』」[16]用馮河，意謂大葫蘆可作涉水渡河之用。遐，遠。不遐，不遠。不遠即近。近莫過於

---

9 （清）段玉裁：《說文解字注》臺北：黎明文化事業公司，民64年（1975年10月）。下同，不會重複作注。
10 《毛詩正義》，《十三經注疏》本。
11 起卦時如遇陽爻數值為九，陰爻數值為六時，都需要改變其性質，或由陽轉陰，或由陰轉陽，這是《周易》筮法之一，即鄭玄所謂「《易》以變者為占」。爻辭的撰作，也必須依照這個規則起意。
12 《易》有三才之道說，以初、二爻為地才，三、四爻為人才，五、上爻為天才。其說見於〈繫辭傳〉與〈說卦傳〉。
13 屈萬里：《屈萬里全集・讀易三種・周易集釋初稿》臺北：聯經出版事業公司，民73年（1984年9月）。
14 高亨：《周易大傳今注》濟南：齊魯書社，1988年7月。
15 （宋）王應麟輯：《周易鄭康成註》，《四庫全書》本。
16 高亨：《周易古經今注》卷一，北京：清華大學出版社，2010年8月。

貼身。遺，遺失。不遐遺，意謂不可遠離身體，遺失了。朋，朋友。古人以志同道合者為朋。亡，古文音義通無。朋亡，詢問語。意謂有跟朋友一起共渡嗎？得，要；有叮嚀義。尚，崇尚。得尚，意謂一定要堅持原則。中，中間。行，音航，行伍。得尚于中行，意謂渡河時，要謹記游在行伍中央，不要落單。

本爻敘述出征，爻象為大葫蘆，補充語叮嚀渡河者要配戴葫蘆，不能落單，以免發生意外。

2. 解爻象：開墾的事理發展至九二，文理是由初九斷語「征吉」帶出。征，遠征，本爻即敘述遠征。九二在下卦的中位，被上下二陽所包圍，故稱包。九二爻變，由陽變陰，下《乾》☰變《離》☲。《離》為甲冑，〈說卦傳〉：「於人也為大腹。」穿上甲冑，有行軍意。軍人身上配上葫蘆，便有大腹意象。之卦遇〈明夷〉，卦名意為光明消失，暗指人君無道。《離》為火，火光可以遠照，讓暗變明。〈明夷〉卦的二、三、四爻為陰、陽、陰，有《坎》☵象，《坎》為水，九二變陰後處於水邊，即是將要「馮河」之意。本卦下《乾》為三陽爻，代表剛健君子同在一起。由於三爻性質相同，故中爻變會直接影響到其餘兩爻，有連動的意象。換句話說，一人渡河，即連同其他二人也一起渡河，故作者提出「朋亡」之問。行伍出征一定人數眾多，答案也毋須費言，讀者自可領會。不管本卦的九二還是之卦的六二，都在中位上，故作者提出「中行」的叮嚀。

九三，泰☷☰之臨☷☱：无平不陂，无往不復。艱貞，无咎。勿恤其孚，于食有福。

1. 解爻辭：无平不陂，无往不復，爻象。艱貞，无咎，斷語。勿恤其孚，于食有福，補充語。

平，平坦。陂，山坡；即不平坦。往，前往。復，回來。无平不陂，无往不復，意謂征途不會都是平坦的，也會遇到不平坦的時候；而在路上，不會只有往前的人，也有回來的人。艱貞，承上文理，意謂此行路途雖然艱苦（无平不陂），但也要堅持正確的方向。无咎，無害。恤，撫恤，表示關心、憂慮、難以捨棄。勿恤，意謂不要擔心、不要憂慮、不要不捨棄。孚，誠信之人。其孚，指九二。食，飲食；借代為前途。于食有福，離開他們對前途有福。補充語意謂，攸關個人的前途，此時要跟朋友暫時道別，勇往直前。毋須難過，成功後會回來相聚的（无往不復）。

本爻勉勵出征者奮勇向前，為了前途，毋須太多掛慮。

2. 解爻象：前一爻敘述遠征的事情，這一爻接續發展。九三已到了下卦的末端，將要轉進上卦去。回顧下卦，三連陽，表示君子同行。九三將進入上卦，而上卦三連陰，暗示將與同道分離。九三爻變，由陽轉陰，下《乾》☰變《兌》☱。〈說卦傳〉：「《兌》，……其於地也為剛鹵。」剛鹵，是鹼性極高的砂石地，崎嶇不平。九三與六四、六五，陽、陰、陰，有《震》象。《震》為足。踏足在剛鹵之地上，由平地至不

平地，故爻象為「无平不陂」。之卦遇〈臨〉。卦名為來臨義。九三是往，爻變後遇〈臨〉，來臨，表示有往有來，故另一爻象為「无往不復」。走在剛鹵之地上，故「艱貞」。九二在下卦中位，九三將離開他往上卦去，故勉勵語為「勿恤其孚」。上卦為《坤》，卦德為順。九三往前，遇三連陰，暗示前途一片順境。《坤》又為子母牛，牛助田耕，母子相連，象徵發展連綿不絕，故補充語為「于食有福」。

六四，泰☷☰之大壯☳☰：翩翩。不富以其鄰，不戒以孚。

1. 解爻辭：翩翩，爻象。不富以其鄰，不戒以孚，斷語；斷語也跟卦象變化有關。
翩翩，鳥起飛的狀態。不富以其鄰，意謂財富不會跟鄰居分享。不戒以孚，不以誠信為戒；換句話說，即不守誠信。
本爻點出出征緣故。

2. 解爻象：事理轉進至六四，由剛健之境進至柔順之地。如以陽爻代表君子，陰爻即為小人。進入上卦，也由君子卦變成小人卦。小人卦敘述小人之事。六四爻在互體是〈歸妹〉的六三。這六三與前後兩陽爻構成《離》☲。《離》為雉。雉的羽毛豔麗，十分耀眼。六四爻變，由陰轉陽，上《坤》☷變《震》☳。《震》德為動，雉震動，即起飛之象，故爻象為「翩翩」。翩翩的動作，似乎象徵驕傲。之卦遇〈大壯〉，卦名為強悍義。驕傲的人也十分強悍，具侵略性，故斷語為「不富以其鄰」。六四不在中位，無誠信可守，故亦「不戒以孚」。

六五，泰☷☰之需☵☰：帝乙歸妹，以祉元吉。

1. 解爻辭：帝乙歸妹，爻象。以祉元吉，斷語。
帝乙，商朝天子，帝辛（紂）之父。歸妹，嫁妹；一說嫁女。《說文》：「妹，女弟。」如以帝乙為兄，次男稱弟，次女稱妹，故應以嫁妹為是。祉，福祉。元吉，大吉。帝乙歸妹故事，不見於史書，而隱約見於《詩經‧大雅‧文王之什》。文王即周文王姬昌。〈文王之什〉是一組祭祀姬昌的詩。其中有云：「天監在下，有命既集。文王初載，天作之合。在洽之陽，在渭之涘。文王嘉止，大邦有子。」（〈大明〉）這幾句詩，可能是敘述當年帝乙歸妹於西伯姬昌故事。[17] 文王是姬昌廟號。大邦，指商朝。文王與大邦對舉，「有子」即是帝乙之妹。帝乙將妹妹下嫁給姬昌，卦象顯示對姬昌有福，可獲大吉。
本爻以典故暗示周朝之吉；而反之，卻是商朝之凶。何以故？下文自有分解。

2. 解爻象：本爻引用典故。六五處於上卦中爻，中爻屬於天才，陰爻，以帝妹為象，可謂順理成章。上《坤》為母，六五於天位則為國母；相對於下《乾》，為諸侯之君。

---

17 顧頡剛：〈周易卦爻辭中的故事〉，載於《古史辨》第三冊，北平：樸社出版社，1931年11月。

諸侯是天朝之臣，天朝將帝妹下嫁於諸侯，即卦辭「大來」之意。「小往」，則是諸侯前往迎接。六五爻變，由陰轉陽，上《坤》☷變《坎》☵。《坎》為水，類比為河川。卦象顯示，帝妹涉水而來。〈大明〉詩云：「在洽之陽，在渭之涘」，洽、渭都是河流名稱，即洽水、渭水。之卦遇〈需〉。〈需〉爻辭敘述遠行訪友故事，途中走走停停，[18] 遠行的意象與「帝乙歸妹」遠嫁概念略同，可由「需」推演出「歸妹」意象。

上六，泰☰☷之大畜☶☰：城復于隍。勿用師，自邑告命。貞吝。

1. 解爻辭：城復于隍，爻象。勿用師，自邑告命，補充語。貞吝，斷語。

復，同覆，傾覆。隍，《說文》：「城池也。有水曰池，無水曰隍。」隍即乾涸的護城河。城復于隍，隍城傾覆，象徵國家毀滅。勿用師，勿再用兵。邑，城鎮。告命，天子所下達的命令。自邑告命，從城鎮中傳達王命。補充語似跟姬發滅商故事有關，也屬於用典。據《史記·周本紀》載：「武王至商國，商國百姓咸待於郊。於是武王使群臣告語商百姓曰：『上天降休！』商人皆再拜稽首，武王亦答拜，遂入。」[19] 這段故事即「勿用師，自邑告命」的歷史語境。貞吝，意謂宜謹慎行事，選擇正確方向。這是對商百姓而言的。百姓，指百官，非平民。

本爻敘述歷史，暗示商朝覆亡。

2. 解爻象：上爻是一卦事理的總結。上六爻變，上《坤》☷變《艮》☶。《艮》為止。作者構意，似以上卦代表商朝（因六五為「帝乙歸妹」故），上六爻變後遇「止」，則意味著商朝的國祚停止，故推演出爻象為「城復于隍」。上卦如代表商，下卦即代表周。上卦三陰爻，象徵商朝群小用事。下卦三陽爻，象徵周人都是君子。君子安泰，小人則否。君子往前，小人後退，即「君子道長，小人道消」（〈彖傳〉語）意。之卦遇〈大畜〉。卦名為充分準備，有蓄聚實力義。[20] 作者建議「勿用師，自邑告命」，除反映歷史事實外，也同時暗示不殺俘虜，以德服眾，所俘之虜日後會成為己方的助力。內外親比，同心同德，背後的含意就是「大畜」。

（三）小結

〈泰〉繼〈履〉後。〈履〉以姬昌赴難，被困羑里為背景寫成，而〈泰〉則繼續這段故事。爻辭有兩條歷史線索，一條為六五的「帝乙歸妹」，另一條是上六的「勿用師，自邑告命」。由此串聯六爻事理，與歷史若合符節。

---

18 毛炳生：《我所認識的易經》（二），個人出版品，2021年10月（ISBN：978-957-43-7159-4）。
19 （西漢）司馬遷：《史記》三家注本，臺北：大明王氏出版公司，1975年8月。
20 毛炳生：《我所認識的易經》（四），個人出版品，2021年7月（ISBN：978-957-43-9334-3）。

如以下卦《乾》代表周，上卦《坤》則代表商。下卦三陽爻代表君子，上卦三陰爻則代表小人。初九爻辭「拔茅，茹以其彙」，暗示周朝草創時期的開墾與建設，同時暗示滅商。此意以斷語「征吉」為線索。九二爻辭敘述渡河涉險，似為練兵。「包荒」是渡河的裝備。據〈周本紀〉載，姬發曾於盟津「觀兵」，觀兵即閱兵。而當時諸侯不期而會者八百，這是「朋亡」的語境。到了九三，爻辭「勿恤其孚，于食有福」，暗示已經誓師了，不再侍奉商朝。

事理轉進上卦，似是憶述往事。商朝帝君無道，據〈殷本紀〉載：「帝乙立，殷益衰。」[21]殷即商。商帝盤庚自從遷都於殷（今河南省安陽市）後，便以殷代商名。殷至武丁時起用傅說為相，曾一度中興，但傳至帝甲後便一直沒落，至帝乙時更差。六四爻辭「翩翩。不富以其鄰，不戒以孚」，應為責難之辭，猶如出師前的檄文。六五為帝乙歸妹典故，不載於正史，而隱約見於《詩經·文王之什》。據《竹書紀年》載，周人曾於帝乙即位後二年伐商，歸妹可能是帝乙的和親政策。帝乙駕崩後帝辛繼位，但政德未見好轉，而且肆意東征夷人。帝辛淫亂加劇，又濫殺諫臣，導致眾叛親離。盟津之會，無疑是姬發的行動警告，但帝辛仍不悔悟，上六爻辭「城復于隍」，即暗示殷商毀滅，國祚結束。

「帝乙歸妹」故事也見於第五十四卦〈歸妹〉。〈歸妹〉卦點出問題所在，可解答「帝乙歸妹」於文王為「以祉元吉」，而於商朝則為「凶」的緣故。請參，不贅。[22]

三　〈否〉的象與意分解

☷坤下乾上　否　　　互體　☶艮下巽上　漸

卦旨：敘述戰後開發之事，離否入泰。

（一）解卦：

1. 解卦名：否，音鄙。《說文》：「不也。从口从不。」口主飲食和言語，不能飲食言語，即暗示閉塞不通。《周易集解》引崔覲注：「否，不通也。」[23]前一卦〈泰〉，卦名意為暢順、安心；本卦名〈否〉，則為不暢順，不安心。
2. 解卦象：〈否〉卦象是前卦〈泰〉的反轉，由《乾》下《坤》上反轉為《坤》下《乾》上。先《乾》後《坤》為順，先《坤》後《乾》為逆。逆則閉塞不通，故卦名

21　（西漢）司馬遷：《史記》三家注本。
22　毛炳生：《我所認識的易經》（六）。個人出版品，2022年12月（ISBN：978-626-01-0818-2）。
23　潘雨廷點校，（清）李道平著：《周易集解纂疏》卷三，北京：中華書局，2006年7月。

〈否〉。兩卦卦象又為變，表示前後事理具有因果關係。
3. 解卦辭：

之匪人。[24]不利君子貞，大往小來。

之，兩解。一為此、這，指稱代詞；二為至、往，動詞。匪，通非，有否定義。匪人，不對或不是同類的人。之匪人，意謂這是不對或這不是同類的人，一解；前往不對或不是同類的人去，二解。貞，占問；貞又諧音正，指正確的行為。不利君子貞，本卦對君子所占問的事情不利，或不利於君子所行的正道。君子與小人相對而言，由此可推知，「匪人」即指小人。大往小來，卦辭可參閱前一卦「小往大來」理解，義理反轉而已。

《乾》為天，為君，為父；《坤》為地，為臣，為母。周人觀念，認為宇宙生成的次序是先天後地。而天在上，尊；地在下，卑。故在人事上，引伸為君應主動，臣宜被動，先父後母的倫理觀；與君、父為尊，臣、母為卑的價值觀。〈繫辭上傳〉開宗明義即說：「天尊地卑，乾坤定矣。卑高以陳，貴賤位矣。」（第一章）將這些觀念應用於疊卦順序上，先疊下卦，再疊上卦。前一卦先《乾》後《坤》，順應天理，故通泰；本卦則是先《坤》後《乾》，與違逆天理，故為否塞不通。

（二）解爻

初六，否☷☰之无妄☰☳：拔茅，茹以其彙。貞吉，亨。

1. 解爻辭：拔茅，茹以其彙，爻象。貞吉，亨，斷語。
本爻爻象與前一卦〈泰・初九〉雷同，即拔茅草時，要考慮將同類一起拔起，也象徵開墾。貞，占問與正道。吉，吉祥。貞吉，本爻對所占問的事情吉祥，或指開墾之事方向正確，故吉祥、亨通。
本爻敘述開墾之事，與〈泰・初九〉同。不同的是，〈泰・初九〉斷語是「征吉」，本爻是「貞吉」，立意有異。

2. 解爻象：下卦《坤》，為地，為眾。初六爻變，由陰轉陽，《坤》☷變《震》☳。《震》德為動，又代表萑葦。萑葦屬茅草之類，可類比。震動地下的萑葦，由此也構成「拔茅，茹以其彙」意象。之卦遇〈无妄〉，卦名為無所妄求義，暗示開墾並非為私，而是為國家做該做的事。一切為公，故斷語既「貞吉」又「亨」通。

---

24 〈象傳〉卦名與卦辭連讀，作「否之匪人」。《周易集解》以為缺卦名，補入卦名，作「〈否〉，否之匪人」。《周易正義》亦作「否之匪人」讀，但不補卦名。「否」字為卦名，不宜與卦辭「之匪人」連讀。古文無標點，非〈象傳〉之誤，而是後人誤解〈象傳〉意。現改正，卦名「否」與卦辭「之匪人」分開，還原文本之意。

六二，否☷☰之訟☵☰：包承。小人吉，大人否亨。

1. 解爻辭：包承，爻象。小人吉，大人否亨，斷語。

包，即〈泰・九二〉「包荒」的包，指葫蘆。承，承載。包承，葫蘆具有承載功能，同時暗示承擔責任。吉，吉祥。否亨，不通暢。小人吉，大人否亨，意謂這個爻象，有利於小人，吉祥；不利於大人，大人不會亨通。小人與大人對舉，由此推知，小人指下人，大人指在上位者；即大人為君，小人為臣。

本爻論人臣之道，應承擔王命。

2. 解爻象：六二前後都是陰爻，被同類包圍，故有「包」象。六二在中位，如以陰爻為在下位的臣子，他在中位，即能行中道，故「吉」。六二爻變，由陰轉陽，下《坤》☷變《坎》☵。《坤》為眾，《坎》為水，即眾人涉水渡河，暗示身負王命。葫蘆具承載功能，故爻象為「包承」。《坤》在下位，故利於在下位的臣眾，不利於在上位的大人。之卦遇〈訟〉，卦名有爭執義與訟裁義。人臣之間對於政策經常會有不同意見，當發生爭議，需要大人裁決。有大人裁決，免去爭執，故「小人吉」。而大人之間如發生爭執，再無更高的裁決人時，只能決定於戰場上的勝負了，故「大人否亨」。

六三，否☷☰之遯☶☰：包羞。

1. 解爻辭：包羞，爻象。本爻沒有斷語。

承接前一爻事理，包指葫蘆。羞，即饈字。《說文》：「羞，進獻也。从羊，羊，所進也。」羊是北方人主要的肉食來源，羞字的原意是進獻肉食。葫蘆的作用，除渡河承載人體外，將它剖開兩片，也可盛載食物，作用相當於盤子。包羞，葫蘆內裝滿肉食。下人捧著裝滿肉食的葫蘆進獻給君主，象徵開墾之事已有具體成果。

本爻暗示開墾已有成果，可以安心享用。

2. 解爻象：六三在下卦之末，表示下卦事理已發展至尾聲，即開墾已完成。六三爻變，由陰轉陽，下《坤》☷變《艮》☶。《艮》為山。山為資源匯聚之所，象徵財富。包羞，意謂人臣進獻美食，象徵富足。從互體觀察，六三在〈漸〉上卦《巽》☴的初爻。《巽》為進退，下人進進出出，即是進退。巽，《說文》：「具也。」段玉裁注：「許云具也者，巽之本義也。」具是食具，六三顯示，下人捧著食具進出。巽，可通饌字，應是饌字的初文。饌有進食義。《論語・為政》：「有酒食，先生饌。」之卦遇〈遯〉，卦名有隱退義。當資源富足後，大家不必再問政了，有如在山中歸隱，安享人生。

本爻暗示戰後重建，生活漸趨安定，天下步入太平盛世。

九四，否☷☰之觀☴☷：有命。无咎。疇離祉。

1. 解爻辭：有命，爻象。无咎，斷語。疇離祉，補充語。

命，兩解：命運、使命。有命，命運的安排，或有使命在身。无咎，無害。疇，《集解》引《九家易》注：「類也。」即同類、同伴。離，通罹，遇到。祉，福祉。疇離祉，遇到同類的人作伴，從此有福了。八卦的《離》為麗（儷），故「離」字也可作附儷解。同類的人互相依附，相得益彰。

本爻敘述命運從此改變。

2. 解爻象：事理由下卦發展至上卦，由三陰進入三陽，暗示命運轉變。三陽爻在上，有如眾君子在上位執政，命運與使命也連在一起，從此「君子道長，小人道消」，故補充語為「疇離祉」。九四爻變，由陽轉陰，上《乾》☰變《巽》☴。《巽》為風，暗示朝廷風氣改變。之卦遇《觀》，卦名為觀察義。君子在上位執政，要上下觀察，謀定而後動。

九五，否☷☰之晉☷☲：休否。大人吉。其亡其亡？繫于苞桑。

1. 解爻辭：休否，爻象。大人吉，斷語。其亡其亡？繫于苞桑，補充語。

休，停止。休否，否運停止。大人，在位的君子。吉，吉祥。亡，通無。其亡，提問語，意謂還有嗎？重複兩次「其亡」，顯出急切的心態，想要立即知道答案。「繫于苞桑」即是答案。繫，聯繫。苞，花苞。桑，桑樹。繫于苞桑，意謂可從開滿了花苞的桑樹上聯想出答案，桑樹開滿花苞，預期將會豐收，由此也可推知，否運停止，泰運可期。在修辭技巧上，「繫于苞桑」屬於象徵手法。

本爻肯定開墾成果，否運已去，泰運已來。

2. 解爻象：事理發展至九五。九五是王者之爻，「飛龍在天」（見〈乾·九五〉爻辭）。爻變，由陽轉陰，上《乾》☰變《離》☲。《離》為明，象徵英明之主。聖人向明而治，[25] 故爻象為「休否」，斷語為「大人吉」。之卦遇〈晉〉。《說文》：「晉，進也。日出萬物進。」晉為日出，象徵光明在望，萬民進取，前景充滿希望。古時農家多在東邊種植桑樹，故「繫于苞桑」，也暗示榮景可期。

上九，否☷☰之萃☷☱：傾否。先否後喜。

1. 解爻辭：傾否，爻象。先否後喜，斷語。

傾，傾側，即倒出。否。否運。傾否，否運已經倒盡。先否後喜，意謂草創之初先遇到否運，最後喜運來了。

本爻是回顧過去的發展。

2. 解爻象：上爻是一卦事理的總結。上九爻變，由陽轉陰，上《乾》☰變《兌》☱。

---

[25] 〈說卦傳〉：「離也者，明也。萬物皆相見，南方之卦也。聖人南面而聽天下，嚮明而治，蓋取諸此也。」

《兌》為毀折，否事已被毀折，故爻象為「傾否」。但《兌》又為說（悅），喜悅，上六在一卦之終，爻變後遇《兌》，故「後喜」。之卦遇〈萃〉，卦名為聚集義。國家從此步入太平盛世，人丁自然旺盛，繁榮可期。

（三）小結

〈否〉繼〈泰〉後，故事具有連續性。泰為通，否為不通。前一卦上六在「城復于隍」下結束，本卦初六則繼之「拔茅，茹以其彙」開始。本卦之所以名〈否〉，卦辭已道出因由，是「之匪人」之故。簡言之即遇人不淑，國家與個人都會走入否運。故君子雖行正道，也沒有因此而獲益，反而受害。〈否〉下《坤》上《乾》，如以帝辛事跡考究，據〈殷本紀〉載：帝辛「愛妲己，妲己之言是從。」即是先坤後乾之事，由此殷商步入否運，大臣紛紛出走，是為「大往」；帝辛只顧一己之私的滿足，是為「小來」。誠如〈象傳〉所說：「天地不交，〈否〉。君子以儉德辟難。」

前卦敘述殷商滅國後，本卦事理轉向周朝發展。〈否·初六〉爻象「拔茅，茹以其彙」與前一卦初九雷同，但背景不同。姬發滅商回周後銳意政治，經常終夜不寐，與周公討論國是，並提出經營雒邑的構想，這是本卦初六的語境。六二在下位，是行中道之臣，可比擬為周公等大臣，「包承」暗示在下位的眾臣願意承擔使命，光大周室。六三爻「包羞」，以飲食象徵建設已有成果，從此步入太平盛世。本卦下《坤》三陰爻不是代表群小用事，而是轉向為忠臣事主，能克盡厥職，承擔使命。

事理發展至上卦，三陽爻，代表諸君子在位。孔子曰：「君子之德風，小人之德草，草上之風必偃。」（《論語·顏淵》）小人善觀風向，上行下效。上有明主，吹君子風，故「疇離」而獲「祉」。九五爻辭以象徵手法暗示榮景，前途一片光明。上六爻辭總結事理，回顧周朝王室的發展，一路走來，「先否後喜」的歷史軌跡。

四　結論

〈泰〉〈否〉是一組對卦，係以殷滅周興的歷史背景寫成。在卦象結構上，〈泰〉的《乾》下《坤》上顛倒後成〈否〉；而〈泰〉的六爻屬性全變，下卦三爻由陽轉陰，上卦三爻由陰轉陽後也成〈否〉。卦象顛倒暗示君臣地位反轉。姬發滅紂後並無斬草除根之意，封帝辛之子武庚祿父繼嗣，於原地為侯。此即為君臣地位反轉。爻變暗示事理演變。陽爻代表君子，陰爻代表小人。〈泰〉的上《坤》三陰，象徵殷商小人在位，才會導致滅國。小人誤國是歷史的演變法則，君子應記取教訓，為臣者宜於在下位克盡厥職，完成英明之主的治國理念。姬發成為周天子後曾向周公許下宏願，〈周本紀〉載：「營周居于雒邑而後去。縱馬於華山之陽，放牛於桃林之虛；偃干戈，振兵釋旅，示天

下不復用也。」大意是：洛陽建設完成後，可在華山的南面騎馬，在桃樹林內放牛。將兵器收起，士軍解甲歸田，從此天下不再動用師旅。這不就是〈否・九五〉爻辭「休否」、「繫于苞桑」的寫照嗎？晉代陶淵明所嚮往的桃花源生活也不外如是。

綜觀〈泰〉、〈否〉兩卦，卦象與卦意相聯，綿密細緻。覆與變、本卦與互體、每爻爻變後所遇到的之卦，對卦爻辭的製作都具有規則性的作用。如再配合歷史解讀，文理便十分清楚。〈繫辭下傳〉說：「《易》之興也，其當殷之末世，周之盛德耶？當文王與紂之事耶？」（十一章）當讀通〈泰〉、〈否〉卦爻辭內容之後，便毋須再懷疑〈繫辭傳〉這番話了。

《詩經》「阻」字與《春秋左傳》「感」字辨析

楊豪峰

香港樹仁大學中國語言文學系

一　引言

　　《左傳》的宣公二年中，〈晉靈公不君〉的文末以宣子之口引出一句詩：「我之懷矣，自詒伊感」。晉朝杜預對《左傳》的註釋，對此句詩有一見解：「逸詩也，言人多所懷戀則自遺憂」[1]。自杜預對此詩作出「逸詩」的見解後，後人乃至現今的學者有不少都依循其解讀的方向，將其解讀為不知名的謎詩，例如宋代的朱申曾言：「詩文無此二句相連者，或逸詩也。宣子言我以懷戀，晉國自遺此憂。」[2]以及現代學者李宗侗亦指出：「這是一句逸詩，我因為懷念國家就自己留下了憂愁。」[3]諸如此類的看法充斥在千年來的注本和解釋當中。

　　然而，筆者在此有所疑問，難道我們在《詩經》裡就找不出與其相對或相近的詩句嗎？事實上，亦都有少部分的學者對《左傳》所引之詩有所發現。

　　根據何志華與陳雄根所編著的《先秦兩漢典籍引《詩經》資料彙編》，他們便將詩經中的〈邶風·雄雉〉的一句「自詒伊阻」看作被引錄在《春秋左傳·宣公二年》和《孔子家語·正論解》[4]，唯一分別之處則是詩經原文作「阻」，而《左傳》作「感」。由此，我們則能知道《左傳》那句引詩其實可以與《詩經》中的〈邶風·雄雉〉產生聯繫。

　　兩處的引文唯一差別在「阻」和「感」二字，有人認為是傳抄的錯誤，如明朝的傅遜曾指：「杜云逸詩也，按邶風雄雉之篇：『我之懷矣，自詒伊阻。』蓋即此詩。以『阻』為『感』，傳讀異耳，且古人所引詩書多有差一二字者，何疑焉。」[5]，傅遜將此看作一個微小的引錄問題，但他亦提出一個重點，那便是「傳讀異耳」，他並未著意在

1　（西晉）杜預注，（唐）孔穎達等正義：《春秋左傳正義》上海：上海古籍出版社，1990年，頁367。
2　域外漢籍珍本文庫編纂出版委員會：《域外漢籍珍本文庫·第五輯·經部》重慶：西南師範大學出版社，2015年，冊八，頁571。
3　李宗侗註釋，葉慶炳校訂：《春秋左傳今註今譯》臺北：臺灣商務印書館，2019年，頁699。
4　何志華、陳雄根編著：《先秦兩漢典籍引《詩經》資料彙編》香港：中文大學出版社，2004年，頁27、171。
5　域外漢籍珍本文庫編纂出版委員會：《域外漢籍珍本文庫·第五輯·經部》，冊九，頁137。

此，但其實此句卻帶出一個疑點，便是二字的讀音看似如此差別相遠，為何仍然出現在兩本重要的經籍之中？

此外，安井衡亦言「案今詩『感』作『阻』，惟〈小明〉詩作感，而上句又異。」此中又牽出另一被干涉的對象——〈小雅・小明〉，詩中一句「自詒伊感」更是完全吻合《左傳》所引詩的後句，但〈小明〉中的前句則是「心之憂矣」，此則與《左傳》不符。

基於以上種種疑點，筆者認為之間的誤差值得深究，因而下文則從章句意義，文字學和聲韻讀音，考辨《左傳》與《詩經》二字差別之間的原因和關係。

二　從章句意義上分析

在《左傳》中，作者以宣子之口帶出「我之懷矣，自詒伊感」一句，深層意義有不同的闡釋，若循各家在《左傳》中的解讀角度去回看《詩經》，對二字的偏差的解讀則會產生過多不必要的結論，而且當中的結論有機會是不肯定，這樣便有礙於後續的理解。

不過，《左傳》中的此段表面意義，亦即其廣泛含義，則是不容置疑的，那便是宣子在表露一種哀愁，甚至當中的情，更可能帶點無力或不甘。這樣的解釋，其實與《詩經》中的本義相差不遠，甚至有所交涉，因此我們可以以此為引，將此種含義並合在詩經上，察看二字到底有無異同之處。

〈邶風・雄雉〉中，對於「自詒伊阻」一句，筆者首先觀察歷代注本，從中不少都沒有對此句作箋釋或解讀，但從現存的部分資料，因其對「自詒伊阻」一句有詳細解讀，從而筆者在以下便截取宋清兩代三位學者的解釋。

　　（明）胡廣《詩傳大全》：「慶源輔氏曰：我之懷矣，指其夫也。自詒伊阻，不以怨人也。」[6]

　　（清）朱鶴齡《詩經通義》：「我之懷矣，自詒伊阻，嘆已之不得從夫而遠去也。」[7]

　　（清）陳廷敬《午亭文編》：「首章曰：『自詒伊阻』，卒章曰：『不忮不求，何用不臧』。此詩之旨有合於中庸，不怨不尤、正己無求、無入不自得之意，而出於行役之婦人，其亦猶周南之〈汝墳〉，召南之〈草蟲〉乎。不可謂非卷耳之遺風也，以是知先王德教之及人遠矣。」[8]

6　（明）胡廣：《詩傳大全》北京，文淵閣四庫全書，瀚堂典藏古籍數據庫，經部，詩類，卷二。此段引文實為帶出輔氏一語，輔氏亦即南宋輔廣，但因其話語被記錄在胡廣該書，因而從該處引錄。

7　（清）朱鶴齡：《詩經通義》北京，文淵閣四庫全書，瀚堂典藏古籍數據庫，經部，詩類，卷二。

8　（清）陳廷敬：《午亭文編》北京，文淵閣四庫全書，瀚堂典藏古籍數據庫，集部，別集類，卷二十八。

宏觀地去觀察以上所引錄的三段，都巧合地出現「怨」、「嘆」等等的情緒描述詞，不過三者對於「自貽伊阻」的解讀是有些許的分別。

胡廣認為「自貽伊阻」的含義是需要與前句的「我之懷矣」有所聯繫，繼而從中瞭解出，該句是在表明詩中的敘事者「不以怨人」，不以此去「怨」他人，輔廣對於該句中的愁，雖然有一種向內收斂的解讀，但是他並沒有否定詩中負面情緒的存在，他只是認為詩中的妻雖被離棄，但是，其妻亦即敘事者不以此去「怨」其夫。

不過，胡廣此類型的解釋看似沒有被繼承到清代的學者手中。朱鶴齡則是以全個完整句子去進行詮釋。朱鶴齡的解讀將敘事者——「妻」闡釋為「嘆」者，「妻」在詩中正「嘆」著自己的處境，他的解讀並未將之中的情上升到「怨」的層面，但已經認為「妻」在外發她的情感，在感嘆她自己的無力，不能跟隨丈夫遠行的腳步。至此，我們幾乎可以肯定，〈邶風・雄雉〉中此句的基本意義。

在二者的解讀之後，筆者從陳廷敬的文章中引用了一段較長的評語，此舉是因為在這段引文中，陳廷敬以一個更廣泛的角度，站在更高點去俯瞰，將「自貽伊阻」一句的解讀提高到整章的層面。從該引文中，我們可以先抽取出三項關鍵詞：「不怨不尤」、「正己無求」、「無入不自得」。依照前文，我們可以得知，陳廷敬此三關鍵詞是來自於《中庸》，不過，筆者認為其實不必深究《中庸》，從此三詞的字面意義，我們已能大概能瞭解當中的大意。

陳廷敬將「自貽伊阻」結合整章的末句去解釋，他認為此間的含義是不涉及愛恨情仇，詩中主角從中已經端正自身，棄欲無求，更是認為「妻」在面對「夫」的如此狀況，已經「無入不自得」。解讀至此，陳廷敬的解釋，其實與輔廣的解讀有所相似，但陳廷敬將其解讀方向繼續發展，把詩句與《中庸》的概念聯繫，從中取出「不怨」的重點字眼。

在清代或以前，從以上所引的解釋可以得知，時人對於「自貽伊阻」的解釋已經圍繞著「怨」去作出自己版本的解釋，「自貽伊阻」的整體表面解釋已經明瞭，不過，他們的解釋卻沒有聚焦到「阻」字之上，要特定地將解釋範圍縮窄到「阻」上，便要待到現代學者的註釋本。以下則引錄現代部分學者的解讀。

陳節《詩經》：「阻：隔」[9]
梁錫鋒《詩經》：「阻，隔」[10]
陳介白《詩經選譯》：「阻：隔離」[11]
楊任之《詩經今譯今注》：「阻，阻隔」[12]

---

9 陳節注譯：《詩經》廣州：花城出版社，2002年，頁41。
10 梁錫鋒注說：《詩經》開封：河南大學出版社，2008年，頁95。
11 陳介白：《詩經選譯》南昌：江西人民出版社，1980年

聶石樵《詩經新注》：「阻，險難，引申為憂。」[13]

馬持盈《詩經今註今譯》：「阻：感也，苦痛也。」[14]

裴普賢《詩經評註讀本（上）》：「阻：借為感，憂戚。此句謂婦人沒有阻止丈夫遠行，是給自己留下此憂戚。」[15]

吳宏一《詩經新譯》：「第一章的『自貽伊阻』，是說事由自取，有自討苦吃的意思。『阻』可指遠隔，也可解作憂戚。」[16]

從上述的引文中，可以見得現代學者將解釋的角度的指向收窄到「阻」之上。如果先觀察陳節至楊任之的註釋，他們當中的解讀，大多都相似，甚至是一模一樣，他們都把「阻」字配對成詞再加以理解，多半理解為阻隔的意思。

試將他們的解讀連繫到「自貽伊阻」的完整解釋，亦即是前文所提及的部分古代學者的解釋。「被離棄的妻子」與「阻隔」，我們可以解釋為與丈夫相距深遠的距離形成她內心之情思的阻隔，因而帶出負面情緒，但是，筆者認為，這等連讀帶點生硬，「阻隔」一意未必是「阻」字真正的原意，而且，從這種解讀方向來看，筆者認為他們的的解讀應是從字面上延伸，並沒有深究詩文當中的深意，更沒有發現「感」字在《左傳》中與之的巧合。

撇開「阻隔」這個選項，上述列出的其他引文，則有與別不同之處。聶石樵的解釋，從「阻隔」再度引申，將其程度加深，令意義變為險難，不過，「險難」一義放在「被離棄的妻子」身上，筆者卻認為有過於解讀的傾向。但其解讀不止於此，聶石樵後又引申為憂。將「阻」字引申為憂，在原文意義上，合理性有所增加，「憂」則能與「被離棄的妻子」有更加深切的聯繫。於其後的馬持盈、裴普賢和吳宏一的解讀中，亦都將「阻」與「憂」之類的情緒詞掛鉤，甚至他們有的更直接連繫至「感」字。

「自貽伊 X」的句式於前文亦有提及到其實〈小雅・小明〉都有出現類似的原文，只是以「感」字的形式出現。以下則引錄部分〈小雅・小明〉注解：

陳節《詩經》：「戚：憂傷」[17]

梁錫鋒《詩經》：「戚，憂戚」[18]

---

12 楊任之：《詩經今譯今注》天津：天津古籍出版社，1986年，頁45。
13 聶石樵主編：《詩經新注》濟南：齊魯書社，2000年。
14 馬持盈：《詩經今註今譯》臺北：臺灣商務印書館，1988年，頁53。
15 裴普賢：《詩經評註讀本（上）》臺北：弘雅三民圖書股份有限公司，2022年。
16 吳宏一：《詩經新譯・國風編・國風一：周南、召南、邶風、鄘風》臺北：遠流出版事業股份有限公司，2018年，頁197。
17 陳節注譯：《詩經》，頁317。
18 梁錫鋒注說：《詩經》，頁263。

裴普賢《詩經評註讀本（下）》：「戚：憂苦」[19]
聶石樵《詩經新注》：「戚，《毛傳》：『憂也』」[20]
楊任之《詩經今譯今注》：「戚，憂愁，此句為自我煩惱。」[21]

「阻」字自前一段引文便有了憂愁的解讀，但是學者們都沒有提出原因，為何「阻」字會有憂愁的解釋，他們都沒有點出，即使有警覺到「慼」字，但亦沒有提及為何「阻」字會是「慼」的假借，在對〈小雅・小明〉中的「慼」字解讀亦沒有提及「阻」字，也許他們有可能對《左傳》中的異文有所懷疑，但難以對其之間的離奇進行簡略解釋，亦因此令這種延伸式解讀方向，不能完全肯定其正確。

故此，筆者認為即使我們從各家對「阻」字於《詩經》中的解讀，甚至延伸說明能夠聯繫到《詩經》的原文意義，但由於以上資料均沒有進一步論證其當中的關係，甚至「阻」字與「慼」字之間的關係，有的只是強行地將他們拉扯到一起，又或者在章句意義的交錯指涉上，未能為兩處的異文提出進一步的解釋。

三　字形與單字解釋

文本意義上，筆者無法下一個肯定的結論，那麼，討論角度則轉向從文字學方面入手。

首先，如果我們接受異文的原因是由於傳抄的錯誤，那錯誤的原因又是如何？筆者認為傳抄錯誤最有可能就是二字的字形於當時是接近甚至相同，兼及二字當時的單獨解釋相近，才會令二書的作者或編者形成本文所提及的異文疑雲。可是，當筆者翻查資料之時，卻發現結果並非如此，參見下文詳解。

圖一　阻[22]　　　圖二　戚[23]

帶有心字部首的「慼」字實際上要到較後期才有出現，而據《詩經》和《左傳》的成書年代推敲，「戚」字亦即現在所說的「慼」字，因而筆者以其與「阻」字並列作比較。

19　裴普賢：《詩經評註讀本（下）》臺北：弘雅三民圖書股份有限公司，2022年。
20　聶石樵主編：《詩經新注》濟南：齊魯書社，2000年。
21　楊任之：《詩經今譯今注》，頁337。
22　圖片來源：中央研究院歷史語言研究所、資訊科學研究所：「小學堂傳抄古文字資料庫」，網址：https://xiaoxue.iis.sinica.edu.tw/chuanchao?kaiOrder=1098。
23　同上註。

從以上圖片已經清晰可見，二字的形態可以說是沒有半點有關聯之處，明顯地，二書的作者不可能因為字形的相近而導致傳抄錯誤。即使《左傳》成書較《詩經》晚，「戚」字亦沒有變成「阻」字的模樣，因而我們可以排除此一可能性。

不過，前文亦有提到單字解釋一項可能。此處與再之前的章句意義有所分別，章句意義一章是說明和對比二字在文本中所產生的意義，究竟有何異同，並作出論析。但以下則以二字的本義上作對比，探究它們會否在本義或當時的引申義上有所接近或連繫，或者二字在本字之意上的相差究竟若干，以致筆者同樣懷疑此一可能性。

以下先列出二字在古代字書和後世文獻學解釋的部分資料：

「阻」：
《玉篇》：「阻，壯舉切。險也，疑也。」[24]
《玉篇》：「阻，側于反。難也。」[25]
《說文解字》：「險也。」[26]

「慼」／「戚」：
《玉篇》：「慼，且的切。憂也。」[27]
《說文解字》「憂也。從心，戚聲。」[28]
彭林：「戚，經典作『慼』。」[29]
王輝：「慼、憂義近，每多連用」[30]
李零《上博楚簡三篇校讀筆記》：「『戚患』，原書讀為『罷倦』，但上字見郭店楚簡《性自命出》簡34，實為『戚』字，『戚』是憂愁的意思；『患』，原作『惓』。」[31]

以上列出了二字在文字學上的部分資料，二字在出土文獻上的出現率並不高，主要在戰國文獻上有所發現，而戰國時期剛好在《詩經》和《左傳》成書之間，因此可以以學者們於其中的解讀為他們二字的意義作推論。

先從「阻」字入手，阻字在出土文獻中，我們能夠找到其蹤跡，但是解釋主要仍然圍繞著古字書的方向，因而此處只引錄了《玉篇》和《說文解字》的相關資料。

---

24 （南朝梁）顧野王編著，呂浩校點整理：《珍本玉篇音義集成》上海：上海人民出版社，2019年，頁626。
25 同上註。
26 湯可敬：《說文解字今釋》上海：上海古籍出版社，2018年，頁2125。
27 （南朝梁）顧野王編著，呂浩校點整理：《珍本玉篇音義集成》，頁213。
28 湯可敬：《說文解字今釋》，頁1537。
29 曾憲通、陳偉武主編：《出土戰國文獻字詞集釋》北京：中華書局，2018年，頁5441。
30 同上註。
31 同上註。

從《玉篇》中可見，阻字於古時有兩個讀音，一為「壯舉切」，一為「側于反」，究竟當時《詩經》中是採用哪種讀音，我們無從得知，而且即使依照其反切的方法，以現今的口語亦未必能拼湊出顧野王所述的讀音。另外，就算我們不理會反切的方法，亦沒有影響我們的解讀，因為顧野王對於此異音字，推斷出相同的意義，更甚者顧野王的推斷與許慎的解釋是接近的，都是以「險」、「難」作為對其的解讀。

　　「險」與「難」的解讀其實也是與文本本義相符，根據前文所引的諸類註釋，他們都有著同樣的解讀意義，皆是以「阻難」為中心方向，再擴展出自己的解讀。以此我們可知，「阻」字帶有困難的障礙的意思，拼合在文本之中，亦是跟隨各注本的解讀，至於正確與否，不是本章論及的重點。

　　不過，除「難」和「險」，顧野王在許慎的解讀之外，添加了一個「疑」的解釋，至於其原因，顧野王沒有作延伸說明，筆者未有找到資料可以論證顧野王此解讀的依據。不過，筆者可作一個推測，《玉篇》中對「阻」提出「疑」的解釋，應該與懷疑有關，如果將其再推進說明，可以與「疑問」掛鉤，再推論下去，倒是可以與負面情緒結合，但是若然與「慼」字並列齊看，則是未免過於強行。

　　「阻」字的單字本義解讀方向，大致上被《玉篇》和《說文解字》所固定，後人在未察覺異文時，一直未有踏出兩者所規限的範圍。因而，以下則從「慼」字入手，細查「慼」字的本義，再對比兩者本義之間的差異。

　　這次，《玉篇》與《說文解字》形成高度的一致，撇除讀音與部首的說明，在意義上兩者都將「慼」字指向「憂」的解釋，此處也與前文的文本意義一致，《左傳》的注本們亦是以「憂」作中心解讀方向，繼而延伸。

　　「慼」字由於在出土文獻上，在字形上有與「戚」字的爭議，因而學者們對其有更多解釋，以予我們參考。在筆者所引錄的三位學者中，彭林先肯定「戚」與「慼」為相同的定論。王輝依然與《玉篇》和《說文解字》一樣，以憂作解釋，但他更提出一論，則是「慼」與「憂」可以作連用，可見，他從配詞上找到解讀的方向，不過，依然是「憂」的意義解釋。

　　直到李學勤則有較詳細的論述，以配詞「戚患」作解說，在根據楚簡得出其真正本字和讀音，於論述之後，則是同樣將「慼」與憂愁拉上，作為他的最終解讀。

　　「阻」作困難的障礙，「慼」作憂愁，這是文字學的本義和文獻學的發掘所得出的最後結論，此結果實際上仍與文本意義相約，二字在此處的解讀仍然相距甚遠。當兩個文本同處出現差異時，除了有可能是一個錯誤，當我們意圖去合理化他們的存在之時，便需要找出其當中的共同點。

　　以上兩章，從章句意義和文字本義之上，筆者未能作出一個定論去說明二者異文的情況，接下來筆者則試圖使用另一方法，去找尋此一謎團的突破點。

四 「阻」、「慼」之聲

　　從意義上，二字在廣泛使用上是有分別，但是二字依然在兩大經籍中出現異文，筆者推斷，會否有可能二字於其時因某些相近的共通點，而令時人寫作時不太區分二字的使用，亦由於這個共通點，而令時人能夠從二字中得出同一需要的意義。因為我們對於上古時代的用字和發音等方面，仍然有分歧和不肯定，沒有察覺出當中的共通點亦不足為奇。筆者欲透過所收集資料，於下文嘗試推敲二字，期望為研究尋到些許突破點。

　　近代以來，筆者不是首見二字之音的相近，於早前有兩名學者曾於注本中提及相關的觀點，以下便列出其論述：

> 屈萬里《詩經詮釋》：「阻，宣公二年左傳引作慼（〈小雅・小明〉作慼）。馬瑞辰：『阻慼音近，作慼為是。』慼，憂也。」[32]
>
> 吳闓生《詩義會通》：「阻，難也。《左傳》引作慼。闓生案：《上林賦》慼與雅韻，此本慼字，後人疑其不叶，改作阻耳。」[33]

筆者於現存資料中暫時只尋得上述二處有提及「阻」與「慼」的音韻問題。屈萬里有留意到異文的援引之別，而他沒有加以自己的論點，反而引述馬瑞辰的註釋去帶出「阻慼音近」的方向，而吳闓生則是認為《詩經》中的「阻」是被受過改動，本來應該作「慼」，後人因為押韻的問題，而擅自更改，其說法正確與否無從稽考，但他此語亦同樣隱含著「阻」與「慼」音韻相關的問題。由於二處引文僅提及二字的音近，而無再細緻表明二字究竟為何音。不過，如果需要論析二字之間的音韻關係，我們便需要知道「阻」和「慼」的實際上古音。

　　以下將引錄臺灣大學中國文學系和中央研究院資訊科學研究所共同開發的小學堂上古音資料庫中不同語言學家的語音分析：[34]

「阻」：

高本漢：「tṣi̯o」

王　力：「tʃĭa」

董同龢：「tsag」

周法高：「tsiaɣ」

李方桂：「tsrjagx」

---

[32] 屈萬里：《詩經詮釋》臺北：聯經出版事業公司，1983年，頁58

[33] （清）吳闓生著，蔣天樞、章培恆校點：《詩義會通》上海：中西書局，2012年，頁27

[34] 臺灣大學中國文學系、中央研究院資訊科學研究所：「小學堂上古音資料庫」，網址：https://xiaoxue.iis.sinica.edu.tw/shangguyin。

「慼」：
高本漢：「tsʰ」（僅有聲母）
王　力：「tsʰiuk」
董同龢：「tsʰiok」
周法高：「tsʰeəwk」
李方桂：「sthiəkw」

除了上古音資料庫以外，郭錫良亦曾點出二字的讀音，「阻」字為「tʃĭa」[35]，「慼」字為「ts'iə̂uk」[36]。

以上則列出了各語言學家對於二字的讀音理解，他們在韻母的解讀上，因人而異，但大致上我們可以先分別出二字的部分特徵。

於「慼」字可見，王力等人都將韻母收結於「k」，從中可知，他們認為「慼」字是入聲字，只有李方桂有別於他人的解讀，而且其組織讀音的方法亦異於他人，真確性其實存疑，因而筆者不會將他的結果納入比較。不過，各學者對於「慼」字韻母如何形成其入聲則有不同見解，這種不統一的韻母解讀不利於筆者去觀察二字的關係，從而聚焦點會轉向至聲母一端。

在韻母以外，於聲韻方面，學者們有比較一致的看法，皆是認為「慼」字聲母的組成是「tsʰ」──即送氣的塞擦音，這是「慼」字在音韻上能夠被統一認定的表現，因此，這個送氣的塞擦音，亦即聲母位置，將會被用作與「阻」字的讀音進行對比研究。

在抽取出「慼」字的讀音重點後，我們可以回看「阻」字。在「阻」字的資料中，韻母方面，語言學家們都探討出不一的結果，甚至高本漢都能從中擬出它的韻母，可見，對於「阻」字的讀音理解，語言學家們應該是有較肯定的解讀。

韻母不一，同樣也不能依據其作探討。「阻」字的聲母方面，高本漢等人則同樣一致地解讀出「ts」──塞擦音，此結論的統一，則能與「慼」字作比較。

當得出二字的聲母後，筆者便發現，「阻」字與「慼」字在音韻上的共通點就在聲母之上。前者為「ts」，後者為「tsʰ」，二字的聲母唯一差別只在送氣與不送氣，除此之外，它們便一致都是以塞擦音為基礎的。

「阻」與「慼」在上古發音中，皆為塞擦音，此一點有機會是兩者出現異文情況的重要關鍵。

筆者在此作一初步推斷，在《詩經》和《左傳》的成書年代，時人有機會模糊二字的送氣與不送氣，故對於二字的分辨，時人可能比較容易混淆。雖然在上古音中，肯定有不少同聲母的字，但此次的異文中，聲母巧合地呈現相近的狀態，那麼，我們便可以嘗試作出推斷。

---

35 郭錫良編著：《漢字古音手冊：增訂本》北京：商務印書館，2010年，頁162。
36 同上註，頁114。

送氣與不送氣在發音與對話之中，實際上不明顯，尤其是在對話速度較急速之時，不過，筆者未能知道時人的對話狀態，因此，這只能是筆者的臆測。在排除送氣與不送氣的因素後，便剩下共通的「ts」的部分。

　　筆者自此推測，時人對於二字的模糊分辨，是二處引文出現分歧的主要原因。時人分辨字與字之間的分別，有機會會將關注點放在聲母之上，對於某些聲母相同或相近的字，時人未必會有強烈分辨的慾望，更甚，即使二字的意義相差甚大，時人亦能按照寫作語境或對話語境，在遇到同聲母的字之時，時人可能會自然地從腦海中的字詞庫中，選擇自己需要理解的字。

　　《詩經》和《左傳》的描述時代，皆是中原分裂之時，各地語言未經統一，在某些字上，有機會因應各地方言而影響單字當中的韻母，但聲母實際上未必有太大分歧，因而本文所分析的二字，分別只在聲母上的送氣與否，聲母其餘部分依然完整吻合。尤其《詩經》是音樂文學，在吟唱之中，因旋律的高低和長短，「阻」字於其中的發音有機會改變或扭曲，甚至因吟唱的用力程度令其扭曲的趨勢去令其聲母更傾向於「慼」字的送氣部分。

　　就以上的分析，「自貽伊阻」與「自貽伊慼」的分歧便是音韻學上的問題，筆者以上的推測只能基於連繫部分間接資料，去臆測時人在發音古文字的對話狀態。

五　結語

　　「阻」字與「慼」字在章句意義上都能因其於源頭一樣，它們在文本中所代表的意義其實相近，甚至一樣。雖然「慼」字在《左傳》中其實亦是以《詩經》的角色現身，因而它的源頭亦可以被看作同樣來自於《詩經》。但是如果文本意義是相同的話，那麼為何不能使用同一字去代表，更甚者，章句上的異文呈現甚至令不少專業學者的注本在《左傳》中將該句定為逸詩。自此，文字學和音韻學便是解釋二字異文的關鍵，章句意義未能提供出答案去解答異文的疑點。

　　文字學上所提出的資料則解釋了二字的本義實際上不一，甚至在出土文獻中所提供的圖片亦是表明此二字的形態是不同的；傳抄錯誤多半是因為字形的相近，才會令二書的作者混淆二字的寫法，但文字學上的證據二進一步解釋了傳抄錯誤的可能性不高，因此，答案的突破點便是音韻學上的資料。

　　對比起章句意義和文字學，音韻學上的資料比較不肯定，眾位語言學家對於上古音的判定皆是基於推斷，但從推斷而出的資料中，筆者總結出可能基於二字之間的聲母相近，《詩經》和《左傳》之中才會出現「阻」和「慼」字的異文情況。從音韻學上來說，雖未能提供一個準確的明顯答案，但至少我們能夠有一個方向去解決此異文的問題。

《楚辭》「縣圃」考

程　雪、王志翔

蘭州西北師範大學文學院

屈原在楚辭《離騷》中稱：「駟玉虬以乘鷖兮，溘埃風余上征。朝發軔於蒼梧兮，夕余至乎縣圃。」[1]這句話承接《離騷》上下文，意思是說屈原在埋怨楚王糊塗、不察己心且屈原自己又不願與投機媚俗者同流合污之時，希望遠遊四方、飛升天界，尋找他心目中的理想世界。在早期文獻中，文句中的「蒼梧」還可見於《山海經》。《山海經・海外南經》載：「蒼梧之山，帝舜葬於陽，帝丹朱葬於陰。」[2]將蒼梧之地定位在楚。這就是說，屈原於早上從南方楚國埋葬帝舜和帝丹朱的蒼梧出發，黃昏時便到了「縣圃」。「縣圃」是一個神聖的地方，代表著屈原朝發夕至的目的地以及他去往天庭的中轉站。在《天問》中，屈原同樣提到「縣圃」這一概念，文曰：「崑崙縣圃，其尻安在？增城九重，其高幾里？四方之門，其誰從焉？西北辟啟，何地通焉？」[3]此處屈原明說崑崙與縣圃相關，他問崑崙上的縣圃，究竟在哪裡？縣圃上有增城九層，它究竟又有多高？而四方的大門，又是什麼人出入往來？對崑崙縣圃涉及到的疑問做了較為細緻的提問。有學者據此認為這是屈原對「當時有關黃帝懸圃的神話持懷疑態度」[4]，其實不然。《離騷》與《天問》的文本中關於「縣圃」的記載，正是在說明屈原乃至戰國以前的人對崑崙與縣圃的知識有著共同的認識。

一　「縣圃」、「懸圃」、「玄圃」、「平圃」之諸家論說

楚辭中記載的「縣圃」究竟是指什麼？歷代注家解說紛呈，觀點不一。他們的注解「或脫離屈辭整體，孤立求證；或游離屈辭文化語境，做字詞考證；遂至詞意混亂，語意晦澀，無法給人以明暢通達之感。」[5]梳理來看，歷代有關「縣圃」的文獻及解說主

---

* 本文為國家社科基金青年項目「中國早期圖像及族源觀念研究」（21CZW013）、國家社科基金重大項目「早期書寫與商周秦漢文學關係史」（22&ZD160）的階段性成果。

1　（宋）洪興祖：《楚辭補注》北京：中華書局，1983年，頁25-26。
2　袁珂：《山海經校注》北京：北京聯合出版公司，2014年，頁242。
3　（宋）洪興祖：《楚辭補注》，頁92。
4　成玉寧：〈黃帝園圃之辨偽〉，《中國園林》，1995年第4期。
5　湯洪：〈屈辭 懸圃 再探討〉，《成都理工大學學報》，2010年第4期。

要涉及到「縣圃」、「懸圃」、「玄圃」乃至「平圃」是否為相同概念的討論。通過分析文獻，我們便可以從中歸納出「縣圃」之意以及相關概念和內涵的演變。

楚辭之外，早期經典著作《穆天子傳》中記錄了很多的上古地名，其也是較早記錄「縣圃」的文獻。《穆天子傳》卷二載：

> 季夏丁卯，天子北升於舂山之上，以望四野。曰：「舂山，是唯天下之高山也。」孳木華不畏雪，天子於是取孳木華之實，持歸種之。曰：「舂山之澤，清水出泉，溫和無風，飛鳥百獸之所飲食，先王所謂縣圃。」天子於是得玉榮、枝斯之英，曰：「舂山，百獸之所聚也，飛鳥之所棲也。」……曰天子五日觀於舂山之上，乃為銘跡於縣圃之上，以詔後世。[6]

由此觀之，如若傳說中的穆王西巡之事為真，則與「縣圃」相關的傳說至遲在西周中期便已經存在。「縣圃」的名稱為「先王之所謂」，這就說明「縣圃」最初與「先王」相關，並且其位置在一處環境極佳的地方。「縣圃之上」能夠為人所至，且可以銘跡，這也說明「縣圃」本身是一處地理實體，是客觀存在的地方。這是我們通過《穆天子傳》的記載可以得到的具體信息。

西漢時期的經典著作《淮南子》中也有「縣圃」。《淮南子・墜形訓》載：「縣圃、涼風、樊桐在崑崙閶闔之中，是其疏圃」，[7]認為縣圃與崑崙相關。同是《淮南子・墜形訓》，其文又曰：「崑崙之丘，或上倍之，是謂涼風之山，登之而不死。或上倍之，是謂懸圃，登之乃靈，能使風雨。或上倍之，乃維上天，登之乃神，是謂太帝之居。」[8]兩條文獻於此已明示「縣圃」與「懸圃」二者當為一。且「縣圃」、「懸圃」位於崑崙山涼風之上，天庭之下，有通天之功能。如果能夠登上天庭，則可以變成天神。

東漢時人對「縣圃」的認識在今日也可通過文獻記載得以明確。王逸在解釋《離騷》中文句時說：「縣圃，神山，在崑崙之上。……言已朝發帝舜之居，夕至縣圃之上，受道聖王，而登神明之山。縣，一作懸。」[9]王逸除了稱「縣圃」為神山，與崑崙相關之外，也持「縣圃」即「懸圃」的觀點。在注《天問》時，王逸還說：「崑崙，山名也，在西北，元氣所出。其巔曰縣圃，乃上通於天也。」[10]由此可見，王逸對「縣圃」之功能的記載與《淮南子》相同。這就是說，漢人已經將「縣圃」從位於地表人跡可至的地名，變為了可以通天的地方。

在傳為東方朔所撰的《海內十洲記》中，有文獻記載說：「崑崙山有三角：其一角

---

6 （晉）郭璞注，王貽樑、陳建敏校釋：《穆天子傳匯校集釋》北京：中華書局，2019年，頁101-102。
7 劉文典：《淮南鴻烈集解》北京：中華書局，2013年，上冊，頁160。
8 同上註，頁162。
9 洪興祖：《楚辭補注》，頁26。
10 同上註，頁92。

正北，干辰之輝，名曰閬風巔；其一角正西，名曰玄圃堂；其一角正東，名曰崑崙宮。」[11]於此處出現了「玄圃」這一名稱。從句意看，「玄圃」明顯即之前文獻中的「縣圃」。可以說，「玄圃」與「縣圃」、「懸圃」名為三而實為一。這也是關於「玄圃」一詞目前可見的較早記載。需要注意的是，不同於早期其他文獻中的「縣圃」為上下具有海拔差的營造結構，《十洲記》中的「玄圃堂」與「閬風巔」、「崑崙宮」則分別位於正西、正北、正東，彷彿是處在同一水平面的建築。

漢代以後，世人對「縣圃」的文學書寫也不外「縣圃」、「懸圃」、「玄圃」這三個名稱。例如，智騫引《廣雅》曰：「崑崙山有二山，閬風、板桐、縣圃，其高萬一千里百一十四步一尺六寸。案總曰崑崙，別則三山之殊，而縣圃最在其上也。」[12]即是對先秦「縣圃」觀念的繼承。當然，三個名稱中，「縣圃」當為最早也是最為廣泛被世人接受的概念。又，南北朝時期，蕭統在其所編的《文選》中亦作「縣圃」，並說「縣圃，神山。」[13]據此可知，較早時期的文本中或皆以「縣圃」為准。《文選》卷第三錄張衡的《東京賦》中也出現了「玄圃」的說法，稱「左瞰旸穀，右睨玄圃。」[14]《水經注》卷一開篇引《崑崙說》講崑崙墟的三級構造時曰：「崑崙之山三級，下曰樊桐，一名板桐；二曰玄圃，一名閬風；上曰層城，一名天庭，是為太帝之居。」[15]不僅記載著「玄圃」，且詳細解說了崑崙山的「三級增城」的構造。唐代寫本《文心雕龍·辨騷》中作「崑崙玄圃」[16]，也寫作「玄圃」，且將崑崙與玄圃等同。於此可以進一步證明，「縣」、「懸」、「玄」並通用於古時，但同時還需區別的是，「縣圃」的概念是發生了變化的。具體來看，「縣圃」、「懸圃」、「玄圃」在中國古代的典籍中皆已出現，不過就三者出現的時間先後看，「縣圃」最早、「懸圃」次之、「玄圃」最後。這就是說，在不同的時期，涉及「縣圃」的知識概念也有著不同的變化。

又，（南宋）洪興祖《楚辭補注》說：「縣，音玄。《山海經》云：槐江之山，上有琅玕金玉，其陽多丹粟，陰多金銀，實惟帝之平圃。南望崑崙，其光熊熊，其氣魂魂。西望大澤，後稷所潛。平圃，即懸圃也。」[17]認為縣圃即懸圃，又說此即《山海經》中的平圃。（宋）朱熹《楚辭集注》也持：「縣，音玄；一作懸。……縣圃，在崑崙之上。」[18]

---

11 （漢）東方朔：《海內十洲記》，《文淵閣四庫全書》上海：上海古籍出版社，1987年，第1042冊，頁279。
12 崔富章主編：《楚辭集校集釋》武漢：湖北教育出版社，2003年，第一卷，頁411。
13 （梁）蕭統編：《文選》上海：上海古籍出版社，2019年，第四冊，頁1526。
14 （梁）蕭統編：《文選》，第一冊，頁129。
15 （北魏）酈道元著，陳橋驛校證：《水經注校證》北京：中華書局，2007年，頁1。
16 注：參范文瀾注《文心雕龍》崑崙懸圃時說：「唐寫本作玄。」參見范文瀾：《文心雕龍注》北京：人民文學出版社，1958年，頁46。
17 洪興祖：《楚辭補注》，頁26。
18 （宋）朱熹：《楚辭集注》上海：上海古籍出版社，1979年，頁15。

朱熹認為「縣圃」與「懸圃」相同，但他並不認為「懸圃」與「玄圃」相同。他說「縣，音玄，一作玄，非是。」[19]不過，朱熹並未明言為何「非是」。當然，朱熹也沒有稱「縣圃」與「平圃」是一樣的關係。

就「縣圃」、「懸圃」、「玄圃」的意思來看，（明）汪瑗說：「懸圃，神山名，寓言耳，非真有是山也。」[20]又說：「元常遣使窮河源，親歷崑崙之墟，見眾泉飛瀑，自巔而下，沫光如星，名星宿海，世傳此山非妄也。巔曰縣圃，上通於天。」[21]汪瑗一面認為懸圃為寓言，一面又稱此山非妄，是河源崑崙山巔的真實寫照。足見明人自己對「懸圃」的認識就存在矛盾。

（清）王夫之在《楚辭通釋》中說：「縣，音懸。縣圃，西極仙山，所緣以登天。」[22]又說縣圃的位置在崑崙之巔：「崑崙之巔曰縣圃，增城在其上，但傳有其處，無有至者，故莫定其所在與其高也。」[23]這是一種相對比較客觀的評述。（清）蔣驥在《山帶閣注楚辭》中也說：「縣圃，在崑崙之上。」[24]又說：「縣圃，神人之圃，下無所系，懸空而居，故問其所坐何處也。增城又在其上，則愈高而愈奇矣。」[25]延伸出對縣圃的想像。（清）王闓運在《楚辭釋》中說：「縣圃，崑崙山上地，西極所居，以喻謀秦也。」[26]並說：「崑崙縣圃，大帝之居。言王在秦何所棲止也？」[27]

近代以來，學者們對楚辭中的「縣圃」仍然在做討論。湯炳正先生就曾說：「縣圃：神話中的山名，在崑崙山上。」[28]今人在注釋楚辭時也多持相同觀點，如蕭兵認為「崑崙是我國神話系統裡的奧林普斯山，為群帝諸神之所居，是戰國秦漢一種宇宙模式理論裡天地之象徵，是袖珍本的小宇宙。它的初型是我國西北部某一高山（看來祁連山跟崑崙關係最大）。……懸圃據說是崑崙山的一處勝景。」[29]又，因為《周禮·職方氏》中用「弦圃」命名雍州大藪，故蕭兵說懸圃「可能是地理學家所謂『天池景觀』」[30]李山說：「縣、懸為本字與後起字關係。懸圃據說在崑崙山頂，為神靈所居。」[31]；「上不連天，下不接地，故稱懸圃。」[32]

---

19 （宋）朱熹：《楚辭集注》，頁57。
20 （明）汪瑗：《楚辭集解》上海：上海古籍出版社，2017年，頁46-47。
21 同上註，頁200。
22 （清）王夫之：《楚辭通釋》上海：上海古籍出版社，2018年，頁19。
23 同上註，頁81。
24 （清）蔣驥：《山帶閣注楚辭》上海：上海古籍出版社，2019年，頁12。
25 同上註，頁61。
26 （清）王闓運：《楚辭釋》上海：上海古籍出版社，2019年，頁10。
27 同上註，頁31。
28 湯炳正等：《楚辭今注》上海：上海古籍出版社，2012年，頁27。
29 蕭兵：〈《楚辭》神話地名考（續）〉，《華南師範大學學報》，1983年第1期。
30 同上註。
31 李山：《楚辭譯注》北京：中華書局，2018年，頁25。
32 同上註，頁93。

以上涉及到縣圃、懸圃、玄圃這幾個名稱。分析文獻可知，在較早的記錄中，「懸圃」基本皆作「縣圃」，亦如眾家所說，「縣」、「懸」當為古今字，二者所示當為同一概念。「縣圃」、「懸圃」與「玄圃」的關係，與讀音相關，是同音字在文獻書寫中的反映。僅就內容而說，後出的「玄圃」更具神話色彩，表明是經過長期流傳加工而產生的結果。又，就文獻中的平圃來說，《山海經・西山經》稱槐江之山「丘時之水出焉，而北流注於泑水。其中多蠃母，其上多青雄黃，多藏琅玕、黃金、玉，其陽多丹粟，其陰多采黃金、銀。實惟帝之平圃，神英招司之，其狀馬身而人面，虎文而鳥翼，徇於四海，其音如榴。南望崑崙，其光熊熊，其氣魂魂。」[33]《山海經》此條記載說「平圃」「南望崑崙」，意示著「平圃」與「崑崙」為兩地。故崑崙上的「縣圃」、「懸圃」、「玄圃」，當同樣與「平圃」為兩地。因此，一些學者認為平圃乃懸圃的觀點，或許是不合理的。平圃以字面之意視之，為平地上的園子，懸圃則明顯是位於高山上的園子。

　　就以上的考證看，學者們對「縣圃」的認識經過了由現實到神話，再由神話到現實的轉變過程。對「縣圃」的解釋主要有以下幾種：崑崙山上、通天場所、神靈居處、空中花園。在最初如《山海經》、楚辭、《淮南子》等文獻中，「縣圃」只是具有簡單結構，但可以通天的地表區域。當逐漸神話化時，「懸圃」則成為下不接地、上不通天的地方。近代以來，還有學者在西方思想的影響下，對「懸圃」的解釋也更為聚訟紛紜。如蕭兵說：「懸圃之『懸』有高高懸置之意；直譯起來，就是高空的花圃或玉山（瑤圃）的意思。古代巴比倫也有『空中花園』（Hanging Garden），是『世界七大奇跡』之一。日本人小川琢治曾經拿它跟崑崙懸圃、增城九重相比附，暗示後者是從巴比倫傳進來的，這當然很牽強；但懸圃在某一時期的傳說中的確是中國式的空中花園」[34]，湯洪說「『懸圃』一詞源於兩河流域亞述帝國尼尼微城的皇家空中花園，這一事物可能從『北絲綢之路』傳入中土後，中土人民便把它與崑崙大山結合起來，這恐怕就是《山海經》、《穆天子傳》、《淮南子》等典籍中的記錄」[35]，這些成果已經是新時期對「縣圃」的新闡釋了。

　　也就是說，前人對懸圃的認識總歸是分為真實與神話兩種。那麼，屈原所說的「懸圃」究竟是真實的思想？還是源自想像或外部文化的輸入呢？

二　上古城池與「縣圃」「懸圃」觀念之發生

　　筆者認為，對中國早期文獻中記載的「縣圃」、「懸圃」的認識，在沒有確切證據的前提下，並不能冒然與西方文化或歷史遺跡做聯繫。儘管如「縣圃」、「懸圃」為「空中

33　袁珂：《山海經校注》北京：北京聯合出版公司，2014年，頁40。
34　蕭兵：〈《楚辭》神話地名考（續）〉，《華南師範大學學報》，1983年第1期。
35　湯洪：〈《離騷》「懸圃」新釋〉，《中國楚辭學》，第11輯。

花園」等觀點較為引人注目，但生活在早期中國的人們是否對兩河流域的「空中花園」有深入的認識？他們是否去過兩河流域？這些疑問並不能得到合理的論證。空中花園相傳是巴比倫王國（Babylon）的尼布甲尼撒二世（King Nebuchadnezzar）為其患有思鄉病的妃子安美依迪絲（Amyitis）所建，建造年代為西元前六世紀，距今兩千六百年左右。新近的研究成果認為，「空中花園」為亞述王西拿基立（Sennacherib）建造。即便採用這一觀點，建造空中花園的距今年代也不超過兩千八百年。巴比倫空中花園的建造時間早於書寫楚辭文獻中「縣圃」的屈原，但與《山海經》等文獻記載的內容相比，巴比倫空中花園的出現年代應該說還是比較晚的。除了文獻中的記載之外，中國境內還發現了豐富的史前古城遺址，這些史前古城則在諸多方面表現出與文獻中懸圃具有的相似特徵，這是更能反映「縣圃」與「懸圃」知識觀念發生的材料。經初步梳理，中國史前古城與「縣圃」、「懸圃」觀念可對照的證據，以陝北榆林「石峁古城」為例，大致有如下幾點。

其一，反觀前文所述文獻可知，文獻越早，「縣圃」、「懸圃」所表現的神話性越少，真實性越多。通過前文可知，早期文獻中的記載大量出現在漢代典籍中。漢代的經典著作諸如《淮南子》、《海內十洲記》等典籍中均有關於「縣圃」或「懸圃」的記載，這些文本中記載的知識對後世諸多著作的內容產生了影響。在漢代，涉及到「懸圃」的內容比較複雜，這就說明當時產生的文本摻加了漢代的思想觀念。但往前溯，先秦文獻中對「縣圃」或「懸圃」的記載又有所不同。儘管在《山海經》、《穆天子傳》、《莊子》等早期經典中書寫著「縣圃」，但相對於豐富的先秦文獻來講，對「縣圃」的記載其實並不多。這就說明，源自先秦的縣圃知識是在漢代才得到豐富和發展的。漢人對「縣圃」知識的接受與「懸圃」的再構建，從某種意義上講，也是改變了先秦時期的「縣圃」樣貌，這也使漢代的「懸圃」轉變的更加神聖化。具體來說，先秦文獻中的「縣圃」通常呈現出其為真實地點的樣貌。那麼要了解原始的懸圃，則需要在使用先秦文獻的同時結合考古發現。

其二，就地理位置看，懸圃與崑崙究竟在哪，歷來無從考說，但無論是《山海經》還是屈原的作品，這些早期的文本記載皆表明先秦時期人們所認識的懸圃應當是在中國的西北部。如屈原《天問》曰：「崑崙縣圃，其尻安在？增城九重，其高幾里？四方之門，其誰從焉？西北辟啟，何地通焉？」[36]就是說縣圃與崑崙的關聯。崑崙山歷來被視作西北名山，因此屈原所認識的縣圃也當在西北地區。又如《穆天子傳》卷二載：「季夏丁卯，天子北升於舂山之上，以望四野。」；「天子五日觀於舂山之上，乃為銘跡於縣圃之上，以詔後世。」[37]周穆王時，周王朝的都城是鎬京。鎬京地處中國西北陝西中部的關中平原，穆王在西巡時北升的舂山，理應也在西北地區。舂山之上有縣圃，亦可以

---

36 洪興祖：《楚辭補注》，頁92。

37 （晉）郭璞注，王貽樑、陳建敏校釋：《穆天子傳匯校集釋》，頁101-102。

作為縣圃在西北的一證。文獻之外，從西北地區的史前古城看，近些年在陝西神木發現了石峁古城，作為中國境內的著名史前城址，石峁古城屬於龍山晚期至夏代早期的城址，距今約四千三百年左右，使用壽命超過三百年。就地理方位來看，石峁古城位於中國西北陝西省北部神木市的高家堡鎮，其方位具有與上引文獻中「懸圃」方位的對照性，二者可以相互參考，也能夠作為分析文本中涉及到的懸圃知識的重要參考材料。

其三，屈辭中與「懸圃」「增城九重」相關的敘述亦可見於石峁古城。《天問》曰：「增城九重，其高幾里？」[38]是說懸圃中有九層增城，但不知道高度是多少。這就是說，至遲在屈原所在的戰國時期，人們就已經認為懸圃內包括多重城池，儘管懸圃的整體高度不得而知，但其無疑為天庭天帝所居的地方，也就是人間社會中所說的權力中樞的所在地。又，《淮南子‧墜形訓》曰崑崙虛「中有增城九重，其高萬一千里百一十四步二尺六寸。」[39]《拾遺記》載崑崙山「山有九層，每層相去萬里。」[40]此類文獻其實表述的意思是相近的。再到後來，宋人朱熹在分析時說：「縣圃增城高廣之度，諸怪妄說，不可信耳。」[41]在《楚辭辯證》中，朱熹又說：「至於縣圃、閬風、扶桑、若木之類，亦非實事，不足考信。」[42]認為縣圃與增城的說法是「妄說」，不足為訓。朱熹說：「《補注》引《淮南》說：『增城，高一萬一千里一十四步二尺六寸。』尤為可笑，豈有度萬里之遠，而能計其跬步尺寸之餘者乎？此蓋欲覽者以為己所親見而曾實計之，而不知適所以章其誣而且謬也。」[43]若以朱熹的材料看，其結論或許並非沒有道理，但若從文獻的層級看，文獻言「懸圃」有增城九重，高上萬里之說，皆源自晚出文獻。在早期文獻中，其實僅三層。如《淮南子‧墜形訓》曰：「崑崙之丘，或上倍之，是謂涼風之山，登之而不死。或上倍之，是謂懸圃，登之乃靈，能使風雨。或上倍之，乃維上天，登之乃神，是謂太帝之居。」[44]結合考古材料與早期文獻，我們認為所謂多層的懸圃，其實是指上古時期的統治階層對「城」的修建。

以石峁古城為例來看，其由外城、內城、皇城臺三重構成，且三重城牆依次分佈在海拔漸高的臺地上。這種建築的形制是符合文獻中的「懸圃」與「增城」的。如若對應文獻，則外城為「涼風之山」、內城為「懸圃」、皇城臺為「太帝之居」。因此，儘管文獻中相應的觀點出現的時間較晚，但石峁古城足以說明與懸圃相關的知識和觀念早在距今四千三百年之前便已經出現。據此來看，湯炳正先生所說「縣圃：傳說崑崙山上之高

---

38 洪興祖：《楚辭補注》，頁92。
39 劉文典：《淮南鴻烈集解》，上冊，頁159。
40 王興芬譯注：《拾遺記》北京：中華書局，2019年，頁352。
41 （宋）朱熹：《楚辭集注》上海：上海古籍出版社，1979年，頁57。
42 （宋）朱熹：《楚辭辯證》上海：上海古籍出版社，1979年，頁179。
43 同上註，頁192。
44 劉文典：《淮南鴻烈集解》，上冊，頁162。

峰……增城：崑崙山上的高峰。九重：極言其高」[45]的解釋是較為合理的。文獻中的各種說法，其實皆旨在言「增城」之高。

其四，屈辭中有對「懸圃」和「四方之門」的記載，這也可見於石峁遺址。根據石峁考古發現，在其城址東側發現了城門遺跡，據專家介紹，石峁古城的東城門也是目前中國能夠確認的龍山晚期規模最大、結構最為複雜的門址結構。石峁東門的城門遺址由廣場、外甕城、南北墩臺和內甕城四部分構成。其中，廣場是一個南北走向，面積超過二千一百平方米的平整場地，處於門址的最外面，該廣場也是中國現今可以確認的史前時期最大的廣場。就石峁城門來看，其結構與外城門址的結構基本類似，兩邊有南北墩臺，有內、外甕城，還有石砌的臺基、道路、護牆等，可以視作對文獻中「四方之門」的真實反映。

其五，石峁古城的性質也與「懸圃」類似。清代朱駿聲釋「昆」時認為崑崙之山三級，「下曰樊桐，一名板桐。二曰玄圃，一名閬風。上曰層城，一名天庭。」[46]儘管朱駿聲歸納了不同的文獻中與崑崙相關的不同說法，但其中皆涉及到「懸圃」。另外，清代學者李光地說：「縣圃，喻王居也」，這一解釋也較得「縣圃」之本義。從考古發現來看，石峁遺址除了早在四千三百多年前就已經存在之外，它也是已經發現的中國同時期規模最大的城址遺址。石峁遺址約四百二十五萬平方米的面積和這個使用超過三百年的時間，也顯示著這一石城具備王城特色。

其六，據《史記》、《拾遺記》等典籍記載，黃帝與龍有著密切的聯繫，且曾「為養龍之圃。」二〇一三年三月二十五日，沈長雲曾於光明日報撰文〈石峁古城是黃帝部族居邑〉，發表觀點論證石峁為黃帝之都城。在二〇一三年四月十五日，沈長雲在《光明日報》又發表〈再說黃帝與石峁古城〉一文，在另一篇文章〈石峁是華夏族祖先黃帝的居邑〉中，他說：「黃帝作為我國傳說時代的一位著名人物，並不是人們憑空想出來的。有關黃帝及其他傳說時代人物的故事，應當說都有其真實的歷史素材」[47]。如若贊同沈先生的觀點，則「黃帝為養龍之圃」的說法亦可在石峁被證明。如石峁古城中即出土有鱷魚骨等不產於陝北的動物骨頭，一些學者曾認為龍的原型與鱷相關，因此，這也能夠說明文獻所記的「養龍之圃」「黃帝」與石峁共有的特徵。

其七，據司馬遷《史記·大宛列傳》，其中說「天子案古圖書，名河所出山曰崑崙」[48]，又引《禹本紀》說：「河出崑崙。崑崙其高兩千五百餘里，日月所相避隱為光明也。其上有醴泉、瑤池。」[49]石峁古城的地理位置處於黃河大拐彎處，亦可視之為

---

45 湯炳正等：《楚辭今注》，頁90。
46 朱駿聲：《說文通訓定聲》湖北：武漢市古籍書店，1983年影印，頁800。
47 沈長雲：〈石峁是華夏族祖先黃帝部族居邑〉，《華夏文化》，2016年第2期。
48 （西漢）司馬遷：《史記》北京：中華書局，2014年，第十冊，頁3851。
49 同上註，頁3858。

「河出崑崙」;「其上有醴泉、瑤池」句,從石峁古城的考古發現看,其頂部發現有史前池苑遺址,其或即古人觀念中的「醴泉」和「瑤池」。

其八,文獻中的懸圃有上下通天之功能,實即具有祭祀之功能。在石峁古城中,考古人員也發現了與祭祀相關的遺跡,祭祀遺跡位於石峁城址外城的東南方,距離外城城牆約三百米。祭壇的造型也呈現著三級層階結構,或與當時祭祀天地的儀式相關。

其九,用玉。用玉是文獻中崑崙懸圃的一個顯著特點。《拾遺記》載崑崙山第九層「形漸小狹,下有芝田蕙圃,皆數百頃,群仙種耨焉。傍有瑤臺十二,各廣千步,皆五色玉為台基。」[50]是說崑崙山上有用玉的傳統,且玉多作為崑崙山上建築的用材。以平圃作為參考的話,《山海經・西山經》載平圃在槐江之山,此山「多藏琅玕、黃金、玉,其陽多丹粟,其陰多采黃金、銀。」[51]則指出平圃也多有金玉。就石峁考古來看,石峁出土的玉器可分為玉鏟、玉璜、石雕等幾大類,且其更為特殊的地方在於石峁玉器多鑲嵌在石砌的城牆裡,體現著以玉為臺基的思想。這也是考古發現和文獻記載能夠對照的地方。

第十,石峁石雕與開明獸。據《山海經・海內西經》:「海內崑崙之虛,在西北,帝之下都。崑崙之虛,方八百里,高萬仞。上有木禾,長五尋,大五圍。面有九井,以玉為檻。面有九門,門有開明獸守之,百神之所在。在八隅之岩,赤水之際,非仁羿莫能上岡之岩。」[52]記載了與懸圃相關的崑崙之虛上有開明獸。開明獸的具體形狀,在《海內西經》中有記載:「崑崙南淵深三百仞。開明獸身大類虎而九首,皆人面,東向立崑崙上。」[53]由上可見,開明獸在崑崙山之上,人面,其職責是守護作為帝之下都的崑崙虛之門。石峁考古表明,在皇城臺也發現了大量的石雕,這些石雕的功能或如早期文獻中的開明獸,用以守護皇城臺。

總觀以上證據,可見屈辭及早期文獻中對「縣圃」之「縣」及相關「懸圃」、「玄圃」、「平圃」、「增城」、「四方之門」、「開明獸」、「瑤池」等記載,在石峁古城遺址中皆可尋出對照。這種對照即便不能說明石峁古城就是屈辭所謂「縣圃」之所在,也至少可以證明在中國與「縣圃」相應的思想觀念早在史前時期就已經生發。與距今約二千六百年前巴比倫王國據傳由尼布甲尼撒二世在巴比倫城附近為其王妃安美依迪絲修建的空中花園相比[54],石峁古城作為距今四千三百年前的上古史前遺址,無疑更能夠代表「懸

---

50 王興芬譯注:《拾遺記》,頁354。
51 袁珂:《山海經校注》北京:北京聯合出版公司,2014年,頁40。
52 同上註,頁258。
53 同上註,頁261。
54 注:現在科學家證實巴比倫空中花園實際上位於巴比倫以北三百英里之外的尼尼微(Nineveh),其建造者是亞述王西拿基立,而不是巴比倫的尼布甲尼撒。有些記載甚至認為傳說中的「空中花園」實際上指的是亞述國王西拿基立在其都城尼尼微修築的皇家園林。

圃」的知識淵源所在。此外，巴比倫的「空中花園」也只是一處「花園」，石峁古城則與文獻中的「懸圃」一樣，具備祭祀（通天）、王居、懸苑、池苑等多重特徵。如若以屈原地處南方楚地，而石峁位於中國西北來詰難此觀點，我們可以說，其實屈原的作品中多有融合源自南方楚地、中原以及北方的神話傳說和歷史故事，其作品中不僅書寫了楚國的先王先賢，也有三皇五帝、夏商周楚等不同族群的起源敘事。東皇太一、雲中君、東君、河伯、宓妃等，據學者研究其實也並不全是楚國的原生神靈，這些神靈在楚辭文本中的出現，表現著屈原對華夏神聖敘事的認同。

三　小結

歸結本文所討論的問題，我們從屈辭中出現的「縣圃」入手，針對學者們對「縣圃」的不同考釋，提出了新的觀點。分析早期文獻可知，「縣圃」的確是神聖的地方，但卻並非源自先民的想像或者從西方傳來的知識。就中國本身的證據看，在文獻方面，產生時間極早的《山海經》、楚辭、《穆天子傳》等作品中就記載著「縣圃」，用這些文獻反思前人考證的「縣圃」為巴比倫「空中花園」等觀點，可知將「縣圃」的淵源視作西方是有問題的。再從考古材料看，考古發現的中國上古時期的古城遺址，能夠成為早期「縣圃」的物證。以石峁古城為例來看，不論是從古城的建造時間、規模規格，還是古城具備的祭祀功能、池苑設施、用玉傳統，從中皆可以看出與文獻中的「縣圃」具有的相似之處。因此，中國早期經典中記載的「縣圃」，其知識來源當是中國上古時期的城池構建。多重城池的建設，無疑是文獻中「縣圃」這一知識觀念產生的基礎。當然，隨著歷史的發展和知識的傳播，源於真實的「縣圃」逐漸演變成位於人間和天界之間的「懸圃」。再到後來，更是衍生出「玄圃」以及「平圃」這樣的概念。

〈考工記〉兵器名物通釋

李亞明

西安外事學院人文藝術學院

一　引言

　　作為「三禮」之一的《周禮》最後一部分〈冬官考工記〉（以下簡稱〈考工記〉）是中國第一部記述官營手工業各工種規範和製造工藝的文獻，其中多篇內容涉及兵器設計和製作規範。〈考工記〉的〈總敘〉、〈冶氏〉、〈桃氏〉、〈函人〉、〈矢人〉、〈梓人〉、〈廬人〉、〈弓人〉等篇目述及兵器的名稱、形制、長度和製作規範等內容，表明當時已達到中國古代兵器的成熟階段。

　　今人對〈考工記〉兵器的專題研究如：二十世紀八十年代，聞人軍總結，〈考工記〉記載了多種兵器的設計、製造和檢驗工藝，提出了天時地氣材美工巧的原則，是先秦軍事科學技術的重要文獻。[1] 筆者曾全面整理〈考工記〉詞語的基礎上，根據中國傳統訓詁學的訓詁原理、語義觀念以及詞彙語義學原理類聚〈考工記〉詞彙，描寫〈考工記〉詞語之間的各種關係，以全面地理解〈考工記〉詞語所表示的概念的內涵和外延，準確地掌握〈考工記〉的詞語在不同語言環境中所表示的含義；在〈考工記〉詞語分類整理和詞義訓釋的基礎上，以基於辯證法的系統方法論為指導，通過描寫和論證〈考工記〉詞語關係的層次性、關聯性、有序性和立體性諸特徵，證明先秦手工業專科詞語的系統性。[2] 同時，根據中國傳統訓詁學的訓詁原理、語義觀念以及詞彙語義學原理，運用義素二分法，類聚、梳理並分析〈考工記〉格鬥兵器、遠射兵器和衛體兵器詞語系統的特徵，從先秦兵器手工業專科詞語的側面呈現春秋末期書面漢語的詞語系統面貌；[3] 全面整理〈考工記〉的弓矢詞語，發現〈考工記〉的弓矢詞語有兩種層次關係，即一般與個別、整體與部分；弓矢詞語之間具有縱向、上下和橫向的結構關聯，並由此形成詞

---

*　本文係國家社會科學基金中華學術外譯項目「《考工記名物圖解》（英文版）」（編號：22WYYB005）、西安外事學院高層次人才啟動基金項目（編號：XAIU202413）的階段性成果。
1　聞人軍：〈〈考工記〉中的兵器學〉，《錦州師院學報（哲學社會科學版）》，1987年第2期，頁46-51。
2　李亞明：《《周禮・考工記》先秦手工業專科詞語詞彙系統研究》北京：北京師範大學博士論文，2006年。
3　李亞明：〈論《周禮・考工記》兵器詞語系統的特徵〉，《弘光科技大學人文社會學報》，2008年第9期，頁17-53。

語立體網路，體現了事物聯繫的普遍性。[4]同時也有其他學者對〈考工記〉進行研究，如林卓萍探討〈考工記〉中〈弓人〉、〈矢人〉兩篇記載的上古弓箭製作工序的相關問題；[5]顧莉丹結合傳世文獻與出土材料，利用前人的研究成果，對〈考工記〉的兵器部分進行概括和梳理。[6]

然而，系統解剖詞語，終究還要回到文獻原始文本；同時，名物訓詁在自覺運用傳世文獻與考古出土實物互相印證的二重證據法的時候，必須與時俱進，吸收日新月異的考古發掘最新成果。以下，筆者汲取近年來最新考古成果和表述方式，依類通釋〈考工記〉記載的句兵、刺兵、殳兵（殳）、刀、弓、矢、侯、甲等類兵器名物，冀望能進一步探究先秦兵器設計和製作史，進而闡釋考古出土兵器實物資料及其蘊涵的歷史信息提供翔實的文獻史料證據。

二　句兵

句兵是用以勾擊的兵器，如戈、戟。〈廬人〉：「凡兵，句兵欲無彈，刺兵欲無蜎，是故句兵椑，刺兵摶。」意為，凡兵器，用以勾擊的兵器的鋒刃不可轉動，用以直刺的兵器的鋒刃不可彎折。因此，用以勾擊的兵器柄部的橫斷面呈橢圓型，用以直刺的兵器的柄部的橫斷面呈圓型。

（一）戈

戈是一種既可啄擊（橫擊）又可鉤擊的長柄兵器。

表一　「戈」的甲骨文字形

字形	文獻來源	編號
![戈1]	《甲骨文合集》	3335
![戈2]		8396
![戈3]		8403

---

[4] 李亞明：〈〈考工記〉弓矢詞語系統考〉，《湖南文理學院學報（社會科學版）》，2007年第2期，頁80-83。

[5] 林卓萍：《〈考工記〉弓矢名物考》杭州：杭州師範學院碩士論文，2006年。

[6] 顧莉丹：《〈考工記〉兵器疏證》上海：復旦大學博士論文，2011年。

表二 「戈」的金文字形

字形	時期	器名	文獻來源	編號
	商代晚期	戈尊	《殷周金文集成》	5468
	西周早期	戈觶		6056
	西周早期戈觶	戈觶		6057
	西周中期	走馬休盤		10170

由表一、表二可見，「戈」的甲金文字形均像既可啄擊（橫擊）又可鉤擊的長柄兵器，屬於象形造字。〈總敘〉：「人長八尺，崇於戈四尺，謂之三等。」意為，人的身高為八尺，比戈高出四尺，這是第三個等級。

中國最早的青銅戈是河南偃師二里頭採集的直內戈，年代為二里頭三期，相當於夏代晚期。

（二）戟

「戟」是一種合戈、矛為一體的長柄兵器。戟與戈的共同之處是都有內（柲）、胡、援等部分，差異之處是戟有枝兵。

表三 「戟」的金文字形

字形	時期	器名	文獻來源	編號
	西周中期	走馬休盤	《殷周金文集成》	10170
	西周晚期	弭伯師耤簋		4257
	戰國時期	平阿左戟		11158

由表三可見，「戟」的甲金文字形像兩股以上鋒刃的長柄兵器。〈冶氏〉：「戟廣寸有半寸。」意為，戟的頭部寬一寸半。

迄今考古發現最早的青銅戟是河北槁城臺西商代早期墓葬出土的戈矛聯裝銅戟（M17：5）。

（三）戈戟部位

戈的頭部，由頭的後部插入柄杖的部位（內〔柲〕）、下刃後部弧彎下垂的部位（胡）、頭的前部橫出並有鋒刃的部位（援）等部分構成。

図一　戈頭部位名稱

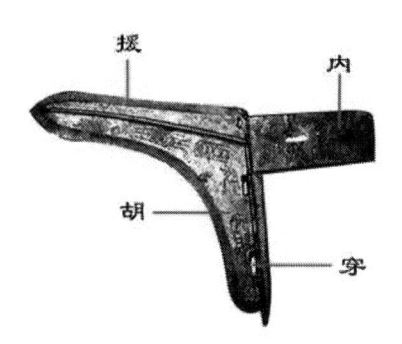

1 內（枘）

內（枘，ruì）是戈頭、戟頭後部插入柄杖與其相連接的榫頭。〈冶氏〉：「戈廣二寸，內倍之。」意為，戈的頭部寬二寸，其後部插入柄杖的部位的長度是戈的頭部的寬度的一倍。由此推算，戈頭的後部插入柄杖的部位的長度與戈頭的寬度之間的比例關係為：

戈頭的後部插入柄杖的部位（內／枘）的長度（4寸）＝戈頭的寬度（2寸）×2

〈冶氏〉：「戟廣寸有半寸，內三之。」意為，戟的頭部寬一寸半，其後部插入柄杖的部位的長度是戟的頭部的寬度的三倍。由此推算，戟頭的後部插入柄杖的部位的長度與戟頭的寬度之間的比例關係為：

戟頭的後部插入柄杖的部位（內／枘）的長度（4.5寸）
＝戟頭的寬度（1.5寸）×3

2 胡

胡是戈頭、戟頭援下靠近下闌，即下刃後部弧彎下垂的部分。〈冶氏〉：「戈廣二寸，內倍之，胡三之。」意為，戈的頭部寬二寸，其後部插入柄杖的部位的長度是戈的頭部的寬度的一倍，其下刃後部弧彎下垂的部位的長度是戈的頭部的寬度的三倍。由此推算，下刃後部弧彎下垂的部位的長度與戈頭的寬度之間比例關係為：

下刃後部弧彎下垂的部位（胡）的長度（6寸）＝戈頭的寬度（2寸）×3

〈冶氏〉：「戟廣寸有半寸，內三之，胡四之」意為，戟的頭部寬一寸半，其後部插入柄杖的部位（內／枘）的長度是戟的頭部的寬度的三倍，其下刃後部弧彎下垂的部位的長度是戟的頭部的寬度的四倍。由此推算，下刃後部弧彎下垂的部位的長度與戟頭的寬度之間的比例關係為：

下刃後部弧彎下垂的部位（胡）的長度（6寸）＝戟頭的寬度（1.5寸）×4

3　援

援是戈頭、戟頭的前部橫出、有鋒有刃的部分。一般來說，戈為肥援，戟為瘦援。〈冶氏〉：「戈廣二寸，內倍之，胡三之，援四之。」意為，戈的頭部寬二寸，其後部插入柄杖的部位的長度是戈的頭部的寬度的一倍，其下刃後部弧彎下垂的部位的長度是戈的頭部的寬度的三倍，其頭的前部橫出並有鋒刃的部位的長度是戈的頭部的寬度的四倍。由此推算，戈頭的前部橫出並有鋒刃的部位的長度與戈頭的寬度之間的比例關係為：

戈頭的前部橫出並有鋒刃的部位（援）的長度（8寸）＝戈頭的寬度（2寸）×4

〈冶氏〉：「戟廣寸有半寸，內三之，胡四之，援五之。」意為，戟的頭部寬一寸半，其後部插入柄杖的部位的長度是戟的頭部的寬度的三倍，其下刃後部弧彎下垂的部位的長度是戟的頭部的寬度的四倍，其頭的前部橫出並有鋒刃的部位的長度是戟的頭部的寬度的五倍。由此推算，戟頭的前部橫出並有鋒刃的部位的長度與戟頭的寬度之間的比例關係為：

戟頭的前部橫出並有鋒刃的部位（援）的長度（7.5寸）
＝戟頭的寬度（1.5寸）×5

上海博物館藏戰國中期燕國郾侯載戈（《殷周金文集成》編號11220）與《考工記·冶氏》記載基本吻合。其援部較直，明顯上揚，援鋒呈尖葉型，下刃與上刃平行，中段後彎轉而下，延伸為長胡，胡底平折；援部和胡部後側起闌，上設三穿，其一在援部後上角，其二在胡部。

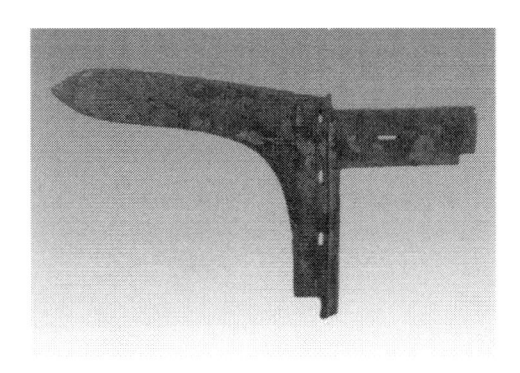

圖二　上海博物館藏戰國中期燕國郾侯載戈

（四）長柄兵器部位：柲

柲是戈、戟等長柄兵器的柄杖。

表四　「柲」的甲骨文字形

字形	文獻來源	編號
｜	《甲骨文合集》	4242賓組
１		14034賓組
「		25937

表五　「柲」的金文字形

字形	時期	器名	文獻來源	編號
柲	西周晚期	南宮乎鐘	《殷周金文集成》	181
柲	西周中期	走馬休盤		10170

由表四可見，「柲」的甲金文字形均像長柄兵器的柄杖，屬於象形造字。〈總敘〉：「戈柲六尺有六寸，既建而迤，崇於軫四尺，謂之二等。」意為，戈的柄部長六尺六寸，插在戰車上而讓它斜靠著，比車廂底部的枕木高出四尺，這是第二等。考古出土柄杖較典型的長柄兵器如：河南偃師二里頭三期遺址出土的相當於夏代晚期的柲痕曲內戈（K3：2）、河南安陽殷墟花園莊出土的商代青銅戈鋬內殘存木柄、流落美國弗利爾藝術博物館的商代晚期玉戈的銅質柄杖、山西翼城大河口西周墓地出土的鋬內殘存柲木的銅矛（M1034：38）、戰國早期曾侯乙墓出土的木芯積竹柲戟，等等。

（四）長柄兵器部位：廬

〈總敘〉：「秦無廬。……秦之無廬也，非無廬也，夫人而能為廬也。」意為，秦國沒有專門製作長柄兵器的柄杖的工匠……秦國沒有專門製作長柄兵器的柄杖的工匠，不是說沒有能夠製作長柄兵器的柄杖的工匠，而是說那裡人人都會製作長柄兵器的柄杖。〈廬人〉：「廬人為廬器。」意為，廬人製作長柄兵器的柄杖。長柄兵器的柄杖（廬）由柄部的手握部位（柲）、套在柄部末端的銅箍（晉／鐏）、柄部的首端（首$_1$）、柄部上端插入矛刃尾部的部位（刺）等部分構成。

1 柲

柲指長柄兵器柄部的手握部分。〈廬人〉:「凡為殳，五分其長，以其一為之柲而圍之。」意為，凡製作殳，把它的長度等分為五個等分，把其中的一個等分設置為柄部橫截面呈圓形的手握部位的周長。

2 晉

「晉」同「鐏」，泛指套在戈、戟、矛等長柄兵器柄部末端的銅箍。〈廬人〉:「凡為殳，五分其長，以其一為之柲而圍之。參分其圍，去一以為晉圍。」意為，凡製作殳，把它的長度等分為五個等分，把其中的一個等分設置為柄部橫截面呈圓形的手握部位的周長。把手握部位的周長等分為三個等分，去掉其中的一個等分，就是柄部末端的銅箍的周長。由此推算，殳的柄部末端的銅箍的周長與柄部的手握部位的周長之間的比例關係為:

柄部末端的銅箍（晉／鐏）的周長（6寸）
＝柄部的手握部位（柲）的周長（9寸）×2/3

〈廬人〉:「凡為酋矛，參分其長，二在前、一在後而圍之。五分其圍，去一以為晉圍。」意為，凡製作酋矛，把它的長度等分為三個等分，兩個等分在前，一個等分在後，柄部橫截面呈圓形。把柄部橫截面呈圓形的手握部位的周長等分為五個等分，去掉其中的一個等分，就是柄部末端的銅箍的周長。由此推算，酋矛的柄部末端的銅箍的周長與柄部的手握部位的周長之間的比例關係為:

柄部末端的銅箍（晉／鐏）的周長（7.2寸）
＝柄部的手握部位（柲）的周長（9寸）×4/5

3 首₁

首₁指長柄兵器柄部的首端，特指殳首。〈廬人〉:「凡為殳，……五分其晉圍，去一以為首圍。」意為，凡製作殳，……把柄部末端的銅箍的周長分為五個等分，去掉其中的一個等分，就是柄部的首端的周長。由此推算，殳的首端的周長與柄部末端的銅箍的周長之間的比例關係為:

首端（首1）的周長（4.8寸）＝柄部末端的銅箍（晉／鐏）的周長（6寸）×4/5

考古出土較典型的殳首如:內蒙古紮魯特旗南寶力皋吐新石器時代墓地出土的黑色磨製軟玉骨朵（BM44:3）、陝西扶風出土的西周中期五齒殳首，以及安徽壽縣春秋時期蔡侯墓、湖北當陽曹家崗春秋時期5號墓、河南新鄭春秋中期鄭公大墓、河南浙川和尚嶺

春秋中晚期1號楚墓、河南南陽春秋晚期楚彭氏家族墓地等出土的殳首，等等。

4　刺

刺指長柄兵器柄部上端插入矛刃尾部的部位。〈廬人〉：「凡為酋矛，……參分其晉圍，去一以為刺圍。」意為，凡製作酋矛，……把柄部末端的銅籥的周長等分為三個等分，去掉其中的一個等分，就是柄部上端插入矛刃尾部的部位的周長。由此推算，酋矛的柄部上端插入矛刃尾部的部位的周長與柄部末端的銅籥的周長之間的比例關係為：

柄部上端插入矛刃尾部的部位的周長（4.8寸）
＝柄部末端的銅籥（晉〔鐏〕）的周長（7.2寸）×2/3

三　刺兵

刺兵是用以直刺的兵器，如矛、劍。〈廬人〉：「凡兵，句兵欲無彈，刺兵欲無蜎，是故句兵椑，刺兵摶。」意為，凡兵器，用以勾擊的兵器的鋒刃不可轉動，用以直刺的兵器的鋒刃不可彎折。……因此，用以勾擊的兵器柄部的橫斷面呈橢圓形，用以直刺的兵器的柄部的橫斷面呈圓形。

考古出土較典型的矛如：湖北黃陂盤龍城李家嘴墓葬出土的商代早期葉脈紋雙耳矛（PLZM2：56）、湖北省博物館藏春秋晚期吳王夫差矛、春秋晚期透雕俑矛，等等；較典型的劍如：北京故宮博物院藏春秋晚期越王者旨於賜劍、湖北江陵望山出土的春秋晚期越王勾踐劍，等等。

（一）酋矛

酋矛較夷矛為短，是車戰五兵之一。〈總敘〉：「酋矛常有四尺，崇於戟四尺，謂之六等。」意為，酋矛的長度是兩丈，比戟高出四尺，這是第六等。〈廬人〉：「酋矛常有四尺。……凡為酋矛，參分其長，二在前，一在後而圍之。」意為，酋矛的長度是兩丈。……凡製作酋矛，把它的長度等分為三個等分，兩個等分在前，一個等分在後，設置為柄部橫截面呈圓形的手握部位的周長。

考古出土較典型的短矛如：湖北棗陽郭家廟西周晚期至春秋早期曾國墓地出土的柳葉形短銅矛、戰國早期曾侯乙墓出土的短杆粗矛，等等。

（二）夷矛

夷矛為長矛，較酋矛為長，車戰五兵之一。〈廬人〉：「夷矛三尋。」意為，夷矛的長度為三尋（即兩丈四尺）。

考古出土較典型的長矛如：陝西寶雞竹園溝 M7 出土的西周早期柳葉形雙耳長矛（BZM7：23）、湖北棗陽郭家廟西周晚期至春秋早期曾國墓地出土的窄長銅矛、戰國早期曾侯乙墓出土的積竹矜長柲細矛，等等。

（三）劍

劍是短柄長刃的刺劈兵器。〈總敘〉：「……吳粵之劍，遷乎其地，而弗能為良，地氣然也。」意為，出產於吳國和越國的寶劍，如果遷移到別的地方去製作，不能成為精品，這就是不同地區具有不同自然區域條件的緣故。

劍由主體部位（身$_1$）、柄部（莖）和柄部末端的把頭（首$_2$）等部位構成。其中，主體部位（身$_1$）可細分為兩刃之間（臘）和脊與刃之間（從）。

1 身$_1$

身$_1$指劍的主體部分，由臘、從兩部分構成。〈桃氏〉：「身長五其莖長，重九鋝，謂之上制，上士服之；身長四其莖長，重七鋝，謂之中制，中士服之；身長三其莖長，重五鋝，謂之下制，下士服之。」意為，劍的主體部位的長度是柄部的長度的五倍，重九鋝，稱為上制，上等身材的武士佩用；劍的的主體部位的長度是柄部的長度的四倍，重七鋝，稱為中制，中等身材的武士佩用它；劍的的主體部位的長度是柄部的長度的三倍，重五鋝，稱為下制，下等身材的武士佩用。

（1）臘

臘是劍兩刃之間的一面，即脊與兩從、兩鍔的合稱。〈桃氏〉：「桃氏為劍，臘廣二寸有半寸。」意為，桃氏製作劍，兩刃之間部位的寬度是兩寸半。

江西新幹大洋洲出土的商代晚期尖苗紋寬刃劍，臘部明顯。

（2）從

從是劍從劍脊對分出的臘廣的二分之一，即脊與刃之間。〈桃氏〉：「兩從半之。」意為，脊與刃之間的部位的寬度是從劍脊對分出的兩刃之間部位的寬度的一半。由此推算，從劍脊對分出的兩刃之間部位的寬度與脊與刃之間的部位的寬度之間的比例關係為：

從劍脊對分出的兩刃之間部位（臘）的寬度（2.5寸）÷2

　　＝脊與刃之間的部位（從）的寬度（1.25寸）

山西翼城大河口西周墓地出土的銅劍（M1034：93）、山西昔陽大寨出土的春秋晚期虎頭短劍，兩從均較明顯。

2　莖

　　莖是劍柄的主要器段。〈桃氏〉：「以其臘廣為之莖圍，長倍之。」意為，把從劍脊對分出的兩刃之間部位的寬度設置為劍的柄部的周長；柄部的長度是其一倍。

　　由此推算，劍的柄部的周長與從劍脊對分出的兩刃之間部位的寬度之間的比例關係為：

　　柄部（莖）的周長（2.5寸）

　　＝從劍脊對分出的兩刃之間部位（臘）的寬度（2.5寸）

劍的柄部的長度與從劍脊對分出的兩刃之間部位的寬度之間的比例關係為：

　　柄部（莖）的長度（5寸）

　　＝從劍脊對分出的兩刃之間部位（臘）的寬度（2.5寸）×2

考古出土柄部較典型的劍如：河南三門峽西周虢國墓地 M2001 出土的玉柄鐵劍、陝西寶雞益門村2號墓出土的春秋晚期金柄鐵劍、河南輝縣琉璃閣墓甲出土的春秋晚期金柄銅劍、臺北故宮博物院藏春秋晚期玉柄劍、英國大英博物館的春秋晚期純金劍柄，等等。

3　首$_2$

　　首$_2$特指劍柄部末端手握部分的把頭。〈桃氏〉：「參分其臘廣，去一以為首廣，而圜之。」意為，把從劍脊對分出的兩刃之間部位的寬度等分為三個等分，去掉其中的一個等分，設置為柄部末端圓形把頭的直徑。

　　考古出土柄部末端手握部分的把頭較典型的劍如：河南三門峽西周虢國墓地M2001出土的玉首鐵劍、河南陝縣後川出土的春秋時期金鐔金首鐵劍、山西太原金勝村出土的春秋晚期環首劍，等等。

四　瞉兵：殳

　　殳本來是有鋒刃的擊、刺兩用的長柄兵器，後來逐漸退出實戰兵器的行列，演變為沒有鋒刃的儀仗、警衛兵器。

表六　「殳」的甲骨文字形

字形	文獻來源	編號
	《甲骨文合集》	21868

表七　「殳」的金文字形

字形	時期	器名	文獻來源	編號
	西周中期	十五年趙曹鼎	《殷周金文集成》	2784

由表六、表七可見，「殳」的甲金文字形皆像以手持椎，同時從又，几聲，屬會意兼形聲。〈廬人〉：「殳兵同強。」意為，「殳」指殳的長度為一丈二尺，沒有鋒刃，可以用來打擊人，所以叫「殳兵」。

五　刀

刀是單面側刃劈、砍兵器。

表八　「刀」的甲骨文字形

字形	文獻來源	編號
	《甲骨文合集》	20349亞組
		22474子組
		33035曆組

表九　「刀」的金文字形

字形	時期	器名	文獻來源	編號
	商代晚期	子刀父辛方鼎	《殷周金文集成》	1882
	商代晚期	子刀簋		3079

由表八、表九可見，「刀」的甲金文字形皆像刀面、刀背和刀柄，屬象形造字。〈總敘〉：「鄭之刀，……遷乎其地，而弗能為良，地氣然也。」意為，出產於鄭國的刀具，如果遷移到別的地方去製作，不能成為精品，這就是不同地區具有不同自然區域條件的緣故。

迄今考古發現中國最早的青銅刀是甘肅東鄉林家馬家窯文化遺址出土的新石器時代

中期小銅刀（F20：18），距今約五千年。迄今考古發現最早的長刀是湖北黃陂盤龍城楊家灣墓葬出土的相當於商代中期的卷鋒長刀（PYWM11：7）。迄今考古發現最早的短刀是河南偃師二里頭III區墓葬出土的相當於夏代晚期的環首短刀（IIIM2：3）。

六　弓

弓是彈射兵器。

表十　「弓」的甲骨文字形

字形	文獻來源	編號
		940賓組
	《甲骨文合集》	940賓組
		32012曆組

表十一　「弓」的金文字形

字形	時期	器名	文獻來源	編號
	西周早期	弓父癸觶		6332
	西周中期	同卣	《殷周金文集成》	5398
	西周晚期	虢季子白盤		10173

由表十、表十一可見，「弓」的甲金文字形像搭弦或未搭弦的弓，屬於象形造字。這說明中國早在商周時代，就已達到複合弓製作水準。〈總敘〉：「胡無弓、車。……胡之無弓、車也，非無弓、車也，夫人而能為弓、車也。」意為，中原的北方和西方沒有專門製作弓和車的工匠，不是說那裡沒有會製作弓和車的工匠，而是說那裡人人都會製作弓和車。

迄今發現中國最早的弓實物是湖南長沙瀏城橋1號楚墓出土的春秋晚期竹弓。

（一）類別

〈弓人〉所記載的弓有句弓、侯弓（包括夾弓和庾弓）、深弓（包括王弓和唐弓）等。

1　句弓

句弓是指角材優良而幹材和筋材質量較差的弓。由於幹材不佳，其彎曲度較大，故

名。句弓屬複合弓的下品。〈弓人〉：「覆之而角至，謂之句弓。」意為，檢查弓的品質時，僅僅是動物犄角的材質優良而弓體和動物韌帶的材質較差的弓，叫做句弓。

湖北當陽曹家港五號墓出土的半月形反曲竹弓是比較典型的句弓。

2　侯弓

侯弓即射侯（箭靶）之弓，如夾弓和庾弓。其幹材和角材優良，而筋材質量較差。侯弓屬複合弓的中品。〈弓人〉：「覆之而幹至，謂之侯弓。」意為，檢查弓的品質時，僅僅是弓體和動物犄角的材質優良，而動物韌帶的材質較差的弓，叫做侯弓。

湖北棗陽郭家廟西周晚期至春秋早期曾國墓地 M1 出土的弋射弓是比較典型的侯弓。

夾弓、庾弓

夾即夾弓；「臾」同「庾」，即庾弓。二者均屬「六弓」，共同之處是弓體彎曲，射力較弱，射勢較淺近。〈弓人〉：「往體多，來體寡，謂之夾臾之屬，利射侯與弋。」意為，向外彎曲的弓體弧度偏大，向內彎曲的弓體弧度偏小，叫做夾弓和庾弓之類的弓，適合習射箭靶和弋射飛鳥。

3　深弓

深弓即弓力較強的射深之弓，如王弓和唐弓。其幹材、角材和筋材質量均屬優良。屬複合弓的上品。〈弓人〉：「覆之而筋至，謂之深弓。」意為，檢查弓的品質時，弓體、動物犄角的材質和動物韌帶的材質均屬優良的弓，叫做深弓。

（1）王弓

王弓與弧弓同類，弓體直，射力最強，射勢深遠。屬「六弓」之一。〈弓人〉：「往體寡，來體多，謂之王弓之屬，利射革與質。」意為，向外彎曲的弓體弧度偏小，向內彎曲的弓體弧度偏大，叫做王弓之類的弓，適合射皮甲和厚的木靶。

湖南長沙馬王堆2號漢墓出土的開弓拉力極大的竹弓是比較典型的王弓。

（2）唐弓

唐弓與大弓同類。弓體曲直適中，射力中等，射勢較深遠。屬「六弓」之一。〈弓人〉：「往體來體若一，謂之唐弓之屬，利射深。」意為，向外彎曲的弓體與向內彎曲的弓體的弧度相同，叫做唐弓之類的弓，適合射深。

（二）部件

弓由弓梢的彎曲部位末端支撐弦結的橋柱（峻）、弓體（體〔來體{畏}、往體〕）、弓弦（弦）構成。其中，弓體由內側襯裡正中起調節弓體強弱的襯木（紨）、向內彎曲的弓體與弓把的接縫（觀）、向內彎曲的弓體與弓的末端相接的部位（菱解中）、握持的弓把（挺臂〔柎₁{柎₂〔弣₂〕、敝}〕）等部分構成。

1　峻

為了增強弓弦的穩定性，在弓弭的末端設置支撐弦結的橋柱，與弓弦兩端的環形結相扣。峻指弓梢的彎曲部位末端支撐弦結的橋柱。〈弓人〉：「凡為弓，方其峻而高其柎。」意為，凡製作弓，弓梢的彎曲部位的末端支撐弦結的橋柱（峻）要方，而弓把（柎₁〔弣₁〕）要高。

石璋如曾復原河南安陽殷墟小屯 M20 和婦好墓出土的玉弓弭的使用方式，再現了位於弓梢的彎曲部位末端支撐弦結的橋柱的狀貌。[7]

2　體

體指弓體。〈弓人〉：「寒奠體。……寒奠體則張不流。」意為，寒冬季節固定弓體。……寒冬季節固定弓體，張開弓弦時就不再變形。

弓體由來體（畏）、往體兩個部分構成。〈弓人〉：「往體多，來體寡，謂之夾庾之屬，利射侯與弋。往體寡，來體多，謂之王弓之屬，利射革與質。往體、來體若一，謂之唐弓之屬，利射深。」[8]意為，向外彎曲的弓體弧度偏大，向內彎曲的弓體弧度偏小，叫做夾弓和庾弓之類的弓，適合習射箭靶和弋射飛鳥。向外彎曲的弓體弧度偏小，向內彎曲的弓體弧度偏大，叫做王弓之類的弓，適合射皮甲和厚的木靶。向外彎曲的弓體與向內彎曲的弓體的弧度相同，叫做唐弓之類的弓，適合射深。[9]

7　詳見徐琳：〈故宮博物院藏商代玉器概述〉，中國社會科學院考古研究所夏商周考古研究室：《三代考古》第七冊，北京：科學出版社，2007年。

8　聞人軍推測〈考工記・弓人〉曾經錯簡，理應校正為：「往體多，來體寡，謂之王弓之屬，利射革與質。往體寡，來體多，謂之夾庾之屬，利射侯與弋。往體、來體若一，謂之唐弓之屬，利射深。」詳見聞人軍：〈〈考工記・弓人〉「往體」、「來體」句錯簡校讀〉，《自然科學史研究》，2020年第1期，頁24-34。

9　按照聞人軍的推測，則〈弓人〉此段意為，向內彎曲的弓體弧度偏大，向外彎曲的弓體弧度偏小，叫做夾弓和庾弓之類的弓，適合習射箭靶和弋射飛鳥。向內彎曲的弓體弧度偏小，向外彎曲的弓體弧度偏大，叫做王弓之類的弓，適合射皮甲和厚的木靶。錄以備考。

（1）來體

來體是向內彎曲的弓體，與往體相對。

A 畏

「畏」通「隈」，引申指弓簫與弓把之間兩段向內彎的弓體，即來體，也稱「淵」。〈弓人〉：「夫角之中，恒當弓之畏。畏也者必橈。」意為，動物犄角的中段通常附在弓的末端與弓把之間兩段向內彎的弓體部位，這個部位必然彎曲。

（2）往體

往體是向外彎曲的弓體，與來體相對。

（3）帤

「帤」指弓體內側襯裡正中起調節弓體強弱的襯木。〈弓人〉：「厚其帤則木堅，薄其帤則需，是故厚其液而節其帤。」意為，襯木太厚，弓體木就會顯得過於堅硬；襯木太薄，弓體木就會顯得過於柔軟。因此，弓體木要多多浸治，並適當地墊加厚薄相稱的襯木。

曾侯乙墓出土的半月形反曲刺槐木弓均由上弓臂段、下弓臂段和短木片拼成。湖北江陵九店東周墓出土的半月形木弓的上、下弓臂由兩片槐木片拼成，拼合的部位削薄，疊加部位的正中間嵌進一塊銅片。

（4）䋆

䋆指弓隈與弓柎（弓把）的接縫。〈弓人〉：「為柎而發，必動於䋆。弓而羽䋆，末應將發。」意為，弓把如果扭曲變形，必然會導致弓的末端與弓把之間兩段向內彎曲的弓體與弓把的接縫鬆動。接縫如果鬆動，弓體就會軟弱無力，弓的末端也會相應扭曲變形。

（5）菱解中

菱解中指弓隈與弓的末端相接之處。〈弓人〉：「今夫菱解中有變焉，故校。」意為，由於向內彎曲的弓體與弓的末端相接的部位發力方向不同，因此，射箭的速度就快疾。

（6）挺臂

挺臂指弓的握持段，即弓把，包括弓把兩側鑲嵌的墊片（柎$_2$〔柎$_2$〕）、附在弓把內側的動物犄角（䩞）等部位。〈弓人〉：「於挺臂中有柎焉，故剽。」意為，弓把的兩側

鑲嵌有墊片，因此，射箭的力度就迅猛。

考古出土較典型的弓把，如河南南陽黃山遺址屈家嶺文化大墓出土的象牙弓把飾。此外，考古發現，湖北荊門包山楚墓2號墓出土的馬鞍形木弓弓把的內側貼有一條木片。

A　柎$_1$

這裡的「柎$_1$」同「枎$_1$」，也指弓的握持段，即弓把。〈弓人〉：「凡為弓，方其峻而高其柎……。下柎之弓，末應將興。為柎而發，必動於網。」意為，凡製作弓，弓梢的彎曲部位的末端支撐弦結的橋柱要方，而弓把要高；……弓把低的弓，其末端也會相應變形。弓把如果扭曲變形，必然會導致弓的末端與弓把之間兩段向內彎曲的弓體與弓把的接縫鬆動。

山西定襄中霍村東周時期1號墓出土的銅匜（M1：14）壁上紋飾殘存兩層上層左側授弓畫面中，弓弦向上，弓把在下。[10]這與《禮記·曲禮上》的記載相符。

B　柎$_2$

這裡的「柎$_2$」同「枎$_2$」，特指弓的握持段即弓把兩側鑲嵌的墊片。〈弓人〉：「於挺臂中有柎焉，故剽。」意為，弓把的兩側鑲嵌有墊片，因此，射箭的力度就迅猛。

湖北江陵望山沙塚1號楚墓出土的馬鞍形竹弓的上、下弓臂由兩條竹片製成，在弓把交疊並用生物膠粘固，再用短竹片夾住握持段，用藤條纏緊。

C　𢾭

𢾭指附在弓的握持段即弓把內側的動物犄角。〈弓人〉：「凡為弓，……長其畏而薄其𢾭。」意為，凡製作弓，……向內彎的弓體部位要長，附在弓把內側的動物犄角要薄。

3　弦

弦指弓弦，繫在弓背兩端之間的彈性繩狀物。〈弓人〉：「春被弦則一年之事。」意為，春季安上弓弦，就是整整一年的事情了。

七　矢

矢即箭。

---

[10] 李有成：〈定襄縣中霍村東周墓發掘報告〉，《文物》，1997年第5期，頁4-17、100、1-2、1。

表十二　「矢」的甲骨文字形

字形	文獻來源	編號
↑	《甲骨文合集》	4787賓組
↑		23053出組

表十三　「矢」的金文字形

字形	時期	器名	文獻來源	編號
↑	西周早期	小盂鼎	《殷周金文集成》	2839
↑	西周中期	豆閉簋		4276
↑	西周晚期	虢季子白盤		10173

由表十二、表十三可見，「矢」的甲金文字形上部像箭頭，豎像箭杆，下部像栝、羽，屬於象形造字。〈矢人〉：「矢人為矢。」意為，矢人製作箭。

河北槁城臺西 F10文化層出土全箭（T10：0181）表明，中國羽箭在商代中期已經定型。伴隨出土陶文標有「矢」字。

（一）類別

〈矢人〉記載的矢有殺矢、鍭矢、茀矢、田矢、兵矢等。

1　鍭矢

鍭矢是近射之箭。箭鏃較重，箭杆重心靠前，殺傷力大。〈矢人〉：「鍭矢參分，……一在前，二在後。」意為，把鍭矢的長度等分為三個等分，……一個等分在前，兩個等分在後。

2　茀矢

茀矢是弋射之箭。箭鏃較輕，適於射取空中飛禽。〈矢人〉：「茀矢參分，一在前，二在後。」意為，把茀矢的長度等分為三個等分，……一個等分在前，兩個等分在後。

考古出土較典型的茀矢箭鏃如：河南南陽春秋晚期楚彭氏家族墓地 M1出土的圓鈍無鋒銅鏃、山西浮山南霍墓地東周銅器墓 M13 出土的春秋晚期圓棒槌狀鏃（M13：54）、河南洛陽中州路出土的戰國時期弋射雙翼鏃（2719：80），等等。

3 兵矢

兵矢是用弓發射的帶火之箭，包括枉矢、絜矢，箭鏃重量次於鍭矢、殺矢，主要用於守城、車戰。〈矢人〉：「兵矢、田矢五分，二在前，三在後。」意為，把兵矢和田矢的長度分為五個等分，兩個等分在前，三個等分在後。

4 田矢

田矢是用弩發射的帶火之箭。箭鏃重量次於鍭矢、殺矢。〈矢人〉：「兵矢、田矢五分，二在前，三在後。」意為，把兵矢和田矢的長度分為五個等分，兩個等分在前，三個等分在後。

5 殺矢

殺矢是近射田獵之箭。箭鏃較重，箭杆重心靠前，殺傷力大，適於近射。〈冶氏〉：「冶氏為殺矢。」意為，冶氏製作殺矢。〈矢人〉：「殺矢七分，三在前，四在後。」意為，把殺矢的長度分為七個等分，三個等分在前，四個等分在後。

考古出土實物中，最接近〈冶氏〉「殺矢」的是長鋌三棱鏃。較典型者如：山西太原金勝村出土的春秋晚期三棱鏃、河南輝縣琉璃閣墓甲出土的春秋晚期三棱鏃，等等。

（二）部件

箭矢由箭鏃前端鋒翼的銳利部位（刃）、箭鏃裝入箭杆的部位（鋌）、箭杆（笴）、箭羽（羽）、箭杆末端扣住弓弦的部位（比）等構成。

1 刃

「刃」特指箭鏃前端鋒翼的銳利部分。〈矢人〉：「刃長寸，圍寸。」意為，箭鏃前端鋒翼的銳利部位長一寸，周長一寸。

中國在石器時代出現了石鏃和骨鏃。山西朔州峙峪出土的約二八九○○多年前的舊石器時代晚期石鏃是中國最早的箭鏃實物。考古出土較典型的骨鏃，如河南舞陽賈湖遺址、浙江寧波傅家山遺址出土的新石器時代骨鏃，河南禹州瓦店出土新石器晚期——中原龍山文化骨鏃，等等。夏商時代，銅鏃與石鏃、骨鏃並用。兩周及戰國時期以銅鏃為主。

2 鋌

「鋌」（dìng）通「莖」，指箭鏃下端沒入箭幹的部分，即箭頭裝入箭杆的部分。

〈矢人〉：「刃長寸，圍寸，鋌十之。」意為，箭鏃前端鋒翼的銳利部位長一寸，周長一寸；箭鏃裝入箭杆的部位的長度是箭鏃前端鋒翼的銳利部位的長度的十倍。」由此推算，箭鏃裝入箭杆的部位的長度為：

箭鏃裝入箭杆的部位（鋌）的長度（1尺）
＝箭鏃前端鋒翼的銳利部位（刃）的長度（1寸）×10
＝箭鏃前端鋒翼的銳利部位（刃）的周長（1寸）×10

考古出土鋌部較典型的箭鏃如：北京故宮博物院藏商代晚期圓柱鋌銅鏃、河南三門峽虢國墓地虢太子墓（M2011）出土的西周圓錐鋒錐鋌銅鏃、河南淅川下寺楚墓出土的春秋晚期圓柱鋌銅鏃、河南輝縣琉璃閣墓甲出土的春秋晚期鐵鋌三棱鏃、北京故宮博物院藏戰國晚期鐵鋌三棱鏃，等等。

3　笴

笴指箭杆。〈矢人〉：「凡相笴，欲生而摶，同摶欲重，同重節欲疏，同疏欲栗。」意為，把箭杆的長度等分為三個等分，把前面的一個等分削細；把箭杆的長度分為五個等分，把其中的一個等分設置為安裝箭羽的部分；把箭杆的厚度設置為安裝箭羽的深度。……凡選擇箭杆，要挑選天然渾圓的；同樣渾圓的，要挑選分量重的；同樣分量重的，要挑選枝節稀疏的；同樣枝節稀疏的，要挑選顏色如栗木的。

考古出土較典型的箭杆，如河南三門峽虢國墓地虢季墓（M2001）出土的西周銅鏃殘存葦稈，河南光山春秋早期黃季佗父墓出土的銅箭殘存羽杆，安徽蚌埠雙墩鐘離君柏墓出土的春秋時期箭稈，戰國早期曾侯乙墓出土的長杆箭，河南新蔡李橋楚墓出土的戰國中期銅鏃殘存竹竿，等等。

4　羽

「羽」特指箭羽。〈矢人〉：「五分其長而羽其一，以其笴厚為之羽深。……羽豐則遲，羽殺則趮。」意為，把箭杆的長度等分為五個等分，把其中的一個等分設置為安裝箭羽的部分；把箭杆的厚度設置為安裝箭羽的深度。……箭羽太豐滿，箭就飛行遲緩；箭羽太稀疏，箭就飛行偏斜。

5　比

比即栝，指箭幹末端扣弦處。〈矢人〉：「水之以辨其陰陽，夾其陰陽以設其比，夾其比以設其羽。」意為，把箭杆浸入水裡以辨別它的陰面和陽面，夾在陰陽分界處開口設置箭杆末端扣住弓弦的部位，夾在箭杆末端扣住弓弦的部位的兩邊設置箭羽。

八　侯

侯是主體用布縫製而成的箭靶。

表十四　「侯」的甲骨文字形

字形	文獻來源	編號
𠂤	《甲骨文合集》	3293
𠂤		6457賓組
𠂤		33082曆組

表十五　「侯」的金文字形

字形	時期	器名	文獻來源	編號
𠂤	商代晚期	子侯卣	《殷周金文集成》	4847
𠂤	西周早期	康侯爵		8310
𠂤	西周中期	己侯簋		3772
𠂤	西周晚期	蔡侯鼎		2441
𠂤	春秋早期	鄀公平侯鼎		2772

由表十四、表十五可見，「侯」的甲金文字形皆從矢，像射靶向左或向右張布的形狀，屬於象形造字。〈梓人〉：「梓人為侯。」意為，梓人製作箭靶。

江蘇鎮江諫壁王家山春秋末期墓出土的銅盤（No.36）刻紋的第一層自左向右，第三人與第四人之間設有一圓形箭靶，上附六枝箭。同墓出土的銅鑑（采 No.52）較大殘片刻紋的第二層宴樂和射侯圖裡的高臺右側，彎曲小河的右岸，設有一圓形箭靶，上附四枝箭。

（一）類別

1　皮侯

皮侯是靶心及靶側綴飾虎、豹、熊、鹿等動物皮毛的箭靶。〈梓人〉：「張皮侯而棲鵠，則春以功。」意為，張設在靶心和靶側綴飾有虎、豹、熊、鹿等動物皮毛的箭靶，春季組織諸侯群臣舉辦射箭武功比賽。

2 五采之侯

五采之侯是用朱、白、蒼、黃、黑五種顏色繪飾而成的箭靶。

圖四 五采之侯復原圖

〈梓人〉:「張五采之侯,則遠國屬。」意為,張設用朱、白、蒼、黃、黑五種顏色繪飾而成的箭靶,天子與遠方來朝的諸侯舉行賓射禮儀。鄭玄注:「五采之侯,謂以五采畫正之侯也。……五采者,內朱,白次之,蒼次之,黃次之,黑次之。其侯之飾,又以五采畫云氣焉。」

3 獸侯

獸侯是繪有虎、豹、熊、麋、鹿、豕等動物圖案並綴飾以相應皮毛的箭靶。〈梓人〉:「張獸侯,則王以息燕。」意為,張設繪有虎、豹、熊、麋、鹿、豕等動物圖案並綴飾相應皮毛的箭靶,天子與諸侯群臣舉行宴飲射禮。

(二)部件

箭靶(侯)由在箭靶的上方和下方起維持和固定作用的靶身(身₂〔躬〕)、靶心(鵠)、在靶身(身₂)的上方和下方的兩側起維持、固定作用的布幅(个〔舌〕)、把箭靶繫在木柱上的粗繩(綱)、穿持箭靶粗繩的紐襻(繉)等部件構成。

侯的形制,《周禮・天官・司裘》、《周禮・夏官・射人》均有記載,清代戴震《考工記圖》、清代胡贇《射侯考》、今人呂友仁《周禮譯注》、崔樂泉〈「射侯」考略〉、劉道廣〈「侯」形制考〉、陳士銀〈鄉射侯考〉、聞人軍〈周代射侯形制新考〉亦有繪擬。侯各部件的形制,須結合考古出土文物和傳世文獻,綜合還原。

1　身₂

身₂指在侯中上下方起維持、固定作用的靶身，也稱「躬」。〈梓人〉：「梓人為侯，廣與崇方，參分其廣而鵠居一焉。上兩个，與其身三，下兩个半之。」意為，梓人製作箭靶。……如果把靶身的長度設置為一個等分，那麼在靶身的上方起維持、固定作用的布幅的長度就是兩個等分，與靶身的長度相合而為三個等分；在靶身的下方起維持、固定作用的布幅的長度是在靶身的上方起維持、固定作用的布幅的長度的一半。

2　鵠

鵠指靶心。〈梓人〉：「梓人為侯，廣與崇方，參分其廣而鵠居一焉。」意為，梓人製作箭靶，寬度與高度相等，把其寬度等分為三個等分，靶心的寬度占三分之一。

上海博物館藏戰國中期銅橢杯局部畫面上有繪曲線紋的長方形箭靶，一箭射中靶心，一箭稍偏；故宮博物院藏燕射畫像壺面的左側畫面是由框架聯繫的雙層箭靶，靶上中有三箭，其中兩箭穿透前層，一箭正中靶心。

3　个（舌）

个（gàn）是在靶身（身₂）的上方和下方的兩側起維持、固定作用的布幅，也叫舌。〈梓人〉：「梓人為侯，……上兩个，與其身三，下兩个半之。上綱與下綱出舌尋。」意為，梓人製作箭靶。……如果把靶身的長度設置為一個等分，那麼在靶身上方的兩側起維持、固定作用的布幅的長度就是兩個等分，與靶身的長度相合而為三個等分；在靶身下方的兩側起維持、固定作用的布幅的長度是在靶身上方的兩側起維持、固定作用的布幅的長度的一半。把箭靶的上方繫在木柱上的粗繩與把箭靶的下方繫在木柱上的粗繩各比在靶身（身₂）的上方和下方的兩側起維持、固定作用的布幅長出一尋（即八尺）。

（1）**上兩个**：上兩个指在靶身（身₂）上方的兩側起維持、固定作用的布幅。

（2）**下兩个**：下兩个指在靶身（身₂）下方的兩側起維持、固定作用的布幅。

4　綱

綱指把侯繫在木柱上的粗繩，由上綱、下綱兩個部分構成。

〈梓人〉：「梓人為侯，……上綱與下綱出舌尋。」文意如前，此不贅述。

（1）**上綱**：上綱指把侯的上方繫在木柱上的粗繩。

（2）**下綱**：下綱指把侯的下方繫在木柱上的粗繩。

5　緽

緽（yún）是穿持綱繩的紐襻。〈梓人〉：「梓人為侯，……緽寸焉。」意為，梓人製作箭靶，……穿持箭靶粗繩的紐襻長一寸。

九　甲

甲指皮甲，皮革所制披掛作戰護身衣。

表十六　「甲」的甲骨文字形

字形	文獻來源	編號
田	《小屯・殷虛文字甲編》	632

表十七　「甲」的金文字形

字形	時期	器名	文獻來源	編號
田	西周早期	甲作寶方鼎	《殷周金文集成》	1949
田	西周晚期	兮甲盤		10174

由表十六、表十七可見，「甲」的甲金文字形像鎧甲劄片相連之形，屬於象形造字。〈函人〉：「函人為甲。」意為，函人製作皮甲。

考古出土較典型的皮甲如：河南安陽殷墟西北岡 M1004 號大墓發現的彩繪皮甲殘跡、河南三門峽西周虢季墓出土的皮甲碎片、河南南陽春秋晚期楚彭氏家族墓地 M1 出土的一組皮甲片、湖南長沙瀏城橋1號楚墓出土一領淩的皮甲，等等。

（一）類別

1　犀甲

犀甲是用犀牛皮製作的作戰衛體衣，每塊皮甲用七針縫成，線腳較短。〈函人〉：「犀甲七屬……犀甲壽百年。」意為，犀牛皮製作的作戰衛體衣的每塊皮甲用七針縫成。……犀牛皮製作的作戰衛體衣的使用壽命可達百年。

2　兕甲

兕是傳說中一種青黑色的獨角犀牛。兕甲是用兕牛皮製作的作戰衛體衣，每塊皮甲用六針縫成，線腳適中。〈函人〉：「兕甲六屬……兕甲壽二百年。」意為，由兕牛皮製作的作戰衛體衣的每塊皮甲用六針縫成。……兕牛皮製作的作戰衛體衣的使用壽命可達二百年。

3 合甲

合甲是犀牛皮和兕牛皮貼合所製作戰衛體衣，每塊皮甲用五針縫成，線腳較長。〈函人〉：「合甲五屬……合甲壽三百年。」意為，由犀牛皮和兕牛皮雙層皮革疊合製成的作戰衛體衣的每塊皮甲用五針縫成。……由犀牛皮和兕牛皮雙層皮革疊合製成的作戰衛體衣的使用壽命可達三百年。

考古出土較典型的合甲如：湖北江陵天星觀戰國時期1號楚墓出土的木胎皮甲、湖北江陵藤店戰國時期1號楚墓出土的皮甲、湖北棗陽九連墩戰國中晚期1號楚墓出土的皮甲，等等。

（二）部位

〈函人〉：「權其上旅與其下旅，而重若一；以其長為之圍。」，「旅」通「膂」，本謂脊骨，引申指腰部。旅劄的上下長度與左右周長相等。〈函人〉意為，稱量皮甲作戰衛體衣的上衣和下裳，其重量要一樣；把皮甲作戰衛體上衣的長度設置為腰圍。

1. **上旅**：上旅指甲的上衣，用以掩護軀幹上部，與甲的下裳比重相近。戰國早期曾侯乙墓出土的甲冑，上旅包括八片胸甲、十片背甲。

2. **下旅**：下旅指甲的下裳，用以掩護軀幹下部及大腿上部，與甲的上衣比重相近。戰國早期曾侯乙墓出土的甲裙與身甲右肋開口處相對應，裙片也有開口。

十 結語

名物訓詁的條件和功能在於，考古學可以提供古文獻所未盡的古代實物資料；反之，這些實物資料又需要借助古文獻來進行闡釋。運用名物訓詁以及傳世文獻與出土文物互相印證的二重證據法，通過比對相關考古出土兵器實物，依類通釋〈考工記〉記載各類兵器名物，可以為探究先秦兵器設計和製作史，進而闡釋考古出土兵器實物資料及其蘊涵的歷史信息提供翔實的文獻史料證據。

作為文獻闡釋的支撐，我們以中國最早的手工業文化經典〈考工記〉為座標起點，結合考古成果的實物印證，就可以由春秋晚期戰國早期回溯夏、商、周三代乃至史前文明社會。例如，由〈考工記〉的〈總敘〉、〈冶氏〉、〈桃氏〉、〈函人〉、〈矢人〉、〈梓人〉、〈廬人〉、〈弓人〉等篇考證各類冷兵器，進而回溯三代乃至史前社會的暴力與戰爭狀況。特別應予注意的是，恩格斯指出：「國家是文明社會的概括。」[11] 〈考工記〉所

---

[11] 中共中央馬克思恩格斯列寧斯大林著作編譯局：《馬克思恩格斯選集》北京：人民出版社，1972年，第4卷，頁172。

載兵器等王權名物系統，以及從其延伸回溯的相應的三代乃至史前考古實物，標誌著中國在五千多年前業已形成國家，業已進入文明社會。

「學為人師，行為世範」的哲學闡釋

李　鑫

北京師範大學哲學學院

「學為人師，行為世範」是北京師範大學的校訓，此校訓是啟功先生所擬，經廣大師生一致首肯而確立的。此八字簡約而雋永，其中，「學」、「行」、「師」、「範」諸字更是厚植於中華文化一以貫之的精神傳統，這使得此校訓不僅貼合師範大學的特質，更蘊含著豐厚的哲學意涵，具有立德樹人的普遍意義。本文嘗試從儒家哲學的角度對此校訓的哲學意涵作一些闡釋。

一　《四書》論「學」、「行」

按照擬出此校訓的啟功先生的解釋，「學為人師，行為世範」就是說「所學要為世人之師，所行應為世人之範」。啟功先生特別突出了「學」、「行」二字的意義。此二字也正是儒家教化之學的要點。在儒家修己之學中，學與行是密不可分、必不可少的兩項內容。學即學其所以行者，行即行其所學，二者如車之兩輪、鳥之雙翼。在《四書》中，有頗多關於「學」、「行」之論述。

《論語》以「學而時習之」開篇，其中，「習」字之本義是指小鳥反復練習飛行，故「習」字便有實踐的意味。就此而言，《論語》首句即已點出「學」、「行」教人。鑒於《論語》開篇的特殊地位，可以說，學行是貫穿整部《論語》的核心主題。

在傳統思想文化中，沒有比儒家更看重「學」的了。好學在孔門中是極為難能的品質，孔門師弟子間，只有孔子和顏回可稱得上好學。《論語》載：

> 子曰：「十室之邑，必有忠信如丘者焉，不如丘之好學也。」（《公冶長》）
> 哀公問：「弟子孰為好學？」孔子對曰：「有顏回者好學，不遷怒，不貳過。不幸短命死矣！今也則亡，未聞好學者也。」（《雍也》）

孔子不願以聖人自居，但自信的承當起「好學」之稱，認為自己與一般忠信之人最大的差別便在「好學」上。孔門向來有「弟子三千，賢人七十二」的說法，但在如此眾多的賢人弟子間，孔子只肯定過顏回是好學之人，甚至還頗為遺憾地指出，自顏回歿後，便再也未見好學之人。顯然，孔門所說好學遠非今天日常所說的好學。這一方面揭示好學

之難能，教人不要看輕了「好學」二字，另一方面也是突顯學之重要，欲人努力成為真正好學之人。孔子自述其為人「發憤忘食，樂以忘憂，不知老之將至」（《論語·述而》），這正是對「好學」二字的極佳注解。「忘食」則向學之心精誠專一，志不暇及於此；「忘憂」則安此樂此，此學乃滋潤身心而有源源不竭之動力；「不知老之將至」則所謂「忘時」也，生命於此超拔於時間經驗而契會於永恆。以夫子為比照，學不至於「忘食」、「忘憂」、「忘時」，不敢謂之好學。這樣的好學標準當然難以企及，難怪在《論語》中，只有孔子與去聖只「未達一間」的顏子可當「好學」之稱。

然則孔門之學究竟是學什麼？孔子、顏回所好者究竟何學？程伊川《顏子所好何學論》云：「聖人之門，其徒三千，獨稱顏子為好學。夫《詩》《書》六藝，三千子非不習而通也，然則顏子所獨好者，何學也？學以至聖人之道也。」[1] 在程子看來，《詩》《書》六藝是三千弟子共同學習的經典，之所以獨稱顏子為好學，是因為顏子並非僅學六藝之文，而是欲學以成聖，這正是獨稱顏子好學的原因所在。因此，在儒家哲學中，學主要是指德性養成、人格完善之學，學必以成聖為期。這在《論語》中有鮮明的體現。孔子在稱讚顏回好學時，指出其好學的特徵是「不遷怒，不貳過」，這顯然是性情涵養、修身進德之事。《論語》他處亦載：

> 子曰：「君子食無求飽，居無求安，敏於事而慎於言，就有道而正焉，可謂好學也已。」（《學而》）
> 子曰：「德之不修，學之不講，聞義不能徙，不善不能改，是吾憂也。」（《述而》）

在孔子看來，能夠不以居食為意，用心常在於遷善改過、勤敏踐行，主動接近有道之人來救正己之失，便也可稱得上好學了。顯然，孔子所謂學，旨在養成君子人格。在《論語》中，還有一些反面的案例更可襯托這一點。如：

> 樊遲請學稼，子曰：「吾不如老農。」請學為圃。曰：「吾不如老圃。」樊遲出。子曰：「小人哉，樊須也！上好禮，則民莫敢不敬；上好義，則民莫敢不服；上好信，則民莫敢不用情。夫如是，則四方之民繦負其子而至矣，焉用稼？」（《子路》）
> 衛靈公問陳於孔子。孔子對曰：「俎豆之事，則嘗聞之矣；軍旅之事，未之學也。」明日遂行。（《衛靈公》）

這兩條以孔子對農事與兵事的態度襯托出孔門之學乃道德仁義之學，故其用心不在農事、兵事上。當然，這並不代表孔子認為農事、兵事不值得學，乃至反對人學農、學

---

[1] （北宋）程顥、程頤：《二程集》北京：中華書局，2004年，頁577。

兵。唯用心所在，當先務於根本。

　　如果說德性養成作為學的內容仍稍顯抽象的話，孔門之學的具體內容則是詩書六藝所載聖賢遺訓。《尚書·說命下》載傅說之言曰：「人求多聞，時惟建事；學於古訓乃有獲。事不師古，以克永世，匪說悠聞。」朱子嘗言：「六經說『學』字，自傅說方說起來。」[2] 傅說於「學」字點明其內容是學「古訓」，即古聖先賢之訓。丁紀以《說命下》與《論語》互證，指出《論語》凡言「學習」處，皆取「學於古訓」之義。[3] 子路嘗有「何必讀書，然後為學」（《論語·先進》）之論，被孔子批評是佞辭。可見，學必從讀書始，讀書亦即學古訓，所讀之書即六藝之文。

　　　陳亢問於伯魚曰：「子亦有異聞乎？」對曰：「未也。嘗獨立，鯉趨而過庭。曰：『學詩乎？』對曰：『未也。』『不學詩，無以言。』鯉退而學詩。他日又獨立，鯉趨而過庭。曰：『學禮乎？』對曰：『未也。』『不學禮，無以立。』鯉退而學禮。聞斯二者。」陳亢退而喜曰：「問一得三，聞詩，聞禮，又聞君子之遠其子也。」（《論語·季氏》）
　　　子曰：「小子！何莫學夫詩，詩，可以興，可以觀，可以群，可以怨。邇之事父，遠之事君，多識於鳥獸草木之名。」（《論語·陽貨》）

孔子屢教弟子學《詩》、學《禮》。《史記·孔子世家》亦稱：「孔子以詩書禮樂教，弟子蓋三千焉，身通六藝者七十有二人。」[4] 故孔門之學落實下來的具體內容即詩書六藝之經典。通過對經典的學習，以通達德性之完成，造就聖賢之人格。

　　如果說「學」是義理講明，「行」則強調道德實踐。《論語》對「行」的重視同樣是顯而易見的。

　　　子貢問君子。子曰：「先行其言，而後從之。」（《為政》）
　　　子曰：「君子欲訥於言而敏於行。」（《里仁》）
　　　子曰：「文，莫吾猶人也。躬行君子，則吾未之有得。」（《述而》）
　　　子曰：「君子恥其言而過其行。」（《憲問》）

在言行關係上，孔子顯然認為行勝於言。欲成就君子人格，須切實躬行實踐，莫使言過其行。甚至孔子自己也仍不敢承當「躬行君子」之實。此在學者視聖人，固是聖人自謙之辭，然在聖人之視己，卻非自謙之謂。蓋躬行實踐，任重道遠，必至死而後已，聖人之心於此，未嘗稍自滿足。無論學還是行，都需要這種不自滿足之心才能進進不已。

2　（南宋）黎靖德：《朱子語類》，北京：中華書局，1986年，卷九，頁153。
3　丁紀：〈《四書》「學習」之義淺說〉，《天府新論》，2019年第4期。
4　（西漢）司馬遷：《史記》北京：中華書局，1982年，卷四十七《孔子世家》，頁1938。

「學而時習之」,「時」字便不是「時常」,而是「時時」,謂「無時不然」。

就行的內容而言,所行即所學。所學既是德性知識,所行自當是諸種美德倫理。美德條目雖多,就其大綱而言,不過仁、義、禮、智四者。顏淵問仁。孔子告之以:「克己復禮為仁。一日克己復禮,天下歸仁焉。為仁由己,而由人乎哉?」顏淵曰:「請問其目。」子曰:「非禮勿視,非禮勿聽,非禮勿言,非禮勿動。」(《論語・顏淵》)孔子答顏淵問仁向為學者所重視,這是孔子與孔門最傑出弟子之間的問答。孔子對顏淵問仁的答復正是對學者所當踐行之內容的具體而又統括的開示。統括而言,所行之事即「克己復禮」,具體而言,其條目則曰「非禮勿視,非禮勿聽,非禮勿言,非禮勿動」,視聽言動皆循禮而行。不僅如此,孔子還指出踐行仁德是完全取決於自己的事情。這意味著人人皆有行仁的能力,能否行仁,惟在自身為或不為而已,這就使得行仁成為人無所逃責之事。

就學與行的關係而言,《論語》顯然是學、行並重的。《學而》篇有兩章亦正面涉及學與行之關係。

> 子曰:「弟子入則孝,出則弟,謹而信,泛愛眾,而親仁。行有餘力,則以學文。」
> 子夏曰:「賢賢易色,事父母能竭其力,事君能致其身,與朋友交言而有信,雖曰未學,吾必謂之學矣。」

入孝出悌,謹言守信,愛眾親仁,此皆人所當行之事。唯夫子謂「行有餘力,則以學文」,此句文面之意似是說:唯於前面諸事都一一踐行,還有多餘精力的情況下,方可學文。然孔子自身且謂「躬行君子,則未之有得」,人於入孝出弟之事唯恐行之不盡,如何敢生「有餘力」之心?既不敢謂「有餘力」,豈不是終不得從事於「學文」之事?這顯然也不合孔門之教。孔子之意,蓋以質為本,以文為末,但「文質彬彬,然後君子」(《論語・雍也》),文質不可偏廢。故朱子解「餘力」為「暇日」,意謂:行此諸事,閒暇之時,便去學文。雖曰「暇日」,亦不可因貪求暇日而於所當行之事生惜力之心。夫子雖謂「行有餘力」,然於行此諸事時,卻須抱「行無餘力」之心以行之。此即子夏所謂「事父母能竭其力,事君能致其身」,「竭」字、「致」字便是行無餘力之意。子夏於此,可謂得聖人之心矣。唯子夏又謂「雖曰未學,吾必謂之學矣」,此似將學之事完全囊括於行之事中,易引發廢學之虞。故朱子引吳氏曰:「子夏之言,其意善矣。然辭氣之間,抑揚太過,其流之弊,將或至於廢學。必若上章夫子之言,然後為無弊也。」[5] 故學與行,乃不可偏廢之事,又且為無限之事。無事則學,有事則行,力行繼之以學文,學文繼之以力行,如此繼繼不已,二事在一種交替的序列中構成一完整的無

5　(南宋)朱熹:《四書章句集注》北京:中華書局,2012年,頁50。

限性,此方為孔子「行有餘力,則以學文」之意。關於學行關係,此借《論語》稍及之,下節更詳論。

《大學》一書則「古之大學所以教人之法也」[6]。三綱八目以明晰的結構指明為學工夫次第。若以「學」、「行」與八條目對應,格物致知即所謂學之事也,誠意、正心、修身、齊家、治國、平天下則所謂行之事也。要之,《大學》所以教人者亦只是「學」「行」二事。其引《詩》曰「如切如磋者,道學也;如琢如磨者,自修也」,「道學」即所謂學之事,「自修」即所謂行之事,學者必由學與自修通達至善之標的。

子思謂:「博學之,審問之,慎思之,明辨之,篤行之。」(《中庸》)朱子解曰:「學、問、思、辨,所以擇善而為知,學而知也;篤行,所以固執而為仁,利而行也。」[7]學問思辨皆可歸於「學」之事,「學」之含義愈加精密寬廣;篤行則行之事。子思以此五者作為學者誠之之道,其總綱亦只是學、行二事。子貢嘗言:「學不厭,智也;教不倦,仁也。仁且智,夫子既聖矣。」(《孟子·公孫丑上》)同時具備仁與智,便可成就聖人人格。而《中庸》引孔子之語曰:「好學近乎知,力行近乎仁,知恥近乎勇。」故好學與力行便是造就聖人人格的必經之途。

孟子於「學」字則曰:「博學而詳說之,將以反說約也。」(《孟子·離婁下》)此蓋揭示學之博與約的辯證關係。為學須是廣博,「詳說之」蓋即子思「審問之,慎思之,明辨之」,然博學詳說非徒欲增長見聞而有以誇多鬥靡,而是欲融會貫通,由博返約。孟子嘗論及伯夷、伊尹、柳下惠之立身行事,認為三子之行已可當聖人之稱,然卻各有所偏,唯孔子可集眾聖之大成而圓融無礙。其曰:「伯夷,聖之清者也;伊尹,聖之任者也;柳下惠,聖之和者也;孔子,聖之時者也。孔子之謂集大成。」(《孟子·萬章下》)孟子一方面肯定伯夷、伊尹「皆古聖人也」,並表示自己「未能有行焉」,一方面又吐露其心志曰:「乃所願,則學孔子也。」(《孟子·公孫丑上》)可見,在孟子心中,所學所行皆以孔子為最高標準,孟子直是欲爭做第一等人。在學行方面,孟子為自己,也為所有人指畫了可供效法的最高榜樣:學行必以孔子為期。

二 朱子論「知」「行」

如果我們不把「學」、「行」的含義作擴大化的理解,即既不以學兼行(儘管一種行為本身也可稱為學習的一部分),也不以行兼學(儘管學習本身也是一種行為),而是將學理解為明晰道德知識,將行理解為落實道德踐履,那麼學行問題很大程度上可以轉化為知行問題。作為孔子之後儒家哲學又一集大成式的思想家,朱子對知行問題有深入而

---

6 (南宋)朱熹:《四書章句集注》,頁1。

7 同上註,頁32。

系統的闡釋。通過分析朱子對知行關係的討論，可以幫助我們理解學行的關係。

朱子對知行問題的闡釋首先是服務於儒家成聖成賢的理想人格追求的，因而其所論知行不當從西方哲學的認識論角度去理解，而應從傳統儒家工夫論的角度去理解。在朱子看來，儒家修身工夫頭項雖多，歸根結底無非知與行兩樣。如其曰：「聖賢千言萬語，只是要知得，守得。」；「只有兩件事：理會，踐行。」[8]這便是將知行作為工夫論結構的綱領。若將此綱領展開，又表現為諸多工夫條目。如《大學》所謂「格物致知」屬知，「誠意正心」屬行；《中庸》所謂「道問學」屬知，「尊德性」屬行，「博學、審問、慎思、明辨」屬知，「篤行」屬行；《論語》所謂「博學於文」屬知，「約之以禮」屬行；《孟子》所謂「盡心知性」屬知」「存心養性」屬行；「進學」屬知，「涵養」屬行；「窮理」屬知，「居敬」屬行等等。

朱子以知行劃分、含攝各種工夫條目的做法提醒我們注意知行範疇的內涵。一般來講，朱子的知行範疇主要是指道德知識和道德踐履。就行這一範疇而言，朱子所謂行不是寬泛的指人的一切實踐行為，而是指道德實踐。由於朱子將誠意正心、居敬涵養等都歸屬於行的範疇，故所謂行亦非單單指見之於行事的具體道德行為，如人倫之事中的孝、悌、慈等等，而是深入到心性之微的對於念慮之善惡的抑揚，這已是一種心理性的行為。在此意義上，所謂「行為世範」就非僅僅指外在形跡上的道德行為要足以垂範於世，亦包括內在不可見的針對念慮之微處的道德工夫亦當為世之範。就知這一範疇而言，朱子所謂知雖主要是指道德知識，卻也包含自然知識的面向。如朱子將格物窮理劃歸為知的範疇，而其論格物窮理曰：「雖草木亦有理存焉，一草一木豈不可以格，如麻麥稻梁，甚時種甚時收，地之肥地之磽，厚薄不同，此宜植某物，亦皆有理。」[9]可見，朱子所謂窮理亦包括一草一木等自然事物之理，只是這些終不如人倫日用、性情之德重大而迫切。這一方面接續了儒學重德性修養的傳統，一方面也使得學的內容能夠廣泛容納自然事物之理。

不過，就知行關係這一問題而言，朱子則是在道德領域來討論，而非今日在認識論領域討論認識與實踐的關係。朱子對知行關係的闡釋，大旨有三：一是「知行常相須」，二是「論先後，知為先」，三是「論輕重，行為重」。朱子說：「知行常相須，如目無足不行，足無目不見。論先後，知為先；論輕重，行為重。」[10]這句話是朱子對知行關係的完整表述。正如學者所指出，「知行常相須」是總原則，知先行後是下手處，以行為重是落腳點。[11]所謂「知行常相須」，「須」字之意即「等待」也，知要等著行，行要等著知。此意即是說，知應當促成行的落實，行應當推動知的深化，兩者相輔相成，

8　（南宋）黎靖德：《朱子語類》，卷九，頁149。

9　同上註，卷十八，頁420。

10　同上註，卷九，頁148。

11　魏義霞：〈「知在先」與「行為重」：朱熹知行觀探究〉，《朱子學刊》，2009年第1輯。

工夫不可偏廢。這是朱子論知行關係的總原則，亦為其反復強調。如曰：

> 聖賢說知，便說行。《大學》說「如切如磋，道學也」，便說「如琢如磨，自修也」；《中庸》說「學、問、思、辨」，便說「篤行」；顏子說「博我以文」，謂「致知格物」，「約我以禮」謂「克己復禮」。[12]
> 知與行，工夫須著並到。知之愈明則行之愈篤；行之愈篤則知之益明。二者皆不可偏廢。如人兩足相先後行，便會漸漸行得到，若一邊軟了，便一步也進不得。[13]

朱子以《四書》為例指出，聖賢教人皆是知行兩樣工夫齊頭並進。知與行相互促成，不可偏廢，如人行路一般，兩腳並用才能走得穩健長遠，若有一邊無力，便會導致前進受阻。知與行整體上構成一個環環相扣、繼繼不已的無限過程。正是出於這樣的理解，朱子反對知至以後方去力行的說法。

眾所周知，朱子有「真知必能行」的觀點，如曰：「知而未能行，乃未能得之於己，豈特未能用而已乎？然此所謂知者亦非真知也。真知則未有不能行者。」[14]「真知」觀念的引入表明朱子對「知」區分了深淺層次。通常所謂「知而不能行」只是因為所知較淺，尚非真知。按照朱子，「真知」這一觀念內在的包含了踐行，因此真知必能行。既然如此，人似乎只需用力於知，努力使知達到真知的境地，踐行便是水到渠成之事了。但這恰恰是朱子所反對的。需要辨別的是，真知必能行不代表知至方去行，這是兩個不同的問題。真知必能行是在邏輯上，在知的最深層面以知統行，但在實際的用工層面，在追求真知之路上，仍須且知且行，知行並進。如朱子說：

> 若曰必俟知至而後可行，則夫事親從兄，承上接下，乃至所不能一日廢者，豈可謂吾知未至而暫輟，以俟其至而後行哉？[15]
> 汪德輔問：「須是先知，然後行？」曰：「不成未明理，便都不持守了。」[16]

顯然，即使未到真知，道德踐履仍是不容懸置的。知雖未至，然知得一分，便當行此一分，學者各隨其當下境況，致知時便竭力去知，力行時便竭力去行。若必待知至而後去行，則是將知行工夫割裂為兩截，這正是朱子反對的偏主一邊的做法。與此相對，專務踐履而不務致知亦將為朱子所反對。在知行關係的總原則上，其實可以說知行無所謂先後之分。既如此，朱子為什麼又會有「論先後，知為先」的說法呢？其實，「論先後，知

---

12 （南宋）黎靖德：《朱子語類》，卷九，頁148。
13 同上註，卷十四，頁281。
14 《晦庵先生朱文公文集》卷七十二，《新訂朱子全書》上海：上海古籍出版社，2022年，第25冊，頁3483。
15 《晦庵先生朱文公文集》，卷四十二《答吳晦叔》，《新訂朱子全書》，第23冊，頁1915。
16 （南宋）黎靖德：《朱子語類》，卷九，頁149。

為先」與「論輕重，行為重」都是在「知行常相須」的總原則下對知行關係分析的說法。
《朱子語類》載：

> 王子充問：「某在湖南，見一先生只教人踐履。」曰：「義理不明，如何踐履？」曰：「他說：『行得便見得。』」曰：「如人行路，不見，便如何行。今人多教人踐履，皆是自立標緻去教人。自有一般資質好底人，便不須窮理、格物、致知。聖人作個《大學》，便使人齊入於聖賢之域。若講得道理明時，自是事親不得不孝，事兄不得不弟，交朋友不得不信。」[17]

朱子所以強調知先行後，是因為道德踐履只有在正確的道德知識的指導下才能不出差錯。若不先講明道德知識便去踐履，踐履的行為標準可能只是出自一己私意的教法，這就導致人人各立踐履的標準，而非聖賢之教。朱子雖也承認自有資質好的人不須致知，但這其實只是針對生知安行的聖人而言，聖人以下皆須致知。況且，《大學》之教法是針對一切人的普遍法門，無論賢愚，皆可依《大學》工夫次第用工而躋入聖賢之域。需要注意的是，朱子的知先行後只是在倫理學的意義上強調道德踐履需要正確的道德知識來指導，而並不承擔回答人的道德知識從何而來的問題，這是朱子哲學其他部分要回答的問題了。

至於「論輕重，行為重」，這一點其實無需過多說明。對儒家修身之學而言，最終目的是要成就聖賢人格，一切道德知識只有落實到道德實踐上才可能實現這一目的，這在《論語》中已有充分的強調。

比照朱子對知行關係的分析，我們可以說，學與行也有著類似的關係。在總體上，學與行應當相互促進，動態互成；而就道德實踐須有正確的道德知識來指導而言，學習德性知識當為先務；但就落實道德踐履才能真正成就聖賢人格而言，當以道德踐履為重。有人或許會有這樣的疑問：孔子言「行有餘力，則以學文」，此豈不是行在學先？然此意亦猶強調行為重之意。且在行孝行悌之前，豈有完全不知孝知悌為何事而能行之者乎？

三　師範與教化

李景林先生指出，儒學的特質在於教化，「教化是儒學作為哲學的本質所在」[18]。以「教化」點明儒學的精神特質，可謂切中肯綮。儒家的經典傳習，其歸趣即在於德性養成、敦民化俗，以教養的方式點化人心，使人成為有美德的好人。

---

17 （南宋）黎靖德：《朱子語類》，卷九，頁152。
18 李景林、云龍：〈教化──儒學的精神特質〉，《中國社會科學院研究生院學報》，2017年第5期。

誰來承擔這一教化的職責？三代以上，君師治教一體，現實政治中的治理者同時也承擔著教化的職能。鄭玄注解《周禮》中的「師儒」說：「師，諸侯師氏，有德行以教民者。儒，諸侯保氏，有六藝以教民者。」[19]可見，師與儒在彼時都是從事教育的職官。春秋時期，君師一體的政教結構逐漸開始解體，政教分離之後，教化的職能就更多著落在師者身上，而「師」的職官身分亦逐漸淡化，並轉變為一般意義上的士人。孔子便是最早開啟私人教學的師者，自孔子以來的儒家傳統，師儒便是儒家教化功能的真正承載者。

孔子曰：「溫故而知新，可以為師矣。」（《論語‧為政》）朱子解曰：「溫，尋繹也。故者，舊所聞。新者，今所得。言學能時習舊聞，而每有新得，則所學在我，而其應不窮，故可以為人師。若夫記問之學，則無得於心，而所知有限，故《學記》譏其『不足以為人師』，正與此意互相發也。」[20]學貴自得，能從故舊之所習中尋繹出新的道理，為學必切於身心，道理亦將如源頭活水，不斷涌現，故可以為人之師。朱子又以《學記》所說「記問之學，不足以為人師」為誡，警醒為人師者不當僅從事於記問之學。不過，如果將「溫故而知新」置於歷史傳統的視野中來看，或許還可以這樣來理解：故猶故舊之歷史傳統，新猶舊邦新命，繼起此傳統新的使命，「溫故而知新」便有了繼往開來之意。孔子曰：「殷因於夏禮，所損益，可知也；周因於殷禮，所損益，可知也；其或繼周者，雖百世可知也。」（《論語‧為政》）這正可視作是對「溫故而知新」的一個注腳。通過尋繹故舊歷史傳統的演變更替，洞悉歷史演變中不變的道理，則雖百世之下，其變與不變亦可知矣。這種理解是對「可以為師矣」的更高要求。

韓文公對師之所以為師的解釋準確把握住了儒家師道精神。其曰：「師者，所以傳道受業解惑也……道之所存，師之所存也。」[21]顯然，在「傳道、受業、解惑」中，三者並非平列關係，傳道才是師者最根本的任務。人常謂「經師易求，人師難得」，經師即是以受業解惑為主要目的，人師則以傳道為根本要務。而這道的具體內容即在於仁義，所謂「仁與義為定名，道與德為虛位」[22]。

師者雖承擔著教化的職能，但其所用心卻惟在於學。《尚書‧說命下》謂：「惟斅學半，念終始典於學，厥德脩罔覺。」蔡沈《書集傳》曰：「斅，教也。言教人居學之半。蓋道積厥躬者，體之立；斅學於人者，用之行，兼體用，合內外，而後聖學可全也。始之自學，學也；終之教人，亦學也，一念終始，常在於學，無少間斷，則德之所修，有不知其然而然者矣。」[23]蔡沈通過體用關係來解釋學與教之關係，學乃自得於

---

19 （清）孫詒讓：《周禮正義》北京：中華書局，2013年，頁109。
20 （南宋）朱熹：《四書章句集注》，頁57。
21 （唐）韓愈：《韓愈文集匯校箋注》北京：中華書局，2010年，頁139。
22 同上註，頁1。
23 （南宋）蔡沈：《書集傳》北京：中華書局，2018年，頁136。

己，是體之立，教乃所學之功用，惟體用兼備，方為聖學之全。然亦必「體立而後用有以行」，故教與學雖各為半事，卻必以學為本。師雖為施教者，但在道理面前，老師與學生其實同為學者。而就學者之用心而言，須一念終始，常在於學。倘用心亦半在於學、半在於教，恐不免有孟子所批評的「好為人師」（《孟子・離婁上》）之患。由此可見，「學為人師」不是預先懷著一顆欲為人之師的心從事於學。所謂教、所謂為人師，乃是全心用力於學之後不期然而然的結果。《禮記・曲禮》又謂：「禮聞來學，不聞往教。」好為人師者便是往教。所以不往教者，蓋必待求學者誠心向學，而後教方有所施，若不待來學便去往教，於師道尊嚴亦有損傷。

又，所謂「教化」當著重在一「化」字。即，教化的施行應當是個一興起感化的過程，它強調教化者本身所具有的垂範作用。孟子曰：「聖人，百世之師也，伯夷、柳下惠是也。故聞伯夷之風者，頑夫廉，懦夫有立志；聞柳下惠之風者，薄夫敦，鄙夫寬。奮乎百世之上。百世之下，聞者莫不興起也。非聖人而能若是乎，而況於親炙之者乎？」（《孟子・盡心下》）伯夷之風尚節操能夠使冥頑者有分辨，柔弱者知挺立；柳下惠之風尚節操能夠使狹隘者變得寬廣，鄙薄者變得敦厚。他們之所以能夠教行天下，乃至使百世之後之人亦能聞風興起，根本在於自身所具有的能夠感發人心之善的豐盈之德。教化並非是施教者以說教的形式散播某種教義，以規範人們的行為，教化根本上應當是人心之感通。惟有通過感通，才能真正使人自主、自覺、自發地興起向善之心、追尋美好德性。《大學》講「明德新民」，然所謂「新民」，歸根結底亦只是要民自新而已。「師」、「範」的含義正是要求為人師者當具有足以感發人心向善的力量。

四　結語

從儒家對學行問題的相關闡釋，我們可以看到，學與行是儒家哲學一以貫之的教化之道。學行的根本內容是德性知識與道德踐履，并且，所謂行不僅指外在形跡而言，更深入到內在念慮之微，學與行的最終目的是養成聖賢人格。學與行之關係總體上應當相須並進，動態互成，以不斷推動學的深入與行的篤實，最終成己成人。若分析而言，道德踐履須有正確的道德知識的指導，故學先於行；道德知識若不能落實為道德踐履，人格完善亦無有可能，故行重於學。「師範」二字則昭示為人師者應當以身作則，肩負起師道之責，以傳道為根本任務，通過自身學問與德行的完善，感發、振起人之自新，在春風化雨中達成教化之道。

最後，需要提及的是，今日之學已是現代大學體系中的分科之學，學習的內容多是各學科知識體系內的科學知識，學習的目的亦往往在造就各個專門領域之人才，並推動科技之發展、社會之進步。這與儒家傳統所謂學的內容與目的確實有很大不同，但二者絕非矛盾。儒家傳統所注重的德性養成之學具有普遍的立德樹人之意義，應當作為一種

公共教育、通識教育貫徹於大學教育之中。與此同時，對德性教育的強調當然不是對今日分科之學的排斥。我們可以期望的是，我們的大學可以培養出愈來愈多具有儒者底色、具有君子人格的自然科技領域的人才。

總之，「學為人師，行為世範」的校訓既植根於深厚的歷史文化傳統，又可適應時代發展、人才培養的需求，其所蘊含的精神早已超出某一特定的大學，值得每一位師生體味潛玩、篤實踐行。

論莊子的生死觀

楊永漢

香港樹仁大學

一　前言

據《史記‧老莊申韓列傳》載：

> 莊子者，蒙人也，名周。周嘗為蒙漆園吏，與梁惠王、齊宣王同時。其學無所不闚，然其要本歸於老子之言。故其著書十餘萬言，大抵率寓言也。作漁父、盜跖、胠篋，以詆訿孔子之徒，以明老子之術。畏累虛、亢桑子之屬，皆空語無事實。然善屬書離辭，指事類情，用剽剝儒、墨，雖當世宿學不能自解免也。其言洸洋自恣以適己，故自王公大人不能器之。
>
> 楚威王聞莊周賢，使使厚幣迎之，許以為相。莊周笑謂楚使者曰：「千金，重利；卿相，尊位也。子獨不見郊祭之犧牛乎？養食之數歲，衣以文繡，以入大廟。當是之時，雖欲為孤豚，豈可得乎？子亟去，無污我。我寧游戲污瀆之中自快，無為有國者所羈，終身不仕，以快吾志焉。」[1]

《史記》所描述莊子學術領域是依歸老子之言，而《莊子》所舉人物行事，大多屬虛構，無論堯、舜、許由、孔子、顏回等歷史人物，都成了莊子寓言中的主角，以虛構事情，引伸其學說。根據《莊子》內容，可推論莊子是：

（一）沒落的貴族，文化水平甚高，偏重精神生活，而且已是有名氣的學者。
（二）強烈的厭世思想，認為生死是無重要的事，或源於其痛苦意識。
（三）不認真的生活態度，認為遊世思想最能養生保命，應處於才與不才之間。
（四）對世界的道德觀有極大的懷疑。
（五）曾為漆園吏，物質生活不富裕，曾載莊子向監河侯借貸。曾被邀為相，莊子卻拒絕。

莊子的出世思想，不著重處理生活上人事的技巧與態度，特別著重個人身心及精神修養

---

[1] （漢）司馬遷：《史記》北京：中華書局二十四史排印本，2009年電子版，卷六十三〈老韓列傳〉，頁1205-1206。

的境界。莊子的思想在戰國時有其特殊性，它不講求社會責任，而致力於尋求心靈的向上提升，以達至精神與天地合一的境界（與道共游），人忘於道。在先秦文獻中，是惟一有解釋精神境界的層次（聖人、神人、真人、至人）及修持方式如坐忘、養生、以明、心齋等的學說。莊子否定造物主，萬物如一，其〈齊物論〉已展示這思想。本文依《莊子》一書的內容，討論其生死觀。

二　莊子的修養境界

《莊子》一書，共有三十三篇，其中內篇七篇：〈逍遙遊〉、〈齊物論〉、〈養生主〉、〈人間世〉、〈德充符〉、〈大宗師〉及〈應帝王〉，被認為是莊子所作，外篇十五篇，由於風格不一，被認為是莊子弟子或追隨者的作品，即〈駢拇〉、〈馬蹄〉、〈胠篋〉、〈在宥〉、〈天地〉、〈天道〉、〈天運〉、〈刻意〉、〈繕性〉、〈秋水〉、〈至樂〉、〈達生〉、〈山木〉、〈田子方〉、〈知北遊〉和雜篇十一篇，〈庚桑楚〉、〈徐无鬼〉、〈則陽〉、〈外物〉、〈寓言〉、〈讓王〉、〈盜跖〉、〈說劍〉、〈漁父〉、〈列禦寇〉、〈天下〉。

從這些作品內容，可觀察到莊子的修養境界：

（一）不必將社會責任強加於自身，沒有這種必要；亦不必認真承擔社會責任，應以宛轉的操作技巧對付世間事情，例如對「有用」、「無用」「才與不才」的詮釋。

（二）對世間價值觀的質疑，人類要放下自以為崇高的價值觀，提出「無用」之大用。帝王將相的成就，只不過生命體的顯示，沒有甚麼真實價值，如楚威王聘之為相，在莊子眼裡只不過是廟裡的牛，最後用作犧牲。

（三）建立認識觀念中的相對性及預設性，提出無窮推演的實然性，不必被固有的觀念牽著，採取無可無不可的態度。世間所有的價值觀念，只不過是相對存在，如美醜、夭壽、貴賤、長短等等，全都是相對的存在。

（四）世界是道通為一，人類必須追求超越之道的認知。存在的形象是一氣通流，追求一個與造物者遊的自適自在之境界，萬物齊一。造物者就是道的呈現，與造物者遊，即與道同流。

（五）提出實在的身心操作的修煉，如坐忘、心齋、養生、以明等等。將智慧的解悟落實為心理的狀態與身體的功能上，達到一個在人間的真人之境界。以「心齋」為例，陳鼓應解釋：

> 有關「心齋」的修養方法和境界，莊子是這麼說的：若一志，無聽之以耳而聽之以心，無聽之以心而聽之以氣！聽止於耳，心止於符。氣也者，虛而待物者也。唯道集虛。虛者，心齋也。

「心齋」修養方法，在「一志」的原則下，其步驟為：「耳止」「心止」「氣道」

「集虛」等修煉之功，亦即聚精會神，而後官能活動漸由「心」的作用來取代，接著心的作用又由清虛之「氣」來引導。「唯道集虛」，「道」只能集於清虛之氣中，也就是說道集於清虛之氣所瀰漫的心境中。這清虛而空明的心境，就叫做「心齋」。「心齋」的關鍵在於精神專一，透過靜定功夫，引導清虛之氣會聚於空明靈覺之心。後人將莊子傳「道」的「心齋」方法應用到氣功的鍛鍊上。[2]

（六）輕視現有身體的形象，要將精神融通於自然的自我，現在所看到、觸到的境物畢竟物化，如夢蝶，莊周與蝶，不知誰夢到誰？

蔡尚思曾將莊子思想的優點、缺點列出，當然可持不同意見，僅節錄供讀者參考：

（一）優點[3]

1. 莊子揭露世間主要黑幕和罪惡，陳鼓應在《老莊新論序》說：「莊子是整個世界思想史上最深刻的抗議份子，也是古代最具有自由性與民主性的哲學家」。
2. 莊子性高潔，不願同流合污。
3. 莊子反對禮教倫理。
4. 莊子不迷君權與法律。
5. 莊子不迷信鬼神。
6. 莊子的本體論或宇宙觀，在先秦諸子中最為獨特。
7. 莊子的辯證法，夾雜在相對主義中。
8. 莊子注重養生，要如嬰兒與醉漢的無知，神遊於四海六合之外，忘利、忘心、坐忘、喪我，切忌勞形、虧精等。
9. 莊子博學。
10. 莊子的散文在中國文學史上有很高的地位。

（二）缺點[4]

1. 有宿命觀念。
2. 莊子愛詭辯。
3. 莊子多遊世與遊心方外思想。
4. 莊子主張回復原始社會時代的人物無差別。

---

[2] 陳鼓應：《《莊子》內篇的心學》，取自網址：https://read01.com/6BMMEjN.html，瀏覽日期：2024年12月。

[3] 蔡尚思：〈莊子思想簡評〉，收在陳鼓應主編：《道家文化研究》上海：古籍出版社，1992年，第二輯，頁106-108。

[4] 同上註，頁108。

優點在這裡不討論了，蔡尚思提出的缺點，筆者不盡同意。宿命觀，是人類無法確定的假設，宿命帶有因果的元素，始終是無法用科學的方式去證明。遊世思想正正是莊子思想與行為的核心，帶有宿命，其實無所謂缺點不缺點。至於回復原始社會的確是開歷史倒車，筆者是贊同的，畢竟現代社會不能回復原始社會的生活方式。筆者同樣對老子的「小國寡民」理論，也產生質疑。本文期望透過《莊子》一書，將莊子對生存與死亡的理解與看法表達出來。

三　生命是甚麼？

現實世界中景象是不真實的，莊子提出「超越性」的領悟，宇宙的「道」。在莊子的時代是「天下大亂，聖賢不明，道德不一……是故內聖外王之道，闇而不明，鬱而不發，天下之人，各為其所欲焉，以自為方，悲夫！」[5]（《天下篇》）亂世中，莊子強烈解脫於物慾羈絆，以達至生命之超脫：「獨與天地精神往來而不敖倪於萬物，不譴是非，以與世俗處。……彼其充實不可以已，上與造物者遊，而下與外死生無終始者為友。」[6] 莊子體驗到生命的有限、環境的局限，故他不惜放棄一切外在的物我束縛，不譴是非，不尋求內聖外王，以追求生命的理想與根源之「道」。有謂莊子的思想成就，是來自他對世間的痛苦意識，此「道」，就是自然之道；這「道」，是無始無終，生命只是過程，透過此過程令到求道者悟道。

（一）從天行至物化

莊子認為人的存在是「順天而行」的，〈天道〉篇載：

> 聖人之生也天行，其死也物化。靜而與陰同德，動而與陽同波。不為福先，不為禍始。感而後應，迫而後動，不得已而後起。去知與故，遁天之理。故无天災，无物累，无人非，无鬼責。其生若浮，其死若休。不思慮，不豫謀。光矣而不耀，信矣而不期。其寢不夢，其覺无憂。其神純粹，其魂不罷。虛无恬惔，乃合天德。[7]

「其生也天行，其死也物化」，是指人的出生必然是與天同行，順乎自然，林希逸謂天行是「行乎天理之自然也」[8]。人類要合乎天德，則浮生死休、不思慮、豫謀、寢無

5　陳鼓應：〈天下〉，《莊子今註今譯》北京：中華書局，2001年，頁855-856。

6　同上註，頁884。

7　陳鼓應：〈天道〉，《莊子今註今譯》，頁340。

8　同上註，頁341，註釋（二）。

夢、覺無憂的無作為生活。

人類所以是「人」，是「道與之貌，天與之形，惡得不謂之人」[9]。而人的「窮達、貧富、賢與不肖、毀譽、飢渴、寒暑、是非之變」[10]亦是「命之行也」。(《德充符》)解釋人生的富貴貧賤、生老病死，皆非人力所能控制，一如日月之盈替。無趾向老聃說孔子仍未是「至人」，孔子仍有名聲之累，這是「天刑」，無可解除，是上天給孔子的枷鎖。[11]誠如郭象注言：「夫命行事變，不舍晝夜，推之不去，留之不停。」[12]所以我們對於生命不可戀棧，應安時而處順。

這裡可分為兩點去理解，一是為甚麼我會是人？莊子簡言之為「天行」，天行是甚麼？《易傳・象傳・乾》「天行健，君子以自強不息。」孔穎達疏：「行者，運動之稱……天行健者，謂天體之行晝夜不息，周而復始，無時虧退。」指宇宙是不會停止的，人在其中，就是自然而然的出現。至於富貴壽夭，就是命。

二是為甚麼會死？莊子提出「物化」的哲學論題，在《莊子》一書中提出物化概念的篇章有《齊物論》：「周與蝴蝶，則必有分矣。此之謂物化。」[13]是指物與我之間的界限消失，物我如一；《天地》：「古之畜天下者，無欲而天下足，無為而萬物化，淵靜而百姓定。」[14]人類不需興作，萬物自然而然的的「化」，即死亡是化，是宇宙運作的必然結果。

〈齊物論〉中的夢蝶，認為「人」不能確切認清「真實」與「虛幻」，當人惆悵於真實與虛幻之間時，就無法理解世間何謂真實的存在，即當虛幻如真實的呈現時，則無所謂真與假，亦無法確定自己是在造夢。所以他提出「物化」概念，物物相通，才能清醒。另一概念是天地不需要有作為，而萬物化育，人生是天行，死是物化。簡言之，死亡是另一種狀態再呈現。

莊子提出「生」是天行，「死」是物化，生死本身是過程，沒有甚麼好興奮或哀傷；另一方面，莊子卻提出人要立身處世，就要「養生」。人類需要透過這身體的感受而使生命超越世俗的患累，更要配合心靈的逍遙自得，故提出「逍遙」及「養生」概念。

（二）處世的態度──遊世的逍遙觀

所謂「逍遙」，是指人不囿於固有的環境，能由道而入德，不憑藉任何外物，而逐

---

9 陳鼓應：〈德充符〉，《莊子今註今譯》，頁165。
10 同上註，頁157。
11 同上註，頁153。
12 《莊子郭象注》，取自網址：https://ctext.org/wiki.pl?if=gb&chapter=740175，瀏覽日期：2024年12月。
13 陳鼓應：〈齊物論〉，《莊子今註今譯》，頁92。
14 陳鼓應：〈天地〉，《莊子今註今譯》，頁295。

漸提升精神境界，至神人、聖人、至人的「無待」境界。處世的態度則在才與不才之間，有用與無用中徘徊。陳鼓應稱之遊世思想。當然，對逍遙的詮釋，各家有不同的解釋。陳鼓應說：「主旨是說一個人當透破功、名、利、祿、權、勢、尊、位的束縛，而使精神活動臻於優游自在，無掛無礙的境地。」[15]郭慶藩解釋逍遙是「夫小大雖殊，而放於自得之場，則物任其性，事稱其能，各當其分，逍遙一也。」[16]依筆者理解，莊子應是隨緣而行，用「安分」二字，未盡其意。成玄英《莊子序》將逍遙三種解釋列出，由讀者自我判斷：

> 第一，顧桐柏云：「逍者，銷也；遙者，遠也。銷盡有為累，遠見無為理。以斯而遊，故曰逍遙。」第二，支道林云：「物物而不物於物，故逍然不我待；玄感不疾而速，乾遙然靡所不為。以斯而遊天下，故曰逍遙遊」第三，穆夜云：「逍遙者，蓋是放狂自得之名也。至德內充，无時不適；忘懷應物，何往不通！以斯而遊天下，故曰逍遙遊。」[17]

〈逍遙遊〉一篇主要是引伸「至人無己，神人無功，聖人無名」的境界，並以魚、鯤、鵬等為例，要破除形態、大小等概念。大鵬要有待而起，必須依靠遊氣、塵埃方能飛行萬里，這不是真正逍遙。舉證萬物無小大之分，蜩、學鳩譏笑大鵬，顯得目光短淺。蜩及學鳩皆困於自己的場域中而不自知，故筆者說「各安其分」應該不是逍遙的主旨。再以宋榮子不為世祿毀譽所動，但未忘記天下，不能至「無功」更高的境界。論及列子，雖則自然清靜，且能御風而行，但仍「有所待」，未與道合。莊子以比喻解釋人類所困，不逍遙的原因。

再論名實相對。以堯讓天下與許由，申述聖人無名的理念；釋至人無己，能包融天下；釋神人之德，能廣被及混和萬物。有謂神人、聖人、至人是同一境界，只是呈現的狀況不同。從內文理解，至人應是成就至極，破除執著；神人是人之入化，不求建功；聖人是通達物情，德合天地，不求名望。

〈逍遙遊〉最重要的內容是破除凡夫的俗見，申述有用無用、有才無才的理論。莊子以「宋人資章甫而適諸越」、「魏王貽我大瓠」、「宋人有不龜手之藥」及「大樗」等故事說明有用無用的道理。有用無用，是因應環境對象而成立，這亦是遊世思想的基本認知。

人之所以難以逍遙，主要是人性有局限。筆者在其他論文都論及此局限，人有生存的本能，「飲食、男女」為延續人類生命的兩大元素。一，「飲食」是維持生命運作不可

---

15 陳鼓應：〈逍遙遊〉，《莊子今註今譯》，頁1。
16 （清）郭慶藩：《莊子集釋》北京：中華書局，1997年，頁1。
17 （唐）成玄英：〈莊子序〉，收在（清）郭慶藩：《莊子集釋》，頁6-7。

缺少的物質；二，「男女」是延續地球生命的必然環節。由於人類受此局限，而對宇宙至理視而不見。美食與愛情，幾乎是人類終生追求的物品。人生而有炫耀本能的本性，很少人能富而不驕，常炫耀子女家族成就。因此，人類的身體有二累：一是動物性累（身體享受，名利快感）；二是人性累，認為自己與別不同，特別清高，或特別出色。

〈逍遙遊〉篇中，莊子具體指出「天地與我並生，而萬物與我為一」的精神領域，肯定了人的精神是可以獨立存在肉體之外，而並不是隱藏在肉身內。逍遙遊：「北冥有魚，其名為鯤，鯤之大，不知其幾千里也？化而為鳥，其名為鵬，鵬之背，不知其幾千里也。」[18] 莊子用了「化」的概念來點出人類精神獨與天地往來的可能。要拋棄原有的成見，才能在思想上有所超越；要拋棄原有的限制，才能真正看到那份廣闊。這「化」，應是精神上無限的超越。只有透過精神的提升，達至精神與天地相往來，才能逍遙。最後是歸於自然，任行。因此，必須破世界一切對立、大小、壽夭、長短、美惡等，而處世則在有用無用之間，這就是「遊世思想」。

人要做到「無己、無功、無名」從物質世界解放，而與自然合一的境界。故《逍遙遊》曰：「列子御風而行，泠然善也，旬有五日而後返，彼於致福者，未數數然也，此雖免乎行，猶有所待者也」[19] 仍然未是真正的逍遙，因為「有待」。若要絕對的逍遙，就要無所待、無人世間一切的物累限制。

（三）養生觀

「逍遙遊」的人，要齊萬物，也要懂得「養生」，莊子以「庖丁解牛」為喻，闡述養生之道。莊子認為養生之道，在於能「依乎天理，因其因然」，如此則能不傷己身，靜觀萬物的變遷，以心靈支配萬物，而不求以人力完成之。

首先要理解人類的天性，莊子認為自然之性是「天」，人為的是「人」，故說「牛馬四足，是謂天；落馬首，穿牛鼻，是謂人」[20]（《莊子・秋水》）。意思是牛馬有四足，是天生，天然的，若人類加上馬首，穿了牛鼻，這已不是天然，是人為。天不僅是事實存在，也是一種價值存在，甚至動物也有夫婦、父子、仁義等倫常關係和道德。[21] 其實自然動物界也有自己一套道理倫理，人類不必強加於異類。養生就是要不滯於物，不逆天而行。

王先慎：「順事而不滯於物，冥情而不攖其天，此莊子養生之宗主也。」此養生理

---

18 陳鼓應：〈逍遙遊〉，《莊子今註今譯》，頁1。
19 同上註，頁14。
20 陳鼓應：〈秋水〉，《莊子今註今譯》，頁428。
21 陳霞：〈道教天人關係及其生態意義〉，收在陳鼓應主編：《道家文化研究》北京：三聯書店，2006年，第二十一輯，頁323。

論幾與逍遙如出一轍。鯤可化為鳥，不滯物。莊子以為危害生命的三種因素：求知、行善、為惡。人類如何處理這種因素？就是「緣督以為經」，「督」是督脈，郭嵩燾解釋：「船山云『奇經八脈，以任督主呼吸之息，……緣督者……循虛而行』。」[22]指凡事順應自然，順虛以為常法，則可以保身，全生，養親及盡年。莊子以解牛作喻，述說養生之道：所見無非牛者－未嘗見全牛－以神遇而不以目視；族庖月更刀－良庖歲更刀；十九年而刀刃若新發於硎。

「緣督以為經」是莊子以「庖丁解牛」的寓言作比喻。「督」是自然的道，不要逆行。「以無厚入有閒」於人生，就是順著自然的理路作為常法。做人如能「為善無近名，為惡無近刑」，所有行為，不是因善而行，也不是因惡而不行，而是需要這樣，便這樣。如此，則能「保身」和「全生」，「養親」而「盡年」了。

另外，「與物俱化」亦是莊子提出的生存原則。《人間世》中所載「顏回見仲尼論處世言心齋」的故事中，顏回決意往諫衛君，孔子指他未脫「名」和「知」，「若殆往而刑耳」。於是孔子教之以「心齋」，指若能「虛而待物」，則能「入遊其樊而無感其名，入則鳴，不入則止」。如是能與之俱化，順之而行，便能免於殺身之禍了。是故如能安時而處順，則人便能頤養天年了。〈人間世〉中的散木，就因為不成材，所以保天年：人若逆天而行必招禍，消耗自己的生命，如求取知識，是「以有涯隨無涯，殆已」[23]。精神若在，雖形滅而神存。另外，面對人間的險惡環境，人為保全自己的生命免於桎梏，他提出了「無用」的原則。《人間世》中櫟樹之所以不被砍伐，是在於它「不材」和「無用」，因此才可以「保身」和「長壽」。所以它的「保身」和「長壽」，是在於它「無用」的「用」。而從人的角度而言，要「保身」和「長壽」就要「乘道德而浮游」，浮游於萬物和生命的本源，事事以順任自然為原則。〈人間世〉：

> 匠石歸，櫟社見夢曰：「女將惡乎比予哉？若將比予於文木邪。夫柤梨橘柚，果蓏之屬，實熟則剝，剝則辱；大枝折，小枝泄。此以其能苦其生者也，故不終其天年而中道夭，自掊擊於世俗者也。物莫不若是。且予求無所可用久矣，幾死，乃今得之，為予大用。使予也而有用，且得有此大也邪！且也若與予也皆物也，奈何哉，其相物也？而幾死之散人，又惡知散木？」[24]

---

22 陳鼓應：〈養生主〉，《莊子今註今譯》，頁95，註六，引郭嵩燾語。
23 同上註，頁94。
24 陳鼓應：〈人間世〉，《莊子今註今譯》，頁132。

三 甚麼是死亡？

（一）死亡是必然的事

莊子深刻感受到死亡的必然性，「死生，命也，其有夜旦之常，天也。」（《莊子‧大宗師》），人的生死是不可避免，是必然的，正如白天和黑夜一樣是自然規律。他認為既然死亡是必然會發生的，我們就應該順從，因為「生之來不能卻，其去不能止」（《莊子‧達生》）。在莊子眼中，凡夫不懂得死亡是不可抗拒亦無法逃避，所以人類會樂生惡死，想盡辦法抗拒命運的安排。既然命運是必然性的，人類只能改變對命運的態度，努力順應本性，做到「安時而處順」（《莊子‧大宗師》），〈大宗師〉又載

> 死生，命也，其有夜旦之常，天也。人之有所不得與，皆物之情也。彼特以天為父，而身猶愛之，而況其卓乎！人特以有君為愈乎己，而身猶死之，而況其真乎！泉涸，魚相與處於陸，相呴以濕，相濡以沫，不如相忘於江湖。與其譽堯而非桀也，不如兩忘而化其道。夫大塊載我以形，勞我以生，佚我以老，息我以死。故善吾生者，乃所以善吾死也。

（二）死生與命

死生存亡，窮達貧富等現象，皆是人事之變動，生命之流動而已。德充符：

> 哀公曰：「何謂才全？」仲尼曰：「死生存亡，窮達貧富，賢與不肖毀譽，飢渴寒暑，是事之變，命之行也。日夜相代乎前，而知不能規乎其始者也。故不足以滑和，不可入於靈府。使之和豫，通而不失於兌；使日夜无郤，而與物為春，是接而生時於心者也。是之謂才全。」「何謂德不形？」曰：「平者，水停之盛也。其可以為法也，內保之而外不蕩也。德者，成和之脩也。德不形者，物不能離也。」[25]

若果理解到人類所見的現象都是相對的成立，而人類又不能全然理解此相對現象的起始，就容易給他們騷擾本性。若了解到凡事都是在變動，不讓這相對的觀念擾亂我們的心靈，則人就能安逸自得，不會失去愉悅的心情，而日夜都能隨物保持春和之氣，心靈能和外界產生和諧感應，就可稱之為「才全」。如此，則死和生，只不過是相對的概念，不應受其困擾。

---

25 陳鼓應：〈德充符〉，《莊子今註今譯》，頁157。

（三）面對死亡的態度

1 掌握道的樞紐，只要無所待，守其宗

〈德充符〉有孔子論生死的說話：[26]

> 仲尼曰：「死生亦大矣，而不得與之變；雖天地覆墜，亦將不與之遺。審乎无假而不與物遷，命物之化而守其宗也。」
> 常季曰：「何謂也？」
> 仲尼曰：「自其異者視之，肝膽楚越也；自其同者視之，萬物皆一也。夫若然者，且不知耳目之所宜，而遊心乎德之和；物視其所一而不見其所喪，視喪其足猶遺土也。」

2 改變對死亡的恐懼，視之為至樂的根源，擺脫身體的桎梏

莊子並不厭惡死亡，他勇於接受死亡，這反映了莊子面對死亡的超然態度。他歌頌死亡，讚美死亡，認為死亡才是人生的至樂之道。在《莊子・至樂》中：

> 莊子之楚，見空髑髏，髐然有形，撽以馬捶，因而問之，曰：「夫子貪生失理，而為此乎？將子有亡國之事，斧鉞之誅，而為此乎？將子有不善之行，愧遺父母妻子之醜，而為此乎？將子有凍餒之患，而為此乎？將子之春秋故及此乎？」於是語卒，援髑髏，枕而臥。
> 夜半，髑髏見夢曰：「子之談者似辯士。視子所言，皆生人之累也，死則無此矣。子欲聞死之說乎？」莊子曰：「然。」髑髏曰：「死，無君於上，無臣於下；亦無四時之事，從然以天地為春秋，雖南面王樂，不能過也。」莊子不信，曰：「吾使司命複生子形，為子骨肉肌膚，反子父母妻子閭裏知識，子欲之乎？」髑髏深矉蹙頞曰：「吾安能棄南面王樂而復為人間之勞乎！」

我們可以從「髑髏」回答莊子的說話中看出莊子對死亡的看法，他誇張了生的苦難和宣揚了死的樂趣。他力圖解除人們對死亡的厭惡和恐懼，使人們不執於生。他在面對自己妻子的死亡時，沒有像常人般痛哭流涕，相反是「鼓盆而歌」，如《至樂》中：

> 子妻死，惠子吊之，莊子則方箕踞鼓盆而歌。惠子曰：「與人居，長子老身，死不哭亦足矣，又鼓盆而歌，不亦甚乎！」
> 莊子曰：「不然。是其始死也，我獨何能無概然！察其始而本無生，非徒無生也而本無形，非徒無形也而本無氣。雜乎芒芴之間，變而有氣，氣變而有形，形變

---

26 陳鼓應：〈德充符〉，《莊子今註今譯》，頁144-145。

而有生，今又變而之死，是相與為春秋冬夏四時行也。人且偃然寢於巨室，而我噭噭然隨而哭之，自以為不通乎命，故止也。」

莊子面對死亡時異於常人的舉動可見他透悟生死，他認為不能從現成的關係來理解死，而應該從人與天地運行和自然整體來理解生死。他把生死貫通到四時運化有形和無形的相互轉化之中來體悟生死如一。妻死而鼓盆而歌，是莊子明白宇宙真理，而且「運化」於現實，即不理會世俗，自我適然。但是，以俗人眼光來看，未免有點不近人情。

3 人固有死，應如何生活

人固有一死，是不可抗拒的，因而必須好好生活，把握時機，有所作為。

> 北海若曰：「否。夫物，量无窮，時无止，分无常，終始无故。是故大知觀於遠近，故小而不寡，大而不多：知量无窮。證嚮今故，故遙而不悶，掇而不跂：知時无止。察乎盈虛，故得而不喜，失而不憂，知分之无常也。明乎坦塗，故生而不說，死而不禍：知終始之不可故也。計人之所知，不若其所不知；其生之時，不若未生之時；以其至小求窮其至大之域，是故迷亂而不能自得也。由此觀之，又何以知毫末之足以定至細之倪，又何以知天地之足以窮至大之域！」[27]《秋水》

北海若解釋物質本身是無法窮盡的，所以大如天地，小如毫末的物量都是無法窮盡，不要受困於多少、大小、長短的概念中；洞察了解此實在，則不會對遙遠或近前的事情感到困擾煩惱。明白了死生只是一條平道，所以生存並不自喜，死亡亦不感憂惱。死亡不是禍害，若明白終與始是沒有不變的。故此生活的態度是「是故大人之行，不出乎害人，不多仁恩；動不為利，不賤門隸，貨財弗爭，不多辭讓；事焉不借人，不多食乎力，不賤貪污，行殊乎俗，不多辟異，為在從眾，不賤佞諂，世之爵祿不足以為勸，戮恥不足以為辱，知是非之不可為分，細大之不可為倪。」[28]一切榮辱，利祿貧賤賤，都不要纏繞心中，所有現前的現象，都是相對性存在。因此無論工作、交友，行為、爵祿等等，都不起心，視為本來就如是。另一個寓言，是借孔子而申述：

> 孔子圍於陳蔡之間，七日不火食。大公任往弔之，曰：「子幾死乎？」曰：「然。」「子惡死乎？」曰：「然。」任曰：「予嘗言不死之道。東海有鳥焉，其名曰意怠。其為鳥也，翂翂翐翐，而似无能；引援而飛，迫脅而棲；進不敢為

---

27 陳鼓應：〈秋水〉，《莊子今註今譯》，頁418。
28 同上註，陳鼓應認為此段與上文不接，應該刪去，但此節的內容是有關生活態度，故引用。頁418-419。

前，退不敢為後；食不敢先嘗，必取其緒。是故其行列不斥，而外人卒不得害，是以免於患。直木先伐，甘井先竭。子其意者飾知以驚愚，修身以明汙，昭昭乎如揭日月而行，故不免也。昔吾聞之大成之人曰：『自伐者无功，功成者墮，名成者虧。』孰能去功與名而還與眾人！道流而不明，居得行而不名處；純純常常，乃比於狂；削跡捐勢，不為功名。是故无責於人，人亦无責焉。至人不聞，子何喜哉！」孔子曰：「善哉！」辭其交遊，去其弟子，逃於大澤，衣裘褐，食杼栗，入獸不亂群，入鳥不亂行。鳥獸不惡，而況人乎！〈山木〉[29]

太公任指出孔子太過有名聲，而困於陳蔡之間，且幾死。故事說孔子亦害怕死亡，太公任以「意怠」鳥作比喻，說出不死的生活態度，就是飛最前，也不在最後，有食物而不先嘗，故其他鳥不會排擠牠。孔子最後是離群而居，鳥獸也不討厭他。太公任是勸人的生活態度是不要誇耀自己的才能，不要讓名聲遠播。最後是達至德行廣被而不求名聲，純樸平常；放棄權勢，無求於人，這樣就免於禍患。莊子視一切的權勢利祿是致死的原因，尤其是帝王將相的名位，〈山木〉載：

> 今魯國獨非君之皮邪？吾願君刳形去皮，洒心去欲，而遊於无人之野。南越有邑焉，名為建德之國。其民愚而樸，少私而寡欲；知作而不知藏，與而不求其報；不知義之所適，不知禮之所將。猖狂妄行，乃蹈乎大方。其生可樂，其死可葬。吾願君去國捐俗，與道相輔而行。[30]

（三）死亡是終結，也是開端

莊子認為死亡是開端。莊子認為人的生死與自然界其他一切事物的生滅變化都是自然一氣的聚散。天地萬物通於一氣，生死也不斷交替變化，「方生方死，方死方生」[31]（《莊子・齊物論》），因此死亡並非是生絕對意義上的終結。氣的聚散變化、萬物的生死轉化是通過「物化」過程來實約的。莊子認為這是宇宙中存在的一個普遍的現象，萬物間存在的一個共同的特性就是變化。這種變化是無條件、無界限的自由轉化，而這種物與人，物與物之間無條件的自由轉化，即他在《齊物論》中所說的「物化」。人形一成，就追逐其中，不見到「真我」，也不知將來的歸宿，故曰：「一受其成形，不亡以待盡。與物相刃相靡，其行盡如馳而莫之能止，不亦悲乎！與物相刃相靡，其行盡如馳而莫之能止，不亦悲乎！終身役役而不見其成功，苶然疲役而不知其所歸，可不哀邪！人

---

29 陳鼓應：〈山木〉，《莊子今註今譯》，頁508-509。
30 同上註，頁502。
31 陳鼓應：〈齊物論〉，《莊子今註今譯》，頁54。

謂之不死,奚益!其形化,其心與之然,可不謂大哀乎?人之生也,固若是芒乎?其我獨芒,而人亦有不芒者乎?」[32]人的生死本身就是一個「物化」的過程,本身就是一氣的不同變化形態。所以他認為生就是死,死就是生,生死齊一,沒有差別。

莊子云:「死生,命也;有其夜旦之常,天也。人之有所不得與?皆物之情也,彼特以天為父,而身猶愛之,而況其卓乎?泉涸,魚相與處於陸,相呴以濕,相濡以沫,不如相忘於江湖。與其譽堯而非桀,不如兩忘而化其道。夫大塊載我以形,勞我以生,佚我以老,息我已死,故善吾生者,乃所以善吾死也。」肉體以外,有「真君」或「真宰」。

一般學者會將莊子的生死觀分為三個階段:

1 善生善死

《莊子·至樂》篇云:

> 莊子妻死,惠子弔之,莊子則方箕踞鼓盆而歌,惠子曰:「與人居,長子,老,身死,不哭,亦足矣,又鼓盆而歌,不亦甚乎!」莊子曰:「不然。是其始死也,我獨何能無慨然!察其始而本無生,非徒無生也而本無形,非徒無形也而本無氣。雜乎芒芴之間,變而有氣,氣變而有形,形變而有生,今又變而之死,是相與為春秋冬夏四時行也。人且偃然寢於巨室,而我噭噭然隨而哭之,自以為不通乎命,故止也。」[33]

莊子妻死,鼓盆而歌,他解釋是妻子本來就是無形體、無氣息、沒有生命,卻在若有若無間成了人,現在又回復沒有生命,這與春夏秋冬的循環有甚麼分別?現在妻子靜靜的回歸自然,生者怎可哭啼,是莊子已明白生死的道理。「天下莫大於秋毫之末,而大山為小;莫壽乎殤子,而彭祖為夭。天地與我並生,而萬物與我為一。」[34]天地與我並生,萬物與我為一,所以壽夭無異,死生同狀,所謂「方生方死,方死方生」。此所謂「善死」。

又載:

> 夫天下之所尊者,富貴壽善也。所樂者,身安,厚味,美服,好色,音聲也,所下者,貧賤夭惡也,所苦者,身不得安逸,口不得厚味,形不得美服,目不得好色,耳不得音聲。若不得者,則大憂以懼,其為形也,亦愚哉!夫富者,苦身疾作,多積財而不得盡用,其為形也,亦外矣!夫貴者,夜以繼日,思慮善否,其

---

32 陳鼓應:〈齊物論〉,《莊子今註今譯》,頁46。
33 陳鼓應:〈至樂〉,《莊子今註今譯》,頁450。
34 陳鼓應:〈齊物論〉,《莊子今註今譯》,頁71。

為形也，亦疏矣！人之生也，與憂俱生，壽者惽惽，久憂不死，何苦也，其為形也，亦遠矣！[35]

人一出生，與憂共存，盡形壽去追逐身安逸、口厚味、衣美服、目好色、聽好音等等知覺上的快感；當得不到時則擔憂與恐懼，這樣的人生豈不愚昧！只要不追逐知覺五感上的快感，人何來憂懼。此所謂「善生」。

2 樂生樂死

樂生即能養生，樂死則解脫人世枷鎖，重獲心靈自由，〈至樂〉篇記與髑髏的對話，在上文已引用過，人只要有形體，就可能遇到斤斧之災，也可能有被誅之禍。死後則沒有這樣的顧慮，髑髏所以不願重為人。

3 「外生死」

〈知北游〉：

生也死之徒，死也生之始，熟知其紀！人之生，氣之聚也；聚則為生，散則為死。若死生為徒，吾又何患！故萬物一也，是其所美者為神奇，其所惡者為臭腐，臭腐復化為神奇，神奇復化為臭腐。故曰通天下一氣耳，聖人故貴一。[36]

生死是連續的，人由氣聚積而出生，然後成為生命，氣散則死亡。假若明白生死的互屬，那又有甚麼好憂慮？人將美好的視為神奇，把臭腐視為腐朽。其實神奇與腐朽不斷連續出現。聖人明白，天下通於一氣，故珍視之。

（日）金谷治〈莊子的生死觀〉[37]對莊子的生死觀有四種理解：

（1）愛惜生命，宣揚養生，乃至貴生。
（2）與不死的神仙思想關聯。
（3）以生為苦，贊美死亡。
（4）探討生死而不被生死問題束縛：
　　A. 承認生死變化是無可奈何的命；
　　B. 視生死為自然變化的推移，要克服，產生「氣」的概念；
　　C. 認為生死如一，無差別。

---

[35] 陳鼓應：〈至樂〉，《莊子今註今譯》，頁446。
[36] 陳鼓應：〈知北遊〉，《莊子今註今譯》，頁559。
[37] （日）金谷治：〈莊子的生死觀〉，《道家文化》，第五輯，上海：古籍出版社，1994年。

四 結論

　　莊子所說的「道」，是指人的主體精神。他認為人只要自以為精神上得到「道」，就可以與「道」同體。他把大地和萬物與「我」說成是合而為一，「道」既然存在於大地萬物之中，也就存在於「我」。因此，「我」就是「道」，「道」就是「我」。莊子從這觀點出發，認為天即人，人即天。這就是一種「天人合一」的思想。所謂生死，只不過是自然界中的一種呈現，「人」稟氣而成形，在世勞累，離道日遠。莊子視不求道者為愚昧，一旦明道，自然逍遙任運，不讓人間固有的標準所纏繞，而不自在。〈天地〉篇載：

> 丘，予告若，而所不能聞與而所不能言。凡有首有趾无心无耳者眾，有形者與无形无狀而皆存者盡无。其動，止也；其死，生也；其廢，起也；此又非其所以也。有治在人，忘乎物，忘乎天，其名為忘己。忘己之人，是之謂入於天。[38]

大部份的人類都是有首有趾而无心无耳，不明白「道」，營役於生命裡，能與道一起的人畢竟不多，死生、窮達這些東西都是自然而不知所以然的事情。人若不執滯於物、天然及自己，就能與天融而為一。

> 莊子曰：「吾師乎！吾師乎！䪺萬物而不為戾，澤及萬世而不為仁，長於上古而不為壽，覆載天地刻雕眾形而不為巧，此之謂天樂。故曰：『知天樂者，其生也天行，其死也物化。靜而與陰同德，動而與陽同波。』故知天樂者，无天怨，无人非，无物累，无鬼責。故曰：『其動也天，其靜也地，一心定而王天下；其鬼不祟，其魂不疲，一心定而萬服物。』言以虛靜推於天地，通於萬物，此之謂天樂。天樂者，聖人之心，以畜天下也。[39]〈天道〉

　　莊子談到「天樂」，可以說是總結了生活的態度。所謂天樂，是調和萬物，澤及萬世而不覺是「仁」，能形成萬物的形態。體會天樂，則體會天行與物化，不怨天尤人，動時如天運轉，靜時如地寂然，一心定而天地正位。通達萬物，得聖人之心，育養天下。綜觀《莊子》一書所載，歸納莊子對生死的態度是生存本身沒有甚麼特別的意義，人類只是道的一部份；世間其實沒有是和非，只是立場不同，站點不同，不必強辯；人生在世，是追求道，與天地合一；一切的現象，都是對立而存在，無所謂美醜、壽夭、高低、長短等等。莊子的思想在濁世中可以說是一股清流，卻在社會運作中，可以說不可有作為。

38　陳鼓應：〈天地〉，《莊子今註今譯》，頁312。
39　陳鼓應：〈天道〉，《莊子今註今譯》，頁340。

「以政為戰」與「以戰喻政」
──《韓非子》的戰爭書寫

李世堯

西安陝西師範大學文學院

「國之大事，在祀與戎」。戰爭事關國之興亡，很早就得到了人們的重視並進入到文學書寫的領域中。從甲骨卜辭、政教文獻、史職文獻到諸子文章，都對戰爭現象有不同層面的記述。尤其是生活在戰火紛飛中的諸子，對戰爭更是有著切身的感觸。他們紛紛言談兵事或借兵事中說自家觀點，述道言治，從而有了「兵學不再是兵家的專利，而是百家共同的話題」的局面，[1] 諸子文章也得以在戰爭文學的領域中占據了一席之地。而諸子之中，尤以《韓非子》所涉及的戰爭內容較多，經粗略統計，僅〈說林〉、〈儲說〉中載錄的三百多則故事中，涉及戰爭者約有五十四則，占比六分之一。而在《韓非子》其他篇目的行文裡，仍會頻繁引述到戰爭事例，從中可見韓非本人及其後學對戰爭行為的關注。

一 功利：戰爭的本質

「夫戰者，萬乘之存亡也。」[2] 韓非子將戰爭視為與國家存續安危相關聯的嚴肅之事，並且直言戰爭帶來的收益或損失是十分巨大的：「戰而勝，則國安而身定，兵強而

---

[1] 王鈞林：〈「大兵學」芻議〉，《文史哲》，2013年第2期。這裡需要說明的是，我們談到的諸子實際上並不包含兵家。因為「兵書」在文獻生成上有著較為獨立的脈絡，在內容上更集中在具體的兵學知識而非「治道」，如龔留柱提出兵家著作是由「分析戰爭自身規律為出發點以構建權謀理論，可以被稱為『將略論』」（詳見王鈞林：〈《呂氏春秋》和《淮南子》的軍事思想比較〉，《河南大學學報》，2003年第3期）。因而兵家及兵書與儒、墨、道、法等諸子及文獻存在一定區別。這一點，古人亦有類似的觀念。如《莊子·天下》、《荀子·非十二子》及〈解蔽〉、《韓非子·顯學》等論及各家學術的文章，其中均未涉及到兵學人物。漢代司馬談〈論六家要旨〉言六家「務為治者」，無有「兵家」，《漢書·藝文志》中也將兵書單列為「兵書略」，視為專門之學，不在「諸子」之列。（南齊）王儉《七志》依然分列「諸子志」、「軍書志」。阮孝緒《七錄》始將兵書與子書合流：「兵書既少，不足為錄，今附子末，總以『子兵』為稱。」（見〔清〕嚴可均輯，馮瑞生審訂：《全梁文》北京，商務印書館，1999年，頁736。）後世遂沿襲之。而阮孝緒的分類完全是基於文獻存世的現狀，並不體現什麼學理或思想觀念。

[2] （清）王先慎撰，鍾哲點校：《韓非子集解》北京：中華書局，1998年，頁5。

威立,雖有後復,莫大於此,萬世之利,奚患不至?戰而不勝,則國亡兵弱,身死名息,拔拂今日之死不及,安暇待萬世之利?」[3]對於戰爭的利益得失問題,韓非子並不止於理論闡釋,還輔之以故事的形式進行代言或形象化地呈現。如〈內儲說上〉載張儀與惠施因是否出兵討伐齊、荊而產生意見分歧。短短的二百字中,「利」一共出現了六次。雙方的爭論都是以「利」為衡量標準的,這等於是直接肯定了戰爭的功利屬性。除了國家以外,個體也能夠在戰爭中謀取利益。〈內儲說下〉的「利異」,主旨便是奸臣與君主異心:「召敵兵以內除,舉外事以眩主,苟成其私利,不顧國患。」[4]其下記載的十一則故事中,至少有六則與戰爭相關:「三桓逐昭公」一則,講的是魯昭公進攻季孫氏時,孟孫、叔孫在是否救援季孫的問題上猶豫不絕。這時叔孫御者拋出了「孰利」的問題,遂使孟孫、叔孫恍然大悟,下定決心反擊魯昭公。可見有無利益是孟孫、叔孫出兵的最終考量。「宋石遺衛君書」一則講的是魏、荊兩國構難交戰,魏國主將宋石向楚國大將衛君致書,希望「善者相避」。也就是說在國家利益與個人利益之間,宋石毫不猶豫地選擇了個人利益。「公叔」、「呂倉」、「翟璜」三則講的都是大臣主動挑起戰爭以「自重」。所謂「飛鳥盡,良弓藏;狡兔死,走狗烹」,反過來講只要飛鳥、狡兔還在,良弓與走狗就有存在的價值。這些權臣深知養敵自重的道理,故而巧妙地利用戰爭為自己贏得了權勢。「有反」中的陳需,亦是通過挑起戰爭的方式,借助外國的力量來鞏固自己的地位。而在「越王攻吳王」一則中,倘若文種接納了太宰嚭的建議,「釋吳而患越」,他一樣可以得到翟璜等人的收益。雖然韓非子本意是借由這些故事來揭露奸臣的「不法行徑」,但韓非子於「經」中提到的「召敵兵」以及故事的取材也側面反映出一點:在戰爭的背景下奸臣更容易謀利。換言之戰爭行為本身就是有利可圖的,國家如是,個人也如是。而功利主義正是晉法家的理論基礎,[5]真實的戰爭就是零和遊戲,最適合用來闡發功利思想。因此,戰爭自然成為一個值得討論的話題,戰爭書寫在《韓非子》文本體系中也具有了相對獨特的地位。

「故人行事施予,以利之為心」[6]。雖然韓非子點明了趨利是人的天性,但在計算利益與獲取功利的實際過程中,總會受到各種各樣的牽絆束縛,首當其衝者便是道德。[7]然而道德又常常是幌子,用來掩護自己求取某種利益的真實目的。如〈外儲說左上〉載齊桓公:

> 蔡女為桓公妻,桓公與之乘舟。夫人蕩舟,桓公大懼,禁之不止,怒而出之。乃

3　(清)王先慎撰,鍾哲點校:《韓非子集解》,頁378。

4　同上註,頁259。

5　黃輝明:《晉法家源流研究》上海:上海交通大學出版社,2021年,頁188。

6　(清)王先慎撰,鍾哲點校:《韓非子集解》,頁295-296。

7　方爾加的相關論述,可以佐證我們的觀點。詳見氏著:《法家思想講演錄》北京:人民出版社,2019年,頁41-67。

且復召之,因復更嫁之,桓公大怒,將伐蔡。仲父諫曰:「夫以寢席之戲,不足以伐人之國,功業不可冀也,請無以此為稽也。」桓公不聽。仲父曰:「必不得已,楚之菁茅不貢於天子三年矣,君不如舉兵為天子伐楚。楚服,因還襲蔡,曰:『余為天子伐楚,而蔡不以兵聽從』,因遂滅之。此義於名而利於實,故必有為天子誅之名,而有報仇之實。」[8]

蔡姬蕩舟與齊桓公侵蔡伐楚之事又見於《左傳・僖公三年》及〈僖公四年〉,然而這三件事的關聯卻在史官的書寫下有所隱藏:

齊侯與蔡姬乘舟於囿,蕩公。公懼,變色;禁之,不可。公怒,歸之,未之絕也。蔡人嫁之。四年春,齊侯以諸侯之師侵蔡。蔡潰,遂伐楚。楚子使與師言曰:「君處北海,寡人處南海,唯是風馬牛不相及也,不虞君之涉吾地也,何故?」管仲對曰:「昔召康公命我先君大公曰:『五侯九伯,女實征之,以夾輔周室!』賜我先君履,東至於海,西至於河,南至於穆陵,北至於無棣。爾貢包茅不入,王祭不共,無以縮酒,寡人是征。昭王南征而不復,寡人是問。」對曰:「貢之不入,寡君之罪也,敢不共給?昭王之不復,君其問諸水濱!」師進,次於陘。[9]

直觀視之,蔡姬蕩舟及出嫁與桓公伐蔡之間似乎沒有形成必然的因果關聯,至於伐楚更是在擊敗蔡國之後的事,這與《韓非子》所云「楚服,因還襲蔡」的順序正好相反。我們知道《春秋》是有嚴格書法的。齊國進攻蔡國的行為被寫作「侵」,結果是蔡「潰」。「侵」至少有兩重含義:其一為非正式,《左傳・莊公二十九年》:「凡師,有鐘鼓曰伐,無曰侵,輕曰襲」[10];其二是程度較輕,《穀梁傳・僖公四年》:「侵,淺事也……不土其地,不分其民,明正也。」[11]「潰」指「民逃其上」[12]、「下叛上」[13]或「上下不相得」[14],可理解為潰散。按照春秋史官的記述,齊桓公並沒有明顯的失德行為,反而在某些層面有可圈可點之處。[15] 然《韓非子》中,管仲建議以「楚之菁茅不貢於天子三年」為名,「為天子伐楚」。再於此基礎上,給蔡國羅織一個「不以兵聽從」的罪名,從

8　(清)王先慎撰,鍾哲點校:《韓非子集解》頁296-297。
9　楊伯峻編著:《春秋左傳注》北京:中華書局,2016年,頁313、頁315-318。
10　同上註,頁266。
11　(清)柯劭忞撰,張鴻鳴點校:《春秋穀梁傳注》北京:中華書局,2020年,頁145。
12　楊伯峻編著:《春秋左傳注》,頁578。
13　劉尚慈:《春秋公羊傳譯注》,北京:中華書局,2010年,頁203。
14　(清)柯劭忞撰,張鴻鳴點校:《春秋穀梁傳注》,頁145。
15　如柯劭忞指出:「晉文分曹、衛之田以畀宋人,是土其地、分其民矣。《傳》對舉其事,以明桓、文之正與不正。」詳見(清)柯劭忞撰,張鴻鳴點校:《春秋穀梁傳注》,頁145。

而光明正大滅掉蔡國，出一口惡氣。[16]一場因戲水引發的情感糾紛，就這樣在「為天子征伐」名義的包裹下，「義於名而利於實」，通過戰爭的方式實現了報復。邏輯鏈條十分清晰。所以，韓非子是按照自己的理解重新整合了事件之間的關聯。在敘述上，《韓非子》也沒有把齊桓公伐楚蔡當做既定事實來書寫，而是借管仲之口對這場戰爭進行了戰略構想。原本師出有名、大義凜然的戰爭，真實意圖竟如此不堪。《戰國策·西周策》「秦令樗里疾以車百乘入周」中游騰的說法近於《韓非子》：「桓公伐蔡也，號言伐楚，其實襲蔡。」[17]對此，楊伯峻評論說：「此蓋說客及作者欲以證其說之言，仍當以《左傳》為信。」[18]楊氏所言有理。游騰是以蔡擬周，暗示楚王樗里疾入周的真正意圖會對楚國不利，從而為西周迎接樗里疾的行為進行辯護。

那麼韓非子要證什麼說辭呢？〈外儲說左上〉經文云：「先王所期者利也，所用者力也。」[19]先王尚且以力求利，而況眾人哉？對於戰爭與利益的問題，墨子承認過荊、吳、齊、晉等國在征戰中攻城掠地，獲利頗豐，但「猶謂之非行道也」[20]。孟子則完全否認戰爭的功利作用，甚至明言「善戰者服上刑」[21]。「凡攻人者，非以為名，則案以為利也；不然則忿之也。」[22]荀子雖然承認戰爭有謀利與洩憤的一面，但他在〈議兵〉裡尚有對「仁人之兵」的全面闡發，依然標舉以湯武革命為代表的「義戰」。然而韓非子只把戰爭的「名」視為附著在「利」或「忿」之上的一層外衣，需要的時候便拿來略作修飾，更多的時候棄擲邐迤。韓非子不是第一個關注到戰爭功利本質的諸子，卻是第一個就事論事、直面務實、不談道義只談利益的諸子。在韓非子之前，莊子也曾對戰爭的道義屬性進行過消解。「觸蠻相爭」的故事就是一個典型。莊子運用漫畫式的手法，描繪了一場「伏屍數萬」的慘烈戰爭。然而此戰竟發生在蝸牛的觸角，並且沒有任何的戰爭緣起，也沒有對勝負雙方的立場評判，讓人感覺十分滑稽。正如業師過常寶先生所言：「可笑的不僅是戰爭本身，還有對戰爭道義分析的理性衝動。」[23]韓非子和莊子一樣都放棄了對戰爭進行崇高的闡釋，但顯然二人的目的並不相同：莊子是想讓萬物回歸其本來面貌，因此他解構掉了包括道德在內的後天人為創造的一系列事物；韓非子卻是

---

16 此處管仲言「滅國」，恐是戰國人的表述，而非管仲本意。春秋時期仍然保留有「不絕祀」的觀念，中等國家以上的戰爭多以雙方妥協或一方屈服為結局。春秋後期的柏舉之戰後，「不絕祀」的觀念才幾乎消失，因而發生了勾踐滅吳這樣的大國間的吞併。（詳論可見王浩達：《從《左傳》看春秋軍事文化的變遷》北京：北京師範大學碩士論文，2020年。）

17 何建章：《戰國策注釋》北京：中華書局，1990年，頁49。

18 楊伯峻編著：《春秋左傳注》，頁315。

19 （清）王先慎撰，鍾哲點校：《韓非子集解》頁283。

20 （清）孫詒讓撰，孫啟治點校：《墨子閒詁》北京：中華書局，2001年，頁132。

21 （宋）朱熹撰：《四書章句集注》北京：中華書局，2012年，頁288。

22 王先謙撰，沈嘯寰、王星賢點校：《荀子集解》北京：中華書局，1988年，頁196。

23 過常寶：《先秦文體與話語方式研究》北京：中華書局，2016年，頁292。

要撕下覆蓋在事物頭上的美好面紗,把那些隱秘在角落裡、深藏在黑暗中的事物公之於眾。人所有的說辭都可能是假的,惟有逐利之心真實不虛。韓、莊兩家戰爭書寫的區別還可從「務光投水」一事得以窺探。〈說林上〉載:

> 湯以伐桀,而恐天下言己為貪也,因乃讓天下於務光。而恐務光之受之也,乃使人說務光曰:「湯殺君而欲傳惡聲於子,故讓天下於子。」務光因自投於河。[24]

《莊子·讓王》載:

> 湯將伐桀,因卞隨而謀,卞隨曰:「非吾事也。」湯曰:「孰可?」曰:「吾不知也。」湯又因瞀光而謀,瞀光曰:「非吾事也。」湯曰:「孰可?」曰:「吾不知也。」湯曰:「伊尹何如?」曰:「強力忍垢,吾不知其他也。」湯遂與伊尹謀伐桀,克之,以讓卞隨。卞隨辭曰:「後之伐桀也謀乎我,必以我為賊也;勝桀而讓我,必以我為貪也。吾生乎亂世,而無道之人再來漫我以其辱行,吾不忍數聞也。」乃自投稠水而死。湯又讓瞀光曰:「知者謀之,武者遂之,仁者居之,古之道也。吾子胡不立乎?」瞀光辭曰:「廢上,非義也;殺民,非仁也;人犯其難,我享其利,非廉也。吾聞之曰:『非其義者,不受其祿;無道之世,不踐其土。』況尊我乎!吾不忍久見也。」乃負石而自沈於廬水。[25]

細讀兩段文本,可以明顯發現其中的不同:《莊子》描繪的是瞀光剛正純良的高士形象,並通過瞀光「廢上」、「殺民」的一段論述,申發了「尊生」、「不害生」的理念;而韓非子的描寫中卻提到湯「恐天下言己為貪也」,故而假意向瞀光讓出天下。不僅如此,湯還擔心如若務光真的接受了天子之位事情將無法收場,於是派人向他傳話,從而導致瞀光以死全名節。瞀光在事件中根本沒有任何表態,只是權力鬥爭的犧牲品。成湯不再是〈湯誓〉以及孟荀口中弔民伐罪的聖王,而是一個沽名釣譽、惺惺作態的野心家。成湯假意禪讓又間接逼死務光的行徑,也使得湯伐桀的戰爭沒有了道義支撐,奪利篡位的本意暴露無遺。當然,韓非子並不是要表達他對成湯的看法,而是揭示一個道理:無論何時,戰爭的本質都是功利,趨利就是人的本能。

二 內政:戰爭的主導

墨子言天志,順應天命的那一方會在神諭的加持之下取得必然的勝利;孟荀講義兵,尤其是孟子,淡化了戰爭的激盪與慘烈,以兵不血刃的方式呈現仁人的德行以及民

---

[24] (清)王先慎撰,鍾哲點校:《韓非子集解》頁182。
[25] 王先謙撰:《莊子集解》北京:中華書局,1987年,頁312。

心所向，宣揚「仁人無敵」，因此行仁政王道就能戰無不勝；在策士看來，他們的計謀與三寸不爛之舌是戰爭勝敗的關鍵。在韓非子眼中，是否有一種因素可以決定戰爭勝敗呢？答案是內政。是否發動一場戰爭及戰爭的前景如何，早已反映在了本國或敵國的內政之中：

> 趙主父使李疵視中山可攻不也，還報曰：「中山可伐也，君不亟伐，將後齊燕。」主父曰：「何故可攻？」李疵對曰：「其君見好巖穴之士，所傾蓋與車以見窮閭隘巷之士以十數，伉禮下布衣之士以百數矣。」君曰：「以子言論，是賢君也，安可攻？」疵曰：「不然。夫好顯巖穴之士而朝之，則戰士怠於行陣；上尊學者，下士居朝，則農夫惰於田。戰士怠於行陣者，則兵弱也；農夫惰於田者，則國貧也。兵弱於敵，國貧於內，而不亡者，未之有也。伐之不亦可乎！」主父曰：「善。」舉兵而伐中山，遂滅也。[26]

此事又見於《戰國策·中山策》，其中李疵的言語較《韓非子》所載稍顯簡略：「舉士，則務名而不存本；朝賢，則耕者惰而戰士懦。若此不亡者，未之有也。」[27]另外值得注意的是結尾部分。《中山策》以李疵之語作結，沒有趙武靈王對此諫言的表態，更沒有後續的軍事行動，整篇故事似乎只為記錄李疵的言語與思想。然而《韓非子》中卻有趙武靈王採納建議並隨即起兵攻滅中山的描寫，敘述節奏較緊，也更顯完整。這樣一來，李疵所分析出的問題就與中山的亡國形成了強烈的因果聯繫。于鬯《戰國策年表》將此章故事繫於周赧王八年（西元前307年），[28]顧觀光《國策編年考》則繫於周赧王十年（西元前305年）。[29]而據《史記·趙世家》記載，趙國直至惠文王三年（西元前296年）才「滅中山，遷其王於膚施。」[30]顯而易見，滅中山並非趙武靈王時發生的事，戰爭更不會在李疵發言之後就順理成章地完成。范祥雍指出，趙武靈王在二十七年（西元前299年）自號「主父」之前，就屢屢發動對中山的戰爭，胡服騎射也是為了向中山用兵，既然已經交戰多次，何必又派李疵觀兵，詢問中山是否可以進攻的問題呢？另外他根據《呂氏春秋·先識》與司馬憙之事，對李疵所描述的中山君主禮賢下士的「賢君」形象提出了質疑，由此認為這則故事「殆法家附會假託之言」。[31]李疵其人生平不詳，高誘舊注只云「趙臣也」[32]。除卻《中山策》與《韓非子》所記錄的與趙武靈王論中山

---

26 （清）王先慎撰，鍾哲點校：《韓非子集解》頁303。
27 （漢）劉向集錄，范祥雍箋證，范邦瑾協校：《戰國策箋證》上海：上海古籍出版社，2006年，頁1872。
28 何建章：《戰國策注釋》，頁1246。
29 （漢）劉向集錄，范祥雍箋證，范邦瑾協校：《戰國策箋證》，頁1874。
30 （漢）司馬遷撰，裴駰集解，司馬貞索隱，張守節正義：《史記》北京：中華書局，1959年，頁1813。
31 （漢）劉向集錄，范祥雍箋證，范邦瑾協校：《戰國策箋證》，頁1873-1874。
32 何建章：《戰國策注釋》，頁1246。

一事，再無他事見載於文獻。我們無法得知此人的學派、出身甚至真實性。不過李疵所著眼的農、戰二字，恰恰是法家尤其是晉法家最為看重的。《韓非子》講述這則故事也正是這個意圖，其經云：「且居學之士，國無事不用力，有難不被甲，禮之則惰修耕戰之功，不禮則害主上之法。國安則尊顯，危則為屈公之威，人主奚得於居學之士哉！故明主論李疵視中山也。」[33] 這與〈五蠹〉中對學者的批判正好相合。趙國無「蠹」而中山有。既然趙國政治清明，獲勝便是必然的事。再如〈內儲說上〉越王欲伐吳，文種用焚燒宮室的舉動展示了自己賞罰嚴明的施政效果，「此知必勝之勢」。而〈外儲說右上〉晉文公採納了狐偃信賞必罰的諫言並斬顛頡立威後，晉國的戰鬥力火箭般飛升：「於是遂興兵伐原，克之；伐衛，東其畝，取五鹿；攻陽，勝虢；伐曹；南圍鄭，反之陴；罷宋圍。還與荊人戰城濮，大敗荊人；返為踐土之盟，遂成衡雍之義。一舉而八有功。」[34] 真可謂勢如破竹，攻無不克，「所以然者，無他故異物，從狐偃之謀，假顛頡之脊也。」[35] 晉文公既然嚴行法治，勝利就變得理所當然。

從形式上看，這三則故事實有淵源，其結構與《左傳·莊公十年》的「曹劌論戰」很是相近。可以看到這類「論戰」故事有一些共通的特性：第一，都是在作戰之前，國君與某一位臣子圍繞「所以戰」進行的討論。第二，論者關注的焦點大多是軍事以外尤其是政治的因素，在敘述節奏上詳於「論」而略於「戰」。如果說長勺之戰中魯國獲勝的原因除了「忠之屬也」，還有「一鼓作氣」的臨場戰術，那麼《韓非子》就弱化乃至摒棄了其他因素對戰爭的影響，而只突出了政治，暗含一種「政治定勝負」的觀念。《商君書·戰法》云：「凡戰法必本於政勝。」[36] 韓非子大概對此說是認同的，他或縮短敘述時間，加快敘事節奏；或拖插嫁接，把偶然甚至無關的細節誇張為必然，用文學的手法對這一理念進行了演繹。[37] 借由戰爭來道出國政治理的問題，從這個層面講《韓非子》的戰爭書寫無疑是政治化的。

除了內政以外，外交也是與戰爭息息相關的政治因素。戰國後期堪稱策士大放異彩的時代，策士們精通權謀與論辯，善於在亂世中利用現有的各種利害關係尤其是國際形勢縱橫捭闔。或合縱，或連橫，八面玲瓏，左右逢源。一些策士的辯言即是中國古代外交思想的淵藪。韓非子是少有的論及外交問題的諸子。不過有趣的是，韓非子論外交卻是要揭露戰爭背景下外交關係的不可靠。如〈說林上〉：

---

33 （清）王先慎撰，鍾哲點校：《韓非子集解》，頁284。按：「不禮則害主上之法」本作「不禮則周主上之法」，盧文弨以為「周」乃「害」之偽，從之改。「故明主論李疵視中山也」本作「明王」，從《韓子迂評》本及盧文弨所說改。

34 （清）王先慎撰，鍾哲點校：《韓非子集解》，頁356。

35 同上註。

36 蔣禮鴻撰：《商君書錐指》北京：中華書局，1986年，頁68。

37 關於《韓非子》戰爭書寫的修辭技巧問題，可參拙作《論《韓非子》的戰爭書寫》的相關內容（保定：河北大學碩士學位論文，2024年）。

晉人伐邢，齊桓公將救之。鮑叔曰：「太蚤。邢不亡，晉不敝；晉不敝，齊不重。且夫持危之功，不如存亡之德大。君不如晚救之以敝晉，齊實利。待邢亡而復存之，其名實美。」桓公乃弗救。[38]

這則故事與史書記載存在出入。第一，邢國面臨狄人的討伐而非晉國。《春秋》載魯莊公三十二年冬「狄伐邢」[39]。查檢《春秋》、《史記》等，從齊桓公即位至魯僖公二十五年（西元前635年）「衛侯燬滅邢」，未見晉國與邢國、齊國交戰的記錄。第二，齊桓公出兵救助了邢國並得到了史官的褒獎。《春秋‧閔公元年》：「齊人救邢。」其下《左傳》傳文曰：

狄人伐邢。管敬仲言於齊侯曰：「戎狄豺狼，不可厭也；諸夏親昵，不可棄也。宴安鴆毒，不可懷也。《詩》云：『豈不懷歸？畏此簡書。』簡書，同惡相恤之謂也。請救邢以從簡書。」齊人救邢。[40]

是管仲向齊桓公諫言救邢攘夷，所以孔子曾感歎「微管仲，吾其被髮左衽矣。」魯僖公元年，齊侯率領宋、曹之師次於聶北以救邢。最終驅逐了狄人，且「具邢器用而遷之」，幫助邢國復國。史官對齊桓公救邢的行為進行了書法上的褒獎。《左傳‧僖公元年》：「夏，邢遷於夷儀，諸侯城之，救患也。凡侯伯救患分災討罪，禮也。」[41]《穀梁傳‧僖公元年》：「是向之師也，使之如改事然，美齊侯之功也。」[42] 可以說，齊桓公霸業的一大功績便是攘夷救亡。春秋史官對這類事蹟載錄頗多。宋人孫覺云：「五伯之盛，莫過於齊桓，而齊桓之功，莫過於北伐山戎，南伐強楚。」[43]《韓非子》在這則故事上與史書記載的出入，折射出哪些信息呢？

首先是夷夏觀念的轉變。上引管仲云：「戎狄豺狼，不可厭也。諸夏親昵，不可棄也。」《左傳‧成公四年》季文子也說過「非我族類，其心必異。」[44] 這些言論都鮮明表達了夷夏不兩立的態度。而「經過春秋幾百年的攘夷，原來雜居中原的夷狄不是被消滅或同化，就是被逐往邊遠之區。到了戰國，夷狄退處邊陲，中原完全成為諸夏的世界。」[45] 由是戰國時期，夷夏觀念發生了一些改變。荀子云：「居楚而楚，居越而越，

---

38 （清）王先慎撰，鍾哲點校：《韓非子集解》頁184。
39 （春秋）左丘明傳，（晉）杜預注，（唐）孔穎達正義：《春秋左傳正義》北京：北京大學出版社，1999年，頁298。
40 楊伯峻編著：《春秋左傳注》，頁280-281。
41 （春秋）左丘明傳，（晉）杜預注，（唐）孔穎達正義：《春秋左傳正義》，頁321。
42 （晉）范甯集解，楊士勛疏：《春秋穀梁傳注疏》北京：北京大學出版社，1999年，頁106。
43 （宋）孫覺：《春秋經解》上海：商務印書館，1935年，頁184。
44 （春秋）左丘明傳，（晉）杜預注，（唐）孔穎達正義：《春秋左傳正義》，頁717。
45 邢義田：〈天下一家——中國人的天下觀〉，劉岱主編《中國文化新論‧根源篇》臺北：聯經出版事業公司，1981年，頁451。

居夏而夏，是非天性也，積靡使然也。」[46]既然夏夷之分不是先天所定，那麼通過後天的教化就可以使夷變成夏。這樣一來，夷夏大防雖仍在，但彼此排斥與對立的程度卻削減了。在這樣的思想背景下，韓非子也不再強調夷夏對立，把進攻邢國的狄人換成了晉人。晉國在地理上與邢國相鄰[47]，發生戰爭也不是一件稀奇的事。與此同時，齊國即便參戰，那也是一場華夏內部的普通戰爭，不再具有攘夷的道德內涵。因此管仲華夷之辨的言論也被鮑叔牙所論取代。剝離了價值層面的評判，有利於韓非子就事論事，理性分析事件之利害。

其次，韓非子借鮑叔牙之口說出的「待邢亡而復存之，其名實美」也並非空穴來風、憑空杜撰。因為邢國在魯莊公三十二年（西元前662年）冬遭到狄人攻擊，次年春齊國收到了邢國求救的簡書，而齊國軍隊兩年後才開到了前線。[48]從邢國投遞簡書的速度看，路途上的損耗不需要這麼久的時間。對於齊桓公救援行動的遲緩，史官用「次」表達了評判。《公羊傳・僖公元年》：「救邢，救不言次，此其言次何？不及事也。不及事者何？邢已亡矣。孰亡之？蓋狄滅之。曷為不言狄滅之？為桓公諱也。」[49]儘管齊桓公出兵不及時，鑒於攘夷功大，還是得到了史官的正面褒獎。但韓非子認為齊桓公這是有意「不及事」，先使鷸蚌相爭，待進攻方疲敝、防守方破敗的時候再出手，以便名利雙收。〈五蠹〉中的一段話，可以視為韓非子對桓公救邢的正面解讀：「救小未必有實，則起兵而敵大矣。救小未必能存，而交大未必不有疏，有疏則為強國制矣。出兵則軍敗，退守則城拔。救小為從，未見其利，而亡地敗軍矣。」[50]〈說林上〉又載「齊攻宋」、〈十過〉載「秦攻宜陽」，同樣是小國面臨大國的侵擾向另一個大國求救，最終的結果都是求援對象作壁上觀，小國被大國劫掠而去，成為徹底的輸家。因此「內不量力，外恃諸侯」位列「十過」之中，「恃交援而簡近鄰，怙強大之救而侮所迫之國者」是「亡徵」之一。想通過外交手段戰勝敵人是不可能的，只有專務內政、強大自己，才是規避風險，取得勝利的根本大法：

> 鄭簡公謂子產曰：「國小，迫於荊、晉之間。今城郭不完，兵甲不備，不可以待不虞。」子產曰：「臣閉其外也已遠矣，而守其內也已固矣，雖國小，猶不危之也。君其勿憂。」是以沒簡公身無患。[51]

---

46 王先謙撰，沈嘯寰、王星賢點校：《荀子集解》，頁144。
47 段宏廣：《先秦邢地綜合研究》保定：河北師範大學碩士論文，2007年。
48 關於聶城的所在，《一統志》謂「清豐縣東北」，《讀史方輿紀要》謂「清豐縣北十里」。楊伯峻以為道路迂曲，頗為可疑，並引朱駿聲之說，謂「聶」即《昭公二十年》「聊、攝以東」之「攝」，即今山東省聊城市博平鎮。見氏著：《春秋左傳注》，頁302。
49 （漢）公羊壽傳，（漢）何休解詁，（唐）徐彥疏：《春秋公羊傳注疏》，北京：北京大學出版社，1999年，頁199。
50 （清）王先慎撰，鍾哲點校：《韓非子集解》，頁495。
51 同上註，頁304-305。

鄭簡公意識到自己虎狼環伺的處境，想到「城郭不完，兵甲不備」，心中不禁憂慮。子產給出了「閉外守內」的方案，減少外交行為而集中力量發展內政。這樣的做法很有效，終鄭簡公一朝，鄭國安然無恙。正所謂「明主堅內，故不外失。失之近而不亡於遠者無有。故周之奪殷也，拾遺於庭。使殷不遺於朝，則周不敢望秋毫於境，而況敢易位乎。」[52]「明於治之數，則國雖小，富；賞罰敬信，民雖寡，強。」[53] 意即內政做好，外患自除，國小兵寡根本不是劣勢。由此可見《韓非子》戰爭書寫的一大特徵便是高度的政治化，體現了韓非的一些國家治理和國際關係理念。這樣既回應了戰國末年兵革不休的現狀與君主好戰求勝的需求，又能夠將主旨導向政治議題，從而更好地闡釋其治道思想。而韓非子幾乎全部的學問就是政治理論、「帝王之學」，所以戰爭書寫堪稱其說理的先導。

三　寓言：戰爭的別樣呈現

　　在韓非子筆下，戰爭不僅僅是一種行為或場景，還像是一種寓言，象徵著世間尤其是政治領域的一切紛爭。當人和人的利益相衝突時，雙方就會不擇手段的構害，罔顧情感與道德。換句話說，社會政治就是戰場的一種延伸，人生在世便是一場冷酷的戰爭。

　　首先，在朝廷上，君臣之間充滿了權鬥。對此韓非子曾徵引黃帝之語說道：「上下一日百戰」[54]。這是韓非子「以戰喻政」的明確表達。因為「下匿其私，用試其上；上操度量，以割其下」[55]，君臣利異，所以彼此交戰不斷。〈內儲說下〉「六微」中的任何一種現象，都意味著君主利益受損，臣下勝了一著。權鬥往往伴隨著欺騙，君主看似握有權柄，擁有絕對優勢，但臣下會運用種種手段壅蔽君上，營私舞弊，甚至直接弒君篡位。[56] 弒君篡位正是韓非子津津樂道的話題。韓非子曾用徵引的方式表明弒君現象層出不窮：「《記》曰：『周宣王以來，亡國數十，其臣弒君而取國者眾矣。』」[57] 行文中有四十余處寫到弒君奪位的事件，血的教訓歷歷在目，這種利用人身安危來進行恫嚇威懾的遊說方式，使得身為國君的聽者或讀者很難置若罔聞，無形之中大大提升了韓非子言辭的說服力。

　　韓非子筆下的家庭與朝堂同構，一樣充滿了腥風血雨、爾虞我詐。〈姦劫弒臣〉裡

52　（清）王先慎撰，鍾哲點校：《韓非子集解》，頁215。

53　同上註，頁132。

54　同上註，頁54。

55　同上註，頁54。

56　「壅蔽」是韓非子十分重視、反覆論述的一個命題，如〈主道〉篇概括了「五壅」，〈八姦〉裡八種姦行的最終結果也是「世主所以壅劫」。並且針對種種壅蔽現象提出了「眾端參觀」等防壅之法。

57　（清）王先慎撰，鍾哲點校：《韓非子集解》，頁444。

春申君聽信愛妾讒言，向親子痛下殺手。對於父子母女之情，韓非子有一段出彩的論說：「人為嬰兒也，父母養之簡，子長人怨。子盛壯成人，其供養薄，父母怒而誚之。子父至親也，而或譙或怨者，皆挾相為而不周於為己也。」[58]；「父母之於子也，產男則相賀，產女則殺之。此俱出父母之懷衽，然男子受賀，女子殺之者，慮其後便，計之長利也。」[59]血濃於水的至親尚且如此計較利害，那麼沒有血緣的夫妻關係更是一片偽善了。「燕人浴矢」便是一例。燕人之愚蠢惹人發笑，同時也讓人感到可悲。不過可以看出韓非子並沒有對這位妻子或室婦的行為提出批判。〈備內〉言：「夫妻者，非有骨肉之恩也，愛則親，不愛則疏。」[60]因而妻子的一系列姦行也在情理之中，該批判的應該是燕人，是他不會鬥爭，「權借在下」，才會落得如此境地。基於以上探討，可見《韓非子》「以戰喻政」的一個突出表現便是人物之間毫無恩情，常常處於一種敵對緊張的狀態，隨時會面臨破裂，走向對抗。

在韓非子看來，政治鬥爭像戰爭一樣，是因「利異」而起，並且常常伴隨著欺詐的行為。而欺詐正是戰爭中常用的一種制勝手段，〈難一〉：

> 晉文公將與楚人戰，召舅犯問之，曰：「吾將與楚人戰，彼眾我寡，為之奈何？」舅犯曰：「臣聞之，繁禮君子不厭忠信，戰陣之間不厭詐偽。君其詐之而已矣。」文公辭舅犯，因召雍季而問之，曰：「我將與楚人戰，彼眾我寡，為之奈何？」雍季對曰：「焚林而田，偷取多獸，後必無獸；以詐遇民，偷取一時，後必無復。」文公曰：「善。」辭雍季，以舅犯之謀與楚人戰以敗之。歸而行爵，先雍季而後舅犯。群臣曰：「城濮之事，舅犯謀也。夫用其言而後其身，可乎？」文公曰：「此非君所知也。夫舅犯言，一時之權也；雍季言，萬世之利也。」仲尼聞之，曰：「文公之霸也宜哉！既知一時之權，又知萬世之利。」
> 或曰：雍季之對，不當文公之問。……且文公不不知一時之權，又不知萬世之利。……且文公又不知舅犯之言，舅犯所謂「不厭詐偽」者，不謂詐其民，謂詐其敵也。……舅犯前有善言，後有戰勝，故舅犯有二功而後論，雍季無一焉而先賞。「文公之霸也，不亦宜乎」，仲尼不知善賞也。[61]

狐偃說：「繁禮君子不厭忠信；戰陣之間不厭詐偽」，可見「詐偽」與「禮」相對，是一種與戰爭密切相關的觀念。「自春秋至於戰國，出奇設伏，變詐之兵並作。」[62]詭詐是對「鳴鼓而戰」、嚴陣以待的「軍禮」的突破。春秋前中期，晉國便屢屢使用詭詐的手

---

58 （清）王先慎撰，鍾哲點校：《韓非子集解》，頁295。
59 同上註，頁455。
60 同上註，頁123。
61 同上註，頁377-379。
62 （漢）班固撰，（唐）顏師古注：《漢書》北京：中華書局，1962年，頁1762。

段作戰。比如著名的假道伐虢、殽之戰等。不過這類戰爭並不占主導地位，詭詐的觀念也未能公然放到臺面上，我們從上述故事中晉文公先賞雍季後賞狐偃的做法可以得到旁證。「兵以詐立」的觀念大概在春秋晚期吳、楚、越爭霸時成熟。具體表現在詐偽被大幅度地應用到了實戰中，同時又有軍事家在理論的維度對詐偽進行了闡說。[63] 如《孫子》開篇直言：「兵者，詭道也」[64]，並具體講述了實施「詭道」的方法。《孫子》通過為詐偽正名的方式，與周禮支配下的傳統戰爭觀徹底劃清了界限。宋人鄭友賢說道：「《司馬法》以仁為本，孫武以詐立；《司馬法》以義治之，孫武以利動；《司馬法》以正，不獲意則權，孫武以分合為變。」[65] 到了戰國時代，詭詐之道全面興起，其應用范圍也漸漸超出了軍事范疇，充斥在了朝堂宮闈之中。韓非子正是思想史上第一個跳出軍事領域談論詐偽的思想家，韓非對詐偽的看法關乎他對「上下一日百戰」現象的解讀。

　　韓非在詰難中說道：「不謂詐其民，謂詐其敵也」，表示出對待敵人和對民眾不同態度：所謂「兵不厭詐」，敵我之間不是你死就是我亡，因此對敵人使用詐術無可厚非；對待民眾則當務必講求信用，「不欺其民」。[66] 既然詐偽可用於敵而不可用於民，那麼君臣之間是否可用詐偽呢？對於這個問題，韓非子的表述不如前者明確，我們只能依照文本內容進行概括。如果說〈內儲說下・六微〉講述臣下欺詐君主的種種事件只是陳述事實，用案例來警示君王有所提防的話，那麼〈內儲說上・七術〉把帶有詐偽成分的「挾智」、「詭使」、「倒言」與「參觀」、「必罰」等手段並列，無疑是為君王獻計建言的鼓勵態度了。可以說韓非子眼中的君臣是一種似敵非敵的關係。世上之所以會形成敵對關係，根本源因便是「異利」。而韓非子認為君臣之間常常是「異利」的。有學者提出「君臣異利」是韓非子君臣關係的核心。[67] 大臣會像敵人一樣，給予君主「身死國滅」的威脅。從這個意義上說，君臣之間似敵。但君臣矛盾並非水火不容、不可調和，而且君主權力的行使又必須依賴於官僚體系的運作。所以君臣之間的戰爭不能像戰場一樣以消滅或擊垮對手為目的。從這個意義上說，君臣之間又非敵。「只要在君臣關係中導入一定的客觀規則和制度規范，並使其公開化、規范化、程式化，按照公平、公正的原則，公開競爭，就能在制度規范下實現君臣之間的和諧，化不分勝負、兩敗俱傷的『零

63　黃樸民：〈從「以禮為固」到「兵以詐立」——對春秋時期戰爭觀念與作戰方式的考察〉，《學術月刊》，2003年第12期。

64　（春秋）孫武撰，（戰國）曹操等注，楊丙安校理：《十一家注孫子校理》北京：中華書局，1999年，頁12。

65　（宋）鄭友賢：〈十家注孫子遺說並序〉，《續四庫全書》上海：上海古籍出版社，2002年，第959冊，頁89。

66　這裡講的「信用」乃是「信賞必罰」之「信」，是令行禁止的威嚴，屬於政治品格而非道德范疇。詳論可見拙著《論〈韓非子〉的戰爭書寫》。

67　宋洪兵：〈從君臣異利到君臣互利〉，《中國社會科學報》，第4期，2013年11月。

和』遊戲為皆大歡喜的『雙贏』。」[68]這種「客觀規則」和「制度規範」，就是「法」：「聖王之立法也，其賞足以勸善，其威足以勝暴，其備足以必完法。治世之臣，功多者位尊，力極者賞厚，情盡者名立。善之生如春，惡之死如秋，故民勸極力而樂盡情，此之謂上下相得。」[69]

僅僅有法還遠遠不夠，還要有一套知人馭人之術，保證臣下都在法的框架下各司其職。所以，術是法的技術性保障。就像在戰爭中，戰術是實現戰略目標的技術手段。戰術有奇正之分，韓非子之術同樣如此。詐偽這種特殊的制敵方略，置諸君臣之間，亦是非常手段。或可稱之為與循名責實相對的「陰術」。基於以上分析，我們認為，韓非子對詐偽的態度應該是「有限度的使用」：其一是限制範圍，比如戰爭中可以使用，理政治民時應禁絕；其二是限定主體，君主可以懷揣詐術的利刃，臣下絕不可以包藏奸心。君主要「退淫殆，止詐偽」[70]，使「左右近習之臣知詐偽之不可以得安也」[71]，把詐偽的行使權壟斷在自己手裡，從而在鬥爭中贏得絕對的勝利。韓非子把產生於戰爭的「詐偽」觀念引入了政治範疇，拆解了姦臣的種種不法行徑，歸納出「八姦」、「三劫」等概念，並依靠「詐偽」為君主設計了一系列防奸治奸的馭臣之術，形成了中國思想史上前所未有的政治理論。正是因為洞徹了戰爭你死我活、利益至上的本質，韓非子論述政治問題才入木三分。[72]可以說，將社會政治視為戰場的擴展與延續，以戰爭譬喻人與人的利益糾紛，這是《韓非子》戰爭書寫的特殊呈現。

---

68 宋洪兵：《韓非子政治思想再研究》長春：東北師範大學博士論文，2007年。
69 （清）王先慎撰，鍾哲點校：《韓非子集解》，頁216。
70 同上註，頁41。
71 同上註，頁106。
72 國外學者也有類似的見解。如美國學者Lars Tore Helliksen在其博士論文《專制官僚主義：韓非的中國古代治理戰略與馬基雅維利政治哲學的對比研究》（Autocratic Bureacratism: Han Fei's Ancient Chinese Strategies of Governance as Contrasted with Machiavelli's Political Philosophy）中提到，馬基雅維利（Machiavelli）與韓非子在政治生活中都異常冷靜並有現實的主張，而且兩人的政治思想發展都深受軍事思想的影響，都傾向於把政治上的交往當作敵我雙方你死我活的鬥爭。參見網址：https://www.duo.uio.no/handle/10852/14116及戴擁軍：《法家經典文獻在英語世界的譯介與傳播》江蘇：南京大學出版社，2019年。

《太平經》的道、元氣與宇宙生成探析

田春玲

北京師範大學哲學學院

一　道、元氣在萬物生成所起作用

在中國哲學史中,「道」與「氣」的關係猶如經緯交織,構成了探索宇宙本源和萬物生成不可或缺的兩大要素。老子視「道」為宇宙終極本源,通過陰陽二氣的激盪與融合,促進了萬物的孕育與生成。莊子則在繼承老子「道」論的基礎上,強調「氣」作為生命之根本,與「道」緊密相連。莊子宣導順應自然之道,使「氣」在體內得以順暢流通,從而達到養生延年的目的。《太平經》繼承老莊的「道氣」觀,同時吸收先秦漢代流行「元氣說」,將「道」與「元氣」作為其宇宙生成論的兩大支柱。在《太平經》的宇宙觀中,「道」是萬物產生的本源和終極動力,引導著宇宙間的一切變化;「元氣」則是「道」在具體運行過程中的物質載體,它化成萬物,賦予宇宙以生機與活力。「道」與「元氣」相互依存、相互作用,共同構成了宇宙萬物生成與演化的基礎。

（一）道為萬物產生之本源

在探討《太平經》的宇宙生成模式時,學界圍繞「道」與「元氣」（或「氣」）誰為宇宙本源的問題展開了討論,形成了三種主要的學術觀點。第一,「道」與「氣」何者為本源存在模糊性和矛盾性。湯一介先生認為,《太平經》對於「氣」和「道」的關係問題在理論上存在矛盾,且這種矛盾在之後的道教著作中也普遍存在。[1]第二,道是本源。卿希泰、李養正持這種觀點。卿希泰認為道是比元氣更高更根本的東西。[2]李養正認為,「道」是宇宙的本源,「道」產生了原始的氣,即「元氣」,元氣循道而行,生化萬物。[3]第三,元氣（或「氣」）是本源。楊寄林、李家彥持這種觀點。楊寄林認為《太平經》賦元氣以宇宙最高和唯一本源的新意義。[4]李家彥認為《太平經》的宇宙論以元氣為世界的本體,宇宙萬物皆由元氣化生。[5]

1　湯一介：《魏晉南北朝時期的道教》西安：陝西師範大學出版社，1988年，頁65。
2　卿希泰：〈《太平經》的哲學思想〉，《四川師院學報（社會科學版）》，1980年第1期。
3　李養正：〈《太平經》的天道觀及其治平思想──讀《太平經》隨筆〉，《中國哲學史》，2000年第1期。
4　楊寄林譯注：《太平經》北京：中華書局，2013年4月，頁12。
5　李家彥：〈《太平經》與《聖經》倫理思想之比較〉，《宗教學研究》，1989年。

以上學者對《太平經》本源問題的探討，筆者傾向於第二種觀點，認為較之於「元氣」，「道」仍然具有至高無上性和本源性，同時亦承認「氣」或者「元氣」在宇宙生成過程中的關鍵作用。但與李養正先生的觀點略有不同的是，《太平經》原文並未直接論述「道」生「氣」的生成關係，而是強調了「元氣」將「道」作為行動法則的指導作用，這也表明《太平經》在繼承和發展道家思想的過程中，更注重道與氣的和諧共生的關係。在此理解框架下，道和元氣的關係被重新詮釋為：道為宇宙萬物生成的本源，元氣為萬物化生和顯現之質料，也是「道」之顯現與生命力呈現的載體。而「道」為萬物產生之本源，主要體現在道和萬物的關係以及道和元氣的關係上。

第一，道為萬物之本源，具有根本性和普遍性。

> 夫道何等也？萬物之元首，不可得名者。六極之中，無道不能變化。[6]
> 道乃主生，道絕萬物不生。[7]
> 夫萬二千物，各自存精神，自有君長，當共一大道而行，乃得通流。萬二千物精神，共天地生，共一大道而出。[8]

其一，道有根本性。道為萬物「元首」，即「道」是萬物產生的根源和始基，具有至高無上的地位。道也是萬物存在的根本依據，是萬物生成和變化的最終原因。萬物生長過程中，如果「無道」，則「不能變化」，世界不能正常運轉。如果「道絕」，則「萬物不生」，世界將寂靜荒蕪。可見，道直接決定萬物生成，在萬物生命存亡中起決定性因素。

其二，道具有普遍性。道發揮作用具有普遍性，「六極之中，無道不能變化」，在「六極」之中，無論哪里，萬物都離不開道的支配和變化。道產生萬物具有普遍性，「天地大小，無不由道而生者也」，天地之間，無論大物小物，皆由道而生，萬物皆稟含道性。大道通流，「萬二千物」共一「大道」而出，共一「大道」而行，在「大道」流行化生的過程中，每一物分有道的一個部分，形成不同的物，共同構成宇宙的多樣性。

其三，道與元氣的關係。《太平經》吸收先秦至兩漢時期漢代流行思潮「元氣」的概念，豐富自身的宇宙觀，借「元氣」來更好論證萬物的產生。那麼在《太平經》中，道和元氣的關係是什麼呢？

> 道無所不能化，故元氣守道，乃行其氣，乃生天地，無柱而立，萬物無動類而生，遂及其後世相傳，言有類也。比若地上生草木，豈有類也。是元氣守道而生如此矣。[9]

---

[6] 王明編：《太平經合校》，卷十八至三十四《守一明法》北京：中華書局，2014年10月，頁16。

[7] 王明編：《太平經合校》，卷一百三十七至一百五十三》，頁719。

[8] 王明編：《太平經合校》，卷五十六至六十四《闕題》，頁226。

[9] 王明編：《太平經合校》，卷十八至三十四《安樂王者法》，頁21。

> 元氣行道，以生萬物，天地大小，無不由道而生者也。故元氣無形，以制有形，以舒元氣，不緣道而生。[10]

在《太平經》中，這兩則材料清晰表明「道」和「元氣」的關係為「元氣守道」、「元氣行道」。即元氣雖為「無形」之質，卻以道的運行為行動的法則，通過守道發揮自身的功能與價值。元氣在守道的前提下，化生出天、地、人、草木、動植物等「有形」萬物，這些萬物以「類」相聚，一類一類的事物構成了宇宙的多樣性，這是「守道」的良好結果。反之，如果元氣不能「守道」的話，就不能「包裹天地」，使萬物「各得其所」，萬物的種類和數量也將逐漸削減。

進一步而言，《太平經》還強調了無論是元氣，還是由元氣化生的天、地、三光、雷電、四時五行、陰陽雌雄等物，都應將「守道」作為行動的前提和準則。天守道，稱神無方，至高無上；地守道，萬物歸附，生長有序；日月星守道，無所不照，指明方向；雷電守道，動感天地，乘氣往來；四時五行守道，萬物生長順其自然；陰陽雌雄守道，世代綿延，生命相續。唯有將「守道」作為前提，元氣化生的萬物才能獲得更好的生存和發展空間。因此，「凡事無大無小，皆守道而行，故無凶。」[11]

綜上所述，道在萬物生成與演化的框架中，不僅占據著根本性且普遍性的核心地位，更在道與元氣的聯結中彰顯其重要影響。元氣及其所孕育的萬物，無一不遵循「守道」這一至高法則。從以上兩對關係中，亦能洞察道的本源性特質——它是萬物之始，亦是萬物之終，貫穿於宇宙生成與萬物演化的全過程。道不僅賦予了萬物以存在的根據，更在萬物生長、變化、衰亡的每一個環節中，發揮著至關重要的推動作用，確保宇宙間一切生命與非生命形態均能在其既定軌道上，遵循自然法則，和諧有序地共存與發展。

（二）元氣為萬物化成之質料

「氣」這一概念，其雛形可追溯至甲骨文時期，以三條長短不一的橫線寓意天空中雲氣繚繞之態，此乃「氣」字最本初之具象義。《說文解字·氣部》說：「氣，雲氣也，象形。」至春秋戰國時期，「氣」逐漸超脫形態義，被賦予了深刻的哲學意蘊，成為宇宙萬物的本源。宋鈃、尹文學派，是戰國時期一個重要的學派，主張「精氣學說」，認為「精者也，氣之精者也。」「氣」之精微、精粹的部分就是精氣，精微之氣是構成宇宙萬物的基礎元素。《周易·繫辭》云：「精氣為物，遊魂為變」，進一步闡釋「精氣」如何化生萬物及其變化之理。

《鶡冠子》據傳為戰國時期楚國隱士鶡冠子所著。學界對其成書年代頗有爭議，有

---

10 王明編：《太平經合校》，卷十八至三十四《守一明法》，頁16。
11 王明編：《太平經合校》，卷十八至三十四《安樂王者法》，頁21。

學者認為其為戰國時期作品，亦有學者認為其成書於西漢時期甚至更晚時期。在《鶡冠子》中，「元氣」概念被明確提出，且具有萬物之本源含義。「故天地成於元氣，萬物乘於天地。」[12]，即元氣是天地萬物的本源，元氣構成天地，萬物依賴天地生存。

　　進入東漢，「元氣」概念逐漸占據主導地位，成為部分學者宇宙論中的核心概念。董仲舒雖在《春秋繁露》中對「元」有「始也，言本正也。」[13]的闡釋，但是尚未直接關聯並運用於宇宙生成論。至王符《潛夫論・本訓》中，「元氣」被賦予明確的哲學內涵，用以描述上古混沌未分，萬精合一的宇宙初態。「上古之世，太素之時，元氣窈冥，未有形兆，萬精合併，混而為一，莫制莫御。」[14]王符認為元氣在時間的推移下分化陰陽兩體，進而化生天地萬物，此說也將「元氣」理解為宇宙本源哲學義。王充進一步細化「元氣」內容，認為人和萬物皆由「元氣」所稟，「俱稟元氣，或獨為人，或為禽獸。」[15]「萬物之生，皆稟元氣」[16]。王充也認為元氣是宇宙的本源，不過元氣的運動是自然而然的，沒有任何目的和預設，他通過「天動」－「施氣」－「氣動」－「生人」的自然順序，描繪出元氣創生天地萬物的過程，這個過程出於自然，沒有任何外在干涉。

　　《太平經》在汲取先秦至兩漢時期關於「氣」的思想基礎上，創造性地承襲並發展了「元氣」這一哲學概念，作為其宇宙觀建構的重要因素，但主要取其物質基礎義和動力演化義，而非世界本源義。首先，《太平經》認為「元氣」為萬物肇始的原始物質形態，是宇宙間最原始、最純淨的「氣」。在天地未分，萬物未生的混沌之初，「元氣」以一種純粹無瑕，渾然一體的原始形態存在，它不僅是宇宙開闢的初始動力，更是萬物萌生的物質根源所在。如經文所述：「天地未分之時，積氣都為一」[17]；「一者，其元氣純純之時也」[18]，以及「天地開闢貴本根，乃氣之元也」[19]。這些論述無不彰顯著「元氣」在宇宙生成過程中扮演著重要角色。

　　其次，《太平經》對「元氣」和「氣」的微妙關係進行了精細地界定。「元氣」乃「氣」之本源，是化生天地、孕育萬物的原始之氣，蘊含著無限的生機和創造力。而「氣」，則是「元氣」在具體時空的運作載體，也是「元氣」分化、流動、作用於萬物的直接體現，「元氣乃包裹天地八方，莫不受其氣而生」[20]。「元氣」使「氣」運行，不

12　黃懷信撰：《鶡冠子校注》，卷中《泰錄第十一》北京：中華書局，2014年3月，頁244。
13　張世亮等譯注：《春秋繁露》，王道第六，北京：中華書局，2012年6月，頁103。
14　馬世年譯注：《潛夫論》，卷第八《本訓第三十二》北京：中華書局，2018年1月，頁425。
15　（漢）王充著，黃暉撰：《論衡校釋》，卷第二《幸遇篇》北京：中華書局，1990年2月頁40。
16　同上註，頁949。
17　王明編：《太平經合校》，卷一百三十七至一百五十三，頁726。
18　王明編：《太平經合校》，卷九十三《國不可勝數訣第一百三十九》，頁404。
19　王明編：《太平經合校》，卷十八至三十四《脩一卻邪法》，頁12。
20　王明編：《太平經合校》，卷四十《分解本末法第五十三》，頁82。

僅遍布天地，包裹八方，還滋養萬物，使天下萬物得以生成和繁衍。

再者，《太平經》對「元氣」的構成、組合和分化，提出了太陽氣、太陰氣、中和氣、太和氣、太平氣的概念，構建了一個層次分明的氣論體系。

具體而言，元氣由三種氣構成，分別是「太陽（之）氣」「太陰（之）氣」和「中和之氣」。「元氣有三名，太陽、太陰、中和。」[21]這裡提及三類氣，第一類是天所具有的氣，名稱通常為天氣、太陽之氣、陽氣；第二類是以地為代表的氣，名稱通常為地氣、太陰之氣、陰氣；第三類是以人為代表的氣，主要指中和氣或中和之氣，是天地交泰，陰陽和合的產物。此三者，乃為元氣根本，共同發揮作用。

更進一層，由太陽、太陰、中和這三類氣衍生的還有兩種氣，分別是「太和氣」和「太平氣」。

> 太陰、太陽、中和三氣共為理，更相感動，人為樞機，故當深知之。皆知重其命，養其軀，即知尊其上，愛其下，樂生惡死，三氣以悅喜，共為太和，乃應並出也。[22]
>
> 三氣合併為太和也。太和即出太平之氣。斷絕此三氣，一氣絕不達，太和不至，太平不出。[23]

當太陰、太陽、中和三氣以和諧悅喜之態相互融合，便催生了「太和氣」。「太和氣」表明各類氣和諧有序，萬物共生共榮。「太和氣」進而孕育出「太平氣」，此乃宇宙間萬物最為理想的存在狀態，標誌著天地萬物皆處於最佳的生長和繁榮之中。《太平經》尤為推崇「太平氣」，其對於「太平氣」的定義如下：

> 太者，大也，乃言其積大行如天，凡事大也，無複大於天者也。平者，乃言其治太平均，凡事悉理，無復奸私也；平者，比若地居下，主執平也，地之執平也……太者，大也；平者，正也；氣者，主養以通和也；得此以治，太平而和，且大正也，故言太平氣至也。[24]

「太」者，如天之大，無所不包；「平」者，似地之均，無偏無私；「氣」是運行於天地之中的，主養通和。「太平氣」就是指運行於天地之間至大至正、和諧通達的元氣，它滋養萬物，促進生長和繁榮。而《太平經》所追求的，正是這種太平之氣瀰漫，使得國君萬民，萬物生靈都能達到各安其位，各得其所的境界，即「太平之氣至矣，而福國君

---

21 王明編：《太平經合校》，卷十八至三十四《和三氣興帝王法》，頁19。
22 王明編：《太平經合校》，卷十八至三十四《名為神訣書》，頁18。
23 王明編：《太平經合校》，卷十八至三十四《和三氣興帝王法》，頁20。
24 王明編：《太平經合校》，卷四十八《三合相通訣第六十五》，頁154。

萬民，萬二千物各得所矣。」[25]

簡言之，《太平經》中氣的生成過程，始於混沌未分的「元氣」，「元氣」分化為太陰氣和太陽氣，此二元之氣和諧交融，孕育出中和之氣，三者共構元氣之精髓，呈現出悅和之境，謂之「太和氣」。「太和氣」進一步演化，滋養出「太平氣」，此氣瀰漫，澤被萬物，促成天地間的勃勃生機。隨著這一系列氣的變化與流轉，由天及人逐一顯現，構成了宇宙間紛繁複雜的生態系統。

綜觀前述，「氣」之概念，從甲骨文之具象雲氣，歷經春秋戰國時期的哲學昇華，至東漢時期王充「元氣說」的確立，完成了從自然物象到宇宙本源的蛻變。《太平經》在此基礎上，剝離其宇宙本源義，取其物質基礎義和動力演化義，並進一步細化和擴展了「元氣」的哲學體系，建構了一個由「元氣」生發，經由太和達至太平的宇宙演化模式。而「太和氣」和「太平氣」的提出，將「元氣」的哲學意蘊推向極致。更為重要的是，《太平經》通過「元氣」的論述，揭示宇宙間道與元氣的相互關係，即無形之道通過舒張元氣這一有形之質，化生萬物，並賦予萬物各自的道性和生命。在這個過程中，「元氣」不僅是連接道與氣的橋樑，也是宇宙間生命力和創造力的源泉，更是實現宇宙和諧、萬物共生的關鍵所在。

二　道之生物，萬物稟賦道性

道作為萬物之本源，主要在於道有「生」的力量和潛能，能夠孕育與生成萬物。「夫道者，乃大化之根，大化之師長也。故天下莫不象而生者也。」[26]道不僅是「大化之根」，更是「大化之師長」，其「主生」之功能，使得萬物皆能稟賦其「生」之力量，共一大道通流，實現生生不息。

（一）道之「生生」特性

《道德經》以「道生一，一生二，二生三，三生萬物」的模式闡述了道生萬物的過程。《太平經》繼承其思想，認為「道」具有「生生」之特性，「夫道興者主生，萬物悉生」[27]，「道者主生，德者主養，仁者主用心故愛。」[28]道之「生生」的範圍是「無不生」，「道無不導，道無不生」[29]，即萬物無論大小、多寡，皆由「道」所生，彰顯道的

25　王明編：《太平經合校》，卷一百二十至一百三十六〉，頁705。
26　王明編：《太平經合校》，卷一百十七《天咎四人辱道誡第二百八》，頁680。
27　王明編：《太平經合校》，卷五十六至六十四《闕題》，頁227。
28　王明編：《太平經合校》，卷一百十九《道祐三人訣第二百一十三》，頁700。
29　王明編：《太平經合校》，附錄《太平經佚文》，頁754。

本源性和普遍性。

在《太平經》中，常以「天」代「道」，言道之「生生」特性。道和天具有相通性，尤其在言道之「生」的功能與特性時，天常被視為道的具象化表達。「故天者，乃道之真，道之綱，道之信，道之所因緣而行也」[30]、「天者純為道」[31]、「天者，眾道之精也」[32]、「天者，以道自殊且久，故封之道」[33]。

不過道和天在內容上的區別性。其一，就生成關係而言，道與天是生成與被生成的關係，具有先後的次第順序性。「夫道之生天，天之有道也」[34]，道產生出天，天中蘊含著道的規律和運行法則。其二，就重要性而言，道是起主導作用的，天遵循「道」的法則。「道者，乃天地所常行，萬物所受命而生也。」[35]；「天尊道、用道、與行道。」[36] 道是天地所要運行的規律和法則，是萬物「受命」而生的根本，因此，天「尊道」「用道」「行道」，保證萬物更好地運行與生長。

那麼天尊的「道」是什麼呢？《太平經》認為這個「道」就是「生道」，「天者好生道，故為天經」[37]。可以看出，就擁有「生」的這個特性而言，「天」就是「道」的代名詞，天「生」的特性就是道之「真」、「剛」、「信」、「精」的體現。所以在《太平經》中，道「生」有時也會以天「生」言之。

> 道者，天也，陽也，主生[38]
> 天乃無不覆，無不生，無大無小，皆受命生焉，故為天。天者，至道之真也，不欺人也，萬物所當親愛，其用心意，當積誠且信，但常欲利不害，不負一物，故為天也。[39]
> 夫凡洞無極之表裡，目所見，耳所聞，蝡動之屬，悉天所生也，天不生之，無此也。[40]

「天」即道之顯化，陽剛之源，主宰生息。其性廣覆無垠，化生萬物，無分巨細，皆稟天命而生，故為天。天，乃道之真諦，其用心至誠至信而不欺人，唯願利人而不害物，無私無偏，不負一物，此即為天之道。

---

30 王明編：《太平經合校》，卷九十六《忍辱象天地至誠與神相應大戒第二百五十三》，頁436。
31 同上註，頁437。
32 王明編：《太平經合校》，卷五十六至六十四《闕題》，頁229。
33 王明編：《太平經合校》，卷一百三十七至一百五十三》，頁726。
34 王明編：《太平經合校》，卷一百十七《天咎四人辱道誡第二百八》，頁678。
35 王明編：《太平經合校》，附錄《太平經佚文》，頁752。
36 王明編：《太平經合校》，卷六十五《興衰由人訣第一百一》，頁240。
37 王明編：《太平經合校》，卷七十三至八十五《闕題》，頁317。
38 同上註，頁227。
39 同上註，頁227-228。
40 王明編：《太平經合校》，卷九十三《方藥厭固相治訣第一百三十七》，頁395。

在天化生萬物的過程中，元氣常常作為「生」過程中的質料和媒介。「天之為象法也，乃尊無上，反卑無下，大無外，反小無內，包養萬二千物，善惡大小，皆利佑之，授以元氣而生之，終之不害傷也。」[41]；「天生凡物者，陽氣因元氣，從太陰合萌生，生當出達，故茂生於東；既生當茂盛，故盛於南；既茂盛當成實，故殺成於西。」[42] 天生萬物時，常憑藉「元氣」的力量來生成萬物。在《太平經》中「元氣」生出天地，這裡怎麼又說到「天授元氣生之」呢？其實在這裡「天」仍然代表道，尤其是道所具有「生」的特性，這是需要指出來的。

《太平經》有時又將「道」與「天」合起來，成為「天道」。

> 夫天道生物，當周流俱具，睹天地四時五行之氣，乃而成也。一氣不足，即輒有不足也。故本之於天地周流八方也，凡數適十也。[43]
>
> 天道常有格三氣。其初一者好生，名為陽；二者好成，名為和；三者好殺，名為陰。故天主名生之也，人者主養成之，成者名為殺，殺而藏之。天地人三共同功，其事更相因緣也。無陽不生，無和不成，無陰不殺。此三者相須為一家，共成萬二千物。[44]

「天道」在生物之時，需借天地間的「四時五行之氣」周流不息，方能備齊萬物生成之基。此中，任何一氣之不足，皆會導致生物之不全，唯有「四時五行之氣」周流天地八方，方成物生之前提。天道之內，蘊含三氣，陽氣主生，和氣主成，陰氣主殺。此三者相輔相成共同成就萬物之春生、夏長、秋收、冬藏的生命迴圈。

在道教思想的演進中，《太平經》初步闡述了「道」之生化萬物的功能，而後的《老子想爾注》提出「生，道之別體」的觀點，突破性地將「生」提升為與「道」並駕齊驅的概念，強調了「生」的獨立價值，為道教貴生思想奠定了理論基礎。至《太上老君內觀經》，更是提出了「生道合一」的深刻見解，「道不可見，因生以明之；生不可常，用道以守之。若生亡則道廢，道廢則生亡。生道合一，則長生不死。」揭示道雖無形無象，難以直接感知，但其生命力與創造力卻通過萬物之生生不息得以彰顯。換言之，萬物之生是道之存在的明證，通過觀察萬物，人們得以領悟道之運行。同時，生命雖短暫易逝，但若能依道而行，以道護生，則能超越生死局限，實現生命的永恆與不朽。「生道合一」的思想，不僅體現了道教對生命價值的極度珍視，也展現了其追求超越生死、與道同壽的至高理想。這一理論的提出，標誌著道教在哲學層面對於生命與宇宙關係的深刻洞察與獨特理解，為後世道教修行者提供了思想資源與精神指引。綜上可

---

[41] 王明編：《太平經合校》，卷九十八《為道敗成戒第一百五十七》，頁458。
[42] 王明編：《太平經合校》，卷六十六《三五優劣訣第一百二》，頁245。
[43] 王明編：《太平經合校》，卷四十《分解本末法第五十三》，頁81。
[44] 王明編：《太平經合校》，卷一百十九《三者為一家陽火數五訣第二百一十二》，頁693-694。

以看出，道教思想中「生」的地位逐步上升，最終與「道」融為一體，這一過程深刻反映了道教對生命價值的重視與追求，以及長生久視的美好願望。

（二）萬物共一大道而出

道之「生」性不僅體現在其生成萬物的功能上，更在於其賦予萬物以生命力、創造力和活力。由道而生的萬物，皆稟賦道之「生」性存在，共融於大道之中。

> 天之法，陽合精為兩陽之施，乃下入地中相從，共生萬二千物。其二千者，嘉瑞善物也。夫萬二千物，各自存精神，自有君長，當共一大道而行，乃得通流。天道上下，往朝其君，比若人共一大道，往朝王者也。萬二千物精神，共天地生，共一大道而出，有大有中有小。何謂也？乃謂萬二千物有大小，其道亦有大小也，各自生自容而行。故上道廣萬步為法，次廣千步為法，其次廣百步為法，其次廣十步為法，其次廣一步為法。凡五道應五方，當共下生於地，共朝於天，共一道而行。是以大道廣萬步，容中道千步，小道百步，氂道十步，毛道一步。物有大小，各自容往來。凡乃上受天之施，反下生施地，出當俱上朝天也。[45]

首先，《太平經》對萬物的數量和內容進行了具體的界定，提出「萬二千物」的說法。細讀《太平經》，經常可以看到其以「萬二千」數量詞合用來形容人事物，如「萬二千人」、「萬二千物」、「萬二千國」等。楊寄林認為這些都是編著者依據術數推出來的，即一年有十二個月，擴大千倍即得此數。[46] 此為一種說法，但是也可以看出《太平經》中物之數量有了明確而具體的規定性，不再以「萬物」泛稱之。在對「二千者」的定義時，認為其內容為「嘉瑞善物」，其實對於道而言，天地萬物都是好物，沒有一物是值得丟棄的，如果對其損害和丟棄，就會造成「物傷」和「道損」，因此物的內容應為道化生的「一切物」，這也是《太平經》道生萬物，物全為富的重要思想。

其次，萬物共一大道而出，萬物稟賦道性存在。「萬二千物」是在天地的作用下，由同一「大道」通流產生的，因此，每一物都是大道流行化生中的重要組成部分。那麼就有一個問題，既然萬物都稟賦道而通流生成，那麼「萬二千物精神，共天地生，共一大道而出，有大有中有小。何謂也？」世界上為什麼會有「大物」和「小物」之別，物種的豐富性和多樣性該如何解釋呢？《太平經》對這個問題做出了回答，「乃謂萬二千物有大小，其道亦有大小也，各自生自容而行。」[47] 物之所以有大小，是因為生化物之「道」就存在著大小之分。

---

45 王明編：《太平經合校》，卷五十六至六十四《闕題》，頁226。
46 楊寄林譯注：《太平經》，頁121-122。
47 王明編：《太平經合校》，卷五十六至六十四《闕題》，頁226。

《太平經》歸納出了五種「道」，分別為「大道」、「中道」、「小道」、「氂道」、「毛道」，它們所占的空間分別為「萬步」、「千步」、「百步」、「十步」、「一步」。步乃度量詞，表示物體所占空間大小。簡言之，道有空間和範圍的大小之分，稟道而生的物亦有空間和範圍的大小之別。道本身有豐富性和多樣性，稟道而生的萬物亦有豐富性和多樣性。值得注意的是，所有的「大道」和「小道」之和才能構成完整的道，因此道的完整性離不開每個稟道之物的存在，物種的齊全完備側面恰能反映出道的整全不傷。《太平經》還以「五道」配「五方」，「五方」即東南西北中，表明天下所有的物都能在天地中得到合理地安置。萬物在大道通流過程中，以道為內在秉性，找到自己合理的定位，自生自容、自由自在生長，呈現出理想之道運行的願景。

三　元氣成物，風化萬物之命

「道」作為至高無上的哲學概念，被視為萬物萌生之根本。「元氣」這一蘊含生命活力的原始能量，不僅是萬物形成不可缺少的動力，更是構成物質世界的基礎。《太平經》繼承《莊子》「通天下一氣耳」的思想，認為「一氣」將萬物貫通，是萬物命之所繫。「夫氣者，所以通天地萬物之命也；天地者，乃以氣風化萬物之命也」[48]。「氣」具有流動的特質，其重要功能在於可以賦予萬物生命，因此天地就把「氣」作為萬物生命萌發的重要媒介。進一步追溯，「元氣」實為「氣」之根源與母體，而「氣」則是「元氣」分化萬物、展現其生命力的具體運作形式。為了解萬物的生成奧秘，就需要探討「元氣」如何通過運用「氣」，有序地化生萬物，並揭示這一過程中所蘊含的生成次序和內在結構。

（一）元氣化成萬物的過程

元氣生成萬物，遵循著既定的次序：「一氣為天，一氣為地，一氣為人，餘氣散備萬物。」[49]元氣在具體的生化過程中，發揮氣的作用，使一氣成為天，一氣成為地，還有一氣為人，剩下的氣變成了世間萬物。在這裡，元氣化生之「天」為與地相應的自然實體，與前文所言有「生道」功能的「天」相區別。

首先是關於天地人的生成過程。「元氣恍惚自然，共凝成一，名為天也；分而生陰而成地，名為二也；因為上天下地，陰陽相合施生人，名為三也。」[50]；「天地人本同一

---

[48] 王明編：《太平經合校》，卷八十六《來善集三道文書訣一百二十七》，頁327。

[49] 王明編：《太平經合校》，卷一百五十四至一百七十《利尊上延命法》，頁744。

[50] 王明編：《太平經合校》，卷七十三至八十五《闕題》，頁314。

元氣，分為三體，各有自祖始」[51]。天地人同出一源，分為三個不同的部分，共同維繫著宇宙的和諧。《太平經》尤為強調了人的生成過程，「上天下地，陰陽相合施生人」[52]。天地為人之父母，陰陽之氣交匯，中和之氣誕生，人由中和之氣而來。

其次是萬物的產生過程。「夫物始於元氣」，與天地人的來源相同，物也是由元氣生發的。從翱翔天際的飛鳥到潛遊深海的遊魚，從山谷的草木到蠕動的微生物，無一不蘊含元氣的力量，「元氣歸留，諸穀草木行喘息蠕動，皆含元氣，飛鳥步獸，水中生亦然。」[53]那麼由天到人及物，具體是如何產生的過程呢？

《太平經》提出兩種理論，第一種是「兩氣交合說」，即陰陽兩氣交合產生萬物：

> 天，太陽也。地，太陰也。人居中央，萬物亦然。天者常下施，其氣下流也。地者常上求，其氣上合也。兩氣交於中央。人者，居其中為正也。兩氣者常交用事，合於中央，乃共生萬物。萬物悉受此二氣以成形，合為情性；無此二氣，不能生成也。故萬物命繫此二氣，二氣交相於形中。[54]

第二種是「三氣相合說」，更詳細描繪萬物生成歷程，強調「中和之氣」的重要作用：

> 氣者，乃言天氣悅喜下生，地氣順喜上養；氣之法行於天下地上，陰陽相得，交而為和，與中和氣三合，共養凡物，三氣相愛相通，無復有害者。[55]
> 天氣悅下，地氣悅上，二氣相通，而為中和之氣，相受共養萬物，無復有害，故曰太平。[56]
> 氣之法行於天下地上，陰陽相得，交而為和，與中和氣三合，共養凡物。[57]
> 天地與中和相通，並力同心，共生凡物。[58]
> 夫天地中和凡三氣，內相與共為一家。反共治生，共養萬物。天者主生，稱父；地者主養，稱母；人者主治理之，稱子。[59]

在第一種生成模式中，天氣和地氣直接交合生出人和萬物，並沒有「中和之氣」的參與。第二種生成模式中，天氣和地氣首先陰陽交合產生出「中和之氣」，然後三種氣一起共同作用，相愛相通才產生出了萬物。這兩種說法都可取性，但是就《太平經》所提

---

51 王明編：《太平經合校》，卷六十六《三五優劣訣第一百二》，頁244。
52 王明編：《太平經合校》，卷七十三至八十五《闕題》，頁314。
53 王明編：《太平經合校》，卷一百十二《不忘誡長得福訣第一百九十》，597頁。
54 王明編：《太平經合校》，卷一百二十至一百三十六》，712頁。
55 王明編：《太平經合校》，卷四十八《三合相通訣第六十五》，頁154。
56 同上註，頁155。
57 同上註，頁154。
58 同上註，頁154。
59 王明編：《太平經合校》，卷四十五《起土出書訣第六十一》，頁118。

及的生成材料來看，第二種說法更為詳細，體現人和萬物不同的生成順序。並且《太平經》也非常推崇「中和」的理念，「陰陽者，要在中和。中和氣得，萬物滋生，人民和調，王治太平。」認為陰陽的關鍵就在於中和氣的產生，中和氣的產生和出現對萬物的滋生有著重要作用。因此相較於第一種萬物生成的次序，本文認為第二種更有可取性。

（二）萬物次序的兩組結構

元氣依道而行，化育天地人與萬物後，它們之間又形成了錯綜複雜而又井然有序的關係，可概括為「生－養－施」的功能結構與「道－德－仁」的品性結構。其中生養施體現的是天地人生成萬物的功能，道德仁體現的是天地人所具有或者應當具有的品性。

1 「生－養－施」的功能結構

首先，天之道，生而不息。天有生道，具有生成萬物的功能，它「包養萬二千物，善惡大小，皆利佑之」[60]，天道無親，無論物之性質善惡，形狀之大小，它都一視同仁，無私地包容與庇護著萬物。

其次，地之德，養而不倦。天以能陰陽、三光、四時的運行催發萬物，萬物出現形態則是在大地之上。「地者出萬物。故天生者，於地養之。」[61]大地所具有的功能是生養，「眾萬二千物皆生中和地中，滋生長大，皆還自覆蓋，蔭其下本根。」[62]萬二千物都以大地作為載體，向下紮根，向上生長出枝葉，呈現出一片生機盎然之景象。

最後，人之仁，施而不吝。「道者主生，德者主養，仁者主用心故愛。春即生，夏者即養，人則用心治理，養長萬物。故太陽所生養長，用心最勞苦。」[63]天道生物，地德養物，人居天地之間，用心治理，仁施愛於物，輔助萬物生長。

此外，關於天地人與萬物「生－養－施」關係，《太平經》常將其放在一起言說，體現《太平經》「三統共生」的思想。

> 天地人三共同功，其事更相因緣也。無陽不生，無和不成，無陰不殺。此三者相須為一家，共成萬二千物。[64]
>
> 天性為行最，尊之重之愛之佑之。天性既善，悉生萬物，無不置也；地性善，養萬物而無不置也；聖人悉樂理天地，而萬物受其功。[65]

---

60 王明編：《太平經合校》，卷九十八《為道敗成戒第一百五十七》，頁458。
61 王明編：《太平經合校》，卷一百二《位次傳文閉絕即病訣第一百六十六》，頁476。
62 王明編：《太平經合校》，卷一百十四《大壽誡第二百》，頁632。
63 王明編：《太平經合校》，卷一百十九《道祐三人訣第二百一十三》，頁700。
64 王明編：《太平經合校》，卷一百十九《三者為一家陽火數五訣第二百一十二》，頁693-694。
65 王明編：《太平經合校》，卷一百二《經文部數所應訣第一百六十七》，頁479-480。

> 天者好生道，故為天經；積德者地經，地者好養，故為地經；積和而好施者為人經。[66]

天具有「好生」的功能，對待萬物尊重愛佑。地具有「好養」的功能，養育萬物，盡心盡力。人愛育如天地，「積和好施」，常有管理萬物的功能，萬物也能受到很好的呵護與愛戴。天地人同功，「無陽不生，無和不成，無陰不殺」，缺一不可，好比一個大家庭，共治萬物，擔任萬物的師長。

2 「道－德－仁」的品性結構

天地人「生養施」的功能，在品性上體現為「道德仁」，這種從其功能概括出來的品性應當為人管理天地，治理萬物時所效法。

首先，天的品性是道，具有真、綱、信的特點。天在地上，產生萬物，生生不息，「故天者，乃道之真，道之綱，道之信，道之所因緣而行也。」其次，地的品性是德，厚德載物，長養萬物，甘於其下，不辭勞苦。「地者，乃德之長，德之紀，德之所因緣而止也。故能長為萬物之母也，常忍辱居其下也，不自言勞且苦也。」[67]最後，人以仁為品性，修和好施，用心治理，愛育萬物。「人者當用心仁，而愛育似於天地，故稱仁也。」[68]

因而，人看到天地的無私品性，也應當效法學習，更好地養育萬物。「天者純為道，地者純為德，此無道德之人，與天地絕屬無所象。象於天行，當有真道而好生；象地，當有善德而好養長。」[69]人應當效法天地，以「好道」、「好德」、「好仁」為己任，達到不同的境界。「樂好道者，命屬天；樂好德畜養者，命屬地；樂好仁者命屬人。」[70]「好道」之人，生命的境界提升至天的層次。「好德」之人，生命的境界提升至地的層次。「好仁」之人，生命的境界提升至仁人的層次。

當實現「道德仁」修行的境界中，聖人作為人道的典範，通過細緻入微觀察萬物之生長興衰，便能洞察天下治理之成效。「聖人見萬物盡生，知其理重道也；見物盡養，知其真德也；見萬物盡成，知其真仁也。夫理真道者，但有生心；理真德者，但有養心；理仁者，但有施心。非此三統道德仁，非謂太平之君矣。」[71]聖人目睹萬物依時序而生，知其必有「重道」理念支撐，蓋因「重道」者心懷「生心」，此心催生「生行」，幫助萬物產生。聖人審視萬物得以茁壯成長，無不精心養育，遂知時世崇尚「真德」，

---

66 王明編：《太平經合校》，卷七十三至八十五．闕題》，頁317。
67 王明編：《太平經合校》，卷九十六《忍辱象天地至誠與神相應大戒第二百五十三》，頁436。
68 王明編：《太平經合校》，卷三十五《分別貧富法第四十一》，頁33-34。
69 王明編：《太平經合校校》，卷九十六《忍辱象天地至誠與神相應大戒第二百五十三》，頁437。
70 王明編：《太平經合校》，卷一百十九《道祐三人訣第二百一十三》，頁699。
71 王明編：《太平經合校》，卷一百三十七至一百五十三，頁733。

崇「真德」者有「養心」，此心促進「養行」，協助萬物生長。聖人觀察萬物至秋而成，碩果累累，實乃「理仁」之明證，重「理仁」者有「施心」，此心促成「施行」，輔助萬物收成。

綜上所述，元氣之運作，使氣分化天地人和萬物，並形成一定的次序。在此次序中，「生養施」和「道德仁」兩對結構輝映，體現了「天人一體」的理念。天地人三者，同根同源，人通過洞察宇宙之內在規律，仿效天地之崇高德性，將「道德仁」視為修身養性之終極追求，心中於萬物自然萌發「生養施」之善念，進而轉化為「生養施」之實際行動，輔助自然界完成「生養成」的演進過程，達成個人心性與自然法則的和諧統一。而能行此道者，堪稱太平之君，其治理之道，深諳「天人合一」之真諦，引導社會遵循自然法則，促進萬物和諧共生，實現人道與天道的完美融合與共同超越。

四　結語

綜觀《太平經》宇宙生成論，其核心在於「道」與「元氣」的相互配合與和諧並蓄。「道」作為道家道教哲學的基石，其地位無可撼動；而「元氣」則是道教吸納兩漢思想精華後，融入自身理論體系的重要成果。「道」，被尊崇為宇宙萬物之根源，是創生萬物的終極動力，更是界定萬物本質與特性的至高法則。道蘊含「生生」之性，通流天下，內化為萬物之理，萬物亦因道而生，循道而行。「元氣」，在「道」的引領下，氤氳流動，化生萬物，將潛藏於無形之中的道性，逐步顯化為天地、人倫、萬物等有形的宇宙層次。在這一過程中，「元氣」不僅賦予萬物以物質形態，而且在內部注入道的生命活力，使得萬物生生不息。《太平經》雖未直接探討二者的生成關係，卻揭示二者相輔相成，共同化生萬物的過程，這無疑也是道氣觀念在東漢末年融合發展的體現。

此外，《太平經》的宇宙生成論，不僅是一個關於宇宙起源與演變的理論，更蘊含著深刻哲學思想與倫理價值。它強調道之超越指導與元氣之實在具體，揭示萬物生成秩序與內在結構，為道教修行者提供德性修養與實踐指南。在此宇宙觀下，人作為萬物之靈，通過內在「道德仁」的修養，體悟道的真諦，同時運用元氣的力量，調和身心，達到與天地同頻共振、與萬物和諧共生的境界。這種德行修養與實踐的結合，不僅體現了道教獨特的生命哲學與宇宙情懷，也為後世哲學思想的發展提供了寶貴的思想資源。

《四十二章經》與《道德經》會通

張思齊

武漢大學文學院

一　版本考索

　　一國的宗教傳入另一國之後，有兩種情形：有的外來宗教能夠生根開花結果進而漸次興盛，有的不能夠紮根進而衰落消亡。這兩種情形，雖然行政干預有一定作用，但是無法改變其基本的進程。民眾之所以接受另一國的宗教，乃是由於民眾已經具備了接受它的思想基礎。佛教傳入中國而得到普遍的接受，那麼其思想基礎是什麼呢？筆者認為，就是早已植根於中國民眾思想深層的《道德經》。《四十二章經》含有較多的早期佛教思想，早期佛教思想與道教思想之間，契合處較多，歧異處也有，它們構成我們研究《四十二章經》與《道德經》會通的基本內容。為了透徹地明瞭兩者會通的程度，本研究中另會涉及到其他的佛典和道典。

　　《四十二章經》有三種常見的版本，詳述如下：

　　收錄在中華書局編《佛教十三經》（北京：中華書局，2010年）中的《四十二章經》。這是一個加了新式標點的文本，其特點如下：其一，這是一個純文字，即「白文」，沒有注釋；其二，文本結構完整，有〈經序〉、〈序分〉和四十二章經的本文；其三，標題明確。每一章的標題格式統一，次第分明，均為「第N章」，然後是四個字的標題。標題係對經文內容的歸納；其四，專有名詞，如人名和地名，下加橫線，便於閱讀。不足之處有二：其一，不少章的經文過分簡單，漏掉了許多內容；其二，各章標題，為追求統一的四字格，概括內容不盡恰當。總的說來，中華書局本《四十二章經》以簡明扼要見長。

　　收錄在方立天主編《佛學精華》（北京：北京出版社，1994年）上冊中的《佛說四十二章經》。這是一個影印木刻本，題「迦葉摩騰共竺法蘭奉詔譯、宋真宗皇帝注」。這是一個既沒有標點也沒有斷句的文本，其特點如下：其一，內容豐富，許多章的經文比中華書局本長，有助於理解經文；其二，這是一個詳注本，注釋為雙行小字。宋真宗注《佛說四十二章經》，與其他的御制典籍一樣，既然為御制，有不少名家參與，積累了當時最高水準的研究成果。因此具有很高的研究價值；其三，在卷末附有唐太宗〈題梵經臺詩〉。這首題詩也有詳盡的注釋。其四，卷末還附有音釋，可由之理解翻譯上的某些問題。不足之處有三：其一，缺少〈經序〉；其二，各章沒有標注次第，閱讀時不易

分辨，引用時不夠方便。雖大抵可從每個自然段末尾的空白處明瞭一章的終結。但是，當每章的末尾排至邊框的時候，仍不易分辨；其三，大多數章的經文以「佛言」二字起始，但是均無標題。由此亦可反觀，中華書局編《四十二章經》的標題，由選編者擬構。這是其勞動和貢獻。總的說來，宋真宗注本《佛說四十二章經》以義理發揮見長。

收錄在蘇淵雷、高振農選輯《佛藏要籍選刊》（上海：上海古籍出版社，1994年）第四冊中的《四十二章經》。這是《大正藏》所收《四十二章經》的影印本，其特點如下：其一，雖無新式標點，但是已經斷句，讀者不難自行添注新式標點；其二，版本校刊的水準極高，比較了當時能夠見到的所有版本，並且注明其他版本的字句不同處，相差多少個字，差的是哪些字。不足之處如下：其一，缺少〈序分〉；其二，各章沒有標注次第。大抵可以從自然段明白各章經文的始末。除了〈經序〉，此版本共有四十個自然段，與四十二章不合。經過比勘，原因是這樣的，第五和第七自然段，各包含兩章的內容。之所以如此，乃是因為，第三十五自然段以「佛問」起始，其他各自然段均以「佛言」起始。然而，實際上，有的章其經文並不以「佛言」起始，於是就把後一章連到前一章上了。總的說來，大正藏本《四十二章經》以版本校勘見長，

以上三個版本的《四十二章經》都有理由成為研究的基本依據。

二　契道命題

《四十二章經》於漢明帝永平十年（西元67年）翻譯為中文，相傳為中國第一部漢譯佛經。其翻譯者有二說：一題迦葉摩騰譯，一題迦葉摩騰（Kasyapdmatanga，西元一世紀）與竺法蘭（Dharmaranya，西元一世紀）合譯。〈經序〉是簡稱，即《四十二章經·序》，原載（梁）僧祐（西元445-518年）編《出三藏記集》。目前，我們只知道，〈經序〉作於東漢時期。（明）梅鼎祚（1549-1615或1618）輯《釋文紀》卷四十四，首列這篇序文：「無名氏。此下序、記，並未詳作者。經及論、律，第以世代為次。」[1]〈經序〉是《四十二章經》中譯本的序文，它不屬於經文自身的內容。〈序分〉是《四十二章經》本身的序文，它屬於經文自身的內容，是經文的一部分。《四十二章經》的主體為四十二篇短小的經文，序分，即緒論。《荀子·勸學》：「禮者，法之大分，類之綱紀也。」[2]分，要領，總綱，序分，這是一個偏正結構的名詞，序其分，敘說其大綱。緒論的寫法大體有兩種，一是總括思想內容，一是敘述寫作緣起。〈序分〉有兩個常見的版本：其一，《佛教十三經》所載的〈序分〉，文本如下：「世尊成道已，作是思維：離欲寂靜，是最為勝；住大禪定，降諸魔道。于鹿野苑中，轉四諦法輪；度憍陳如

---

[1] （明）梅鼎祚輯：《釋文紀》，文淵閣四庫全書本，卷四四。
[2] 梁啟雄著：《荀子簡釋》北京：中華書局，1983年，頁7。

等五人,而證道果。復有比丘,所說諸疑,求佛進止。世尊教敕,一一開悟,合掌敬諾,而順教敕。」[3] 這個文本,在行文上以四言句為主,因為省略過多,所以文義不夠顯豁;其二,宋真宗注《佛說四十二章經》所載的〈序分〉,其文本如下:「爾時世尊成既道已,作是思維:離欲寂靜,是最為勝;住大禪定,降諸魔道。今轉法度眾生于鹿野苑中,為憍陳如等五人轉四諦法輪,而證道果。時復有比丘所說諸疑,陳佛進止。世尊教詔,一一開悟,合掌敬諾,而順尊敕。爾時世尊為說真經四十二章。」[4] 這個文本,包含了從東漢《四十二章經》漢譯本誕生以來,直至宋真宗(西元908-1022年,西元997-1022年在位)時代的研究成果,文義明晰,因而它是我們理解《四十二章經》的綱要。

《道德經》又稱《老子》,它是老子的著作,為先秦道家學派的代表性著作。相傳老子駕青牛而西出函谷關的時候,關令尹喜見紫氣東來,便懇請老子將著作留下。老子口授,尹喜記錄,共得五千言,故《道德經》又作《老子五千文》。由此可知,《道德經》的成書方式是:聖人啟迪,聖徒記錄。《道德經》的產生方式,與猶太教、基督宗教和伊斯蘭教獲得經典的方式高度相近。《道德經》從一開始就具有正典(canon)的性質。後來,《道德經》又被尊為《道德真經》,這就進一步表明其宗教性了。

作為世界五大宗教之一的佛教,其特點之一便是經典眾多。佛教史料記載了四次結集(梵:Sangjiti)。結集是佛教徒審定佛經的集會。佛經依其內容分為經、律、論三藏。英國佛教史家沃德爾(Anthony Kennedy Warder, 1924-2013)形象地稱結集為「三藏演誦會。」[5] 參加結集者對相傳由佛陀啟示的法進行朗誦、討論、甄別、審核,然後確定下來。集結,其本質就是佛經正典化的過程。四次結集,這是北傳佛教的看法;南傳上座部又有第五至第九次結集。然而,在眾多的佛教典籍中能夠真正地扼其教義之要者卻並不多。《四十二章經》是翻譯成中文的第一部佛經,代表了早期佛教的基本思想。在佛教形成的早期,人們的思想尚帶有原始思維的特徵,而其表達方式就是簡潔扼要,這一文本特徵與《道德經》恰相吻合。為了便於中國人接受佛教,翻譯者必須使用中文裡的既有範疇來傳達佛教的核心概念;為了便於中國人接受佛教,翻譯者必須依照中國人的運思方式來敘述經文的內容。這就造成了《四十二章經》在文本上的又一特徵:用漢語的命題方式來表現佛教的基本判斷。質言之,《四十二章經》中的許多範疇和命題與《道德經》是相似的。不僅與《道德經》相似,也與其他道學文獻相關涉。道學,這是一個上級範疇。道教,這是一個次級範疇。道學包括道教而又不限於道教,它涵蓋與「道」相關的一切。以下就《四十二章經》與道學相關涉的內容進行研究,主要考察其中的範疇和命題。

《四十二章經》是進入中土最早的佛教經典,其概括性極強,涵蓋了大多數中國古

3　(後秦)鳩摩羅什等著:《佛教十三經》北京:中華書局,2010年,頁461。

4　方立天主編:《佛學精華》北京:北京出版社,1994年,上冊,頁3。

5　(英)沃德爾著,王世安譯:《印度佛教史》北京:商務印書館,1995年,頁183。

代哲學的範疇和命題。在《四十二章經》中與道學相關涉的主要範疇和命題很多，以下僅就一個命題而加以申說。

命題：〔沙門〕為四真道行。

中華書局本《四十二章經》第一章：「為四真道行。」[6]。這是一個命題。在宋真宗注《佛說四十二章經》和大正藏本《四十二章經》中，這一命題的表述相同。此命題的主體是沙門（sramana）。沙門，原義勤勞、修行。古印度一切出家修行者皆稱沙門。佛教盛行後，沙門專指佛教僧尼。僧尼常自稱沙門。為四真道行，意即，一切僧侶都要像四真那樣進行修行。四真指須陀洹、斯陀含、阿那含、阿羅漢。它們是小乘修行者的階位。每一階位又分為向和果，共為四向四果。向，向著結果方面修行，但仍未達到果的階段。果，依據修行之因求證覺悟之果的階段。四向四果說，要求修行的人們不斷努力。

中華書局本《四十二章經》第三十三章：

> 佛言：「夫為道者，譬如一人與萬人戰。掛鎧出門，意或怯弱，或半路而退，或格鬥而死，或得勝而還。沙門學道，應當堅持其心，精進勇銳，不畏前境，破滅眾魔，而得道果。」[7]

宋真宗注《佛說四十二章經》，編章次第不同，其相關章經文如下：

> 佛言：「人為道，譬如一人與萬人戰。被甲操兵，出門欲戰，意怯膽弱，乃自退走，或半道還，或格鬥而死，或得大勝還國高遷。夫人能牢持其心，精銳進行，不惑於流俗狂愚之言者，欲滅惡盡，必得道矣。」[8]

將宋真宗注《佛說四十二章經》，與中華書局本《四十二章經》第三十三章比較，就會發現有三點不同：其一，前者描述更具體一些。一個人既然學道，那麼就得與各種欲望作鬥爭。主體唯一，猶如一個人。欲望多，猶如一萬人。一人與萬人戰鬥的場面，在宋真宗注本中，得到了細緻的描寫；其二，前者學道的主體有所擴大，從沙門擴大至所有學道之人；其三，前者的中國語境更加突出，中國意味更加濃厚。宋真宗注：「夫將兵者或立殊勳，而施則爵賞，自然超於眾也。」[9]打了大勝仗，回國後就能得到高遷，亦即升官發財，封妻蔭子。值得注意的是，中華書局本的最後兩句：破滅眾魔，而得道果，在宋真宗注《佛說四十二章經》中作：欲滅惡盡，必得道矣。

大正藏本《四十二章經》，編章次第不同，其相關章經文如下：

6　（後秦）鳩摩羅什等著：《佛教十三經》，頁461。

7　同上註，頁465。

8　方立天主編：《佛學精華》，上冊，頁8。

9　同上註，頁8。

佛言：「人為道，譬如一人與萬人戰。被甲操兵，出門欲戰，意怯膽弱，乃自退走。或半道還，或格鬥而死，或得大勝還國高遷。夫人能牢持其心，精銳進行，不惑於流俗狂愚之言者，欲滅惡盡，必得道矣。」[10]

大正藏本《四十二章經》，與宋真宗注《佛說四十二章經》的文本完全相同。由此可知，宋真宗注本和大正藏本是較為可取的文本。中華書局本的最後兩句：破滅眾魔，而得道果，在宋真宗注《佛說四十二章經》中作：欲滅惡盡，必得道矣，由此可知，佛教所謂「得道果」，即道教所說的「得道」。當然，在道教典籍也有道果這一說法，《雲笈七籤》卷三八《思微定志經十戒》：

一人曰：「余悉可從，唯殺難戒。所以者何？我好噉雞。一食無雞，了自無味，數日便瘦。」化人曰：「賢者肥為人，患瘦即體輕，用肥何為？」即說偈曰：「賢賢戒其殺，亦無懷殺想。眾生雖微微，亦悉樂生長。如何害彼命，而用以自養？自養今一時，累汝自然爽。長淪三塗中，辛苦還復往。善惡各有緣，譬如呼有響。何不改此行，慈心以自獎。真人攜手遊，逍遙雲景上。」說此偈已，化人見大咸變極道之姿，侍從僚屬，鈞天大樂，非可目名。返於上方，諸人悉見，喜懼交集。並聞要說，意解開悟，俱登道果。[11]

登道果，即得道果。以上是「一人」與「化人」的一段對話。一人，假設的某一個人，亦即普通人。化人，有道化的人，亦即精通道教的修煉法訣和深奧原理的人。道教要求變化神形，而變化神形絕非一朝一日之功，它是一個逐級提升修煉的位階的過程。從變化氣質，煉精化氣，煉氣化神，變化自我，煉凡化聖，最終羽化而登仙的過程。在這個過程之中，每一步都指向一個新的位階，得到一定的成果。然而，在得到一定的成果之後，不能固步自封，還要繼續上進，有新的指向，以達成新的位階，得到更高層及的成果。值得注意的是，道學關於「化」的學說起源較早。《莊子‧逍遙遊》：「北冥有魚，其名為鯤。鯤之大，不知其幾千里也。化而為鳥，其名為鵬。」[12]作為一個實存的歷史人物，莊周（約西元前369-前286年）生活在戰國時期。作為一個佛經翻譯史上劃時代的大事件，《四十二章經》譯為漢語，發生於東漢永平十年，即西元六十七年。莊周著作《莊子》與《四十二章經》漢語譯本，間相距四百年左右，《四十二章經》受道學的影響是顯而易見的。順便指出，這是一段有趣的記載，這段記載具有生活道的濃郁意蘊，因為它與人們今日所關注的減肥問題有關，具有很高的參考價值。

又，《四十二章經》第三十七章：「佛言：『佛子離吾數千里，憶念吾戒必得道果，

---

10 蘇淵雷、高振農選輯：《佛藏要籍選刊》上海：上海古籍出版社，1994年第4冊，頁1234。
11 （宋）張君房編：《雲笈七籤》北京：書目文獻出版社，1992年，頁281。
12 方勇譯注：《莊子》北京：中華書局，2010年，頁2。

在吾左右,雖常見吾,不順吾戒,終不得道。』」[13]這一段經文,告誡人們修行要自覺,在導師身邊的時候,要好好修行;不在導師身邊的時候,同樣要好好修行。值得注意的是,在《四十二章經》的這一段經文中,「得道果」與「得道」同時出現,這更加表明,佛教所云「得道果」的確就是「得道」之意。

在《四十二章經》中,四向四果被簡化為四真。真,即真人,這是佛教從道教借來的一個概念。《莊子・大宗師》:「人特以有君為愈乎己,而身猶死之,而況其真乎!」[14]世人認為君王的身分高出自己,因而他們原意為君王捨生忘死,何況是為真人而犧牲自己的生命呢?《大宗師》主張以道為宗為師,它是論述真人的專題論文。《莊子》一書言及「真人」多達十七次,比如《莊子・天下》:「常寬容於物,不削於人,可謂至極。關尹、老聃乎,古之博大真人哉!」[15]經常寬容於萬物,不侵削他人,或者可以說已經達到道德水準的頂峰了。關尹和老子不就是這樣的人嗎?他們就是古代博大容物的真人啊。在《天下》篇中,莊子論述了君子、聖人、至人、神人、天人等的連繫與區別,他指出要逐次修行,不斷提升修習道行的水準,最終達到真人的階位。在道教的仙學中,真與仙聯繫在一起,真即仙真,從而明確地標識了仙真的神格。由此而觀之,《四十二章經》從道教借用了道行這一範疇,進而以之為中心而構造一個佛教的命題:為四真道行。

道行,為道而行,它所追求的是善道。善道,其反面是「惡道」。中華書局本《四十二章經》第三十六章:

> 佛言:「人離惡道,得為人難;既得為人,去女即男難。既得為男,六根完具難;六根既具,生中國難。既生中國,值佛世難。既值佛世,遇道者難。既得遇道,興信心難。既興信心,發菩提心難。既發菩提心,無修無證難。」[16]

惡道(梵:durgati),由惡業所召引而趨附的世界。佛教有三惡道之說。三惡道指三種罪惡的世界,它們是地獄、餓鬼和畜生。所有的惡道都有惡業召引而來。業,指人的行為,佛教所云「業」,有廣泛的含義,行為、思想和言語,都屬於業。惡業,即惡行,它包括已經見諸行動的罪惡行為,也包括思想上動的壞念頭,還包括口頭的惡言惡語。佛教提出三惡道之說,乃是為了震懾人心,警告人們人不要做壞事,如果做了壞事,必遭受懲罰。與三惡道相對,又有三善道,它們指由善業所召引而達到的境界。三善道,又作三善趣。趣,即趨赴。三善道,即修羅、人、天。佛教提出三善道之說,乃是為了提振人心,鼓勵人們向著美善而行動,向著光明而前進。修羅,亦作阿修羅,即眾生。眾生,本義一切有生命之存在。眾生包括人,但不僅僅指人,也包括動物。人(梵:

---

13 (後秦)鳩摩羅什等著:《佛教十三經》,頁466。
14 方勇譯注:《莊子》,頁100。
15 同上註,頁581。
16 (後秦)鳩摩羅什等著:《佛教十三經》,頁466。

manusa），即人間。在眾生中，人有思維，最為活躍。天（梵：deva），即天神。在這一章中，進行了層層推理，指出了向善一路所須歷的幾個階段。其中，為男一語帶有時代的印跡，宋真宗注《佛說四十二章經》，編章次第和中華書局本不同，其相關章經文如下：

> 佛言：「夫人離三惡道，得為人難。既得為人，去女即男難。既得為男，六情完具難。六情已具，生中國難。既處中國，值奉佛道難。既奉佛道，值有道之君難。既值有道之君，生菩薩家難。既生菩薩家，以心信三尊、值佛世難。」[17]

其文本與中華書局本有較大的差異，差異主要在於「生菩薩家」。菩薩，指思想上具有無上覺悟，行動上努力濟度眾生，將來必定成就佛果的修行者。菩薩，其含義與基督教所謂虔敬的信徒相當，他們有虔誠的信仰，潔淨的行為，自覺地踐行耶穌基督的教導，具備戰鬥精神，與惡勢力做鬥爭。所謂生菩薩家，借用現代神學的語言來說，就是出生和成長於世代有宗教信仰的家庭。在當代基督教神學中，有婚姻神學（the marriage theology）這一流派，婚姻神學認為，男女結合，生兒育女，這是一項偉大的造化工程，人的最好狀態，乃是在有良好宗教信仰的家庭中出生並且成長。婚姻神學並不規定結婚雙方都需要信仰基督教，但是希望有基督教信仰的一方發揮積極的作用，逐漸讓沒有基督教信仰的另一方認識基督教的價值。

大正藏本《四十二章經》，編章次第和前兩者不同，其相關章經文如下：

> 佛言：「夫人離三惡道，得為人難。既得為人，去女即男難。既得為男，六情完具難。六情已具，生中國難。既處中國，值奉佛道難。既奉佛道，值有道之君難。生菩薩家難。既生菩薩家，以心信三尊、值佛世難。」[18]

大正藏本與宋真宗注本在文本上大致相同，不過，它比宋真宗注本少了一句：「既值有道之君」。就推理的嚴密性而言，宋真宗注本更為可取。「心信三尊」，這是宋真宗注本和大正藏本都有的語句。三尊，指主尊與其兩旁的脅侍，一共組成三尊，在印度，三尊在不同的歷史時期所指不同，釋迦三尊，指釋迦、文殊、普賢；彌陀三尊，指彌陀、觀音、勢至；藥師三尊，指藥師、日光、月光。有趣的是，道教亦有豐富的三尊學說，以及禮敬三尊的傳統。《雲笈七籤》卷四三《老君存思圖十八篇・初登高座先存禮三尊第十六》：

> 講義及讀經先，靜竟登起，向太上座三過上香，卻後數尺，禮三尊，三拜。又仍存經師、籍師、度師，各禮一拜，合六拜。乃登高座，其形如左。〔小字注〕三尊者，道尊、經尊、真人尊。三尊通乎人身，人身欲與三尊同者，清齋精思，禮

17　方立天主編：《佛學精華》，上冊，頁8。
18　蘇淵雷、高振農選輯：《佛藏要籍選刊》，第4冊，頁1234。

拜存之。日一過如此。初下六拜後，重不須禮一則二拜、叩、搏，願念如法，羸者心拜之。[19]

存思，又作存想，簡稱為存。存思是一種意念的修煉，方法是思念體內或體外的事物，或想像中的神。存思，從本質上說，就是西方神學所云之觀想（contemplation）。《老君存思圖十八篇・敘》：「師曰：修身濟物，要在存思。存思不精，漫瀾無感。」[20]《雲笈七籤》卷四三又云：「為學之基，以存思為首。存思之功，以五藏為盛。」[21]存思，其學說和實踐在道教的發展中逐步得到體系化，最終成為一種修煉的方術。人體中的神，為外界所惑，常常遊於外，遊而不返，即為身害，魂不守舍，就會生病。《老君存思圖十八篇》，據信為老子所啟迪的有關存思修煉十八篇文章，既有理論闡釋，又有實操法程，惟其中第九篇次第起訖不分明。上引第十六篇，說明禮敬三尊的程式。原注指出，三尊，即道尊、經尊、真人尊，之所以要禮敬三尊，乃是因為三尊與人體健康密切相關。因此，身體羸弱消瘦的人，需要好好用自己的「心」禮敬三尊。「心拜」，乃用心禮敬，而不是用肢體去敬拜、叩頭、敲敲打打，這就是存思了。《雲笈七籤》論及三尊之處甚多，集中在卷三、卷二十、卷三八、卷四三、卷四九、卷五十、卷五四、卷一一七。

道尊、經尊、真人尊，合稱道教三尊。道尊，這是道寶尊的簡稱，學道者以玉清元始天尊為道寶尊。經尊，這是經寶尊的簡稱，學道者以上清靈寶天尊為經寶尊。真人尊，即師尊，學道者乙太清道德天尊為師寶尊。稱太清道德天尊為真人，語出莊周。《莊子・天下》：「關尹、老聃乎，古之博大真人哉！」[22]真人，得真道之人。《史記》卷六三《老子傳》：「老子者，楚苦縣厲鄉曲仁里人也，姓李氏，名耳，字伯陽，諡曰聃，周守藏室之史也。」[23]李耳是傳主本來的姓名。伯陽是他的字。聃是諡號。老，對年長者的敬稱。子，對男子的尊稱或美稱，在宗教文獻中「子」的意思是宗師，即英文語境中的 Master，梵文語境中的 Guru。老聃就是老子，而老子是最大的真人。三尊的名號上的「寶」字是敬辭。道德天尊就是民間常說的太上老君，也就是老子，因為老子著《道德經》。《道德經》又稱為《道德真經》。「真」，強調其正典性。道教的主要經典，其名稱起初沒有「真」字，不過在後來都加上了一個「真」字，這說明正典化是一個過程。

三清，這是就三尊神居住的境界而言。在道教典籍中，三清，既指境界，又指居住於境界中的尊神，故而三清與三尊，在語義上相互重疊。在道教典籍中，「三清」這一

---

19 （宋）張君房編：《雲笈七籤》，頁320。
20 同上註，頁315。
21 同上註，頁317。
22 方勇譯注：《莊子》，頁581。
23 （漢）司馬遷著：《史記》北京，中華書局，2006年，頁394。

詞語用得比「三尊」多。在道教的宮觀裡大都有三清殿，在所有的殿中三清殿是主殿。《雲笈七籤》卷一一七《道教靈驗記》，卷內〈果州開元觀工匠同夢得材木驗〉：

> 果州開元觀接郡城，頗為爽塏，以形勝之美選立觀額。雖州使旋具結奏，而制置之內，猶闕大殿。州司差工匠及道流，將泝嘉陵江，於利州上游採買林木。臨行，道流工匠同夢。有人云：朱鳳潭中有木，可以足用。如此者三，因聚議曰：夢兆如斯，必有大商，貨木沿江而至，可躊躇三五日以伺之，或免遠適，頗以為便。一匠曰：吾于朱鳳山下江中尋之，莫有商筏已到來否，即往山下尋求。潭水澄澈，忽見潭底有木，因使善沈者鉤求，得梓木千段，構成三尊殿，鐘樓經閣，三門廊宇，咸得周足。又市磚、甓，壇內有黃赤色者，疑其火力未足，棄而不用。信宿，皆化為金。起觀之費，過於豐資。殿宇既成，將塑尊像，又於白鶴山觀，掘地得鐵數萬斤，鑄三尊鐵像，僅高二丈。今謂之聖像，遠近祈禱，立有徵驗。起觀道流何氏家，世代豐足，今為冑族焉。至今負販之徒，錐刀求利者，每以三日五日，必詣聖像前焚香祈佑。或闕而不精信者，即貿易無利，貨鬻不售焉。[24]

三清這一古老的信仰，在〈果州開元觀工匠同夢得材木驗〉一文中得到了栩栩如生的描述。這篇文章記述了果州開元觀三清殿的修建經過。果州，因果山為名，轄境相當於今南充、西充、蓬安、岳池、營山等市縣市，治所在南充市。唐代女道士謝自然（西元767-794年）曾前往南充開元觀，拜訪道士程太虛，獲其真傳。利州，轄境相當於今四川省廣元、青川、旺蒼，陝西甯強等市縣，治所在今廣元市。朱鳳山是南充的名勝，（清）顧祖禹《讀史方輿紀要》卷六八四川三南充縣：「朱鳳山，在府南十里，高百七十餘丈，周二十里，蜿蜒磅礴，為城南之勝。」[25] 朱鳳潭，位於朱鳳山麓，今為旅遊景點。文章圍繞夢境展開，而夢想成真，工匠們果然在夢所指示之處獲得了一千段梓木，用來修建三清殿，綽綽有餘。這篇文章還告訴我們，三清殿即三尊殿，殿裡供奉有鐵鑄的三清神像，叫做三尊鐵像。三尊式造像是道教造型藝術的一個傳統，多為石雕像，這是宗教史上的聖像傳統，除了伊斯蘭教反對偶像崇拜，故而沒有聖像。在基督宗教裡，新教亦因反對偶像崇拜，故而聖像不發達，僅在天主教和東正教中有聖像。在世界各大宗教中，佛教的聖像傳統最為發達。道流何氏，即信奉道教的何姓人家，他們信仰堅定，故而凡有祈願，盡皆靈驗。靈驗，其本質是信仰的力量。人民有信仰，民族有希望，國家有力量。

三清信仰是一種非常古老的信仰。道教的三清信仰還可以與基督宗教的三一學說相會通。《老子・四十一章》：「道生一，一生二，二生三，三生萬物。」[26] 無上大道化生

---

24 （宋）張君房編：《雲笈七籤》，頁850。
25 （清）顧祖禹：《讀史方輿紀要》上海：上海書店出版社，1998年，頁470。
26 （魏）王弼注，樓宇烈校釋：《老子道德經注》，北京：中華書局，2011年，頁120。

為一團宇宙的混沌元氣，這元氣具有物質性。宇宙元氣化生為陰、陽二氣，這二氣具有正負能量的性質。陰陽二氣化生為天地人，此三者均是可以捫及的（tangible）。由此產生萬物。這種宇宙生存輪的模式是一化為三。三即是一，一即是三。三清是道的人格化。三清具有自己的位格，三清是人格神。以此之故，道教的三清具有三位一體（three in one）的性質，它與基督宗教的三一學說（Trinity）十分接近，二者之間有異曲同工之妙。聖經新約《約翰福音》1：1-3寫道「太初有道，道與神同在，道就是神。這道太初與神同在。萬物是藉著祂造的；凡被造的，沒有一樣不是藉著祂造的」[27]這從另一種宗教的角度印證了三清信仰的古老性。因此，我們有理由認為，翻譯東漢時期的《四十二章經》的三尊信仰，借用了道教的三尊學說，故三尊學說是理解佛教「沙門為四真行」這一命題的基石。儘管如此，它的產生卻是比道教的三尊說晚得多的事情。老子駕，青牛車，載典籍，西出關，化胡人。此說固然帶有傳說的色彩，卻並非空穴來風，它具有文化符號意義上的真實性。

三　佛道共進

　　中華書局版《四十二章經》共二八三六字，包含新式標點，不含經序、序分、各章次第和標題。關鍵字的統計資料如下：「道」出現六時十二次，「德」出現二十四次，「經」出現五次。這充分說明。《四十二章經》與《道德經》之間具有高度的契合性。

　　從文本的角度看，《四十二章經》是中印合璧的產物。（明）智旭匯輯《閱藏知津》卷四一《雜藏‧西土撰述第一》：「《佛說四十二章經》，六紙，前有序，南尺北壁。後漢中天竺沙門迦葉摩騰共竺法蘭譯。此西來教典之始也。《古今譯經圖記》云：《四十二章經》本是外國經抄。騰以大化初傳，人未深信，蘊其妙解，不即多翻，且撮經要，以導世俗。」[28]智旭，即蕅益（1599-1655），明末蘇州吳縣（今江蘇蘇州）僧人，俗姓鐘，名智旭，又名際明、聲，字振之，別號八不道人。智旭的一生，經歷了重大的思想轉變，智旭少學儒學，發誓消滅佛老；後來，智旭決意信佛，並於二十四歲時剃度出家。智旭最終主張宗教融合，佛道儒三教一致。六紙，此指《四十二章經》的書寫材料，全部經文書寫在六張紙上。前有序，這說明序文是《四十二章經》的有機組成部分。南尺北壁，此指這部佛經的保存地點，按照《閱藏知津》的編輯體例，所有的佛經分為兩類，一是西土撰述，即南亞主要是印度的文本；二是此方撰述，即中國佛教學者撰寫的佛經。經抄，這說明《四十二章經》上由從多部佛經而做的編譯。竺摩騰之處，《四十二章經》之所以採用多經而編譯，這是為了中夏民眾的接受。他還指出，《四十二章

---

[27]《聖經‧中英對照》（和合本‧新標準修訂版），北京：中國基督教兩會，2000年，頁161。
[28] 蘇淵雷、高振農選輯：《佛藏要籍選刊》，第2冊，頁1085。

經》之所以特別短小，同樣是為了中夏民眾的接受。在這一點上，竺摩騰的看法與鳩摩羅什（Kumarajiva，西元344-413年）一致。常安釋僧叡《大智度論序》：「法師以秦人好簡，故裁而略之，若備譯其文，將千有餘卷。」[29] 秦人好簡，這句話把中國人的讀書習慣概括得非常到位。筆者認為，《四十二章經》還有兩個特點。其一，在《四十二章經》的文本中，不排斥譯者的撰述；其二，從《四十二章經》存在多種版本的情形來看，在流傳中還有少許的創作成分。

我們說，《四十二章經》是中印合璧的產物，還因為它具有鮮明的南亞特色。《四十二章經》的南亞的特色以淺文言來表現，以及比喻多，這些是典型的南亞特色。《四十二章經》的妙處在於，中國思想以佛經的面貌呈現，這是一種相當高明的辦法，在一國宗教傳入他國的初期，這種辦法十分管用。

就中國宗教史的整體狀況而觀之，佛教與道教實際上處於一種相互學習，相互借鑑，共同發展的過程之中。佛教對於道教有貢獻，這是事實，佛教對於道教的貢獻，道教的正統典籍也是承認的。《雲笈七籤》卷一〇三《翊聖保德真君傳》：

> 守真常一日從容焚香，虔誠問曰：「守真睹釋氏之教，言天上天下，無如佛者，未知三清之上，品位何若？願賜真語以蠲蒙滯。」真君降言曰：「佛即西方得道之聖人也。在三清之中，別有梵天居之，於上帝則如世之九卿奉天子也。」守真曰：「其教流演，頗盛於世，又何理也？」真君曰：「教流中聚帝之念也。隨世盛衰，亦帝之念也。」守真曰：「道、釋經典，並垂於世，未審崇奉何者，即獲其福？」真君曰：「《太上道德經》，大無不包，細無不納，修身煉行，治家治國。世人若悟其指歸，達其妙用，造次於是，信奉而行，豈惟增福，諒無所不至矣！釋氏之《四十二章經》，制心治性，去貪遠禍，垂慈訓誡，證以干惡，亦一貫於道矣。奉之求福，固亦無涯。至於周公、孔子，皆列仙品，而五經六籍，治世之法，治民之術，盡在此矣。世雖諷誦，多不依從。若口誦而心隨，心隨而事應，仁義信行，禮智之道，常存於懷，豈惟正其人事，長生久視之理，亦何遠矣！」[30]

道教經典《翊聖保德真君傳》，又作《翊聖保德傳》，三卷，（北宋）王欽若編集。此經現存諸本之中，而以《道藏》本早出。北宋道士張君房編集《雲笈七籤》，卷一〇三收錄此經。《翊聖保德真君傳》記述翊聖保德真君於宋太祖建隆（西元960-962）初年，降臨鳳翔府盩屋（今陝西周至縣）縣民張守真等人家中之事。翊聖保德真君授予他們科儀壇法和修煉方術，並向他們講論仁義道德。

王欽若（西元 962-1025 年），（北宋）臨江軍新喻（今江西新餘）人，字定國，淳

29　（印度）龍樹菩薩造，（後秦）鳩摩羅什譯：《大智度論》上海：上海古籍出版社，1991年，頁1。
30　（宋）張君房編：《雲笈七籤》，頁732。

化三年（西元 992 年）進士。咸平四年（1001）參知政事，大中祥符五年（1012）除樞密使、同平章事，天禧元年（1017）任宰相。《翊聖保德真君傳》的作者署名為「推忠協謀、同德守主、佐理功臣、樞密使、開府儀同三司、行吏部尚書、同中書門下平章事、上柱國、太原郡公、臣王欽若編集」。[31] 王欽若敏於政事，富於文辭，著述豐隆，奉旨編《冊府元龜》一千卷，其道教著作還有《羅天大醮儀》。

翊聖保德真君降世，這還是道教史上的重大事件。（宋）李燾《續資治通鑑長編》卷十七開寶九年（西元 976 年）冬十月庚子：「初，有神降於盩厔縣民張守真家，自言：我天之尊神，號黑殺將軍，玉帝之輔也。守真每齋戒祈請，神必降室中，風肅然，聲若嬰兒，獨守真能曉之。所言禍福，多驗。守真遂為道士。上不豫，驛召守真至闕下。壬子，命內侍王繼恩，就建隆觀設黃籙醮，令守真降神。神言：天上宮闕已成，玉鏁開。晉王有仁心，言訖不復降。上聞其言，即夜召晉王，屬以後事。左右皆不得聞。但遙見燭影下，晉王時或離席，若有所遜避之狀。既而，上引柱斧戳地，大聲謂晉王曰：『好為之！』」[32] 這是一段是生動的歷史記錄。玄武神降臨於陝西省周至縣民張守真家中。因為玄武為黑色，所以他自稱黑殺將軍。從此，張守真篤信玄武神啟示的一切，並且盡皆靈驗。此事傳出後，張守真由普通百姓而成為道士。通道的人統稱為道徒，但是道徒並非道士。道教重視承傳，得道之人，需熟悉經典，精通科儀，經過層層嚴格的「考試」，方可成為道士。道教是宋代的國教，因而當道士是很光榮的事情。後來有一天，宋太祖趙匡胤（西元 927-976 年，西元 960-976 年在位）因患重病，於是召道士張守真前來將神，欲求得神諭（oracle）。張守真從病容看出，宋太祖即將去世，於是他說了真話：天上的宮闕已經修講好了，玉石製作的門鎖已經打開了。換言之，宋太祖就要去世升天了。晉王趙光義（西元 939-997 年，西元 976-997 年在位）不忍心讓張守真繼續說下去，就將降神活動停止了。

《續資治通鑑長編》卷十八太平興國二年五月：「庚辰，詔修鳳翔府終南山北帝宮。宮即張守真所築，以祀神者也。」[33] 宋太祖重病去世，晉王即位為宋太宗。因為此係秘密傳位，所以燭影之下發生的事情誰也看不真切，只見人影晃動，斧鉞聲響。宋太祖與宋太宗為兄弟關係。宋太宗即皇帝位與長子即位的傳統不合，故而民間遂多傳聞，將此事件稱為燭光斧影之變。無論事情的真相如何，張守真都在此歷史關頭起了重要的作用，為新君主即位製造了君權神授的輿論。宋太宗即位寵信張守真，為他在終南山修建了上清太平宮。此宮又叫北帝宮。這是因為，翊聖保德真君即玄武。玄武為龜蛇合體之神，乃道教所崇奉的玄武帝。因避宋真宗之諱，故而改「玄」為「真」，稱真武大

---

31 （宋）張君房編：《雲笈七籤》，頁728。
32 （宋）李燾著，（清）黃以周等輯補：《續資治通鑑長編》上海：上海古籍出版社，1985年，第一冊，頁144。
33 同上註，頁154。

帝。真武大帝居住於北方,稱為北帝。

三問三答是《翊聖保德真君轉》的核心內容。

第一問第一答:發問人張守真親眼目睹了,釋迦牟尼創建的佛教在縱論上天和人間的事情方面,其水準遠遠超過了其他宗教。自唐代以來,在中國思想界一向儒釋道並重。言外之意,張守真親眼目睹,佛教的理論水準高於道教和儒教。所以,張守真發問,釋迦牟尼的地位是不是在道教的三清尊神之上。如果答案是肯定的,那麼釋迦牟尼的神品究竟如何。張守真還說,自己太傻了,但願真武大帝為他掃除思想上的障礙。

真武大帝做了明確的回答。釋迦牟尼佛是西方得道的之聖人。三清作為境界來說,並不是唯一的。在三清境界之中,另外還有一重天叫做梵天。釋迦牟尼佛,就居住在梵天之中。雖然在人間有天子一人,但是祀奉天子的大臣多達九位,他們叫做九卿。就神學的體系而言,雖然上帝僅有一位,但是祀奉上帝的臣僕可以有許多位。既然可以有三清,那麼也就可以有釋迦摩尼佛了。言外之意,其他宗教的尊神也應該得到承認和尊重。這裡有一個時代背景,即早在唐代,作為基督教的一支的景教已經傳入中國了。

第二問第二答:接著,張守真又發問說,佛教在流傳中演變,佛教在演變中發展,於是在當代相當興盛,這又是為什麼呢?

真武大帝回答說,這是因為佛教的信徒們凝聚了帝釋梵王的意念。任何宗教都是隨著時代和社會而發展變化的。這也是因為,帝釋梵王的意念在起作用。帝釋,即帝釋天,亦即因陀羅(梵:Indra)神。因陀羅是吠陀時期最有力的神。因陀羅後來被引入佛教,成為佛法的守護神。梵王,即梵天(梵:brahman),又叫大梵。在印度神話中,梵天是創造神。在佛教成立的初期,梵天和帝釋天為最受崇拜的神明。之後,他們成為佛教的兩大守護神。真武大帝的回答指明了佛教的印度文化底色。德國哲學家黑格爾認為,人類歷史是絕對精神(the absolute spirit)的展開。佛教的看佛,與此類似。佛教認為,時代和社會的發展是因為大梵和帝釋天的意志在其作用。

第三問第三答:之後,張守真再發問說,道教的經典和佛教的經典一起在世間流傳。有的人兩者都信奉,他們並不清楚這兩種宗教的差別就崇奉他們了。這些人也獲得了福報。這是怎麼一回事呢?

真武大帝回答說:《太上道德經》既是廣大而無所不包的,又是洞照幽微,無細不納的。《道德經》可以指導人們修身煉行、可以指導人們治家治國。世人如果能夠體悟《道德經》的意指,洞悉《道德經》的精微,經常研讀它、運用它,把信仰貫徹到社會實踐之中,那麼就不僅能夠增加幸福,而且還能達到無所不至的地步。佛教的《四十二章經》,其妙處在於主導人心修整人性,除去貪欲遠離災禍。它告誡人們要慈愛,它訓導人們守規矩,並舉出大量的例子來叫人們與惡行作鬥爭。《四十二章經》的道理一以貫之,自成體系。信奉《四十二章經》的人必得福報,而且這福報是沒有窮盡的。道教把周公和孔子都列入神品之中了,儘管他們並非道教的信徒。既然如此,通道的人為什

麼不能信佛呢？其實，儒家的五經六籍、治世之法、治民之術，統統都包含在《四十二章經》之中了。目前的情形是，雖然世人諷誦《四十二章經》，但是並不依從它，所以收效甚微。如果口誦此經而心裡相信它，那麼就可以心想事成了。如果心中有儒家所說的仁義信行和禮智之道，那麼就不但能夠把人間的事情辦好，而且也能實現道教所說的長生久視並進而成為神仙。這是因為，在佛教看來這些都並不遙遠。

由此而觀之，《翊聖保德真君傳》的三問三答，幾乎是一篇儒道釋共進的宣言。在上面的引文中，張守真的第三問有兩種版。其一，道、釋經典，並垂於世。其二，道、釋儒典，並垂於世。「（一本無『儒』字。——引者按）」[34]考慮到版本的差異性以及張守真的道士立場，我們至少可以認為，《翊聖保德真君傳》的三問三答是一篇道釋共進的宣言。

「《翊聖保德真君傳》旨在為宋王朝製造『君權神授』的神學依據，其內容主要是敘述黑殺神降世顯靈、斬妖除邪之事，宣揚忠君愛民，修繕積德。」[35]此事件發生於宋太祖初年，故而此事件昭示的宗教動向貫穿了整個宋代。在宋代，由於朝廷尊崇道教，故而時不時發生貶損佛教的事件。不過，就總體傾向而論，宋代的宗教動向依然是三角並存。尤其在民間，三角並存的傾向更突出。

那麼我們不禁要問，《翊聖保德真君傳》中三問三答的當代意義是什麼呢？《翊聖保德真君傳》三卷是產生於北宋時期的一篇重要的道教文獻，其中的上三問三答是全文的精華。《翊聖保德真君傳》在當代仍然具有重大的現實意義，那就是告誡人們，要維持各種合法宗教共存共進的局面。這是因為，各宗教共存共進有助於它們適應當代社會，把產生於古代的以及來源於外國的宗教轉化為建設現代化國家的積極因素，以增進人們對中華民族共同體的堅守。

---

34 卿希泰主編：《中國道教史》成都：四川人民出版社，1992年，第二卷，頁634。
35 同上註，頁543。

蜀漢後期（西元 234-263 年）對南中及西北政策的得失初探

廖智峯

香港樹仁大學田家炳孝道文化教研中心

一 引言

　　蜀漢（西元221-263年）的國土範圍北起漢中、南至南中、西有汶山、東抵巴州，所轄之範圍大概是現今中國之四川、重慶及雲南一帶。[1]因此，與蜀漢相連或交流較多的外族，多是以「西南夷」及「西北戎」為主。[2]早在建安十二年（西元207年），諸葛亮（西元181-234年）提出〈隆中對〉之時便提出了「西和諸戎，南撫夷越」的對少數民族的方針。後劉備（西元161-223年；西元221-223在位）入蜀，即傾舉國之力向孫權（西元182-252年；西元229-252年在位）發動戰爭，諸葛亮的對少數民族的方針未及全面實施，然而夷陵之戰時，蜀漢有派馬良（西元187-222年）入武陵招五溪蠻之舉，[3]可見先主在位時，蜀漢的少數民族政策是以〈隆中對〉為基調，以「和」為主，並招少數民族為已用。

二 對南中的取態

　　蜀漢與西南外族的關係可向上追溯至西漢武帝於元鼎六年（西元前111年）時平西南夷，並設牂牁、武都等郡。[4]自始，西南邊郡以及周圍之少數民族的關係更為緊密，

---

* 西元二三四～二六三年為諸葛亮去世後至蜀國滅亡，即「後諸葛亮時代」，由 J. Michael Farmer 於 *The Cambridge History of China: Volume 2. The Six Dynasties, 220-589* 一書中"Shu-Han"的章節中提出見 Albert E. Dien & Keith N. Knapp, *The Cambridge History of China: Volume 2. The Six Dynasties, 220-589*, (Cambridge, Cambridge University Press, 2019), p.73.

1　宋健：《蜀漢政區治所與地理格局研究》廣州：暨南大學碩士論文，2020年，頁12。
2　李暄：《蜀漢少數民族政策研究》南昌：南昌大學碩士論文，2008年，頁1。
3　（西晉）陳壽著，（劉宋）裴松之注：《三國志》北京：中華書局，1964年，卷39，〈董劉馬陳董呂傳〉，頁983：「及東征吳，遣良入武陵招納五溪蠻夷，蠻夷渠帥皆受印號，咸如意指。」
4　（東漢）班固著，（唐）顏師古注：《漢書》北京：中華書局，1964年，卷6，〈武帝紀〉，頁188：「馳義侯遺兵未及下，上便令征西南夷，平之。遂定越地，以為南海、蒼梧、鬱林、合浦、交阯、九真、日南、珠崖、儋耳郡。定西南夷，以為武都、牂柯、越巂、沈黎、文山郡。」

漢朝亦開始對其進行間接統治。[5]及至東漢末年時，益州的西南邊疆地區包括了牂牁、越嶲、益州、永昌、犍為五郡國，蜀漢管治下的「南中」便是指這些地區，而西南夷則居於南中之郡國內或周邊。[6]學者劉義棠（1926-1998）曾將兩漢三國之時的西南夷分為三大系：苗傜系、氐撣系及羅緬系。[7]苗傜系於《後漢書‧南蠻西南夷列傳》中有「長沙武陵蠻」、「巴郡南郡蠻」及「板楯蠻夷」[8]等記載，可見其位置是在南中的東方；氐撣系，劉義棠認為在《後漢書‧南蠻西南夷列傳》中的「哀牢夷」是氐撣系的主要分支，[9]其聚居地於蜀漢時是在永昌、哀牢一帶，即南中之西南部；[10]羅緬系，即羅羅族及緬甸族，劉義棠認為夜郎族、滇族、邛都族、嶲族及昆明夷均是羅緬系之分支，其聚居地於兩漢時在四川南中之交界及南中西部。[11]

在蜀漢對南中的統治中，庲降都督可說是當中最重要之官職。劉備入蜀之時，劉備已派其親信鄧方（？-？）任庲降都督。[12]建興三年（西元225年），諸葛亮征南中，戰後諸葛亮認為「若留外人，則當留兵，兵留則無所食，一不易也；加夷新傷破，父兄死喪，留外人而無兵者，必成禍患，二不易也；又，夷累有廢殺之罪，自嫌釁重，若留外人，終不相信，三不易也」。因此決定「不留兵、不運糧」。[13]學者周一良（1913-2001）認為，歷來史家對諸葛亮於南中善後處理的評價，多引用《漢晉春秋》中的「綱紀粗定，夷漢粗安故耳」，[14]認為諸葛亮以至蜀漢的南中治策是以安民為主，司馬光（1019-1086）更是認為至諸葛亮去世前，南中未曾再叛，[15]周一良認為，《漢晉春秋》及《資治通鑑》的相關記載並不可靠。[16]

近年來，不少學者提出不同的意見，如李暄的〈蜀漢少數民族政策研究〉、何畏的〈西漢至南朝西南邊疆管理體制研究〉、方鐵的《邊疆民族史探究》等，均指出實際

---

5 何畏：《西漢至南朝西南邊疆管理體制研究》昆明：雲南大學博士論文，2016年，頁48。
6 同上註，頁55-56。
7 劉義棠：《中國邊疆民族史》臺北：臺灣中華書局，2016年，頁135。
8 （南朝宋）范曄著，（唐）李賢等注：《後漢書》北京：中華書局，1973年，卷86，〈南蠻西南夷列傳〉，頁2830-2842。
9 同上註，頁2848。
10 劉義棠：《中國邊疆民族史》，頁143-144。
11 同上註，頁139-142。
12 （東晉）常璩著、任乃強注：《華陽國志校補圖注》，卷4，〈南中志〉，頁240：「建安十九年，劉先主定蜀，遣安遠將軍、南郡鄧方以朱提太守、庲降都督治南昌縣。輕財果毅，夷漢敬其威信。」
13 （東晉）習鑿齒著，柯美成編：《漢晉春秋通釋》北京：人民出版社，2015年，卷2，〈後主建興三年〉，頁160。
14 同上註，頁160。
15 （北宋）司馬光等著、（元）胡三省（1230-1302）注：《資治通鑑》北京：中華書局，2010年，卷70，〈魏紀二〉，頁2225：「自是終亮之世，夷不復反。」
16 周一良：〈論諸葛亮〉，《歷史研究》，1954年第3期，1954年，頁121。

上，蜀漢對於南中並非不加干涉，任其自治；而是以武力為後盾，加以安撫和籠絡，同時掠奪南中的資源以削弱南中的反抗力量及供北伐之用。[17]在政治方面，蜀漢在南征後先是將南中原本的五郡分為七郡：改原益州為建寧，分建寧、越嶲為雲南，分建寧、牂牁為興古。即建寧、雲南、牂牁、越嶲、永昌、興古、朱提，[18]改南中政區的目的，正正在於分散南中大姓的勢力，使他們無力聯合對抗蜀漢。

另外，據《漢晉春秋》所載，諸葛亮平南中後「皆其渠帥而用之」[19]。但實際上，在日後統治南中的是蜀漢所委任的庲降都督，並非南中大姓或少數民族。蜀漢在邊防重地如江州、漢中均設有都督，庲降都督在當中較為特殊，其職能在最初鄧方在任之時只是招撫周圍之少數民族。當時蜀漢亦久缺管治整個南中的能力，因此鄧方在任時，庲降都督實際所領只有朱提郡。[20]日後李恢（西元？-231年）在任時，正值南中局勢惡化，蠻王高定（西元？-225年）、南中大族雍闓（西元？-225年）、牂牁太守朱褒（西元？-？年）起兵反蜀。庲降都督亦在此時開始要負責軍事上的職務。在蜀漢平南中後，南中成為其重要的後方，因此之後的庲降都督將南中的軍政集於一身，成為獨當一面的地方長官。[21]在蜀漢的統治下，南中共有六任庲降都督，見表一：

表一

庲降都督	出身
鄧方	荊州南郡人[22]
李恢	建寧俞元人[23]
張翼（西元？-264年）	犍為武陽人[24]
馬忠（西元？-249年）	巴西閬中人[25]

---

17 方鐵：《邊疆民族史探究》北京：中國書籍出版社，2015年，頁21-25。
18 （東晉）常璩著、任乃強注：《華陽國志校補圖注》，卷4，〈南中志〉，頁241：「秋，遂平四郡。改益州為建寧，以李恢為太守，加安漢將軍，領交州刺史，移治味縣。分建寧、越嶲置雲南郡，以呂凱為太守。又分建寧、牂柯置興古郡，以馬忠為牂柯太守。」
19 （東晉）習鑿齒著，柯美成編：《漢晉春秋通釋》，卷2，〈後主建興三年〉，頁160。
20 劉華：〈略論蜀漢庲降都督〉，《牡丹江教育學院學報》，2007年第2期，2007年，頁31。
21 何畏：《西漢至南朝西南邊疆管理體制研究》，頁91。
22 （東晉）常璩著、任乃強注：《華陽國志校補圖注》，卷4，〈南中志〉，頁240：「建安十九年，劉先主定蜀，遣安遠將軍、南郡鄧方以朱提太守、庲降都督治南昌縣。」
23 （西晉）陳壽著，（劉宋）裴松之注：《三國志》，卷43，〈黃李呂馬王張傳〉，頁1045：「李恢字德昂，建寧俞元人也。」
24 （西晉）陳壽著，（劉宋）裴松之注：《三國志》，卷45，〈鄧張宗楊傳〉，頁1073：「張翼字伯恭，犍為武陽人也。」
25 （西晉）陳壽著，（劉宋）裴松之注：《三國志》，卷43，〈黃李呂馬王張傳〉，頁1048：「馬忠字德信，巴西閬中人也。」

庲降都督	出身
張表（西元？-？年）	蜀郡人[26]
閻宇（西元？-？年）	荊州南郡人[27]
霍弋（西元？-？年）[28]	南郡枝江人[29]

從表一可見，歷任的庲降都督中，只有李恢和張翼是由南中出身。李恢早在劉備攻益州之時投靠，在招降馬超（西元176-222年）時立下大功，可說是蜀漢的開國元勳，深為先主所信任，其後在南中之戰時又以其出身欺騙並大破叛軍，[30]故李恢並不可能被南中大姓或少數民族視為同伴。可見蜀漢在委派實際管治南中的庲降都督時，只會考慮政權中嫡系或忠心的成員。對於少數民族的渠帥，蜀漢則只會委派其為普通官員或給予有名無實的爵位，如張嶷為越巂太守時，曾上奏後主請封捉馬族夷帥魏狼（西元？-？年）為邑侯、[31]旄牛族夷帥狼路（西元？-？年）為旄牛毗王。[32]

在經濟方面，南中物產豐富，對於蜀漢而言，不論是供北伐之用或供國家日常之用，均亟非常需要南中的資源。蜀漢自平南中以來，從未停止在此掠奪資源。據《華陽國志‧南中志》記載，當時的南中盛產金銀、牛、戰馬等，並會運到中央供國家使用。[33]除了金銀、牛、戰馬外，南中亦是蜀地獨有的蜀綿對外貿易的必經之路，據任乃強的考證，自西漢起已有蜀地商人取道南中永昌至大夏國及身毒國，貿易的物品除蜀綿外，也有黃金、明珠、翡翠等。[34]李恢任庲降都督時，便將南中的物資源源不絕地運到漢中，以

---

26 （東晉）常璩著、任乃強注：《華陽國志校補圖注》，卷4，〈南中志〉，頁247：「以蜀郡張表為代，加安南將軍。」
27 同上註，頁247：「表後，以南郡閻宇為都督。」
28 霍弋未曾任庲降都督，而蜀漢在閻宇後再未設庲降都督。但《華陽國志》中有霍弋任建寧太守、安南將軍時代閻宇治理南中的記載，因此本文將霍弋列入庲降都督表內。霍弋治理南中之記載，見（東晉）常璩著、任乃強注：《華陽國志校補圖注》，卷4，〈南中志〉，頁247：「弋甚善參毗之禮，遂代宇為監軍、安南將軍。撫和異俗，為之立法施教，輕重允當，夷晉安之。」
29 （西晉）陳壽著，（劉宋）裴松之注：《三國志》，卷41，〈霍王向張楊費傳〉，頁1007：「霍峻字仲邈，南郡枝江人也子弋，字紹先，先主末年為太子舍人。」
30 （西晉）陳壽著，（劉宋）裴松之注：《三國志》，卷43，〈黃李呂馬王張傳〉，頁1046：「諸縣大相糾合，圍恢軍於昆明。時恢眾少敵倍，又未得亮聲息，紿謂南人曰：『官軍糧盡，欲規退還，吾中間久斥鄉里，乃今得旋，不能復北，欲還與汝等同計謀，故以誠相告。』南人信之，故圍守怠緩。於是恢出擊，大破之。」
31 同上註，頁1052：「北徼捉馬最驍勁，不承節度，嶷乃往討，生縛其帥魏狼，又解縱告喻，使招懷餘類。表拜狼為邑侯，種落三千餘戶皆安土供職。」
32 同上註，頁1053：「嶷遣左右齎貨幣賜路，重令路姑喻意，路乃率兄弟妻子悉詣嶷，嶷與盟誓，開通舊道，千里肅清，復古亭驛。奏封路為旄牛昀毗王，遣使將路朝貢。」
33 （東晉）常璩著、任乃強注：《華陽國志校補圖注》，卷4，〈南中志〉，頁241：「出其金、銀、丹、漆，耕牛、戰馬，給軍國之用。」
34 （東晉）常璩著、任乃強注：《華陽國志校補圖注》，卷4，〈南中志〉，頁323-328。

作軍資；[35]張嶷任越嶲太守時，奪取了本屬少數民族的鹽鐵，並在鹽池設長史管理，[36]可見蜀漢於南中的經濟掠奪。

至於軍事，蜀漢非如《漢晉春秋》、《資治通鑑》所記的「不留兵」。事實上，蜀漢一方面削弱南中的軍事實力，另一方面卻在南中駐重兵，以防當地有變。在諸葛亮平南中後，把南中本來的軍事力量分散，將驍勇善戰的少數民族納入軍中，送到成都；較羸弱的少數民族分給南中大姓為部曲，[37]此舉一方面為蜀漢軍隊添加了生力軍，一方面亦將少數民族及南中大姓的實力分散及削弱。同時，蜀漢在南中亦有為數不少的駐軍。蜀漢在南中駐軍的數目已不可考，但在史書中仍有蛛絲馬跡可尋。諸葛亮平南中後，當地的反抗從未停止，如在諸葛亮以呂凱（西元？-225年）為雲南太守後不久，呂凱即為夷人所殺；[38]後來又有「叟夷數反，殺太守龔祿、焦璜，是後太守不敢之郡」之事；[39]建興十一年（西元233年），時任庲降都督張翼因用法太嚴苛，引起渠帥劉冑（西元？-233年）率眾作亂，張翼亦攻之不下，最後諸葛亮以馬忠接任庲降都督，方敗劉冑。[40]從以上南中反叛的史實可見，即使蜀漢在建興三年（西元225年）南征後採取各種措施，但南中依然不甚安寧。因此，蜀漢沒有可能在南中不留兵，每次的反叛，時任的庲降都督或地方太守均能自行解決，不需向成都求援，即使在張翼攻劉冑失利的一次，成都亦只需撤換庲降都督亦可平亂，故可推測蜀漢在南中的駐軍並不在少數，甚至可與江州、漢中等國防重鎮相比。

在「後諸葛亮時代」，蜀漢對於南中及南中外族的方針亦無大改變。何畏曾指出，在蜀漢征南中前，南中諸郡對蜀漢而言是「邊郡」，內有外族，不能直接統治；[41]在諸葛亮平南中後，蜀漢開始對南中諸郡實行「內郡化」的過程，意圖化南中為「內郡」，直

---

35 （西晉）陳壽著，（劉宋）裴松之注：《三國志》，卷43，〈黃李呂馬王張傳〉，頁1046：「賦出叟、濮耕牛戰馬金銀犀革，充繼軍資，于時費用不乏。」

36 同上註，頁1053：「定莋、臺登、卑水三縣去郡三百餘里，舊出鹽鐵及漆，而夷徼久自固食。嶷率所領奪取，署長吏焉。」

37 （東晉）常璩著、任乃強注：《華陽國志校補圖注》，卷4，〈南中志〉，頁：251「移南中勁卒、青羌萬餘家於蜀，為五部，所當無前分其羸弱配大姓焦、雍、婁、爨、孟、量、毛、李為部曲，置五部都尉，號五子。」

38 （西晉）陳壽著，（劉宋）裴松之注：《三國志》，卷43，〈黃李呂馬王張傳〉，頁1048：「以凱為雲南太守，封陽遷亭侯。會為叛夷所害。」

39 （西晉）陳壽著，（劉宋）裴松之注：《三國志》，卷43，〈黃李呂馬王張傳〉，頁1052。

40 （西晉）陳壽著，（劉宋）裴松之注：《三國志》，卷45，〈鄧張宗楊傳〉，頁1073：「翼性持法嚴，不得殊俗之歡心。耆率劉冑背叛作亂，翼舉兵討曹。冑未破，會被徵當還，群下咸以為宜便馳騎即罪，翼曰：「不然。吾以蠻夷蠢動，不稱職故還耳，然代人未至，吾方臨戰場，當運糧積穀，為滅賊之資，豈可以黜退之故而廢公家之務乎？」於是統攝不懈，代到乃發。馬忠因其成基以破殄冑，丞相亮聞而善之。」

41 何畏：《西漢至南朝西南邊疆管理體制研究》，頁46。

接統治當地，使其成為可靠的後方。[42] 從南中「內郡化」的始末以及庲降都督一職中，可見蜀漢的統治階層，在最早的時候並不將南中視作蜀漢領土或是益州的一部分，在建興三年（西元225年）南中之役後，蜀漢亦只是將南中視為為國家提供軍力及資源的地方，非如益州的內郡一樣統治。在這種心態下，蜀漢對於南中各族雖時有安撫，如尊重其迷信鬼神的習俗、授予歸順蜀漢的渠帥爵位等，[43] 可是，蜀漢的統治階層一直把南中視作予取予求的地方。在「後諸葛亮時代」，馬忠、張表、閻宇、霍弋等荊州派和益州派曾先後治理南中，但不管是哪一派出任庲降都督，對於南中及南中各族人力物力的苛求卻從未停止；即使「內郡化」有所進展，南中大姓或少數民族的反抗卻從未停止。

景耀六年（西元263年），魏國大將軍鄧艾（西元195-264年）取道陰平，逼近成都，蜀漢群臣中有人提議投奔江東、有人提議到退守南中，時光祿大夫譙周（西元201-270年）所提出的觀點，可供蜀漢的南中及南中土著治策作一個小結：

> 後主猶疑於入南，周上疏曰：「或說陛下以北兵深入，有欲適南之計，臣愚以為不安。何者？南方遠夷之地，平常無所供為，猶數反叛，自丞相亮南征，兵勢偪之，窮乃幸從。是後供出官賦，取以給兵，以為愁怨，此患國之人也。今以窮迫，欲往依恃，恐必復反叛，一也。北兵之來，非但取蜀而已，若奔南方，必因人勢衰，及時赴追，二也。若至南方，外當拒敵，內供服御，費用張廣，他無所取，耗損諸夷必甚，甚必速叛，三也。昔王郎以邯鄲僭號，時世祖在信都，畏偪於郎，欲棄還關中。邳彤諫曰：『明公西還，則邯鄲城民不肯捐父母，背城主，而千里送公，其亡叛可必也。』世祖從之，遂破邯鄲。今北兵至，陛下南行，誠恐邳彤之言復信於今，四也。願陛下早為之圖，可獲爵土；若遂適南，勢窮乃服，其禍必深。」[44]

從譙周的上疏中可見，在蜀漢的統治下，不論是為了北伐或是國用，南中的人民及少數民族一直承受沉重的賦稅，而蜀漢的統治階層依然是將南中之人視為「遠夷」。一但決定南逃至南中，蜀漢的國用仍要在南中取得。換言之，南中的人民及少數民族將要承受更多的賦稅，而這樣只會令南中的民怨更深。作為益州派之首的譙周，在勸諫後主（西元207-271年；西元223-263年在位）不要退守南中之時，應是考慮到了蜀漢的統治階層，不管是皇室、荊州派或是益州派，在蜀漢對於南中不斷的掠奪的歷史背景下，退守南中非但不能保住所屬派系的最大利益，更是連安身立命也未能做到，當時無一人能反駁譙周。可見蜀漢的統治階層，不論派別，均深明蜀漢對於南中及南中土著本土化及

---

42 何畏：《西漢至南朝西南邊疆管理體制研究》，頁93。

43 方鐵：《邊疆民族史探究》，頁24。

44 （西晉）陳壽著，（劉宋）裴松之注：《三國志》，卷42，〈杜周杜許孟來尹李譙郤傳〉，頁1030-1031。

「內郡化」的局限，以及與南中大姓及土著的矛盾。[45]

三 對西北的取態

如前文所述，「西和諸戎，南撫夷越」是蜀漢的對外族基本方針，但由於地理位置的關係，蜀漢對於西北外族及西南外族的治策亦有一些不同：於蜀漢而言，西南外族所在南中是後勤的基地，而西北則是對魏作戰的前線之一。因此，蜀漢對於南中，是希望其成為穩定可靠的後方，因此在南中，蜀漢一方面進行開發，另一方面以南中的少數民族及物資作軍力及軍需的補給，每有反抗之時，蜀漢亦立刻作出反應並平定之。但在西北外族方面，情況卻不盡相同。

《華陽國志・漢中志》記載了當時在武都、陰平等地，有「有麻田氏傁，多羌戎之民。其人半秦，多勇鷙。出名馬，牛、羊、漆、蜜」[46]；「多氐傁。有黑、白水羌，紫羌，胡虜」[47]。據劉義棠的研究，秦漢之時，在中國之西北方的外族以羌人及氐人為主。羌人的種族甚多，如「先零羌」、「燒當羌」等，自春秋戰國秦國崛起後，羌人開始移居到更西之地以避秦，也有一部分遷到巴蜀，但大多都是居於甘肅青海一帶；而氐人則有「白馬氐」、「汶山夷」等，本居於四川西北，在西漢開益州時，將氐人驅逐，自始散居四川、隴右、關中及仇池一帶。[48]

早在劉備入蜀時，劉備集團已然注意到涼州以及散居於涼州一帶的外族之戰略價值。劉備於赤壁之戰後曾向孫權借得荊州數郡，[49]在諸葛瑾（西元174-241年）以劉備已取益州為由而討荊州時，劉備的回應是：「須得涼州，當以荊州相與」[50]，這或是藉口之辭，也揭露了劉備對於涼州的野心。[51]建安二十年（西元215年），曹操（西元155-220年）取漢中時，劉備曾對於是否出兵與曹操爭奪漢中而猶豫，劉備最終決定作戰到底的原因，除因漢中是益州之咽喉外，[52]同時亦有著涼州的因素──建安二十二年（西

---

45 黃郁庭：〈蜀漢滅亡原因新探──以民族政策與地域衝突為中心〉，《東吳歷史學報》，第32期，2014年12月，頁108。
46 （東晉）常璩著、任乃強注：《華陽國志校補圖注》，卷2，〈漢中志〉，頁96。
47 同上註，頁103。
48 劉義棠：《中國邊疆民族史》，頁119-131。
49 （西晉）陳壽著，（劉宋）裴松之注：《三國志》，卷32，〈先主傳〉，頁879，引自（西晉）虞溥著：《江表傳》：「周瑜為南郡太守，分南岸地以給備。備別立營於油江口，改名為公安。劉表吏士見從北軍，多叛來投備。備以瑜所給地少，不足以安民，後從權借荊州數郡。」
50 同上註，頁883。
51 （韓）金文京著，林美琪譯：《三國志的世界：東漢與三國時代》臺北：臺灣商務印書館，2018年，頁168。
52 （西晉）陳壽著，（劉宋）裴松之注：《三國志》，卷41，〈霍王向張楊費傳〉，頁1013：「先主爭漢中，急書發兵，軍師將軍諸葛亮以問洪，洪曰：『漢中則益州咽喉，存亡之機會，若無漢中則無蜀矣，此家門之禍也。方今之事，男子當戰，女子當運，發兵何疑？』」

元217年），法正（西元176-220年）力勸劉備出兵漢中，指出得漢中後可「廣農積穀，觀釁伺隙，上可以傾覆寇敵，尊獎王室，中可以蠶食雍、涼，廣拓境土，下可以固守要害，為持久之計」[53]，可見劉備集團早已非常重視涼州。

涼州於蜀漢而言是良馬的來源地，亦可與漢中合擊關中。西北的少數民族驍勇善戰，[54] 如在建安十六年（西元211年）的潼關之戰中，馬超及西北外族聯軍曾把曹操的軍隊擊敗，幸有許褚（西元？-？年）護主，曹操才得免戰死。[55] 可見西北的少數民族可作為蜀漢對魏作戰的一大戰力。因此，劉備以至日後之蜀漢政權均非常著重在西北具有威望及有影響力的人仕的招攬，如馬超以及日後的姜維。劉備入蜀進攻成都前，派李恢向馬超招降，在馬超加入劉備陣營後，劉備封其平西將軍、前都亭侯，在稱漢中王後再進左將軍，持假節，稱帝後遷驃騎將軍，領涼州牧，進封斄鄉侯，[56] 在〈漢中王勸進表〉中，馬超更是名列第一，可見馬超在劉備集團地位之高。[57] 以一降將而言，馬超的待遇可說是非常罕見，劉備對其破格恩寵的原因，在進馬超為驃騎將軍的冊封書中可以得到答案：

> 策曰：「朕以不德，獲繼至尊，奉承宗廟。曹操父子，世載其罪，朕用慘怛，疚如疾首。海內怨憤，歸正反本，暨於氐、羌率服，獯鬻慕義。以君信著北土，威武並昭，是以委任授君，抗颺虓虎，兼董萬里，求民之瘼。其明宣朝化，懷保遠邇，肅慎賞罰，以篤漢祜，以對於天下。」[58]

可見，劉備看中了馬超的西涼背景，希望其可在雍涼一帶發揮作用，吸引西北外族歸附。馬超為馬騰（西元？-212年）之子，為東漢著名邊將馬援（西元前14-49年）之後

53　（西晉）陳壽著，（劉宋）裴松之注：《三國志》，卷37，〈龐統法正傳〉，頁961。

54　（南朝宋）范曄著，（唐）李賢等注：《後漢書》，卷87，〈西羌傳〉，頁2869：「強則分種為酋豪，弱則為人附落，更相抄暴，以力為雄。殺人償死，無它禁令。其兵長在山谷，短於平地，不能持久，而果於觸突，以戰死為吉利，病終為不祥。堪耐寒苦，同之禽獸。雖婦人產子，亦不避風雪。性堅剛勇猛，得西方金行之氣焉。」

55　（西晉）陳壽著，（劉宋）裴松之注：《三國志》，卷18，〈二李臧文呂許典二龐閻傳〉，頁542-543：「從討韓遂、馬超於潼關。太祖將北渡，臨濟河，先渡兵，獨與褚及虎士百餘人留南岸斷後。超將步騎萬餘人，來奔太祖軍，矢下如雨。褚白太祖，賊來多，今兵渡以盡，宜去，乃扶太祖上船。賊戰急，軍爭濟，船重欲沒。褚斬攀船者，左手舉馬鞍蔽太祖。船工為流矢所中死，褚右手並泝船，僅乃得渡。是日，微褚幾危。其後太祖與遂、超等單馬會語，左右皆不得從，唯將褚。超負其力，陰欲前突太祖，素聞褚勇，疑從騎是褚。乃問太祖曰：『公有虎侯者安在？』太祖顧指褚，褚瞋目盼之。超不敢動，乃各罷。」

56　（西晉）陳壽著，（劉宋）裴松之注：《三國志》，卷36，〈關張馬黃趙傳〉，頁946：「以超為平西將軍，督臨沮，因為前都亭侯。先主為漢中王，拜超為左將軍，假節。章武元年，遷驃騎將軍，領涼州牧，進封斄鄉侯。」

57　田餘慶：〈蜀史四題〉，載田餘慶著：《秦漢魏晉史探微》北京：中華書局，2011年，頁217-218。

58　（西晉）陳壽著，（劉宋）裴松之注：《三國志》，卷36，〈關張馬黃趙傳〉，頁947。

人，長居於隴西一帶，多次鎮壓羌人及氐人的叛亂，因此於西北甚有威名，[59]馬超本人驍勇善戰，羌人及氐人十分敬畏之。[60]建安十六年（西元211年），馬超、韓遂（西元？-215年）起兵反抗曹操，兵臨潼關，馬超軍中便有不少羌人及氐人，當馬超投降時，氐王千萬（西元？-？年）亦隨之入蜀，[61]可見馬家在西涼的力量甚大，然而，馬超在劉備稱帝後次年即去世，未及在招撫西北外族一事上發揮太大作用。

而在「諸葛亮時代」，諸葛亮非常重視與西北諸族的關係，相比起魏國對於外族如烏丸、鮮卑、羌、氐多以征伐為主，蜀漢的招撫會令西北各族對蜀漢的敵意減少，更為親近蜀漢。早在建興五年（西元227年）第一次北伐前，諸葛亮已派使者聯絡西北各族，約定一同出兵抗魏，在後主的詔書中亦可見，西北各族的反應良好，[62]諸葛亮出兵之時，南安、天水、安定三郡分別叛魏響應蜀軍，可見西北外族在當中的作用。[63]同時，諸葛亮亦著重招攬西北的人才，在第一次北伐時降服姜維（西元202-264年），並加其為奉義將軍，封當陽亭侯，[64]一如當年劉備禮待馬超之事。姜維在日後不但成為蜀漢的中心人物，在對西北外族的交往中亦起了重要的作用。[65]

在「後諸葛亮時代」，蜀漢開始調整北伐的方針，延熙四年（西元241年）十月，當時的執政大司馬蔣琬（西元？-246年）、尚書令費禕（西元？-253年）及中監軍姜維曾在漢中有過一次關於北伐方針的討論，[66]在討論後，蔣琬向後主上奏，當中亦有提及姜維的角色：

> 輒與費禕等議，以涼州胡塞之要，進退有資，賊之所惜；且羌、胡乃心思漢如

---

59 （西晉）陳壽著，（劉宋）裴松之注：《三國志》，卷36，〈關張馬黃趙傳〉，頁945，引自（魏）魚豢：《魏略》：「騰字壽成，馬援後也。桓帝時，其父子子碩，嘗為天水蘭幹尉。後失官，因留隴西，與羌錯居靈帝末，涼州刺史耿鄙任信奸吏，民王國等及氐、羌反叛騰在募中討賊有功，拜軍司馬，後以功遷偏將軍，又遷征西將軍，常屯汧、隴之間待士進賢，矜救民命，三輔甚安愛之。」
60 （西晉）陳壽著，（劉宋）裴松之注：《三國志》，卷36，〈關張馬黃趙傳〉，頁946：「楊阜說曹公曰：『超有信、布之勇，甚得羌、胡心。』」
61 （西晉）陳壽著，（劉宋）裴松之注：《三國志》，卷30，〈烏丸鮮卑東夷傳〉，頁858，引自（魏）魚豢：《魏略》：「超破之後，阿貴為夏侯淵所攻滅，千萬西南入蜀，其部落不能去，皆降。」
62 （西晉）陳壽著，（劉宋）裴松之注：《三國志》，卷33，〈後主傳〉，頁895，引自諸葛亮著、陳壽編：《諸葛亮集》：「涼州諸國王各遣月支、康居胡侯支富、康植等二十餘人詣受節度，大軍北出，便欲率將兵馬，奮戈先驅。」
63 （西晉）陳壽著，（劉宋）裴松之注：《三國志》，卷35，〈諸葛亮傳〉，頁922：「南安、天水、安定三郡叛魏應亮，關中響震。」
64 （西晉）陳壽著，（劉宋）裴松之注：《三國志》，卷44，〈蔣琬費禕姜維傳〉，頁1063：「亮辟維為倉曹掾，加奉義將軍，封當陽亭侯，時年二十七。」
65 黃曉陽：〈蜀漢涼州「和戎」策略探析〉《成都大學學報（社會科學版）》，1992年第3期（1992年），頁66。
66 （西晉）陳壽著，（劉宋）裴松之注：《三國志》，卷33，〈後主傳〉，頁897：「四年冬十月，尚書令費禕至漢中，與蔣琬咨論事計，歲盡還。」

渴。又昔偏軍人羌，郭淮破走，算其長短，以為事首，宜以姜維為涼州刺史。若維征行，銜持河右，臣當帥軍為維鎮繼。[67]

延熙六年（西元243年），姜維被加涼州刺史，遷鎮西大將軍。[68]蜀漢未曾統治涼州之領土，涼州刺史只屬遙領的性質，[69]但也表示在「後諸葛亮時代」，國防策略有所變動，但蜀漢對於涼州亦未曾放棄。在蔣琬的構想下，姜維的角色是領「偏師」，在隴西、涼州一帶遊弋在外，並聯絡外族以為己援。姜維在這方面的工作可算非常稱職，其本為涼州人，對西北外族的認識在蜀漢中可說是數一數二，而姜維「自以練西方風俗，兼負其才武，欲誘諸羌、胡以為羽翼，謂自隴以西可斷而有也」，[70]因此在招撫西北外族一事上亦不遺餘力，如在延熙十年（西元247年）便與隴西羌族的餓何（西元？-247年）、燒戈（西元？-247年）、伐同（西元？-？年）、蛾遮塞（西元？-？年）一同合擊魏前將軍郭淮（西元？-255年），[71]又使涼州胡王白虎文（西元？-？年）、治無戴（西元？-？年）等降蜀內遷。[72]姜維亦重用與西北外族關係良好之人，如王嗣（西元？-？年），王嗣其人於《三國志》無傳，而在裴松之注中，裴松之則引了《益部耆舊雜記》中王嗣的記載，史載王嗣亦是西北外族所信服的人物，而當姜維出征之時，便有王嗣替其在西北外族中張羅物資，王嗣日後戰死後，甚至有數千外族為其痛哭送別，可見其在外族間的影響力。[73]

　　蜀漢後期對西北外族的政策開始有所調整。蜀漢不似對西南外族一樣，強硬地要求其稱臣及給予物資，但是對於在蜀漢境內的西北外族，蜀漢卻未有對其同樣寬容。在蜀漢的北伐事業中，借助了西北外族不少的人力物力，但北伐卻未有太大成果，而對於西北外族的力量亦是損耗，因此，在蜀漢境內的西北外族，如「汶山羌」、「汶山平康夷」

---

67 （西晉）陳壽著，（劉宋）裴松之注：《三國志》，卷44，〈蔣琬費禕姜維傳〉，頁1059。
68 同上註，頁1064：「六年，遷鎮西大將軍，領涼州刺史。」
69 劉雁翔：〈蜀漢北伐戰略與涼州刺史設置〉，《天水師範學院學報》，2009年第29卷第6期，2009年，頁22。
70 同上註，頁1064。
71 （西晉）陳壽著，（劉宋）裴松之注：《三國志》，卷26，〈滿田牽郭傳傳〉，頁735：「八年，隴西、南安、金城、西平諸羌餓何、燒戈、伐同、蛾遮塞等相結叛亂，攻圍城邑，南招蜀兵，涼州名胡治無戴復叛應之。」
72 （西晉）陳壽著，（劉宋）裴松之注：《三國志》，卷33，〈後主傳〉，頁898：「十年，涼州胡王白虎文、治無戴等率眾降，衛將軍姜維迎逆安撫，居之於繁縣。」
73 （西晉）陳壽著，（劉宋）裴松之注：《三國志》，卷45，〈鄧張宗楊傳〉，頁1090，引自佚名著：《益部耆舊雜記》：「王嗣字承宗，犍為資中人也。其先，延熙世以功德顯著。舉孝廉，稍遷西安圍督、汶山太守，加安遠將軍。綏集羌、胡，咸悉歸服，諸種素桀惡者皆來首降，嗣待以恩信，時北境得以寧靜。大將軍姜維每出北征，羌、胡出馬牛羊氈毦及義谷裨軍糧，國賴其資。遷鎮軍，故領郡。後從維北征，為流矢所傷，數月卒。戎夷會葬，贈送數千人，號呼涕泣。嗣為人美厚篤至，眾所愛信。嗣子及孫，羌、胡見之如骨肉，或結兄弟，恩至於此。」

便時有叛亂，如馬忠、張嶷、[74]姜維亦曾討之。[75]後來，蜀漢與涼州、隴右的西北外族關係亦曾緊張，延熙十九年（西元256年）姜維北伐，被鄧艾大破於段谷，蜀軍及外族死傷慘重，而「隴以西亦騷動不寧」，[76]此時的王嗣或已於此戰或早前的北伐中戰死，所以亦無人可替蜀漢修補與西北外族的關係，可見此時的蜀漢甚至是失去了西北外族的支援。

在「後諸葛亮時代」，不論是荊州派的蔣琬、東州派的費禕、以及日後後主的親信陳祗（西元？-258年），其實均非常重視作為對魏前線的涼州及西北外族，建興十四年（西元236年）武都氐王苻健（西元？-？年）投降蜀漢，蔣琬便非常緊張此事。[77]而他們與劉備及諸葛亮的方針相同均是希望以外附勢力中的涼州人仕，透過他們圖謀西北並結交外族。因此方有延熙四年（西元241年）十月蔣琬以姜維領「偏師」的戰略構想；費禕即使不希望大舉北伐，並常限制姜維北伐之兵力，但亦沒有阻止其以有限兵力作戰，因此有延熙十年（西元247年）洮西之戰及降胡王白虎文等事；當陳祗任尚書令在中央執政時，雖然此時的姜維已是敗績連連，但當譙周力陳要向魏罷兵時，陳祗在朝堂上與其力爭。[78]即使後來姜維因北伐多次失敗而失勢，要遠離成都，亦是選擇在隴西的沓中屯田。[79]可見，在「後諸葛亮時代」的蜀漢國策調整下，蜀漢的北伐的規模隨之縮小。北伐規模縮小下，在西北前線的外族之幫助便顯得非常重要，因此蜀漢方能容忍其半獨立的狀態。作為當時外附勢力中最重要人物的姜維亦善用其出身的優勢，在雍涼一帶動作連連，但是與費禕等不同派系的不合亦限制了其成績，在費禕遇刺後，姜維也是屢次敗於鄧艾，使蜀漢及西北外族元氣大傷，姜維漸漸喪失在朝中及外族的影響力，最終，蜀漢亦失去了西北外族的支援，姜維也只能到沓中避禍，同時或有再借外族力量的想法，可見，蜀漢的西北外族治策在「後諸葛亮時代」與早前一脈相承，甚至更為重視，但由於國策調整及北伐失利等種種原因，蜀漢在西北的收獲卻非常有限。

---

74 （西晉）陳壽著，（劉宋）裴松之注：《三國志》，卷43，〈黃李呂馬王張傳〉，頁1048：「明年，亮出祁山，忠詣亮所，經營戎事。軍還，督將軍張嶷等討汶山郡叛羌。」

75 （西晉）陳壽著，（劉宋）裴松之注：《三國志》，卷33，〈後主傳〉，頁898：「是歲，汶山平康夷反，維往討，破平之。」

76 （西晉）陳壽著，（劉宋）裴松之注：《三國志》，卷44，〈蔣琬費禕姜維傳〉，頁1065

77 （西晉）陳壽著，（劉宋）裴松之注：《三國志》，卷43，〈黃李呂馬王張傳〉，頁1051：「十四年，武都氐王苻健請降，遣將軍張尉往迎，過期不到，大將軍蔣琬深以為念。」

78 （西晉）陳壽著，（劉宋）裴松之注：《三國志》，卷42，〈杜周杜許孟來尹李譙郤傳〉，頁1029：「於時軍旅數出，百姓凋瘁，周與尚書令陳祗論其利害。」

79 （西晉）陳壽著，（劉宋）裴松之注：《三國志》，卷44，〈蔣琬費禕姜維傳〉，頁1065：「五年，維率眾出漢、侯和，為鄧艾所破，還住沓中。維本羈旅托國，累年攻戰，功績不立。而宦官黃皓等弄權於內，右大將軍閻宇與皓協比，而皓陰欲廢維樹宇。維亦疑之，故自危懼，不復還成都。」

四　結語

　　蜀漢自在章武元年（西元221年）夷陵之戰大敗後，諸葛亮早年的〈隆中對〉在外交上的「外結好孫權」宣告失敗，而在軍事上，「跨有荊益，保其巖阻」，直至「天下有變，則命一上將將荊州之軍以向宛、洛，將軍身率益州之眾出於秦川」，亦隨建安二十四年（西元219年）孫權更是揮軍荊州，擒殺關羽及夷陵之戰大敗宣告失敗。

　　在這種三國鼎立之勢已成的局勢之下，作為國力最弱的一方，蜀漢與周邊民族之間的關係便顯得尤其重要。南中之於蜀漢而言，由於其出產的資源十分豐富，加上南中亦有著對外的貿易路線，因此南中可說是蜀漢重要的大後方，亦因此，蜀漢需要將南中的西南夷均處於絕對的控制之下；相比之下，地處雍涼的西北戎對於蜀漢的價值卻有所不同。在夷陵之戰後，「跨有荊益」宣告失敗，而蜀漢剩下的北伐路線以漢中出發取關中最為可行，在關中的戰爭之中，作為側翼的西北諸族所起的作用非常關鍵，涼州除了出產良馬之外，西北眾多外族對於魏國亦有牽制的作用，因此對於兵力有限的蜀漢而言可謂非常珍貴。面對著與敵國接壤的外族，如果以對付南中及西南夷的高壓及經濟掠奪政策並不合適，只因蜀漢在涼州的控制力並不穩定，因此才出現了對於西南夷以及西北戎的兩種取態。

　　在蜀漢大部分時間以北伐為國策下，蜀漢的民族政策在很長的一段時間都有著相當作用，如南中的西南夷一直為蜀漢提供著人力及資源；西北諸族亦在蜀漢不同年代的北伐中均有所貢獻。但是隨著政治形勢轉變，尤其是在「後諸葛亮時代」，蜀漢不再以北伐為重心，但是對於西南以及西北的政策卻沒有改變，最終造成了少數民族及當地土著的不滿，因此先有姜維在後期的北伐失去了西北外族的支援，後有蜀漢面臨滅亡之際，君臣寧可投降也不敢到遷到南中的事情發生，可見蜀漢的邊疆政策的缺乏變通，與蜀漢滅亡的關係息息相關。

為權力辯護的「性分」：
郭象《莊子注》的一種考察角度

章 含

上海復旦大學哲學學院

「性分」理論時常被視為理解郭象《莊子注》與《莊子》文本之間可能存在的張力的切入點。值得注意的是，「性」這一概念，並不見於《莊子》內七篇中，只在外、雜篇才出現。便如楊立華所指出的那樣，郭象實際是將外、雜篇的「性」，擴展至《莊子》全書的詮釋，並以此作為自身體系的核心範疇。[1] 考察郭象《莊子注》，「性分」亦常表述為「真性」、「天性」，指萬物各自所固有的本性。事物將因不同的「性分」而呈現出極具差異的情貌。依照郭象的觀點，差異化的「性分」無法被更改或逾越，它不僅決定了個體的性情和資質，亦決定了個體將在社會中處於怎樣的地位，「豈直賢聖絕遠而離曠難慕哉？雖下愚聾瞽及雞鳴狗吠，豈有情於為之，亦終不能也。」[2]（〈德充符〉注）由此，郭象致力於論證，一方面，尊卑差等的社會秩序實乃必須，另一方面，個體因其所具的「性分」，不能亦無法免於「權力」的支配。

當然，若要引「權力」這一議題介入莊學研究，必須要在概念上有所澄清。在《莊子》內，並無「權力」一語的直接運用。近年來，諸多以「權力」為主題的莊學研究，在這一概念的理解與使用上，也顯得紛繁不一。[3] 若依循《莊子》及郭象《莊子注》的行文，與現今所論「權力」之義相契的表述，似多呈現為「勢」、「權勢」及「柄」。它們時常出現於關於地位的尊卑差異，以及上下主從之倫理結構的討論中。此外，在一些並未直接出現上述概念的論述裡，莊子也隱喻了「權力」的存在，探討了某些事物對其他事物的役使與支配，以及這種役使與支配可能潛藏的爭議。與之相異的是，在郭象的視野內，「性分」似乎完全意在肯定「權力」的合理性。正是為了彌合這種觀點與莊子本意之間的罅隙，郭象《莊子注》在一定程度上消解了莊子解釋「權力」時所顯露的批判意識，並且通過自身的詮釋，把差等秩序的根據重新置入人的本性之中。蓋因此，本

---

[1] 楊立華：《郭象《莊子注》研究》北京：北京大學出版社，2010年，頁120。

[2] （晉）郭象注，（唐）成玄英疏：《莊子注疏》北京：中華書局，2011年，頁121。

[3] 當前語境中的「權力」一語，一般被認為譯自「power」，其本身在西方政治哲學中，也呈現出極高的複雜性。關於本文範圍內「權力」概念的界定與使用及其理論依據，參考了福柯（Michel Foucault）的著作，主要見於本文第二章內容。

文希望以對「權力」所做的辯護為切入點，指出郭象「性分」與《莊子》在理論精神上可能存在的歧異。

一 「臣妾不足以相治」：「性分」與差等秩序

〈逍遙遊〉注中「適性逍遙」一論，向來被視為郭象「性分」的代表性闡述。那訕笑「圖南」之鵬的小鳥，被莊子稱為「之二蟲又何知」的「蜩與學鳩」，是否真的被置於「逍遙」的對立面？面對行文中這一似顯懸置的「小大之辯」，郭象明確提出，與大鵬一樣，它們若安於自身的「性分」，同樣能夠達到「逍遙」：

> 苟足於其性，則雖大鵬無以自貴於小鳥，小鳥無羨於天池，而榮願有餘矣。故小大雖殊，逍遙一也。[4]（〈逍遙遊〉注）
> 蜩鳩聞鵬鳥之宏大，資風水以高飛，故嗤彼形大而劬勞，欣我質小而逸豫。且騰躍不過數仞，突榆檀而棲集，時困不到前林，投地息而更起，逍遙適性，樂在其中，何須時經六月，途遙九萬，跋涉辛苦，南適胡為！[5]（〈逍遙遊〉注）

依照此觀點，二者的「性分」之別，首先是「形大」與「質小」的軀體形態，進而是「資風水以高飛」和「騰躍不過數仞」的飛行能力。在不同存在之間，這些差異究竟何以形成，緣由是無法探知的。郭象認為，就像〈養生主〉注所說的那樣，「天性所受，各有本分，不可逃，亦不可加」，因此，蜩與學鳩無需豔羨大鵬，只需要安於自身「時困不到前林，投地息而更起」的狀態，就可達到「逍遙適性，樂在其中」。此番「適性逍遙」之說，雖然自晉代以來便時有爭訟，尤以支道林之批評為甚，[6]但必須承認，它的確對後世如何詮釋《莊子》影響甚遠。在〈逍遙遊〉注的視野中，無論是大鵬與小鳥兩者本身，還是觀者，都無需對由於「性分」產生的差異做價值判斷。「大鵬無以自貴於小鳥，小鳥無羨於天池」，大鵬不應自恃飛行高遠，從而認定自己比小鳥更為優越，而小鳥也不牽掛於因自身資質所限，而無法到達的目標「天池」。與此類同的關於「性分」的表述，尚有很多，諸如：

4　（晉）郭象注，（唐）成玄英疏：《莊子注疏》，頁5。

5　同上註，頁6。

6　許多研究都注意到了郭象「性分」之說相較於《莊子》文本可能存在的理論變化，指出此處基於「性分」而對「小」與「大」予以了同樣的肯定，或有違莊子在〈逍遙遊〉中「小大之辯」的本意。（參考羅祥相：〈詮釋的偏移與義理的變形——莊子「小大之辯」及「逍遙」義理遷變之省思〉，載《孔子研究》，2020年第2期，頁5-18。）不過，也有一些觀點認為，郭象破解了「小大之辯」而使每個個體能夠實現逍遙，在思想脈絡上，仍然屬於莊學的進一步開展。（參考馮達文：〈莊子與郭象——從〈逍遙遊〉〈齊物論〉及郭注談起〉，載《中山大學學報》〔社會科學版〕，2013年第1期，頁132-141。）

> 夫以形相對，則太山大於秋豪也。若各據其性分，物冥其極，則形大未為有餘，形小不為不足。[7]（〈齊物論〉注）
>
> 舉其性內，則雖負萬鈞而不覺其重也；外物寄之，雖重不盈錙銖，有不勝任者矣！[8]（〈齊物論〉注）
>
> 夫長者不為有餘，短者不為不足，此則駢贅皆出於形性，非假物也。[9]（〈駢拇〉注）

問題在於，這種郭象論述「性分」的常用角度，事實上並沒有呈現「性分」理論的全貌。無論是大鵬和小鳥，太山與秋毫，抑或抽象的「有餘」與「不足」，它們的「性分」，都更偏重於體現特質與樣態的差異。就實現「逍遙」的可能性而言，萬物是平等的，郭象似乎也在避免常見的大優於小、高優於下的評判介入這個情境。但在討論作為個體的人所具備的「性分」時，郭象的理論關切卻不止於此，他還希望將「性分」引向「名教」所內在要求的差等秩序。這一點，在〈齊物論〉注「臣妾不足以相治」一處，體現得尤其明顯。莊子說：

> 百骸、九竅、六藏，賅而存焉，吾誰與為親？汝皆悅之乎？其有私焉？如是皆有為臣妾乎？其臣妾不足以相治乎？其遞相為君臣乎？其有真君存焉？[10]

百骸、九竅、六藏，都是形軀的部分。按原文，此段本為連續幾個設問，並引出作為卑下象徵的「臣妾」概念，似在探討身體的部分之間是否存在從屬關係。而後，無論是「遞相為君臣」的猜測，還是「有真君存焉」的疑問，莊子都沒有給出確切的答覆。郭象則在這裡抓住「臣妾」一語，對於「性分」在人的身上，以及人的社會秩序之中的呈現，做了更豐富的說明：

> 若皆私之，則志過其分，上下相冒，而莫為臣妾矣。臣妾之才而不安，臣妾之任則失矣。故知君臣上下，手足外內，乃天理自然，豈直人之所為哉？非關係意親疏，故為君臣也。[11]（〈齊物論〉注）
>
> 夫臣妾但各當其分耳，未為不足以相治也。[12]（〈齊物論〉注）

可以發現，在這裡，郭象在「性分」與社會的差等秩序之間建立了明確的關聯。按成玄

7　（晉）郭象注，（唐）成玄英疏：《莊子注疏》，頁44。
8　同上註，頁44。
9　同上註，頁170。
10　《莊子・內篇・齊物論》。
11　同上註，頁30。
12　同上註，頁30。

英疏,「臣妾」即為「士女之賤職」[13],「臣」與「妾」分別為男性、女性居於卑下從屬之地位時的指稱。[14]根據郭象的主張,百骸、九竅、六藏俱為一身,不應因「悅之」而有所偏私,否則,會導致「上下相冒,而莫為臣妾」,這意味著,各部分倘若不安於自己當前所處的「臣妾」之位,不願意遵循倫理尊卑秩序中上位者的支配。在他看來,「臣妾之才」指的是潛藏在事物內部,使其最終居於「臣妾」地位的「性分」,相應地,亦有使事物得以為尊(譬如「君」),或為上位者的「性分」,因此無論是政治的秩序(「君臣上下」),抑或身體的秩序(「手足外內」),尊卑主從之別都貫徹於它們當中。便如余敦康所述,郭象認為,這種尊卑貴賤、君臣上下的等級區分,並不破壞社會整體的和諧,因為基於「性分」,「每個人都以自我為軸心而自為,自滿自足,無求於外,本身就是一個封閉的和諧的小系統。」[15]據此,他將這種差等秩序的合理性,歸為「天理自然」,不會為人的意志所動搖,「臣妾」雖居下位,但如果能夠安於自身的「性分」,即「各當其分」,亦能在「名教」的差等秩序中,達成自身的「逍遙」。

如果細究之,則這番論述顯然還有不清晰的地方。一方面,在〈逍遙遊〉注裡,「性分」的差異似以一種相對溫和,價值判斷性較弱的立場出現。蓋如前文,大鵬面對體型和飛行能力都不及自身的小鳥,不該持「自貴於之」的態度;與常人不同而被稱為駢拇、枝指的身體狀態,也不應被視為「有餘」或「不足」。聚焦於上述語境,即便想引入「尊卑」的判斷,也必定會遇到理論困難。譬如,大鵬與小鳥所構成的關係,是否恰如君主與臣妾一般?倘若「臣妾」乃「士女之賤職」,難道我們也可判定大鵬為「貴」,而小鳥為「賤」嗎?這與「大鵬無以自貴於小鳥,小鳥無羨於天池」的意旨明顯相悖。問題實際在於,萬物因實現各自殊異的「性分」而呈現出的秩序,是否與人類社會「名教」的差等秩序內涵完全一致,尤其是鑒於後者所具的倫理尊卑之特性以觀?

從《莊子注》的思路看,郭象似乎並未特別著意處理這個問題,基於「性分」,他時常將人類社會的秩序和人以外萬物的秩序並論,似認為它們具備著一致性:

> 庖人尸祝,各安其所司;鳥獸萬物,各足於所受;帝堯許由,各靜其所遇,此乃天下之至實也。各得其實,又何所為乎哉?自得而已矣

---

13 (晉)郭象注,(唐)成玄英疏:《莊子注疏》,頁30。
14 這種解讀,基本切近於「臣妾」在此處的涵義,亦與《齊物論》原文其後的「君臣」關係與作為主宰處於尊位的「真君」形成了字面意義上的「尊卑—高下」對應。與之相似的表述,如《左傳·僖公十七年》有「男為人臣,女為人妾」之說,杜預解此為「圉,養馬者。不聘曰妾。」(〔春秋〕左丘明撰,〔晉〕杜預集解:《春秋左傳集解》,江蘇:鳳凰出版社,2015年,頁161。)《尚書孔氏傳》言「役人賤者男曰臣,女曰妾」(王先謙撰,何晉點校:《尚書孔傳參正》北京:中華書局,2011年,頁973。),其書雖為魏晉時期偽作,但在一定意義上,也印證了「臣妾」這一範疇在倫理尊卑秩序中的從屬地位。
15 余敦康:《魏晉玄學史(第二版)》北京:北京大學出版社,2016年,頁384。
16 (晉)郭象注,(唐)成玄英疏:《莊子注疏》,頁14。

但是，這個問題可以被直觀地呈現為下述推論。首先，「性分」是事物所能夠實現自身的界限，決定了個體的資質、能力，任何「性分」的事物都可以根據安於自身的「性分」而實現獨屬於自己的「逍遙」，就此而言，「性分」顯然並無高下。那麼，諸如「貴賤」與「尊卑」的價值論斷，就不應是對於原初的「性分」本身的判定，而是對於個體的「性分」在社會之中有所呈現之後、自然而然地進入差等秩序時，其所處位置的判斷。這也就意味著，令人居於卑下、從屬之位的「臣妾」之「性分」，在現象上，並不如駢拇、枝指一般，可以被直觀地辨認或觀察。它只能經由個體發展的過程，直到其在差等的秩序中固定下來後，才能被反向地確認：鑒於現今個體處在「臣妾」的位置，又因萬物無法逾越自身之「性分」，那麼，其「性分」乃「臣妾之才」。

「性分」由此而呈現出複雜的面向，一方面，它是萬物「同於自得，其得一也」的依據，又在「適性」的意義上使萬物同等地具備「逍遙」的可能性，部分研究甚至因此而將它作為郭象哲學中「平等」義的可能來源。[17] 然而，另一方面，在關乎人類社會的論述中，它又如此密切地與「貴賤」及「尊卑」等差等秩序的概念結合在一起。而「上下相冒，莫為臣妾」的論斷，也引出了更為關切的問題：所謂「貴賤」、「尊卑」的秩序，不僅是一種概念意義的階序，在二者之間，還存在著支配與服從、役使與遵守的現實，亦即現今常被表述為「權力」的相關議題。於郭象而言，這是彌合《莊子》與他自身哲學體系所存在的張力時，要面臨的重要挑戰。

二　「牛馬不辭穿落」：權力的隱喻

儘管關於《莊子》及其哲學的「權力批判」傾向，迄今已經有許多視角各異、內容精微的研究，[18] 但是，它們在「權力」一語的界定與使用上，似乎並沒有期望達成某種

17　一些觀點認為，郭象既從「物各有性，性各有極」的角度解讀「齊物」，萬物都有「各安其性」、獨立存在的意義，因此，「性分」說明了萬物平等，「平等是自由的前提，因此，可以說，郭象的哲學是自由的哲學。」（李昌舒：〈自然與自由——論郭象哲學之「性」〉，載《中國哲學史》，2005年第3期，頁67-73。）然而，本文認為，面對「性分」的其他理論面向，完成這一論證尚顯得有些困難。此處的「平等」，只是說萬物都有實現「性分」而達成自身逍遙的可能性之「平等」，然而，在「性分」實現後所產生的秩序設想中，「尊卑」「貴賤」等帶有支配與役使關係的權力結構仍然不可或缺。上述觀點，在「平等」的判定上，和從「平等」到「自由」的推論上，都值得商榷。

18　海外漢學和臺灣學界的莊子研究，在這一議題上成果頗豐。賴錫三、宋剛、何乏筆、畢來德與葛浩南等學者，都就《莊子》與「政治批判」有所闡發。（可參考賴錫三：《道家型知識分子論——莊子的權力批判與文化更新》臺北：臺灣大學出版中心，2013年10月。宋剛：〈莊子之怒——試論古代中國一種權力批判〉，載《中國文哲研究通訊》，第二十二卷第四期，頁23-39。）上述研究多博覽西方思想史，主動地引入現代哲學意義的政治、知識、權力等概念，旨在令《莊子》之思想能夠繼續在現今的哲學議題中呈現生命力。何乏筆、畢來德等漢學家也關注《莊子》與廣義的歐洲「批判哲學」之間可能發生的互動。（可參考何乏筆：〈氣化主體與民主政治——關於莊子跨文化潛力的思想實踐〉，載《中國文哲研究通訊》，第22卷第4期，2012年，頁65-73。）

一致性。這也與「權力」概念在古今思想史和不同學術領域中複雜的內涵變遷有關。[19] 牽涉中國古代思想「權力」面向的研究，多將「權力」置於具體的論述語境中，使之在多數情況下，能夠被呈現為一無須過多解釋而自明的概念。若延續這一思路，則需要闡明，現今我們所使用的「權力」概念，是否適用於、又在什麼意義上適用於《莊子》和郭象《莊子注》。

為「權力」賦予一類明確的定義頗為困難，在回顧對其既有的數種詮釋方式後，福柯試圖指出[20]：權力首先是多種多樣的力量關係，它們內在於它們所運作的領域之中[21]，「它們還具有發揮影響的策略，在國家機構、法律陳述和社會霸權中都體現著對它們的策略的一般描述或制度結晶。」[22]因著此中的變化性，權力具備著不穩定的形態，由「各種力量關係的旋轉柱石永不停歇地通過它們不平等的關係引出」[23]。因而，福柯如此斷言道：「權力不是一種制度，不是一個結構，也不是某些人天生就有的某種力量，它是大家在既定社會中給予一個複雜的策略性處境的名稱。」[24]這種視角，雖然有鮮明的後現代哲學的特徵，但對於權力的特性，有許多準確而深刻的把握：它是在「不平等」的諸多關係中，不斷動態地生成的力量關係。在一定程度上，我們可以借此回顧《莊子》中有關「權力」的表述。相較於先秦兩漢的儒學所涵蓋的禮法制度設想而言，《莊子》考察權力的視角，顯得更有距離感一些。比起具體的法令抑或規則如何建構，《莊子》更關心不平等的力量關係如何影響著生命的存在體驗，並加諸個體的形軀與心靈之上。試考證《莊子》與郭象《莊子注》中具有「權力」蘊意的概念如下：

表一　《莊子》與郭象《莊子注》中具有「權力」蘊意的概念

《莊子》概念	語境含義	出處	原文
權勢	權力（因權力而產生的較高地位與權威）	《雜篇·盜跖》	且夫聲色滋味權勢之於人，心不待學而樂之，體不待象而安之。
		《雜篇·徐无鬼》	錢財不積則貪者憂，權勢不尤則誇者悲。

19　儘管中國古代存在著「權力」的字面表述，但一般認為，現今思想史語境中的「權力」，受西方哲學與政治學傳統中「Power」概念影響更深。
20　福柯提出，首先，他不將「權力」僅解讀為「特定的權力（le pouvoir）」，即「確保公民們被束縛在現有國家的一整套制度和機構之中」的力量；其次，也不想把「權力」理解為一種「具有與暴力不同的規則形式」的奴役方式；最後，「權力」也並不止是一套普遍的控制系統。在上述三種解讀之前，應當先把權力理解為「多種多樣的力量關係」。（〔法〕米歇爾·福柯著，佘碧平譯：《性經驗史》上海：上海人民出版社，2005年，頁60。）
21　（法）米歇爾·福柯著，佘碧平譯：《性經驗史》，頁60。
22　同上註，頁60。
23　同上註，頁60。
24　同上註，頁61。

《莊子》概念	語境含義	出處	原文
		郭象〈德充符〉注	明物不由權勢而往。
		郭象《徐無鬼》注	權勢生於事變。
	權力（同「權勢」）	《外篇・山木》	削跡捐勢，不為功名。
		《雜篇・盜跖》	故勢為天子，未必貴也；窮為匹夫，未必賤也。
		《雜篇・盜跖》	夫高之於人，無所不利。窮美究勢，至人之所不得逮，賢人之所不能及。
		《雜篇・盜跖》	勢為天子，而不以貴驕人；高有天下，而不以財戲人。
		《雜篇・徐无鬼》	勢物之徒樂變。
		《雜篇・漁父》	今子既上無君侯有司之勢，而下無大臣職事之官，而擅飾禮樂，選人倫，以化齊民，不泰多事乎？
		郭象〈人間世〉注	汝唯有寂然不言耳，言則王公必乘人以君人之勢，而角其捷辯以距諫飾非也。
		郭象〈人間世〉注	喻顏闔欲以己之才能以當儲君之勢，何異乎螳螂怒背之當車轍也！
		郭象〈山木〉注	功自彼成，故勢不在我，而名跡皆去。
柄	權力（同「權」）	《外篇・天運》	以言為是者，不能讓祿；以顯為是者，不能讓名；親權者，不能與人柄。
		郭象〈在宥〉注	是以任真者失其據，而崇偽者竊其柄，於是主憂於上，民困於下矣。
威	權力；強調役使與支配的意味	郭象〈胠篋〉注	言舉亂之君，亦得據君人之威以戮賢人，而莫之敢亢者，皆聖法之由也。

可以發現，上述概念主要見於《莊子》的外、雜篇，尤以雜篇為甚，[25]其中，《莊子》

---

[25] 誠然，外、雜篇在成書時間和作者上都有所爭議，許多學者指出，它們可能為莊子學派後續的補作，而非出自莊子之手，但其部分思想，在一定程度上可以被視之為內篇精神的延續。鑒於郭象的

多使用「權勢」「勢」與「柄」以代指「權力」的力量關係，在此基礎上，郭象注則又時有運用「威」。這些議論，多聚焦於因「貴賤」「尊卑」的差等秩序而產生的力量差異，從不同的角度，試圖指出「權力」及其所帶來的地位，並不如世俗成見所青睞的那般有益於個體，反易累及其身。

　　內篇中少見這些概念的出現，一定程度上折射出了外、雜篇與內篇之間所存在的差異。然而，這並不是說，內篇沒有對「權力」展開相關探討。對於政治和倫理所帶來的役使與支配，以及這種不平等的力量關係可能對個體造成的戕害，莊子常借寓言與對話，間接地加以闡發。譬如〈人間世〉篇內「顏闔將傅衛靈公太子」的對話，文中衛國之君「其德天殺」，殘暴無道，但由於其身居尊位且掌握權力，諸如顏闔的個體處在力量關係中的下位，尚無現實可行的策略與之抗衡，自身的生命亦岌岌可危。這也是莊子視野中政治權力關係之險峻處，「與之為無方則危吾國，與之為有方則危吾身」[26]。其後「螳臂擋車」與「養虎者」的典故，都兼具兩個不同角度的關切：一方面，莊子揭示了沉溺權力的上位者暴虐而非理性的面貌，但另一方面，對於處在力量關係下位的個體而言，儘管這種支配和役使造成了極大的生存危機和痛苦，他們仍然需要去抉擇一在世的方式以面對之。

　　類似的支配和役使，亦即權力的力量關係，不僅僅呈現在人類的社會秩序中。僅就《莊子》的視角以觀，人類基於自身需求對於萬物的支配和役使，同樣可能損傷它們的自然天性。從這個角度來看，〈秋水〉中，「落馬首，穿牛鼻」的論述，也可被理解為人之於動物的「權力」的隱喻：

> 曰：「何謂天？何謂人？」北海若曰：「牛馬四足，是謂天；落馬首，穿牛鼻，是謂人。故曰：『無以人滅天，無以故滅命，無以得殉名。謹守而勿失，是謂反其真。』」（《莊子・秋水》）

〈秋水〉中北海若的回答，有意區分了「天」與「人」的範疇，頗接近於內篇〈大宗師〉的行文意旨。牛馬生而具四足，乃其自然天性，並不為任何外物服務。但由於它們具四足而善行走，被人察覺到役使其以滿足自身需求的可能性，因而遭受了「落馬首，穿牛鼻」的對待，其生命也就成為人載重與出行的工具。於《莊子》而言，牛馬難以對抗人力的支配，不等同於它們甘願承受這種支配，進而，也不意味著這種支配是為正當且不可動搖的，故有文後「無以人滅天，無以故滅命」之說。這與居於暴君治下的常人所面臨的困境相似，為人所役使的馬與野馬，就其本質而言都是馬，但區別在於，後者

　　《莊子注》將內、外、雜視作一個整體的理論體系加以解讀，本篇所涉及的「權力」概念及其運用這一線索，也基本延續郭象的視角。

[26] 《莊子・內篇・人間世》，取自網址：https://www.chineseclassic.com/content/287（數位經典　莊子原文：人間世第四），瀏覽日期：2024年12月。

總需受制於人之「勢」，不得不按照人類的意志，而承受役使。然而，郭象《莊子注》與《莊子》對權力的態度，恰恰正是在此處，開顯出截然不同的面貌：

> 人之生也，可不服牛乘馬乎？服牛乘馬，可不穿落之乎？牛馬不辭穿落者，天命之固當也。苟當乎天命，則雖寄之人事而本在乎天也。穿落之可也，若乃走作過分，驅步失節，則天理滅矣。[27]（〈秋水〉注）

在這裡，〈秋水〉注所作的理論努力，其一，是論證人役使並支配牛馬的正當性；其二，則在於巧妙地扭轉原文的意旨，將《莊子》從「天」中區分開來的「人」，重新納入肯定的範圍。方勇認為，郭象一定程度上調和了「自然」與「人為」的矛盾，卻完全背離了《莊子》「無以人滅天」的意旨。[28]事實上，比起背離，郭象更像是改動了此中「以人滅天」的原本意涵。此時，「性分」發揮的作用，實則是為人相對於牛馬而言的權力，以及二者之間存在的不平等的力量關係辯護。郭象的論證邏輯如下：人類的社會生活，需要使用牛馬等動物的力量；過程中，需要「穿落之」才能方便駕馭。那麼，受到「穿落」，就可以被視為是牛馬之「天命」，也就是說，在其「性分」中所註定的內容，不可更改，亦不可違逆。他把基於力量關係的役使行為「穿落」納入「性分」，而將役使動物至筋疲力竭、瀕臨脫力的「走作過分，驅步失節」歸入「以人滅天」的範疇，即所謂「天理滅矣」。

綜合《莊子》與郭象《莊子注》的視野以觀，「牛馬不辭穿落」雖未直接言明「威勢」或「勢」，卻仍然是一種權力的隱喻。而二者的張力，則顯現於詮釋「權力」的方式之中。在〈馬蹄〉注中，郭象更直接地表達了這個觀點，「馬之真性，非辭鞍而惡乘，但無羨於榮華。」[29]即便〈馬蹄〉篇明確呈現了生活於野外的自適之馬，和遭受「善治馬者」支配之馬的前後情況之別：

> 馬，蹄可以踐霜雪，毛可以禦風寒，齕草飲水，翹足而陸，此馬之真性也。雖有義臺路寢，無所用之。及至伯樂，曰：「我善治馬。」燒之，剔之，刻之，雒之，連之以羈馽，編之以皂棧，馬之死者十二三矣；飢之，渴之，馳之，驟之，整之，齊之，前有橛飾之患，而後有鞭筴之威，而馬之死者已過半矣。[30]（《外篇·馬蹄》）

《莊子》在此處區分的，是獨立於人類役使而自得生存的馬，和為人所役、成為人類工

---

27 （晉）郭象注，（唐）成玄英疏：《莊子注疏》，頁321。
28 方勇：〈借注莊以創新說——論郭象〈莊子注〉對莊子學說的多所修正〉，載《天中學刊》，2001年第1期，頁15-19。
29 （晉）郭象注，（唐）成玄英疏：《莊子注疏》，頁182。
30 《莊子·內篇·馬蹄》，取自網址：https://www.chineseclassic.com/content/294（數位經典　莊子原文：馬蹄第九），瀏覽日期：2024年12月。

具的馬，所謂「真性」，只是馬自身所具的「齕草飲水，翹足而陸」的本性而已，旨在揭示這種基於力量關係而展開的支配對事物的傷害。但是，郭象延續〈秋水〉的思路，僅區分「受役使而得當」的馬和「受役使過度」的馬，並一再強調馬的「性分」、「非辭鞍而惡乘」；伯樂之所以成為批判的對象，只因其「求其過能之用，故有不堪而多死焉」[31]，並不是因為他「治馬」。如此，對「權力」及其支配行為本身的批判，便巧妙地轉為了對「權力」使用程度的批判。

與此相似的是，郭象同樣借用「性分」的意涵，令人際之間權力的正當性變得不言自明。「性分」本身固然不進入價值分判的範疇，蓋如郭象的設想，「凡得真性，用其自為者，雖復皂隸，猶不顧毀譽而自安其業。」（〈齊物論〉注）[32]但是，在各種程度上實現其「性分」後，獲得「貴賤」的差等秩序地位，則已經有「尊卑」之別，有序且不可消弭；權力所帶來的役使和支配，也就將始終存在。基於這一點，其「性分」理論為權力而辯護的面向，也越發清晰起來。

三 「賢愚襲情，貴賤履位」：為權力辯護的「性分」

郭象試圖在人的本性中為名教的差等秩序尋找依據的理論努力，與玄學發展至這一時期的時代背景有關，[33]經由正始玄學與竹林玄學，他的關切更多地傾注在總結性的工作上，便如湯用彤所言，以「寄言出意」的理論來調和儒道兩家的衝突，取消「自然」與「名教」的對立。[34]對於這一點，前人的論述已很詳盡。然而，當郭象期望以「性分」理論證明「貴賤履位」的權力關係存在之必然、之正當的時候，「性分」的視角與《莊子》思想之間，也呈現出了無法忽略的張力。

首先，從其理論性質來看，郭象之「性分」屬於一種對於萬物內在本性，亦即某種規定性的描述。與「權力」概念的情況相似，《莊子》內七篇中沒有「性」字，在外、雜篇則偶有出現，但是，內七篇仍有諸多探討類同於「本性」的內容之處，其意旨與傾向，則與郭象迥然不同——《莊子》時常呈現文明、政治與人類社會對於潛在的「本

---

31 （晉）郭象注，（唐）成玄英疏：《莊子注疏》，頁183。

32 同上註，頁31。

33 余敦康《魏晉玄學史》細緻梳理了玄學自王弼、嵇阮二人再至郭象年間時勢政治之劇變，指出郭象親歷「八王之亂」和「永嘉之亂」後，要從事綜合總結的工作，即把「現實是不能超越的」與「現實是必須超越的」兩個看似截然相反的命題統一起來。（余敦康：《魏晉玄學史（第二版）》，頁368。）

34 此處，湯用彤還指出，「但是《莊子》書中好些字面意思上詆毀『孔儒』的話，來作反駁『名教』的口實。向、郭就是想加以矯正，給《莊子》這書一個新的解釋。這種用意，在他倆的《莊子注》中隨處可見，我想不用特為引證了。」（湯用彤：《魏晉玄學論稿》北京：生活・讀書・新知三聯書店，2009年，頁131。）

性」之損害。譬如，在〈養生主〉中，對於喪禮上哀慟而不能齊同死生的人們，指出他們被所禮制塑造的生死成見所困，「遁天倍情，忘其所受，古者謂之遁天之刑。」[35]〈德充符〉中，無趾評孔子「天刑之，安可解」一語亦同理。在《莊子》看來，這種本性的自我實現，更與「道」相關，而與所謂倫理與權力無關。篇中，實現合乎「道」的本性而不受外物擾動的形象，如〈大宗師〉所呈現的真人一般，「是之謂不以心捐道，不以人助天」[36]。對於政治的差等秩序，與權力存在的現實，〈人間世〉中固然有「臣之事君，義也，無適而非君也，無所逃於天地之間」一語。然而，這一方面是托言於「孔子」的儒家形象之口來說，另一方面，《莊子》的態度也並不是純粹的讚譽和肯定。王博指出，莊子只是無奈地接受這些關係存在的現實，即，在以政治為中心的世界裡，所必須接受的權力關係，因為他也意識到，「人」是居於世界之中的「人」。[37]進一步地，《莊子》反復懷疑，政治權力的角逐過程，也可能對本性與身心產生損傷：

> 若殆以不信厚言，必死於暴人之前矣。（〈人間世〉）
> 莊子釣於濮水。楚王使大夫二人往先焉，曰：「願以境內累矣！」莊子持竿不顧，曰：「吾聞楚有神龜，死已三千歲矣。王巾笥而藏之廟堂之上。此龜者，寧其死為留骨而貴乎？寧其生而曳尾於塗中乎？」二大夫曰：「寧生而曳尾塗中。」莊子曰：「往矣！吾將曳尾於塗中。」。（〈秋水〉）

上述內容，都指向著個體在是否捲入政治權力漩渦之際的抉擇。賴錫三指出，《莊子》文脈中多處所現「無用」的主題，其實都或隱或顯地指向「無所用於政治權力」，以及避免政治暴力的傷害。[38]後世在《莊子》是否適於被定義為一種「隱者之學」上歧見紛紛，但可以確定的是，《莊子》拒絕過深地介入政治，所逃避的，正是權力與對於自身本性的異化。出於這種基本的關切，《莊子》考察萬物本性的方式，顯然並不意在把事物固定於某個差等秩序的位置上，也不期待以本性之差異，說明權力所帶來的支配和役使之合理性。

郭象「性分」理論與《莊子》的歧異，也正在乎此。蓋因郭象所希望的，恰恰是依憑「性分」來說明，人必然由於其本性而進入差等的政治秩序，而根據各人迥異的性情、能力和所擅之職能，他們最終會出現在權力關係中的某個特定位置上，不可動搖，無法違逆。按照這一解釋方式，則作為權力頂峰之君主，理應具備某種注定成為「君」

---

35 《莊子·內篇·養生主》，取自網址：https://www.chineseclassic.com/content/286（數位經典　莊子原文：養生主第三），瀏覽日期：2024年12月。
36 《莊子·內篇·大宗師》，取自網址：https://www.chineseclassic.com/content/290（數位經典　莊子原文：大宗師第六），瀏覽日期：2024年12月。
37 王博：《莊子哲學》北京：北京大學出版社，2004年，頁25-26。
38 賴錫三：《道家型知識分子論——莊子的權力批判與文化更新》，頁12。

的性分，從而在名教的差等秩序中，既作為最「尊」，也作為最「賢」。但是，《莊子》似乎會讓「賢人」與「君主」的形象之間存在一定對立，有時，君主甚至會殘害「賢人」。另一方面，「賢人」形象較世俗之君而言，時常顯得更為智慧或高明，如：

> 哀公異日以告閔子曰：「始也吾以南面而君天下，執民之紀而憂其死，吾自以為至通矣；今吾聞至人之言，恐吾無其實，輕用吾身而亡其國。吾與孔丘非君臣也，德友而已矣！」（《內篇・德充符》）
> 天下脊脊大亂，罪在攖人心。故賢者伏處太山嵁巖之下，而萬乘之君憂慄乎廟堂之上。（《外篇・在宥》）

這也帶來一些需要解答的問題：於郭象而言，「君主」所具備的「性分」，是否總為德性最賢的「性分」？倘若是這樣，那麼，《莊子》所呈現的暴君基於政治權力而傷害賢人與百姓的情境，緣何造成？若不是，又該怎樣解釋「賢人」具備與君主相似，乃至更甚的才能與德性，卻只能作為君主之臣下，受其權力支配的情況？這些問題，都聚焦於「君主」在名教的差等秩序中所承擔的特殊角色。類似的情況，或許也在郭象的考慮範圍內。因而，他嘗試設定了理想的政治狀態遭到破壞的原因：

> 若夫任自然而居當，則賢愚襲情而貴賤履位，君臣上下，莫匪爾極，而天下無息矣。斯跡也，遂攖天下之心，使賓士而不可止。故中知以下，莫不外飾其性以眩惑眾人，惡直醜正，蓄徒相引。是以任真者失其據，而崇偽者竊其柄，於是主憂於上，民困於下矣。[39]（《在宥》注）

依照這一邏輯，如果能讓萬物的「性分」各自實現，不干擾之，社會本應實現「賢愚襲情而貴賤履位」的狀態，人們據自身「性分」呈現的才能、德性，自然地構成「貴賤」、「尊卑」的權力關係，所謂「君臣上下，莫匪爾極」，各安其位。這種理想的政治之所以破滅，全因人們受到動搖，轉而追求自身「性分」以外的事物，世道從而淪落至「任真者失其據，而崇偽者竊其柄」的境地。余敦康認為，據《則陽》注「夫物之形性，何為而失哉！皆由人君撓之，以至斯患耳」來看，在郭象的理論中，這種差等秩序和諧的破壞，不是居於權力關係下層的民眾之咎，而是居於權力關係高位的統治者的過錯，這一意旨與王弼《老子注》相似。[40]也就是說，《莊子》所提及的暴君，在此處的語境中，更接近於「崇偽者」的負面角色，而不能作為據「賢」之「性分」而得「貴」位的代表。

這雖然說明了暴君掌握權力的現實為何存在，卻引發了新的潛在問題：「性分」是

---

39 （晉）郭象注，（唐）成玄英疏：《莊子注疏》，頁206。
40 余敦康：《魏晉玄學史（第二版）》，頁386。

「尊卑」、「貴賤」等權力關係的基礎，又是萬物「各安其位」的根本依據，但是，它無法在一切情境中，都貫徹於「君主」之得位上。與之相應的是，「賢人」屈居於暴君之下的狀況，也難以避免──這似乎有些矛盾。為了不動搖「性分」理論說明差等秩序正當性的效力，郭象的解釋是引入「時」與「世」。他說：「夫時之所賢者為君，才不應世者為臣。若天之自高，地之自卑，首自在上，足自居下，豈有遞哉！雖無錯於當，而必自當也。」[41]（〈齊物論〉注）這意味著，成為權力高位之君主，抑或作為權力下位之臣子，除所具「性分」本身的內容外，還受時勢等因素的擾動。具有時代所特需的某些能力，而被認為是「賢」的人，就可做「君」；確有才能，可出於種種原因，無法在所處的世道運用的人，只能為「臣」。如此構成的差等秩序，其內部的權力關係，也可以被視為「首自在上，足自居下」一般，再自然合理不過。可是，這裡仍有另一重要求更值得注意。郭象不僅極力要求確保君主的存在，更要求最高的權力執掌者只能限定於一位，為此，在「賢愚襲情而貴賤履位」的設想前，他不惜讓「賢」之「性分」退讓一步：

> 千人聚不以一人為主，不亂則散。故多賢不可以多君，無賢不可以無君。此天人之道，必至之宜。（〈人間世〉注）

即使有一個以上的個體，具備相等程度的「賢」之「性分」，也不能讓他們都獲「君」之位，定然會有個體居於「臣妾」之位。如果所有人的「性分」都是「不賢」的，也仍要有一個個體占據「君」位。在郭象看來，倘若人群沒有唯一的君主作為至尊，統攝權力，社會就會面臨「亂」與「散」的崩潰。誠然，這是一種偏重考察時代境況的結論，就像黃聖平指出的那樣，乃「聖不世出」或「無聖當位」時退而求其次的辦法，[42]可是，這仍然暴露了「性分」在充作「尊卑」、「貴賤」之權力關係的基礎時，力有不逮之處。無論出發點究竟為何，郭象已經在很大程度上消解了《莊子》對權力的批判意識，而把重心放到了為權力做辯護與肯定上去。

在郭象的視野中，「性分」始終與權力，以及權力關係所構成的差等秩序緊密地聯繫在一起。對於郭象的整體學術定位，王中江稱其與《莊子》相反，從「重估一切價值」完全逆轉為了「肯定一切價值」，無限地肯定現實，而反對人們做出改變，「全面為儒家的價值觀念進行辯護並要求重新恢復其有效性⋯⋯以精緻的說法肯定了儒家的等級名分秩序。」；「處在這種秩序中的人就應該安於其中，聽之任之。」[43]這種批評，借鑑了尼采的「價值重估」理論，其問題關切聚焦於「權力批判」傾向的淡去。總體來說，無論是由「性分」到「賢愚襲情，貴賤履位」的論證，抑或郭象「性分」理論為「權

---

41 （晉）郭象注，（唐）成玄英疏：《莊子注疏》，頁30。
42 黃聖平：《郭象玄學研究──沿著本性論的理路》北京：華齡出版社，2007年，頁238。
43 王中江：〈從價值重估到價值認同──郭象與莊子哲學的一個比較〉，載《中國哲學史》，1994年第1期，頁88-93。

力」展開的辯護，都不是無懈可擊，主要的理論困難，可被總結為下述幾點：其一，與《莊子》論述萬物本性的視角對比而言，它無法迴避《莊子》出離權力關係，尤其是政治秩序之支配的傾向。其二，「性分」之說看似可以勸服「臣妾」等居於從屬地位的卑下者「安於其分」，卻不能有效地保證坐擁最高權力的「君主」是「賢」人，在差等秩序的兩極處，它的論證效力是失衡的。其三，「多賢不能多君」與「不賢不能無君」這兩層頗具現實色彩的政治要求，使得「性分」與理論上處於「貴賤」、「尊卑」秩序最高位的「君主」角色進一步脫鉤，若從此處細究，則「性分」理論作為差等秩序及其權力關係的直接基礎的地位，也將受到挑戰。

四　結語

作為歷來影響最為深遠的《莊子》詮釋者，郭象的理論意圖一直極度清晰。他所作的解讀，無一出自對於《莊子》文義的大意失察，而是服務於其自身哲學體系的有意建構。先前的莊學研究，對於如何評判郭象《莊子注》的理論工作，有許多不同意見。在批評的觀點中，瑞士漢學家畢來德的批判尤為犀利。他說：

> 郭象以及其他注者將一種主張人格獨立與自主、拒絕一切統治與一切奴役的思想，變成了一種對超脫，對放浪不羈、放棄原則的讚頌，使得那個時代的貴胄子弟，即使對當權者滿懷厭惡，還是可以心安理得地為他們服務。他們解除了《莊子》的批判思想，而從中得出他們在權力面前的退卻，即是說他們的「順從」態度的理論根據。《莊子》便這樣變成了貴胄文人以及後來的官僚士紳精神上的安慰與補償。從郭象開始，《莊子》這樣為他們的奴性提供想像中的彌補，為他們天然的保守提供了方便。[44]

這並非源於對郭象哲學某個確切理論所作的分析，而是一種整體的定位。《莊子》的權力批判意識是否為郭象《莊子注》所完全消除，或許不能定論。然而，本文希望指出的是，在考察《莊子》與郭象《莊子注》間的罅隙之時，「性分」，以及「性分」所內蘊的理論意圖——為權力辯護，是頗為關鍵的線索。

儘管如本文所呈現的那樣，「賢愚襲情，貴賤履位」的差等秩序設想，與「性分」之間的關聯仍面臨部分理論困難，但依憑「性分」說明權力及其帶來的支配與役使何以必然，仍然是郭象《莊子注》借助《莊子》而實現「六經注我」的代表性嘗試。既往的郭象研究，已對「性分」帶來的「適性逍遙」有諸多闡發，但以此作為解讀「性分」的重心，極易疏忽乃至忘卻它的另一面。在大鵬與小鳥「適性逍遙」的情境裡，觀者時常

44　（瑞士）畢來德著，宋剛譯：《莊子四講》北京：中華書局，2009年，頁122。

聚焦於這番置景於天地間的個性呈現，而失察於人類社會中「臣妾相治」所具備的深刻的權力支配色彩，也忽略郭象利用「性分」為支配與役使賦予正當性的面向。若考察《莊子》怎樣談論「權勢」「勢」「柄」，以及隱晦地表述對權力的反思，我們便無法迴避，郭象如何在〈秋水〉、〈馬蹄〉中利用「性分」之論，將對《莊子》對於「權力」本身的批判，變更為了對於「權力」使用程度的批判。

要之，郭象這種嘗試所受到的挑戰，一部分來自《莊子》文本所直觀呈現的不一致性，另一部分則源自「性分」落到現實的政治秩序中時，其解釋效力，受限於政治權力的實際運轉。不過，倘若從批判的視角轉出，對此番嘗試作一同情的理解，則余敦康的評述再恰切不過：「由於時代的悲苦，突出了必然與自由、現實與超越的矛盾，郭象的玄學深刻地反映了這種矛盾，他的玄學的意義也就恰恰表現在這裡。」[45]

---

45 余敦康：《魏晉玄學史（第二版）》，頁396。

論燕公體之儒學倫理內核與
文體形式間的關係[*]

張　釗
北京師範大學文學院

韋述《集賢注記》云：

> 開元十三年（西元725年）三月二十七日，因奏封禪儀注，敕學士等賜宴於集仙殿，上制詩序，群臣賦詩。上於坐上口詔改為集賢殿。[1]

盛唐時代的學術中心——集賢院由此成立，第一任知院事，即時任中書令、封爵燕國公的張說。這次賦詩的主題，正是祝賀張說就任。[2]玄宗詩云「禮樂沿今古，文章革舊新」[3]，時任兵部侍郎[4]、後來亦曾入相的蕭嵩和詩云「文章體一變，禮樂道逾弘」[5]。足見當日君臣心目中，張說在弘揚儒家禮樂、引領文體變革兩方面，都可謂一時表率。近年來關於張說的研究日漸豐富，對其在開元時代制禮作樂等文化工程中的核心地位，及其文章運散入駢、長於寫實的特點，都已有所闡發，[6]卻罕能抉出張說儒學觀念與其文章變體間深刻的內在聯繫。

在〈盧思道碑〉中，張說曾以「吟詠情性，紀述事業，潤色王道，發揮聖門」[7]十

---

[*] 基金項目：國家社科基金重大項目「中國古代都城文化與古代文學及相關文獻研究」（18ZDA237）。
[1] （唐）韋述撰，陶敏輯校：《集賢注記》北京：中華書局，2015年，卷中，頁232。
[2] 《文苑英華》錄玄宗詩題作〈集賢殿書院奉敕送學士張說上賜燕〉，其餘人詩題作〈奉和聖製送赴集賢院〉（〔宋〕李昉等編：《文苑英華》北京：中華書局，1966年，卷一六八，頁807），《張說集校注》錄玄宗詩題作〈送張說集賢上學士賜宴〉，張說自題為〈奉和送赴集賢殿書院上學士賜宴應制〉（〔唐〕張說著，熊飛校注：《張說集校注》北京：中華書局，2013年，卷四，頁151），《張九齡集校注》則有〈集賢殿書院奉敕送學士張說上賜燕序〉（〔唐〕張九齡撰，熊飛校注：《張九齡集校注》北京：中華書局，2008年，卷一六，頁872）。「上」或「上某某官」乃唐人習語，為「到任」之意，如杜甫有〈送韋諷上閬州錄事參軍〉（〔唐〕杜甫著，〔清〕仇兆鰲注：《杜詩詳注》北京：中華書局，1979年，卷一三，頁1156）。有的學者把「上賜宴」連讀，解「上」為「聖上」，恐非是。
[3] （宋）李昉等編：《文苑英華》，卷一六八，頁807。
[4] 嚴耕望：《唐僕尚丞郎表》北京：中華書局，1986年，卷一八，頁942。
[5] （宋）李昉等編：《文苑英華》，卷一六八，頁808。
[6] 周睿：〈前言〉，《張說——初唐漸盛文學轉型關鍵人物論》北京：中華書局，2012年，頁3-5。
[7] （唐）張說著，熊飛校注：《張說集校注》，卷二五〈齊黃門侍郎盧思道碑〉，頁1196。本文引張說文章皆出此書，為免繁瑣，此後皆用隨文注。

六字來論說文章的功用，這其中最值得注意的說法就是「發揮聖門」。唐王朝此前的大手筆如許敬宗、李義府、李嶠、崔融、蘇味道等人在行文中雖也經常徵引儒家典籍來「潤色王道」，但其著眼點多在於述天命、隆禮樂，以凸顯皇權的神聖性。張說卻更具「發揮聖門」的意識，強調忠、孝、仁、義等倫理規範才是立身之基、立國之本。其文體形式方面的許多新變，也是基於這一倫理內核而展開的。雖然蘇頲在當日與張說並稱為「燕許大手筆」，其文章實如錢基博所言，頗承舊調，難與張說等量齊觀。[8]故本文不取傳統上合論「燕許體」的作法，而是單獨將「燕公體」抽出，以期深入討論張說文章之倫理內核與文體形式間的關係。還望並世方家，毋吝賜教。

一 由《大唐封祀壇頌》論張說對意識形態儒家化轉型的思考

對於整個中古時代的政治傳統來說，武則天登基稱帝，無疑具有顛覆性的衝擊力。「天尊地卑」這一基本宇宙圖景，在這樣的政治事實面前也被動搖了。武則天本人對此顯然也有明確的認知，因此她調動了諸如尊號、祥瑞、明堂、封禪等各種意識形態工具，[9]來塑造自身的合法性。其中尤為武則天所重視的，乃是佛教。正如陳寅恪所言：

> 考佛陀原始教義，本亦輕賤女身……後來演變，漸易初旨。末流至於大乘急進派之經典，其中乃有以女身受記為轉輪聖王成佛之教義。此誠所謂非常異義可怪之論也。武曌頒行天下以為受命符讖之《大雲經》，即屬此大乘急進派之經典。[10]

《大雲經》外，武周長壽二年（693）菩提流支新譯《寶雨經》，更在經文中直接竄入女身為帝的內容，並填補「山涌」、「慶雲」等說，以迎合當日之祥瑞。[11]而彌勒下生信仰，也曾一度被武氏所運用。[12]在種種舉措下，當日的國家意識形態也呈現出濃厚的佛教色彩，與漢武帝以來以儒學為本的政治文化傳統間，形成了深刻的斷裂。

中宗復位之後，雖一度自稱中興，反撥武周之政。但正如葛兆光所言，「思想和秩序崩壞的慣性依然存在」。[13]諸武勢力的存續，以及中宗本身即為武則天之子的事實，

---

8 錢基博所謂「今誦頌所傳詩文，動無虛散，頗乘秀逸，遠不如說之倜儻卓犖，風力遒矯」，實為定評。蘇與張並稱，恐但以時代名位，不以文章也。見氏著：《中國文學史》上海：上海古籍出版社，2011年，頁271。為免繁瑣，本文對前輩學者亦一律省去「先生」等敬稱，還祈讀者見諒。
9 孟憲實：《武則天研究》成都：四川大學出版社，2021年，頁361-384，又頁420-492。
10 陳寅恪：〈武曌與佛教〉，收入《金明館叢稿二編》北京：生活・讀書・新知三聯書店，2015年，頁165。
11 孫英剛：《神文時代：讖緯、術數與中古政治研究》上海：上海古籍出版社，2015年，頁285-310。
12 段塔麗：〈武則天稱帝與唐初社會的彌勒信仰〉，《中國典籍與文化》，2002年第4期，頁85-91。
13 葛兆光：《中國思想史（第二卷）：七世紀至十九世紀中國的知識、思想與信仰》上海：復旦大學出

都使得武周時代好言祥瑞、崇重佛教的意識形態未能被根本扭轉。[14]最明顯的例子即神龍三年（西元707年）九月，中宗受尊號「應天神龍皇帝」，李嶠所撰冊文云：

> ……雖復草為兵甲，秦師驚蔣帝之神；樹作幡幢，釋主屈魔王之眾。蛇軀之變媧后，蛟影之隨漢高，未足以匹此奇徵，方斯偉應。自非冥符幽贊，睿感潛通，何以承波若之護持，享高明之福助。昔者伏牛之主，是曰羲皇；名鳥之君，仍題鳳紀。法身用馬鳴成道，上士以龍德為仙，敢托元符，爰資故實，謹上尊號曰應天神龍皇帝。[15]

「草為兵甲」一聯，實指本年七月太子李重俊矯制發兵殺武三思，並欲攻入玄武門誅韋後而失敗之事。全篇屢用佛教名詞、典故，無煩疏解，一望可知。

這一傾向的根本扭轉，乃是在玄宗時期。金子修一已注意到，「睿宗讓位於玄宗前依然有言及武則天的詔敕」，而「玄宗時期的詔敕中沒有一條提及過武則天」，可見玄宗確是有意在抹除武則天的政治影響。[16]實際上，不僅是不再提及武氏，除卻直接處理宗教事務的官文書，在開元時期的制、敕、冊、令中，佛教語彙也徹底消失了。

破除武周時代的影響後，玄宗自然要為他本人的統治，構建新的合法性基礎。在整頓吏治取得一定成效後，開元九年（西元721年），玄宗重新徵召張說還朝入相。正如汪籛所言，「玄宗的重視文治，以張說的用事為真正的轉捩點」。[17]《大唐新語》概括張說文治之功曰：

> 引文儒之士以佐王化，得僧一行贊明陰陽律曆，以敬授人時。封太山，祠睢上，舉闕禮，謁五陵，開集賢，置學士，功業恢博，無以加矣。[18]

這些舉措本質上都是為了將唐王朝的意識形態，重新納入漢代以來以儒學為主導的政治文化傳統中。[19]不過，葛曉音早已注意到，張說對這些問題，有自己「指斥虛浮、強調人事」的獨特思考。[20]比如，細讀與玄宗封禪相關的重要文章，即可發現，與唐玄宗及

版社，2000年，頁82

14 張達志：〈理異於茲：唐中宗禁言中興的歷史語境〉，《中國史研究》，2019年第2期，頁69-90。

15 （宋）宋敏求編：《唐大詔令集》北京：中華書局，2008年，卷七〈應天神龍皇帝冊文〉，頁44。

16 （日）金子修一撰，王艷譯：〈關於唐代詔敕中對武則天的評價〉，杜文玉主編：《唐史論叢》西安：三秦出版社，2018年，第二十七輯，頁1-28。

17 汪籛：〈唐玄宗時期吏治與文學之爭〉，唐長孺等編：《汪籛隋唐史論稿》北京：中國社會科學出版社，1981年，頁200。

18 （漢）劉肅撰，許德楠、李鼎霞點校：《大唐新語》北京：中華書局，1984年，卷一〈匡贊〉，頁10。

19 （日）中純子：〈唐代開元における礼楽の完成——張說が描いた世〉，《天理大學學報》，2019年第3期，頁1-26。

20 葛曉音：〈盛唐「文儒」的形成和復古思潮的濫觴〉，《文學遺產》，1998年，頁32-34。

其他文臣相比，張說的寫作思路非常不同。《舊唐書》卷二三〈禮儀志〉全錄玄宗〈紀太山銘〉，又云：「於是中書令張說撰〈封祀壇頌〉、侍中源乾曜撰〈社首壇頌〉、禮部尚書蘇頲撰〈朝覲壇頌〉以紀德。」[21] 這一〈銘〉三〈頌〉是展現開元封禪大典意圖最重要的文獻。源〈頌〉今佚，今姑以玄宗之〈銘〉，蘇頲之〈頌〉與張說〈頌〉相對比，略為論說如下：

玄宗御制〈紀太山銘〉，序文起首云：

> 朕宅帝位，十有四載，顧惟不德，懵於至道，任夫難任，安夫難安。茲朕未知獲戾於上下，心之浩蕩，若涉大川。賴上帝垂休，先后儲慶，宰相庶尹，交修皇極，四海會同，五典敷暢，歲云嘉熟，人用大和。百辟僉謀，唱余封禪，謂孝莫大於嚴父，禮莫盛於告天，天符既至，人望既積，固請不已，固辭不獲。[22]

此〈銘〉是用第一人稱來寫的，當然不能自吹自擂，故語氣頗為謙抑。「上帝垂休，先后儲慶」，在此不僅僅是套話，前者實指開元十一年（西元723年）北巡系列典禮確認了玄宗的「再受命」；後者則指同年所行二郊九廟禮，證明玄宗的孝德獲得了先祖的認可，[23] 這樣才可以順理成章地舉行封禪大典，以宣告太平。

序文中幅主要是記述封禪經過，收尾則發議論曰：

> 於戲！天生蒸人，惟后時乂，能以美利利天下，事天明矣。地德載物，惟后時相，能以厚生生萬人，事地察矣。天地明察，鬼神著矣……余小子敢對揚上帝之休命，則亦與百執事尚綏兆人，將多於前功，而愆彼後患。一夫不獲，萬方其罪予。一心有終，上天其知我。朕惟寶行三德，曰慈、儉、謙。慈者，覆無疆之言；儉者，崇將來之訓；自滿者人損，自謙者天益。苟如是，則軌跡易循，基構易守。[24]

此節雖頗用《尚書》語彙，所云君主修德以事天地之意，亦與〈大誥〉、〈君奭〉等篇近似，但需要特別注意的是，玄宗在此強調的「德」卻是「慈、儉、謙」，顯然自《道德經》來，玄宗自注《道德經》「一曰慈，二曰儉，三曰不敢為天下先」一節云：

> 慈則廣救，儉則足用，不敢為天下先，故樂推不厭也。

又云：

---

21 （五代）劉昫等撰：《舊唐書》北京：中華書局，1975年，卷二三，頁904。
22 同上註，頁901-902。
23 呂家慧：〈論唐玄宗的北巡、郊廟禮與封禪之關係〉，《山東社會科學》，2024年第1期，頁141-151。
24 （五代）劉昫等撰：《舊唐書》，卷二三〈禮儀志〉，頁903。

慈儉之德，謙撝益光，推先與人，人必不厭，故能成神器之長。[25]

即以「謙」解「不敢為天下先」，與〈紀太山銘〉正相呼應。在銘文部分，玄宗又云：

> 維天生人，立君以理，維君受命，奉天為子。代去不留，人來無已，德涼者滅，道高斯起。[26]

綜合來看，〈紀太山銘〉一方面強調了自身受命於天的合法性，但另一方面也以謙抑的語氣，表達了修德事天之意。只是玄宗在此並沒有強調傳統的儒家道德，反而使用了道家的說法。

至於蘇頲〈封東岳朝覲頌〉，既以臣子之身分立言，也就不必再有謙抑之語，而是極盡頌美之能事：

> 臣聞昔在帝堯，臣惟咎繇，聰明之謂聖，邁種之謂德。天若曰：依於巨唐，易姓者李；王於中華，崇功者唐。聖之澤，德之浸也。我唐祚之興，昌符誕膺，兩儀動，六葉承。皇帝宣高祖四宗之景烈，肇開元神武之明號，廣矣大矣，莫有不寧，罔有不俾。[27]

蘇〈頌〉一方面強調了李唐皇室「受命於天」，另一方面贊頌玄宗德可配天。雖然通篇遣詞高古，但就立意而言，與此前武后封嵩山時文臣所撰頌贊類文章，並無本質區別。試讀李嶠〈大周降禪碑〉：

> 天冊金輪聖神皇帝遂荒三極，奄有萬方，御六辯而高馳，憑九霄而下濟。若乃玄通不測之智，神用無方之業，超因越果，名流於貝葉之書；應物隨緣，跡滿於蓮花之會。秘恍忽於言象，徵希微於讖錄。亦猶寶應慈物，推心坐雄帝之朝；吉祥哀時，屈己登女皇之位。[28]

武后封禪嵩山，本已開在國家祭祀中雜糅神仙道教崇拜的先河，[29]〈大周降禪碑〉更是將儒、釋、道各種思想資源雜糅在一起。在此僅截取一個佛教色彩比較重的段落：「天命」在此被置換成了「名流於貝葉之書」，即指三年前譯成的《寶雨經》中增添的內容；而「德」則被置換成了佛典中常講的「玄通之智」。[30]至於「受命於天、以德配

---

25 （唐）李隆基撰，郭芹納整理：《太上玄元皇帝道德經大唐開元神武皇帝注》西安：三秦出版社，2017年，卷下，頁154。
26 （五代）劉昫等撰：《舊唐書》卷二三〈禮儀志〉，頁903。
27 （清）董誥等編：《全唐文》北京：中華書局，1983年，卷二五〇，頁2526。
28 （宋）李昉等編：《文苑英華》卷八四四。頁4461。
29 王永平：《道教與唐代社會》北京：首都師範大學出版社，2002年，頁52-56。
30 按「玄通」雖為釋道通用之名詞，但在本篇中顯然用佛教義，參張說〈石刻般若心經序〉：「萬行起心，心，人之主；三乘歸一，一，法之宗。知心無所得，是真得；見一無不通，是玄通。」（卷一

天」的基本邏輯，仍是不變的。

由此可見，在「受命於天、以德配天」的邏輯下，相比佛教和道教，儒學並沒有不可替代的特殊性。畢竟這個「天」可以像蘇頲一樣解釋成傳統儒學中的「天命」，卻也可以像李嶠那樣解釋為佛經。玄宗開元封禪時還有受「天賜太一神策」的儀式，這又是一種道教意義上的「天命」。[31] 而君主本身的「德」，也可以是道家的「慈、儉、謙」，或佛家的「玄通不測之智」。故爾是崇儒還是重道抑或佞佛，無非看人主之好尚，時風之轉移而已。從這個角度說，玄宗之〈銘〉與蘇頲之〈頌〉，雖然儒家色彩更為濃厚，但並沒有從本質上扭轉武周時代構建王朝意識形態的思路。

張說〈大唐封祀壇頌〉，立意則完全不同，起首云：

> 厥初生人，俶有君臣。其道茫昧，其風樸略。因時而欻起，與運而紛落，泯泯沒沒，無聞焉爾。後代聖人，取法象，立名位，衣裳以等之，甲兵以怛之，於是禮樂出而書記存矣。反其源，致敬乎天地；報其本，致美乎鬼神。則封禪者，帝王受天命、告成功之為也。[32]（卷一二，頁607）

這一段純粹歷史主義的敘事，正是《荀子・禮論》「天人相分」的思路：人世的秩序就是人自己建立的，並非來自上天的意志。在一篇以封禪為主題的頌文中，這樣的開頭是非常令人驚詫的。

馬積高早已指出，中唐以後儒者好談荀學，尤其重視其「天人相分」之說。[33] 其深層原因便在於若以邈遠難知的「天道」為本，則當時的儒學相比於佛道二教，未必能占優勢。只有在人世之內、從歷史主義的角度建構秩序，佛、道二教才不可能再有置喙之地。唐人官樣文章中，最早從這一角度立論的，就是這篇〈大唐封祀壇頌〉。

不過，張〈頌〉中還是有「反其源，致敬乎天地」，以及「受天命」的說法，這應該怎麼理解呢？關鍵在於「取法象，立名位」六字，這裡其實是把〈繫辭〉之說揉入《荀子》的邏輯。《荀子・禮論》篇中這樣解釋禮義的成因：

> 人生而有欲，欲而不得，則不能無求；求而無度量分界，則不能不爭；爭則亂，亂則窮。先王惡其亂也，故制禮義以分之。[34]

這是純從性惡論上推導出來的結果。「法象」之說則見於〈繫辭〉：

三，頁677）

31 吳麗娛主編：《禮與中國古代社會》北京：中國社會科學出版社，2016年，隋唐五代宋元卷，頁82-83。

32 熊飛據底本錄題目作〈大唐祀封禪頌〉，今據《文苑英華》，卷七七三，頁4070改正。

33 馬積高：《荀學源流》上海：上海古籍出版社，2003年，頁230-247。

34 王先謙撰，沈嘯寰、王星賢點校：《荀子集解》北京：中華書局，1988年，卷一三，頁346。

> 是故法象莫大乎天地，變通莫大乎四時。懸象著明，莫大乎日月，崇高莫大乎富貴。備物致用，立成器以為天下利，莫大乎聖人。[35]

所謂「法象」，即取法卦象以「備物致用」也：

> 黃帝、堯、舜垂衣裳而天下治，蓋取諸乾、坤……古之葬者，厚衣之以薪，葬之中野，不封不樹，喪期無數，後世聖人易之以棺槨，蓋取諸大過。上古結繩而治，後世聖人易之以書契，百官以治，萬民以察，蓋取諸夬。[36]

封禪畢竟是祭祀儀式，故張說在此便通過援引〈繫辭〉，來構建天人之間的聯繫。不過，若借用馮友蘭「天有五義」之說，[37]在歷史主義的敘述下，張說此文中的天已經完全是「自然之天」了，故「受天命」實際上只是「法象」的結果而已。可李嶠、玄宗和蘇頲筆下的天，卻仍是具有意志的「主宰之天」。

順著這樣的思路推導，〈封祀壇頌〉對於封禪的理解也就發生了變化：

> 由此推之，封禪之義有三，帝王之略有七。七者何？傳不云，道、德、仁、義、禮、智、信乎？順之稱聖哲，逆之號狂悖。三者，一位當五行圖籙之序；二時會四海升平之運，三德具欽明文思之美，是謂與天合符，名不死矣。有一不足，而云封禪，人且未許，其如天何！（卷一二，頁607-608）

張說在此以「道、德、仁、義、禮、智、信」這些儒學倫理為基礎，重新闡釋了封禪的意義。此處所謂「五行圖籙之序」亦即〈繫辭〉裡的「河出圖，洛出書，聖人則之」[38]，圖書讖緯，不過是自然規律的表徵。「人且未許，其如天何」，正見封禪的本質並非「應天命」，而是「順人心」，順人心的根本則在於立身施政合乎儒學倫理。故而封禪的作用也不是為祈求上天的福報，而在於「不浹日，至化洽於人心；不崇朝，景福遍於天下」（卷一二，頁610）。玄宗本人號稱「為蒼生祈福」，不再像前代帝王一樣將玉牒的內容保密，[39]倒也與張說的思路有相通之處。

《荀子・天論》云：

---

35 王弼、韓康伯注，孔穎達疏：《周易正義》卷七，阮元校刻：《十三經注疏》清嘉慶刊本，北京：中華書局，2009年影印版，頁170。

36 （三國）王弼、（東晉）韓康伯注，（唐）孔穎達疏：《周易正義》，卷八〈繫辭下〉，《十三經注疏》，頁180-181。

37 馮友蘭：《中國哲學史》上冊，塗又光纂：《三松堂全集》鄭州：河南人民出版社，1988年，第二卷，頁43。

38 （三國）王弼、（東晉）韓康伯注，（唐）孔穎達疏：《周易正義》，卷七〈繫辭上〉，《十三經注疏》，頁170。

39 （五代）劉昫等撰：《舊唐書》，卷二三〈禮儀志〉，頁898-899。

日月食而救之，天旱而雩，卜筮然後決大事，非以為得求也，以文之也。故君子以為文，而百姓以為神。以為文則吉，以為神則凶也。[40]

在荀子看來，各種帶有神秘主義色彩的儀式，歸根結底也只是人世間的儀式。其本質不過如王先謙所言：「為此以示急於災害，順人之意，以文飾政事而已。」然而武周時代以及玄宗之〈銘〉、蘇頲之〈頌〉，建構意識形態的思路都是以天命為本，實近乎「小人以為神」。張說〈封祀壇頌〉則展現了另一種以人世間儒學倫理為本的思路，更得「君子以為文」之真義。

早在永昌元年（西元689年）應制舉時，[41]張說就在對策中說「未有反義悖德，而致升平之政；棄禮遺經，以克永終之祿」（卷二九〈永昌元年對詞標文苑科制策〉，頁1387），對武則天興土木、構明堂以營造盛世氛圍的做法表達了不滿。在為裴行儉所撰神道碑中，他又盛贊裴氏所撰的兵書，並云「豈比馬卿浮華，唯留封禪之草；劉安虛誕，空傳鴻寶之書而已哉」（卷一四〈贈太尉裴公神道碑〉，頁723），感嘆虛禮妄說之無益。雖然開元以來，唐玄宗一直致力於削弱武周的影響，重建以儒學為基礎的意識形態，但如喬秀巖所言，玄宗本質上「蔑視學術，只有『古為今用』的想法」。[42]他不過是以君主的眼光，把儒學視為意識形態工具箱中的一種工具罷了。而張說雖也寫過盛稱祥瑞的頌體詩文，[43]但他顯然更深入地思考過，如何才能完全擺脫佛、道二教的影響，使儒學永葆國家意識形態基石的地位。從〈大唐封祀壇頌〉來看，他選擇了《荀子》「天人相分」的思路，強調儒學倫理的基礎性作用，又揉入〈繫辭〉「法象」之說以補《荀子》之不足，實已昭示了中唐以後儒學思想的基本走向。

二　推本綱常與張說文章體式的新變

對儒學倫理的強調，貫穿於張說的各體文章之中，對其文體形式也產生了重要的影響。「忠孝仁義」等綱常名目，在「燕公體」中常常起到邏輯基點及結構框架的作用。為此，張說甚至不惜突破六朝初唐以來許多文體的固有程式。本節試以頌、碑志、贈序三種文體為例，論列如下。

先說頌體，開元十六年（西元728年）因獻《大衍曆》而作〈開元正曆握乾符頌〉，起首云：

---

40 王先謙撰，沈嘯寰、王星賢點校：《荀子集解》，卷一一，頁316。
41 時間從熊飛說，見《張說年譜新編》臺北：花木蘭文化出版社，2012年，頁17-19。
42 喬秀巖：〈孝經述議復原研究編後記〉，林秀一著，喬秀巖、葉純芳、顧遷編譯：《孝經述議復原研究》武漢：崇文書局，2016年，頁527-528。
43 呂家慧：〈盛世的營構：張說「皇帝在潞州祥瑞頌十九首」與聖王論述〉，《中國文化研究所學報》，2019年第2期，頁39-59。

> 客有嘲臣曰：聖主正新曆，握乾符，百僚賡歌以美時，六合鼓舞以頌德。先生獨宴默書閣，含翰詞林，奚其為儗擬也？臣應之曰：斗水不能評巨壑之量，隙光未足議大明之體，何者？見褊而守隘也。握乾符者，不謂執天命歟？執天命者，非夫廣德休曆，交相表裡？況命者，夫子之所罕言也，焉可偏贊而總握符之盛哉！（卷一一，頁594）

此篇引入了賦體常見的主客問答結構，至少在現存的頌體文章中，前所未見。其用意正是為了在彼此往還之中，透澈發揮命不可恃、所恃在德的思想，故中段雖廣陳祥瑞、象數、運命之說，但後幅卻又一並掃倒，強調玄宗之所以「握乾符」是因為「德位兼才」：

> 伏惟聖上，聰明文思，道德之具也；豁達大度，皇帝之體也；藝總六經，漢光之學也；文通三變，魏祖之才也；緣情定制，五禮之本也；洞音度曲，六樂之宗也；神於弧矢，黃軒之威也；聖於翰墨，蒼頡之妙也；兄弟善友，王季之心也；子孫眾多，周文之福也。大寶以定天位，大政以布廣德，大祥以合靈符，大曆以啟成命。德位兼才，臨照如此；符命介福，粲章如彼。（卷一一，頁596）

最後收結云：

> 如恃有命比於日，孰是夏王之福也？賴卜年衰其德，豈謂周公之訓也？故曰：王者執天命，在於俟天符；致天符，在於順天德；布天德，在於保天位。四者備矣，然後陳其盛德，告於神明。舍此道也，胡可語正天曆、握乾符哉！（卷一一，頁596）

這樣就把夫子罕言之「命」，歸結到了「順天德」上。這樣的文章，與其說是頌，不如說是一篇「天命論」。

其實，上一節重點分析的〈大唐封祀壇頌〉，又何嘗不是一篇「封禪論」？其序文收尾處甚至還有討論禮義之語：

> 或曰：祭泰折，主先後，非禮歟？曰：是禮也，非宜也。王者父事天，母事地，侑神崇孝，無嫌可也。且夫柴瘞外事，帝王主之；烝嘗內事，后妃助之。是開元正人倫，革弊禮，起百王之法也。（卷一二，頁611）

這裡是重申議典禮時張說自己「以皇后配地祇，非古之制也」[44]的觀點。

《文心雕龍·頌贊》云：

---

44 （五代）劉昫等撰：《舊唐書》，卷二三〈禮儀志〉，頁893。

> 頌者，容也，所以美盛德而述形容也……原夫頌惟典雅，辭必清鑠；敷寫似賦，而不入華侈之區；敬慎如銘，而異乎規戒之域。揄揚以發藻，汪洋以樹義。唯纖曲巧致，與情而變，其大體所底，如斯而已。[45]

而如上所示，張說頌文在傳統的敷寫形容之外，又加入了大量議論性的內容。推論其淵源，似是效王褒〈聖主得賢臣頌〉。按王褒此文被任昉視為頌體之始，[46] 又收入《文選》，[47] 但《文選》收頌五篇，其餘四篇都是四言韻文，獨此篇句法自由，不用韻，且通體以議論為主，頗啟選學家疑竇。孫梅就認為「王褒〈得賢〉，論也，而以頌名，義雖協而音未諧」[48]。故李兆洛《駢體文鈔》徑斷曰：「此非頌體，後人亦遂無效之者。」[49] 然同時梁章鉅已指出，韓愈《伯夷頌》正是此體。[50] 其實，若說〈開元正曆握乾符頌〉還是一個「頌序」與四言頌文相配合的結構，那麼〈大唐封祀壇頌〉就純是論理而不韻之文了。在四言韻文頌體的主流之外，張說的頌文正是王褒與韓愈間承前啟後的中介。而三人之所以選擇「以論為頌」的寫法，也都是為了表達個人基於儒學立場對具體問題的思考。

再看碑志。張說碑志常在一開始的「帽子」[51] 上，發一通關於忠孝仁義的大議論，如〈贈吏部尚書蕭公神道碑〉：

> 仁以度心施物，義以由道利貞，孝以養志安親，慈以教忠有後。舉四行之尤善，成百代之餘慶，蓋得之於蕭府君矣。（卷二五，頁1205）

又如〈唐故瀛州河間縣丞崔君神道碑〉：

> 蛟龍蟠乎沼，無雲雨而不翔；君子志於道，無運命而不彰。然則變化者，是神靈之末；富貴者，非德行之本。守其真，樂其分，不其至矣，世有人焉。（卷一九，頁923）

---

[45] （南朝）劉勰著，（清）黃叔琳注，李詳補注，楊明照校注拾遺：《增訂文心雕龍校注》北京：中華書局，2012年，卷二，頁107-108。

[46] （南朝梁）任昉撰，陳懋仁注：《文章緣起注》，王水照主編：《歷代文話》上海：復旦大學出版社，2007年，第三冊，頁2519。

[47] （南朝梁）蕭統編、（唐）李善注：《文選》上海：上海古籍出版社，2019年，卷四七，頁2129-2134。

[48] 孫梅：《四六叢話》卷一六，王水照主編：《歷代文話》，第五冊，頁4575。

[49] （清）李兆洛編：《駢體文鈔》上海：上海書店，1988年，卷三，頁45。

[50] （清）梁章鉅撰，穆克宏點校：《文選旁證》福州：福建人民出版社，2000年，卷三九，頁1075。

[51] 劉禹錫撰，陶敏、陶紅雨校注：《劉禹錫全集編年校注》附錄一《劉賓客嘉話錄・韓碑柳雅》北京：中華書局，2019年，頁2328：「柳八駁韓十八〈平淮西碑〉云：『「左飱右粥」，何如我〈平淮西雅〉云「仰父俯子」。』禹錫曰：『美憲宗俯下之道盡矣。』柳曰：『韓〈碑〉兼有帽子，使我為之，便說用兵討叛矣。』」

再如〈贈戶部尚書河東公楊君神道碑〉：

> 若夫孝在揚名，忠歸令德，事因感激，氣概生焉；時逢屯難，勳業成焉。桃李灼灼，不自言於蹊徑；松柏青青，不受令於霜雪。窮獨善而無撓，達兼濟而弗矜，子曰：君子哉若人，斯吾河東公之謂也。（卷二五，頁1216）

李貴銀已注意到，六朝以來，碑志的開頭基本都是在炫耀門第家世，張說則有意淡化了這些要素。[52] 可見張說看來，相比於出身，碑主的品德才更值得稱道。

在敘事結束後，張說往往又會再次概括碑主生平的主要事跡，從儒學倫理的角度加以總結評判，如〈故洛陽尉贈朝散大夫馬府君碑〉：

> 葭萌之戚，昭其孝也，陽侯息浪，異類胥感；襄陽之饋，識其潔也，德形於家，聲聞於外；塞垣之諫，植其仁也，眾俘賴全，將不為暴；重屋之役，底其勤也，沒而益榮，朝不弃力。有一於此，猶為令德，況備舉乎？（卷一九，頁932）

此處分舉馬克忠的幾個代表性事跡，而以孝、潔、仁、勤稱之。如所謂「塞垣之諫」在碑中是這樣記載的：

> 程務挺之軍靈夏也，諸君運籌，乘遞入幕，獲虜數百，欲剿罄之，君諫曰：王者之師將德，是以討叛惟武，攜遠在寬。搏牛之蚉，不可破虱，未擒伏念，何逞累囚？乃止。（卷一九，頁931）

再如為陽鴻作〈貞節君碣〉：

> 君子以為，急友成哀，高義也；臨危抗節，秉禮也；矯寇違禍，明智也；保邑匡勳，近仁也。義以利物，智以周身，禮以和眾，仁以安人。道有五常，鴻擅其四；武有七德，鴻秉其二。（卷一九，頁940）

此處仍是推本綱常以立言。其中如「保邑匡勳」事，正文云：

> 及在曲阿，敬業作難，潤州籍鴻得人，曆旬堅守，城既陷而猶鬥，力雖屈而蹈節，寇義而脫之，因偽加朝散大夫，即署曲阿令。鴻貞而不諒，詭應求伸。既入邑，則焚服闔門而設拒矣，故得殿邦奮旅，一境賴存。淮海底績，勳答效功，卒不言賞，賞亦不及。（卷一九，頁940）

可見其全篇的敘事，實統攝於「仁義禮智」的名目之下。儒學倫理在此已不僅僅是立說的基礎，更是結構的框架了。

---

52 李貴銀：〈以復古求新變：張說碑志文新探〉，《內蒙古民族學報》，2024年第2期，頁10-17。

當然，碑主總不能都是聖人，故張說碑志也不免有文過飾非處，如〈右羽林大將軍王氏神道碑〉：

> 吐蕃犯邊，瓜州失守，盜憎吾將，執致其親。公以為背父立威，非孝也；頓兵從敵，非忠也；大義逼而忘家，方寸亂而供國。其定計也，成列而出討賊，盡狄而退殺身，忠在孝先，將之道也。（卷一七，頁841）

此碑碑主王君㚟，戰死時正任河西節度使，亦即唐王朝在涼州一帶的最高軍政長官。按照神道碑的敘事，吐蕃俘獲了王君㚟的父親，致使他陷入進軍則可能害死父親、屈從又難免耽誤軍機的倫理困境。為了忠孝兩全，王君㚟最後決定出戰而殉國。但史實並非如此，考《舊唐書》可知，吐蕃開元十五年（西元727年）九月攻入河西，[53]俘獲其父後，「君㚟聞父被執，登陴西向而哭，竟不敢出兵」[54]。至於他遇伏身死，也並非死於和吐蕃的戰爭，而是因為和回紇部落結下私怨，在驛站休息時被襲殺。[55]

其實張說本人對王君㚟並無好感，《舊唐書‧吐蕃傳》就曾記載張說批評王君㚟「勇而無謀，常思僥幸」[56]。只是此碑奉敕而撰，不得不曲為彌縫。張說在此用倫理化的方式分析王君㚟具有力求「忠孝兩全」的心理動機，頗得《春秋》學「原心定罪」[57]之微旨——當然，這裡是原心以定無罪了。

要之，在張說的碑志文中，儒學倫理往往居於邏輯上的核心地位：人物生平的事跡，甚至行為的動機，都要歸結到「忠孝仁義」之類的道德準則上。從〈與營州都督弟書〉來看，張說是有意識在這樣寫的：

> 夫五常之性，出於五行；稟氣所鍾，必有偏厚。則仁義禮智信，為品不同；六藝九流，習科各異。若以稷、契之事，贊於巢、由；孫、吳之術，銘於游、夏；必將人神於悒，未以為允。今之撰錄，蓋欲推美實行，崇識素心。先德怡神於知我，後生想望於見意。（卷三十，頁1429）

「五常之性」也就是「仁義禮智信」，在此被用作評定碑主的基準。而欲真正寫出此人的「素心」，只有「推美實行」，從實際的行事中寫出其品德的特質，才能讓逝者慰懷，令後人瞻仰。此前研究張說文章者幾乎都會強調，張說在唐人碑志中首開以史筆寫實事之風，[58]且基本都是從「運散入駢」這個角度來作解，卻未能抉出這一寫法背後，實含

---

[53] （五代）劉昫等撰：《舊唐書》卷一百三〈王君㚟傳〉誤記為開元十六年，從卷一九六〈吐蕃傳〉，頁5229改正。

[54] 同上註，頁3191。

[55] 同上註，頁3192。

[56] （五代）劉昫等撰：《舊唐書》，卷一九六〈吐蕃傳〉，頁5229。

[57] （漢）何休注，（唐）徐彥疏：《春秋公羊傳注疏》，卷一，《十三經注疏》，頁4768。

[58] 周睿：《張說——初唐漸盛文學轉型關鍵人物論》，頁210-221。

有崇重綱常名教的動機。

《舊唐書・富嘉謨傳》云：「先是，文士撰碑頌，皆以徐、庾為宗，氣調漸劣。」[59]蓋六朝碑志，大抵高標門第，然後逐次寫仕履，每一歷官後綴以文辭華麗卻無實際內容、換給曾任同類官職者皆可通用的駢文段落，如「協隆三善，仰敷四德。博望之苑載輝，龍樓之門以峻」[60]；「封河東王，加侍中。淑貌與金燧相宜，清顏與玉壺同照」[61]之類，長此以往，難免流於浮泛。正如李貴銀所言，張說碑志這種本於綱常，力追史筆的寫法，實已邁越六朝，而上接蔡邕，下啟韓愈。[62]不過，蔡邕當年已有「吾為碑銘多矣，皆有慚德」[63]的感慨，韓愈亦早受「諛墓」之譏。[64]而張說碑志如上所述，也不免有曲為彌縫之筆，正是因為三人行文皆以儒學倫理為本，可逝者卻未必都是聖人。若再要用史筆實寫之法，有時也只好故作溢美之詞了。

張說的贈序，亦具有根於義理、好發議論的特徵。如〈送毛明府詩序〉：

> 昔之謂良宰者，講道議行，訓俗式人。出自郎官，遷登郡守，不以才限流品，位迁寵略。聖曆之際，任賢稽古。毛明府執德不回，發言無擇。雍容文雅，罷曲江之曳裾；樽酒弦歌，即平鄉之製錦。甲朝辭洛，宴別嘉賓；孟夏涉河，路踐芳草。眷彼燕趙，頃罹戎羯，金革毒三北之師，杼軸醵二東之賦。毛公將勝苟居簡，止濁除濫，不下堂而為理，有入境而先嘆。朋知坐間，弦望何時？益賦金谷之詩，遠送邯鄲之陌。愛而不見，同夫樹萱。（卷二八，頁1361）

通篇主要是論施政之理，以良宰相期，名為贈序，實似官箴。〈送工部尚書弟赴定州詩序〉（卷二八，頁1347）亦類似，茲不備舉。再如〈和戎篇送桓侍郎序〉：

> 夫廣覆如天，博容如地，德流膏雨，懷洽異類。順乎太和，以樂生遂性者，聖主之用心也。罷甲兵，垣疆場，厚忠信，親蠻貊。臻夫無事，以繼好息人者，國家之急務也。遇非常之時，決希代之策；金幣以將命，歌鐘以報勳。驅戎心於彀中，一王化於海外，此亦使臣之盛業。（卷二八，頁1355）

此篇又近乎「和戎論」矣，〈送田郎中從魏大夫滅胡篇序〉（卷二八，頁1351）亦然。

---

59 （五代）劉昫等撰：《舊唐書》，卷一九〇，頁5013。
60 （南朝）沈約撰，陳慶元校箋：《沈約集校箋》杭州：浙江古籍出版社，1995年，卷七〈齊故安陸昭王碑文〉，頁216。
61 （南朝）徐陵撰，許逸民校箋：《徐陵集校箋》北京：中華書局，2008年，卷十〈司空河東康簡王墓誌〉，頁1350。
62 李貴銀：〈以復古求新變：張說碑志文新探〉，《內蒙古民族學報》，2024年第2期，頁10-17。
63 （南朝）范曄撰，李賢等注：《後漢書》北京：中華書局，1965年，卷六八〈郭太傳〉，頁2227。
64 （唐）李商隱著，劉學鍇、余恕誠校注：《李商隱文編年校注・未編年文・齊魯二生》，北京：中華書局，2002年，頁2279。

姚鼐云：「唐初贈人，始以序名。」[65]作為唐代新興的文體，贈序最初「先敘離情，後綴風景，情致物態，尚似六朝」。[66]四傑沈宋，大抵如此。陳子昂始略有勉人以德之語，[67]但仍未像張說這樣通體以議論成篇。後來在贈序中淋漓盡致地發揮議論者，仍要屬韓愈。如包世臣即云：「讀退之書說贈序數十首，愛其橫空起議，層出不窮。」[68]所贈之人往往退居其次，縱橫無礙地表達他自己的觀點見解，倒成了一篇的主腦。[69]

要之，在頌體、碑志、贈序等文體中，張說每每推本綱常，將「忠孝仁義」等名目作為文章立言的基點，甚至結構全篇的框架。故能一改六朝初唐之舊貫，上承漢人文章崇儒之旨趣，下啟古文家議論縱橫之風氣。正如章太炎所言「韓、柳的文，雖是別開生面，卻也從燕、許出來，這是桐城派不肯說的」[70]，於此一端，最見消息。

三　倫理表達與化偶為排的句法特徵

由於在文中大量涉及「忠孝仁義」等倫理性話題，張說文章的句法也發生了「化偶為排」的變化。試讀〈唐故高內侍碑〉：

> 若夫慈羈旅之稚童，仁也；約詩禮之尊教，義也；貴不居而要避權，禮也；生推心而死有托，信也。仁為德本，義為行先，禮為身宅，信為意田。故仁之報也壽，義之報也樂，禮之報也安，信之報也順。履順居安，乘樂享壽，此四者，生人之偉事，自求之深致者矣。（卷一七，頁841）

本節推本綱常，以「仁義禮信」統攝人物事跡，是一段典型的「燕公體」。拆分下來，實有三個小的層次：第一層的句式都是「事跡＋X也」，第二層則是「X為⋯⋯」，第三層則是「X之報也⋯⋯」。這其中「X」就是「仁義禮信」這種綱常名目。從駢文的角度說，固不妨認為這裡每一層是由兩個對句組成，但分析其句式可知，其本質顯然還是排比。

之所以要使用排比句，正是因為在語義上互相為並立關係的元素，一旦超過三個時，就很難再用對偶句來涵括了，只好改用排比。大凡文章之中談及三綱五常之類的德行，一般不會只舉兩項，不然未免寒儉。故張說文如〈贈陳州刺史義陽王碑〉：

65　（清）姚鼐選纂，宋晶如、章榮注釋：《古文辭類纂・序目》，北京：中國書店，1986年，頁11。
66　郭預衡：《中國散文史》上海：上海古籍出版社，1999年，中冊，頁132。
67　參看（唐）陳子昂著，彭慶生校注：《陳子昂集校注》合肥：黃山書社，2015年，卷七，頁1171〈餞陳少府從軍序〉以下諸贈序。
68　（清）包世臣撰，李星點校：《藝舟雙楫》，合肥：黃山書社，1993年，卷二，頁291。
69　洪本健：〈微情妙旨寄於筆墨之外——韓愈贈序文藝術管窺〉，《廣西社會科學》，1992年第1期，頁98-105。
70　章太炎著，曹聚仁整理：《國學概論》上海：上海古籍出版社，2019年，頁79。

君子謂勤孝者，仁之厚也；死悌者，友之難也；感神者，誠之至也。此三者有以見義陽之義方，賢妃之內訓，繼體之崇德。（卷一四，頁703）

此舉三項。〈河州刺史冉府君神道碑〉：

追惟皇考，孝於奉親，忠於事君，恭於立身，惠於臨人，總是四行，旁通具美，貽厥孫謀，以燕翼子。（卷一六，頁796）

此舉四項，諸文中以舉四項者最多見，〈岐州刺史平泉男陸君墓誌銘〉亦然：

若夫孝盡愛敬之衷，悌包友順之節，仁協返身之恕，義適成物之和，四者禮之善物歟？吾友嘗從事於斯矣。（卷二二，頁1062）

〈郭知運神道碑〉同：

孝則天錫釜金，忠則帝章冕服，仁則猛獸不害，信則童兒不欺。豈直介休見有道之碑，略陽聞立德之傳而已。（卷一七，頁826）

上一節很多例子也是如此，在此就不複述了。至於〈錢本草〉游戲筆墨，則直舉至七：

一積一散謂之道，不以為珍謂之德，取與合宜謂之義，使無非分謂之禮，博施濟眾謂之仁，出不失期謂之信，入不妨己謂之智。以此七術，精煉方可，久而服之，令人長壽。（補遺，頁1559）

此前學者多注意到張說文章有「運散體之氣於駢體之中」[71]的特點，但以通篇文體而論，除去那些作者仍存疑的傳奇小說，張說集中真正散行的文字，只有為郭元振所作〈行狀〉而已。張說大部分文章中，最常見的還是以排比代替對偶，尤其是隔句對偶。

為什麼這樣「化偶為排」，就能帶來「散行之氣」呢？試對比兩個文段，一是典型的六朝體墓誌，徐陵〈裴使君墓誌銘〉：

胡夷總至，猶持子路之纓；鋒刃相交，終荷溫生之節。每以財輕簣籜，義重嵩衡，割宅字貧友之孤，開門延故人之殯。[72]

再讀張說〈貞節君碣〉：

君子以為，急友成哀，高義也；臨危抗節，秉禮也；矯寇違禍，明智也；保邑匡勳，近仁也。義以利物，智以周身，禮以和眾，仁以安人。道有五常，鴻擅其

---

71 姜書閣：《駢文史論》北京：人民文學出版社，1986年，頁461。
72 （南朝）徐陵撰，許逸民校箋：《徐陵集校箋》，卷十，頁1323。

四；武有七德，鴻秉其二。（卷一九，頁940）

這兩個文段，從內容來講，都是舉事例以稱揚其人忠義的品性。但徐陵寫完裴使君的殉國之忠後，便要用「每以」二字做轉語，再來寫其待友之義。張說便一氣直下，無此吞吐之態。這是因為對偶是一種具有封閉性的句法，「割宅字貧友之孤，開門延故人之殯」，意義已然完足，不可能順著往下敘寫，故須用虛字承接，以表另起之意；而排比則具有延展性，可以按照相同的句式不斷續寫下去。比如此處，張說若願意的話，完全可以寫出諸如「克期復命，守信也」之類的句子，以補足五常之數。

再進一步說，正因為句法封閉，所以對偶句中下句與上句的關係更加緊密，和下一聯的關係，反而是相對疏遠的。比如徐陵文中「義重嵩衡」一句，在落筆時首要的考量是要和上句「財輕篲箒」對仗，而不是要引出「割宅字貧友之孤」。而像「胡夷總至，猶持子路之纓；鋒刃相交，終荷溫生之節」這種常見的隔句對法，在寫第四個小句時，甚至要跳過第三個小句去和「猶持子路之纓」來對仗，故其本質上是頓挫的逆筆。而排比句組中，各句之間的關係則是一個緊跟著一個，乃直貫而下的順筆。當然，駢體這種句法特質，造就了潛氣內轉的美感，不可一概以「八代之衰」斥之。但張說當日化偶為排，使其文章具有一種飛流直下、勢不可當的氣格，自能令時人耳目一新，亦合乎他「大手筆」的身分，合乎玄宗當日想要營造的盛世氣象。高步瀛所謂「燕公文以氣勢勝」[73]，在句法層面，即當以此求之。

而且，值得注意的是，張說文中相鄰的排比句組，往往會以綱常名目為核心，形成一種遞進關係，如〈蒲津橋贊〉：

> 原夫天意，有四旨焉：濟人，仁也；利物，義也；順事，禮也；圖遠，智也。仁以平心，義以和氣，禮以成政，智以節財。心平則應，諧百神矣；氣和則感，生萬物矣；政成則乂，文之經矣；財節則豐，武之德矣。（卷一三，頁656）

如「濟人，仁也」──「仁以平心」──「心平則應，諧百神矣」，各排比句組中對應位置的小句之間，自成一種遞進關係。這就進一步加強了各句組間的內在聯繫，更增強了文章內部那種大踏步向前的氣勢。〈姚崇神道碑〉亦然：

> 君子曰：忠不忘親，仁也；哀不違事，義也；讓功辭邑，禮也；濟代全名，智也。仁以長人，義以和下，禮以安上，智以周身，宜其光輔四帝，軒冕三紀。（卷一四，頁744）

本節前文所舉〈唐故高內侍碑〉和〈貞節君碣〉也具有類似特點，在此就不一一分析了。

---

[73] 高步瀛：《唐宋文舉要・乙編》上海：上海古籍出版社，1982年，卷二，頁1428。

其實，即便是一般的兩句對仗，張說也很注意以綱常名目為核心，來構建這種內部的遞進聯繫，〈平偃師碑尾〉：

> 君子謂成其子而植乎身，義方也；愛其臣而及其祖，孝理也。孝以行惠，惠以察忠；義以立慈，慈以昭順。（卷一九，頁946）

即以「義」和「孝」來貫穿兩聯。再如〈祭殷仲堪羊叔子文〉云：

> 我聞立人之道，曰仁與義。仁者孝之先，義者忠之主。殷公為孝子，羊公為忠臣，行植晉國，德施荊人。（卷二三，頁1117）

〈鄭國夫人神道碑〉亦然：

> 又名子以義，成家以禮，忠者以令德為忠，信者以不欺為信。傳云去食存信，信而有徵；經云移孝為忠，孝則不匱。（卷二一，頁1035）

依照上文所論，這其實是在各組對句上施以統一的主題，以構建各組對句之間的聯繫，進而形成章法上的層進關係，同時也克服了對仗句法的封閉性。在此前的駢體中，這種貫穿性的句間脈絡並不多見。時人嘆服張說文章「用思精密」，[74]或許正坐此故。

在此還要思考一個問題：現代修辭學一般強調，排比必須重複三次，[75]以與對偶相區別。但對古人來說，這重分別並不重要，甚至現代漢語修辭學的創始人陳望道在其《修辭學發凡》中，還認為「排比格中也有只用兩句互相排比的，這與對偶最相類似」。[76]那麼，「兩句互相排比」和「對偶」之間的區別，究竟何在？或許就在於上文提出的「封閉性」和「延展性」的區別。比如庾信〈周柱國楚國公岐州刺史慕容公神道碑〉：

> 公經德秉哲，體道居貞，履貴思沖，居盈念損……立身行己，居安如墜；亡躬殉義，視險若夷。[77]

張說文則舉〈蒲津橋贊〉為例：

> 原夫天意，有四旨焉：濟人仁也，利物義也，順事禮也，圖遠智也。仁以平心，義以和氣，禮以成政，智以節財。（卷一三，頁656）

---

74 （五代）劉昫等撰：《舊唐書》，卷九七〈張說傳〉，頁3056。
75 如王希杰：《漢語修辭學》北京：商務印書館，2004年，頁264-265。
76 陳望道：《修辭學發凡》上海：上海教育出版社，2006年，頁201。
77 （南梁）庾信撰，（康）倪璠注，許逸民點校：《庾子山集注》北京：中華書局，1980年，卷一四，頁903。

同樣是八個四字句，在庾信這裡就是兩個單句對加一個隔句對，在張說這裡則是兩組排比。蓋庾信的句法追求各句之間字字相對而不同，甚至「居安如墜」和「視險若夷」中的「如」、「若」兩字都要區別，以避重複。力避虛字之重複，正是齊梁以降文體區別於前代的一大特色。而張說在句法上，反而是利用重複以加強氣勢，並賦予文句以可續寫的擴展性。因此，從這個角度來講，張說的「化偶為排」不僅僅是用排比句代替對偶句，其實也是直接在對偶句中，強化了排比的因素。這類句法之所以可以成立，正是因為在內容方面樹立了「忠孝仁義」等可以直貫首尾的主題。這類例句多是論列綱常之語，足見張說文章的倫理表達與句法的「化偶為排」之間，存在深刻的內在聯繫。

總之，由於所舉出的儒學倫理綱目常常多於兩項，為對偶句法所難以涵容；且欲將「忠孝仁義」等倫理主題寫足，更需用直貫之筆，故張說採取了「化偶為排」的辦法，一方面是以排比代替對偶，另一方面是把排比的因素融入對偶。「燕公體」氣勢雄盛的特點，便與這種句法特徵大有關係。

四　直引經傳的用典方式

張說文章在用典方面，也有一個顯著的特點，就是常常直接引用經傳。梁昭明太子蕭統〈與湘東王書〉云：

> 若夫六典三禮，所施則有地，吉凶嘉賓，用之則有所。未聞吟詠情性，反擬〈內則〉之篇；操筆寫志，更摹〈酒誥〉之作；遲遲春日，翻學《歸藏》；湛湛江水，遂同《大傳》。[78]

在齊梁以降的文學觀念中，經傳與文章，所用各異，故文士「建言修辭，鮮克宗經」[79]，其中一個表現就是很少像漢代文章那樣直接徵引經傳文字。即便在王言或典禮等場合下的應用文字中徵引經傳，亦如孫德謙所言，「必易一二字，不欲有同抄襲」[80]。張說則不然，往往在各體文章中，直接徵引經傳之文。但在組合經文上，則頗下工夫。如〈贈太尉裴公神道碑〉收尾處即連引三段：

> 詩云：「文武吉甫，萬邦之憲。」上公有焉。又曰：「彼美孟姜，德音不忘。」小君有焉。《孝經》云：「立身行道，以顯父母。」侍中有焉。（卷一四，頁725）

先後引《詩》中〈六月〉及〈有女同車〉，又引《孝經・開宗明義章》。不過《孝經》原

78　（唐）姚思廉：《梁書》北京：中華書局，1973年，卷四九〈文學傳上〉，頁690。
79　（南朝）劉勰著，（清）黃叔琳注，李詳補注，楊明照校注拾遺：《增訂文心雕龍校注》，卷一，頁26。
80　孫德謙：《六朝麗指》，王水照主編：《歷代文話》，第九冊，頁8448。

文云:「立身行道,揚名於後世,以顯父母,孝之終也。」[81] 這種把不相連屬的經文連在一起的用典方式,乃張說所慣用,如〈大唐開元十三年隴右監牧頌德碑〉:

> 《周禮》:「校人掌王馬之政,天子十二閑,馬六種。」閑為一廄,馬二百一十六,應乾之策也。六廄成校,五良一駑,是之謂小備。(卷一二,頁608)

此節至「馬六種」,為《周禮》經文。不過原文中「校人掌王馬之政」與「天子十二閑,馬六種」並不相連屬。至於「閑為一廄」以下云云,乃涵括鄭注之義。[82] 又如〈盧舍那像贊序〉:

> 《詩》云:「哀哀父母,生我劬勞。欲報之德,昊天罔極。」是傷不可止之戀,而懷無所及之感。(卷一三,第675頁)

此引《詩·蓼莪》成句。然「哀哀父母,生我劬勞」與「欲報之德,昊天罔極」[83] 原文亦不連屬。以上為同書相屬之例。還有異書相屬者,如〈大唐祀封禪頌〉:

> 昔人云,自西自東,自南自北,無思不服,今信知聖人作而萬物睹,其心服之之謂矣。(卷一二,第610頁)

「自西自東,自南自北,無思不服」乃《詩·文王有聲》之成句,「聖人作而萬物睹」則出《易》乾卦之〈文言〉。再如〈廣州都督嶺南按察五府經略使宋公遺愛碑頌〉:

> 鴻飛遵渚,於汝信處;龍章袞衣,以我公歸。郁陶乎人思,嗟嘆之不足。(卷一二,頁710)

《詩·九罭》:「鴻飛遵渚,公歸無所,於女信處。」此段前二句截去「公歸無所」而用之;〈九罭〉又云「是以有袞衣兮,無以我公歸兮。」[84] 此段中二句反其義而用之。「郁陶乎人思」化用偽《古文尚書》中〈五子之歌〉的「郁陶乎予心」,[85]「嗟嘆之不足」則〈詩大序〉之原文。[86] 再如〈四門助教尹先生墓誌銘〉:

> 為仁由己,三月不違。謙成德柄,學也身基。辟雍洋洋,可以療饑。環林之下,可以棲遲。(卷二二,頁1081)

81　(唐)李隆基注,(宋)邢昺疏:《孝經注疏》,卷一《開宗明義章》,《十三經注疏》,頁5526。
82　(漢)鄭玄注,(唐)賈公彥疏:《周禮注疏》,卷三三《校人》,《十三經注疏》,頁1857-1858。
83　(漢)毛亨傳,(漢)鄭玄箋,(唐)孔穎達疏:《毛詩正義》,卷一三《蓼莪》,《十三經注疏》,頁986-987。
84　同上註,頁853-854。
85　(傳)孔安國注,(唐)孔穎達疏:《尚書正義》,卷七,《十三經注疏》,頁331。
86　(漢)毛亨傳,(漢)鄭玄箋,(唐)孔穎達疏:《毛詩正義》,卷一,《十三經注疏》,頁563。

「為仁由己」出《論語・顏淵》,「三月不違」出《論語・雍也》。[87]《詩・衡門》云「衡門之下,可以棲遲。泌之洋洋,可以樂飢」[88],此段據尹先生四門助教的身分換為「辟雍」、「環門」。凡此等例,雖用成句,拆出之後,復加連屬,而有辭如己出的效果,不得不嘆其為修辭老斲輪手。

更有趣的是,張說還常用經傳成語來組成對句,如〈祁國公碑〉:

> 明明天子,擇賢共理;瑣瑣姻婭,則無膴仕。(卷一四,頁710)

「明明」二語乃新撰,「瑣瑣」二句則用《詩・節南山》以對之。[89]又如〈蒲津橋贊〉:

> 《易》曰:利涉大川,濟乎難也。《詩》曰:造舟為梁,通乎險也。(卷一三,頁655)

「利涉大川」乃爻辭常見之語,「造舟為梁」則出〈大明〉篇。[90]又如〈唐故廣州都督甄公碑〉:

> 觀夫果於事,喻於義,下學而上達,強立而知類。(卷一八,頁884)

「喻於義」出《論語・里仁》,「下學而上達」出《論語・憲問》,[91]「強立而知類」則檃栝《禮記・學記》之語。[92]又如〈鄭國夫人神道碑〉:

> 傳云去食存信,信而有徵;經云移孝為忠,孝則不匱。(卷二一,頁1035)

「去食存信」出《論語・顏淵》,[93]「信而有徵」見《左傳・昭公八年》,[94]「移孝為忠」乃檃栝《孝經・廣揚名章》之語,[95]「孝子不匱」則《詩・既醉》之語也。[96]此類雖遍用各經,而不失對仗之工,尤見匠心。考《宋史・藝文志》收《燕公事對》十卷,[97]今雖亡佚,但參照《玉海》所記陸贄《備舉文言》乃「摘經史為偶對類事」[98]之書的記

87　(唐)何晏集解,(宋)邢昺疏:《論語注疏》,卷一二,又卷六,《十三經注疏》頁5436、5381。
88　(漢)毛亨傳,(漢)鄭玄箋,(唐)孔穎達疏:《毛詩正義》,卷七,《十三經注疏》,頁802。
89　同上註,頁945。
90　同上註,頁1091。
91　(唐)何晏集解,(宋)邢昺疏:《論語注疏》,卷四,又卷一四,《十三經注疏》頁5367、5459。
92　(漢)鄭玄注,(唐)孔穎達疏:《禮記正義》,卷三六,《十三經注疏》,頁3297。
93　(唐)何晏集解,(宋)邢昺疏:《論語注疏》,卷一二,《十三經注疏》,頁5437。
94　(晉)杜預注,(唐)孔穎達疏:《春秋左傳正義》,卷四四,《十三經注疏》,頁4456。
95　(唐)李隆基注,(宋)邢昺疏:《孝經注疏》,卷七,《十三經注疏》,頁5562。
96　(漢)毛亨傳,(漢)鄭玄箋,(唐)孔穎達疏:《毛詩正義》,卷一七,《十三經注疏》,頁1156。
97　(元)脫脫等撰:《宋史》北京:中華書局,1985年,卷二百七〈藝文志六〉,頁5293。
98　(宋)王應麟撰,武秀成、趙庶洋校證:《玉海藝文校證》南京:鳳凰出版社,2013年,卷二十一,頁1010。

載，張說此書或許正是有意摘取經史為對之作，故臨用之際，乃能如此恰切精工。

葉夢得《避暑錄話》卷上云：

> 前輩作四六，不肯多用全經語，惡其近賦也。然意有適會，亦有不得避者，但不當強用之爾。子瞻作〈呂申公制〉云：「得天下之大老，彼將安歸？」乃至「國人皆曰賢，夫然後用」。氣象雄傑，格律超然，固不可及……自大觀後，時流爭以用經語為工，於是相與裒次排比，預蓄以待用。不問其如何，粗可牽合則必用之，雖有甚工者，而文氣掃地矣。[99]

通唐宋而觀之，「用經語」的風氣，其實正是始於張說。其效果則如葉夢得所言，一是可使「氣象雄傑」，因經文本身具有無可辯駁的正確性，有一種言出如山的莊嚴感。施諸文章，自能令文勢雄壯。其次則可令「格律超然」，蓋經文大率出於三代，辭氣高古，錯落於文中，自然與齊梁以下格律不同。最後，六朝文章家偶用經傳語，多出自《詩》、《書》、《易》、《左傳》，而張說在此之外，更好用《論語》、《孝經》。即用《詩》、《書》之處，亦每引表彰忠孝仁德之語，這也正強化了文章的倫理色彩。至於組織經文，以備對仗，在宋以降的四六中，甚至更形成了「經語對經語，史語對史語，詩語對詩語，方妥帖」[100]的軌範。

總之，大量直接運用經傳成句，拼貼串聯，以達到辭如己出的效果，乃是張說文章上異六朝初唐，下啟宋人四六的一大特點。「燕公體」的儒學氣息，與這種特殊的用典方式也深有關係。只是隨著盛唐文章復古之風轉盛，文士常以「平生屬文，格不近俗，凡所擬議，必希古人，魏晉以來未嘗留意」[101]等語自許，一味擬古用經，轉失張說出入今古、遣運自如之妙。這就要等到韓愈以「惟古於詞必己出，降而不能乃剽賊」[102]之論來扭轉了。

五　結語

為確保唐王朝意識形態儒家化的徹底性，張說尤為看重儒學倫理的意義，其文章在文體形式上的新變，與其倫理內核之間也存在著十分緊密的聯繫：在體式方面，張說往往破體為文，改變六朝初唐的舊貫，以強化對「忠孝仁義」的書寫；在句法方面，則以

99　（宋）葉夢得撰，徐時儀整理：《避暑錄話》鄭州：大象出版社，2019年，卷上，頁45。
100　（宋）謝伋：《四六談麈》，王水照主編：《歷代文話》，第一冊，頁34。
101　（唐）蕭穎士著，黃大宏、張曉芝校箋：《蕭穎士集校箋》北京：中華書局，2017年，卷三〈贈韋司業書〉，頁75。
102　（唐）韓愈著，劉真倫、岳珍校注：《韓愈文集匯校箋注》北京：中華書局，2010年，卷二四〈南陽樊紹述墓誌銘〉，頁2576。

「化偶為排」之法，涵容多項並立的倫理主題；在用典層面，則通過直引經傳的方式，既見遣運之妙，又增強了文章的儒學氣質。由是造就一種寬博典重、氣勢凜然的風格，上追兩漢而下啓韓柳，「開出真正的唐文宗派」。[103]在後人「唐文三變」之說中，牢牢占據了中堅的位置。[104]

然而，在此還需要指明兩個問題：

其一、作為朝廷的「大手筆」，張說在面向公眾的寫作中，雖然經常在強調儒家倫理的意義，但他本人在思想方面，其實更偏向北宗禪。陳弱水曾指出，唐前期士人中普遍存在一種外儒而內釋或內道的「二元世界觀」，[105]張說亦然。[106]朱熹說「韓退之喚做要說道理，又一向主於文詞」[107]，移來評價張說更切。退之在唐代，已經算是很要「說道理」的了。張說雖然敏銳地意識到了，「受命於天」的舊理論，並不能徹底保證儒學作為意識形態主導的地位，但最終也未能建立一個植根於儒學倫理的思想體系；

其二、張說在文章方面的成就並非盡出獨創，如其碑志傳狀記事徵實，此或自楊炯來；代朝廷立言，引經據典，不雜二氏，此蓋自「吳富體」來；[108]若贈序諸體輕風物、重議論，勉人以德，此或自陳子昂來……但一方面張說能夠充分吸收諸家之長，為己所用；另一方面因其崇高的政治地位與「一代文宗」的身分，他還積極提攜後進、評騭文風，切實地扭轉了文壇的風氣，這是四傑、陳子昂等中下層文士所難以望其項背的。

唐玄宗在位後期，出於求長生、祈福壽的私心，對神仙方士愈加信任，甚至在國家祭祀中不斷擴展道教儀軌和神仙崇拜，[109]事實上已經破壞了張說當年苦心經營的禮樂體系，偏離了意識形態儒家化的路徑。但張說的文風，在詞臣群體中仍代有傳人，如張九齡、孫逖、王縉、于邵、楊炎、常袞、權德輿等，皆其著者。這些中央詞臣與復古文士多有互動，最終促成了中唐儒學的復振與新變。由此可見，文辭具有足以掙脫君權束縛的力量，甚至可以起到引領思想的作用。陳弱水認為，五世紀到十一世紀「知識界中的領導者大多為文學家……八、九世紀之交的思想突破即是起於這個群體」[110]。張說及其文章在思想史上的地位與影響，仍是有待深入探索的命題。

---

103 瞿兌之：《中國駢文概論》北京：中國書店出版社，1985年，頁39。
104 許結：〈論唐文「三變」史觀與文學代際演變〉，《文藝理論研究》，2003年第5期，頁31-39。
105 陳弱水：〈墓誌中所見的唐代前期思想〉，收入《唐代文士與中國思想的轉型（增訂本）》，臺北：臺大出版中心，2016年，頁111-136。
106 最明顯的例子是純粹個人抒情性質的〈虛室賦〉，多言「巧智首亂，禮樂增矯」，而歸結於「心元是幻，法本皆空，莫不因無證實，假異生同」云云，《張說集校注》卷一，頁12-13。參看楊潔琛：〈初論張說與北宗禪〉，《甘肅社會科學》，2003年第2期，頁26-28。
107 （宋）黎靖德編，王星賢點校：《朱子語類》北京：中華書局，1986年，卷一二二，頁2952。
108 參看胡可先：〈論「吳富體」的特徵和影響〉，《江海學刊》，2001年第3期。
109 吳麗娛：《禮與中國古代社會》，隋唐五代宋元卷，頁91。
110 陳弱水：《唐代文士與中國思想的轉型（增訂本）》，頁7。

動詞與秩序：李賀詩歌的主體建構

解雯雯

北京師範大學文學院

唐五代筆記小說記載了一些李賀的軼事，《劇談錄》載元稹明經擢第拜訪李賀，「賀攬刺不容」，「亦以輕薄，時輩所排」[1]；《幽閒鼓吹》載李賀「傲忽」[2]，不得人心，以致表兄將其詩稿擲入溷中，因而篇什流傳不多。以上是小說家言，朱自清先生《李賀年譜》已經證偽。不過讀者對李賀性格的猜測相當接近，很大程度源自詩歌對作者個性的提示。從詩人的角度來看，創作是對自身經驗的整合，也唯有在體驗對象化的過程中，所謂的「主體性」才有可能進入視野，[3]但這裡的主體並不具備經驗的實在性，僅僅是一種反思與語言建構的產物，與詩人本人仍有距離。

李賀的創作心理向來是研究重心，研究者們或以詩人的身世比附文本，[4]或以修辭的闡釋反推詩人的精神狀態，[5]不一而足。筆者認為，與其懸想詩人的心靈世界，不如回歸文本的主體建構，考察詩歌的經驗世界，分析詩人建構的主體形象，後者無疑具備更堅實的論證基礎。長期以來，在體裁、題材、比喻、通感、意象、設色、用字等範疇之外，有一個非常重要的因素一直沒有得到重視，那就是李賀詩中數目龐大的動詞。錢鍾書先生曾指出，李賀詩歌「其每分子之性質，皆凝重堅固；而全體之運動，又迅疾流轉」[6]，後來有著眼於「凝重堅固」者，對「全體之運動」卻鮮有關注。實際上這一貫穿李賀創作的用詞習慣對詩歌主體的建構意義重大。本文將從動詞切入，分析李賀詩中

---

[1] （唐）康駢：《劇談錄》北京：中華書局，1991年，頁144。

[2] （唐）張固：《幽閒鼓吹》北京：中華書局，1991年，頁2。

[3] 海德格爾指出，「倘若我們想要研究自身，那麼我們並不應當朝向意識內部，企盼著在其中尋找到某個難以捉摸的『我』，相反，我們應當面向世界的體驗，在那兒我們將發現那置於境域之中的自身」，轉引自（丹麥）丹・扎哈維著，蔡文菁譯：《主體性和自身性——對第一人稱視角的探究》上海：上海譯文出版社，2008年，頁104。

[4] 例如陳友冰：〈論李賀的抑鬱氣質和躁動心態〉，《江淮論壇》，1993年第3期；陳允吉：〈李賀：詩歌天才與病態畸零兒的結合〉，《復旦學報》（社會科學版），1988年第6期；陳友冰：〈李賀鬼神詩的文化背景〉，《遼寧大學學報》（哲學社會科學版），1993年第3期，等等。

[5] 例如林繼中：〈幻覺思維：李賀詩歌探秘〉，《中州學刊》，1996年第2期；王玉民：〈李賀詩歌中的通感、幻覺和高峰體驗〉，《承德民族師專學報》，1996年第1期；孟修祥：〈李賀的變態心理與詩歌創作〉，《湖北大學學報》（哲學社會科學版），1990年第3期；陶爾夫：〈李賀詩歌的童話世界〉，《文學評論》，1991年第3期，等等。

[6] 錢鍾書：《談藝錄》北京：生活・讀書・新知三聯書店，2001年，上卷，頁156。

的經驗世界，探索經驗主體的建構過程。在此基礎上，本文也試圖在非常有限的範圍內，謹慎地論述詩人的建構背後可能的存在的深層心理機制。

一　動詞與經驗的秩序

　　對象化的物象構成了詩歌經驗的主體。主體向物象投射意向性，將物象轉化為攜帶意義的感知，這一轉化是主客體在意義上的融合，具有鮮明的個性印記。對動詞的偏好是李賀處理物象最明顯的特徵之一，直接影響了詩中經驗秩序的建構。

　　詩歌中動詞的討論涉及景物描寫動靜關係這個傳統話題，有「以動襯靜」、「化動為靜」和「化靜為動」等說法。這種技術性的歸納仍停留在文學現象的表層，沒有深入主客體關係的核心。從認知的規律來看，動與靜涉及時間與空間兩個維度，是構成人類一切經驗的基礎。當然，動詞也可以與空間相關，但僅靠物象的空間位移並不足以反映整體的空間結構，後者才是通常意義上的空間秩序，是相對靜態的組織關係。我們認為，動態物象展示了時間的過程，靜態物象則貼近空間一維，動靜關係本質上是時間與空間的辯證關係：「以動襯靜」、「化動為靜」重點在「靜」，強調物象空間結構的穩定性，尤其「化動為靜」，更是在永恆流轉的外部世界捕捉即時的靜態印象；「化靜為動」則在靜態的空間關係中引入時間的維度，這一轉換過程必然伴隨空間感的減弱，只是大多數情況下，一首詩中動詞數目有限，輔以讀者的空間想像力，動態物象不至於造成空間秩序的混亂。然而在李賀的作品中，數目過多的動詞已經在妨礙讀者的空間感知，《昌谷詩》是典型的例子：

> 昌谷五月稻，細青滿平水。遙巒相壓疊，頹綠愁墮地。
> 光潔無秋思，涼曠吹浮媚。竹香滿淒寂，粉節塗生翠。
> 草發垂恨鬢，光露泣幽淚。層圍爛洞曲，芳徑老紅醉。
> 攢蟲鎪古柳，蟬子鳴高邃。大帶委黃葛，紫蒲交狹涘。
> 石錢差複藉，厚葉皆蟠膩。汰沙好平白，立馬印青字。
> 晚鱗自遨遊，瘦鵠暝單跱。嘹嘹濕蛄聲，咽源驚濺起。
> 紆緩玉真路，神娥蕙花裡。

「紆緩玉真路」是這部分唯一一處對空間的說明，它的提示作用過於珍貴，宇文所安稱其為「路標」[7]。在「路標」出現之前，十二聯詩有「壓」、「墮」、「吹」、「垂」、「泣」、「鎪」、「鳴」、「委」、「交」、「藉」、「印」、「遊」、「跱」、「濺」等十四個動詞，既有單個

---

[7] （美）宇文所安：《中國「中世紀」的終結：中唐文學文化論集》北京：生活・讀書・新知三聯書店，2006年，頁35。

物象的動作，也有物象間的動作。這裡動詞已經不再是修辭的點綴，而在經驗整合中發揮著結構性的功能，彷彿一個又一個動作特寫的連綴，就是主體對世界全部的交待。斷片式的序列結構自然也對經驗世界進行了一定的擇取和組織，但其中缺乏某種更為明確的可辨認的認知架構，主體的經驗之流似乎始終漂浮在印象的表層，難以構成整體的意義情境。儘管詩人努力描繪了豐富的物象，但讀者卻沒有對昌谷達成任何完整的或者局部的空間認知，除了一堆體驗的碎片。類似的經驗模式不斷重複，只是在篇幅短、物象關係簡單的詩中容易被忽略，例如：

> 小樹開朝徑，長茸濕夜煙。柳花驚雪浦，麥雨漲溪田。
> 古剎疏鐘度，遙嵐破月懸。沙頭敲石火，燒竹照漁船。(《南園十三首·十三》)

> 河轉曙蕭蕭，鴉飛睥睨高。帆長摽越甸，壁冷掛吳刀。
> 淡菜生寒日，鮞魚噞白濤。水花沾抹額，旗鼓夜迎潮。(《畫角東城》)

一旦涉及物象繁多、空間關係複雜的情況，《昌谷詩》的情況就又出現了：

> 古春年年在，閑綠搖暖雲。松香飛晚華，柳渚含日昏。
> 沙砌落紅滿，石泉生水芹。幽篁畫新粉，蛾綠橫曉門。
> 弱蕙不勝露，山秀愁空春。舞珮剪鷺翼，帳帶塗輕銀。
> 蘭桂吹濃香，菱藕長莘莘。(《蘭香神女廟》)

這再次提示我們，主體空間秩序的組織是不清晰的，我們不能將《昌谷詩》、《蘭香神女廟》中空間秩序的混亂簡單視為某種寫作實驗的失敗，而應該將它們用作放大器，它們充足的體量、龐雜的物象群、以空間關係為核心的構思，都放大了主體經驗隱秘的特質。這一特質正是通過動詞建構的。

格式塔心理學的「圖形──背景關係」提出，「在特定的知覺範圍內，知覺對象並不是同等重要。有些對象輪廓分明，凸顯出明顯被感知的圖形；而另一些對象則退居次要地位，成為圖形的背景」[8]，圖形和背景只能有一個被凸顯，不能同時強調。《齊物論》其實早有類似的說法：「有成與虧，故昭氏之鼓琴也；無成與虧，故昭氏之不鼓琴也」，「鼓商則喪角，揮宮則失徵」[9]。言說即遮蔽，任何付諸文字的物象（圖形）總是在遮蔽作為整體的景觀（背景），圖形越凸顯，背景就越隱晦。研究者同時指出，運動事物的圖形屬性較之靜止的事物更強，[10]當物象都被賦予動作的屬性時，都力求脫離背景凸顯自身，就喪失了整體的穩定性。對比同樣排列物象的〈天淨沙·秋思〉，我們會

8　齊振海、閆嶸：〈空間認知的語言與心智表徵〉，《外語學刊》2015年第4期。
9　（清）郭慶藩：《莊子集釋》北京：中華書局，1985年，頁75、76。
10　王寅：《構式語法研究》上海：上海外語教育出版社，上卷：理論思索，第424。

直觀感受到密集的動詞對空間建構的干擾。「枯藤老樹昏鴉，小橋流水人家，古道西風瘦馬」，小令的前三句並列了九個物象，沒有出現一個動詞或介詞，卻沒有引起任何理解上的障礙。細究之「『枯藤老樹昏鴉』中的『枯藤』和『老樹』是靜態的，『鴉』相對於動態的，是相對形狀較小，可以發出聲音的動物，動態的『鴉』在此句中是圖形，而靜態的『枯藤』和『老樹』則是背景」[11]，這樣便描繪出一幅動靜結合的深秋圖景。同理，「流水」、「瘦馬」也更容易從「小橋」、「人家」、「古道」、「西風」中凸顯出來，九個物象看似並列，實際上認知的先後、主次都有區別，顯然李賀以動詞建構的經驗模式缺乏這樣的層次，也因此缺乏〈秋思〉的空間感。

這是否意味著李賀詩中有更明晰的時間秩序呢？遺憾的是經驗整合的時間線索也不分明。文學作品中的「時間」較之物理學上的絕對時間，更接近伯格森提出的「綿延」，即「意識狀態的互相融化以及自我的逐漸成長」[12]，是意識在狀態而非形式上的延續。李賀詩中的物象基本上屬於表像的疊加，透過這些表像的序列難以覺察某個穩定的、發展著的主體視角，「詩人的關注點在各個方向、各種程度上狂亂地來回搖盪」、「重複迷失的體驗」[13]，時間並不構成主體自我感知的媒介或者自我意義實現的媒介，秩序自然無從談起。即便將時間簡化為客觀純一的媒介，漢語的線性特徵也註定了這種經驗模式在時間維度上的先天不足，認知語言學的研究發現：「漢語的語言表徵在時空關係上與現實表徵具有更多的一致性」[14]，漢語容易將語言的線性次序解釋為時間次序，物象動作特寫的連綴在文本上是線性的歷時關係，而同一空間物象的運動很難說是接續的，這帶來了接受的阻力。景物描寫所謂的時間秩序，可能更接近「移步換景」的寫法，主體意識在時間的推進中顯現，情緒不斷積蓄，思想不斷發展。以韓愈《山石》為例，《山石》提供了一條明確的時間線，所有物象都隨著抒情主人公觀察的時間順序展開，正好與閱讀的時間進程吻合，遊覽的過程也是抒情主人公自我覺知逐漸明朗的過程，最終發出「人生如此自可樂，何必局束為人鞿」的感慨，經驗之流到此也戛然而止。

值得注意的是，儘管李賀詩中時間的秩序相當模糊，「生命意識」卻是李賀研究的重要話題。[15]對時間的體認固然是生命意識的根基，只是李賀詩中的生命意識並非通過現實時間的經驗實現，而是通過引入神仙世界加以凸顯，「南風吹山作平地，帝遣天吳移海水。王母桃花千遍紅，彭祖巫咸幾回死」(《浩歌》)；「羲和騁六轡，晝夕不曾閑。

---

11 梁昭、劉代英：〈基於圖形背景理論的〈天淨沙・秋思〉認知詩學解讀〉，《名作欣賞》，2012年第8期。
12 （法）伯格森著，吳士棟譯：《時間與自由意志》北京：商務印書館，2017年，頁79。
13 （美）宇文所安：《中國「中世紀」的終結》，頁36。
14 劉宇紅：《認知語言學：理論與應用》北京：中國社會科學出版社，2006年，頁37。
15 例如李軍：〈生命的沉思與悲歌——論李賀詩歌的生命意識〉，《廣西師院學報》，1994年第3期；張黎玲：〈李賀的生命意識及其詩歌創作〉，《雲南社會科學》，1996年第6期；張宗福：〈論李賀詩歌的生命意識〉，《四川師範大學學報》（社會科學版），2006年第4期等等。

彈烏崦嵫竹，抹馬蟠桃鞭」（《相勸酒》），這些詩句描繪了超越世界的動作，它們在無限的時間中無休止地重複，「強調一種職責和秩序，或是對宇宙規律的一種遵從」[16]，與這些具體、生動的描寫相比，李賀筆下的現實時間是極度扁平化的，沒有任何細節可言。《夢天》寫從仙界看人間：「黃塵清水三山下，更變千年如走馬。遙望齊州九點煙，一泓海水杯中瀉」；「置身霄漢，俯視天下皆小」[17]，人間的秩序，不論時間或空間，在宇宙的維度上都不值一提，無怪乎前人有「（《夢天》）是長吉為大千世界說法」[18]的論斷。錢鍾書先生指出，李賀「自天運立言，不及人事興亡」，「亦其出世法、遠人情之一端也」[19]，如果詩歌主體與詩人本人具有某些相似的屬性，這或許能在創作心理的層面解釋李賀詩歌經驗失序的原因。

二 動詞與主客體關係

李賀詩中的經驗世界不僅缺乏秩序，還充滿隔閡與衝突。大量物象間的動詞確立著動作主體與他者的區別：「更容一夜抽千尺，別卻池園數寸泥」（《昌谷北園新筍四首‧其一》）、「太華五千仞，劈地抽森秀」（《贈陳商》）、「芙蓉別江木」（《月漉漉篇》）等，遠離與對抗是以上詩句共同的主題，其實不論描述竹子生長、峭拔山勢還是菌苕凋零，動詞建構的二元關係都不是必須的，何況「劈」、「抽」等強悍的動作，這樣的設計與其說是表義的需要，不如說是態度與價值的流露，是主體內在疏離對立感的投射。語言學的研究將「劈」、「抽」之類具有強烈「動作的意義（motional meaning）」的動詞稱為「強動態」動詞，[20] 強動態動詞反映了動作的性質，是動作最為重要的特徵，「動作的方式如速度、幅度等體現了動作的性質，在意念上比動作發生時間或環境更與動作相關」[21]。強動態動詞一旦出現，便會立即占據核心位置：「暖霧驅雲撲天地」（《河南府試十二月樂詞‧三月》）、「旋風吹馬馬踏雲」（《神弦曲》）、「燕語踏簾鉤」（《賈公閭貴婿曲》）、「秋寒掃雲留碧空」（《谿晚涼》）等，這些詩句中的強動態動詞充分凸顯了物象緊張的關係，於疏離隔閡之外，更有殺伐之氣。單個意象也多用強動態動詞，「窗外嚴霜皆倒飛」（《夜坐吟》）、「落花起作迴風舞」（《殘絲曲》）、「霜花飛飛風草草」（《河南府試

---

16 陳友冰：〈李賀鬼神詩的定量分析〉，《文學評論》，2004年第1期。
17 （清）姚文燮：《昌谷集注》，轉引自（清）王琦評注，蔣凡校點：《三家評注李長吉歌詩》上海：上海古籍出版社，2022年，頁404。
18 （清）陳本禮：《協律鈎玄》，轉引自（唐）李賀著，王友勝、李德輝校注：《李賀集》長沙：嶽麓書社，2003年，頁35。
19 錢鍾書：《談藝錄》，上卷，頁180、179。
20 例如陳重瑜：〈「動性」與「動態」的區別：漢語與英語的狀態動詞比較〉，《語言研究》2002年第4期；左思民：〈動詞的動相分類〉，《華東師範大學學報》（哲學社會科學版），2009年第1期，等等。
21 秦洪武：〈語言結構的順序象似性〉，《外語研究》2001年第1期。

十二月樂詞・九月》)、「飛香走紅滿天春」(《上雲樂》)等，纖細如落花、秋霜，在主體的經驗中被賦予內在的爆發力，獲得一種前所未有的鋒利的屬性。

除了強動態動詞，物象還有大量情緒色彩濃烈的動詞：

　　缸花夜笑凝幽明（《河南府試十二月樂詞・十月》）
　　老兔寒蟾泣天色、芙蓉泣露香蘭笑（《李憑箜篌引》）
　　冷紅泣露嬌啼色（《南山田中行》）
　　山壘泣清露（《感諷五首・其五》）
　　烹龍炮鳳玉脂泣（《將進酒》）
　　蘭臉別春啼脈脈（《梁臺古意》）
　　黑水朝波咽（《感諷六首・其二》）
　　漏催水咽玉蟾蜍（《浩歌》）
　　露壓煙啼千萬枝（《昌谷北園新筍四首・其二》）

「笑」、「啼」之類激烈的動詞與強動態動詞類似，屬於高強度的動詞。物象或哭或笑，甚至哭與笑出現在同一句詩中，很難說其中有什麼一致的情感傾向，僅僅是無處不在的情緒刺激。這些高強度的動詞輔以詩中大量「愁」、「怨」、「悲」等情緒動詞，在物象世界濃重的悲劇氛圍中增添了淩厲的氣勢，豐富了情緒的層次，也推進了體驗的強度。「此在在其投身於世界時總以某種方式發現了自身，它總被某種情緒所觸發」[22]，物象世界強烈的情感刺激與揮之不去的悲劇色彩暗示著一個焦慮絕望的主體形象。

主體的焦慮與絕望在抒情主人公與物象的關係中表現得更為痛切。這裡有必要對文學作品的抒情主人公與主體做簡單的辨析。抒情主人公與作者形象不一致是淵源已久的話題，從元好問的「心畫心聲」到錢鍾書先生對「文如其人」的辯證，人們在指涉一個超越文本的作者的同時，將作者與文本互證，實際上兩者沒有可比性，作為反思和語言建構的主體可以回避這種極具風險的比較。作品中的抒情主人公則和物象一樣，都是主體對象化的經驗的構成部分，物象是經驗的寫照，抒情主人公則是藉以表達主體價值與態度的建構。

李賀詩中的物象或是在情緒上刺激著抒情主人公：「苦篁對客吟歌筒」（《溪晚涼》）、「宜男草生蘭笑人」（《河南府試十二月詞・二月》）、「桐風驚心壯士苦」（《秋來》）、「迴風送客吹陰火」（《長平箭頭歌》）；或是在空間上壓迫著抒情主人公：「花蔓閣行舟」（《春歸昌谷》）、「椒桂傾長席」（《潞州張大宅病酒，遇江使，寄上十四兄》）、「花枝蔓草眼中開」（《南園十三首・其一》）、「鳥重一枝入酒樽」（《昌谷北園新筍四首・其

---

22 （德）馬丁・海德格爾：《時間概念的歷史導引》，轉引自（丹麥）丹・扎哈維著，蔡文菁譯：《主體性和自身性——對第一人稱視角的探究》，頁106。

四》)等；動作的力度、速度增強，便發展為對抒情主人公的威脅與迫害：「峽雨濺輕容」（《惱公》）、「海風斷鬢髮」（《平城下》）、「東關酸風射眸子」（《金銅仙人辭漢歌》）、「雪霜斷人骨」（《公無出門》）等。相應地，抒情主人公對物象的動詞也很多，主要是強動態動詞和破壞性動詞：「踏天磨刀割紫雲」（《楊生青花紫石硯歌》）、「揭鐘高飲千日酒」（《河南府試十二月詞·十一月》）、「將鬢鏡上擲金蟬」（《屏風曲》）、「一雙瞳人剪秋水」（《唐兒歌杜䜣公之子》）、「裁生羅，伐湘竹」（《河南府試十二月詞·六月》）等。

抒情主人公與物象的對抗是物象間隔閡與衝突的延伸。我們發現，抒情主人公動作的強度增加，活動的空間卻在坍縮，兩者的落差指向一種痛切的困境，受困與掙扎是李賀詩中抒情主人公的主題。「韓鳥處矰繳，湘魚在籠罩。狹行無廊落，壯士徒輕躁」（《春歸昌谷》），如鳥困於矰繳、魚困於籠罩，抒情主人公心懷壯志卻舉步維艱，唯有徒勞的煩悶與躁動。聯繫《公無出門》對危險世界的描繪，這種困境是無可消解的。一般認為《公無出門》極言天地四方之惡的寫法受到了楚辭《招魂》的影響，但兩者的基調完全不同：《招魂》呼喚「歸來」、渲染故居樂土，《公無出門》往而難返，除非「帝遣乘軒災自息」，否則高潔如鮑焦、顏回、屈原，也只能忍受無情的摧殘，以至末句以聖賢早夭為幸。無可挽回的困境意味著無可慰藉的焦慮，與抒情主人公狂狷的個性、壓抑的命運構成奇特的張力，既無力徹底征服統攝物象，也無法作超然物外的靜觀，唯有持續以行動對抗外部的壓力，也在行動中摸索外部的秩序。當外界的壓力進一步迫近，動詞更將抒情主人公的不安盲目推向神經質。抒情主人公時常對外界事物有不能自抑的強烈反應，如：「走天呵白鹿，游水鞭錦鯉」（《蘭香神女廟》）、「霜花草上大如錢，揮刀不入迷濛天」（《北中寒》）、「刺豹淋血盛銀罌」（《公莫舞歌》）、「酒酣喝月使倒行」（《秦王飲酒》）等，用詞狠重，草木皆兵。

抒情主人公與物象誇張的互動是主客體關係建構的一個環節，與失序衝突的物象世界保持了體驗的一致性，共同指向主體充滿掙扎的生存體驗；除此之外，兩者之間還保持了邏輯的統一，經驗世界的混亂與不和諧本質上是主體掌控的失敗，緊張的主客體關係是這一失敗的必然結果。宇文所安將韓愈《南山詩》與李賀《昌谷詩》視為中唐詩歌自然景觀建構的兩種模式，前者「具有建築結構的自然景觀」，後者「缺乏建築秩序」，「缺乏視點的穩定性」。韓愈詩歌的經驗世界是對稱的、穩定的、整體的，是認識主體理念的倒影，「在慘澹經營這個微雕景觀的創造過程中，韓愈把自己放在了造物主的位置」[23]；李賀詩中的經驗世界則是破碎的、混亂的。難以把握、危機四伏的世界需要一個執著於行動的抒情主人公，這是詩歌經驗建構的必然與話語整體性的需求。主人公徒勞的掙扎既是對殘酷世界的說明，也是對主體反抗姿態的確立，唯有這樣的力量與勇氣才能匹敵詩中凌厲的物象與情緒的強度，保持抒情主人公形象的自洽。

---

23 （美）宇文所安：《中國「中世紀」的終結》，頁33-38。

然而話語層面的建構沒有消解主體認知的艱難與意志的痛苦，正如動詞沒有將抒情主人公與物象的關係向和諧的方向轉化。抒情主人公誇張的動作似乎在宣示對外部的征服，但毫無指望的掙扎與經驗世界整體的混亂又暴露了主體切實的困窘。這也許是李賀詩歌經驗書寫的「縫隙」，是文本意義融合的一處空白，它顯示出詩歌主體建構與詩人的情感、反思之間微妙的關係，借此我們有可能理解文本內在的生產機制與意義結構，將話語層面的特徵引向詩人的創作活動。

三　動詞・主體・詩人

從經驗世界的描繪來看，以動詞整合經驗是以某種認知模式為前提的，對詞類的描述同時反映對觀念的描述。動詞不僅指涉動作的主體與對象，也蘊含有關性質的具體的觀念，這是動詞與名詞不同而與形容詞更為接近的地方，從這個意義上看，動詞與形容詞都不具備名詞的抽象性，[24]它們背後是一種更為感性、具象的感覺模式。蔣寅先生在〈過度修辭：李賀詩歌的藝術精神〉一文中指出，在李賀詩歌中存在兩種對立的體物方式，一方面是通過動詞以及表現溫度觸覺的形容詞修辭名詞，使得空虛無形的物體變得有形有質，例如「羲和敲日玻璃聲」、「上前敲瘦骨，猶自帶銅聲」、「秋寒掃雲留碧空」、「腰圍白玉冷」等，皆有一種把握事物質地的欲求；另一方面，李賀詩中大量的比喻與借代又以對原詞性狀的描摹替代名稱，例如「新香幾粒洪崖飯」、「細青滿平水」、「細露濕團紅」等。體現出化實為虛、化具體為朦朧的體物傾向。這兩種不同的傾向在詩中同時大量存在，「使藝術意志在體物意向上的統一性被消解」，由此蔣寅先生認為，李賀對物象的處理方式並不源自藝術感覺的流露，而是自覺的、過度的修辭的結果。之所以會得出這樣的結論，是因為蔣寅先生賦予事物「質地」高於其他感官特徵的真實，由此區分出「虛―實」的兩極，其實不論是觸覺還是視覺、嗅覺，本質上都是對物象的感性描述，都是主體對事物的命名方式。「對事物的認知、對物的命名，已經包含了對物的性質之理解與描述，是實踐世界意義化的出發點。」[25]拒絕抽象正是主體經驗事物的模式，它意味著語言建構中對意義源頭的界定始終圍繞著直接的感官體驗展開，並不試圖在表像之下探尋某種理性的結構，經驗秩序的缺失和主客體關係的緊張都是這種經驗模式的後果，給歷代讀者留下李賀詩歌少「理」的印象。

不過，仍有人認為李賀的創作具備獨特的深度：「賀之為詩，冥心孤詣，往往出筆墨蹊徑之外，可意會而不可言傳。嚴羽所謂詩有別趣，非關於理者，以品賀詩，最得其

24　（法）保羅・利科著，汪家堂譯：《活的隱喻》上海：上海譯文出版社，2016年，頁 148。
25　趙毅衡：《哲學符號學 意義世界的生成》成都：四川大學出版社，2017年，頁23 。

似」[26];「賀之所長，正在理外」[27];「此可以形象會，不當以義理求者也」[28]……這種獨特的魅力也許正源自感覺的深度。李賀詩中經驗的圖式與感情的架構都以感性方式呈現，並由此獲得解釋。符號化的過程伴隨新的示意系統的介入，在抽象的指涉中將理念導向感知，極大程度地拓展了表意的外延。就動詞而言，動作關係的確立同時是關係性質的確立，開放的意義機制使得經驗的對象化「更深地捲入了主體的個別、具體意識」[29]。需要指出的是，符號系統的延展實現了意義的雙向拓展，在完成主體自我延伸的同時，也影響著主體對世界的體驗與認知，「主體使用符號指稱對象，將主體意向性投射於所言說的對象時，對象在主體的意識中發酵，從而形成（對於主體而言）的新方面，反過來充實豐富了主體的存在」[30]，賦予主體體驗維度上敏銳的覺察和深切的關懷。

將詩歌的經驗視為詩人的一種符號設計，便會觸及詩人自我指涉的話題。在這個領域，我們試圖理解李賀詩歌的主體建構對詩人本人的意義。正如研究者們慣常指出的，李賀高貴的出身、過人的才華、坎坷的命運都是影響其創作風貌的重要因素，但這些現實的因素並不直接構成對文本的解釋，因為創作不是意義的展示，而是意義的探尋。「一旦意義已經被解釋出來，符號的必要性就被取消」[31]，在意義闕如的地方，創作才有存在的必要，創作開啟了自我，賦予詩人對經驗的解釋以及藉以指導存在的模式。

就詩人與世界的關係而言，經驗「失序」的言說正是另一層面上對秩序的確立。李賀詩歌經驗世界失序的情況，早在宋人就有「摘裂險絕」[32]、「春拆紅翠」[33]、「百家錦衲」[34]等說法，無不暗指詩歌物象破碎、缺乏整體性。李商隱《李賀小傳》中提及李賀奇特的創作方式：「從小奚奴，騎距驢，背一古破錦囊，遇有所得，即書投囊中」[35]，「古錦囊」的故事在後世廣為流傳，至今仍被一些研究者用以解釋李賀詩歌結構的問題。這種論述的缺陷在於它將詩人取材的方式等同於主體經驗的方式，忽略了從材料到作品之間藝術思維的介入，本質上也是將詩人與主體混為一談。對於探究詩人的創作意

---

26 王培軍：《四庫提要箋注稿》上海：上海大學出版社，2019年，頁77。
27 （宋）劉辰翁：《箋注評點李長吉歌詩》卷首，轉引自吳企明編：《李賀資料彙編》北京：中華書局，1994年，頁57。
28 （清）賀裳：《載酒園詩話‧卷一》，轉引自吳企明編：《李賀資料彙編》，頁271。
29 文一茗：〈論主體性與符號表意的關聯〉，《社會科學》，2015年第10期。
30 文一茗：《敘述與自我》成都：四川大學出版社，2019年，頁40。
31 趙毅衡：《符號學：原理與推演》南京：南京大學出版社，2016年，頁46。
32 「李賀則摘裂險絕，務為難及，曾無一點塵嬰之」，吳曾：《能改齋漫錄‧卷十六》，轉引自吳企明編：《李賀資料彙編》，頁32。
33 「碧嘗讀《李長吉集》謂春拆紅翠，雲開蜃戶，其奇峭者不可攻也」，計有功：《唐詩紀事‧卷四十五》，轉引自吳企明編：《李賀資料彙編》，頁35。
34 「賀詞如百家錦衲，五色炫耀，光奪眼目，使人不敢熟視」，范晞文：《對床夜語‧卷二》轉引自吳企明編：《李賀資料彙編》，頁73。
35 （唐）李商隱：《李義山文集‧卷四》，轉引自吳企明編：《李賀資料彙編》，頁8。

圖而言，言說的內容並不重要，艾柯已經指出，任何試圖對文本意圖（作者意圖）的把握都存在文本與解釋之間的循環論證：「文本不只是一個用以判斷解釋合法性的工具，而是解釋在論證自己合法性的過程中逐漸建立起來的一個客體」，「被證明的東西已經成為證明的前提」[36]。重要的是「言說」這一行為本身的意義。創作預設了一個只向詩人顯現的宇宙，一切的存在都圍繞著詩人內心深處極端個人化的、隱蔽的、被抑制的深思、創傷與幻想展開，對這個經驗世界的把握強化了詩人的自我意識，詩人通過符號活動重新確定與世界的關係，彌合現實的縫隙，填補了意義的空白。

就詩人的身分認同而言，李賀詩中主體的建構基於詩人的經驗而超越了經驗本身，一方面極力渲染物象的威脅，一方面賦予主體決絕的戰鬥意志。主體的動作在失序的場景中引入了一個關於反抗的事件，承諾了一種基於行動的自由。在動作中，主客體的極性是不平衡的，主體通過動作確立了自身，獲得充分的自主。這既是對詩人痛苦經驗的補償，也是對詩人內心力量的召喚。「人類為了表現自己而尋找符號」[37]，儘管藝術對於實踐是不透明的，李賀短暫而失意的一生無可挽回地走向凋零，但在將自我文學化、陌生化的過程中，詩人得以凌駕於自身的缺失與苦難之上，重新接受並啟動存在的意義，在創作中獲得對抗空虛的支點。羅蘭·巴爾特說：「作家在把自己關閉在如何寫之中的同時，最終重新發現這個問題是非常開放的：世界的存在是為了什麼？事物的意義是什麼？總之，正是在作家的工作變成其自己的目的時，他重新發現了一種居中調解的特徵：作家把文學構想為目的，世界重新將這種目的作為手段還給他。正是在這種無限的失望之中，作家重新發現世界，即一個古怪的世界，因為文學將世界再現為一個問題，從來不最終地將其再現為一種答案。」[38]正是在這個意義上，「嘔心瀝血」不失為一個深刻的隱喻。

最後，考慮到中國古代知識分子的詩歌創作在某種程度上具有公開的性質，不論本人自覺與否，個體話語總在尋求與群體的對話。我們猜測，李賀詩歌的主體建構在促成詩人自我完成的同時，還存在自我表現的欲望與尋求認同的深層心理動機。據考證，與李賀往來過的人士有韓愈、皇甫湜等前輩，還有楊敬之、沈亞之、陳商等友人。將這些友人中的能詩者與李賀相較，便會發現他們的創作風格有共同之處，以楊敬之為例，楊敬之在憲宗朝也很有文名，其所作《華山賦》「最為韓愈、李德裕所稱，士林一時傳佈」[39]，《客思吟》更是「文情怪異，賦客路情景而悲愁慘淒，如同墓地……前後語意既不相連屬，意境也不統一、欠渾融，以上所述的幾個方面，都與李賀詩歌的措辭、結

---

36 （義）艾柯等著，王宇根譯：《詮釋與過度詮釋》北京：生活·讀書·新知三聯書店，1997年，頁78。
37 趙毅衡：《重新定義符號與符號學》《國際新聞界》2013年第6期。
38 （法）羅蘭·巴爾特著，懷宇譯：《文藝批評文集》北京：中國人民大學出版社，2010年，頁174。
39 （宋）計有功：《唐詩紀事》上海：上海古籍出版社2008年，卷五一，第776。

構頗為接近。」[40]前輩之中,對李賀影響最大的應該是韓愈,李賀詩歌主體的建構與韓愈有相似之處,例如追求主體性的凸顯、注重強動態動詞等。不過整體來看,韓愈對感官經驗的興趣相當有限,熱衷於孤立地描寫抒情主人公的行為,物象更是常常被大段的議論淹沒,動詞與強動態動詞的規模都遠不如李賀,尤其韓愈詩歌的主體總是與經驗世界保持著一定的距離,從宏觀上把握整體的秩序,與李賀詩中迷茫焦躁的主體形象區別很大。清代朱庭珍有「長吉奇偉,專工鍊句;退之奇偉,兼能造意入理」[41]的評論,我們相信,儘管李賀詩歌的主體建構不具備韓愈理念上的明晰與自信,但兩者之間氣質的親和營造了一個愉悅且寬容的話語環境,在其中李賀超群的感受力與卓越的語言天賦得以充分發展。群體的交流也使詩人的經驗超越了個體的視域,克服了短暫一生帶來的意義終結。

---

40 李德輝:《李賀詩歌淵源及其影響研究》南京:鳳凰出版社,2012年,頁155。

41 (清)朱庭珍《筱園詩話・卷三》,轉引自吳企明編:《李賀資料彙編》,頁381。

唐代日食禳救禮儀與相關表狀文意旨演變*

王　聰
北京中華女子學院文化傳播與藝術學院

　　日食，作為一種「俾晝為夜」的異常天象，在相當長的歷史時間內，引起君民的戒懼恐慌，在諸多災異徵應中是歷代君主最為關注的現象之一。早在周代即有對日食的記載，並認為與人事存在一定的關聯，《詩・小雅・十月之交》寫道：「十月之交，朔月辛卯。日有食之，亦孔之醜。彼月而微，此日而微；今此下民，亦孔之哀。日月告凶，不用其行。四國無政，不用其良。彼月而食，則維其常；此日而食，於何不臧。」[1]詩中明確提出發生日食的原因是「四國無政，不用其良」，政事荒廢，故天象告咎。這一思想影響深遠，《春秋》記災異，共記載日食發生達三十七次之多。漢代時候，司空李郃曾向漢安帝劉祜上書言：「夫至尊莫過乎天，天之變莫大乎日食。」[2]日食被解釋為以陰犯陽，通常認為是對皇權統治影響最為嚴重的災異之一。[3]唐代處於天人關係的轉折時期，日食發生後積極採用前代的修德禳救方案，目前學界對日食禳救儀式給予了一定關注，[4]但與儀式相伴隨的表狀文尚未作為專門的研究物件，尤其是在輔臣表狀文中呈現出的對太陽不虧（日食未按預測發生）的政治解讀與道德闡釋，很能體現唐人的變通思維與災祥觀念的轉變。

一　「合朔伐鼓」祈禳儀式與內涵

　　唐代在日食禳救上充分繼承了前代的禮儀制度，一旦預測正月朔日發生日食，君主

---

* 【基金項目】國家社會科學基金重大項目「中國古代都城文化與古代文學及相關文獻研究（18ZDA237）；北京市社會科學基金青年項目「唐代都城的禮儀空間與文學文獻研究」（23WXC006）；中華女子學院校級重大課題《〈唐兩京城坊考〉長安引文考論》（2023QN-0108）
1　《毛詩正義》，卷第十二之二《十月之交》，見《十三經注疏》，頁445。
2　《後漢書》，志第十八《五行志六》注二，頁3365。
3　（唐）李淳風：《乙巳占》，卷一《日蝕占第六》：「（日食）又為臣下蔽上之象，人君當慎防權臣內戚在左右擅威者。」「無道之國，日月過之而薄蝕，兵之所攻，國家壞亡，必有喪禍。」《唐開元占經》卷九引《春秋運鬥樞》：「人主自恣，不循古，逆天暴物，禍起，則日蝕。」
4　如趙貞：〈唐五代日食的發生及對政治的影響〉，《西北師大學報（社會科學版）》，2005年第5期。趙貞：〈唐代的「合朔伐鼓」及其象徵意義〉，《唐史論叢》，第二十一輯。賈鴻源：〈太社與唐長安城中的祭祀空間——從縈門禮、合朔伐鼓角度的思考〉，《中國古都研究》，第二十六輯。

就要做出相應的舉措，作為對天地警示的回饋。司馬遷在《史記·天官書》中提出四個方面的補救措施，「太上修德，其次修政，其次修救，其次修禳，正下無之」[5]，司馬遷認為，咎徵是對帝王德行的警示，所以首先是讓帝王自省，思考存在哪些德行上的虧失，進而檢討改正；其次是檢查政事上有哪些不合理的舉措，用人是否得當，刑賞是否合理等等；再次是對於一些突發的災異事件，及時採取救助，儘量減小百姓受到的牽累；最後是採取一些祈禳祭祀儀式，利用一些既有的知識方法等促使天地秩序回歸平衡。不同於今天應急救災的思維方式，在司馬遷看來，四者的重要性和有效性是逐漸降低的，即認為帝王修德方為救災的根本解決辦法。漢代的禳救思想被後代傳承下來，發生日食後，唐人同樣依照這一基本救災準則。如天授三年（西元692年）「四月，大赦天下，改元為如意，禁斷天下屠殺。」[6]開元七年（西元719年）五月發生日食，玄宗「素服以俟變，撤樂、減膳，命中書門下察繫囚，賑饑乏，勸農功。」[7]乾符三年（西元876年）九月日食，僖宗「避正殿」以示修省。[8]可見，唐代君主在日食發生後，十分強調修德、修政與修救，與此同時，並沒有因為修禳之法排在末位，對之有所忽視。

早在原始時期，即形成了禳救日食的「伐鼓」之禮。[9]《左傳》中對之進行了多次記載，尤其還對不同時間發生的日食進行了區分。如魯昭公十七年（西元前525年）六月發生日食，平子提出正月朔伐鼓用幣，其餘則否[10]。魯昭公二十一年（西元前521年）日食再現，梓慎提出「二至二分，日有食之，不為災」[11]。《漢書·天文志》依託古人觀點，對於日食的發生是屬「天行有常」的自然規律，還是「休咎之變」的災異之徵進行辨析，最終落實在日食發生的時間上，再次強調了「日不食朔，月不食望」，則天下太平。故歷代君主對正月朔日發生的日食格外警醒。對日食進行禳救的「合朔伐鼓」儀式，在《大唐開元禮》中有專門詳細的介紹：

> 合朔伐鼓（二分二至即否）其日合朔前二刻，郊社令及門僕各服赤幘絳衣守四門，令巡門監察。鼓吹令平巾幘袴褶，帥工人以方色執麾旌，分置四門屋下。龍

---

5 《史記》，卷二十七《天官書》，頁1351。
6 《舊唐書》，卷6，北京：中華書局，1975年，頁122。
7 《資治通鑑》，卷212，北京：中華書局，1956年，頁6736。
8 《新唐書》，卷9，北京：中華書局，1975年，第266頁。
9 原始時期，日食往往被看作是奇異怪獸侵吞太陽，所以人們敲鑼打鼓為了嚇跑怪獸，後來賦予「伐鼓」新的思想內涵。
10 「祝史請所用幣。昭子曰：『日有食之，天子不舉，伐鼓于社，諸侯用幣于社，伐鼓於朝，禮也。』平子禦之，曰：『止也。為正月朔，慝未作，日有食之，於是乎有伐鼓用幣，禮也，其餘則否。』」《春秋左傳正義》，卷四十八《昭公十七年》，頁2082。
11 「昭公二十有一年，秋七月壬朔日，有食之。公問於梓慎曰：『是何物也？禍福何為？』對曰：『二至二分，日有食之，不為災。日月之行也，分同道也。至相過也。其他月則災。陽不克也，故常為水。』」《春秋左傳正義》，卷50《昭公二十一年》，頁2098。

蛇鼓隨設於左。東門者立於北塾南面，南門者立於東塾西面。西門者立於南塾北面，北門者立於西塾東面（門側堂曰塾，麾杠各長一丈，旒以方色各長八尺）隊正一人，著平巾幘袴褶，執刀，帥衛士五人。執五兵，立於鼓外。矛處東，戟在南。斧鉞在西，矟在北。郊社令立攢於社壇，四隅以朱絲繩縈之。太史官一人，著赤幘赤衣，立於社壇北，向日觀變。黃麾次之，龍鼓一面次之，在北。弓一張、矢四鍭次之，諸工鼓靜立。候日有變，史官曰：「祥！有變。」工人齊舉麾，龍鼓齊發，聲如雷。史官稱：「止！」工人罷鼓。其日廢務，百官守本司。日有變，皇帝素服、避正殿，百官以下、府史以上，皆素服，各於聽事之前重行。每等異位，向日立。明復而止。[12]

太陽被視為帝王的象徵，發生日食則意味著君主之陽受到了侵害。故《乙巳占》言：「凡日食者，皆著赤幘以助陽也。日將蝕，天子素服避正殿，內外嚴警，太史登臺，伺日有變，便伐鼓，聞鼓音作，侍臣皆著赤幘帶劍以助陽，順之也。」[13]《通典》言：「日食伐鼓於社，責陰助陽之義也。夫陽為君，陰為臣，日食者，陰蝕陽也。君弱臣強，是以伐鼓於社，云責上公耳。」[14]可見，無論是「伐鼓」這一舉動本身，還是「郊社令及門僕各服赤幘絳衣」、「侍臣皆著赤幘帶劍」的裝束，都被賦予了「責陰助陽」的思想內涵，同時強調「責上公」的朝政影響。另外，《大唐開元禮》記載的「伐鼓」地點、陣容等也頗為講究，《舊唐書‧職官志》言：「凡太陽虧，所司欲奏，其日置五鼓五兵於太社，而不視事。百官各素服守本司，不聽事。過時乃罷。」[15]唐代信奉「天數右陽而不右陰，務德而不務刑」[16]的儒家統治思想的同時，極力維護自然秩序的陰陽平衡。「合朔伐鼓」禮儀可謂二者兼備，在維護陰陽平衡的自然災異觀基礎上，同時蘊含著對君權的強化與對「陽尊陰卑」人倫禮法觀念的強調。[17]

二　罪己狀與乞退表：「神道助教」思想下的象徵性言語

一般與日食禳救活動同時進行的，還有君臣對於自身的檢討咎責。孔穎達在整理《五經正義》時，在杜預注的基礎上，對《左傳》中的日食現象提出了自己的見解，對日食發生後的祈禳、修德之舉作了相關闡述，頗能代表唐代經學之士對日食與政治關係

12　《大唐開元禮》，卷九十《合朔伐鼓》，頁423。
13　《乙巳占》，卷一《日蝕占第六》，頁24。
14　《通典》，卷四十五《吉禮四‧社稷》，頁1266。
15　《舊唐書》，卷四十三《職官志二》，頁1830。
16　《春秋繁露》，卷十一《陽尊陰卑第四十三》，頁400。
17　《通典》言：「日食伐鼓於社，責陰助陽之義也。夫陽為君，陰為臣，日食者，陰蝕陽也。君弱臣強，是以伐鼓於社，云責上公耳。」參見《通典》，卷四十五《吉禮四‧社稷》，頁1266。

的認知。其言：

> 人君者位貴居尊，志移心溢，或淫恣情欲，壞亂天下。聖人假之神靈，作為鑒戒。夫以昭昭大明，照臨下土，忽爾殱亡，俾晝作夜，其為怪異，莫斯之甚。故鳴之以鼓柝，射之以弓矢。庶人奔走以相從，嗇夫馳騁以告眾。降物辟寢以哀之，祝幣史辭以禮之。立貶食去樂之數，制入門廢朝之典。示之以罪己之宜，教之修德之法。所以重天變，警人君也。天道深遠，有時而驗，或亦人之禍釁，偶相逢，故聖人得因其變常，假為勸戒。知達之士，識先聖之幽情；中下之主，信妖祥以自懼。但神道可以助教，不可專以為教。神之則惑眾，去之則害宜。故其言若有若無，其事若信若不信，期於大通而已。[18]

此段中，孔穎達講了日食「俾晝作夜」的怪異之處，側重從「鳴之」、「射之」的祈禳之禮與君主「罪己」「修德」的政教之行兩方面來論述日食的禳救之法。孔穎達認為，針對日食現象作出的種種應對措施，乃「神道助教」的典型表現。「一陰一陽之謂道，陰陽不測之謂神」，周漢之際，將陰陽平衡之理與政通人和的政治訴求密切地結合在一起，認為「聖人以神道設教，而天下服矣」。而隨著漢代大一統政權的瓦解，這一思想漸漸發生了演變，西晉杜預即有意將「神道設教」更為「神道助教」，發展到唐代，孔穎達明確指出「神道可以助教，不可專以為教」，在肯定災異現象對政治的警策輔助作用的同時，以一種更為變通的思維方式來看待災異與人事的關係。

　　與經學思想相對應的，是政事上對於日食禳救的態度。漢代的時候，對日食戒懼頗深，並逐漸確立了諸多禳救措施。其中，對君臣影響最大的為「帝王罪己」與「問責三公」。自漢文帝開始，漢代諸多帝王在發生日食等災異後，皆頒布罪己詔書，強調「天下治亂，在朕一人」、「天著厥異，辜在朕躬」等，實現了由被動接受天罰到主動承擔責任的轉變。在此基礎上，漸漸地衍生出發生災異，策免三公以咎責的制度。《韓詩外傳》指出：「司馬主天，司空主土，司徒主人。故陰陽不和，四時不節，星辰失度，災變非常，則責之司馬。山陵崩竭，川穀不流，五穀不植，草木不茂，則責之司空。君臣不和，人道不和，國多盜賊，下怨其上，則責之司徒。」[19]雖然實際操作起來，不太可能將天、地、人的災異分別與三公一一對應，但在漢代，自哀帝時大司空師丹始，確實有諸多宰相因發生災異而被罷免。對於此二制度，陳侃理分析道，「在皇帝制度下，天子對災異負責只能停留於下詔罪己、避正殿、罷樂、不舉等象徵性措施，修政的行為仍需通過官僚系統完成，君主負責制往往缺乏實質意義」，而「就制度設計而言，災異免三公既由政府對災異作出了實質性回應，又符合選賢任能的原則」[20]。只是實際操作

---

18 《春秋左傳注疏》，卷第四十四《昭公七年》，《十三經注疏》，頁761。
19 許維遹：《韓詩外傳集釋》北京：中華書局，1980年，卷八，頁290-291。
20 陳侃理：《儒學、數術與政治：災異的政治文化史》，頁198。

中，因災異策免三公往往只是表面上的藉口，其背後承載著複雜的政治鬥爭。故問責三公的制度自魏黃初年間起，漸漸地被廢除。[21]但是，宰相燮理陰陽的政治文化，卻作為一種思想被傳承下來。

　　神龍三年（西元707年）六月發生日食，時任中書舍人的蘇頲作〈太陽虧為宰臣乞退表〉[22]，代全體宰相引咎乞退。文中寫道：「臣某等言，伏見今月朔旦太陽虧。陛下啟輟朝之典，有司尊伐社之義。」開篇簡要敘述了發生日食後的禳救儀式，緊接著寫宰相應有的職責與自身能力的落差，「調六和之氣，法三光之度。則大化為本，非小才所宜」。然後又論述了一番災異與咎責的關係，指出自身「事視而龍，才愧千秋之賢；待罪安歸，憂深萬石之裔」，眼下又「薄蝕生災，見昭於上」，所以「天之所戒，臣不可逃。陛下矜而宥之，未致於理。伏乞收其印綬，賜以骸骨」[23]。綜上可見，整篇乞退表，對於宰相到底犯了哪些失德失職之行，沒有一句明確的說辭，只是在思想認知上，認為發生日食是因為宰相沒有盡到燮理陰陽之職。景龍二年（西元709年），修文館學士武平一負責中宗《起居注》的編修和撰寫，接觸到太史監諸多天文變異的奏報。武平一認為，異常天象的出現，[24]很有可能是外戚傾動朝野的徵應，認為自己身為武氏宗人理應貶損，於是「乞佐外郡」。與之相類的，會昌年間，宰相李德裕因星變而奏呈表狀，請求武宗准其乞退。乾符年間，宰相鄭畋也「以星變求去位」。漢代的時候，往往因自然災異而罷免宰相，但在唐代，雖然諸多詔令中反復強調宰相燮理陰陽的職責，但是這樣的情況很少發生。因為，漢代宰相位高權重，與皇權矛盾尖銳，因災策免宰相就成為君主削弱相權的一種手段。正如徐復觀在論及漢成帝以「災害並臻」為由逼殺丞相翟方進時所作的評論：「這是把董仲舒、劉向等人苦心經營出的一套控制皇帝的辦法，輕輕地轉移到丞相身上去了，開而後以災異免三公之局，三公彷彿是專為皇帝作代罪羊而設，而宰相的功用，更減削其盡。」[25]而到了唐代，宰相的權位已較漢代為輕，相權始終處於強大的皇權控制下，且宰相往往由多人同時擔當，實行集體負責制。所以，唐朝皇帝往往沒有必要再借由災異的因由罷免宰相。所以，蘇頲〈太陽虧為宰臣乞退表〉已不是為了發揮實質禳災作用的官方文書，而成為了燮理陰陽思想傳承下有意識的政治表演。[26]而其被選入《文苑英華》，作為結構清晰、用語得當、情理俱佳的表奏範文，

---

21 據《三國志・魏書・文帝紀》記載，黃初二年六月，戊辰晦，日有食之，有司奏罷免太尉，對此，文帝詔曰：「災異之作，以譴元首，而歸過股肱，豈禹、湯罪己之義乎？其令百官各虔厥職，後有天地之眚，勿復劾三公。」
22 此表寫作時間考證，參見趙貞：《唐宋天文星占與帝王政治》，頁172。
23 （唐）蘇頲作：〈太陽虧為宰臣乞退表〉，見《全唐文》卷二百五十五，頁2583。
24 包括太陽虧、熒惑入羽林、太白經天以及月犯大角等。
25 徐復觀：《兩漢思想史》上海：華東師範大學出版社，2002年，卷一，頁155。
26 有時，也會因為災異的原因，罷免大臣或波及後宮，但往往是在皇權較弱的情況下以此為藉口。如，景雲二年（西元711年）十月甲辰，睿宗以「自頃以來，政教尤闕，時或水旱，人多困弊。府庫

除具備一定的政令宣教作用外,從文章的角度彰顯「大手筆」的典範意義。

除日食外,唐代因發生災異,宰相乞退的事情時有發生。長孫無忌、張行成、唐休璟等皆因災異請求避位,[27]但皆和此次乞退的結果無異,紛紛被君主退了回來。而且為了對諸宰相與百姓作出回應與交待,君主還會將災異之責攬在自己身上。[28]這樣一來,相較於漢代的借題發揮、罷免宰相,唐代儘管日食祈禳之禮仍然十分莊嚴隆重,但無論是乞退表,還是罪己詔,都已成為了一種象徵性的救災舉措。表、詔的互動不但增進了君臣間的友好交流,而且力圖以文章的感染力與影響力,實現災異祈禳對皇權、相權道德觀念的建構與思想輿論的宣傳。

三 賀太陽不虧表狀與「化災為祥」觀念生成

古人認為天象與政治密切相關,[29]故各個朝代皆十分重視天文的觀測、曆法的改進。在唐代,太史局(肅宗改為司天臺)負責日食的監測奏報,準確度較以往朝代大大提升,[30]但也會時常出現預報不甚準確的情況,即太陽當虧而未虧,從監測的角度來看,這乃是太史局的失職。

根據史書記載,最早的官方日食預報為東漢末年。漢獻帝初平四年(西元193年)「春正月甲寅朔,日有蝕之。未晡八刻,太史令王立奏曰:『日晷過度,無有變也。』於是朝臣皆賀。」[31]這是朝廷首次對日食進行預測,但在具體時間上卻出現了偏差,預

益竭,察吏日滋,俛俛政途,罔然如失。雖緣朕之薄德,固亦輔佐非才。安石可尚書左僕射,東都留守(郭)元振可吏部尚書,(竇)懷貞可左御史大夫,(張)說可尚書左丞,並停知政事。」又如,張惶後勢力漸長,乾元二年(西元759年),請肅宗為自己加尊號,肅宗不滿,但苦無藉口,恰巧當時發生了月食,於是以「婦順不修,陰事不得,謫見於天,月為之食」為由,指責張惶後德行有虧,「咎在後宮」,駁回了其加封請求。

27 分別參見《舊唐書》卷四《高宗本紀》、卷七十八《張行成傳》、卷九十三《唐休璟傳》,另李軍《災害危機與唐代政治》第六章、陳侃理《儒學、數術與政治:災異的政治文化史》第四章對此有詳細論述。

28 有時雖然沒有頒布明確的罪己詔,但是在挽留乞退的大臣時,會強調災異乃君主失德所致,如高宗《答張行成因旱請致仕表手制》寫道:「密雲不雨,遂淹旬月。此朕之寡德,非宰臣咎,實甘萬方之責,用陳六事之過。策免之科,義乖罪己,今敕斷表,勿復為辭。」

29 《漢書·藝文志》:「天文者,序二十八宿,步五星日月,以紀吉凶之象,聖王所以參政也。」

30 如《隋唐嘉話》記載:「太史令李淳風校新曆成,奏太陽合日食當既,於占不吉,太宗不悅,曰:『日或不蝕,卿將何以自處?』曰:『有如不蝕,則臣請死之。』及期,帝候日於庭,謂淳風曰:『吾放汝于妻子別。』對以尚早一刻,指表影曰:『至此而蝕矣。』如言而蝕,不差毫髮。」儘管《隋唐嘉話》含有誇張甚至杜撰的成為,但是,李淳風確實在天文方面作為不少突出的貢獻,如製成渾天儀,撰成《麟德曆》,注解《周髀算經》等,為唐代天文曆法的發展奠定了良好的基礎。

31 (東晉)袁宏:《後漢紀》,北京:中華書局,2002年,卷二七,頁523。

測為「未晡八刻」，實際發生日食的時間為「未晡一刻」[32]。值得注意的是，日食未按期發生，「於是朝臣皆賀」，君臣上下將此預示上的失誤，看作是值得稱賀的好事。後來的朝代，保留了預測日食的習慣，但並不對當虧未虧進行稱賀，只是將之看作是曆法不準確的標誌[33]。

但是到了唐代，尤其是玄宗時期，太陽應虧不虧，卻被姚崇、張說等人視為「轉禍為福」的祥瑞之徵，並藉此向玄宗稱賀。儀鳳三年（西元678年），「太史先奏七月朔太陽虧，而日竟不食。此是上天垂佑，宗社降靈，豈在虛薄所能致此」[34]，高宗雖慶倖太陽未蝕，但並未出現朝臣稱賀的情形。開元二年（西元714年）「二月，庚寅朔，太史奏太陽應虧不虧。姚崇表賀，請書之史冊。從之」[35]。如果說，姚崇的表賀只是基於玄宗初登大寶以及當時特殊的政治情況，[36]巧借天象幫助玄宗鞏固皇權。那麼，在這一應急之策的引領下，此後玄宗君臣皆明確將「太陽不虧」視為大瑞，並正式開啟了「賀太陽不虧」的表狀書寫傳統。

依據《新唐書·曆志》記載，除開元二年這次太陽當蝕未蝕外，玄宗為政期間，開元十二年七月戊午朔、開元十三年十二月庚戌朔，還分別發生了兩次日食「曲變」的情形。尤其是開元十三年的那次，從天象的角度強化了玄宗東封泰山的報天之功。[37]當時的情況是：

> （開元）十三年十二月庚戌朔，於曆當蝕太半，時東封泰山，還次梁、宋間，皇帝撤膳，不舉樂，不蓋，素服，日亦不蝕。時群臣與八荒君長之來助祭者，降物以需，不可勝數，皆奉壽稱慶，肅然神服。[38]

---

32 在「朝臣皆賀」後，原文又緊接著寫道「帝密令尚書候焉，未晡一刻而蝕。尚書賈詡奏曰：『立司候不明，疑誤上下；太尉周忠，職所典掌。請皆治罪。』詔曰：『天道幽遠，事驗難明。且災異應政而至，雖探道知微，焉能不失？而欲歸咎史官，益重朕之不德。』不從。於是避正殿，寢兵，不聽事五日。」

33 參見陳侃理：《儒學、數術與政治：災異的政治文化史》，頁228注釋一。

34 《冊府元龜·帝王部》，卷一百一十《宴享二》，頁1307。

35 《資治通鑑》，卷二百一十一《唐紀二十七》「玄宗開元二年二月」條，頁6696。對此，司馬光持有不同的意見，認為：「日食不驗，太史之過也；而君臣相賀，是誣天也。采偶然之文以為符命，小臣之諂也；而宰相因實之，是侮其君也。上誣於天，下侮其君，以明皇之明，姚崇之賢，猶不免於是，豈不惜哉！」從司馬遷的評論中，也能看出宋人對天人關係的不同看法。參見《資治通鑑》，卷二百一十一《唐紀二十七》「玄宗開元二年二月」條，頁6704。

36 陳侃理推測：「姚崇此舉或許有特定的政治目的」，可能與開元元年七月誅太平公主有關。參見陳侃理：《儒學、數術與政治：災異的政治文化史》，頁230注釋四。

37 江曉原懷疑：「這次錯誤的日食預報本來就是故意作出的——目的就是向群臣顯示皇帝『德之動天』。」參見江曉原：《中國古代技術文化》北京：中華書局，2017年。

38 對此，僧一行認為：「雖算術乖舛，不宜如此，然後知德之動天，不俟終日矣。」見《新唐書》，卷二十七下《曆志三下》，頁626。

玄宗東封泰山的歸途中，按照律曆推算，太陽「當蝕太半」，但經過玄宗的一番修省活動後，「日亦不蝕」，於是「群臣與八荒君長」，「奉壽稱慶，肅然神服」。對此，蘇頲作〈賀太陽不虧狀〉，寫道按照太史奏報，昨天當發生日食，但是玄宗「頓於行在，不可縈社以責陰」，即沒有辦法進行「責陰助陽」的祈禳活動，好在「自停午過晡申」，「陽光轉大」。認為這是「陛下昭事于上天，上天昭答于陛下」的殊祥之象，並藉此頌揚玄宗「纘千歲之統，擁三神之休，道洽功成，增高益厚。金繩玉檢，輶跡于前聞；日觀雲封，降祥于即事」[39]。而張說集中亦收有〈集賢院賀太陽不虧表〉，張說開元十三年四月方供職集賢院，所以這篇賀表，很有可能與蘇頲為同一時期所作。相對於蘇頲側重對過程的描述，張說賀表直入正題，全表共四十八個字，除了公文的套話，主體部分著重稱頌「太陽不虧，聖德上感，變災為瑞，陽光增暉，陰慝不作，休徵之美，莫盛於斯」[40]，二十八字層層遞進，先寫太陽當虧而未虧的天象；然後說明此天象為「聖德上感」所致，稱頌玄宗功績；接下來闡明，因為「聖德上感」，所以「變災為祥」；而「變災為祥」的外在表徵是「陽光增暉」，內在原理為「陰慝不作」；最後突出此天象的重大意義「休徵之美，莫盛於斯」。主體僅僅二十八字，圍繞「聖德上感，變災為祥」這一主旨，雖為受表文體式所限的公文寫作，但將「太陽不虧」與君主、朝政之間的關係寫得曲折有致。

另外，《文苑英華》中，與蘇頲賀狀同時收錄的還有張九齡的〈賀太陽不虧狀〉[41]，在簡要敘述「太陽不虧」的過程後，張九齡狀中談到「日月之行，值交必蝕，算數先定，理無推移」，反映出當時曆法層面對日食的基本認知，但是因為日食與君主德行的內在關聯，所以，玄宗收到日食的預報後，「齋戒精誠，外寬政刑，內廣仁惠，聖德日慎」，使得太陽當虧而未虧，「災祥自弭」[42]。在張九齡看來，日食「曲變」，是君德「大明」的重要表徵。在此狀中，張九齡涉及了「天行有常」與「休咎之變」的矛盾與共存問題。開元時期，制訂《大衍曆》的僧一行認為：「使日食皆不可以常數求，則無以稽歷數之疏密。若皆可以常數求，則無以知政教之休咎。」[43]既肯定通過曆法的推算，可以預知天象，又認為君主的德行會改變日食的發生。換言之，這是天文曆法反映並服務於政治的思想，在肯定曆法推算客觀規律基礎上，強調仍然可以通過政教來改變天象。這樣，既為曆法的推算失誤留下了闡釋空間，又為君主鞏固皇權提供了天人關係上的依據。而張九齡的賀狀即在強調天人關係中，君主能動性的發揮對「休咎之變」的關鍵作

---

39 （唐）蘇頲：〈賀太陽不虧狀〉，《全唐文》，卷二百五十六，頁2589。

40 《張說集校注》，頁767。

41 此狀繫年不確，目前存在多種說法。《何考》認為此狀作於開元十三年，與蘇狀同時。熊飛《張九齡集校注》將此狀暫繫開元十二年。池田溫《唐代詔敕目錄》考此狀作於開元九年。

42 《張九齡集校注》，頁777。

43 《新唐書》，卷二十七下《曆志下》，頁627。

用，藉此來稱頌玄宗的聖德與精誠。

對於張說、張九齡的稱賀，現存有玄宗的御批。玄宗給張說的御批中寫道：「未知天意降休，將或疇人未洽？愧無一言之善，而同三舍之慶，循省來章，用增勵惕。」[44] 玄宗意識到日食未如期發生，很有可能是「疇人未洽」，即太史推算有誤的原因。而「三舍之慶」，指「熒惑退移三舍，此則修善之慶，至德可以禳災也」，玄宗受到同樣的慶賀，表示要「用增勵惕」。而玄宗給張九齡的御批，則是強調與臣下互相勉勵，認為「昔漢家日食之變，則舉賢良，招直諫，蓋思補過以答其咎也。曷若勤於未兆，預以圖之。招諫登賢，以先天意，當與卿等夙夜為心。」[45] 在玄宗看來，雖然日食沒有按期發生，但亦當自警，「招諫登賢」，防止咎徵降臨。可見，雖然「太陽未虧」，輔臣們皆頌德稱賀，但是受知識構成與時代思想的局限，玄宗並不能以輕鬆的心態面對有可能發生的災異，雖然從治理角度出發，肯定且大力提倡「變災為祥」的說辭，但基於傳統的災異觀念，對日食仍存有強烈的戒懼心理。可以說，玄宗君臣建構並引領了「太陽不虧」的唐代官方話語方向。自此之後，獨孤及、常袞、韓愈、白居易等皆呈遞過稱賀表狀，將之闡釋為「變災為祥」。

唐時，面對日食這一天文咎徵，君臣上下通過修省與禳救，不僅致力於消弭災異帶來的負面影響，而且試圖在思想認知上「化災為祥」。漢代的君臣對待災異往往以消極的態度來應對，君主或宰相成為天人思想下人事鬥爭的犧牲品。但到了唐代，君臣巧妙地將之轉化成了「災異－修省、祈禳－祥瑞」的思維模式，「以『史傳事驗』的形式默默地對皇權進行制約和監督的同時，事實上還為統治者的施政方向提供了借鑑」[46]，災異不但沒有威脅到皇權、相權，而且通過「化災為祥」的思想輿論引導，反而成為了強化帝王政治的助推力量。

值得注意的是，在這一過程中，詩文發揮了重要的政治作用。帝王敕令發佈禳救措施，祝禱文將人間疾苦祈告於天，發生嚴重災患，宰臣上乞退表，君主寫罪己書，祈禳成功後報祀謝天，大臣進獻表狀稱頌聖德，君主御批表彰輔臣燮理陰陽，對祈禳有應慶功的同時，君臣上下還會進行詩文唱和等等。唐代文章書寫不僅幾乎參與了日食禳救與修省的整個過程，而且成為闡釋與宣揚「化災為祥」思想演進的主要載體。並且，唐代輔臣的表狀文不但要滿足不同種類不同用途公文體式的固有標準，還要通過對不同文體篇章結構、措辭用語、內在邏輯等的設計避重就輕、對朝廷的要旨作出恰到好處的把握，同時利用文學的感染力與影響力成為政治表演的重要組成部分，帶動百姓相信帝王德行動天、宰相燮理陰陽，統治者在天命的護佑下有能力實現「化災為祥」。而就實際

---

44 張說：〈集賢院和太陽不虧表〉玄宗答制，見《張說集校注》，頁767。
45 張九齡：〈賀太陽不虧狀〉玄宗御批，見《張九齡集校注》，頁777。
46 趙貞：《唐宋天文星占與帝王政治》，頁156。

操作層面來看，能實現這種盛況的時期著實不多，以唐朝而言，發生日食祈禳表演的高峰時段在玄宗開元時期，一方面，開元時代達到了唐朝國力的巔峰，國家昌盛、百姓富足，和平的政治環境、豐富的物質基礎使百姓願意相信統治者的符命所在；另一方面，開元時代文學的發展也呈現出盛唐氣象，蘇頲、張說、張九齡等不僅是朝廷的重臣，亦為當時的「大手筆」、文學宗師級的人物，玄宗也是位文學才能頗為出眾的帝王。因此，不僅整個開元時期呈現出崇尚文學的風尚，而且在某種程度上依靠文學引領著開元的思想風尚。正是在這個意義上，玄宗君臣借助詩文的影響推動作用，尤其是通過詩文加強太陽不虧祈禳有應的政治宣傳，在順應太平政治「化災為祥」需求的同時，使文章成為皇權建構的重要組成部分。

論北宋慶曆時期晝寢詩歌的
文化轉向與文學書寫[*]

鐘文軒
北京師範大學文學院

　　晝寢詩以晝寢活動體驗為主要書寫對象，在唐代逐漸脫離了道德倫理和隱逸傳統的束縛，於中唐時實現獨立並成為一種新興的詩歌主題；宋代著重書寫私人日常、偏好平易自適之美、轉向理性思考等文學特徵，大大促進了晝寢詩歌尤其是士人晝寢書寫的蓬勃發展。晝寢詩既是對日常生活和私人體驗的一種文學呈現，也寓含著豐富的審美心理與思想內涵。目前學界對晝寢詩歌的關注多集中於白居易、蘇軾、陸游等大家之作上，或著筆於縱向梳理晝寢詩歌整體性的文學流變和時代特徵。[1] 晝寢詩自中唐興起，於北宋盛行，至南宋蔚為大觀，這是一個始終處於變化中的漫長過程。晝寢詩的文化內涵從白居易宣揚的閒適慵懶的生活美學，逐漸轉為蘇黃在融合儒佛思維後以晝寢表達心靈自由、安眠如常的思想意趣，其間包含了一個重要的過渡轉變階段，即北宋慶曆時期以歐陽修、蘇舜欽等士人為主創作的慶曆晝寢詩歌。本文著眼於慶曆晝寢詩歌在文化內涵、藝術審美、思想內蘊等多方面的時代特徵，力圖把握慶曆晝寢詩在晝寢詩歌總體發展中的過渡意義與文化轉向價值，進一步分析慶曆詩人在文化觀念、審美標準、思維體系發展變更的前提下，如何實現對晝寢活動體驗充分且自如的書寫，並創造出獨具時代魅力和文學價值的晝寢詩歌作品。

一　士人之「懶」：晝寢的倫理轉變與閒適詩意

　　唐前鮮有描述士人晝寢行為的詩文作品，這主要受限於唐前晝寢的倫理觀念與評價體系。唐前的文化觀念普遍認為晝寢行為不符合傳統儒家思想中君子應精進勤奮、順應天道的基本要求，因此唐前晝寢詩的書寫物件大多是女子、僧道徒或隱者。《論語・公冶長》曾記錄孔子對晝寢的宰予言：「朽木不可雕也，糞土之牆不可圬也！于予與何

---

[*] 基金項目：國家社科基金重大項目「中國古代都城文化與古代文學及相關文獻研究」〔18ZDA237〕。
[1] 參見沈金浩：〈宋代文人的午睡晝寢及其審美心理〉，《中國典籍與文化》，1995年第3期，頁75-79；曹逸梅：〈午枕的倫理：晝寢詩文化內涵的唐宋轉型〉，《文學遺產》，2014年第6期，頁64-72；林曉娜：〈論宋代睡隱詩的典故意象〉，《聊城大學學報》（社會科學版），2016年第6期，頁27-33。

誅？」[2]雖對孔子本意的解讀至今未有定論，但《禮記・檀弓上》中則明確把晝寢行為判定為違背日常倫理和君子作風的憊懶失禮之舉：

> 夫晝居於內，問其疾可也；夜居於外，弔之可也。是故君子非有大故，不宿於外，非致齊也、非疾也，不晝夜居於內。[3]

《後漢書》對「邊韶晝臥」的爭論與辯解雖仍有一定的嘲謔意味，但卻能展現出世俗成見與通達新見之間的爭鬥磨合。魏晉時局動盪不安，尤其自陶淵明「北窗高臥」後，「晝寢」逐漸成為文人表達隱逸倦世情緒、以求避禍於亂世的常見生活方式之一。

在文學書寫層面，士人晝寢詩歌直至唐代才迎來第一次創作高潮。白居易的晝寢書寫極具代表性的突破了儒家倫理的禁錮與隱逸風氣的疊累，將「慵懶」亦視為一種生活美學，用晝寢表達對生活安然與精神無拘的追求。在對文化闡釋方面，韓愈、李翱合撰的《論語筆解》指出《論語》所言「晝寢」或為「畫寢」，概因「晝」、「畫」二字字形相近而導致流傳偏差，也有前人認為「畫寢」說出自南北朝梁武帝或隋代侯白。[4]文人事蹟方面，詩人杜牧的睡癖人盡皆知，《太平廣記》所記「睡仙」夏侯隱的雷霆鼾聲亦廣傳於世。

宋初，著名隱士陳摶的睡隱事蹟廣泛流傳，尤其在陳摶接連受兩位政權統治者周世宗、宋太宗的優待後，宋人開始接納甚至推崇「晝寢」行為。同時，宋代士人的睡臥形象也成為這一時期文人畫創作的重要主題之一，趙幹的《北窗高臥圖》和與陳摶相關的四睡圖，都以詩畫結合的形式表達出宋人對晝寢的認知態度。北宋劉敞新解「宰予晝寢」當為「內寢之寢」而非「眠寢之寢」，[5]南宋周密《齊東野語》中則有專論前人晝寢文字，[6]變相為晝寢行為解釋辯護，可見宋人力求將晝寢從憊懶失禮的傳統倫理批判中解放出來。南宋洪諮夔有言：「其見於詩，凡騷人感慨不平之氣，憤鬱無聊之情，一無有陶寫，性分惟淡然樂易之歸。江山之平遠，風月之清明，草木魚鳥之幽閒自適，皆其神氣之功，德符之充也。」[7]這種宣揚以平易自適的閑淡喜樂化解不平之氣、憤鬱之情的論述在宋代數量頗多，亦可推測當時的世風取向偏向於支持閒居晝寢的生活方式。

宋詩偏好書寫日常，晝寢主題在宋詩中得以大放異彩。前有王禹偁、歐陽修、梅堯

2　金良年撰：《論語譯注》上海：上海古籍出版社，2012年，頁40。

3　（清）孫希旦撰，沈嘯寰、王星賢校點：《禮記集解》北京：中華書局，1989年，頁192。

4　周春《論語字句異同》有言：「韓文公說『宰予晝寢』，『寢』為『寢室』之『寢』。畫，胡卦翻，言其繪畫寢室，故夫子以朽木糞土之牆喻之。案李濟翁《資暇錄》以為梁武帝之說，周公謹《齊東野語》以為侯白之說，則又在昌黎前矣。」（清）周春著，李林校點：《十三經音略》杭州：浙江古籍出版社，2021年，頁368-369。

5　（宋）劉敞著：《公是七經小傳》臺灣：臺灣商務印書館，1986年，冊183頁33。

6　（宋）周密撰，張茂鵬點校：《齊東野語》北京：中華書局，1983年，頁326-327。

7　（宋）洪諮夔撰，侯體健點校：《平齋文集》杭州：浙江古籍出版社，2015年，頁261。

臣等宋初詩人細緻描述自我晝眠體驗，突破性的將晝寢視野轉為面向地方和自然；後有蘇軾、陸游等人以自身閒居經歷為題材創作大量晝寢詩歌，既豐富充實了晝寢詩文化意蘊，詩人儒佛結合的思想特徵也將晝寢詩的審美意境逐漸導向輕靈圓融、禪意灑脫。宋代晝寢詩中的高頻語詞亦可側證宋代文人普遍追求精神充盈勝過物欲滿足，如「日長」往往成為晝寢的合理理由，「攲眠」姿態更能凸顯出晝寢情緒的自適不羈，「睡足」而非「睡久」則是宋人普遍的晝寢期望。

晝寢詩在唐宋時期能成為一種新興的詩歌主題和獨立的文學題材，也就意味著它已能承擔對描述物件、藝術手法、思想情感全方面展示的文學功能，亦具備了觀察世界的獨特視角。無論是李覯的「春眠懶下枕，日午誰開簾，浮塵裏酒榼，蠹蟲鏤書簽」[8]，還是蔡襄的「掩關謝來賓，釋然舍攣拘，日晏眠空齋，啼禽在高梧」[9]，都是以積極閒適的筆調書寫晝寢，不但有效消解了「獨居」、「掩關」的消極隱閉意味，且展現出詩人主動與外界保持距離後獲得的內心平靜。

「晝寢」是一個複合概念詞，「晝」提供了明亮清晰的觀物環境，「寢」則暗示著鬆弛平靜的精神狀態。因此當詩人在晝寢狀態下體察世界，往往能捕捉到細節處的驚喜，體悟出平易中的意趣。如梅堯臣《睡意》：

> 虛堂淨掃焚清香，安寢都忘世間欲。花時啼鳥不妨喧，清暑北窗聊避燠。
> 葉落夜雨聲滿階，雪下曉寒低壓屋。四時自得興味佳，豈必鏘金與鳴玉。[10]

詩人已至中年，將讀書入仕時的勞累病衰與如今比較，愈發自得於「安寢」的閒適平淡。詩中所述日夜四時的環境其實並不都適宜睡眠，卻都無礙於詩人醞釀睡意，當詩人以平和的眼光接納自然的動靜，自然反而為其增添幾分睡興與美感意趣。

二 晝眠的美感演繹：場景再現與情境營造

宋前晝寢詩往往只將晝寢作為詩歌背景或是文化符號而一筆帶過，只有白居易等少數詩人將晝寢視為一種包含審美意趣與思想價值的活動，但其多數晝寢詩直接把淡然自適的生活意趣直白敞亮地「說」出來，如「卻忘人間事，似得枕上仙」，[11]不如蘇軾「腹搖鼻息庭花落，還盡平生未足心」[12]卻是自然「流露」出高雅淡然。曹逸梅在討論

8　北京大學古文獻研究所編：《全宋詩》北京：北京大學出版社，1995年，頁4307。
9　（宋）蔡襄撰，陳慶元、歐明俊、陳貽庭校注：《蔡襄全集》福州：福建人民出版社，1999年，頁31。
10　（宋）梅堯臣著，朱東潤編年校注：《梅堯臣集編年校注》上海：上海古籍出版社，1980年，頁340。
11　（唐）白居易著，顧學頡校點：《白居易集》北京：中華書局，1979年，頁110。
12　（宋）蘇軾著，王文誥輯注，孔凡禮點校：《蘇軾詩集》北京：中華書局，1982年，頁478。

唐宋晝寢詩的文化轉型時認為「蘇軾在白居易基礎上進一步提純了晝寢詩」[13]，主要表現為蘇軾晝寢詩中極少使用議論性語言進行價值判斷，轉而以藝術描寫、意境烘托的手法完成了對「睡鄉」的情境塑造。

但在晝寢詩對閒適美感從「直說」到「流露」的轉化過程中，慶曆晝寢詩所承擔的「演繹」環節同樣重要。慶曆詩人不止於簡單勾勒出「醉酒助眠」、「飲茶醒覺」、「北窗高臥」、「抱琴臥石」等傳統晝寢畫面，還追求對場景細節的描摹和晝眠情境的營造，力圖挖掘晝寢體驗本身具備的美感。

在蘇軾之前，慶曆晝寢詩已開始傾向通過再現或重構晝寢的場景，以現場感的呈現帶給讀者更為直觀的審美體驗，同時極少涉及對晝寢行為的直接價值評判。如蘇舜欽作於閒居蘇州時的兩首晝寢詩，將相似的夏日晝寢體驗演繹出不同的風姿情態：

別院深深夏席清，石榴開遍透簾明。樹陰滿地日當午，夢覺流鶯時一聲。(《夏意》)[14]

嘉果浮沈酒半醺，床頭書冊亂紛紛。北軒涼吹開疏竹，臥看青天行白雲。(《暑中閒詠》)[15]

《夏意》除一個「夢」字外再沒有與晝寢相關的字眼，卻又處處都在傾吐詩人的晝寢體驗。「席清」、「簾明」暗示詩人正臥眠榻上，別院深幽帶來的身體感受是枕席清涼，透過床邊簾幔能看見色澤紅豔的石榴花掛滿枝頭。後兩句通過結合視覺和聽覺體驗，完成屋內人與屋外景在晝寢活動中的交融，「樹陰滿地日當午」是詩人透過門窗觀察屋外景致，「夢覺流鶯時一聲」則是窗外鶯鳥偶爾啼鳴，輕擾詩人夢境。全詩從詩人的私人體驗出發，四句詩各捕捉到一角細節，為讀者營造出感同身受的夏日晝眠情境。

《暑中閒詠》的訴說方式像極了一個尋覓主人公的長鏡頭：先是橫掃了一眼屋內的滿室凌亂，勾起讀者的好奇，畢竟酒盞橫斜、書冊交疊的畫面並不符合古人對君子知禮守節的慣有印象；而後鏡頭從屋內轉向屋外，又向詩人偏愛的竹林深處推進，這才出現詩人的身影；詩人的身形在廣闊清朗的青天白雲下是那般微渺如斯，唯一引人注目的便是其「臥看」的身姿，此時詩人瀟灑自如的晝臥心理躍然紙上。詩人可以無所顧忌的暢快生活，也敢於向讀者展示自己的肆意灑脫與不拘小節，他的生活態度與創作態度此時實現了高度的統一，晝寢體驗便成為足以映照詩人生命意識的重要媒介。

當然，外界環境對晝寢的影響並不都是正向的。歐陽修曾多次控訴環境氣候破壞了自己的晝寢計畫：初春「日長天暖惟欲睡，睡美尤厭春鳩聒」[16]，酷暑「難堪爾類多，

---

13 曹逸梅：〈午枕的倫理：晝寢詩文化內涵的唐宋轉型〉，頁69。

14 （宋）蘇舜欽著，傅平驤、胡問濤校注：《蘇舜欽集編年校注》成都：巴蜀書社，1991年，頁288。

15 同上註，頁289。

16 （宋）歐陽修著，洪本健校箋：《歐陽修詩文集校箋》上海：上海古籍出版社，2009年，頁48。

枕席厭緣撲」[17]，深秋時「天雲慘慘秋陰薄，臥聽北風鳴屋角」[18]。但這也體現出詩人於晝寢時對周圍環境的觀察和感受，以多重感官體驗豐富了晝寢場景的鮮活細節。苦夏無事，蘇舜欽因晝寢行為而內省自責，而後又為自己辯解，詩人內心的掙扎在《夏熱晝寢感詠》前後反覆的論述中可見一斑：「奈何耽晝寢，懶惰守壞垣……此心既無用，不寢徒自煩。況茲晝景長，但厭枕簟溫。北窗無纖風，返見赤日痕。」[19]

慶曆晝寢詩中雖較少對晝寢行為直接進行價值評判或議論式發言，但詩人們卻會借景物的高雅有節，賦予晝寢正向的文化內涵。歐陽修和蘇舜欽都刻畫過樹下午睡的場景：

午眠背清陰，露坐蔭高蓋。（《庭前兩好樹》）[20]

嘉樹名亭古意同，拂簷圍砌共青蔥。午陰閒淡茶煙外，曉韻蕭疏睡雨中。（《寄題趙叔平嘉樹亭》）[21]

歐陽修所言「清陰」來自於「風霜歲苦晚，枝葉常蔥翠」[22]的嘉樹，而非華麗雕飾的宮閣樓宇，詩人寧可於樹下露天午睡，也不願為榮華名利而經營人情世故。詩中有意借樹的常態、午睡的日常襯托君子品行自守的「固有常」，將君子的清簡品德、淡泊自守的生活追求與晝寢活動融於一體。蘇舜欽同樣抓住嘉樹古意青蔥的特點，以茶煙、細雨等清淡風雅之物點綴午眠的場景，將貧乏寂寥的午睡畫面描摹得鮮活豐富起來。

相比於前代晝寢詩主要對晝寢行為進行陳述或評判，慶曆晝寢詩更加注重對晝寢體驗的描摹，且有意識弱化「眠」與「醒」兩種狀態的邊界感，從而營造一種「睡境觀物」的渾融情境。

歐陽修的《彈琴效賈島體》較早呈現出相當完整的晝眠體驗：

橫琴置床頭，當午曝背眠。夢見一丈夫，嚴嚴古衣冠。
登床取之坐，調作南風弦。一奏風雨來，再鼓變雲煙。
鳥獸盡嚶鳴，草木亦滋蕃。乃知太古時，未遠可追還。
方彼夢中樂，心知口難傳。既覺失其人，起坐涕汍瀾。[23]

詩中對於入睡環境、夢境變幻、醒後悵然心緒的刻畫無一落下，相比唐人所吟「高眠著琴枕，散帖檢書簽」[24]、「宵愁將琴攻，晝悶用睡過」[25]，只用寥寥筆墨勾勒出個匆匆輪

17　（宋）歐陽修著，洪本健校箋：《歐陽修詩文集校箋》，頁74。
18　同上註，頁86。
19　（宋）蘇舜欽著，傅平驤、胡問濤校注：《蘇舜欽集編年校注》，頁198-199。
20　（宋）歐陽修著，洪本健校箋：《歐陽修詩文集校箋》，頁1273。
21　（宋）蘇舜欽著，傅平驤、胡問濤校注：《蘇舜欽集編年校注》，頁258。
22　（宋）歐陽修著，洪本健校箋：《歐陽修詩文集校箋》，頁1273。
23　同上註，頁100。
24　（唐）張籍撰，徐禮節、餘恕誠校注：《張籍集繫年校注》北京：中華書局，2011年，頁418。

廊，歐陽修把「抱琴晝眠」書寫得更加飽滿充實，晝寢體驗的呈現也愈發具像化。

再如劉攽《新晴》：

> 青苔滿地初晴後，綠樹無人晝夢餘。唯有南風舊相熟，徑開門戶又翻書。[26]

全詩營造了一個色彩清新、畫面靈動、愜意自然的晝寢情境。詩人好像清醒細緻的觀察著周邊一切變化，連書頁被風吹開的細微動靜都能被迅速捕捉；但詩人又似乎始終沉醉於晝夢中，尾句似乎暗示南風不請自來，趁詩人熟睡之時悄悄翻弄書卷。我們無法準確判斷詩人究竟是「醒」還是「眠」；但詩人日間閑睡時的情境，卻完整細膩地呈現在讀者面前。

唐人筆下的晝寢在清醒與否之間總是有著明顯的階段性區分，「酒」與「茶」分別成為導引主人公進入「眠」與「醒」的典型媒介，如「遊罷睡一覺，覺來茶一甌」[27]、「詩情茶助爽，藥力酒能宣」[28]。唐代晝寢詩從入眠寫至睡醒後的烹茶醒神，而關鍵的晝寢體驗卻往往被忽略。而慶曆晝寢詩卻有意識地弱化了「眠」與「醒」之間的邊界感。在晝寢詩明確點明從眠至醒狀態變化的詩句之間，慶曆士人常細緻著筆於體察外部世界和描摹感官體驗，從而刻意營造出一種似夢非夢、若醒若眠的詩歌意境。

三　高臥的思想深意：獨善的策略與兼濟的追求

「窮則獨善其身，達則兼善天下」[29]的思想在中國自古有之，不論是推崇隱逸退居，還是「賢者辟世，其次辟地，其次辟色，其次辟言」[30]中所體現出的中國士人有意規避與國家權力發生正面衝突的意識，都在暗示中國的士於窮困顛簸時更好的選擇是「獨善」而非「兼濟」。無論是陶淵明、白居易，抑或是崇尚陶詩白詩的後世文人，往往借書寫晝寢來表達自己獨善其身、淡泊自守、精神無拘的生活理想。

陶淵明的一封家書為後世樹立了晝眠高隱的典範模式：「常言五六月中，北窗下臥，遇涼風暫至，自謂是羲皇上人。」[31]高臥本指高枕臥眠，經諸葛亮、謝安等人事蹟廣泛傳播後，逐漸發展出隱居不仕、無為而治的引申義，在唐宋詩文中高臥就基本指向

25　（清）彭定求等編，陳尚君補輯，中華書局編輯部點校：《全唐詩》北京：中華書局，1999年，頁7154。

26　（宋）劉攽撰，逯銘昕點校：《彭城集》濟南：齊魯書社，2018年，頁466。

27　（唐）白居易著，顧學頡校點：《白居易集》，頁684。

28　（唐）劉禹錫著，瞿蛻園箋證：《劉禹錫集箋證》上海：上海古籍出版社，1989年，頁1215。

29　（宋）朱熹集注：《孟子》上海：上海古籍出版社，2013年，頁183。

30　金良年撰：《論語譯注》，頁159。

31　（晉）陶淵明著，（清）陶澍集注，龔斌點校：《陶淵明全集》上海：上海古籍出版社，2015年，頁159。

安閒睡隱之意。

白居易常在仕隱比較中表達出對閒居生活的肯定,如「雞鳴一覺睡,不博早朝人」[32]、「自問寒燈夜半起,何如暖被日高眠」[33]。他還多次刻意強調自己對晝寢的喜好建立在對前塵往事、功名利祿的釋懷之上,「誰知利名盡,無復長安心」[34]、「睡到午時歡到夜,回看官職是泥沙」[35]等詩句也映證了他後期推崇的「中隱」理想。白居易曾以「詩諫」為最高文學理想,卻未曾想當他實現以詩諫君之時,也是政治生涯走向下坡的轉點。在後期詩歌中他刻意與過往避嫌,反透露出因難以徹底釋懷而轉為傾向獨善的複雜心理。事實上,他在詩歌表達中雖然有意採取了一種遠離政治的態度,但他的內心實則從未徹底離開政治。

與唐代情況不同,慶曆之際正處於士階層地位上升、權力擴張,而國家又深陷內憂外患的特殊時期,高度的社會責任感與國家主人公意識是慶曆士人的重要精神標籤。慶曆士人遭貶後也會失意低迷,但獨善其身往往只是他們審時度勢下選擇的生活策略,當無法解決現實問題時,「獨善」便成為他們實現仕途理想的過渡,而非仕途的對立;他們追求功成身退,獨善其身僅是成就功業中的一段合理插曲。因此,慶曆晝寢詩既能展現出士人渴望休憩疲憊身心,又暗合了他們從未徹底捨棄「兼濟天下」的政治理想。

在慶曆士人筆下書寫晝寢已普遍成為一種表明心跡的方式。宋祁曾作「翰墨班中推舊老,功名罷後得高眠」[36]、「菱花照鬢感流年,始覺空名盡偶然」[37],借對比強調追求名利的數年恍然如夢,驀然回首時內心倍感空虛。邵雍不但張揚山林吾樂的個人志趣,「閒窗一覺從容睡,願當封侯與賜金」[38]更是坦誠自己願以世俗物質換取精神滿足的心願,將晝寢詩的文化內涵由日常生活記錄轉為對心性理想的內化理解。

士人往往借論述「夢」與「名」的關係暗示自己淡泊名利,唯願回歸到生活本真狀態。鄭伯玉曾官至殿中侍御史,年未五十,棄官歸郡,隱居二十載未出,自言「老夫不入少年場,直向南軒亭午睡,覺來歷省夢中事,卻憶邯鄲枕中記。」[39]《瀛奎律髓》載仁宗朝士大夫張徵詩《自然亭》:「萬緣不是閒中起,百事唯于睡裏消……愛名之世忘名客,幸有山林舊市朝。」[40]在張徵筆下「睡」成為一種消弭萬事的狀態,無論病痛或名利,在睡夢狀態中都變得不值一提。

---

32 (唐)白居易著,顧學頡校點:《白居易集》,頁365-366。
33 同上註,頁403。
34 同上註,頁159。
35 同上註,頁554。
36 北京大學古文獻研究所編:《全宋詩》,頁2557。
37 同上註,頁2486。
38 (宋)邵雍著,郭彧整理:《伊川擊壤集》北京:中華書局,2013年,頁89。
39 北京大學古文獻研究所編:《全宋詩》,頁3390。
40 (清)厲鶚撰,陳昌強、顧聖琴點校:《宋詩紀事》杭州:浙江古籍出版社,2019年,頁541。

寢食作為人的必要日常需求，在詩歌中常被作為判定生活狀態的標識。慶曆晝寢詩繼承了白居易晝寢詩中連用「飽食」、「安眠」的語言慣例，進而將白詩中「安眠」之意拔升為「高眠」，如蘇舜欽「我今飽食高眠外，惟恨醇醪不滿缸」[41]，胡宿「老翁飽食罷，日晏尚高眠」[42]，邵雍更是多次表明飽食高眠即為自己全部追求，「飽食高眠外，率是皆虛名」[43]、「飽食高眠外，自餘無所求」[44]。相比「安眠」強調更為基礎的安定感，「高眠」則在安穩之上又多了一層無拘的意味。

「獨善」是慶曆士人被迫選擇的生活策略，「兼濟」是他們難以割捨的終極追求。那麼如何平衡「獨善」與「兼濟」，是慶曆士人共同需要面對的問題。

韓琦在慶曆新政失敗後曾心灰意冷自請外任，知定州期間作《次韻和致政王子融侍郎歸休述懷二首》：

> 周旋通顯竭忠勤，勇退翩然得謝身……滿床黃卷閑為伴，一枕清眠任過晨。[45]

嘉祐元年（1056）年韓琦被召回京，開始了中樞十載的事業巔峰期。治平四年（1067），韓琦因「押班事件」堅決辭去中樞職務請判故鄉相州，次年作《放泉》：

> 緩帶憑軒喜放泉，映花穿柳逗潺湲。誰言勝境須昆閬，自有清音過管弦。
> 赴海任遙終澤潤，灌園思足尚留連。衰翁日寄南窗傲，枕上時醒白晝眠。[46]

第一首詩中「閑」「任」二字可見韓琦將晝寢視為功成身退後的如願以償，同時鋪滿床鋪的是書籍黃卷，可見君子志趣未改，這又與晏起的有意放縱恰好達成平衡狀態。第二首詩基本透露出輕鬆閑適的氣氛，前三聯表達出詩人對家鄉的喜愛饜足與親密交流，尾聯則主要選取了日望南窗和晝寢時醒的畫面，隱約透露出空虛寂寥的情緒。尾聯中詩人一改康健豁達的前文形象而自稱「衰翁」，晝眠既展現出閑適淡然的心態，時醒又暗示詩人內心的掙扎不安。

即使在詩意偏向慵懶悠閑的晝寢主題詩歌中，慶曆士人也能高昂輸出「兼濟天下」的理想情懷。晝寢高眠行為本身帶有一定的安定意味，亦可暗示政治升平之象。高枕無憂可以是個人無憂，亦可是一方無憂、天下無憂，如岑參的「燉煌太守才且賢，郡中無事高枕眠」[47]便是以民眾的高枕眠襯托太守的賢才。這點也被范仲淹領悟習得，並將晝

---

41 （宋）蘇舜欽著，傅平驤、胡問濤校注：《蘇舜欽集編年校注》，頁293。
42 北京大學古文獻研究所編：《全宋詩》，頁2051。
43 （宋）邵雍著，郭彧整理：《伊川擊壤集》，頁45。
44 同上註，頁44。
45 （宋）韓琦撰，李之亮、徐正英箋注：《安陽集編年箋注》成都：巴蜀書社，2000年，頁221。
46 同上註，頁465。
47 （唐）岑參著，陳鐵民、侯忠義校注：《岑參集校注》上海：上海古籍出版社，1981年，頁77。

寢作為指向天下太平、家國興盛的隱性符號,如「日高窗外眠方起,月到樽前宴未終」。[48]慶曆四年(1044)時新政已走向必然的衰亡,范仲淹此時必須要直面政治理想的失落並迅速調整心態。「日高眠」在范仲淹眼中幾乎等同於「天下樂」的重要表徵,而《和延安龐龍圖寄岳陽滕同年》的尾句「豈信憂邊處,干戈隔一川」[49]卻將前詩中的歲月靜好瞬間擊潰,嚴峻的政治現實時刻警醒著范仲淹,戰火未遠,干戈仍在,因此秉持著「後天下之樂而樂」[50]的范仲淹始終無法放下兼濟天下的情懷。

四 詩歌題材的突破:以人地互動為核心的「林臥」詩

由唐入宋,晝寢詩歌書寫的主要空間從閨閣軟榻逐漸轉變為寢室庭院,這既意味著晝寢詩歌的發生場景與觀照視野越發開闊,也包含了晝寢詩審美意識由俗向雅的發展傾向。但就詩歌題材而言,極少有士人晝寢詩會關注到閨樓屋院外的山野林泉、城郊田園,「郡齋無事好閒眠,秔稻油油綠滿川」[51]這般詩句在宋前亦是罕有。即使是白居易、王禹偁這等善寫晝寢並極力張揚閒適趣味的詩人,所理解的晝寢也基本屬於與外界疏離的私人體驗,因此重視內向體悟多過外向觀察,甚少討論晝寢活動與外部世界的複雜聯繫。

而在慶曆時期,卻興起了一種主要描摹文人雅士於山水間發生晝寢活動的詩歌類型,本文將這一次類的晝寢詩主題稱為「林臥」詩。林臥詩不僅對晝寢地點有明確限制,且更強調晝寢者與自然的交互關係,首先表現為林臥詩的環境描寫更加豐富鮮活。

宋前晝寢詩的環境描寫物件大多為屋室裝飾與日常器皿,種類有限且皆是死物,精緻有餘卻靈動不足。中唐晝寢詩開始頻繁借軒窗廊亭之便將視線牽引至院落園林中,如韋應物有詩「園林鳴好鳥,閒居猶獨眠,不覺朝已晏,起來望青天」[52],又如白居易《池上竹下作》與《臨池閒臥》二詩,不僅描摹了籬芭翠竹、居院清池之景,還勾勒了自己於晝寢前後臨水閒坐、林下信步之舉。觀景視野的不斷外延暗示唐人晝寢已逐漸顯現出對戶外環境的審美需求,渴求更甚者會通過移動床榻為晝寢體驗爭取更多的風光與溫度,張籍「飲罷身中更無事,移床獨就夕陽眠」[53],白居易亦是「冷巷閉門無客到,暖簷移榻向陽眠」[54]。以上晝寢詩中雖也包含鳥雀、花木、暖陽等生機活物,但言語間

---

48 (宋)范仲淹著,李勇先、王蓉貴校點:《范仲淹全集》成都:四川大學出版社,2007年,頁475。
49 同上註,頁121。
50 同上註,頁195。
51 (唐)盧綸著,劉初棠校注:《盧綸詩集校注》上海:上海古籍出版社,1989年,頁63。
52 (唐)韋應物著,陶敏、王友勝校注:《韋應物集校注》上海:上海古籍出版社,2011年,頁143。
53 (唐)張籍撰,徐禮節、余恕誠校注:《張籍集繫年校注》,頁750。
54 (唐)白居易著,顧學頡校點:《白居易集》,頁407。

透露出的卻總是詩人對自然之物單方向的欣賞追求，景物卻很少給予詩人回饋，反而透露出人與物的隔閡與疏離。

  慶曆林臥詩中的自然景物則廣博而豐富，使得晝寢的景與情都更加飽滿且富有層次。當觀照視野愈發開闊，不再局限於一室一屋一園，便會引發詩人情思的無拘和詩興的暢達，因此林臥詩往往會更具灑脫逍遙之感。詩人晝寢時對外界環境的好奇與熱情能得到最大限度的滿足，因此感覺自然也愈發親近活潑起來。胡宿《題漣漪亭》云：「汀花照席供春醉，沙鳥窺簾伴晝眠。何必馭風追汗漫，不妨乘月弄潺湲。流杯若倣山陰事，兼有蛙聲當管弦。」[55]在詩人筆下自然主動表達出對人的好奇與關照，潺湲溪流亦是溫和柔順，日眠夜遊更顯出詩人不受俗規拘束、順應本心生活的自在逍遙。祖無擇有詩「拂水萬絲楊柳弱，倚風千蓋芰荷香，縱游閑泛蘭舟穩，半醉狂眠石席涼。」[56]風景雖清麗淡雅，晝寢畫面卻並不沉寂，嫋嫋煙波反而促使心境澎湃，令閑眠又多了狂狷隨性之意。

  詩人與地方環境的交感互動，在很大程度上會影響詩人觀照世界的眼光與心態。唐代也有描摹士人於山水田園中晝寢的詩作，如王績「抱琴聊倚石，高眠風自彈」[57]，又如王維「清晝猶自眠，山鳥時一囀」[58]，但這些詩句中的自然環境只作為畫面背景出現，而非能與詩人發生情感、行為交互的物件，「風自彈」與「猶自眠」都讓人感覺自然與詩人的互動並不強，人與地方雖共處於同一畫面中，情感上卻又始終保持距離。

  人地互動感缺失與充盈會令晝寢詩呈現出截然不同的面貌。以歐陽修在滁州創作的兩首晝寢詩為例，林臥詩比室內晝寢詩更能透露出詩人對地方的新鮮感和好奇心理。

> 天雲慘慘秋陰薄，臥聽北風鳴屋角。平明驚鳥四散飛，一夜新霜群木落。
> 南山鬱鬱舊可愛，千仞巉巖如刻削。林枯山瘦失顏色，我意豈能無寂寞。
> 衰顏得酒猶彊發，可醉豈須嫌酒濁。泉傍菊花方爛漫，短日寒輝相照灼。
> 無情木石尚須老，有酒人生何不樂。（《新霜二首》）[59]
> 四十未為老，醉翁偶題篇。醉中遺萬物，豈復記吾年。
> 但愛亭下水，來從亂峰間。聲如自空落，瀉向兩簷前。
> 流入岩下溪，幽泉助涓涓。響不亂人語，其清非管弦。
> 豈不美絲竹，絲竹不勝繁。所以屢攜酒，遠步就潺湲。
> 野鳥窺我醉，溪雲留我眠。山花徒能笑，不解與我言。

---

55 北京大學古文獻研究所編：《全宋詩》，頁2106。

56 同上註，頁4432。

57 陳尚君輯校：《全唐詩補編》北京：中華書局，1992年，頁648。

58 （唐）王維著，（清）趙殿成箋注，白鶴校點：《王維詩集》上海：上海古籍出版社，2017年，頁55。

59 （宋）歐陽修著，洪本健校箋：《歐陽修詩文集校箋》，頁86-87。

惟有岩風來，吹我還醒然。(《題滁州醉翁亭》)[60]

《新霜二首》中詩人本也想與自然互動，但觀察後又覺得自然難以親近，倔強的詩人覺得自然既然不願親近他便不強求，轉而借美酒脫離孤獨狀態。但在《題滁州醉翁亭》中詩人則主動邁出了親近地方的一步。清泉仍在亂峰山石間，但卻不再高不可攀、冷冽難親，詩人心悅於清泉的幽深和脆響，因此也願意跋山涉水去欣賞。「屢」、「遠」二字通過營造反差暗示詩人的心甘情願，「就」字更有依順之意。相比於《新霜二首》中詩人自恃身分不願向自然山水讓步求和的心理，此時他卻主動去親近自然。詩人從山水畫卷外冷靜的旁觀者變成實實在在的畫中人，他已經徹底融入了畫面並與一切景物皆產生互動，詩人從身在其中的內部視角重新審度了這片山水。

在林臥活動中，慶曆士人對世界的觀照和感知往往是多方面且細緻入微的。在刻意營造出的夢幻美感與朦朧詩意背後，展現出的其實是士人越發內斂冷靜的理智。即便是晝眠醉臥，詩人依舊在以一種清醒細緻的目光觀察世界。范仲淹亦是林臥為媒介向外觀察地方，範詩並不著力於描摹「醉」對生理狀態的影響，轉為強調「醉臥」能引出瀟灑朦朧的觀物視角，不僅能豐滿詩人的地方認知，也可表達出積極高漲的情緒價值。「閒上碧江遊畫鷁，醉留紅袖舞鳴鼉」[61]，便是范仲淹以醉眼尋求江山之助的驗證。劉敞《雨後小亭》處處都在強調景物感受的「細微性」，詩人以臥榻視角對事物進行精確觀察，見微知著；尾句「悠悠對老圃，幾與爾俱忘」[62]更是體現出超然物外的豁達心態。詩人對細微事物的變化能夠產生好奇、耐心靜候、細緻觀察、善於思考，也從側面體現出宋代文人敏銳多思的特質與淡然豁達的心境。

五 結論

晝寢的觀念性演變促進了晝寢詩的獨立與發展。自《論語》、《禮記》後晝寢被定性為憊懶非禮之舉，魏晉時又被賦予隱逸之意，直至中唐白居易等人挖掘出晝寢的慵懶之美，晝寢才成為獨立的詩歌題材。宋人通過文化闡釋和文藝創作將晝寢從憊懶失禮的傳統倫理批判中解放出來；宋人將晝寢視為閒適日常與淡泊心境的有效表達，晝寢詩的文化內涵與審美心理在宋代更是有明顯開拓。其中慶曆晝寢詩作為重要過渡階段，其文化轉向意義與文學書寫特徵理應被重視。

在藝術手法方面，慶曆晝寢詩通過描摹感官細節與氛圍營造再現晝寢現場，帶給讀者更加直觀的審美體驗，借書寫風雅景物賦予晝寢正向的文化內涵，通過弱化眠與醒狀

---

60 （宋）歐陽修著，洪本健校箋：《歐陽修詩文集校箋》，頁1350。
61 （宋）范仲淹著，李勇先、王蓉貴校點：《范仲淹全集》，頁113。
62 北京大學古文獻研究所編：《全宋詩》，頁5825。

態的邊界感，營造出「睡境觀物」的渾融情境與審美意境。在思想意趣方面，慶曆晝寢詩鮮活生動地展示出士人為平衡「獨善」與「兼濟」所做出的努力。慶曆士人通過闡釋夢和名的關係、反覆並提寢食情況以書寫高臥，以對讀善生活的意趣理解為過渡失意階段的生活策略，視兼濟天下後功成身退為始終不滅的理想追求。在題材創新方面，慶曆晝寢詩的觀照視野越發外向和開闊，描摹山水間晝寢活動的林臥詩自此興起。有別於一般的室內晝寢詩，林臥詩對環境景物的描寫更加豐富鮮活，詩意偏向瀟灑無拘，充分展現出詩人與地方自然的雙向互動關係。慶曆士人以林臥的特殊姿態展開對外在世界與自我心靈的獨特觀照，既便於尋求江山之助，亦是對宋人傾向自省內思的文化特質的側面體現。

王假有廟：
《萃》、《渙》兩卦的天命與變易

邊 疆

北京師範大學哲學學院

一 引言

本文涉及的《萃》、《渙》兩卦的卦辭分列如下：

《萃》：萃，亨，王假有廟，利見大人，亨，利貞，用大牲吉，利有攸往。

《渙》：渙，亨，王假有廟，利涉大川，利貞。

兩卦卦辭不僅有字句相同，而且義理解釋也有相似之處。排除卦辭的編寫慣例，仍然可以判斷出兩者表達的行為主體、行動路徑和價值取向相近。程頤在解釋渙卦彖辭說「王假有廟之義，在《萃》卦詳矣。」[1]所以《渙》「王假有廟」與《萃》「王假有廟」雖然解釋場景不同，但是其用意非常可能有一致性。程頤對《萃》卦「王者有廟」的解釋是：

> 王者萃聚天下之道，至於有廟，極也。群生至眾也，而可一其歸仰；人心莫知其鄉也，而能致其誠敬；鬼神之不可度也，而能致其來格。天下萃合人心，總攝眾志之道非一，其至大莫過於宗廟，故王者萃天下之道，至於有廟，則萃道之至也。

程頤的解釋可以概括為君主以道行事聚集天下百姓，歸攏人心，最終成就功業。對《渙》「王假有廟」的解釋則在《彖辭》中：「天下離散之時，王者收合人心，至於有廟，乃是在其中也。……享帝立廟，民心所歸從也。歸人心之道，無大於此，故云至於有廟，拯渙之道極於此也。」[2]由此可看到，此句的關鍵就在於一是強調王者能解民生於倒懸，所以眾心所歸。二是王者因此能建立宗廟，祭祀神靈和先祖，傳於後世。

從《周易》的編寫體例來看，卦辭中除了元亨利貞等判斷吉凶的用語，鮮有相同字句。又因為涉及內容廣泛，行為主體大多為君子，再仔細區別就需要從行為方式來判斷其中所指的身分、困境或目的有何不同。而獨《萃》、《渙》兩卦，都出現了「王假有

---

* 本文為【基金項目】國家社會科學基金一般項目「荀子道德哲學的形上學基礎研究」（19BZX047）的階段性成果。
1 （北宋）程頤：《周易程氏傳》北京：商務印書館，2018年，頁925。
2 同上註，頁925。

廟」，或是事件相同，或是意涵相近，尤其注家的解釋也接近一致。因此兩卦放在一起解讀可能更能接近其編著者本意。

二 「王假有廟」格義

「王假有廟」的「王」實指周朝主持祭祀之主人，即最高統治者，具體何所指則不可考，也未必能完全對照史實。「假」和「有廟」在此語境中則需要再解釋。陸德明注音「假」是「假，庚白反」，王弼注為「假，至也，王以聚至有廟也。」[3]「至」是「極」義，即通過某種行為，王能最大程度聚集民眾以建立宗廟，或以宗廟為媒介聚攏人心。如孔穎達云：「天下崩離，則民怨神怒，雖複享祀，與無廟同。王至大聚之時，孝德乃洽，始可謂之『有廟』矣，故曰『王假有廟』。」[4]程頤對萃卦卦辭的解釋也是此意。

其次，「假」或為「大」意，陸績曰：「王，五；廟，上也。王者聚百物，以祭其先，諸侯助祭於廟中。假，大也。言五親奉上矣。」[5]這是源於爻位的解釋，九五指君位，王室親族，天下歸附，臣工共助祭禮，故稱其大。

另外，「假」也有「感格」的解釋。黃壽祺和張善文認為是「君王用美德感格神靈」[6]，尚秉和、龔煥也是此觀點。「感格」的解釋，是表示其不偏離正道，對祖考精神之繼承，所以能獲得祖先的保佑。朱子解釋得最為詳盡：「王假有廟言王者可以至於宗廟之中，王者卜祭之吉占也。〈祭義〉曰『公假於太廟是也』。廟所以聚祖考之精神。又人必能聚己之精神，則可以至於廟而承祖考也。」[7]這裡包含了兩層精神的凝練，一是君王自身要極具誠意，檢省自身，以達到祖考精神之具現。二是能感通天地，溝通祖先，其精神能經過祖先的考驗而投射於自身。朱子對《周易》的解釋方法看重原初的占卜祭祀之義，那麼其中的「假」即指君王誠意祭祀，能與先祖相感通，從而獲得保佑。《朱子語類》有朱子和弟子關於祭祖感格的討論：

> 曰：「若是誠心感格，彼之魂氣未盡散，豈不來享？」……人死，氣亦未便散得盡，故祭祖先有感格之理。若世次久遠，氣之有無不可知。然奉祭祀者既是他子孫，必竟只是這一氣相傳下來，若能極其誠敬，則亦有感通之理。(《朱子語類・鬼神》)

儒家傳統中少言怪力亂神，而朱子的鬼神之說主要是以理氣說明之。也有一部分是基於

---

3 （三國）王弼注，〔唐〕孔穎達疏：《周易注疏》北京：中央編譯出版社，2012年，頁247。
4 同上註，頁247-248。
5 李鼎祚：《周易集解》北京：中華書局，2016年，頁277。
6 黃壽祺、張善文：《周易譯注》上海：上海古籍出版社，2007年，頁262。
7 （南宋）朱熹著，廖明春點校：《周易本義》北京：中華書局，2009年，頁166。

對佛老的回應,並不意在說明幽明之間的神仙方術,而關鍵在於與先祖溝通的誠敬之心和精神感通。所以以「感格」解釋「假」是對精神價值傳承的強調。

注家在解釋「假」時預設了祭祀的對象是先王或先祖,「有廟」沒有做特殊的區分理解。王弼、孔穎達認為是建立宗廟,孔穎達云:「王至大聚之時,孝德乃洽,始可謂之『有廟』矣。」[8] 並且強調價值性的內容,僅僅宗教儀式性的祭祀不能稱之為「有廟」。「孝德」又可明確看出是祭拜先祖,程頤、朱熹也持同樣解釋。

但從周易整體來看,本身是卜筮之書,周人又承襲了一部分殷商的宗教觀念,根據《周禮・春官宗伯・大宗伯》記載,祭祀對象分為三類:天神類、地示類和人鬼類。陳夢家認為商周的祭祀一大區別是殷商將帝看成是主宰一切的最高神,而周以「上帝與天子為統治邦國之兩重元首,視天子受命於天,故周人之『天』若『上帝』為政治上之主宰。」[9] 據此解釋,則祭祀可能面向神靈或先祖。前者是對商的原始信仰與權力來源的繼承,對天的信仰來源於神秘的自然力量,其中並無倫理性的價值,受命於天且天命不會更易。在小邦周將商取而代之之後,周人意識到「天命靡常」。

> 天佑下民,作之君,作之師,惟其克相上帝,寵綏四方。有罪無罪,予曷敢有越厥志?(《尚書・泰誓》)

殷商所作所為顯然違背上天,天對下民的護佑正要求一個新的政權取代暴虐無道的商朝。武王征伐初始的誓言說明了周人的行為動機,受到小民感召,天命移轉,周恰逢其時,打敗商朝建立功業後將對天的敬畏和保民聯繫起來,順理成章成為解釋天命的新統治者。天命不再是不可捉摸福禍難測,而是意志鮮明地與民意結合起來。所以,商周之間的天命觀念有一致和轉變。《詩・大雅・文王之什》:「周雖舊邦,其命維新」,尤其明顯的是周用以強調作為新生政權的合法性。然而兩卦的「王假有廟」並不意在「祈天永命」,正是由於解釋天命的轉變,再像殷商那樣祈求上天免災、祈福、避禍則無疑是理性精神的倒退。孔穎達、程頤、朱熹都解釋為對先祖之祭祀,沒有一味解釋為「天」的敬畏,因為宗廟祭祀只是中介性表達,重點是周人已經實現了充分可靠的政治實踐,敬天與敬祖有內在的一致性,即敬德保民和穩定政權。雖然周因襲了一部分殷人的制度,但祭祀的重心實則是從宗教性的原始崇拜邁向倫理秩序的構建,荀子有言:「卜筮然後決大事,非以為得求也,以文之也。故君子以為文,而百姓以為神。」(《荀子・天論》)且從周人對祭祀儀式的詳細規定也可以看出制禮作樂逐漸萌發的倫理文明形態。萃卦《彖》說「致孝享也……順天命也」和渙卦《象》說「享於帝立廟」,足可證明對天和祖考的誠敬是一致的。很可能由於儒家注重內在超越導致注家都更偏向政治道德意

8　(三國)王弼注,(唐)孔穎達疏:《周易注疏》,頁247-248。
9　陳夢家:《陳夢家學術論文集》北京:中華書局,2016年,頁51。

義上的解讀，而不訴諸於神秘的天意。[10]

黃壽祺認為「有廟」是「保有廟祭」，是君王為祈求「社稷」長久的活動。比較幾種解釋，顯然大意並無實際的差別。可綜合理解為：君主祭祀於宗廟之中，以感通之精神，上承襲神靈先祖之意志，下聚攏天下之民意，以至德之道實現治理天下。

類似的句式還有風火《家人》卦，九五爻爻辭是「九五，王假有家，勿恤吉。」與「王假有廟」只差一字，用法卻相同。此陽爻正居九五君位，程頤稱「假，至也，極乎有家之道也。夫王者之道，修身以齊家，家正而天下治矣。」[11]儒家一直有修齊治平的解釋路徑，所以在此處既是講治家之道，同時也是講治國之道。其內在都有對理想的追求，程頤也用「至」、「極」等字眼解釋其要追求的最高價值。因此，這兩卦的解釋必須闡述清楚最高理想才能理解編著者推崇的價值究竟是什麼。

三　《萃》、《渙》兩卦的再闡釋

《周易》可以說是中國哲學的總脈，儒道兩家都將其治為經典。但後世釋讀方法繁多，發展出了不同的解釋方法。如漢朝經學讖緯興盛，所以解易多講象數。宋朝陳搏、邵雍又闡發為河圖洛書。魏晉時期王弼開魏晉玄學之新風，不用讖緯象數，首開義理之說，但是以老莊玄學為側重。而宋朝胡瑗、程頤則用儒家思想講析義理。如今再解釋《周易》自然要反本溯源，摒除偏離根本的雜說，結合文獻考證和思想史推論《周易》要表達的思想。《四庫全書總目提要・易類》曰：「《易》之為書也，推天道以明人事者也」。所以，解讀《萃》、《渙》兩卦應著力於解釋兩者要表達的價值內涵，其中源於生產生活、軍事、政治等的記載既是對現實生活問題的應對和指導，同時也在更深層次上表達出編著者想要追求的善好生活。解讀《萃》、《渙》兩卦應著力於解釋兩者要表達的價值內涵。

《周易》文本中涵蓋社會生活實踐極其豐富，包括了個人的修身、避禍、心性和生活追求等，社會層面又涵蓋了征戰、婚嫁、祭祀、訴訟、商旅等等，其中編者想要遵循的原則或倡導的價值要麼在某卦專門闡述之，要麼夾雜於爻辭之中，解讀時就需要結合文本掌握大意，分別理解各卦辭爻辭，避免混為一談。然而，本文討論的兩卦在字義上雖有明顯區別，但在卦辭上內容又相接近。結合對「王假有廟」的解釋，便可以推斷，兩卦的解釋是對同一事件的不同看法、手段或告誡，或是面對不同情況的處理原則。郭沫若先生認為：「所謂『王假有家』、『王假有廟』（《萃》彖辭），這是表明王的職掌是管家政和祭祀的。」[12]很明顯是關於祭祀活動的記載，但祭祀又不僅僅是浮於表面的原始

---

10 余英時：《論天人之際：中國古代思想起源試探》北京：中華書局，2014年，頁205-211。
11 （北宋）程頤：《周易程氏傳》，頁627。
12 郭沫若：《中國古代社會研究》北京：商務印書館，2011年，頁48。

信仰，還需要結合彖辭象辭，才能理解其內在的精神旨趣。

《萃》彖辭為：

> 萃，聚也。順以說，剛中而應，故聚也。「王假有廟」，致孝享也。「利見大人，亨」，聚以正也。「用大牲，吉，利有攸往」，順天命也。觀其所聚，而天地萬物之情可見矣。

其中蘊含著清晰的邏輯順序。首先上位者行為端正，能一呼而百應，這裡的「聚」既指百姓對祭祀和政治生活形式上和法理上的服從和擁護，又指民眾心悅誠服，心理上對上位者的認可。「聚」的方法是「正」，對於上位者而言，「正」代表了中正之德，無所偏私，這是內在的德性要求，也是聚集人民需要執行的外在規範。從而上位者能感通上下，繼承先祖之志的同時又體察到百姓眾生的追求。從末句可以看出對「聚」價值性的極高肯定，「天地萬物之情」正是中正之德於萬物的表徵，抑或說是天道在萬物中的體現。無道則無以聚天地萬物，「情」則是源於其認可後產生的內在傾向，如孔子所說：「為政以德，譬如北辰，居其所而眾星共之。」（《論語·為政》）其規範性則表現為政治生活之中相對成熟的禮制，如《禮記》所載：

> 民之所由生，禮為大。非禮無以節事天地之神也，非禮無以辨君臣上下長幼之位也，非禮無以別男女父子兄弟之親、昏姻疏數之交也；君子以此之為尊敬然。然後以其所能教百姓，不廢其會節。……其順之，然後言其喪算，備其鼎俎，設其豕臘，修其宗廟，歲時以敬祭祀，以序宗族。即安其居，節醜其衣服，卑其宮室，車不雕几，器不刻鏤，食不貳味，以與民同利。昔之君子之行禮者如此。
> 《禮記·哀公問》

由此可以看出，成熟形態下的周禮有巨大的社會功用，能夠塑造精神信仰，使百姓尊卑有序，長幼分明，男女有別，尤其祭祀是凝聚宗族的重要活動，一家之祭聚合其家，一族之祭聚合宗族。同樣，一國統治者主持祭祀活動也是凝聚國人心意的手段。君子與百姓都在祭禮各方面環節中需要盡其誠意，在精神向度上實現一致。王也是如此：

> 文王之祭也，事死者如事生，思死者如不欲生，忌日必哀，稱諱如見親。祀之忠也，如見親之所愛，如欲色然，其文王與？《詩》云：「明發不寐，有懷二人。」文王之詩也。祭之明日，明發不寐，饗而致之，又從而思之。祭之日，樂與哀半：饗之必樂，已至必哀。《禮記·祭義》

在公共生活中，祭禮無疑是能夠團結百姓，上傳下達，凝練意志的重要組織活動。「文王之祭」不僅僅只是文王對親人的思念的表達，更重要的是還有祭禮中至誠至哀的精神。彖辭中的「致孝享也」正是此義。儒家也高度重視祭禮精神性的功用。《論語》中

有很多對於「仁」的解釋，雖然孔子強調行為者自身要「愛人」，但其根源仍離不開禮的表徵。如：

> 仲弓問仁。子曰：出門如見大賓，使民如承大祭。己所不欲，勿施於人。（《論語‧顏淵》）

孔子回答弟子向來是因材施教，仲弓是孔門德行科四弟子之一，而且在政治上的表現又尤為出色，孔子讚揚他「可使南面」，所以，這裡孔子對「仁」的解釋就側重於政治生活中對百姓的規訓，雖然禮不須在任何場合都表現得具體入微，浮於聲色，但內心的敬重感則要求時時刻刻警醒自己，百姓自然也就在此情感影響下愈發誠敬，進而遵循禮樂秩序。

《萃》卦的象辭是：「澤上於地，萃。君子以除戎器，戒不虞。」水流從八方匯積，以至於非暗湧於地下而是高流地上。表意為多方來聚，聲勢豐盈浩大。就如同今天所講地上懸河，難免有潰堤的危險。所以君子應為此做好準備以防不測。在政治體系之中，任何個人、集體組織似乎都應該保證必要疏離的空間。誠然，為天下所承認的最高價值能夠聚集所有人，但這並不保證能消除人與人之間、集體與集體之間的矛盾和緊張，所以聚集也意味著對秩序的挑戰。而且《周易》中反復強調「易」理，正是生生不息的變化才保證了萬事萬物的流轉反復，如乾卦上九爻「亢龍有悔」，又如否卦泰卦，所以聚集之極又必然有渙散之難。

> 澤上有地，臨，則聚澤者地岸也；澤上於地，萃，則聚澤者隄防也。以地岸而聚澤，則無隄防之勞，以隄防而聚澤，則有潰決之憂。故君子觀此象，為治世之防，除治其戎器，以為不虞之戒。若以治安而忘戰守之備，則是以舊防為無用而壞之也，其可乎？（《大易緝說‧卷七》）

王申子這一段是將臨卦與萃卦相比較，講君子備患之義。然則其末句最為得當，即使天下萬心都歸於一統，卻仍然有離散崩壞的風險，君子所以要應時而變，以防不測。《萃》詳盡地闡釋了如何實現至一之中道，聚攬天下百姓，如何防患於未然。而《渙》相反，《渙》卦以另一個話語基礎展開討論。

渙卦的彖辭是：「渙亨，剛來而不窮，柔得位乎外而上同。王假有廟，王乃在中也。利涉大川，乘木有功也。」雖然是「渙」是「離散」之義，但本卦是講如何拯救解決「離散」之難。還有注家將其解釋為險難如冰雪遇陽光消融，即所謂渙然冰釋；又有解釋為「文」，即文理之義。但從卦辭、彖辭和象辭可以看出，與萃卦相似，如果僅僅是後果論的表述，則不必提及「利涉大川」「王乃在中」。編著者仍然是強調其間蘊含的價值和工夫，並主要在講應該以何種方法面對「渙」的困難。孔穎達認為：「蓋渙之為義，小人遭難，離散奔迸而逃避也。大德之人，能於此時建功立德，散難釋險，故謂之

為渙。」[13]此處「小人」沒有道德意義，是指普通的百姓，百姓遭遇苦難，或天災，或人禍，不得已四散奔離，此時，需要有德之人建功立業以救天下百姓。而程頤則側重以民心歸附解釋「拯渙之道」：

> 天下離散之時，王者收合人心，至於有廟，乃是在其中也。……王者拯渙之道，在得其中而已。孟子曰：「得其民有道，得其心斯得民矣。」享帝立廟，民心所歸從也。歸人心之道，無大於此，故云至於有廟，拯渙之道極於此也。[14]

程頤的解釋立足於儒家的民本思想，民心之所向是判斷君王是否合格的標準，在程頤看來，君主能夠收合天下人心，最終掌握祭祀，建立廟宇是最具代表性的「拯渙之道」。與孔穎達的解釋略有不同，孔穎達是側重功用上的最後效果，而程頤更看重價值上百姓的認可。當然，兩者並不衝突，而且具有內在的聯繫。對於百姓來說，君王能解民生於倒懸，使民免於遭難是基本訴求，而且在此基礎之上，百姓能心悅誠服，認可統治者的合法性，這是更高層面的要求。從肯定自身利益到追求共同體的穩定必然需要價值上的認同。當然，百姓生存上的危機會直接影響動搖原本的意志，思想混亂也會使人民對現狀感到不安，繼而質疑當權者的能力和政治合法性。《渙》象辭說：風行水上，渙；先王以享於帝立廟。解釋此句一是認為君子觀風行水上，能散平波濤，故王者立廟求合（孔穎達、胡瑗、程頤、呂大臨等）；另有認為如春風拂過，堅冰消融如君王樹立信仰，消除心中塊壘，則民心歸服（馬恒君）。但問題在於，風行水上這一意象按生活經驗理解，只能是「風乍起，吹皺一池春水。」這樣怎麼能平息波濤呢？高亨認為：「《象傳》乃以風比德教，以水比群眾。以風行水上比德教行於群眾。《象傳》認為教育群眾，最要者是以神道設教，教以尊天孝祖。」[15]其合理性就在於，享帝立廟並不能成為「拯渙」的先決條件。然而理解為君王德教百姓，也不全面，其基本義理應該是君王以聖人之德行，周行寰宇，普照百姓，能使所有人能感受到君王之聖德，再能「享帝立廟」，告慰先王。其次再整理人心，樹立信仰，重新塑造共同體的凝聚力，顯然後者的要求更高。

從《周易》的《萃》、《渙》兩卦看來，其中的祭祀、祖先崇拜和信仰還比較原始。有一部分天命觀念是源於殷商，但與之不同的是，「德」能夠決定天命何所歸。是否有「德」，又體現為是否拯救百姓免於苦難。劉彬認為渙卦卦名是指發洪水之意象，在結合古文獻和考古後理解各爻辭文意也更通順，即初六到上九是水勢漸長，洪水氾濫，造成巨大危害又漸漸平息的過程。[16]廖明春以楚簡本和馬王堆本重新釋讀萃卦，認為初六

---

13 （三國）王弼注，〔唐〕孔穎達疏：《周易注疏》，頁311。
14 （北宋）程頤：《周易程氏傳》，頁925。
15 高亨：《周易大傳今注》北京：清華大學出版社，2010年，頁355。
16 劉彬、劉永昆：〈《周易》古經《渙》卦當為發洪水之義〉，《孔子研究》，2018年第5期，頁77-85。

爻意思為:「是說誠信不能保持至終,就會搞亂所會聚起來的人心。如果改而堅持誠信,整個地方的人就會有歡笑。不要停止改過;前往,必無咎害。爻辭強調的是要堅持誠信,要勇於改過。」[17]因為文字簡略,解讀空間大,流傳版本用字又可能不同,所以不能全然採納這兩種解釋,但可以作為例證理解這兩卦:劉彬將渙卦的洪水和大禹治水聯繫起來,包含了大禹「稱揚上帝之命」和整合各族邦對抗洪水行使權力的內容,這一點顯然要比記述洪水史實更重要。在高亨的解釋中,渙還有「水流無阻」「水沖洗」和「流汗流血的『流』」義,[18]這都更以解釋爻辭為中心,但與卦辭、象辭和彖辭的解釋有所分別。若以義理為中心,仍然是王者依天命或上帝之命,拯渙散之難解釋為優。廖明春將「孚」解釋為誠信是常規解釋,並無歧義,但在萃卦背景下,「孚」應該有更豐富的內涵,僅僅以個人的道德情感解釋「孚」,則意思過淺,無法與祭祀和政教聯繫起來,萃卦的「孚」除了誠信,其中還有對祖考的虔敬和對百姓道德的感召力,代表的是深層次的意志堅定。李笑野認為:「《周易》在以「孚」而獲得人、神之助,並建立威信、領袖群類、推動社會前進的意義下,說明了一個重要的觀念,即人的社會存在與實踐離不開誠信。」[19]對於統治者來說,「孚」是「王假有廟」的內在要求,是個人品德修養的極致,中孚卦九五爻,爻辭是「九五,有孚攣如,無咎。」正是講居於君位的王者有牽繫天下之心,感通天下之志,結合王者在政治上的紓難解困,最終能使得天下歸服,真正實現內聖與外王的統一。

四　內聖外王

綜合二卦來看,王者所以能「享帝立廟」既能拯救民生疾苦又能在道義上獲得天下認可。所以並非是完全道德意義上的絕對支配力和感召力,而是在諸多力量之中,能夠以其獨有的道義顯現在爭亂危困之中,去除積弊,德力並行,最終統攝全局,為天下認可的一家之言,成為天下話語的新塑造者。也就是政治上實然與應然的統一,王道與霸道的統一。

因為《周易》的成書時代和作者並不可考,學界也無定論。但根據其卦辭可以判斷周人的祭祀傳統從沿襲殷商對天神畏懼的神秘性逐漸轉換得更具社會性和倫理性,在過渡到禮樂文明的過程中,人文性價值性的內涵更多地彰顯出來。從兩卦看來,「王假有廟」兼具政治統治的手段與目的,除了告慰先祖,還有教化、組織、正位的作用。陳來先生認為,與殷商的自然宗教傳統比較,周代的祭禮「不但突出了先祖先王人世功德的

---

[17] 廖名春:〈從新出簡帛釋《周易‧萃》卦初六爻辭〉,《湖北大學學報》(哲學社會科學版),第36卷第1期,2009年,頁23。

[18] 高亨:《周易大傳今注》北京:清華大學出版社,2010年,頁357。

[19] 李笑野:〈《周易》「孚」的人格要素論〉,《周易研究》,2014年第1期,頁96。

一面，而且這種功德祭祀已多少帶有紀念性的意味，而非純粹的宗教性祭享祈福，這顯然是文化理性化過程的產物。周代以後祖先祭祀越來越突出並且社會化，其主要功能為維繫族群的團結，其信仰的意義逐漸淡化。」[20]顯然此時的人文精神看起來並不是足夠成熟，宗教、倫理、政治似乎混淆在一起。更細緻來看，是上層統治者以三種方式更好地行使權力以治理民眾。其統治正當性就在這種治理中建構出來。與儒家的「仁」和「仁政」還略有不同，此時的政治建構更加直接簡單，天命由民，王只要善待百姓，贏得民心就合於天命。周代深刻吸取了殷商的教訓：

> 無念爾祖，聿修厥德。永言配命，自求多福。殷之未喪師，克配上帝。宜鑒於殷，駿命不易。命之不易，無遏爾躬，宣昭義問，有虞殷自天。上天之載，無聲無臭，儀刑文王，萬邦作孚。（《詩經·文王》）

不僅要修養自身的德性，還要求統治者感知民意，順應天命。殷商之鑒不遠，如果天命一成不變，則自然不會有商周更替，文王應時而變，使得天下萬邦信服。而且天命可鑒，並非亙古不易，順應天時首先就要具備相應的德性與能力，在儒家的理念中，經常可見對「聖人」的描繪，歸納概括來看，要麼是先古之聖王，要麼在德性上無可比擬，為後世楷模，在言行、政事、德行、禮義諸多方面都盡善盡美。又尤其在政治語境中聖人的成就更加明顯，更能成為儒者楷模，能施行道德教化和政治規矩，兩者並行，施予百姓，而這具體的措施又顯然不能來源於天，與天相溝通並不是「明人事」的最終目的。《繫辭上》中說：「神而明之存乎其人，默而成之，不言而信，存乎德行。」[21]聖人正是在對天下之民的關注中展現了充分的主體性，聖人需要以實踐智慧去處理特定情境中的問題，更具體來說是如何賦予百姓好的生活的問題。這既不同於儒家建構的規範，也不同於道家解構後的歸於自然，實則是在這種天－聖人－民簡單的三層聯繫中對一個實然情境中的政治主體提出了極高的道德和能力要求，非聖人而不能為也。所以，對過去經驗的總結和先王的政治理念都是現有執政方案的淵源，也就不難理解「假有廟」的政治意圖了。

對於原本宗廟精神的追溯實際上也在尋求合法性，這種合法性可能最初始於建立於庇護族群再發展壯大的過程，推翻殷商統治則是要證明拯救天下民眾，再度建立新政權則要獲得更大疆域民眾的認可。《萃》、《渙》很可能就是這個過程某個時間節點的記述，在動盪時局的變易之時，僅僅是儀式性的祭祀不可能起到收合人心的功能。在政治上追求最高價值的表述方式不同，或為德，或為命，或為孚，但不難發現，它們似乎沒有什麼不同，具體分析可能只是最高價值的一個側面或手段，先秦諸子凝練出「道」，

---

20 陳來：《古代宗教與倫理——儒家思想的根源》北京：三聯書店，1996年，頁130。
21 （三國）王弼注，（唐）孔穎達疏：《周易注疏》，頁372。

以此才能真正理解周易的價值內涵。

先秦儒道諸子都稱「道」為最高準則，最高價值，但所言方向不同。尤其是政治意義上，道的表徵也不盡相同。

> 孔子曰：「天下有道，則禮樂征伐自天子出；天下無道，則禮樂征伐自諸侯出。」（《論語‧季氏》）
>
> 孟氏使陽膚為士師，問於曾子。曾子曰：「上失其道，民散久矣。如得其情，則哀矜而勿喜。」（《論語‧子張》）
>
> 得道者多助，失道者寡助。寡助之至，親戚畔之；多助之至，天下順之。（《孟子‧公孫丑下》）
>
> 孟子曰：桀紂之失天下也，失其民也；失其民者，失其心也。得天下有道：得其民，斯得天下矣；得其民有道：得其心，斯得民矣。《（孟子‧離婁上）》

儒家極其重視秩序，孔子所說的「有道」、「無道」就體現在社會是否穩定，是否尊卑有序。孟子更發揮了「仁政」與「民」的關係，將有道與否和民心聯繫起來，理想的社會是由民選擇並決定誰能得治天下。所以在最初的選擇上，民心簡單且質樸，穩定富庶有序的生活能切實吸引民眾，並且願意成為一個新政權的擁護者。載之覆之，儒家深刻認識到民的力量，給予其政治中價值主體的地位，主張以民為本，不得道之君自然失去政治合法性，那麼革命征伐，神器更易也是理之當然。

先秦哲學與政治緊密聯繫起來，儒家關注秩序的建立，但道家的「治道」與儒家不同，老子強調反本自然，本源的秩序有自在且合理的穩定性，民有「自成」的潛能，上位者只需減少干預，就能實現社會的淳樸和諧。

> 古之善為道者，非以明民，將以愚之。民之難治，以其智多。故以智治國，國之賊；不以智治國，國之福。（《道德經‧六十五章》）

莊子認為由於「道」的分裂，使人們不能真正體察道的本來面目，眾說紛紜，才使得人心浮動。理想聖人的出現，即能在內心修養上清淨，在政治上行無為之治。

> 天下大亂，賢聖不明，道德不一，天下多得一察焉以自好。譬如耳目鼻口，皆有所明，不能相通。……是故內聖外王之道，闇而不明，鬱而不發，天下之人各為其所欲焉以自為方。（《莊子‧天下》）

由此可以看出，雖然儒道兩家的治理手段不同，但追求天下一心，社會和諧穩定，重視人民的基本生活保障，都與《周易》的思想不謀而合，更具體來說，也與《萃》、《渙》兩卦表達的思想相近，儒道的天命和內聖外王等觀念也都能在卦辭象辭爻辭找到類似的表述，據此推理，《周易》為儒道兩家思想之濫觴實為不錯。其餘先秦諸子更注重術而

非道,即重工具理性而非價值理性,這一點則與儒道有所不同。

　　由最開始解釋政治權力來源問題,到不斷剝離神秘性轉而要求統治者自身修養德行,構建一個穩定理想的倫理世界,《萃》、《渙》兩卦在動態過程中尤能表現實踐活動中的方法論意義,雖然不細緻,但是全面展現了早期政治哲學中對統治者的要求和民本的理念。

五　小結

　　綜上,《周易》的《萃》、《渙》兩卦卦辭體現了相當豐富的天命、民本思想,尤其注重統治者的政治實踐,並將其看作衡量統治者是否合格的重要標準。在中華文明演進的過程中,商周之際從原始禮儀性的祭祀活動衍生出了人文理性精神和政治倫理秩序的框架。顯然,隨著時代變易,一個民族的精神文化和內在氣質也在隨之變化,在日日革新後,文明才能從萌芽形態發展到逐漸成熟,這要求統治者對時代變幻要時刻警醒和反思,而且要在現實政治中要對民眾給予深切真實的關懷,明白民眾是權力來源的最終根據,並且在道德上能盡善盡美修養自身,最終追尋內聖外王的終極價值和成就。

蘇軾的辟言表達與老境書寫

楊一泓

北京師範大學文學院

烏臺詩案作為蘇軾人生中的重大轉折事件，對其政治生涯和文學創作產生了深遠的影響。經歷烏臺詩案的蘇軾，當自己的思想與政見不合時局、與當世離齬，戴罪之身又不可隱居世外，他在堅守士大夫引航文道、關注民生之情懷的同時，也呈現出政治退避、疏離的矛盾心態並在話語方面付諸實踐。他避免在政治輿論語境中公開發表言論，將「辟言」[1]作為一種政治避禍的話語方式，並縱深書寫自己的衰病感知與歸老嚮往。學界現有研究多從烏臺詩案文書運作的角度以及烏臺詩案對蘇軾詩文創作的影響進行辨析與考察，[2]而對於蘇軾個體的心態還有待更為深入細膩的討論。本文結合北宋政治輿論語境，解讀蘇軾辟言實踐、老境感知的深意傳達，以期進一步探究烏臺詩案對蘇軾心境與言說方式的真實影響。

一 「動成坑穽」的輿論風俗

北宋時期，市井文化興起，城市形成商業化的格局，而商業與技術的發展也促進了文化的繁榮。印刷術的應用與流行堪稱宋代城市商業革命的重要內容，雕版和活字印刷的興盛使得書籍、文字得到廣泛傳播，促使文人獲取閱讀的途徑更為多樣、便利，寫作的輸出與傳播也更加廣泛、迅捷。但同時，印刷術也帶來了一定的「負面」作用，北宋文人即在其作品中傳達出憂慮與質疑的微妙心態，如歐陽修文《論雕印文字劄子》：「臣伏見朝廷累有指揮禁止雕印文字，非不嚴切，而近日雕板尤多，蓋為不曾條約書鋪販賣

---

* 基金項目：國家社科基金重大項目「中國古代都城文化與古代文學及相關文獻研究」（18ZDA237）。
1 日本學者淺見洋二在專著《文本的密碼——社會語境中的宋代文學》（上海：復旦大學出版社，2017年）詳細論述了蘇軾在處理自我言論與國家權力之間關係這一問題時所進行的辟言實踐，引用《論語‧憲問》：「賢者避世，其次辟地，其次辟色，其次辟言」，認為「辟言」意為「知識分子斷絕與他人對話，不公開發表言論」，蘇軾即為實踐了「辟言」的典型人物。
2 研究論文如趙晶：〈文書運作視角下的「東坡烏臺詩案」再探〉，《福建師範大學學報》（哲學社會科學版），2019年第3期；戴建國：〈「東坡烏臺詩案」諸問題再考析〉，《福建師範大學學報》（哲學社會科學版），2019年第3期；朱剛：〈「烏臺詩案」的審與判——從審刑院本〈烏臺詩案〉說起〉，《北京大學學報》（哲學社會科學版），2018年第6期等。

之人。臣竊見京城近有雕印文集二十卷，名為《宋文》者，多是當今論議時政之言。其首篇是富弼往年讓官表，其間陳北虜事宜甚多，詳其語言，不可流布。而雕印之人不知事體，竊恐流布漸廣，傳入虜中，大於朝廷不便。」[3]從歐陽修所舉《宋文》一例可知，議論時政之文流布市井，歐陽修擔憂關涉朝政機要的文字或傳入北方外族，於朝廷產生不利影響。可見，印刷術的出現與流行無疑放大了文字與語言的傳播與影響效力。而在以變法為主題的時代下，北宋文人士大夫話語表達的公共性、公開性更漸漸成為一種默認的時代輿論語境，與時事聯繫最為緊密的京城空間也自然成為文字話語傳播、集散的中心，文人士大夫實際更容易置身於輿論風波與言語災禍。蘇軾作為名滿天下的文壇領袖，「其為文章，才落筆，四海已皆傳誦」[4]，他公開諷刺新政的話語與文字廣泛、迅速地流傳很快引起朝廷新黨的不安，這也正成為招致他生命轉折點烏臺詩案發生的一個主要誘因。

元祐三年，蘇軾在《乞郡劄子》中以自己的視角略述詩案緣起：「臣屢論事，未蒙施行，乃復作為詩文，寓物托諷，庶幾流傳上達，感悟聖意。而李定、舒亶、何正臣三人，因此言臣誹謗，臣遂得罪。」[5]元祐六年，《杭州召還乞郡狀》中蘇軾再度追憶詩案：「李定、何正臣、舒亶三人，構造飛語，醞釀百端，必欲致臣於死。先帝初亦不聽，而此三人執奏不已，故臣得罪下獄⋯⋯及竄責黃州，每有表疏，先帝復對左右稱道，哀憐獎激，意欲復用，而左右固爭，以為不可。臣雖在遠，亦具聞之。」[6]可見蘇軾自己實際將詩案的起因歸結於謝景溫、李定、何正臣、舒亶等人持續醞釀、構造的輿論誹謗，在黃亦聞也說明地方與京師、江湖與廟堂已經勾連在一起，整體的公共語境已經形成，那麼對於因言獲罪、驚魂甫定的蘇軾而言，其對北宋輿論語境、政治時局的微妙變化應始終保持著高度警覺，文字、話語傳播的速度與力量使蘇軾對文字可能招致的禍患感到極為憂懼。被惡意構陷固然是烏臺詩案的主因，但也不能完全忽略蘇軾詩才縱橫、不知辟言的次因。

詩案前後的政治旋渦不可避免地加深了蘇軾詩文中對廟堂的退避與疏離感，也影響了其相應的避禍方式。在黃州謫居時期，蘇軾也的確顯現出與時代政治輿論語境密切勾連的表達焦慮，如其詩云：「畏人默坐成癡鈍，問舊驚呼半死生。」[7]在此期間的尺牘中，蘇軾也詳細言說自己的畏禍心態：「然某所慮，又恐好事君子便加粉飾，云擅去安置所而居於別路，傳聞京師，非細事也。」[8]；「但困躓之甚，出口落筆，為見憎者所箋

3　（宋）歐陽修撰，李逸安點校：《歐陽修全集》北京：中華書局，2001年，頁1611。
4　（宋）蘇軾撰，孔凡禮點校：《蘇軾文集》北京：中華書局，1986年，頁2386。
5　同上註，頁829。
6　同上註，頁912。
7　（宋）蘇軾撰，王文誥輯注；孔凡禮點校：《蘇軾詩集》北京：中華書局，1982年，頁1095。
8　（宋）蘇軾：《蘇軾文集》，頁1567。

注。兒子自京師歸,言之詳矣。」[9];「近日始解畏口慎事,雖已遲,猶勝不悛也。」[10] 蘇軾表示,稍不合規矩之事決不能為,詩與文字亦不復作,因為「其中雖無所云,而好事者巧以醞釀,便生出無窮事也。」[11];「實以多難畏人,雖知無所寄意,然好事者不肯見置,開口得罪,不如且已。」[12]說明作為謫居罪臣的蘇軾所憂慮與畏懼的正是自己的文字被傳播至京師,又被好事者粉飾、箋注、醞釀,可以感受到蘇軾當時深受政治輿論風俗的影響,在其書寫中流露出敏感的生存焦慮與政治避禍意識。

此外,蘇軾這兩則《乞郡劄子》、《杭州召還乞郡狀》的寫作時間也值得注意。元祐年間,蘇軾因舊黨執政重返朝廷,政治境遇雖有所向好,其所置身的輿論風俗卻似乎並未明顯好轉。「然猶有近似者,以諷諫為誹謗也。今臣草麻詞,有云『民亦勞止』,而趙挺之以為誹謗先帝,則是以白為黑,以西為東,殊無近似者。臣以此知挺之嶮毒甚於李定、舒亶、何正臣,而臣之被讒甚於蓋寬饒、劉泊也。」[13]可知蘇軾之所以於元祐年間復盤詩案始末,是因為舊黨執政時期他也再度身陷輿論泥沼,從而蘇軾在相似的政治境遇下回顧詩案,以此對照現實,意在說明當下的輿論環境較之詩案又有過之而無不及。

事實上,這也已經不再是蘇軾獨有的個體際遇,新法浪潮所掀起的嘈雜之聲,成為北宋文人士大夫所共同面臨的政治輿論環境。元祐年間,蘇軾屢次在書寫中提及當時的輿論風俗,《辨舉王鞏劄子》一文中,蘇軾為好友王鞏辯白,形容政局為「誣罔之漸,懼者甚眾」[14],尺牘中亦寫道:「此間語言紛紛,比來尤甚,士大夫相顧避罪而已,何暇及中外利害大計乎?」[15]元祐四年,蘇軾再上奏劄子:「獻言者既不蒙聽用,而被謗者亦不為辯明,則小人習知其然,利在陰中,浸潤膚受,日進日深,則公卿百官,誰敢自保,懼者甚眾,豈惟小臣。」[16]元祐六年,他在與好友王定國的書信中再次強調:「平生親友,言語往還之間,動成坑穽,極紛紛也。」;「風俗惡甚,朋舊反眼,不可復測,故不欲奉書,畏浮沉爾。」[17]可見,不惟蘇軾,文人士大夫在誣罔誹謗的政治輿論環境中皆紛紛產生了畏禍意識以自保,所導致的畏禍心態已經影響到他們的文學創作。

文人士大夫在時代輿論語境下的詩文創作多以避禍書寫為上。蘇軾於《司馬溫公行狀》云司馬光:「乞判西京留司御史臺以歸。自是絕口不論事。」[18];「年來效瘖啞」

9　(宋)蘇軾:《蘇軾文集》,頁1846。
10　同上註,頁1735。
11　同上註,頁1709。
12　同上註,頁1745。
13　同上註,頁829。
14　同上註,頁831。
15　同上註,頁1799。
16　同上註,頁838。
17　同上註,頁1526。
18　同上註,頁487。

[19]，可見舊黨領袖之一司馬光洛陽閑居不論世事，與其避禍心態關聯很大。黃庭堅亦言自己「數年來絕不作文字，猶時時作小記序及墓刻耳。近作《王全州祠堂記》，非久錄上。至於詩不作，已是元祐五年中也。」[20]元祐年間的輿論危機使得黃庭堅也回避著與時政相關的詩文書寫，僅擇小記文或墓刻此類文學性或應用功能性較強的文體進行創作，說明其作為元祐黨人也深受到黨禍之爭的影響。蘇轍則選擇曲折表達其政見與政治立場，他晚年在黨禁環境下，於詩歌、史論中細緻反思變法、隱喻政治。[21]凡此種種或皆可視作當時北宋政治輿論風氣下的一種蘊含畏禍意識的避禍書寫策略。需要指出的是，這種避禍書寫仍為一種隱晦表達，雖然體現出文人士大夫政治退避心態，但畢竟能夠以特有書寫方式進行了社會表達，當時的輿論風氣由此略見一斑。

無論是蘇軾這一文人對於詩案的個體迴響，還是元祐黨人對於黨禍的群體波瀾，皆說明廟堂與江湖已經不可分離，由印刷術所引起的文字傳播與話語公開，無意間成為了北宋與前代不同的輿論文化語境。士人在時代輿論語境下出於畏禍心態而回避政治書寫，轉向關注自身，注重對日常生活與心靈世界的經營與書寫，實際成為群體轉移矛盾、紓解焦慮，向廟堂、江湖間接隱晦表達異見的一種特殊方式。這其中所涵納的士人內心的真實掙扎，以及政治權力與私人言論之間的抗衡，正展示出北宋文人士大夫積極入世的另一面向。

二　政治辟言的表達策略

在詩案遭遇與輿論語境的雙重影響下，蘇軾的「畏禍」表達基本伴隨了他的後半生，影響了他詩文的相關書寫。蘇軾從謫居黃州時期開始，其書寫常常流露出強烈的避禍言語以及文字保密的需求。「辟言」[22]實際正關涉言論公開的環境中，北宋知識分子在不可遁世而隱的情況下的生存策略。以蘇軾的人生階段為線索詳細梳理蘇軾自己所強調的辟言相關文本可知，其政治辟言在黃、惠、儋謫居時期更為集中、明顯，這一避禍表達方式體現出蘇軾於仕宦中的理性運思與退避意味。同時，蘇軾的言與行又無法達成完全與圓融的統一，呈現出避禍意識下辟言的需求與以詩文創作表達自我的渴望之間的矛盾。

19　（宋）蘇軾：《蘇軾詩集》，頁733。
20　（宋）黃庭堅撰，劉琳、李勇先、王蓉貴校點：《黃庭堅全集》成都：四川大學出版社，2001年，頁2969。
21　關於蘇轍的晚年創作，可參見研究論文林岩：〈一個北宋退居士大夫的日常化寫作——以蘇轍晚年詩歌為中心〉，《華東師範大學學報》（哲學社會科學版），2017年第6期；朱剛：〈論蘇轍晚年詩〉，《文學遺產》，2005年第3期。
22　（日）淺見洋二著，李貴、趙蕊蕊等譯：《文本的密碼——社會語境中的宋代文學》，頁12-25。

詩案以後，蘇軾從謫居黃州時開始了辟言實踐，具體表現即為反復強調自己不作詩文的決定以及叮囑對方保密。他在詩《送沈逵赴廣南》中自白：「我謫黃岡四五年，孤舟出沒煙波裡。故人不復通問訊，疾病饑寒疑死矣。」[23]將自己謫黃的生存狀態描述為時隱時現於渺茫煙波之中、不通往來音訊的孤舟。尺牘中，蘇軾也屢屢向他人重複強調自己棄筆絕口的態度：「此已焚筆硯，斷作詩，故無緣屬和。」[24]、「某自竄逐以來，不復作詩與文字。」[25]、「多難畏人，不作一字者，已三年矣。」[26]蘇軾一再表明自己已決意不再公開發表言論、議論時事，這正是基於對輿論風俗認知所選擇的辟言的避禍方式。紹聖年間，蘇軾再度因遭受誹謗而貶謫南遷、謫居惠州，在相似的境遇下，蘇軾依然堅持辟言的原則與實踐：「新以文字獲罪，未敢秉筆也。」[27]；「子由及諸相識皆有書痛戒作詩。」[28]並叮囑對方切密文字，不予示人：「多難畏人，此詩慎勿示人也。」[29]；「此詩幸勿示人，人不知吾儕遊戲三昧，或以為訕病也。」[30]後謫居儋州時期，蘇軾亦道：「憂患雖已過，更宜掩口以安晚節也。」[31]他題詩《循守臨行出小鬟，復用前韻》云：「雖為戲笑，亦告不示人也」，施元之注：「每詩皆丁寧切至，勿以示人，蓋公平生以文字招謗蹈禍，慮患益深，然海南之役，竟不免焉。」[32]通過以上梳理可以看出，蘇軾於黃州、惠州、儋州貶謫生涯的書寫始終明顯伴隨著對文字表達的畏懼意識與憂患心態。

　　蘇軾的辟言實踐中，比較特殊的是他在尺牘這種具有私密性質的文體中也表現出對其他隱在讀者的警惕。蘇軾不僅強調自己杜絕詩文，亦自言不與親友往來書信，「親知書問，動盈篋笥，而終歲不答，對之太息而已。」[33]；「軾自得罪以來，不敢復與人事，雖骨肉至親，未肯有一字往來。」[34]蘇軾子蘇過於《王元直墓碑》言：「先君之遷於南也，平昔親舊屏跡不敢問安否者七年。」[35]王元直為蘇軾妻王弗之弟，從蘇軾紹聖元年閏四月貶謫惠州至建中靖國元年四月北歸，計有八年時間，可見此言正表明蘇軾與

23　（宋）蘇軾：《蘇軾詩集》，頁1270。
24　同上註，頁1860。
25　同上註，頁1709。
26　同上註，頁1713。
27　同上註，頁2481。
28　同上註，頁1597。
29　同上註，頁1457。
30　同上註，頁2566。
31　同上註，頁1581。
32　同上註，頁2222。
33　同上註，頁1710。
34　同上註，頁1411。
35　（宋）蘇過撰，舒星校補，蔣宗許、舒大剛校注：《蘇過詩文編年箋注》北京：中華書局，2012年，頁888。

親友因畏懼當時的政治輿論語境，南遷謫居時期皆未敢與彼此往來書信。縱使偶一有書，蘇軾也往往叮囑對方尺牘毋要示人：「自得罪後，不敢作文字。此書雖非文，然信筆書意，不覺累幅，亦不須示人。」[36]；「看訖，便火之，不知者以為訕病也。」[37]這一書寫自覺，可能不僅緣於新黨對他的持續注視，也與尺牘在北宋時代語境中傳播方式的變化相關。北宋，「尺牘作為文學文本開始為文人關注、承認」，打破了「裝篋藏之」的私密傳播傳統而向詩文靠近，具有觀賞價值的宋代名家的尺牘尤其被廣泛傳抄，單行出版、收入文集甚至刻石拓印。[38]尺牘本應是文人於私交之間吐露心聲的文字表達，但印刷術的盛行以及北宋的輿論語境下，文人尺牘中已常出現對文字保密的請求。蘇軾的尺牘，以及尺牘中所夾帶的唱和詩篇自然具有了被公開傳播的可能性，這或許也促使因言獲罪的蘇軾更為突出、更為密集地叮囑所書對象，並在創作詩文的同時一再表明自己辟言的決心，試圖通過在地方上對其斷絕公開言論行為的強調，來舒緩和回避來自朝野的政治關注。並且，從其謫居時期留存成果看，蘇軾實際並沒有就此輟筆詩文，依然保持著相當旺盛的思考與創作。可見，蘇軾的這一避禍表達方式下的文學實踐不僅沒有杜絕自己的思想生產，反而成為了其傳世詩文特有風格的標識物。

　　蘇軾的書寫態度確也與他寫信的對象有關。蘇軾致摯友的書信往往直言胸臆，如蘇軾的至交李常，曾上言論青苗法尤為激切，秦觀《故龍圖直學士中大夫知成都府李公行狀》中述李常「遇事強毅，不為苟合。」[39]蘇頌為其作墓誌銘亦云：「其所言，於時有合有不合，或以見詆。」[40]從而，立場、性情皆如此契合，蘇軾方於避禍意識下有「非兄，僕豈發此」[41]的大義凜然的肺腑之言。再如王鞏與蘇軾亦為好友，在他們的往來書信中較少見蘇軾對文字傳播的憂懼，甚至坦言議論時政，表明自己內心曾無悔意：「某所被謗，仁聖在上，不明而明，殊無分毫之損。但憐彼二子者，遂與舒亶、李定同傳爾，亦不足云，可默勿語也。」[42]此時蘇軾雖已在都下，但輿論環境未曾安寧，叮囑語氣卻顯然並不強烈，可見蘇軾對友人的信任之深。而蘇軾與一般關係性質之親友的尺牘中則多見謹慎叮囑，語氣類「慎勿示人」。或如時任廣東提刑的程正輔表兄，雖重修舊好，蘇軾與其和詩仍密切叮嚀，[43]在為民言事之時仍不甚放心，於文書前後再三懇切叮嚀，請求閱後即焚：「某得罪居此，豈敢僭管官事，但此事俗吏所忽，莫教生出一事，即悔無及也」、「然千萬密之。若少漏泄，即劣弟居此不安矣」、「然此本乞一詳覽，便付

36　（宋）蘇軾：《蘇軾文集》，頁1432。
37　同上註，頁1500。
38　付梅：《北宋尺牘研究》南京：南京大學出版社，2021年，頁43-48。
39　（宋）秦觀撰，徐培均箋注：《淮海集箋注》上海：上海古籍出版社，2000年，頁1551。
40　（宋）蘇頌撰，王同策、管成學、嚴中其等點校：《蘇魏公文集》北京：中華書局，1988年，頁845。
41　（宋）蘇軾：《蘇軾文集》，頁1500。
42　同上註，頁1526。
43　見前文所引《戲和正輔一字韻》一詩蘇軾自跋「此詩幸勿示人」句。

火,雖二外甥,亦勿令見。若人知其自劣弟出,大不可不可。」[44]從而,在這些微觀具體的文本語境中,可看出蘇軾與不同書寫對象辟言的程度和語氣的差別,以及與不同身分友人交往之間的態度把握。也正是在這人之常情中,方得以對比體察出蘇軾辟言這一避禍方式的虛與實。

　　蘇軾的辟言實際具有表面退避的性質,換言之,辟言是他在政治輿論語境下的應對方式,話語方式的變化並不意味著內心真正的全面退避,而是選擇以隱晦低調的方式婉曲表達自己對世風的不滿、對個人境遇不平的態度與立場。元豐元年,蘇軾自言:「余,天下之無思慮者也。遇事則發,不暇思也……言發於心而沖於口,吐之則逆人,茹之則逆余。以為寧逆人也,故卒吐之。」[45]蘇軾性剛不屈、獨立不懼,其本心在詩案以前即是如此,其後也實際並未改變。縱使在謫居黃州時期,蘇軾在《商君功罪》中仍語含譏諷:「後之君子,有商君之罪,而無商君之功,饗商君之福,而未受其禍者,吾為之懼矣。」[46]痛斥王安石所推崇的商鞅之術。他的態度與立場實際未因獲罪竄逐而動搖。蘇軾也對友人李常吐露心聲,寫下與畏禍心態截然分明的態度:「吾儕雖老且窮,而道理貫心肝,忠義填骨髓,直須談笑於死生之際,若見僕困窮便相於邑,則與不學道者大不相遠矣……兄雖懷坎壈於時,遇事有可尊主澤民者,便忘軀為之,禍福得喪,付與造物。」[47]蘇軾直言勸誡朋友,遇事但只捐軀為民,無需顧慮禍福得失。不論所遇何境,蘇軾無關功利的「捐軀為民」之心,卻未嘗一日退。文中所不自覺流露出的剛毅之氣,說明在他謹言慎行的畏禍表達下,還隱藏著「浩然天地間,惟我獨也正」[48]、「丈夫重出處,不退要當前」[49]的人格與氣魄。可見,蘇軾的辟言只是知識分子在逆境中所選擇的生存策略,辟言的同時,其「捐軀為民」之心,卻未嘗一日退。蘇軾在貶謫之地盡力恩澤百姓,如在惠州修建放生池,在儋州求藥濟民,興辦教育,凡此種種的貶謫士大夫之舉,也皆彰顯出蘇軾的避禍意識與辟言實踐中,其本色與氣節,未曾消滅。

三　衰病懷歸的老境感知

　　如果說辟言是蘇軾即刻近乎本能所選擇的避禍實踐,他的老境感知則主要體現於再度重返京城之時。他對衰病、懷歸的書寫從另一個角度補充揭示出詩案對其心態的持續影響。雖然蘇軾剛入仕宦即在京城懷遠驛和其弟蘇轍有了夜雨對床的退居之約,顯現出

44　(宋)蘇軾:《蘇軾文集》,頁1600、1602。
45　同上註,頁363。
46　同上註,頁2004。
47　同上註,頁1500。
48　同上註,頁2057。
49　同上註,頁215。

其嚮往閑居之樂的一面，但顯著、集中表達仕宦倦遊之態與擇木棲居之嚮往還是在詩案以後。元祐更化時期，蘇軾愈發書寫「老境欲少安」[50]的衰病哀歎，這其中對個人生命體驗與情感感知的重視，以及對如何調適與安頓自我的思索，不僅是蘇軾對其初心的回望，也是詩案於蘇軾人生後期所顯現的余響，體現出他於人生老境縱深的生存焦慮。

蘇軾的老病衰歎可大致分為三個階段。首先，當蘇軾初返京師之時，主要表現出對人事的畏懼與不適：「行役二年，水陸萬里，近方弛擔，老病不復往日，而都下人事，十倍於外。吁，可畏也。」[51]；「久不至京，只衰疾倦於遊從。」[52]蘇軾訴說自己老病衰疾的生命感知以及疲倦畏懼的仕宦體驗，「底事區區，苦要為官去。尊酒不空田百畝。歸來分得閒中趣。」[53]將為官之苦與閑中之趣相對立，謂為官不如歸隱田園，有酒盈尊，常醉斯鄉，盡享閑居樂趣。可見蘇軾在初返京師時並非一心撲向朝政，而實際經歷著更為婉曲複雜的心態轉換。

其次為蘇軾元祐在朝任職期間。他面對洛蜀黨爭密集的口語紛爭，開始大量、集中書寫自己的衰病感知與退歸嚮往：「衰病疲曳，欲脫而不可得。」[54]；「某老病還朝，不為久計，已乞郡矣。」[55]；「衰病懷歸，請郡未得。」[56]蘇軾強調衰病感知、懷歸嚮往，在低沉牢落的氣象中呈現出心閑身不閑的仕隱矛盾，頻頻請郡遠離京師政事即意味著離開當下的政治輿論語境，這實際成為蘇軾辟言的另一種表達方式。

後為蘇軾外任期間。當蘇軾終請離京師，外任於杭州、潁州、揚州，其遠離仕宦、歸安林下的嚮往亦呈現出縱深的趨勢。任杭時，蘇軾云：「但杭之煩劇，非抱病守拙者所堪。行丐閑散，以避紛紛耳。湖山雖勝遊，而浙民饑歉，公帑窘迫，到郡但閉閣清坐而已，甚不為過往所悅。然老倦謀退，豈復以毀譽為懷。」；「不得不為求閑散以避其鋒。」[57]此時「閉閣清坐」、「老倦謀退」的任職形象和黃州謫居時期蘇軾的杜門屏居、焚硯棄筆頗為近似，都是以此規避政治上的紛紛機鋒，由此可見蘇軾的辟言不僅是言語上的實踐，也體現在其對老病的深刻感知與謀退的書寫中。「湖山如舊，魚鳥亦怪其衰殘。」[58]蘇軾五十四歲時第二次知杭，見湖山風物如舊，自己卻已經風華漸衰，相同空間下的時間對比更促深了其仕宦老境的感受，從而更頻發「衰病」之歎：「某老病日增，

---

50 （宋）蘇軾：《蘇軾文集》，頁1525。
51 同上註，頁1870。
52 同上註，頁1870。
53 （宋）蘇軾撰，鄒同慶、王宗堂校注：《蘇軾詞編年校注》北京：中華書局，2007年，頁572。
54 （宋）蘇軾：《蘇軾文集》，頁1580。
55 同上註，頁1584。
56 同上註，頁1800。
57 同上註，頁1648。
58 同上註，頁1332。

殊厭繁劇。」[59];「衰病日侵,百念灰冷,勉強歲月間,歸安林下矣。」[60]從蘇軾頻繁的書寫可以看出,他對老病的感知日益明顯,並已經在切實籌畫歸安與退休之計,從黃州謫居開始的仕宦退卻之心於元祐時期得到縱深發酵,蘇軾仍在衡量個人的勞生歸宿。

至外任潁州、揚州時,蘇軾更一味表達衰病狀態下的老退之願:「汝陰僻陋,但一味閒,真衰病所樂也。」[61];「某見報移鄆,老病豈堪此劇郡。方欲力辭而請越,不惟適江湖之思,又免過都紛紛,未知允否。老境欲少安,何時定乎?」[62];「到揚,人事紛紛,坐想清遊,可復得哉!」[63]其中,「老境」一詞所流露出的心態值得關注,蘇軾反覆書寫、強調的老病感受即為老境的突出標誌,而老境正是黃州避禍心境的縱深顯現。說明蘇軾在仕隱的衡量中已不再將仕功作為實現價值的唯一方式,而愈發重視自己真實的仕宦感受與情感體驗,辟言實踐的出發點也由外在的政治層面的退避而逐漸轉向了對內在的感知與關注。

蘇軾的老境感知也表現在其離黃以後對寓居處所的不斷思量中,這也正是詩案後蘇軾生存焦慮的再度縱深。蘇軾自離黃後的第一處設想歸老的地點為常州宜興,「僕買田陽羨,當告聖主哀憐餘生。許於此安置。幸而許者,遂築室荊溪之上而老矣。」[64];「吾來陽羨,船入荊溪,意思豁然,如愜平生之欲。逝將歸老,殆是前緣。」[65]並且他很快為這一願望認真做好了現實準備:「已買得宜興一小莊,且乞居彼,遂為常人矣。」[66];「近在常州宜興買得一小莊子,歲可得百餘碩,似可足食,非不知揚州之美,窮猿投林,不暇擇木也。」[67]蘇軾的歸老設想並非停留在虛指想像或宦場之外的情感寄託,而是付諸實際行動的生活實踐。從黃人至常人的自稱變化,從謫居「揀盡寒枝不肯棲」[68]到退居不暇擇木之心境的轉向,說明讓蘇軾退避內省、安頓自我的歸老空間也不再是某一處固定的場所,體現出蘇軾在辟言實踐與老境的感知中試圖通過實際行動化解自己生存焦慮的努力。

至生命晚景,蘇軾更顯現出迫切的老境感知與擇木考慮,蘇軾在紹聖二年與友人尺牘中言:「少安晚境乎?」[69]北歸途中,蘇軾又書:「頗聞北方事,有決不可往潁昌近地

---

59 (宋)蘇軾:《蘇軾文集》,頁1640。
60 同上註,頁1878。
61 同上註,頁1562。
62 同上註,頁1525。
63 同上註,頁1849。
64 同上註,頁1486。
65 同上註,頁2578。
66 同上註,頁1583。
67 同上註,頁1522。
68 (宋)蘇軾:《蘇軾詞編年校注》,頁275。
69 (宋)蘇軾:《蘇軾文集》,頁1874。

居者。事皆可信，人所報，大抵相忌安排攻擊者眾，北行漸近，決不靜耳。今已決計居常州，借得一孫家宅，極佳……兄萬一有稍起之命，便具所苦疾狀力辭之，與迨、過閉戶治田養性而已」[70]；「此行決往常州居住，不知郡中有屋可僦可典買者否？如無可居，即欲往真州、舒州，皆可。」[71]由此可見，蘇軾自詩案以來的畏言心態實際一直存在，無論是衰病之歎，還是歸安之謀，都體現出蘇軾於元祐後期對廟堂、對輿論語境一定程度上的疏離與回避。因此，蘇軾老境感知下一系列的退居設想與實踐也可以理解為他晚年特殊的辟言方式和生存策略，是烏臺詩案引發的生存焦慮於蘇軾生命後期的餘響。常州、真州、舒州不同寓居之地的考量也充分證明，蘇軾主要重在尋覓一處安全避禍的歸老之地。晚年的蘇軾已經無論政治局勢如何，皆持有回避與謹慎的態度了。《宋史・蘇轍傳》中言「轍與兄進退出處，無不相同」[72]，但這主要指的是蘇軾和蘇轍於政治境遇中基本保持同進退、共榮辱，在從政心態上，兄弟二人實際存在明顯的分野，不可一概而論。不同於蘇軾的老境遲疑，蘇轍北歸的速度明顯快於蘇軾，[73]後還有詩句：「此心點檢終如一，時事無端日日新。」[74]從一定程度上反映了他恰與蘇軾相反的身閑心不閑的狀態，以及與朝廷始終保持的疏離又緊密的微妙關係，可見兄弟二人於生命晚景顯現出十分不同的政治心境，由此更突顯出蘇軾後半生中的老境書寫和生命感受。

總之，作為北宋政治事件的烏臺詩案，雖然最後並沒有走向李定等始作俑者所設想的結果，但對蘇軾個體承受者而言卻無疑造成了持續一生的影響。因此，相對於宏大、外部的視野，細緻體察烏臺詩案以後蘇軾的內心感知與詩文回饋對於理解他的仕宦選擇、仕隱觀念十分重要。蘇軾的衰病感知與歸老實踐，雖肇發於最初的退居之約，但也應關注到其與烏臺詩案之間所存在的隱在關聯，在相似的政治輿論風俗和語境下，蘇軾元祐時期對老病的強調書寫與黃州時期對辟言的反復重申如出一轍，在不曾止息的畏禍意識中，辟言的話語方式進一步落實為了他生存焦慮下的退居實踐，其晚年對寓居處所的不斷考量也成為詩案的一個持續迴響。

仍可補充的是，蘇軾對衰病的感知與歸安求閑的嚮往，也呈現出自我、個體的生命體驗與精神追求。從黃州時期開始，他較為明顯地表現出由外在至內在探索的轉向：「近得筠州舍弟書，教以省事，若能省之又省，使終日無一語一事，則其中自有至樂，

---

70 （宋）蘇軾：《蘇軾文集》，頁1837-1838。
71 同上註，頁1554。
72 （元）脫脫等撰：《宋史》北京：中華書局，1985年，頁10837。
73 蘇軾兄弟二人北歸速度與晚年心境密切相關。「蘇軾遲遲未離開貶地，而且在廣東盤旋甚久，直到年底還沒有翻過南嶺，而蘇轍幾乎一接到敕令便動身北歸，而且以凌厲的速度撲向北宋的政治中心，年底之前已經回到距京城一步之遙的穎昌府。」參見朱剛：《唐宋「古文運動」與士大夫文學》上海：復旦大學出版社，2013年，頁342。
74 （宋）蘇轍撰，陳宏天、高秀芳點校：《蘇轍集》北京：中華書局，1990年，頁925。

殆不可名。」[75]蘇軾謫居時終日辟言自省，關於自我的生命感受於靜默的觀照中得以突顯與浮現，從而在專注回歸內心世界的過程中獲得一種不可言說的至樂。這正體現出嘈雜的廟堂之下，由個體生命所彰顯出的一種安靜卻沉穩的精神力量。閑居海南的蘇軾亦終日向內發掘：「吾終日默坐，以守黃中，非謫於海外，安得此慶耶！」[76]養黃中意為修養內德，可知蘇軾貫穿一生的閑居辟言，亦成為其一種觀照自我、探索志趣的方式。

---

75 （宋）蘇軾：《蘇軾文集》，頁1482。

76 同上註，頁2340。

知兵與尚武：「傷心人」與「婉約派」之外秦觀的非典型側面

謝賢良

北京中國人民大學國學院

  作為宋代文壇頗負盛名的詞人，後世對秦觀的評價多圍繞兩個關鍵詞展開，一為「婉約派」，張綖《詩餘圖譜》云：「體大略有二：一體婉約，一體豪放。婉約者欲其詞調蘊藉，豪放者欲其氣象恢弘。蓋亦存乎其人，如秦少遊之作多是婉約，蘇子瞻之作多是豪放。」[1]以婉約概括秦觀詞風，自此開宗立派，為詞體正格。另一為「傷心人」，馮煦《蒿庵論詞》云：「淮海、小山，真古之傷心人也。」[2]因其失意蹭蹬的人生際遇，引人共情，為其掬一把清淚。毫無疑問，此二種評價勾勒了秦觀為文與為人的整體圖景，也樹立起秦觀在文學史上的獨特地位。然而，典型化的評價往往容易陷入臉譜化的窠臼，容易遮蔽文學家豐富的面向和性情。在典型評價之外，秦觀也具備知兵與尚武的一面，這份勇武與豪氣較少為人所關注。本文著眼於這一側面，加以發明。以期通過對這部分「非典型」的還原，更為細膩地照見秦少遊的內心世界。

一　將門之後：少年秦觀的身分認同

  相較於傳統的文人家族譜系，秦觀的家世帶有鮮明的武將色彩。家族世代不僅意味著血脈的延承，更有精神的傳遞。一如杜甫「詩是吾家事」（《宗武生日》）的自矜，秦觀也對自身將門之後的身分在詩中加以彰顯。其〈送少章弟赴仁和主簿〉云：「我宗本江南，為將門列戟。」[3]據徐培均先生考證，由南唐入宋可考的唯有秦義一人。[4]按《宋史·秦義傳》：

> 秦義字致堯，江寧人。世仕江左。曾祖本，岳州刺史。祖進遠，寧國軍節度副

---

[1]（明）張綖編著，劉尊明、李文韜整理：《詩餘圖譜·凡例》上海：華東師範大學出版社，2022年，頁3。

[2]（清）馮煦撰：《蒿庵論詞·七》南京：鳳凰出版社，2019年，頁263。

[3]（宋）秦觀撰，徐培均箋注：《淮海集箋注》上海：上海古籍出版社，1994年，頁143。本文所引秦觀詩文，均從此本，為避繁複，不再出注。

[4] 徐培均著：《秦少遊年譜長編·卷首》北京：中華書局，2002年，頁4。

使。父承裕，建州監軍使、知州事。李煜之歸朝也，承裕遣義詣闕上符印，太祖召見，悅其趨對詳謹，補殿直，令督廣濟漕船。太平興國中，有南唐軍校馬光璉等亡命荊楚，結徒為盜。義受詔，縛光璉以獻，太宗壯之……大中祥符初，起授供備庫副使、宿州監軍，稍遷東染院副使。明年，廣州言澄海兵嘗捕宜賊，頗希恩桀驁，軍中不能制，部送闕下。上以遠方大鎮，宜得材幹之臣鎮撫之。宰相厯言數人，皆不稱旨。上曰：「秦義可當此任。」[5]

可見不僅秦氏家族確為武將高門，秦羲更是允文允武，有除暴安良、鎮撫一方之能。近年來揚州出土的秦觀祖父秦詠及其夫人朱氏之墓誌也印證了秦觀將門之後的身分。[6] 儘管秦羲至秦觀間的具體世代傳承已不可考，但可以肯定的是，秦觀確為將門之後，並且這一身分對秦觀的自我認同產生了深刻的影響。

將門之後的秦觀好讀兵法，據陳師道〈秦少遊字序〉記載秦觀自敘曰：「往吾少時，如杜牧之強志盛氣，好大而見奇。讀兵家書，乃與意合，謂功譽可力致，而天下無難事。顧今二虜有可勝之勢，願效至計，以行天誅，回幽、夏之故墟，吊唐、晉之遺人，流聲無窮，為計不朽，豈不偉哉！」[7] 秦觀不僅以好讀兵法的杜牧自比，更願親自上陣，北伐討虜，以報國家。從其自述中可以讀出一個拳拳報國、慷慨激昂的少年英雄形象。這也成為了對秦觀少年時期的整體評價，《宋史·秦觀傳》云：「秦觀字少遊，一字太虛，揚州高郵人。少豪雋，慷慨溢於文詞，舉進士不中。強志盛氣，好大而見奇，讀兵家書與己意合。」不僅保留了好大見奇、喜讀兵書的評價，還以豪雋慷慨稱之。少年秦觀好讀兵法，學萬人敵的豪情壯志，滿溢於文。

秦觀對武將身分的認同，集中體現在其創作的〈郭子儀單騎見虜賦〉中。此賦創作於神宗熙寧五年（1072），此時秦觀任孫覺幕僚，年方弱冠，正是喜讀兵書之時。此篇律賦雖是場屋程試之文，卻也見其少年熱血。文中詳細交代了郭子儀單騎見虜的起因經過，對郭子儀臨危不懼、驅除胡虜的大將之風加以盛讚。其中不僅有對緊張場面地詳細鋪陳，如「雲屯三輔，但分諸將之兵；烏合萬群，難破重圍之虜。子儀乃外弛嚴備，中輸至誠，氣幹霄而直上，身按轡以徐行。於是露刃者膽喪，控弦者骨驚」通過對比進行生動描寫。更有關於兵法謀略的精要議論，如「豈非事方急則宜有異謀，軍既孤則難拘常法。遭彼虜之悍勁，屬我師之困乏。校之力則理必敗露，示以誠則意當親狎」指出謀略應審時度勢、「將乘驕而必敗，兵不戰則將焚，惟有明信，乃成茂勳」強調軍隊中明

---

[5] （元）脫脫等撰，中華書局編輯部點校：《宋史》北京：中華書局，1985年，卷三百九，頁10163-10164。

[6] 參見王瀟瀟等：〈五代北宋高郵秦氏家族世系研究——以江蘇揚州發現秦詠夫婦墓誌為線索〉，《東南文化》，2018年第4期。

[7] 曾棗莊、劉琳主編：《全宋文》上海：上海辭書出版社；合肥：安徽教育出版社，2006年，第一百二十三冊，卷二六六七，頁333。

信的重要性、「固知精擊刺者，非為將之良；敢殺伐者，非用兵之至」從善戰者無赫赫之功的角度指出為將領兵的至高境界並非殺伐。以上種種，可見秦觀能透過現象看本質，對單騎見虜事件背後的軍事與政治有著深入思考，無怪楊慎《升庵集》贊此賦曰：「此即一篇史斷，今人程試之文，能幾有此者乎？」[8]此賦之所以議論深刻，不單單來自文采，更是因為秦觀對郭子儀此舉的心嚮往之。郭子儀面對強虜，以膽略與信義退敵，聯想到宋朝所面對的北方少數民族，不難想見秦觀也將自身帶入到平亂安邦的大將形象中了。作為將門之後的秦觀，不僅在兵法和謀略上用力頗深，更從價值追求和身分認同上推崇尚武的精神。

二 江山之助：作為兵家必爭之地的高郵

論及影響秦觀知兵與尚武的因素，除了血緣帶來的身分認同外，地緣也產生著潛移默化的作用，如「人文地理學之父」段義孚所言：「規模的一端是地方和社群。」[9]高郵作為秦觀少年時期生活與成長之處，承載著他的鄉愁，更形塑了他的思想。

如今的揚州高郵，位於江淮之間，乃輻輳之地。自古以來，高郵因其突出的地緣位置，便成為歷來兵家必爭之地。五代時期，高郵為南唐治下，顯德五年（西元958年）歸為後周，後趙匡胤黃袍加身，以宋代周，高郵遂歸宋。秦觀生於宋仁宗皇祐元年（1049），卒於徽宗元符三年（1100）。據徐培均先生年譜，從熙寧二年（1069），至元豐八年（1085），這些年間除了兩度漫遊、三次應舉之外，秦觀基本上是在高郵家中學習時文以備應舉，在秦觀在高郵地區生活的前後，高郵的行政地位在北宋發生了變化，而這恰與軍事地位息息相關。

高郵的行政地位在北宋產生過幾次變化。《宋史‧地理志》云：「高郵軍，同下州，高沙郡，軍事。開寶四年，以揚州高郵縣為軍。熙寧五年，廢為縣，隸揚州。元祐元年，復為軍。」[10]開寶四年（西元971年），高郵被立為「軍」。作為行政區劃的「軍」，往往暗示該地軍事地位突出。王旭先生指出：「北宋初年為征伐南唐及強化對新獲之地的控制，高郵由縣升軍。」[11]上文已提到，秦觀祖上自南唐入北宋，因此儘管此時秦觀還未出生，但可以推測，秦觀在成長過程中應當是瞭解高郵作為軍事地理要衝的戰略意義，對於宋太祖經由此地南下一統南唐的經歷應當也是熟悉的。

在秦觀在高郵生活的過程中，高郵的行政區劃又發生了兩次變化。熙寧五年

---

8 （明）楊慎撰，楊有仁輯：《升庵先生文集》，81卷，卷53，明刻本。
9 段義孚著，宋秀葵等譯：《人文主義地理學》上海：上海譯文出版社，2020年，頁3。
10 （元）脫脫等撰，中華書局編輯部點校：《宋史》，卷八十八，頁2181。
11 王旭：〈宋代高郵軍行政地位的升降及其驅動力——兼論軍政區設置的意義〉，《中國歷史地理論叢》，2023年第3輯。

（1072），高郵又由軍變縣，這是一種降級。元祐元年（1086），高郵又由縣復軍。王旭先生指出：「北宋中期的降縣和復軍，主要是受熙豐變法及漕運的影響。」無論是戰爭年代作為揚楚之間、東南咽喉的戰略要衝，還是和平年代扼守漕運的要地，高郵都是關係到國家存亡的關鍵地點。秦觀在高郵生活多年，對於此地的歷史和現實自然都十分瞭解。高郵的山水地名也多次出現在其詩詞之中。可以說，高郵對秦觀的影響是潛移默化且深遠持久的。兵家必爭之地的高郵，為秦觀的尚武精神的生長發育，提供了廣闊的天地。而高郵作為縣卻直屬於京師的超規格待遇，以及變法對高郵行政區劃的影響，也令生長於斯的秦觀對廟堂與國計有著深切的思考。

三　平戎之策：秦觀策論中尚武精神

秦觀以詞著稱，這也遮蔽了他的文章之名。明人胡應麟云：「秦少遊當時自以詩文重，今被樂府家推作渠帥，世遂寡稱。」[12]事實上，秦觀的文章為時人所稱道，其中尤以策論文最為突出，廣受認可。所謂策論文，即科舉考試中議論當前政治問題、向朝廷獻策的文章。秦觀的老師蘇軾便是創作策論文的高手。在其影響下，秦觀參與了元祐二年（1087）賢良方正能言極諫科的考試，其應試的五十篇策論文采斐然，被評為一流。儘管最終因為黨爭等因素，秦觀沒能成功考取功名，但他的策論並未被埋沒。相反，秦觀的五十篇策論得到了時人的高度肯定。黃庭堅《晚泊長沙示秦處度范元實用寄明略和父韻五首・其五》曰：「少遊五十策，其言明且清。筆墨深關鍵，開闊見日星。」[13]對秦觀策論大加褒贊。

在五十篇策論中，有多篇涉及到軍事和武備的相關內容，如〈將帥〉、〈謀主〉、〈邊防〉、〈奇兵〉、〈兵法〉等。在這些策論中，秦觀並非浮泛地提出一些空想。相反，他的許多觀點不僅在當時看來富於新意，從後世的眼光來看，也是頗具洞見的。事實上，從秦觀的策論來看，他對於武備的理解是遠超過一般的文人士大夫的。如〈將帥〉這一策，秦觀秉持了自己在〈郭子儀單騎見虜賦〉中提到的「固知精擊刺者，非為將之良；敢殺伐者，非用兵之至」觀點，強調將領在軍事決策中的重要地位。秦觀還根據將領具備的不同能力與格局，將其分為三類：披堅執銳的有勇之士可為「一軍之將」，善於出奇制勝的有智之士可為「一國之將」，而唯有不自矜攻伐、著眼於天下大局的有道之士方可稱為「天下之將」。秦觀通過對將帥不同等級的分類，表達了自身對於軍事戰爭的核心理解，即單純憑藉勇力不足為大將，胸懷大局方能成名將。這一觀點可謂去皮見骨，指出將才的核心是道而非術，頗具戰略眼光。

---

[12] 鄧子勉編：《明詞話全編・胡應麟詞話》南京：鳳凰出版社，2012年，頁2169。
[13] （宋）黃庭堅著，劉琳等點校：《黃庭堅全集》北京：中華書局，2021年，正集卷第三，頁64。

又如〈邊防〉，開篇便直言「臣嘗以為方今夷狄之患，未有甚於西邊者」。自澶淵之盟後，北宋西陲便陷入異族威脅。而當時朝廷自上而下瀰漫著反戰主和的情緒，秦觀則一針見血地指出，這樣的和平不過是抱薪救火的假像。聯想到後來靖康之難的發生，可謂「勿謂言之不預」。這樣的觀點作為當時的文人而言，可謂頗有見地。在〈邊防〉中，他通過列舉歷代王朝邊防的成功案例，主張採取積極主動的方略，提出「願陛下擇大臣知兵者一人為統帥，盡護諸將之軍，使之毋顧小利，毋急近功，而專以橫山、靈武為事，不過三年，河南之地復歸於中國矣」，儘管最後對結果的考慮過於樂觀，但整體作戰方略還是言之有據的。

制舉策論，本就是紙上談兵，難免有幼稚空疏的習氣，但秦觀提倡禦敵於國門之外的戰略意識，從後世眼光看來是頗有真知灼見的。然而，無論是受限於現實的因素掣肘，亦或是太過於天馬行空，秦觀的策論內容並非得到實現。然而，從他策論的文字中，我們依然可以讀到他有別於婉約柔弱的「尚武氣質」，這或許是「女郎詩」之外的一個側面。清人王敬之云：「應舉賢良對策年，儒生壯節早籌邊。可憐余技成真賞，山抹微雲萬口傳。」[14] 在後世的評價裡，秦觀的「山抹微雲」之類的作品或許流傳更廣，可秦少游籌邊之策中的儒生壯節與慷慨激昂依然值得為後世銘記。

四 國士無雙：文武之間的秦少游

行文至此，似乎有一個問題需要回答。既然秦觀在青壯年時期具有昂揚進取的崇兵尚武思想，為何到後來卻鮮少體現在其作品之中呢？進一步講，知兵與尚武精神為何沒能成為秦觀的鮮明特質，反而成為其「非典型」的一面呢？試析之，或許有以下三點原因。一是秦觀多以詞名後世，其詞被視為「正體」與「本色」。這正體現了秦觀的詞作以描寫情愛婉約為主，因此後世對其詞的重視，一定程度遮蔽了其詩文中昂揚的一面。二是與秦觀本人的遭遇有關。秦觀儘管得遇名師，但其也因為蘇門弟子的身分牽涉到黨爭之中，一生鬱鬱不得志，襟懷無處施展。三是與宋朝整體社會思潮有關。在宋代重文抑武的整體方略下，兵法可成一時興趣，難以成為一世之功。以文求仕進，以文求名聲，才是當時的「正道」。基於此，秦觀由少壯時期的崇兵尚武轉變為後世的婉約傷心，自然也不足為怪了。

如此非典型的側面，是如何長期對秦觀產生深遠持久的影響呢？茲舉一小例以明大。在秦觀創作的文章中，有一篇頗為有趣的〈清河先生傳〉，此文完全以戲謔調笑的筆法，虛構了一位「清河先生」以比喻酒。這種擬人化的虛構傳記，往往被視作難登大雅之堂的小技。值得關注的是，在這樣一篇調笑幽默的文章中，也有戰事的痕跡。〈清

---

14 周義敢、周雷編：《秦觀資料彙編》北京：中華書局，2001年，頁316。

河先生傳〉曰：

> 至夏末世衰，有神農之後利其資，率其徒，往俘于田而歸。其倔強不降者與強而不釋甲者，皆為城旦舂。賴公孫杵臼審其輕重，不盡碎其族，徙之陳倉，與麥氏、谷氏鄰居。

作者將釀酒材料高粱的收穫比作成一場戰鬥，以處置降兵譬喻釀酒過程中舂碎高粱。以春秋時期晉國公孫杵臼故事比喻部分高粱得以保全。這哪裡是釀酒，分明是一場精彩的戰爭。或許秦觀在創作此文時，並未有意設計戰爭的譬喻，但從起自然而然又無比恰切的使用來看，這分對軍事和戰爭的思考，已經融入了他的潛意識之中。秦觀的崇兵尚武心態伴隨著人生境遇產生了微妙的變化，由平戎之策到遊戲之文，秦觀心緒的變化，值得玩味，也令人黯然。

在被評為「婉約派」與「傷心人」之前，秦觀還有一個更加響亮的名號——「國士」。這一評價來自同為蘇門四學士的黃庭堅，其《送少章從翰林蘇公餘杭》詩云：「東南淮海惟揚州，國士無雙秦少遊。」其實，「國士無雙」四字，出自《史記·淮陰侯列傳》，原是蕭何對韓信的稱讚，這一著名的評價毫無疑問是屬於武將的。黃庭堅選擇這一對武將的褒獎用以形容秦觀，當有所深意。事實上，秦觀允文允武的一面為同門與好友所深知，秦觀儘管仕途蹭蹬、捲入黨爭，但其內心所懷有的文人士大夫情懷並未消散。當他內心渴望報國的雄心壯志與儒家文人的風骨所激蕩的時刻，便是他成為無雙國士的時刻。這一評價並非友人的不虞之譽，相反，後世許多人在來到高郵時，也會以「國士無雙」的名號加諸秦觀。如楊萬里《過高郵》一詩云：「一州門大君休笑，國士秦郎此故鄉。」[15] 清人王士禎《秦郵雜詩六首》云：「國士無雙秦少遊，堂堂坡老醉黃州。高臺幾廢文章在，果是江河萬古流。」[16]「國士無雙」的評價似乎昭示著，秦觀知兵與尚武的一面從未冷卻，而是以一種更加深沉鬱結的形態，催化成為一種獨特的藝術境界和人格體性。從這個角度講，認識到秦觀的這一側面，有助於完整地理解詞人的整體生命。

---

15 （宋）楊萬里撰，辛更儒箋校：《楊萬里集箋校·卷二七》北京：中華書局，2007年，頁1397。
16 載《漁洋山人精華錄》，轉引自（宋）秦觀撰，楊世明箋注：《秦觀詞箋注》北京：中華書局，2021年，頁204。

論李延平答朱子經典之問
及其經學詮釋特質

陳亞楠
北京師範大學哲學學院

　　受父親朱松的家學薰陶，朱子很早就以「業儒」為人生志向，開始了對儒家經典的認真研讀，他曾回憶說「某少時讀四書，甚辛苦」。[1] 五歲這一年，朱子在《孝經》的扉頁寫下「若不如此，便不成人」，[2] 小小年紀就表達出了篤實踐行儒家道德原則的決心。及十歲左右讀《孟子》時，朱子便「以為為學須如此做工夫」。[3] 從學三君子期間，朱子主要借助周敦頤、張載、二程等北宋理學家的解讀來加深理解。但隨著閱讀的深入，再加上由於沉浸佛老所接收思想的繁雜，青年朱熹不免會對經典產生諸多縈繞在腦海裡的疑問，這也就促成了他就相關問題向李延平質詢的動因與契機。

　　李延平承接的是道南一脈對經典的理解，延平「從之（指羅從彥）累年，受春秋、中庸、語、孟之說，從容潛玩，有會於心，盡得其所傳之奧。」[4] 在羅先生的教導下，延平用心琢磨，紮實鑽研，盡得羅先生之真傳。到了與朱子論學的晚年，李先生仍「初心未嘗忘廢」，[5] 經過數十年的堅持，他對於儒家典籍更有一番融入生命思考的獨特見解。與李先生的對話，為朱子後來系統地詮釋《四書》及其他經典奠定了堅實基礎。[6]

　　目前學界的研究更多專注於朱子在李延平的影響下思想所發生的變化，研究思路主要是透過李延平看朱子，落腳點在於朱子。本文則試圖轉換視角，通過對李延平答朱子

1　（宋）朱熹：《朱子語類》，朱傑人等主編，《朱子全書》上海：上海古籍出版社、合肥：安徽教育出版社2002年，第17冊，頁3427

2　（宋）李方子：《紫陽年譜》，束景南著：《朱熹年譜長編》（增訂本）上海：華東師範大學出版社，2014年，下冊，頁1511。

3　（宋）朱熹：《朱子語類》，《朱子全書》，第18冊，頁3816。

4　（宋）朱熹：《李先生行狀》，王雲五主編，《李延平集》（叢書集成初編）北京：商務印書館，1935年，頁56。

5　（宋）朱熹：《延平答問》，《朱子全書》，第13冊，頁324。

6　正是在這個過程中，朱子開始了對儒家經典的整理、訓釋和闡發工作，撰寫了《論語要義》、《論語訓蒙口義》、《孟子集解》等著作，完成了《四書》詮釋的準備性工作。（參見許家星：《經學與實理：朱子四書學研究》北京：中國社會科學出版社，2021年，頁46。）因此，十年從學延平期，是朱子構建貫穿其一生的「四書學」的準備期。

經典之問的解讀來剖析二人的不同理解及思考問題方式的差異，進而總結出李延平的經學詮釋特質。研究路徑在於透過朱子看李延平，側重點在於李延平。

一 答《論語》之問

（一）「孝」之踐行

在《延平答問》戊寅七月十七日書中，李延平集中回答了朱子關於《論語》中「孝」概念的三個問題。

第一個問題是有關《學而》章當中的「父在觀其志」[7]一段。

朱子先引蘇東坡的理解並補充認為，如果「父之道」有不得不改變的地方，也不應該直截了當加以改變，而應隱忍遷就，盡量折中，並採用循序漸進的方法，讓這種改變看起來在情理之中。這樣「雖不待三年，而謂之無改可也。」[8]朱子認為這種做法體現了「孝子之心」，與「事父母幾諫」相類似。[9]對此，李延平的答道：

> 「三年無改」，前輩論之詳矣。類皆執文泥跡，有所遷就，失之。須是認聖人所說，於言外求意乃通。所謂道者，是猶可以通行者也。三年之中，日月易過，若稍稍有不愜意處，即率意改之，則孝子之心何在。……東坡之語有所激而然，是亦有意也。事只有個可與不可而已，若大段有害處，自應即改何疑。恐不必言隱忍遷就，使人不見其改之之跡。[10]

首先，李延平指出前人解釋此句的缺陷。他認為，前人雖論之甚詳，然拘泥於文字，有所偏失，應遵循聖人所說的「言外求意」的原則，嘗試去領會超出語言文字所表達出來的意思，這樣就能理解透澈了。

其次，李延平澄清了「父之道」的內涵。認為這是指父親為人處世原則當中通行無礙的合理部分，明顯不通的部分是不能稱之為「父之道」的。如果這樣理解，也就意味著，合理的部分子女是不應該稍有不順意就輕易改變的。

最後，李延平提出了自己的觀點。他認為東坡之言看似激進，但也有其合理性。如果事情本身真的是大有害處，那就不必隱忍掩飾，而應毫不猶豫地改變。但同時，延平

---

7 子曰：「父在觀其志，父沒觀其行。三年無改于父之道，可謂孝矣。」（〔魏〕何晏注，〔宋〕邢昺疏：《論語注疏》，《十三經注疏》北京：中華書局，1980年，頁2458。）
8 （宋）朱熹：《延平答問》，《朱子全書》，第13冊，頁310。
9 「事父母幾諫」出自《論語·里仁》篇，意思是對父母的過錯要採用委婉溫和的態度進行勸諫。（錢遜解讀：《中華傳統文化百部經典·論語》北京：國家圖書館出版社，2017年，頁131-132。）
10 （宋）朱熹：《延平答問》，《朱子全書》，第13冊，頁310。

也指出了東坡之言的弊端,「此意雖好,但每事用心如此,恐駸駸所以失卻多。」[11]這實際上是部分肯定了朱子的觀點,認為改變須謹慎,不應急切。

相比於朱熹的理解,李先生的解讀更加充實豐富,更注重概念的釐清,側重對聖人「言外之意」的闡發,後來朱熹的理解基本是建立在延平的基礎之上的。[12]

第二個問題是圍繞著《為政》章「孟武伯問孝」[13]一段展開的。

朱子認為,父母明知疾病無法避免,仍然擔憂子女會生病,可見父母對子女的關愛是多麼無微不至了。為人子要能夠充分體諒父母的愛子之心,「此曾子所以戰戰兢兢,啟手足而後知免焉者也。」[14]較之前一問的討論,朱子明顯已經嘗試去體會李先生的教誨,努力探求聖人的「言外之意」了。延平答曰:「聖人之告人,使知所以自求者,惟深切庶可用力也。」[15]聖人這樣說的原因是為了讓人懂得自身實踐孝道要進行哪些方面的提升,使人能對照著做工夫,只有實實在在落實於行動之上,才能稱得上對「孝」有真正的體悟。延平強調「深切用力」,既是其學問特色,也在於幫助朱子擺脫佛老思想尚空談懸想而無法落實於日用的弊病。

第三個問題涉及《為政》章「子遊問孝」[16]一段。

朱熹的理解是,人養犬馬是完全沒有尊敬之心的,只是為了畜養牲畜供人驅使。同樣,對於父母如果「尊敬之心一有不至」,[17]則「實無以異於犬馬而不自知也」。[18]對此,李延平回答道:

> 此一段,恐當時之人習矣而不察,只以能養為孝,雖孔門學者,亦恐未免如此。故夫子警切以告之,使之反諸心也。苟推測至此孝敬之心一不存焉,即陷於犬馬之養矣。[19]

當時之人多以能贍養父母為孝,導致忽略了尊敬之心的重要性,即使是孔門弟子亦存此

---

11 〔宋〕朱熹:《延平答問》,《李延平集》,下冊,頁43。
12 或曰「為人子者,不幸而父之過有當必改者,以是為法,而隱忍遷就于義理之中,不亦可乎?」曰:「吾嘗聞之師矣,以為此其意則固善矣,然用心每每如此,即駸駸然所失卻多,必不得已,但當至誠哀痛以改之而已,何必隱忍遷就之云乎?」(〔宋〕朱熹:《論語或問》,《朱子全書》,第6冊,頁627頁)朱子此處明顯根據延平之解修正了自己的觀點。
13 孟武伯問孝,子曰:「父母唯其疾之憂」。(〔魏〕何晏注,〔宋〕邢昺疏:《論語注疏》,《十三經注疏》,頁2462。)
14 〔宋〕朱熹:《延平答問》,《朱子全書》,第13冊,頁310。
15 同上註。
16 子遊問孝。子曰:「今之孝者,是謂能養。至於犬馬,皆能有養。不敬,何以別乎?」(〔魏〕何晏注,〔宋〕邢昺疏:《論語注疏》,《十三經注疏》,頁2462。)
17 〔宋〕朱熹:《延平答問》,《朱子全書》,第13冊,頁311。
18 同上註,頁311。
19 同上註,頁311。

弊。孔子這是為了告誡弟子反省自身是否存在用「養犬馬」的方法對待父母的問題。此外，李延平又聯繫孟子「養口體」、「養志」的說法，認為「養口體」對應的是「養犬馬」，「養志」對應的是尊敬之心。

其實，李延平並不是認為物質上的贍養就不重要，而是說不能僅僅停留在物質上而忽略了尊敬之心的精神內核。有了尊敬之心自然在物質上就不會怠慢父母，才更能帶給父母精神上的愉悅。李、朱二人理解的差別在於，朱子只強調了「持敬」，而延平則把「能養」和「持敬」結合起來，較之朱子，延平的回答顯然更為深入本質。

（二）「禮」之內涵

1 禮義原則

戊寅冬至前二日書中，朱子向延平問《學而》章「因不失其親，亦可宗也。」[20]一句。朱子認為「因、親、宗」皆「依倚附托之名，但言之漸重爾」。[21]「因」和「親」是「宗」的必要條件，失「因」失「親」皆不可「宗」，反過來，可「宗」者，必是可「因」可「親」的。朱子的理解僅僅局限於就此句解此句，並沒有聯繫上下文的語境做整體理解。

李延平則認為禮義原則的內涵非常廣泛，本不是「信」、「恭」可以概括的，但毫無疑問，言語上有信用，行為上態度恭敬確實是貫穿了禮義原則的。禮義原則通過具體行為才可得見，也就是說，禮義原則需具體落實到日用常行。這裡延平探討了抽象原則的實現方式，揭示了「因」「親」「宗」背後的原因。

李、朱二人在討論《為政》「詩三百」[22]一段時，仍關乎禮與義。蘇軾認為孔子說法是取有會於心者概而言之，具體到《魯頌》則未必表達的是這個意思。蘇轍認為「思無邪」則「思之所及無不應也」[23]進而認為《魯頌》的主旨也是如此。朱子不知二者孰是，故請教李先生，延平答道：

> 詩人興刺，雖亦曲折達心之精微，然必止乎禮義。……故三百篇，一言足以蔽之，只是「思無邪」而已。所以能興起感動人之善心，蓋以此也。[24]

---

20 有子曰：「信近於義，言可複也；恭近於禮，遠恥辱也；因不失其親，亦可宗也。」（〔魏〕何晏注，〔宋〕邢昺疏：《論語注疏》，《十三經注疏》，頁2458。）

21 （宋）朱熹：《延平答問》，《朱子全書》，第13冊，頁315。

22 子曰：「《詩》三百，一言以蔽之，曰：『思無邪』。」（〔魏〕何晏注，〔宋〕邢昺疏：《論語注疏》，《十三經注疏》，頁2461。）

23 （宋）朱熹：《延平答問》，《朱子全書》，第13冊，頁316。

24 同上註，頁316。

此段的關鍵，在於李延平把「無邪」理解為「止於禮義」。《詩經》中無論如何運用各種興刺手法，都必須符合禮義原則，思想純正，毫無虛偽假託。正因如此，詩才能夠發揮「興起感動人之善心」的作用。《魯頌》本來是借此讚頌魯國之盛德，後來被孔子加以引申發揮為概括《詩經》思想精神的句子。可見，李延平十分善於抓住問題的關鍵，對儒家思想的把握更加精熟準確。

2 祭禮四問

在這封書信中，朱子還就《八佾》中有關祭禮方面的問題向李延平連提四問。

第一問是關於「禘自既灌而往者」[25]一句的理解。朱子援引程伊川、謝上蔡、呂與叔三家的訓解來問延平的看法。伊川解釋了孔子「不欲觀之矣」的原因在於魯祭為違禮的逆祀。上蔡認為，連魯國現在也實行這種「不足觀」的逆禮，說明「禮」正在逐漸消亡。呂大臨之言則舉例認為荀子所說的「大昏之未發，祭之未納尸，喪之未小斂」[26]與此處所說的「魯祭非禮」是一個意思。

第二問是有關「或問禘之說」[27]一章。伊川認為孔子之所以說「不知」是為魯避諱，是對上一段魯祭非禮的微諷；龜山則認為，禘祭是國之大義，正因為意義重大所以不是平常人所能瞭解的。此二問，李延平的回答極為高明：

> 記曰：「魯之郊禘，非禮也，周公其衰矣。」以其難言，故春秋皆因郊禘事中之失而書，譏魯自在其中。今日「禘自既灌而往者，吾不欲觀之矣」，則是顛倒失禮，如昭穆失序之類，於灌而求神以至於終，皆不足觀，蓋歎之也。對或人之問，又曰不知，則夫子之深意可知矣。既曰不知，又曰：「知其說者之於天下也，其如視諸斯乎！」指其掌。則非不知也，只是難言爾。[28]

延平實際上是將這兩問中涉及到的原典進行了融貫性的理解。首先，魯之郊禘非禮，證明周代禮崩樂壞已到了十分嚴重的地步，故而孔子才有「不欲觀」的感歎。其次，孔子並非真的不知禘禮，而是由於文獻不足難以確證，知其難言而不敢妄言。「禘自既灌」到「指其掌」一段可視作一個整體，夫子所指之處，「將前後數說皆包在其中」[29]，應「詳味」方能體會出真意。

---

25 子曰：「禘自既灌而往者，吾不欲觀之矣。」（〔魏〕何晏注，〔宋〕邢昺疏：《論語注疏》，《十三經注疏》，頁2466。）
26 （宋）朱熹：《延平答問》，《朱子全書》，第13冊，頁317。
27 或問禘之說，子曰：「不知也。知其說者之於天下也，其如示諸斯乎！」指其掌。（〔魏〕何晏注，〔宋〕邢昺疏：《論語注疏》，《十三經注疏》，頁2467。）
28 （宋）朱熹：《延平答問》，《朱子全書》，第13冊，頁317-318。
29 同上註，頁318。

第三問是關於「祭如在」。[30]朱子認為此為孔門弟子記夫子祭祀行為並輔其言以發明。朱子顯然只關注到了文字表達技巧和場景行為描述，而沒有把握住實質性問題。李延平則指出實質：「以至誠之意與鬼神交，庶幾享之。若誠心不至，於禮有失焉，則神不享矣，雖祭也何為！」[31]不管對祖先還是鬼神，祭祀的時候都要帶著至誠之心來祭拜，如果缺乏誠心誠意，祭祀也就沒有意義了。

最後一個問題圍繞「居上不寬」[32]。朱子認為此段主旨是「不誠無物，無物則無以觀之也。」[33]朱子的理解很到位，但延平的回答顯然更勝一籌：

> 居上寬，為禮敬，臨喪哀，皆其本也。有其本而末應，若無其本，粲然文采，何足觀！[34]

李延平從中看出了本末關係，「居上寬，為禮敬，臨喪哀」這些都是根本，根本立定，各種禮儀形式自然周到，捨本逐末，即使粲然文采，也不足觀。

（三）儒者「氣象」

《答問》戊寅七月十七日書中，朱子就《為政》章中顏子「亦足以發」[35]與《八佾》章子夏「起予」[36]之間的區別向延平提問。

朱子認為顏回「亦足以發」和子夏「禮後」之問對夫子的啟發相類似。「但子夏所發在言語之間，而顏子所發乃其所自得處，有以默相契合，不待言而喻也。」[37]李延平與朱子的理解不同，他認為，二者還是有區別的。「然亦須知顏子默曉聖人之言，便知親切道體處，非枝葉之助也。」[38]顏子對聖人之言是深切領會並貫徹到言行舉止方面，並非僅僅是枝葉之助，而是體認到根本精微處了。五個月後，朱子在冬至前二日書中再

---

30 祭如在，祭神如神在。子曰：「吾不與祭，如不祭。」（〔魏〕何晏注，〔宋〕邢昺疏：《論語注疏》，《十三經注疏》，頁2467。）

31 （宋）朱熹：《延平答問》，《朱子全書》，第13冊，頁318。

32 子曰：「居上不寬，為禮不敬，臨喪不哀，吾何以觀之哉？」（〔魏〕何晏注，〔宋〕邢昺疏：《論語注疏》，《十三經注疏》，頁2469。）

33 （宋）朱熹：《延平答問》，《朱子全書》，第13冊，頁318。

34 同上註，頁318-319。

35 子曰：「吾與回言終日，不違如愚。退而省其私，亦足以發，回也不愚。」（〔魏〕何晏注，〔宋〕邢昺疏：《論語注疏》，《十三經注疏》，頁2462。）

36 子夏問曰：「『巧笑倩兮，美目盼兮，素以為絢兮。』何謂也？子曰：」繪事後素。「曰：」禮後乎？「子曰：」起予者商也，始可與言《詩》已矣。「（〔魏〕何晏注，〔宋〕邢昺疏：《論語注疏》，《十三經注疏》，頁2462。）

37 （宋）朱熹：《延平答問》，《朱子全書》，第13冊，頁311。

38 同上註，頁312。

次就這個問題向李先生提問。朱子仍但見「有淺深之異，而未見全不相似處」，[39] 延平進一步解釋道：

> 顏子氣象與子夏不同。先玩味二人氣象於胸中，然後體會夫子之言「亦足以發」與「起予者商也」之語氣象如何。顏子深潛純粹，於聖人體段已具，故聞夫子之言，即默識心融，觸處洞然，自有條理。[40]

顏子和子夏的本質不同在於「氣象」不同，他認為顏回涵養純粹，已具聖人氣象，故對夫子之言自然而然能透徹領悟，所言所行皆能發明夫子之道。子夏則不然，他雖做到了舉一反三，但並不像顏子那樣融會貫通，只是就事論事而已。

李延平顯然覺察到朱熹更喜歡在語言文字的「合宜」上下表面工夫，並未用心體會聖人之言的本質，故試圖去提點其從理解字面意思轉到體認儒者「氣象」的不同上來。從朱子後來的集注上看，他對延平的說法多有吸收，可見對老師的教導是下了一番工夫的。[41]

二　答《孟子》之問

（一）心氣合一

著名的「知言養氣」章出自《公孫丑上》，程伊川認為「養氣」「只此二字，其功甚多。」[42] 讀到「心勿忘，勿助長」幾句時，朱子認為此處「全在日用間非著意、非不著意處」，[43] 即要做到不忽視也不刻意。對此，李延平引呂與叔《禮記解‧中庸》曰：

> 謂之有物，則不得於言；謂之無物，則必有事焉。不得於言者，視之不見，聽之不聞，無聲形接乎耳目而可以道也。必有事焉者，莫見乎隱，莫顯乎微，體物而不可遺者也。[44]

39　（宋）朱熹：《延平答問》，《朱子全書》，第13冊，頁313。
40　同上註，頁313。
41　愚聞之師曰：「顏子深潛淳粹，其于聖人體段已具。其聞夫子之言，默識心融，觸處洞然，自有條理。故終日言，但見其不違如愚人而已。及退省其私，則見其日用動靜語默之間，皆足以發明夫子之道，坦然由之而無疑，然後知其不愚也。」（〔宋〕朱熹：《四書章句集注》，《朱子全書》，第6冊，頁78。）
42　（宋）程頤：〈伊川先生語四〉，《河南程氏遺書》，王孝魚點校：《二程集》北京：中華書局，1981年，頁221。
43　（宋）朱熹：《延平答問》，《朱子全書》，第13冊，頁324。
44　同上註，頁324。

延平認為，「中庸」之綱領關乎「性與天道」，它既不能為我們的感官所具體感知，又無法用語言來進行恰切描繪，但卻無不體現在最隱蔽細微的地方。同樣，理解孟子此段也應「擇乎中庸而執之隱微之間」，[45]意即我們既不能求之耳目，也不能道之言語，「惟虛心以求之，則庶乎見之」。[46]延平還提醒朱子尤其要注意「體用無間」，對隱微道理的把握最終必須落實到具體做事上才能明白，否則也只是停留在表面，起不到實質所用。最後，延平強調，「所謂氣、所謂心渾然一體流浹也。」[47]，「心」與「氣」是不可分割的、相互關聯的整體。

朱熹在經過了幾個月的認真琢磨後，於庚辰冬日書中，[48]終於「頗見大體，只是要得心氣合而已。」[49];「心勿忘，勿助長」是就「養氣」方法而言的，「持其志，無暴其氣」中的「志」是就「心」來說的，都是有關「心氣相合」的問題。孟子這裡的「氣」應理解為「由內心義的積聚而產生的精神心志之氣，是發自心、志的德氣，而非生物之氣。」[50]朱子體會到，只要「心」這個主宰立得住，「則一身之氣，自然一時奔湊翕聚，向這裡來。」[51]待到存積盛滿，晬面盎背，自然呈現為外在的「氣象」。整個過程是由內而外的，故養氣重在養心。

李延平指出了朱子所忽視的地方：「養氣大概是要得心與氣合。不然，心是心，氣是氣，不見所謂集義處，終不能合一也。」[52]實現心氣合一的關鍵在於「集義」，「集義」使「氣」蘊含著人的道德理性在其中而成為「浩然之氣」，「養氣」養的是高層次的「德氣」。但又如何「集義」呢？延平認為「更用體察，令分曉路陌方是。」；「須從知言處養來乃不差」[53]「養氣」的過程中要仔細分辨是非善惡，摒棄干擾，以吸收正確道德觀念的滋養，這也就是所謂的「知言」。至於延平最後強調的「認取心與氣合之時，不倚不偏氣象是如何。」[54]則是進一步結合了《孟子》與《中庸》，體現出延平把經典詮釋納入自身哲學思想建構的探索。

---

45 （宋）朱熹：《延平答問》，《朱子全書》，第13冊，頁324。
46 同上註，頁324。
47 同上註，頁325。
48 此書本記為辛巳八月七日書，據束景南先生考證，此書應作在紹興三十年庚辰冬與延平相見歸後不久，記為辛巳八月七日書當為錯簡顛倒，筆者今從此說，將其稱為「庚辰冬日書」。(束景南：《朱子大傳：「性」的救贖之路》（增訂版）上海：復旦大學出版社，2016年，頁158。)
49 （宋）朱熹：《延平答問》，《朱子全書》，第13冊，頁337。
50 梁濤解讀：《中華傳統文化百部經典·孟子》北京：國家圖書館出版社，2017年，頁110。
51 （宋）朱熹：《延平答問》，《朱子全書》，第13冊，頁337。
52 同上註，頁337。
53 同上註，頁337。
54 同上註，頁337。

（二）涵養「夜氣」

《孟子‧告子上》中「放心」、「夜氣」章中探討的問題，是關於人本具之善性為何會喪失以及如何使人不喪失本性的問題。這是涉及心性涵養問題的一個難點。朱子認為此章所說的「木之既伐」就好比「人心之既放」。但李延平認為不妥，理由是砍掉的樹木會隨著雨露的滋潤再次萌芽生長，而人一旦不注重涵養「夜氣」，被物欲引誘，本心就會隨時喪失而難以恢復。因而涵養「夜氣」是非常重要的修養方法，他說：

> 若於旦晝間不至梏亡，則夜氣存矣。夜氣存，則平旦之氣未與物接之時，湛然虛明，氣象自可見。[55]

白晝時人不免受紛紜事物的干擾，到了夜晚，人的身體處於休息狀態，才能獨立地面對自己的本心本性，呈露出湛然虛明的精神狀態。李延平對這種帶有神秘色彩的「夜氣」說非常推崇和重視，認為涵養「夜氣」對持守本心具有重要作用。[56]「大率吾輩立志已定，若看文字，心慮一澄然之時，略綽一見與心會處，便是正理。」[57]「夜氣」涵養的好，本心澄然，在這種狀態下去理解經典文字，便會一通百通。

三　答《中庸》之問

《中庸》在李延平的哲學體系中無疑具有特殊地位。關於《中庸》所提出的心性問題，李延平繼承了道南一脈的思想傳統，由「體驗未發」開出了「主靜」思想。但就師生二人對《中庸》具體文本的討論，《延平答問》中所占篇幅較小，只在庚辰七月書[58]中詳細討論了「鬼神」一章。朱子認為「鬼神」章所說主旨乃在「發明顯微無間只是一理處」[59]，鬼神不可見、不可聞，卻讓人升起敬畏之心，人們祭之以禮，彷彿鬼神的形象就真實地在人們左右，這種神秘力量雖飄渺無形，卻似乎隱微地影響著人世間的萬事萬物。但這藏於「顯」背後的「隱」是什麼呢？朱子認為，其實就是「理」。

---

[55] （宋）朱熹：《延平答問》，《朱子全書》，第13冊，頁320。

[56] 關於「浩然之氣」與「夜氣」的區別，張洪義認為「浩然之氣」是在應事的情境中出現，帶著外發剛硬的色彩，而「夜氣」則是學者思維及情感活動停息後的自然呈現，更具內斂涵養的品格。（張洪義：〈李延平論「浩然之氣」與「夜氣」〉，《中國哲學史》，2023年第2期）二者之間，延平顯然更傾向於後者，但並不排斥前者。

[57] （宋）朱熹：《延平答問》，《朱子全書》，第13冊，頁321。

[58] 此書本記為辛巳八月七日書，束景南先生認為此書與紹興三十年庚辰七月書「因看必有事焉而勿正」一書中言《中庸》之說相同，疑作在同時，於理有據，筆者今採納此說。（束景南：《朱子大傳：「性」的救贖之路》（增訂版）上海：復旦大學出版社，2016年，頁158。）

[59] （宋）朱熹：《延平答問》，《朱子全書》，第13冊，頁337。

「理」也無法被感知到，但人卻自然稟理成性，人的所作所為，萬物的生成長養都受到「理」的支配，都依「理」行事。當「理」未表現出來的時候，已具有發用出來的可能，等到感應發用後，又無不體現著「理」。朱子認為周濂溪所說的「靜無而動有，至正而明達」[60]說的就是這個道理。延平評價道：

> 中庸發明微顯之理，於承祭祀時為言者，只謂於此時鬼神之理昭然易見，令學者有入頭處爾。但更有一說：若看此理，須於四方八面盡皆收入體究來，令有會心處方是。[61]

李延平認為，《中庸》用人們祭祀鬼神之事作引，是為了讓學者從祭祀鬼神之事入手來體會顯微之理。人們對鬼神的敬畏只是顯微無間、體用一源的外在表現之一，日常生活中處處都有這個道理的具體體現，因而要深刻領會，最後又引謝上蔡「鬼神橫渠說得來別，這個便是天地間妙用」，「鬼神自家要有便有，要無便無」[62]兩句話要朱子一併參考。[63]

四 答《春秋》之問

（一）解經主旨

李延平熟讀《春秋》，《宋史本傳》和朱子所撰《行狀》中都曾提到延平早年曾認真研讀過《春秋》，後來，李延平聞知胡文定潛心研讀《春秋》，多所發明，於是，又從陳淵處得到了胡文定對春秋的解讀本。[64]認真研讀後，延平曾感歎道：「初問羅先生學春秋，覺說得自好。後看胡文定春秋，方知其說有未安處。」[65]認為胡文定對《春秋》的解讀更為精深，對胡氏春秋學頗為推重。朱子少時就曾認真揣摩過《春秋》，他深知李先生於此頗有造詣，於是就一些疑惑問學延平。延平教導朱子說：

> 春秋且將諸家熟看，以胡文定解為准，玩味久，必自有會心處，卒看不得也。伊

---

60 （宋）周敦頤著：《誠下第二》，《通書》，陳克明點校：《周敦頤集》北京：中華書局，2009年，頁15。
61 （宋）朱熹：《延平答問》，《朱子全書》，第13冊，頁338。
62 同上註，頁338。
63 朱子曾問「敬鬼神而遠之，則亦是言有。但當敬而遠之，自盡其道，便不相關。」延平的回答是「此處不須理會。」（〔明〕周木輯：《延平答問補錄》，方旭東等編著：《延平答問注》上海：華東師範大學出版社，2022年，頁153。）再結合此處李延平引述謝上蔡的這兩句話能夠體會到其深意：究竟是否有鬼神存在，延平認為這是一個沒有必要去探討的問題，不必糾結，而由此入手理解「體用一源，顯微無間」的道理，這才是關鍵。
64 「李問陳幾叟借得胡文定春秋傳本，用薄紙真謹寫一部，易傳亦然。」（〔明〕周木輯：《延平答問補錄》，《延平答問注》，頁164。）
65 （明）周木輯：《延平答問補錄》，《延平答問注》，頁154。

> 川先生雲，春秋大義數十，炳如日星，所易見也；唯微詞奧旨，時措從宜者，所難知爾。更須詳考其事，又玩味所書抑揚予奪之處，看如何。[66]

李延平主張讀《春秋》應以胡安國的解讀為准，細心品味久了，自然會有所心得。《春秋》記載的歷史事件清楚明白，容易理解，這不是閱讀的重點。惟有體會寓於細微之處的深奧意涵以及對史料恰到好處地運用，才是讀《春秋》的難點。所以，讀《春秋》既要對所載史事詳加推敲，又要充分關注曲折文筆下所蘊含的微言大義，字詞增減下所體現的褒貶予奪，如此積累，方能進步。[67]這是李延平的解經主旨，亦是對朱子的總體要求。

（二）春秋之法

《答問》戊寅冬至前二日書中，朱子就「滕子來朝」一段提問。伊川謂滕本稱侯，因為附屬於楚，所以貶稱為子。朱熹對此提出質疑，他認為滕與楚相距甚遠，春秋時期並不附屬於楚，且像陳、蔡這類後來隸屬於楚的國家也並沒有被貶爵，伊川之說似乎缺乏依據。

胡安國的解釋是，滕來朝盛氣淩人，為討伐亂賊，所以貶之。這種說法似乎更勝一籌。但滕自此以後再也沒有稱侯，直到來會定公之喪，仍然稱子，難道因為祖先有罪，而要貶其子孫嗎？這樣看來，似乎仍有疑問。另外胡氏又說，凡是朝威的都遭貶，獨紀侯諮謀齊難而來，並未遭貶。朱子的疑問是，在危急之時就可以放棄原則，難道「春秋之法」真是這樣的嗎？

朱子讀書是非常細緻的，尤其能夠注意到爵位名稱的變化與春秋時期的禮法制度之間的關係，進而深入探究史書之所以這樣記載的原因。對此李先生又作何解釋呢？他說：

> 「滕子來朝」，考之春秋，夫子凡所書諸侯來朝，皆不與其朝也。胡文定謂春秋之時，諸侯之朝，皆無有合于先王之時世朝之禮者，故書皆譏之也。……先儒又以為時王所黜者。胡氏以為果如此，則春秋不作矣。恐先儒之說非。[68]

《春秋》中凡是寫到諸侯來朝，都沒有明確以諸侯之爵來稱呼的。胡安國解釋說，諸侯來朝皆不遵朝覲周天子的諸侯之禮，所以《春秋》之所以將「侯」稱為「子」，是為了

---

66 （宋）朱熹：《延平答問》，《朱子全書》，第13冊，頁309。
67 「其（指李延平）語春秋曰：『春秋一事各是發明一例，如觀山水，徙步而形勢不同，不可以拘以一法。然所以難言者，蓋以常人之心推測聖人，未到聖人灑然處，豈能無失耶？』」（〔元〕脫脫等：《宋史本傳》，《李延平集》，頁2。）
68 （宋）朱熹：《延平答問》，《朱子全書》，第13冊，頁314。

譏諷這種禮崩樂壞，上下失序的現象而故意貶損，以表達聲討亂臣賊子，維護禮制的立場。延平明顯贊同胡氏的觀點，認為這只是一種褒貶手法。朱子糾結於歷史細節的考證，沒有抓住其中「與人改過遷善，善善長、惡惡短」[69]的記述特點，如此則流於拘滯。延平進而又解釋了他贊同胡氏之說的原因：

> 某竊以謂從胡之說於理道為長。觀夫子所書討亂之法甚嚴，滕不以威之不義而朝之，只在於合黨締交，此夷狄也。既已貶矣，後世子孫碌碌無聞，無以自見於時，……《左傳》有「宋人請滕」，欲以為私屬，則不自強而碌碌於時者久矣。……《春秋》所以難看者，蓋以常人之心推測聖人，未到聖人灑然處，豈能無失耶？[70]

李延平此言可分幾個層次來看。

第一，補充說明了胡氏之說。他認為，《春秋》有一以貫之的討伐亂臣賊子的原則。滕合黨締交，威而不義，觸犯了原則，已與夷狄無異了。況滕之子孫碌碌無為，偏於一隅，難以稱侯，所以《春秋》對滕之貶是有道理的。

第二，舉「宋人請滕」為例證。滕自遭貶，逐漸衰落，甚至遭宋之脅迫，怎能稱侯？因此，無論是從滕對禮制的破壞，還是從當時的歷史環境來看，滕之貶均彰顯春秋大義。

第三，指出朱子之所以在理解上滯礙不通，是由於「以常人之心推測聖人，未到聖人灑然處」導致的。延平進一步解釋說：

> 來喻以謂紀侯來諮謀齊難，志不在於朝威，故再朝無貶，則是義理之正，可以危急而棄之。若果如此，尤害義理。春秋有誅意之說，紀侯志不在於朝威，則非滕子之類也。列國有急難，以義而動，又何貶耶？[71]

紀侯的行為是基於「以義而動」的正義行為，與滕有本質區別，故不遭貶。春秋筆法有「誅意」之說，[72]此並非「危急而棄之」，而恰恰是因為堅持了一貫的褒貶原則才這樣寫的。另外，延平還提出經傳互證的讀經方法，「以傳考經之事蹟，以經別傳之真偽。參考理義之長，求聖人所書之意。」[73]對文本的理解應全面綜合地看待。

---

69 （宋）朱熹：《延平答問》，《朱子全書》，第13冊，頁314。
70 同上註，頁314。
71 同上註，頁314-315。
72 《後漢書·霍諝傳》：《春秋》之義，原情定過，赦事誅意，故許止雖弒君而不罪，趙盾以縱賊而見書。
73 同上註，頁315頁

五　李延平的經學詮釋特質

通過分析李、朱師生之間的問答，筆者認為李延平的經典詮釋特質主要有以下幾個方面：

第一，李延平的經典體系主要倚重《論語》和《中庸》。李、朱師生間答問主要涉及的經典是《論語》、《孟子》、《中庸》和《春秋》，朱子向李延平問疑的四部經典恰是羅豫章向李延平傳授的四部經典。[74]可見，朱子的提問並不是盲目的，他正是看到延平在這四部經典上頗有造詣才向其請教的。朱子說：「李先生好看《論語》，自明而已。」[75]延平「好看《論語》」且與朱子討論最多的也是《論語》，可見其對《論語》的重視。《中庸》雖在《答問》中所占篇幅不多，但就延平主要是以「中和」問題為出發點建構其主靜思想來看，《中庸》在其哲學闡發中也是至關重要的經典依據。對《論語》和《中庸》的看重與延平「體用兼舉」的思想特質亦相對應，《中庸》為體，《論語》為用，《中庸》闡發「天人合一」，重在「養心」，《論語》提供「為仁之方」，重在「踐履」，二者互為表裡。

第二，李延平主張以心體悟為主，聖賢言語為輔的經典詮釋次第。延平雖尊崇聖賢之學，但在儒家經典的理解上並不教條，亦不曲從權威。他說：「古之德人，言句皆自胸襟流出，非從領頰拾來。如人平居談話，不慮而發。後之學者，譬如鸚鵡學人語言，所不學者則不能耳。」[76]聖賢言語之所以能夠凝結成經典，是因為這些言語抒發了聖賢發自內心的感悟和智慧，後人讀經時，也不應機械僵化地理解，如鸚鵡學舌般生搬硬套，而應於心上體驗琢磨，使經典之精神化為自己的生命力量，才能學到聖賢精髓。延平研讀經典往往在本心上衡量，[77]對聖賢之言並不盲從，總是堅持融入自身的獨立思考來理解，即使是對自己頗為敬重的羅先生也不例外。如他曾評價道：「羅仲素春秋說不及文定。蓋文定才大，設張羅落者大。」[78]延平雖從羅豫章處傳習《春秋》，但他並不一味迷信老師為權威，而能以冷靜的批判態度看出胡文定較羅先生確有高明之處，故擇善而從。延平對待經典的態度與王陽明「不以孔子之是非為是非」[79]的觀點恰有異曲同

---

74 「（指李延平）從之（指羅豫章）累年，授春秋、中庸、語、孟之說。」（〔元〕脫脫等：《宋史本傳》，《李延平集》，頁1。）
75 （明）周木輯：《延平答問補錄》，《延平答問注》，頁163。
76 同上註，頁159。
77 李延平說：「事雖紛紜，須還我處置。」（〔明〕周木輯：《延平答問補錄》，《延平答問注》，頁155。）注重「我」的主體性不僅是延平的下學方法，亦是其研讀經典的態度。這裡的「我」不僅是指經典閱讀者，亦是指聖賢以及經典中的人物，延平更傾向於知其人而觀其言，這一點從延平喜歡分析經典中人物之「氣象」就可以看出。
78 （明）周木輯：《延平答問補錄》，《延平答問注》，頁154。
79 「夫學貴得之心，求之於心而非也，雖其言之出於孔子，不敢以為是也。而況其未及孔子者乎！求

工之妙，殊為可貴。

第三，李延平提倡忠於文本，又不泥於文本的經典詮釋方法。一方面，李延平特別重視對原典的精細閱讀。[80]如說「大率論文字切在深潛縝密，然後蹊徑不差。」[81]對文本深潛縝密的解讀是準確理解文義的基礎。又說：「今日習春秋者，皆令各習一傳，並習注解，只得依其說，不可臆說。」[82]在具體做法上，延平認為要結合注解，反覆推敲，而不能天馬行空，胡亂臆解。另一方面，李延平主張忠於文本但不能拘執文本，囿於文字反而會導致一葉障目。他說「書不要點，看得更好。」[83]這並不是說讀經典真的不需要句讀，而是說要以整體性的思維來理解文本深意，不能過度把捉文本而忽略了渾淪圓融的宏觀理解。又說「看聖賢言語，但一踔看過便見道理者，卻是真意思。才著心去看，便蹉過了多。」[84]對文本第一印象的理解往往更能體會出聖賢真意，而過度糾結在具體詞句的湊泊上反而易造成妨礙。他之所以竭力糾正朱子過於重視章句訓詁的弊病以求「言外之意」正是基於這樣的經典詮釋觀。

第四，李延平認為經典研讀應由淺入深，循序漸進。對於張載著述，延平認為「橫渠說不須看，非是不是，只是恐先入了費力。」[85]朱子亦說，「正蒙、知言，李先生極不要人傳寫及看。舊嘗看正蒙，李甚不許。」[86]橫渠之言過於晦澀艱深，延平認為對於初學者來講並不適合。

另外，《答問》中雖較少討論《大學》，但在師生二人的學術交往中，李延平對朱子《大學》思想的影響仍然深刻。朱子上奏孝宗之壬午封事即是李延平以《大學》修齊治平引導他運用於現實政治，延平灑落融釋的觀點亦啟發了朱子對格物致知的理解。[87]

之於心而是也，雖其言之出於庸常，不敢以為非也，而況其出於孔子者乎！」（〔明〕王守仁撰：〈答羅整庵少宰書〉，《傳習錄中》，吳光等編校：《王陽明全集》上海：上海古籍出版社，1992年，上冊，頁76。）

80 以往學界一種比較流行的觀點認為，延平擅長整體把握，而朱子則專注細摳文本，朱子濃厚的「章句訓詁之習」是導致其未能繼承延平路徑的一個重要原因。此觀點有一定道理，但這並不意味著延平就忽視文本。相反，正是延平的「去聖經中求義」才使得朱子「遂刻意經學，推見實理」。換句話說，對經典的精細閱讀本身就是李延平宣導的教旨之一。（參見祝浩涵：〈「去聖經中求義」與「只說文字」：一個理解《延平答問》中「章句訓詁之習」的視角〉，《中國哲學史》，2022年第6期。）

81 （宋）朱熹：《延平答問》，《朱子全書》，第13冊，頁331。
82 （明）周木輯：《延平答問補錄》，《延平答問注》，頁154。
83 同上註，頁155。
84 （宋）朱熹：《延平李先生答問後錄》，《朱子全書》，第13冊，頁347。
85 （明）周木輯：《延平答問補錄》，《延平答問注》，頁156。
86 同上註，頁163。
87 參見周元俠：〈李侗對朱熹四書學的影響〉，《中國哲學史》，2012年第1期。

重思朱子晚年工夫論中的致知與誠意

余 光

北京師範大學哲學學院

一 引言

　　致知與誠意的關係問題是朱子工夫論建構過程中的重要環節，近來學界研究頗多，有力推動了此領域的發展，[1]但其中也有一些觀點卻不太符合朱子本義。如有些學者認為在朱子哲學中，知至以後意必誠，而本文則認為知至以後意不一定誠。另外當今學界對朱子誠意工夫如何做的問題尚未有完整的論述，尤其是忽視了反身而誠這一溝通致知與誠意工夫的面向。最後，學者也少有將致知與誠意置於朱子「涵養須用敬，進學則在致知」這一整體工夫論框架中來加以考察。鑒於此，本文立足朱子文本，來澄清朱子對以上話題的思考過程與晚年定論。

二 知至能否意誠？

　　知至與意誠是指致知與誠意工夫完成後的效驗，在《大學》看來，做完致知工夫後就能達到知至的效驗，做完誠意工夫後就能達到意誠的效驗。朱子在《大學章句》中也如此認為，並將這些概念進行了理學闡釋。他把「致知」注解為「致，推極也。知，猶識也。推極吾之知識，欲其所知無不盡也」[2]，也即要將格物而來的知識推到極致。把「知至」注解為「吾心之所知無不盡也」[3]，也即對道理達到了知無不盡、豁然貫通的程度。把「誠意」注解為「誠，實也。意者，心之所發也。實其心之所發，欲其一於善而無自欺也。」[4]可見「誠意」是指使心中之意實用其力地發出來，從而達到誠實無欺、表裡如一、無惡念夾雜的狀態。把「意誠」注解為「蓋意誠則真無惡而實有善矣」，這就說明意誠以後就會有善而無惡，也即「誠意是善惡關。誠得來是善，誠不得

---

1 如王凱立：〈「真知」與「自欺」：論朱子誠意思想發展的三個階段〉，《哲學評論》，2021年第2期。陳林：〈真知必能行嗎？——朱子晚年「真知」說研議〉，《哲學與文化》，2022第8期。鄭澤綿：誠意關：從朱子晚年到王陽明的哲學史重構》北京：人民出版社，2022年。
2 （宋）朱子：《四書章句集注》北京：中華書局，2016年，頁4。
3 同上註，頁4。
4 同上註，頁3-4。

只是惡。」[5] 可見朱子將這些概念與人心相聯繫，包含人心之知與心上之意這兩個向度，從而使修養工夫內在化、心性化。

那麼在修養過程中，知至以後能否直接就達到意誠的效驗？還是說要再做一番誠意工夫才能達到？這一理解的分歧可追溯到對《大學》「知至而後意誠」這句話的不同詮釋。因為若從工夫效驗上來說，則知至以後自然就能意誠。但若從工夫次第上來說，則知至以後還需要再做另外的誠意工夫才能意誠。

朱子對此問題也格外關注，其背後有著一個長期的思考過程。早在一一七六年，朱子就指出：

> 故「物格，而後知至；知至，而後意誠；意誠，而後心正；心正，而後身修」。著「而」字，則是先為此，而後能為彼也。蓋逐一節自有一節功夫，非是儱侗言知至了意便自誠，意誠了心便自正，身便自修，中間更不著功夫。然但只是上面一截功夫到了，則下面功夫亦不費力耳。（端蒙錄，1176年所聞）[6]

在此，朱子認為《大學》節節有工夫，不能籠統地說知至了意就能誠，而要說知至以後再做誠意工夫就不會太費力。這就說明此時朱子認為《大學》「知至而後意誠」僅指工夫次第而非工夫效驗，也即可以說知至以後再做誠意工夫，但不能說知至以後意就能達到誠實。為了進一步說明此論點，朱子晚年在《語類》（傳六章釋誠意）中有著更進一步的探討，認為知至以後意大概只能達到八分誠：

> 「知至而後意誠」，已有八分。（甘節錄，1193年以後所聞）[7]
> 蓋到物格、知至後，已是意誠八九分了。（董銖錄，1193-1194年或1196年以後所聞）[8]
> 致知，則意已誠七八分了。（董銖錄，1193-1194年或1196年以後所聞）[9]

在此，朱子認為知至以後只能達到八分意誠，而不能直接導向十分意誠。鑒於此，很多學者都認為在朱子哲學中知至以後意不一定誠。如錢穆說：「然知在心，意則心之發，亦有知雖至而所發不誠者。知行自可分兩番工夫以求互相發，不當專靠一邊，謂知既至則意自誠。」[10] 王凱立說：「朱子逐漸意識到雖然『為善』必須十分『知善』，但十分『知善』只能保證七八分『為善』，並不必然會帶來十分『為善』，因此『知至』後意已

5　（宋）黎靖德編：《朱子語類》北京：中華書局，2020年，第2冊，頁517。
6　同上註，頁432。
7　同上註，頁406。
8　同上註，頁405。（本文時間考證參考〈朱門弟子師事年考〉）。
9　同上註，頁406。
10　錢穆：《朱子新學案》北京：九州出版社，2011年1月，第2冊，頁529。

誠七八分，而另外兩三分『為善』的缺乏正是誠意工夫所要解決的問題。」[11]陳林說：「知至之後還要於心上進一步做慎獨工夫才能使意誠。」[12]鄭澤綿說：「知至只是意誠的必要條件。而由『真知必能行』可見，知至是能行的充分條件。兩方面合而觀之，則可以有『知至』並且『能行』但是尚未『意誠』的情況，兩方面並不矛盾。」[13]以上看法都強調知至以後意不一定誠，其原因在於若一味強調知至，認為知至以後意就能誠，則會造成致知吞沒誠意，甚至取消誠意工夫的後果。事實上朱子對此也有過顧慮，如他在一一九〇年寫給汪長孺的信中就反思到：「若如舊說，則物格之後更無下功夫處，向後許多經傳皆為剩語矣，意恐不然，故改之耳。」[14]所以朱子為了安頓好誠意的位置，認為知至以後只能達到八分意誠，以此說明意誠不完全是由致知所帶來。這就賦予了誠意在知至以外的獨立性，安頓好了誠意的位置。

然而，在一一九六年以後，朱子卻又說過很多知至以後意就誠的話：如一一九七年，朱子在《答周舜弼》（講學持守不懈）中認同周舜弼所言：「夫然後真知善之為可好而好之，則如好好色；真知惡之為可惡而惡之，則如惡惡臭。明善如此，夫安得而不誠哉！」[15]在《語類》中，朱子也有相應觀點：

> 惟其胸中了然，知得路徑如此，知善之當好，惡之當惡惡，然後自然意不得不誠，心不得不正。（沈僴錄，1198年以後所聞）[16]

這就說明朱子在最晚年時也還認為知至以後意就會誠，也即知至以後自然就會帶來意誠的效驗。值得注意的是，這種觀點其實貫穿了朱子從二十六到六十八歲的漫長生命歷程：

如一一五六年，朱子在《一經堂記》中說：「學始乎知，惟格物足以致之，知之至，則意誠心正，而大學之序『推而達之』無難矣。」[17]

一一八〇年，朱子在《與吳茂實》（所欲言者）中說：「須物格知至，然後意可誠、心可正耳」[18]，此句在一一八五年的《答邊汝實》（所欲言者）中也有提及[19]。

---

11 王凱立：〈朱子「誠意」話語在清初理學中的展開——論呂留良對朱子誠意思想的詮釋〉，《哲學門》，2020年第2期。

12 陳林：〈真知必能行嗎？——朱子晚年「真知」說研議〉，《哲學與文化》，2022第8期。

13 鄭澤綿：《誠意關：從朱子晚年到王陽明的哲學史重構》北京：人民出版社，2022年，頁34。

14 （宋）朱子：《朱子全書》上海：上海古籍出版社、合肥：安徽教育出版社，第22冊，2010年，頁2465。（據陳來考證，此書信作於一一九〇年。以下朱子書信考證年代按陳來，多家有爭議處則具體指出。（陳來：《朱子書信編年考證》北京：生活・讀書・新知三聯書店，2011年，頁566。）而鄭澤綿認為此書作於一一九一年：「此書當在辛亥（1191），陳林卻將它繫於一一九八年」。（鄭澤綿：《誠意關：從朱子晚年到王陽明的哲學史重構》，頁19。）雖然具體時間不同，但可斷定為朱子晚年。

15 （宋）朱子：《朱子全書》，第22冊，頁2339。

16 （宋）黎靖德編：《朱子語類》，第1冊，頁369。

17 （宋）朱子：《朱子全書》，第24冊，頁3696。

18 （宋）朱子：《朱子全書》，第22冊，頁2029。

一一八九年，朱子在《答王子合》（使天下皆知此理）中說：「若見得道理無纖毫不盡處，即意自無不誠矣。」[20]

一一九四年，朱子在《答胡季隨》（學者問曰）中認為輔廣所言「知至則意誠而自無私欲之萌」的說法「甚善」。[21]

而朱子的這種觀點其實淵源於二程：「知至則便意誠，若有知而不誠者，皆知未至爾」[22]，「知既至，自然意誠」[23]。這就將意不誠的原因完全歸結到了知不至，也即格物致知工夫沒做到位，但這樣一來就削弱了誠意的獨立性，似會造成致知吞沒誠意的問題。

以上可見，在朱子晚年思想的發展過程中，關於知至以後是否意誠有著兩種不同的觀點，一是以《語類》為代表的「『知至而後意誠』，已有八分」，二是以《文集》為代表的「知至而後意誠」。雖然「知至而後意誠」這句話出現時間更晚並貫徹朱子生命始終，但這也很難將此視為朱子晚年定論。當然，相較於以上所引《文集》和《語類》、《四書》可謂朱子晚年成熟之作，所以為了探明朱子晚年最終採取的究竟是哪一種觀點，我們還需要來看朱子直到易簣前還在修訂的《四書》中的論述。在《大學章句》中，朱子將「知至而後意誠」詮釋為：「知既盡，則意可得而實矣」。在這裡，「可得而」是一個固定搭配，在先秦文獻中很常見，主要是指有條件可以做某事，表達的是前提條件之義，也即只是一種可能性，而非必然性。如「夫子之文章，可得而聞也」這句話說的只是夫子的文章可以聽到而非必能聽到。所以「知至而後意誠」這句話說的是知至只是達到意誠的前提條件，知至以後可以達到意誠而非必能達到意誠。

可見晚年朱子似乎最終還是偏向了知至以後意不誠的觀點，認為從知至到意誠的過程不會如此輕易，從而為誠意工夫賦予了獨立於致知以外的重要性，避免了誠意被致知所吞沒的後果。不過本文認為其實這兩種詮釋路向在朱子哲學中是並存的。因為在朱子對《大學》的詮釋中，按照為學之序來說，則次第嚴格。而站在朱子自身工夫體系下，則為學之序反而不是很嚴格。其實也可以認為《大學》說的不是效驗而是次第，也即不是說知至以後就可達到意誠的效驗，而是說知至以後再做誠意，如此誠意就會更容易做到。另外，若從朱子的真知概念入手，也會發現這兩條詮釋路徑的並存關係。本文認為朱子的真知其實有兩個層面的內涵。首先，物格知至以後只是真知的初步完成階段，此時真知具有了認知義，由此而帶來了八分的意誠。那麼在這個階段就會出現意不誠、會自欺、不能行的弊病。此可謂知至以後意不誠，也即朱子的第一條詮釋路徑。而若要最終完成真知，還需要做反身而誠的工夫（反身而誠第二節會詳述），反身而誠其實是貫

19　（宋）朱子：《朱子全書》，第23冊，頁2759。

20　（宋）朱子：《朱子全書》，第22冊，頁2262。

21　同上註，頁2518。

22　（宋）程顥、程頤：《二程集》北京：中華書局，2004年，頁133。

23　同上註，頁365。

通致知與誠意的工夫，也即將真知內化於心。所以反身而誠以後，真知就會具有信念、信仰義，由此就會帶來十分的意誠。那麼在這個階段就達到了一種十分意誠、必不自欺、必能行、必樂行的情況。此可謂知至以後意就誠，也即朱子的第二條詮釋路徑。事實上這些分析並非空穴來風，其實在朱子那裡也有體現，如他所言：「致知者，須是知得盡，尤要親切。尋常只將『知至』之『至』作『盡』字說，近來看得合作『切至』之『至』。知之者切，然後貫通得誠意底意思，如程先生所謂真知者是也」[24]，「『反身而誠』，只是個真知。真實知得，則滔滔行將去，見得萬物與我為一，自然其樂無涯」[25]，「知至亦須兼誠意乃盡」[26]。朱子的這些言論就可以理解為，知至以後雖然達到了初步的真知，但還要與誠意相互貫通，才能稱之為真知的最終完成狀態。可見真知不僅是格物致知、理性思辨的認識論過程（偏於致知），同時更是反身而誠、實有諸己、切身體會的工夫論過程（偏於誠意）。

三 誠意工夫如何做？

朱子曾言：「只是個『知至而後意誠』，這一轉較難」[27]，那麼朱子是如何處理知至到意誠「這一轉」的呢？其實「這一轉」不能完全依靠致知，誠意自身也有工夫要做。如第一節所論，朱子雖然有過知至以後意就誠的看法，但其晚年定論當為知至以後意還不誠，而只能誠得八分。

那麼為何知至以後只能達到八分意誠呢？在《語類》中，朱子指出：

> 「知至而後意誠」，已有八分。恐有照管不到，故曰慎獨。（甘節錄，1193年以後所聞）[28]
> 致知，則意已誠七八分了，只是猶恐隱微獨處尚有些子未誠實處，故其要在慎獨。（董銖錄，（1193-1194年或1196年以後所聞）[29]

這就說明知至以後意誠八分的原因在於人在獨知之地、幽暗之中時，私意私欲往往會在不經意間滋生，而真知則很難照管到內心深處潛藏著的私意，也就是說「意」的問題，特別是那些根植於心靈深處、不易被覺察的私意，單憑真知是難以全部解決的。

而這種難以察覺的私意私欲，也被朱子稱之為「偷心」、「流注想」：

---

24 （宋）黎靖德編：《朱子語類》，第1冊，頁517。
25 （宋）黎靖德編：《朱子語類》，第3冊，頁2096。
26 同上註，頁2081。
27 （宋）黎靖德編：《朱子語類》，第1冊，頁646。
28 （宋）黎靖德編：《朱子語類》，第2冊，頁406。
29 同上註，頁406。

> 蓋偷心是不知不覺自走去底，不由自家使底，倒要自家去捉它。[30]
>
> 所謂流注者，便是不知不覺，流射做那裡去。但其端甚微，直是要省察！[31]
>
> 荀子所謂「偷則自行」，佛家所謂「流注不斷」，皆意不誠之本也。[32]

在此，朱子認為「偷心」主要是說心，由於心不專一，所以會流於惡而難以自知，而這也是使心上之意陷入不誠而自欺的原因。「流注想」主要是說意，由於「意是私地潛行間發處」[33]，所以也會流於惡而難以自知。而「偷心」、「流注想」發生的根源則在於不善之氣的擾亂，這種不善之氣根植於人的形體之身，無法割斷、揮之不去。所以即便獲得了真知，有了對天理的體認以及深層的警覺意識，但也要時刻提防氣稟、物欲的阻撓，以防一念不慎而墜入意不誠而自欺的困境。而這種時刻提防的工夫在朱子看來則是慎獨或省察，其目的在於對治真知難以照管到的私意私欲，也即偷心、流注想的發生，從而使真知帶來的八分意誠達到最後的十分。在《大學章句》中，朱子還指出了慎獨工夫的具體下手處：「然其實與不實，蓋有他人所不及知而己獨知之者，故必謹之於此以審其幾焉。」在這裡，「謹」和「審幾」可謂慎獨工夫的具體內涵，「謹」指謹慎，是對內心私欲無時無刻的照管、監督；「審幾」則指要在意念初萌時進行審查，以確保其符合天理。其中「謹」是「審幾」的基礎，若沒有持續的「謹」，則不可能及時「審幾」；而「審幾」是「謹」的目的，因為只有不斷「審幾」，「謹」才能最終完成。可見由於有了慎獨這種有意識的提防工夫，從而能夠察覺、抵制住私意私欲的危害，也即「偷心」、「流注想」的發生，[34]如此意也就自然能得到誠實。這也說明慎獨是誠意從八分發展為最後十分的關鍵，致知雖然能夠帶來八分意誠，但最後兩分還得靠慎獨才能最終完成。另外還需要思考的是，在朱子那裡慎獨究竟是不是誠意？如果慎獨是誠意，則意味著真知後意就誠，但仍然要做誠意工夫；如果慎獨不是誠意，則真知後意就誠，但還需要做另外的慎獨工夫。一般認為，《大學》經文所說的慎獨就是誠意工夫，而朱子卻認為二者並不能完全等同。這是因為儘管慎獨與誠意都是在意上做工夫，也即誠意念、實其意，但慎獨尤指在「人所不知而己所獨知」的念慮幾微處做工夫；而誠意則包括更為明顯、廣泛的發用。所以慎獨並不等同於誠意，而是特指誠意過程中最為核心、最為隱微的獨知工夫，正如有學者所言：「獨知的準確意義不僅是對『一念萌動』的心理欲望的覺知，而且這種對自家心理活動的覺察並不是一般意義上的反思意識，而是對『意』之

---

30 （宋）黎靖德編：《朱子語類》，第2冊，頁412-413。

31 同上註，頁592。

32 （宋）黎靖德編：《朱子語類》，第5冊，頁2237。

33 （宋）黎靖德編：《朱子語類》，第1冊，頁118。

34 鄭澤綿認為「如果人們會不知不覺地陷於自欺，則又如何可能通過有意識的活動來避免無意識的自欺呢」無疑是忽視了慎獨的警覺、照管作用。鄭澤綿：《誠意關：從朱子晚年到王陽明的哲學史重構》，頁29。

『實（天理）與『不實』（人欲／自欺）一種警覺，帶有強烈的道德審查意味。於此『獨知』環節用功，即是能為善去惡，漫忽而過，則流於惡而不自知。」[35]這就說明慎獨作為一種獨知工夫其知善知惡的能力來源於真知，而其作用則在於警惕氣稟、物欲對知與意所造成的破壞，這就將真知與誠意緊密聯繫在了一起，從而使真知知善知惡的能力更針對性的應用到了察覺人心中隱微的意欲問題。

當然，慎獨主要是為了抵制私欲私意的萌生，而私欲私意究其根源則來自於不善之氣的侵擾。所以慎獨作為誠意的體現主要是為了對治「氣」，而誠意工夫的另一面則離不開「理」。我們知道，格物致知的工夫可說是即物窮理，此理不僅可指外在的物理，也可指內心的性理，物理、性理都是天理的體現。不過物格知至以後，人雖然能獲得真知，以此達到對天理的認知、認可、甚至信仰，但卻還不能將格來的天理與內心本具的天理相互印證。而若不能相互印證，則終究會造成人與天理相互隔離的情況，從而使天理淪為一個外在的認知對象，也就難以真正將真知內化於心，以此依循天理而樂行。正如朱子所言：「若反身未誠，則猶是二物有對，以己合彼，終未有之，又安得樂？」[36]所以在物格知至以後還需要進行印證，而這個印證的過程其實也就是誠意，朱子稱之為反身而誠，「反身，只是反求諸己。誠，只是萬物具足，無所虧欠」[37]。「反身」意味著自我回歸，一種對內心深處的觀照和反思。它是在真知的基礎上，對自我知識、思想、行為的進一步審視，也是對內在道德意識的喚醒和提升。而「誠」則是一種萬物具足、無虧無欠、真實無妄的狀態。個體通過反身而誠，就能夠將真知善惡的能力進一步轉化為好善惡惡的傾向，從而達到意誠的境界。可見反身而誠主要是指通過內省、體認將人己內外之理真正合一，從而使真知真正內化於心，將所明之善真切據為己有，由此達到意誠、導向樂行。這也正如朱子在《格物補傳》中所言：「是以大學始教，必使學者即凡天下之物，莫不因其已知之理而益窮之，以求至乎其極。至於用力之久，而一旦豁然貫通焉，則眾物之表裡精粗無不到，而吾心之全體大用無不明矣。」[38]這就是說在真知天理以後，還需要進行一個反身而誠的過程，也即將天地萬物之理收到心上，以此體認到心外之理與心內之理其實為一，也即「所謂『反身而誠』，蓋謂盡其所得乎己之理，則知天下萬物之理初不外此。」[39]

---

35 陳立勝：《從「修身」到「工夫」——儒家「內聖學」的開顯與轉折》臺北：臺灣大學出版中心，2021年，頁290。
36 （宋）朱子：《朱子全書》，第7冊，頁798。
37 （宋）黎靖德編：《朱子語類》，第1冊，頁2265。
38 （宋）朱子：《四書章句集注》北京：中華書局，2016年，頁18。
39 （宋）朱子：《朱子全書》，第22冊，頁2081。

四　致知與誠意互相發明

關於致知與誠意的關係問題，以下文段值得格外重視：

> 如格物、致知、誠意、正心、修身五者，皆「明明德」事。格物、致知，便是要知得分明；誠意、正心、修身，便是要行得分明。若是格物、致知有所未盡，便是知得這明德未分明；意未盡誠，便是這德有所未明……（沈僴錄，1198年以後所聞）[40]

在這裡，朱子認為致知與誠意都屬於「明明德」，也即充實、光明自身本具之德的過程。此外，朱子還將致知與誠意和知行關係相對應，認為致知是「知得分明」，誠意是「行得分明」。這就說明致知與誠意並非是知的開始、行的開始，而是知與行到了一種分明的程度。所以雖然朱子也說過「致知，知之始；誠意，行之始」[41]，但卻不能將此理解為「致知是知的開始，誠意是行的開始」，否則質疑者就會問難道小學就沒有知？難道小學就沒有行？可見知不是要等到致知才開始，行也不是要等到誠意才開始。那麼這裡的「知之始」與「行之始」也就不是指一般的知與行，而是指「具有德性之知的開始」與「真正之德行的開始」，也就是說做工夫以後，知與行會逐漸分明，而致知與誠意則正好是知的分明、行的分明的體現。所以在朱子看來，致知是「知得分明」，誠意是「行得分明」，那麼二者就可以在知行關係中來加以考察。我們知道，朱子的知行關係主要包括知先行後（「論先後，知為先」）、行重於知（「論輕重，行為重」）、知行互發（「致知力行，互相發也」）。以下則具體分析致知與誠意在這三個方面的關係問題。

就知先行後而言，朱子認為致知為先、誠意為後：「故大學之道，雖以誠意正心為本，而必以格物致知為先。」[42]而這也是繼承於二程「未致知，便欲誠意，是躐等也」的說法。不過朱子又強調致知雖然在誠意之先，但他指出這種先後只是就《大學》的為學次第來說，在日常生活中誠意其實也可置於致知之先：「若以大學之序言之，誠意固在知至之後，然亦須隨事修為，終不成說知未至，便不用誠意、正心！但知至已後，自不待勉強耳。」[43]這就說明朱子對《大學》的修身次序進行了一定程度的改造。因為在《大學》看來，八條目是一個循序漸進的過程。但朱子則認為八條目雖然有著理論上的先後次序，但這種次序並非僵化不變，在實際生活中還是可以靈活變通的。朱子還指出不能將致知與誠意強分先後的根源在於二者從一開始就是一起發出來的，只是從為學次

40　（宋）黎靖德編：《朱子語類》，第1冊，頁469。
41　同上註，頁525。
42　（宋）朱子：《朱子全書》，第23冊，第2811。
43　（宋）黎靖德編：《朱子語類》，第3冊，頁1309。

第上來說致知以後再誠意:「此是當初一發同時較底工夫,及到成時,知至而後意誠耳。」[44]

就行重於知而言,朱子在《大學章句》中指出:「誠其意者,自修之首也」[45],這就說明誠意居於道德實踐的首要地位。朱子還認為在《大學》中誠意甚至「為重」、「為本」:「此大學之道,所以雖以誠意正心為重,而必以格物致知為先也」[46],「故大學之道,雖以誠意正心為本,而必以格物致知為先。」[47]其中「為重」指的是誠意在道德實踐中的重要性,「為本」則意味著誠意是個人修養的根本基礎。朱子的這一說法極大提高了誠意的地位,使得誠意並非僅僅附庸於致知。但這並非意味誠意可以脫離致知而單獨做工夫,朱子認為若脫離致知而誠意,則如盲人夜行,會有局促、昏憒、不自然之病,如他所言「若不格物致知,那個誠意正心,方是捺在這裡,不是自然。若是格物致知,便自然不用強捺。」[48]可見雖然誠意如此重要,但其仍然要以致知為先在、為前提。因為知至以後能夠明善知理,會使誠意工夫更容易下手,也即辨明善惡,從而揚善去惡,使善念落到實處。

以上知先行後、行重於知側重說明了致知與誠意二者之間的殊異性,而知行互發則在於說明它們之間的貫通性。就知行互發而言,朱子認為致知與誠意是一種相互發明、相互助益、不可分離的關係:「只如《大學》次序,亦須如此看始得,非格物致知全不用誠意正心,及其誠意正心卻都不用致知格物。」[49]這就說明在修養過程中,致知與誠意相互助力、相互貫通。具體來說,就致知貫通誠意而言,本文認為可以從重新審視格物致知內涵的視角來看,朱子曾說:「若其用力之方,則或考之事為之著,或察之念慮之微,或求之文字之中,或索之講論之際。」[50]這就說明格物的範圍涵蓋天地萬物乃至人之性情,所以意念也是格物致知的內容,格物致知中的「物」其實也包含「意」在內,那麼「格意」同樣也是格物的題中應有之義,如此則致知也是可以貫通誠意的。從這裡也可看出上文認為致知或真知的最終完成狀態不是「知」而是「意」這種說法的合理性,因為只有將「意」也格到,才能最終實現物格知至而達到真知。就誠意貫通致知而言,則需要從上文提及的反身而誠來看。我們知道反身而誠是指將人己內外之理合一的過程,而誠意在此過程中則能使格物致知而來的真知內化於心,從而使真知真正完成從知到行的跨越。可見反身而誠是誠意對致知的內向化發展,如此則誠意也可與致知相貫通。

---

44 (宋)黎靖德編:《朱子語類》,第1冊,頁521-521。
45 (宋)朱子:《四書章句集注》北京:中華書局,2016年,頁18。
46 (宋)朱熹:《朱子全書》,第6冊,頁1000。
47 (宋)朱子:《朱子全書》,第23冊,頁2811。
48 (宋)黎靖德編:《朱子語類》,第1冊,頁512。
49 (宋)朱熹:《朱子全書》,第22冊,頁1923。
50 (宋)朱熹:《朱子全書》,第6冊,頁525;第20冊,頁709。

由此可見，朱子認為致知與誠意相互助力、相互貫通，正如他總結說：「惟以致知之明誠其意，以反身之誠充其知，則將至於不勉而中，不思而得」[51]。這就說明致知與誠意二者並非是截然分離的兩個獨立過程，而是可以相互發明、相互助益、相互貫通的。這就強化了它們之間的聯繫，揭示出了它們之間深刻的內在統一性。在此基礎上，朱子甚至還用致知與誠意「不是兩事」的說法來強化二者之間的內在關聯：「《大學》之序，自格物致知以至於誠意正心，不是兩事。」[52]這就極大加強了致知與誠意之間的同一性，使得致知與誠意具有了趨同為一的傾向。不過值得注意的是，雖然朱子認為致知與誠意可以相互貫通，甚至「不是兩事」，但這並非意味二者可以直接為一。而若試圖將致知與誠意合二為一，則會滑入心學陣營。在朱子哲學中，致知與誠意一個是知，一個是行。知與行不可能為一，這就決定了致知與誠意不可能為一。在此，我們一定要注意朱子二分思維的獨到之處，如知行二分、理氣二分、道器二分、性情二分、形上形下二分等，儘管它們都可以合一，但合一並不是同一，其背後仍然是二分。所以切不可強行合二為一，否則就會偏離朱子哲學二元論的總基調。

五　結語

當然，討論致知與誠意的關係還需要站在朱子整個工夫論框架中來加以審視，如此才會窺見二者更深刻、更全面的關係，以及二者在朱子整個工夫論框架中的定位問題。我們知道，程頤首次提出了「涵養須用敬，進學則在致知」這一理學工夫論框架，而朱子則在中和新說以後明確繼承了這一框架，從而將主敬涵養與格物致知視作為學之兩輪，認為二者缺一不可、不可偏廢。問題在於，誠意在此框架中有無安放之地呢？解決此問題前，我們需要對主敬涵養來作一番考察。我們知道，朱子並未採用主敬涵養這一工夫來解釋《大學》經文，其中緣由在於朱子認為主敬涵養是小學工夫，在「灑掃應對」之時就已完成。但是在朱子整體的工夫論框架下，主敬與致知卻又是最為核心的兩個部分。那麼這是否意味主敬是小學工夫，而致知是大學工夫呢？事實上，如此解釋就可以將朱子對《大學》的工夫論詮釋與其自身的工夫論體系來加以貫通。但是主敬真的只是小學階段的工夫嗎？其實不然，因為朱子曾說：「昔者聖人蓋有憂之，是以於其始教，為之小學，而使之習於誠敬，則所以收其放心，養其德性者，已無所不用其至矣。及其進乎大學，則又使之即夫事物之中，因其所知之理，推而究之，以各到乎其極，則吾之知識，亦得以周偏精切而無不盡也。」[53]這就說明小學、大學階段都不能離開誠

51　（宋）朱子：《朱子全書》，第7冊，頁682。
52　（宋）朱子：《朱子全書》，第23冊，頁2654。
53　（宋）朱子：《朱子全書》，第6冊，頁525。

敬，誠敬其實貫通了小學與大學這兩個階段。值得注意的是，此處朱子認為誠也是貫穿小學與大學、未發已發的工夫，此誠是指張載「誠明兩進」的誠，即存誠主敬。那麼誠意也可以貫穿小學與大學嗎？這裡要區分一下誠與誠意。在朱子看來，誠是實理，它既是天道的本然狀態，也是人應當追求的道德境界。不僅如此，誠還是連接天理與人心的橋樑，通過「誠」的修養，人就可以實現與天理的一致。這就說明誠其實貫通工夫內外始終，所以也就自然能貫通小學階段的主敬涵養以及大學階段的進學致知。而誠意則更側重於個人修養的實踐層面。朱子將「誠意」定義為「實其心之所發，欲其一於善而無自欺也」[54]，即主要是指意識活動中去惡存善的行為。而誠意之所以只被視為大學階段的工夫，乃因其要求個體具備深刻的自我反省能力與對內在動機的透徹理解，這都是小學階段難以企及的。因為在小學階段更側重於通過外在的規範和禮儀來塑造基本的道德習慣，培養的是一種敬重的行為準則。而大學階段則要在已有的道德習慣基礎上，進一步內化道德理念，以此實現心靈的誠實與行為的一致。以上說明了主敬其實是貫通小學、大學的，那麼大學階段的八條目等工夫也就自然會被主敬所貫通。如朱子明確指出：「聖門之學別無要妙，徹頭徹尾只是個『敬』字而已。」[55]具體到致知、誠意上，朱子也強調說：「方其當格物時，便敬以格之；當誠意時，便敬以誠之。」[56]可見主敬工夫其實貫穿了致知、誠意。

54　（宋）朱子：《四書章句集注》，頁15。
55　（宋）朱子：《朱子全書》，第3冊，頁1973。
56　（宋）黎靖德編：《朱子語類》，第1冊，頁422。

「志者，心之所之」
——朱子志說的詮釋可能、維度和性質

劉卓然

北京師範大學哲學學院

一　前言

　　對於儒家學者來說，志的重要性毋庸置疑，它是儒家學問的端始，又貫徹其全部。有學者認為，相對於前後儒者對志的討論，朱子用「心之所之」來界定志並沒有新意。[1]然而，朱子既以「心之所之」作為志的界定，但同時還有一「心之深處」[2]的說法。錢賓四先生曾說，「志是心之深處一語，極堪研玩。理學家不言立志，皆由不了此義」[3]，可見在賓四先生那裡，朱子論志有一個極重要、極有代表性的說法，他人或不及此。[4]從朱子的回覆來看，「心之深處」一語既涉及志的定向（生或善），又涉及學者的執守。除錢賓四先生外，近年來學者也注意到朱子晚年對「立志」的問題相當關注，如高海波教授認為朱子晚年注重討論意志問題，但因為疑心於朱子對志的界定及其晚年對立志的發明，覺得朱子對未發是否有立志工夫無明確的態度。[5]

　　面對朱子志論所引起的質疑或疑竇，我們要問：在朱子那裡，志的名義為何是「心

1　「二程之後，朱熹談志亦較多，不過一般是在闡釋舊說，依文解義，似無突出建樹。」胡家祥：〈志：中國哲學的重要範疇〉，《江西師範大學學報（哲學社會科學版）》，1996年第3期，頁40。
2　「世間千歧萬路，聖人為甚不向別路去，只向這一路來？志是心之深處，故醫家謂志屬腎。如今學者誰不為學？只是不可謂之『志於學』。如果能『志於學』，則自住不得。『學而時習之』，到得『說』後，自然一步趲一步去。如人當寒月，自然向有火處去；暑月，自然向有風處去；事君，便從敬上去；事親，便從孝上去。雖中間有難行處，亦不憚其難，直做教徹。」（宋）黎靖德編，王星賢點校：《朱子語類》北京：中華書局，1986年，卷二十三，頁551。
3　錢穆：《朱子新學案》第一冊，《錢賓四先生全集》臺北：聯經出版事業公司，1998年，第十一冊，頁140。
4　熊十力先生有一說法，稍近於此：「志願是從自覺自了的深淵裏出發的，是超越物我底計較的，是極其灑脫而無俗情沾滯的，是一種向上的努力，自信自肯而不容已的。」熊十力著：《十力語要》上海：上海書店出版社，2007年，頁79。但嚴格區別的話，這些說法：一、儘管帶有根源、根本的意思，但更側重於人心面，與朱子說指出性理面有所不同；二、「自覺自了」接近於孔子以來儒家所說的「興」、「感動奮發」，但太偏向於「豪傑之士」的一面，就不免因為要「純粹」而忽視初學入德的地步。（以下徵引本書者，僅列書名與頁碼）
5　高海波：〈從朱子、船山看宋明理學意志思想的展開〉，《船山學刊》，2024年第2期，頁49-57。

之所之」？程子以「心所存主」[6]來解釋志，近於「心之深處」而遠於「心之所之」，「深處」與「所之」有何關係？「心之所之」的維度如何？以及，其性質如何？

二 「心之所之」的詮釋可能

面對上述的異同，需要一個切入的角度，比如高教授提到的「立志」。立志有兩個意思，立既有從無到有的立起這一意思，又有堅立不移的意思。前者如說「立志向學」，過去沒有這樣向學的具體志願，現在卻在感動興起中，有了如此的志願，就是立起此志；堅立不移的「立」，是動態的、不斷深化地挺立其志，從用力把持到心志自持都在這一動態的堅立之中。立志向學是孔子所說「興於詩」（《論語・泰伯》）之興，心感善言善行之善而性直接、純一地發見為情，使人從俗常中突破出來，對「可慾」、「同然」有了慾求，這就是感動奮發。堅立其志，實際上就是持志的工夫，持即「敬以持之」。「敬以持之」既可說到用力持守，又可說到「略略收拾來」、「只是操一操」[7]，二者均是存養的工夫，但有淺深的不同，後者屬於嚴格的未發工夫。如果從有放失到略略提起時還算是已發，那麼提起後常醒、常操在這裡則是未發時心的自持（自作主宰），就其未發時常自持自主而言，便可說是一在未發時的工夫。

在對「立志」略加分辨後，就要藉著這種分辨，再對志的含義進行分辨。朱子的確曾說志和意都屬情，意屬情自不必言，志屬情則需考慮這兩個情境：一、感動奮發的興起其志，自覺要如何（志而意），感動奮發的志，必有所向，此向同時有人「要」如此，在此時人的情、意、志也可說是「一發而俱性在茲」[8]，此時志和意並不容易分別，這是「立志向學」時的志，不可不謂之已發；二、志尚未堅立，須時不時提起，故而朱子言三十以前猶是兩物，三十以後無所用志，「志方是趨向恁地，去求討未得。到此則志盡矣，無用志了。」[9]只是人在事中，並不是心心念念著「我的志向如何」，也不是時時思量「我要如何落實其志」，而只是有一個頭腦：「使所遇之事隨處合宜，我心之敬無時間斷」；這個頭腦也不同於人在囉嗦時時時說及，這說及乃是一把捉，而只是此志提起、此心醒著。[10]說程朱教人立志成聖，豈是說程朱教人無時無刻把捉此志，於一

---

6 「志自所存主言之，發則意也」。（宋）程顥、程頤著，王孝魚點校：《河南程氏粹言》卷二，《二程集》北京：中華書局，2004年，上冊，頁1258。

7 （宋）黎靖德編，王星賢點校：《朱子語類》，卷六十二，頁1503。（以下徵引本書者，僅列書名與頁碼）

8 （宋）朱熹撰，朱傑人、嚴佐之、劉永翔主編：《訓蒙絕句》，《新訂朱子全書》（附外編）上海：上海古籍出版社，2022年，第二十七冊，頁5。原詩為「意乃精專所生時，志之所向定於斯。要須總驗心情意，一發而俱性在茲。」此處雖說是「心情意」，然已定「志之所向」，也可說在「一發而俱」之中了。

9 《朱子語類》卷二十三，頁551。

10 熊十力先生即說，「勤加云云，卻非用力把捉此心，只是時時在在，不稍鬆懈，不令此心放失。」可

切事中有意此志？也只是說向察覺放失的時候提起來，抑或是有一個心的自警、自醒。持志是在工夫上說得重，心的自持則表示，不是人時時刻刻把捉此志。從「心的自持」來看，志就不能和意一樣，是就一事一物上起念的心靈活動，而是全部心都在進行的一種活動。

如果說志作為「心之所之」主要是指一種趨向的心靈活動，也要先理解，這種趨向是說：在義——利的大分界中有一個根本的抉擇，生命的上升與下降即取決於此，「無他，利與善之間也」（《孟子·盡心上》），而不是把心理解為一個具體物，把志等同於這種具體物的具體活動。以及，即便是說「未發時節」，也絕不是說心處於一種死寂的狀態，朱子說過在未發之時並非耳無所聞、目無所見，也說「寂，含活意」[11]，心靈在未發時的確有一種活動，不是在「已發的心之用」意義上說，而是如心的自警、自持、知覺不昧，這些都是一種心靈活動，貫徹（或可以貫徹）於心的已發和未發。基於這兩點，說「心之所之」並沒有取消未發的面向。「之」可以說是心不斷保持著生、保持著合理，生與理即是一「方向」，不論已發未發。這個意思和人興起志欲，自覺要成為聖人並不衝突，志只是在描述：心有一「向」而且在不斷維持、成就此「向」。

讀者可以發現，如果把生理視為「心之所之」的「目的地」時，「心之所之」和「心之深處」的實指並沒有區別；而就字義虛的一面看，則一個是強調「向」，一個是強調「根源」（向基於這一根源）。朱子所說的「心之深處」和陳北溪所強調的「一直去求討要，必得這物事，便是志」[12]，二者都有一個持守的意思。但如果讀者縱覽在《集註》、《語類》中所出現關於志的內容，便可以知道，「心之所之」的範圍較「心之深處」更為廣泛，而這或許是後來學者特別反對以「心之所之」來界定志的關鍵：志首先是儒家的，其次是堅確的。

說志首先是儒家的，看起來不僅不會引起一種毛病，反倒是糾正把欲望當作志的毛病，這個毛病如熊十力先生所說，是「每見少年妄自標舉，其意念中或欲高居人上，大抵欲得名利權勢高出乎人，其較勝者，欲求學問知識高出乎人……如是而自謂有志，實則此等意念正是無志者迷妄之情，私欲之熾然竊發而不自覺耳。以此為志，則是認賊作子、飲鴆自毒，乃以自絕其生生之理而不可複陽，豈不哀哉！」[13]因此他特別注意把「心所存主」和「心之所之」做一嚴辨，以為「心之所之」不免有所失，而「心所存主」卻是正義；[14]說志是堅確的，也多是要示人堅定其志，不可放倒。只是，說一種儒家之志，

參看。熊十力著：《讀經示要》上海：上海書店出版社，2009年，頁112。（以下徵引本書者，僅列書名與頁碼）

11　《朱子語類》卷九十六，頁2470。
12　（宋）陳淳著，熊國禎、高流水點校：《北溪字義》北京：中華書局，1983年，頁15。
13　《讀經示要》，頁111。
14　《十力語要》，頁79。

卻不必通過與欲望相對來顯出，如果人說他個人的志願是「成為科學家」、「成為藝術家」，也完全可以是一種正當和公共的志向，其生活也可以是一種正直、有活力的生活，亦即：並非只有儒家的生活才足以稱之為生活，儒家的志向才足以稱之為志向。

惟，在儒者看來，儒家的志向、儒家的生活乃是使人得以真正生活、良好生活的最好「途徑」，而這一「途徑」自身也是良好生活的體現。於是，儒者特別強調一種儒家的生活、儒家的志向。然而，當生活冠以儒家之名時，既彰顯其獨特性，又在暗示它可能與「生活」可能產生距離：學究固然把「儒家」作為一種「概念」而自詡高於生活並與生活隔離，大儒亦可能因為警惕俗常對良好生活的阻礙而過於警惕：王船山在《俟解》中對孟子「人之所以異於禽獸者幾希」的解釋中有激烈之言，如「庶民者，流俗也。流俗者，禽獸也。」[15] 孟子本是特別教人立志的，要人意識到若不立志則日去之，立志則日存之。船山則「害在庶民」，不得不說是一種激烈之言、有為之言，不見涵容之義。梁啟超即就此言志，教人自拔流俗，[16] 此決不錯，然而自拔流俗之言過於激烈的話，卻容易近於否決俗常，這是讀船山說給人的第一印象。儒家生活的究竟是要到「從心所欲不逾矩」（《論語·為政》）的地步，在那裡，儒家生活與個人生活才能達成一致。它雖然有界限，但那種界限是「人的生活」的界限，如果跨越了這種界限，那麼人不成其為人，生活亦不成其為生活。換句話說，真正的儒家生活，必須如天一般，「萬物並育而不相害，道並行而不相悖」（《中庸》），既無不覆載，又處之有道。當儒者特別強調一種儒家的生活，而又沒有意識到這種並育並行時，就把那種獨特性變成了排他性，追求純粹卻使得儒家與生活產生界限而不再純粹，它在忽視其他一切生活和志向的同時，也把自己應有的某些價值否定掉了。當朱子以「心之所之」而非「心之深處」作為志的名義時，在詮釋的可能性上便留下空間，容納了儒家之志的這種涵容之義。

三　「心之所之」的維度

從朱子「心之所之」的界定上看，志的物件並不確定，可以是一切個體所嚮往以求實現者。在朱子對於志的討論中，志又可以分為三個維度來看：

第一個維度中的志和日常生活中對志的使用一致，只表示嚮往以求實現，在這裡以朱子對「三年學，不至於穀，不易得也」（《論語·泰伯》）的集注為代表，是利欲維度：

> 穀，祿也。至，疑當作志。為學之久，而不求祿，如此之人，不易得也。[17]

朱子疑「至」字當作「志」，以為如此文義較為通順。疑或不疑，都不妨礙朱子認為官

---

15 （明末）王夫之著，王伯祥點校：《俟解》北京：中華書局，2009年，頁81。
16 梁啟超著：《德育鑑·立志第二》北京：中華書局，2015年，頁20。
17 （宋）朱熹撰：《四書章句集注》北京：中華書局，2012年，頁106。

爵利祿可以成為「志」的對象。以官爵利祿為志的物件，在常人並不以這種「趨向」為不當，孔子也曾說富貴為人之所欲求者。唯是依照白文與集注來看，孔子、朱子絕不願學者止步於此。止步於此尚且不可，又何況等而下之者。然，在《語類》中，還有「志於聚斂」，較「至於穀」更為卑下。「如孔門亦有不能立志者，如冉求『非不說子之道，力不足也』，是也。所以其後志於聚斂，無足怪。」[18] 從這兩處可知，對於朱子來說，志的「趨向」並不必然是正面的、理想的，其「趨向」常常是人心的客觀所對。

利欲維度的志是不能為己的，所以朱子教人，讀書時要做分別，心意有幾分在讀書上？又有幾分在科舉利祿上？在讀書上分數多，便還有為己的意思，若在科舉上分數多，這為己的意思便很難出頭了。[19] 科舉只是人生中一事，雖說因為生養之事係於舉業，不可不勉力去做，但讀書卻並非專為科舉來做。從「為己」上看，讀書是要「求義理」。若讀書求義理上用心重，由於事親的緣故，要勉勵科舉，尚且可取；如用心於科舉之事去讀書，而非以求義理為重，則是人有志於穀，所以說志在科舉，卻不關乎為己。於此處「七分、三分」之說，也可見朱子用「志」時的寬綽及對現實的注意。

從「不能立志」、「教人為己」上看，朱子對志的理解並不停留於「趨向」或「嚮往以求實現」這一層面，這一層面的志和欲沒有分別（志同於欲）。而在更深的第二維度中，利欲並不能成為志的「趨向」，志的「趨向」是義理、是聖賢。孔子所說的「十五志學」，朱子以為所志只是此理。

聖人踐形，大賢明理，學者趨向於道理，便也趨向於聖賢：「凡人須以聖賢為己任。世人多以聖賢為高，而自視為卑，故不肯進。……人性本善，只為嗜欲所迷，利害所逐，一齊昏了。」[20] 如果聖人不可學、不可至，卻要人以聖賢為任，是強人所不可能，然而基於「人性本善」，聖人與常人在稟性上沒有不同，以聖賢為任便不是分外之事，成為聖賢是盡人性的當為之事。對於朱子來說，「大凡是人」，便須志於聖賢、志於道理，但是由於世人把聖賢看得太高、把道理看得在外，所以自安於卑陋，而別有趨向。這種流俗的趨向，尤其以利欲的趨向為代表，不僅不能使人自拔於卑陋，反而可能使人愈居於下流。故而，儘管在志的界定上，利欲可以是志的趨向，但在有志於成為真正的人、實現良好生活的人那裡，又要嚴辨義和利的趨向。

第一個維度的志可以說是「心靈所嚮往而求實現的活動」，志的趨向常常是人心的客觀所對；第二個維度的志，已不完全將趨向即聖賢或道理視為客觀所對：心靈注意到自己要體現道理，聖賢是一種可能實現的人格，志的趨向既是我尚且未實現的，又是我

---

18 《朱子語類》卷一百一十八，頁2846。

19 「若讀書上有七分志，科舉上有三分，猶自可；若科舉七分，讀書三分，將來必被他勝卻，況此志全是科舉！所以到老全使不著，蓋不關為己也。聖人教人，只是為己。」《朱子語類》卷十三，頁243。

20 《朱子語類》卷八，頁 133。

所可能實現的。志的過程是「由當下之我之實際存在,『向』一理想之實際存在,而由前者『之』後者」[21]的過程,亦即由當下有種種病痛之具體的「我」向一良善之「我」的自我實現過程。

人不知聖賢、道理為當志,而有流俗之志;又或是知得泛泛,志在半上半下處,「固有這般半上半落底人,其所謂志,也是志得不力,只是名為志道。」[22]雖然嚴辨義利的趨向,但也未見得能真切在義的一邊。說「志於道」,有時說得輕,如「士志於道,而恥惡衣惡食者」(《論語‧里仁》)的「志」,乃至於朱子以為這只是說話時把它叫做「志道」,實際上其志在半上落下處,向下便是流俗之志,向上便是學者士人的真志。對於這種志,名義上說是「志於道理」,因它畢竟不以流俗之志自處,「有志於學,皆志於道也」[23],但「志得來泛泛不切」[24],所以嚴格意義上,又不把它正式當作「志於道理」的代表,不妨稱之為「半上落下」之志。

「半上落下」之志,尚未達到自我立定,稍近於以所志的義理或聖賢為客觀所對,所志與我分作兩截,是孔子所說的三十以前。在這一過程中,由於個體當下氣稟、物欲的束縛,使得主體變化氣質的過程極為辛苦,「須是將心來一如鏖戰一番」[25],志道者若不耐辛苦,便不能明義理。又不能實現其志,又不能感受其悅,不免「不如稊稗」(《孟子‧告子上》)。雖說是半上落下,終究是會落於世俗。一面是「志」沒有悅心處,一面是有外物來誘,因而自己的志沒有動力,名為志道而不能真去志道。

面對這樣的問題,朱子晚年所言尤為痛切:

> 從前朋友來此,某將謂不遠千里而來,須知個趣向了,只是隨分為他說個為學大概去,看來都不得力,此某之罪。今日思之:學者須以立志為本⋯⋯今須思量天之所以與我者,必須是光明正大,必不應只如此而止⋯⋯如此立志,自是歇不住,自是盡有工夫可做。[26]

當時一般學者的病痛,在於略見得是非義利分別,知上欠缺的同時又不肯決定為義不為利,只是自欺地說要做個好人。朱子於此自省,以為當時見學者能不遠千里來求學,當是他已經分辨得為己為人的趣向,所欠者只是為學大概,如今講明大概後,只需各自依著自己的志向去為學。不意學者固然是知得趣向,但並不真切,學者不能確定其志。因而朱子決定發揮立志的意思,要學者必以立志作為根本。學者為何能不遠千里而來?在

---

21 唐君毅著:《人生之體驗續篇》臺北:臺灣學生書局,2019年,頁76。
22 《朱子語類》卷二十六,頁663。
23 同上註,頁646。
24 同上註,頁646。
25 《朱子語類》卷四十九,頁1203。
26 《朱子語類》卷一百一十八,頁2845。

於有志。為何卻又日漸消靡，有志而不能用功？在於不能立志。學者不能立志以復其本然，在於不能自信，「事君以忠，事父以孝，皆是這個道理。若自信得及，則雖欲不如此做，不可得矣。若自信不及，如何勉強做得」[27]；不能自信，又在於不能知得至切，「未能信者，未能真知其實然，而自保其不叛」[28]。所以朱子說「須思量天之所以與我者，必須是光明正大」。

「志於道」能說得輕，也能說得重：「『志於道』，不是只守個空底見解。須是至誠懇惻，念念不忘。所謂道者，只是日用當然之理。」[29]，「空底見解」便是知不切至，帶不出誠意，所以其知是空、是虛。相反，志和道的解釋在此都有更重要的意義：「至誠」是就志的真實而言，「懇惻」是就真切不容已來說，「念念不忘」就存主而言，這與只說一種趨向是不同的；日用當然的道理，是在事親、事君等人倫日用中踐行並可以真實體會者。相較而言，那個名為志道的道，更多是基於名義而嚮往的道，是在知識上接受而非在直情上肯認者。

學者真肯立「志於道」，便是以天之所與的仁義為主，這是儒家自孔子以來的傳統，如孔子所說的「苟志於仁」（《論語·里仁》）或孟子所說的「尚志」（《孟子·盡心上》），朱子嘗說：「仁是最切身底道理。志於仁，大段是親切做工夫底，所以必無惡。志於道，則說得來闊。」[30]便可見說「志於仁」更為清楚，已經包含「志於道」中踐行、真切體會等意思，自身又沒有誤解。

從此可以看出，志不只是「當下的我趨向於良善的我」，唐君毅先生所說的那個「理想的實際存在」並非一般的好人甚至君子可以承擔，而惟有聖人、大賢可以當之，聖人的人格就是我當有的人格，且在原初意義上是我本有的稟性，乃至志仁的我本身就是在體現原初的我，就像一隙之光雖然與全體之光不同量，但質無不同；人心不僅知道要體現義理，而且要徹底、充量地實現義理，這一最徹底的義理就是仁。志於仁，不僅知道趨向於仁，而且是心心念念在於仁，「志乎此，則念念在此而不忘之矣」[31]，不僅心存主於仁，心志即是仁的表現，「才欲仁，便是仁」[32]。在此，欲和志也並不分別（欲同於志）[33]。

---

27 《朱子語類》卷二十八，頁712。
28 同上註，頁712。
29 《朱子語類》卷三十四，頁1049。
30 《朱子語類》卷二十六，頁646。
31 （宋）朱子：《四書章句集注》，頁54。
32 《朱子語類》卷三十二，頁820。
33 當志的「對象」是仁，而仁又可以通上下而言的時候，應該說：「志仁」固然包括豪傑之士的自覺，也包括人不斷實現其志的同時使志不斷升華和具體，但還要意識到，既然仁的範圍如此廣大，儘管人未必自覺性理，但也可以產生依據性理（「仁」）發見的志，如「成為科學家，造福社會」之類。於是可以說，朱子把「心之所之」定為「志」的名義時，實際上更能照顧到「仁」的普遍性。

從「人倫日用所當行者」來看，志雖然是「從當下之我『向』原初完備之我的提升」，但這並不只是個體自我的修養，「原初完備之我」不止是形體之我，而且是「仁者與萬物為一體」的大我。志不僅包涵成己的面向，同樣也有成物的面向，而此志為一大志：

> 凡人為學，便當以「明明德，新民，止於至善」及「明明德於天下」為事，不成只要獨善其身便了？須是志於天下，所謂「志伊尹之所志，學顏子之所學也」。所以《大學》第二句便說「在新民」。[34]

大凡人要為學，便要立一個大志，要明明德於天下：一面是自明己德，一面是新民之德，而皆止於至善之所在。朱子以為「只是不志於私」[35]，並非為干祿而來，也非只將道德局限於個人，而是如《大學》所說的「明明德於天下」，要覺後覺之天民；「學顏子之所學也」不是「志伊尹之所志」外別有一事，學是要實現「明明德於天下」之志的事，學正所以成其志。身居其位，也須德位相匹；若無其位，也須是修身齊家來新民以至極。因而朱子說「新民」，一是：「若小小效驗，自是自家這裡如此，他人便自觀感」[36]由於理義為人心之所同然，所以自明其德之人的言行舉止所表現的光明氣象，可以使人有所感觀而興起，這可以說是成己所帶來的成物效驗；一是「若大段新民，須是德十分明，方能如此」[37]，所謂的「大段新民」，如「聖人因人物之所當行者而品節之，以為法於天下，則謂之教，如禮、樂、刑、政之類」[38]，謂聖人本其明德而製作，以使天下萬世之人可以由此教而循此道，以自成其德、安頓所遇之物，可以說是聖人盡人物之性之事。

從利欲到仁義，是志的趨向不同、存主不同，也是志自端始即判然二分，因而對志的分別首重發端。至於有同出於為己，而不能真下工夫，不能推己於人者，是志有虛實的區別，如半上落下之志與志仁之志；同出於為己，而有徒知明德而不能新民，將明德新民二分者，是志有小大的分別，自伊尹的轉變即可見；有知當立大志，而志有淺深，不能窮究端本者，如朱子說王仲淹（名通）「規模淺狹，不曾就本源上著功，便做不徹」[39]。於此可見，朱子「心之所之」之說，既有範圍之廣的一面（利欲到仁義、為己至明明德於天下），也有用力之深（念念在此、窮究端本）的一面，需要將朱子論志處四面八方匯集到此，才能認清。

---

34 《朱子語類》卷十四，頁260。
35 《朱子語類》卷九十四，頁2402。
36 《朱子語類》卷十四，頁267。
37 同上註，頁267。
38 《四書章句集注》，頁17。
39 《朱子語類》卷十七，頁379。

四 「心之所之」具兩面：剛強與遜志

前文已及，學者大病在於既有意於聖賢，其志又不免泛泛。所以朱子非常注重志剛強的一面，強調「須是竦拔，方始有進！」[40]，以為為學以聖賢為歸宿，要思量如何能擺落習氣、變化氣質。超凡入聖並非一日可就，所以要入思議；雖非一日可就，又不可畏難苟安。「竦拔」是就志來說的，竦是懼的意思，懼不是以聖人不可學、不可至而驚懼，是因為自己尚未免於禽獸之危而懼，「若迷其靈而昏之，則與禽獸何別？」[41]拔是拔起、挺立的意思，是要學者不能自甘卑下，要出乎流俗、擺落習染來說的。竦是羞惡之恥心，拔是伸於物欲之上的剛強。學者有不自陷於物欲而自拔於流俗的志，所以能有進。相反，若既希入聖，又不能勝其物欲，其志不剛強堅定，則不免於浮沉的狀態，也即一時見有所振奮，為浮起，又衰頹下去，為沉伏，這一過程就是半上落下。既終究衰頹下來，可知所為終究不濟事。然又不止不濟事而已，不僅其進者退，而且又將平日志氣打散，恐不免於一退再退、常居卑瑣，所以朱子又說：「若半青半黃，非惟無益」[42]。

拔其心肝，志於成聖，是進學的第一步。學者用功，也時有知識不及、照管不到處，時進時退也是常態。進時固是其志剛強，退時也須使之發揮剛強的作用：「為學極要求把篤處著力。到工夫要斷絕處，又更增工夫，著力不放令倒，方是向進處。」[43]「把篤」是保持志的剛強。人之為學，始終要使得志堅定剛強，只是閒居無事時尚不見其重要，平實用功去即是，無可說；到艱苦處、把持不定處，卻要緊一緊、更增力氣，特別要注重志的堅定剛強之維繫，不沉陷、不下落，如此則能克服難處，學更有進步。若在緊要處、將間斷處，不著力維持，便落入半上落下的境地。

平穩處不妨盡行，但卻非說平穩處只是悠悠，悠悠不濟事，學者總還是要去立志。就今人悠悠的毛病來說，朱子又分別出兩點原因，「今人不肯做工夫。有先覺得難，後遂不肯做；有自知不可為，公然遜與他人」[44]，一是見得成聖賢的歷程中有種種艱辛，體會到在立志、成志過程中要對抗自己的習氣，因而不肯做，「先」是做工夫了，方有「後」的不肯；一是以為聖賢高遠絕類，不是凡俗可為，因而從始便無心去做。後者是無志，前者是志不堅定。

無志不論，畏難不肯做工夫的人，卻不知這個難處雖賢者也須做，「大抵為學雖有聰明之資，必須做遲鈍工夫，始得。」[45]所以學問便要辛苦去做，「為學須是痛切懇惻

---

40 《朱子語類》卷八，頁135。
41 《朱子語類》卷六十，頁1439。
42 《朱子語類》卷八，頁138。
43 同上註，頁137。
44 同上註，頁136。
45 同上註，頁136。

做工夫，使饑忘食、渴忘飲，始得。」[46]

人若常存這個志，便不容自己居於下流、不為聖賢。朱子說：

> 今語學問，正如煮物相似，須熱猛火先煮，方用微火慢煮……大要須先立頭緒。頭緒既立，然後有所持守。《書》曰：「若藥弗瞑眩，厥疾弗瘳。」今日學者皆是養病。[47]

痛下工夫是猛火，工夫漸精，仁義漸熟，工夫才能如微火，微火是漸漸精熟、有所得力的體現。用微火拼不意味懈怠，志的痛切與懇惻始終是在場的。朱子又引《書》「若藥不瞑眩，厥疾弗瘳」就是在強調，學者要有這個作為頭緒的志，以志的剛強去克去種種病痛，如果沒有志的動力，人未免不肯下苦工夫而放任其病，也就是「養病」。「養病」二字，更有意味：一，如人抓藥治病，藥不能根治病痛，人不免疑先賢之藥方不能治病；二，用藥不能治病，人心易從「治病」滑向「病不能治，偶爾放過也不妨」，是養出一種姑息、自畫之病；三，姑息、自畫進而成為「自以為不足有為，志氣渙散」，又是一病。朱子又說，「凡做事，須著精神。這個物事自是剛，有鋒刃。如陽氣發生，雖金石也透過！」[48]著精神便能成事，是由於精神剛強，氣稟之雜和私欲障壁都阻礙不得。朱子以「陽氣發生」為喻來說明這種無所阻礙，實際上當要做成聖這件事時，所著的精神便是剛強的志。回看「頭緒」二字，頭緒是發端的意思，不僅是就志的「肇端發始」[49]而言，也是在強調志本就是仁的體現、發端「如」字雖是譬喻，也是本來如此。

志的剛強，是由於仁的陽剛：

> 解者多以仁為柔，以義為剛，非也。卻是以仁為剛，義為柔。蓋仁是個發出來了，便硬而強；義便是收斂向裡底，外面見之便是柔。[50]

仁有溫和慈愛的意思，說事物的生長都要歸向仁；義有裁制斷決的意思，說事物的成就都要說向義。所以解者大多將仁屬柔、義屬剛。但從事物的收斂凝聚、人的裁制斷決有所歸向來說，卻要說義屬陰，是柔的。就義的「收斂向裡」來說，是義體柔；就義表現出的有所成就、決定不移來說，是義用剛。從事物能表現出生意、人的溫和慈愛能得到透露出來而言，卻要說仁屬陽，是剛的。就仁當表現而能表現來說，是仁體剛；就仁已表現而其表現的溫和慈愛來說，是仁用柔。朱子在《答董叔重》第九書中將仁義體用的

---

46 《朱子語類》卷八，頁134。

47 同上註，頁138。

48 同上註，頁138。

49 丁紀：〈肇端發始見人文〉，《天府新論》，2014年第4期，頁35。

50 《朱子語類》卷六，頁106。

關係總結為「仁體剛而用柔，義體柔而用剛」[51]。

　　志具備剛強的性質，立志使志剛強堅定的本質是恢復志本身的性質，更可以說：志是一個不斷要求自己去實現出來的事物。志屬心，仁屬理，仁的陽、剛並不易為人所領會，但在心志自我要求的過程中，對於私欲習氣的突破卻最容易被人察覺。「全心向之」是志不斷實現自己的事，「全心向之」的剛強則是志不斷將自己實現出來所體現的性質，志具備這種性質則是由於志是根於仁、以仁為內容的。

　　就以仁為自身內容而言，志的剛強絕不等同於氣上的剛強，如朱子說「李樸先之大概是能尊尚道學，但恐其氣剛，亦未能遜志於學問」[52]。就此而言，氣剛並不同於志的剛強，問題在伴隨「氣剛」同時而來的不能遜志學問之病。氣剛的人較柔弱之人更有擔當、更能進取，所以朱子嘗以為氣質剛強的人較勝，但若沒有義理來滋養，使得氣質上的剛合乎義理，成就一種義理之剛，則剛與柔雖有不同，但都未至於是。「尊尚道學」，未必真志於道；有志於道，也未必能以義理來養，反而會助長意氣，「所以今江西諸公多說甚大志，開口便要說聖說賢，說天說地，傲睨萬物，目視霄漢，更不肯下人。」[53]從來說志，都注重志的剛強一面，又注意要高尚自己的志，以堯舜為的。人依著自己的氣稟，以氣的剛強來用事，聽命於氣而以氣的剛強為志的剛強，漸漸形成一種自矜的心理，表現出要壓倒別人的氣象。以堯舜為志，只是學堯舜，蓋過他人的氣象正不是學堯舜所帶來的。朱子說及象山和其弟子的時候，尤其可以看出「蓋人」並非是學堯舜的所帶來的問題，而是針對義理上的問題，又涉及同時代學問出現的毛病。這種意氣在朱子所描述的象山門人身上，表現為「不遜」、「悖慢無禮」、「無少長之節」等，不見儒者的氣象與學堯舜的心志。

　　朱子說陸門之病，本是由談讀書之法提及，要人遜志去求聖賢古訓中的道理，在字字句句分明理會的過程中，使得動盪不安及自是的心安頓在書冊上，所謂「只討聖賢之書，逐日逐段，分明理會。且降伏其心，遜志以求之」[54]。學者將遜志視為虛心涵泳的讀書之法，而未特別將朱子「志須用柔」的意思發明出來。所謂遜志，朱子解釋為：

> 遜志者，遜順其志，捺下這志，入那事中，子細低心下意，與它理會。若高氣不伏，以為無緊要，不能入細理會得，則其修亦不來矣。[55]

51　（宋）朱熹著，顧宏義編：《答董叔重》第九，《朱熹師友門人往還書劄彙編》上海：上海古籍出版社，2017年，第一冊，頁564。《朱子語類》中有相反的記載：「仁體柔而用剛，義體剛而用柔。」孫逸超認為，董叔重在慶元二年春提出問題而記錄有誤，後在書信往來中得到朱子的確定回答。在後來的語錄整理中，董叔重表示自己可能誤記，而黎靖德則刪去此表示。詳見孫逸超〈朱子晚年仁義體用動靜關係的再展開——基於《朱子語類》的史料批判〉，《中國哲學史》，2021年第2期，頁82。

52　《朱子語類》卷一百一，頁2560。

53　《朱子語類》卷十八，頁420。

54　《朱子語類》卷一百二十四，頁2979。

55　《朱子語類》卷七十九，頁2037。

「遜志」是小著這心，去順那事理，自然見得出。[56]

志的剛強體現在它以仁義聖賢為歸，不斷地要將自己實現出來而不為事物所牽絆，然而學者有氣剛用事的毛病，已是極不好的事。又因為這個毛病，將學者引入一種狂妄自大的風氣中，心志看似高高在上，實際上是飛揚動盪，極不安穩，與所說的聖賢之道相照則是大相逕庭，這就是志不能用柔所產生的大問題。遜志，是說學者要使自己的心志謙遜恭順，謙遜恭順不是不要志的剛強，而是入細去理會，在遇事時能夠仔細體察事理，使志既得到充實，又得以涵養。說大志不是難事，但志不是孤絕虛無的事物，志要在生命歷程的一切事中實現自己。如果心志不能在所遭際的一切事中謙遜恭順、入微理會，其間必有許多缺漏處，反使得志不得自我實現。

除卻對治不肯下人的毛病外，遜志也針對用心太緊、過於迫切的問題：「遜志，是卑遜其志，放退一著，寬廣以求之；不恁地迫窄，便要一思而必得。」[57]志的自我實現之要求，固然是剛強，但人心若執著於某事上，必要實現其志，又容易生出欲速的心，出現急迫的毛病，志於聖賢本是天理，用意太重、欲速急迫便轉為私意。私意窒礙心知，使其拘束，這就形成迫窄的問題，迫窄是內心狹小緊張的病痛。這種毛病，並不出在志上，而是學者過於執著表現出的「意氣」，所造成意氣奪志的問題。意識到這種毛病，在工夫上就需要人「卑遜其志」，不自我執著：「放退一著」，內心不過於緊張；「寬廣以求之」是要拓寬自己的心胸，不要拘瑣。這都是要學者安頓自己的心，志要用柔的意思。

五　結語

綜上所說，朱子對志的界說有「心之所之」和「心之深處」兩義，前者展示志的廣度（表現涵容），後者展示志的深度（指向根源），而朱子對「心之所之」的解釋實則包括了「心之深處」的意思。對「心之所之」的理解，往往根據朱子說志屬情而把志歸結於已發，但一種可能的詮釋是：屬於已發的志是就其感動興起時說，或就其尚未立時須用志時說，而「心之所之」實際上可以是貫徹已發未發的活動，表示心有一「向」而且在不斷維持、成就此「向」。

朱子對於志的論述大概可以分出一個界定、三個維度、兩個方面。界定是「心之所之」，也就是「心靈所嚮往而求實現的活動」。三個維度分別是：「嚮往以求實現」的志，如志於利欲；「趨向於道理以成就一良善之我」的志，如「士志於道」、「名為志道」；「不僅趨向於仁，而且念念在仁、為仁，以求成就義理原初的聖人人格」的志，如

56　《朱子語類》卷七十九，頁2037。
57　《朱子語類》卷四十五，頁1166。

「苟志於仁」。朱子所特別注重的，是最後一個維度的「誠志於仁」，對於這一維度的志，又可將所志概括為求「明明德於天下」，它包括成己與成物的兩個面向。自志之端始、虛實、小大、淺深，可以辨別不同的志。兩個方面是指志的體剛用柔，朱子曾說「『遜此志，務時敏』，雖是低下著這心以順他道理，又卻抖擻起那精神，敏速以求之，則『厥修乃來』矣」[58]，「時敏」在為學上是抖擻精神，著精神去學問，其實就是人不斷保持其志挺立的表現，這一過程實質是志要求自己實現出來的過程，在這個過程中志體現自己的陽剛；志是在學者的生命歷程中實現的，因此志體雖然陽剛，但在實現其志的過程中又不能以意氣為志，導致「不肯下人」或使自我陷入迫窄的毛病，而是要遜其志，入事物中體會，順理而為，這就是志的用柔。如是長久用功，其志便可以實現。

---

58 《朱子語類》卷九十八，頁2529。

《四書管窺》與元代朱子學的思想異動

崔　翔

上海復旦大學哲學學院

今人談及元代儒學，往往評價不高，或以為不過是輾轉抄襲、陳陳相因之作，而無獨立思考、批判反思的探索精神，[1] 亦或認為「元代四書學並非一無是處」，其創新之處「雖說只是只言片語，但亦有精彩動人之處」[2]。這多少是由於明朝沿襲元代儒學中的纂疏體思路而草率編纂《四書大全》所造成的刻板印象。不過，注重批判性反思的《四書管窺》一書卻在一定程度上體現了元代朱子學的新面相，或許可以部分修正我們對於元代學術的誤解，從而深入理解朱子後學之間的辨駁、批判、互動與交融。

史伯璿，字文璣，號牖岩，溫州平陽人，生於元成宗大德三年（1299），逝世於元惠宗至正十四年（1354）前後。伯璿一生隱居鄉間，淡泊名利，其生平略見民國《平陽縣誌》本傳。《四書管窺》是史伯璿積三十年之功力而成的一部四書學著作，與一般四書學著作慣用的註疏、纂疏體不同，該書乃是以辯駁朱子後學為中心任務。史伯璿自述著述宗旨說：「《管窺》之述，本為諸編辨析與《章句》《集注》異處而設。其諸說之盡善者，則自具於各編之中，更不贅錄於此，觀者毋惑。」[3] 可見《管窺》一書的主要目的是對元代朱子學現狀進行批判性的反思，其辯駁過程鋒芒畢露、毫不留情。從寫作範式上看，《管窺》既以批判朱子後學為中心，故不附錄《四書》經文，亦非依章解讀，而僅僅是摘錄所要批判的對象，並加以按語。因此，《管窺》一書並非為初學入門者撰寫的經解之書，而是以辯駁朱子後學為作的一部純粹的學術反思型著作，這在元代儒學中可謂是一個較為獨特的思想現象。

因《四書管窺》一書傳世版本較多，且流傳情況頗為複雜，[4] 目前學界對其瞭解多

---

* 本文通過國家社科基金項目「朱子學綜合研究」，批准號：22VRC173。

1 如侯外廬等學者評價元代理學言：「就理學的心性問題而言，元代的理學，雖然許衡、吳澄、劉因這些理學家也有些看法，但總的來說，並無重大的發展。」見侯外廬：《宋明理學史》，北京：人民出版社，1997年，頁681。

2 康宇：〈論元代「四書學」之經典解釋特色〉，《哲學動態》，2011年第11期。

3 （元）史伯璿：〈四書管窺大意〉，見《四書管窺》卷首，民國二十年《敬鄉樓叢書》本，頁3-4。又見徐興祖校正元刊甲本，卷首。

4 《四書管窺》的現存版本較多，但總體而言可劃分為兩大系統，即「內府系統」與「民間系統」，這兩個版本系統之間異文較多，前者當屬修訂本。「內府系統」以原國立北平圖書館甲庫善本書庫藏徐興祖校正元刊本殘卷為代表，《四庫》本及以《四庫》本為底本的湖南圖書館藏清鈔本均屬該版本系

限於傳世版本的考辨，而對該書的思想宗旨及學術價值並無系統的研究。實際上，成於元末的《四書管窺》一書具有獨特的學術史視角，為元代南方朱子學的思想演進提供了更為豐富的細節，在一定程度上可以被視為元代南方朱子學的總結、反思之作。因此，研究《管窺》一書不僅為考察元代隱居學者的學術生態與著述情形提供了一個重要的研究個案，對於重新審視元代儒學的發展狀況與學術版圖亦具有十分重要的意義。

一 「朱學之餘」：史伯璿與《四書管窺》

在朱子及其親傳弟子逝世之後，朱子學內部呈現出了顯著的地域化、多元化傾向。在南方，主要是以饒魯、程若庸、吳澄等為代表的雙峰學派，以金履祥、許謙等為代表的北山學派，以胡炳文、陳櫟、倪士毅等人為代表的新安學派。其中，雙峰學派權威意識較弱，注重獨出心裁的個性化詮釋，往往有所發明，然其後學亦以自立己說為主，而不注重師承學脈，導致學派煙滅無聞。不過，雙峰學派雖然失語，但其後諸編多引饒氏，其巨大的影響力使得雙峰之學成為事實上的宋元學術中心點。與此相對，北山學派則格外注重形式化的學統傳承，努力建構朱子後學單向傳承的歷史敘事，因而被後世推尊為「朱子嫡傳」，其作品則較為注重訓詁與名物考證。新安學派胡炳文的《四書通》、陳櫟的《四書發明》，都是在反思當時流行的《四書纂疏》、《四書集成》之不足而後所作，因而承接了這種格式謹嚴的纂疏體例；陳櫟門人倪士毅統合《通》與《發明》而編纂的《四書輯釋大成》甚至成為明朝官修《四書大全》的藍本。[5]可見，這三種學派以各具特色的方式推動了朱子學的發展。[6]

相比之下，史伯璿並無顯赫的學脈與師承，似乎是游離於主流學術版圖之外。《宋元學案》起初並未收錄史伯璿，其後增補時才將其置之「木鐘學案」，而列為「朱學之餘」。[7]所謂「木鐘學案」，並非為案主陳埴所特立，而實是記錄永嘉（即今浙江溫州）地方朱子學發展狀況的地域性學案；因永嘉朱子學自陳埴始，故以之為名。所謂「朱學

統，明朝官修《永樂大典》、《四書大全》所引用的《管窺》也屬於該系統。「民間系統」以今瑞安博物館所藏清初鈔本為代表，日本靜嘉堂文庫藏清鈔本、丁丙補鈔《文瀾閣四庫全書》本、孫怡讓玉海樓鈔本、黃群《敬鄉樓叢書》稿鈔本及刊本等，或皆淵源於此本。「內府系統」大多殘缺不全，如元刊本大量殘缺，《四庫》本缺《論語》「先進篇」以下；而「民間系統」則輾相抄寫，錯訛頗多。兩個版本系統實各有優劣。詳見拙文：〈《四書管窺》的編纂系統及版本源流〉，《圖書館研究與工作》，2024年第5期。

5 明朝官修《四書大全》，以《四書輯釋大成》為藍本，而參之《四書集成》，其中當然也進行了一下刪繁就簡的去取工作。最初內府刊本的《四書大全》中並無《四書管窺》，其後又加入了王元善的《通考》等書，《四書大全》才有了「永嘉史氏」與「史氏伯璿」。

6 詳參許家星：〈「朱某嫡傳是黃某，黃某嫡傳為誰」：「後勉齋時代」朱子學的演進〉，《社會科學研究》，2023年第3期。

7 （明末）黃宗羲：《宋元學案・木鐘學案》北京：中華書局，1986年，頁2116。

之餘」，根據學案體例，當是指並非朱子學派之正傳但信奉該學派的私淑弟子。[8] 考管窺所稱引有「先師冰壺鄭先生」，又屢稱「章清所先生」、「陳公潛先生」，而稱洪鑄為「同志」。據《宋元學案》：洪鑄為陳剛（字公潛）之高弟，而陳氏已為「朱子五傳」；[9] 章仕堯（字清所）與史伯璿同為「朱學之餘」，同為「篤志朱子之學」。[10] 由於陳剛、洪鑄之學可上溯至朱子弟子葉味道（初名賀孫，以字行，諡文修），而史伯璿與二人關係「在師友之間」，因此劉紹寬認為史伯璿之學「亦源出文修」，所以才「篤信堅守朱子之學」。[11] 伯璿於陳雖稱「先生」，但由此進一步推論其學脈未免有些過度。按：蔣文質《大學通旨引》云：「予年十七八，受學於昆陽章清所先生，一時同游者眾，惟史君伯璿、彭君庭堅與予研窮四書之旨，最為潛篤。」[12] 可知蔣文質與史伯璿曾同受學於章清所。其《中庸章句詳說序》中曾記錄先師章清所之言曰：「吾生當宋末元初之際，道學廢墜，吾無所從受，有曹丹泉先生遺我以文公《四書集注》，且曰：『發揮孔孟之微言，紹承濂溪之正學，盡在此書。致知，力行之要也，子宜究心焉。』吾自是熟讀精思，章求句索，食寐未嘗暫忘，凡二十餘年而獲通其蘊。」[13] 可見章清所之學並無直接的授受，而主要出於長時間的讀書自得，這或許也是宋元之際多數學者所面臨之學術生態的真實寫照。不過，章清所學由精研《四書集注》入手，故而篤信朱學，這或許是其被稱為「朱學之餘」的原因。伯璿所稱「先師」鄭如圭（字伯玉）雖是當地知名的鄉先生，但關於其學脈詳情的資料亦不多。其實，《宋元學案》將史伯璿列入「木鐘學案」，大概只是一種地域性的分類方式，並不能直接說明其學術淵源；相反，「朱學之餘」的說法倒是更能體現史伯璿這種看似「邊緣」的學術定位。

《四書管窺》元刻本殘卷及清初抄本、《敬鄉樓叢書》本卷首有《四書管窺大意》十一條，雖均有大量缺損，但據諸本互補互校依然可略見全其面貌。《大意》實際上是史伯璿為本書所撰之凡例，凡例後低一格有史伯璿之自序，此自序《青華集》收錄作《續修四書管窺大意序》[14]，可見其書經歷了一個漫長的撰寫過程。由該序可知，此書最初是以讀書筆記的形式呈現。元統元年（1333），他將胡炳文《四書通》、趙順孫《四書纂疏》、吳真子《四書集成》、饒魯《輯講》[15] 四編的筆記聚為一帙，之後的四年間又

8　連凡：〈學術譜系與宋元儒學史的構建——論《宋元學案》視域下的學案表與師承關係〉，《歷史文化研究》，2018年第1期。
9　（清）黃宗羲：《宋元學案》卷六十五，國家圖書館藏清道光馮氏醉經閣刊本，葉65.24a。按：「朱子五傳」，中華書局點校本作「劉李六傳」（2114頁）。所謂「劉李」，當指朱子之師劉子翬、李侗。
10　（清）黃宗羲著、全祖望補修：《宋元學案・木鐘學案》北京：中華書局，1986年，頁2116。
11　劉紹寬：〈四書管窺跋〉，見（元）史伯璿：《四書管窺》，《敬鄉樓叢書》本卷末。
12　（元）蔣文質等：《學庸章句指南》，日本內閣文庫藏明弘治刻本，序。
13　同上註。
14　（元）史伯璿：《續修四書管窺大意序》，見氏著：《青華集》，溫州圖書館藏民國鈔本，頁1-2。
15　按：饒魯之書大多亡佚，見於後世稱引者有《講義》、《紀聞》等。而《輯講》之名不見它書，僅見於史伯璿的稱引，或為饒魯弟子所輯之講義。

得到陳櫟《四書發明》、金履祥《論孟集注考證》、許謙《讀四書叢說》三編，此三編的筆記聚為一帙。後至元丙子（1336），他將這兩帙合而為一，命名為《四書管窺》，並撰寫了序言（或許即是前述「凡例」）。至正元年（1341），他又聽聞陳櫟門人倪士毅，合《四書通》與《四書發明》而編纂了《四書輯釋大成》，但三年之後才見到該書。由於對《輯釋》的不滿，他又開始著手修改《管窺》，而於至正六年（1346）撰成，這便是自序的落款時間。[16]不過，此後史伯璿顯然又進行了一些修訂工作。《管窺》現存版本很多，但基本可以分為兩大版本系統，最為常見的《敬鄉樓叢書》本及《四庫》本便分屬兩個版本系統，而後者當為修訂本。例如，《大學》第一條「智字之訓」的問題，《四庫本》較《敬鄉樓叢書》本明顯多於一段內容，而段末又有小字「愚見寫在《外編》」。按史伯璿《管窺外編》自序，在完成《四書管窺》後，史伯璿又希望以此體例施以它書，然而限於年老體衰只好作罷。自至正七年（1347）起，他又將自己平日與朋友問辨所思逐漸收集起來，於至正十年（1350）撰成《管窺外編》。其中，上卷是「雜集」，應當是其早年撰寫的一些筆記，內容較為駁雜，涉及理學、天文、曆法、輿地、釋道等諸多方面，無法繫於《四書》之下，故為外編。下卷是「雜辨」，為朋友問辨，隨問隨答所記，主要涉及六經、史書。與《四書管窺》相比，外編「*以一時之言，多臆度附會之私，無考覈研究之實*」[17]，可見主要是抒發自己的一些見解，也因此史伯璿會說「愚見寫在《外編》」。《外編》至正十年（1350）才撰成，而成書於至正六年（1346）的《四書管窺》中卻存在一些與《外篇》相關的內容，可見在此後幾年的友朋問辨過程中，他也對《管窺》進行了一些修訂。

二　《四書管窺》對宋元朱子後學的省思

史伯璿雖然無顯赫的學脈與師承，似乎游離於主流學術版圖之外，但正是這樣一位「朱學之餘」的人物，卻站在朱子學的立場上對諸位「朱子嫡傳」展開了猛烈的抨擊。有學者曾分別舉例描述《四書管窺》對諸家的批判、對諸家的贊許及闕疑的情況，以見史伯璿客觀的學術態度。[18]不過，史伯璿雖然於具體的經解之處對諸家皆有批判或贊許，《管窺》一書的宗旨卻不止於局部的細節評判；其對諸家特點有各具特色的評判，對宏觀的宋元學術版圖亦有獨到的認知與把握。在卷首《四書管窺大意》中，史伯璿對宋元主流的幾家四書學著作進行了鋒芒畢露的批判。《大意》基本以成書先後排序，但

16　（元）史伯璿：〈四書管窺大意〉，見《四書管窺》卷首，民國二十年《敬鄉樓叢書》本，頁3-4。又見徐興祖校正元刊甲本，卷首。後凡引《大意》，不再特別標明。

17　（元）史伯璿：〈管窺外編序〉，見《管窺外編》卷首，上海圖書館藏明成化九年刻本。按：《外編》一書，《四庫》本及敬鄉樓本均題作《管窺外篇》，當據成化本及伯璿自述題為《管窺外編》。

18　廖雲仙：《元代論語學考述》臺北：新文豐出版公司，2005年，頁457-502。

卻將年代最早的饒魯放在了最後，並用大段篇幅討論，可見饒魯實為本書批判的焦點。下分四個層面略述之。

（一）四書學系統的簡約化期待：對纂疏／集成體的反思

註疏是經典詮釋的主流題材，而隨著朱子學經典地位的逐步確立，獨具特色的纂疏體（或附錄纂疏體）則成為宋元經典詮釋的主要方式。[19] 就四書學而言，趙順孫的《四書纂疏》、吳真子的《四書集成》、胡炳文的《四書通》、陳櫟的《四書發明》、倪士毅的《四書輯釋大成》其實都屬於纂疏體的範圍之內。論者或以為這些著作只是陳陳相印、輾轉抄襲之作，此則並不符合歷史事實。

史伯璿首先對《四書纂疏》一書做出評價。趙順孫（1215-1277）是朱子三傳，其《四書纂疏》突破了既有的以朱解朱模式，將朱子弟子的解釋附於《集注》之下，開纂疏體例之先河。纂疏體改變了以往以朱注僅僅為注文之一家的形式，而以《四書章句集注》整體為渾然之經文，[20] 朱子弟子的闡釋則為注文，這就極大地提升了朱學的權威性。不過史伯璿指出，趙氏的《四書纂疏》乃是根據祝洙的《四書附錄》增廣而成，這是相當獨特的觀察。《四書附錄》今已不存，但根據顧炎武的說法，其書似是以朱子語錄附於《章句》之下。[21] 與這種以朱解朱模式不同的是，趙氏《纂疏》又增入十三家朱門高第（黃榦、輔廣、陳淳、陳孔碩、蔡淵、蔡沈、葉味道、胡泳、陳埴、潘柄、黃士毅、真德秀、蔡模）的解釋。[22] 史伯璿對《纂疏》的評價比較高，認為它「詳簡最為得中」，這似乎是相對於此後的《四書集成》諸書而言。因為自《四書集成》、《四書通》諸書流行之後，「學者厭常而喜新，務博而不貴精」，纂疏體逐漸向大全體發展，四書學體系逐漸趨於冗雜。在這種冗雜的趨勢之下，成書較早的《纂疏》顯得頗為簡約，且其所引諸家幾乎皆為朱子之親傳高第，可信度較高。當然，即便是以《纂疏》「詳簡最為得中」，史伯璿仍然認為該書「頗有重復」，希望「後之君子但因其書，去其泛冗，而以後儒說之精者附焉」，體現了史伯璿對於四書學的簡約化期望。

相比於《四書纂疏》「詳簡最為得中」，史伯璿對《四書集成》的評價就不那麼高

---

19 谷繼明：〈試論宋元經疏的發展及其與理學的關聯〉，《中國哲學史》，2014年第1期。劉成群：〈「附錄纂疏」體經學著作與「四書五經大全」的纂修——以元代新安經學為敘述中心〉，《中國典籍與文化》，2013年第3期。

20 趙順孫自序：「子朱子《四書》注釋其意精密，其語簡嚴，渾然猶經也。」見（宋）趙順孫《四書纂疏》，日本靜嘉堂書庫藏元刊本，卷首。

21 （清）顧炎武《日知錄》「四書五經大全」條：「採《語錄》附於朱子《章句》之下則始自真氏，名曰《集義》，止《大學》一書。祝氏乃仿而足之，為《四書附錄》。」見《日知錄集釋》北京：中華書局，2020年，卷十八，頁933。

22 （元）趙順孫：〈四書纂疏引用總目〉，《四書纂疏》，日本靜嘉堂書庫藏元刊本，卷首。

了。原國立北平圖書館藏有元刊本《四書集成》殘卷，卷首不著撰者姓氏，王重民《中國善本書提要》謂其作者非吳真子莫屬。[23]吳真子生平不詳，但其《四書集成》宋元之間則頗盛行於東南，明官修《四書大全》即部分吸收了《集成》。按該書體例，先舉朱子《集注》、《集義》、《語錄》、《或問》，又依次羅列張栻《南軒張氏注》，黃榦《四書講義》、蔡模《四書集疏》、趙順孫《四書纂疏》，可謂博採諸家。元刊殘本中，部分地方還在纂疏之後增加了饒魯的《石洞紀聞》，則此書後來當有增補。《管窺》所引《集成》，即與此殘卷相合。由於今本《四書集成》殘卷並無序跋，其撰述之前因後果一時難以獲知。但史伯璿指出，《四書集成》乃是「因趙氏《纂疏》而離析之，以各從其類，又採諸說以附益焉」，這一觀點應當是可靠的。《纂疏》是以人為單位的，每舉一說必以「某氏曰」，而不列書名；而《集成》則是書為單位羅列，將「某氏曰」繫於集疏、纂疏諸書之後，這大概就是所謂「離析」。除此之外，《集成》又增加《集義》及張栻的解說。《集義》即朱子所輯《論孟精義》，其中收錄了二程、張載、范祖禹、呂希哲等十二家朱子之前的經解，即所謂「又採諸說以附益焉」。這種收錄了朱注之外註解的行為實際上還是將朱注視為諸家經解之一，因此史伯璿評價說「博則博矣，然未免失於泛雜而無所統一」，所謂「無所統一」，還是希望統一於朱注。不過《論孟精義》畢竟是朱子的作品，而張栻經解這種原本就與非集注系統的作品，則根本不在他的討論範圍之內。由此也可見史伯璿這種站在朱子學系統內部維護朱子權威的心態。

（二）「破饒氏之失」：對新安學派的贊賞與批判

新安學派以胡炳文、陳櫟、倪士毅為代表，他們的著作雖然也屬於纂疏體，卻與上述二者有所不同，即新安學派在纂疏的過程中已經有所去取，且更注重「成一家之言」。例如，前述《四書集成》於每卷卷端題「諸儒集成之書」，可見其中主要是匯集諸家見解，而胡炳文的《四書通》則是希望「增損集成，勒為一家之言」。《四書通》卷前有十三條凡例自述為書之旨，其第一條即指出語錄中存在「朱子未定之說與門人傳錄差誤及重意者」，凡此種種皆不再錄出，可見胡炳文對語錄進行了大量的刪削，史伯璿對此種行為頗為不滿，認為其「過於刪削，不免失之太略」。第二條凡例批評《集成》「復舉朱子以前諸議論」，認為這實際上仍是一種認為朱注不完備的行為。第三條凡例批評祝洙的《四書附錄》所用的《四書》版本並非定本，其後幾條凡例又具體舉出事例批評《纂疏》、《集成》中有筆誤、舛謬之處。在《纂疏》、《集成》的引用書目之外，《四書通》又增加了近七十種；但在體例上，該書仍依循《纂疏》，又在諸說之後附以「通曰」，以成一家之言。[24]可見胡炳文是希望折衷諸說，以成一家之言，其書體量不大，

---

[23] 王重民：《中國善本書提要》上海：上海古籍出版社，1983年，頁41。
[24] 《四書通》之自序、凡例、引用書目並見（元）胡炳文：《四書通》，清《通志堂經解》本，卷首。

而「通曰」的部分卻占大量的篇幅。

值得一提的是，史伯璿一針見血地指出「其編集本意，一以饒氏說為宗」，這是學者很少注意到的。《四書通》凡例倒數第二條說：「雙峰饒氏之說，於朱子大有發明，其間有不相似者，輒辨一二，以俟後之君子擇焉。」可見史伯璿所謂「一以饒氏說為宗」並非空穴來風。例如，《四書通》於《中庸》部分採納了饒魯的分章，而未使用朱子原有的分章，這是史伯璿最不能接受的。史伯璿評價《四書通》，有曰「議論極精」，「深可以破饒氏之失」者，有曰「《通》者之言，乃其對證之藥」者，亦有批評「《通》者盡摭饒說以為己意」者，批評「兩存而不為折衷」者，皆是就其與饒說之關係而言。史伯璿所以認為《四書通》「高處絕高，陋處絕陋」，大概正是因為胡炳文對於饒氏「於其謬處，雖亦略辨一二，而存者甚多」的曖昧態度。不過，儘管史伯璿對《四書通》頗有不滿之處，但從中也可看出胡炳文的批判意識，胡氏已非墨守之學。

新安陳櫟的《四書發明》與《四書通》大約同時，但史伯璿得見此書的時間卻較晚。《陳定宇集》卷十七收錄了部分胡炳文的回信，可見二人的學術交往。信中胡炳文說自己編纂了《四書通旨》，「幸不得先生《發明》編入一家」，希望從陳櫟這裡獲得《發明》一書，[25] 今本《四書通》即收錄了《發明》。陳櫟晚年看到《四書通》全本，也希望將其收錄自己書中，但沒有完成就去世了，其弟子倪士毅繼承師志，完成了《四書輯釋》。史伯璿曾發覺輯釋所徵引的部分師說優於《發明》所載，可見《發明》也一直在修改之中。可惜《發明》一書今已不傳，只能通過《四書通》、《四書輯釋》、《四書管窺》、《四書大全》諸書所引略窺一二了。在史伯璿看來，《發明》雖然不像《四書通》那樣「高處絕高」，卻也不至於「陋處絕陋」，但在「宗信饒氏」這一點上，《發明》與《通》相比真是有過之而無不及。例如，在解釋《中庸》「強哉矯」一節時，陳櫟意識到了饒說與朱子不合，但仍然全部錄出，對此史伯璿評價說：「《發明》若以饒氏說為非，則不當存；存而不辨，正愚所謂『口雖非之，心未嘗不是之』者也。」[26] 又《發明》於《中庸》二十章之下有按語云「按饒氏說與《章句》不同者亦宜知，今載於下」，對此史伯璿評價說：「若以其說為優於《章句》，則亦當明其如何是優之實，乃可存耳。苟得其實，何畏於朱子？何私於饒氏？存之乃公心耳。今皆不然，而但兼存異論以眩學者，依違兩可，無所折衷，豈不有愧於《發明》名書之義乎？」可見史伯璿也不是一味迴護朱子，而是希望秉持公心辨析諸說之優劣。如果認為饒說的確優於朱注，則應明確指出何處不同、又如何優於，而不是簡單兼存。

更有甚者，史伯璿發現《四書發明》存在一些刪潤他說以求合於朱注的行為，這主要集中於對雙峰說的刪改。如「仁人心也」一節，最初史伯璿僅僅是指出《發明》、《輯

---

25 （元）胡炳文：〈胡炳文與先生書〉，收入（元）陳櫟：《陳定宇集》卷十七，清康熙刻本，葉17.10a。
26 （元）史伯璿：《四書管窺》卷二，《敬鄉樓叢書》本，葉2.23a。

釋》所引雙峰之說「皆與《輯講》原文小異，參看自見」[27]，後來他又將「參看自見」修改為「蓋皆是刪潤之以求合於《集注》也」[28]。又如雙峰曾批評朱子以「存於心」解釋「以仁存心，以禮存心」，但發明所引雙峰之說反而卻認同了「存於心」的說法。其後，《四書輯釋》承繼《四書發明》，《四書大全》又承繼《四書輯釋》，這些經陳櫟刪潤過的雙峰之說最終被收入了《四書大全》，但卻並非饒說原貌。陳櫟雖然已經意識到了饒說與朱注的顯著差異，希望回歸《集注》、維護朱子，卻又不忍拋棄饒說，這種複雜的心態促成了他刪改饒說以求合於朱注的行為。因此史伯璿評價說：「觀《發明》眷眷於雙峰如此，於不可通者猶委曲與之周旋，何哉？愚謂其『信朱子不如信饒氏』，於此可見。」[29]

據《四書輯釋大成》卷前自序，倪士毅之師陳櫟晚年看到《四書通》全本，「遂手摘其說，蓋將以附入《發明》」，但沒有完成就去世了。倪士毅繼承其師的志向，「合二書為一」，又加入了張存中的《四書通證》，於至元三年（1337）輯成此書。[30]當然這僅僅是倪氏的謙辭，《輯釋》一書絕非簡單的「合二書為一」，而有具體的去取原則。史伯璿最初聽說此書，以為該書「去取必精當、剖析必詳明」，那麼自己的《管窺》便可以作罷。然而，當他看到此書，卻發現輯釋「於二編差謬之小者，雖亦刪潤一二，至其節目之大者，往往一如其舊，無所可否」。由於《輯釋》晚出，管窺僅僅以「輯釋亦引此說」的形式呈現其書，而主要評價其去取原則。可以說，史伯璿對新安學派的批評，主要是來源於去取原則上的差異；而伯璿每有「未敢自信」之處，又往往依賴《四書通》與《四書輯釋》來印證自己的觀點。通過新安學派經典的演進也可看出，元代纂疏體絕非輾轉抄襲、陳陳相因，而始終具有其內在的自我反思、自我批判。

（三）「一以朱子為主」：對北山學派的容受

金履祥（1232-1303）是「北山四先生」的第三位，他的《論孟集注考證》在體例上與前述纂疏體有所不同。《考證》成書較早，但其刊刻則是由其弟子許謙完成的，據卷前序，金氏歿後，「藏其書於家，躬自讎正，以俟知者」[31]，至元三年（1337）始得

---

27 （元）史伯璿：《四書管窺》卷十，《敬鄉樓叢書》本，葉10.27a。
28 （元）史伯璿：《四書管窺・孟子》，徐興祖校正元刊殘本，葉61b。
29 （元）史伯璿：《四書管窺》卷五，《文淵閣四庫全書》本，葉5.27a。按：本條為增補，《敬鄉樓》本無，《四庫》本及元刊本有。
30 （元）倪士毅：《四書輯釋大成》，日本文化九年覆刊元至正間日新書堂本，卷首。具體的編纂過程可參看從顧永新：〈《四書輯釋》的編刻看《四書》學學術史〉，《北京大學學報（哲學社會科學版）》，2006年第2期。
31 見陸心源：《皕宋樓藏書志》杭州：浙江古籍出版社，2016年，頁174。按：各版本卷首李桓之序缺前半，《皕宋樓藏書志》所收錄為全本。

刊行於世，時金氏已經逝世三十五年。據金履祥的跋文，他認為自己的《論孟集注考證》其實就是《論孟集注》的疏，只是選擇了類似於《經典釋文》的體例，挑一些名物、制度、訓詁等疑難之處加以疏證。（有學者稱之為旁通體）其弟子許謙序云：「先師之著是書，或櫽括其說，或演繹其簡妙，或擴其幽、發其粹，或補其古今名物之略，或引群言以證之。」[32] 簡要概括了其師的立言方式。這裡的「櫽括其說」，或認為是改正之義，不妥。史伯璿謂此書「大半皆是勒語錄以下諸書之意而櫽括之」，所謂「《語錄》以下諸書」，當為《或問》之屬；所謂「櫽括」，當是剪裁、改寫、概括之義。如《論語·雍也》「齊一變」章，史伯璿云：「竊意《考證》正是櫽括《或問》，而反不如《或問》之明白者也。後儒立言，往往不能出得《或問》、《語錄》之意，而重述一番反不明白者，皆此類也。」[33] 金氏此書本意亦是補充集注的未備之處，則概括、轉述《或問》《語錄》當是其主要方式。當然，即便是《或問》、《語錄》中，也多有與《集注》不同之處。金履祥認為，朱子往往因為弟子的問答而修改集注，則集注中仍有弟子問所不及、未及修補之處，《考證》一書正是替朱子完成這項工作，因此他自視為朱子之「忠臣」。[34] 對於金履祥批評《集注》之處，史伯璿並非無原則地維護朱注，他也承認一些地方「《集注》失考，恐或有之」[35]。總的來看，史伯璿在討論《集注》時徵引《考證》百餘處，有批評其牽強附會者，有批評其竊饒說以為己者，有言其說與《集注》可兩存者，亦有云「《考證》如此發明，盡佳」者，當具體分析。

許謙（1269-1337）是金履祥的弟子，也是「北山四先生」的最後一位，他們將師承、學統上溯至黃榦，因而以朱門嫡傳自視。《叢說》今有國家圖書館藏元刊本，據卷前吳師道序，《讀四書叢說》是由許謙弟子所記錄的授課講義，但應該也經過了其師的審定。《叢說》亦不附《四書章句集注》原文，而僅僅在章節標題之下條分縷析、發明經義，部分地方還繪製了一些條理明晰的章圖，便於讀者理解。在史伯璿看來，《考證》與《叢說》這兩部書相似，大抵是「一以朱子為主，無《通》與《發明》兼主異說之失」，但其中也都存在著「宗饒而不信《章句》」的問題。例如，在討論雙峰「至誠天道有漸次」這一觀點時，史伯璿批評「《叢說》不辨其失而效其尤，尚可自謂得朱子之傳乎」[36]，直接將不辨饒說之失與朱子之傳相聯繫，這當然是有些過於嚴厲了。從數量上看，《管窺》引《叢說》並不多，大概是因為「其間當辨處，亦不甚多」。《叢說》在元代似乎有多個刻本，今天所能見到的版本與史伯璿見到並不相同，如《管窺》引用的

32　（元）金履祥：《論孟集注考證》，清同治退補齋刊本，卷首。
33　（元）史伯璿：《四書管窺》卷五，《敬鄉樓叢書》本，葉5.43a。
34　關於朱子後學中的忠臣佞臣之辯，詳見許家星：〈朱子學的「求真是」與「護朱」之爭——以陳櫟《四書發明》為中心〉，《北京師範大學學報（社會科學版）》，2022年第5期。
35　（元）史伯璿：《四書管窺》卷六，《敬鄉樓叢書》本，葉6.13a。
36　（元）史伯璿：《四書管窺》卷三，《敬鄉樓叢書》本，葉3.38b。

部分叢說並不見於今本。又如對「出類拔萃」的解釋，今本《叢說》作「『類』指眾人，『萃』指聖人而言」[37]，《管窺》卻引作「『類』指眾人，『萃』亦指眾人」，而謂「《叢說》之言不曉所謂」[38]，如此則《管窺》引用的《叢說》似乎是其早期版本。

（四）元代朱子學的隱秘中心點：饒魯

饒魯（1193-1264，又稱雙峰先生）為黃榦弟子，其作品見於《管窺》者有《紀聞》與《輯講》。《四書通》及《永樂大典》引作《石洞紀聞》，《管窺外編》引作《四書紀聞》。《輯講》之名不見他書，不知其全稱為何，疑為弟子所輯之講義。雙峰之書早已散佚，清人雖有輯有《饒雙峰講義》，然掛一漏萬。今北京師範大學許家星教授重新輯佚雙峰作品，實是目前最為完備的《雙峰集》（即將交由中國社會科學出版社出版）。關於雙峰學及其與宋、元、明朱子學的互動，也請參考其相關研究。[39]

饒魯之學長於發明，往往有所新解，雖作品大多散佚，但諸書徵引甚多，影響巨大。根據史伯璿的判斷，《四書纂疏》「勦饒氏說之善者以為己意」，《四書通》「一以饒氏說為宗」，《四書發明》「信朱子不如信饒氏」，而北山學派的金履祥、許謙甚至也免不了「竊饒說以為己」、「宗饒而不信章句」，雙峰的權威已經隱然超過了朱子。但饒說與朱子多有不同之處，此不僅為雙峰本人所多次強調，亦早已為學界公論。有學者甚至說：「雙峰先生見識高明，體認精切，超然有獨見於朱子言論之外，非故求異也，乃自是一見，亦頗有切於學者受用。後學當以朱子《四書》自作朱子《四書》，看饒氏《四書》自作饒氏《四書》。」[40]這種「宗饒」之風的盛行，饒魯其實構成了元代朱子學的一個隱密的中心點，也因此成為史伯璿批判的焦點。

由於上述幾種作品或者大量徵引饒說，或者竊饒說為己意，史伯璿的批判策略便是優先批判饒說，既辨饒說，則他說不攻自破。《四書管窺大意》十一條中有三條都在批饒。他首先評價饒魯之學說：「大概於一字一句之義，雖頗得之；於宏綱要領所在，則多失之。」指出饒魯之學長於字義分析，這與許家星教授將饒魯歸為「窮理精密派」是一致的，可見的確是雙峰學的一大優點。但史伯璿緊接著又批評雙峰不得綱領，所謂「宏綱要領」，大概是指其背離朱注而言。在史伯璿看來，雙峰解經並不在意朱子的權威性，而是「立意為高，以求多於朱子處」，「但欲學者尊己，不肯為朱子下」。從學派發展與

---

37 （元）許謙：《讀孟子叢說》卷上，國家圖書館藏元刊本，葉15b。
38 （元）史伯璿：《四書管窺》卷九，《敬鄉樓叢書》本，葉9.21b。
39 如許家星：〈宋元朱子四書學詮釋紛爭與學術版圖之重思──以史伯璿《四書管窺》對饒魯的批評為中心〉，《中山大學學報（社會科學版）》，2020年第5期。許家星：〈朱子學的內在演變與朱陸合流──以饒魯《大學》詮釋對朱子學的突破為中心〉，《哲學研究》，2013年第10期。
40 （元）史伯璿：《管窺外編》下卷，《敬鄉樓叢書》本，頁1-2。

學術創新的角度看，饒魯希望超過朱子，本身並沒有什麼問題；但在衛道士史伯璿看來，「饒說新奇，易以惑人，既非經旨，實即差誤」，因此他要為朱子辯護。饒魯之說與朱子不同處，「《中庸》為甚，《大學》次之，《論語》又次之，《孟子》則絕少矣」[41]，因此《管窺》用力最深者也在《中庸》，《中庸》部分篇幅近全書之三分之一。《中庸管窺》開篇即提出饒說與朱注的七點不同，並一一辯駁，其中最主要的是饒魯對《章句》分章結構的重新劃分。在具體分析時，一一指出其病因，如謂饒氏病根全在「首章未說氣質，後章乃說氣質」及「性情、事理所指各異，存省、擇守用工不同」幾句上。末後續添的《中庸一篇大概》[42]又以形式化的方式顯示自己對饒說的糾正。限於篇幅，此處便無法詳盡討論了。

三 結語

今人談論儒學，往往不及元代，或僅僅將元代理學作為宋明的過渡階段而略加討論。而談及元代學者的四書著作，往往認為其不過是輾轉抄襲、陳陳相因之作，其中並無獨立思考。《四書管窺》一書注重批判性反思，其中的確展現了朱子後學之間的辨駁與批判、互動與交融，展現了元代儒學的思想異動。

首先，面對元代朱子學「厭常而喜新，務博而不貴精」的思想局面，史伯璿提出了四書學的簡約化期待，希望對經解進行合理的刪減。其次，胡炳文、陳櫟等人為辨析饒魯之學作出了極大的努力，雖然仍有不完善之處，卻體現出了強烈的反思意識與批判精神。通過新安學派經典的演進也可看出，元代纂疏體發展絕非輾轉抄襲、陳陳相因，而是希望「勒為一家之言」的著作體系，其內部始終具有其內在的自我反思、自我批判。再次，北山學派在名物訓詁等方面對朱子《集注》的不完備之處進行了補充，體現了元代朱子學的多重面相。最後，以饒魯為代表的雙峰學派勇於創新、直抒己見，心學化傾向明顯，其弟子逐漸逸出朱子學的範圍之內。元代朱子學對雙峰直接或間接的接納使得他稱為元代儒學的隱秘中心點，而這也客觀說明元代朱子學具有一定的心學化傾向。

《管窺》雖是以辯駁朱子後學、維護朱注權威為中心，必然有其詮釋理念，而非一味尊崇朱子、維護朱注。就學術宗旨而言，《管窺》以正本清源為目標，故以批判、反思為主，毫不避諱地指出所批判之書乃至整個朱子學發展現狀所存在的問題，可謂是一部純粹的學術反思型著作。從寫作範式上看，既以批判朱子後學為中心，故不附錄《四書》經文，亦非依章解讀，因此非為初學入門者撰寫的講義或單純的經解之書。從此書

---

41 與此相似，《四書管窺》兩個版本系統的異文主要體現在《大學》與《中庸》兩部，以《中庸》為最多，《論語》部分異文最少，《孟子》部分的異文則往往是增入一些《四書輯釋》的相關內容。

42 按：由於元刊本《中庸》部分缺失，此篇為《四庫》本所獨有。但文淵閣本訛誤較多，應據文津閣本等版本校勘。

的修訂過程來看，《管窺》是史伯璿積三十年功力的一部作品，其中既以批判異說為主，亦充斥著不斷的自我批判與自我修正。伯璿的詮釋理念，體現了其對於朱子學的態度，這種態度恰如朱子對於經典文獻的態度。他在《四書管窺大意》中指出，朱子閱讀程子語錄，對於其中的存疑之處，「未嘗不宛轉其詞」，或者以為其「一時別有所為」，或者猜測其「恐是門人記錄之誤」；而饒魯對於朱注中不合己意的部分，無不橫加指責，不是說「不意老先生亦看不透」，便是說「當時老先生亦欠仔細」。二者的詮釋態度與學術性格反映了兩種不同的詮釋策略與學術路徑。當然，這並不意味著伯璿只是迴護朱子，而雙峰之學才是「求真知」。學術創新並非無原則地出新奇之見，而應在繼承前人的基礎上不斷深入挖掘。對於饒魯之學，伯璿每言其「理有未明而不盡乎人言之意」，這其實來自於朱子批評陸九淵之語：「況理既未明，則於人之言恐亦未免有未盡其意者，又安可以遽紬古書為不足信，而直任胸臆之所裁乎？」[43]意思是，自己沒有把道理搞明白，就無法深入地理解所要閱讀的文本，很多誤解其實來自於讀者不能對文本有一種充分、同情的理解。朱子這種不輕易古人、窮理在先的詮釋策略，反映了朱子深入鑽研文本的學術態度，同時內涵了一種獨特的理學詮釋學；而伯璿對於朱注，採取的同樣是這種審慎的態度，希望深入瞭解朱子的良苦用心，這就客觀地打開了《四書章句集注》的詮釋空間。史伯璿絕非毫無原則地維護朱注說，正如他所言：「若以其說為優於《章句》，則亦當明其如何是優之實，乃可存耳。苟得其實，何畏於朱子？何私於饒氏？存之乃公心耳。」也對學術之發展、發明寄予厚望。伯璿的「護朱」，本身也是一種「求真」的途徑。可見，《四庫提要》評價伯璿此書為「深得朱子之心」[44]，是十分切當的。該書不僅為考察元代隱居學者的學術生態與著述情形提供了一個重要的研究個案，對於深入瞭解宋元朱子學的發展狀況、重新審視元代朱子學的學術版圖與思想異動亦具有十分重要的意義。

---

43 （宋）朱熹著，郭齊、尹波編注：《朱熹文集編年評註》福州：福建人民出版社，2019年，第五冊，頁1706-1707。

44 魏小虎：《四庫全書總目匯訂》上海：上海古籍出版社，2012年，第二冊，頁1101。

把儒學落到生命實處：
王陽明《大學問》札記

陳志宣

香港新亞文商書院

《大學》由朱子列為《四書》後，在儒學中占有核心地位。其後深研者眾，然能自眾說中翻出，直探堂奧而又能垂教於世，示學者以拾級之門，唯陽明先生之《大學問》。先生對大學的理解，是吾人今天學儒學，能接上儒門心法，貫穿學問與生命的通途。

一　儒家的生命觀

問曰：「《大學》者，昔儒以為大人之學矣。敢問大人之學何以在於明明德乎？」

陽明子答曰：「大人者，以天地萬物為一體者也。其視天下猶一家，中國猶一人焉。」[1]

在討論《大學》內容之前，陽明先為這學問定位：這是大人之學，思考的是一個宏大的生命如何成就。先生提出，「大人」的生命不止是個體，而是與天地相通。這是一種「生命觀」：人這個生命存在，是一個整體網絡，並非割裂的個體存在。這一點從人心會與其他人、其他物，乃至自然世界相關、相連、相通。如人之心會為其他生命、其他物品而有痛切之感，此即證人之生命存在之本相，是與一切他者相關相連的一個存在。

讀當代新儒家的先生們之著作，多重心之超越，向善，企及更高價值之成長一義。現再觀陽明先生之教，更及心體之「仁」性、「通」性。以此性存，即由人有與天地萬物通體之特質而見人之性。以此性體去理解自己的生命存在，即自覺於自己的「仁」性而擴充之，踐行之。於踐行過程之中，格物、致知、誠意、正心之工夫，一併躍出。陽明先生於本體有證有得，故出入於三綱八目，知其為本體之不同性相之表現，其發用與指向雖有異別，然其出於本體之一然，則不二。由陽明先生之學入大學、中庸；及至儒學之一切經典，自然有會於心，乃知此學之精到與紮實。

---

[1] （明）王陽明：《大學問》，取自網頁：〈https://ctext.org/wiki.pl?if=gb&chapter=759384〉，瀏覽日期：2024年12月。以下徵引本書者，僅列作者與書名。

二　親民與新民

　　陽明以大學古本的「在親民」，而不用朱熹的「在新民」。從陽明的角度，既然「明明德」的「大人之學」，是使其仁心朗現，而仁心即與人與物同體。若「新民」，即有能所、主客之別，能新的我，與彼新的民，兩者為二，即成二分對立，不符於陽明那「天地萬物為一體」的「大人」生命觀。而以「親民」理解之，則「親」是彼我的相近、相通，打通彼我，渾然一體，非常合乎陽明的學問。

　　當然，若依朱子之意，「明明德」是擴充自己心中之理、使自己的生命充實、飽滿，有創造力，然後再去「新民」，以此己立立人之仁心，去使他人之生命、精神充實、飽滿。自其最終結果而言，亦是可以通彼我之二分。但在踐行的過程中間，猶有彼我之先後，兼之自我的生命之充實、飽滿，和別人的生命之充實、飽滿，在這種理解之中，就成了兩件獨立的事。但其實人的自我生命的完成，卻是離不開對身邊所遇所及的人、事、物的成就。如人欲成一個守信之人，其途徑必然是信守於對他人之承諾。所以，在這種道德的實踐與完成之中，彼與我，始終是不能獨立分離的。由是觀之，陽明的理解與進路，更見其思想的統一性，實踐上的究竟性，是一套「直貫體系」。所謂直貫，即其始與其終並起不離，由起始點之仁性之實踐擴充，親民、格物、誠意、正心之工夫，即在其實踐過程中必然包含。陽明謂之「蓋身心意知物者，是其工夫所用之條理，雖亦各有其名，而其實只是一物。」[2]陽明學問之中，最突顯的就是這種一與多的相即圓融。一個性體，可於多個層面展現，有其體、其用、其始、其終、其本、其末等等。但一體總是一體，而同時一體亦不妨礙其多面的展現、實踐過之中條理層次。這種一、多相即，就是一種辨證的「圓融」思維。陽明學問之高妙處，在不單體認了心體，更在於能將其中這些各方向的展現、條理、層次，仔細的分判出來，並明了的指出其恰當的定位，以及彼此之間互為因果、終始、本末的「關係」。如他說：「何謂身？心之形體，運用之謂也。何謂心？身之靈明，主宰之謂也。何謂修身？為善而去惡之謂也。吾身自能為善而去惡乎？必其靈明主宰者欲為善而去惡，然後其形體運用者始能為善而去惡也。故欲修其身者，必在于先正其心也。」[3]陽明這種對各個心體展現的相互分位、關係的把握，使其學問成為一種生態式的系統，是活的、有生命力的、能給真實人生行動予指導與驗效的學問，是即為「實學」。

三　道德行為之標準

　　在陽明的解讀下，更落到生命的實處，而仍保持其義理系統的一致性。以此直貫系

2　（明）王陽明：《大學問》。
3　同上註。

統，陽明釋「止於至善」為「至善之在吾心」[4]。又謂：「故止至善之於明德、親民也，猶之規矩之於方圓也，尺度之於長短也，權衡之於輕重也。故方圓而不止於規矩，爽其則矣；長短而不止於尺度，乖其劑矣；輕重而不止於權衡，失其準矣；明明德、親民而不止於至善，亡其本矣。」[5]合此兩者，可知至善為一切行為之中道、道德行為最恰當的「標準」。而此標準即是人的本性之本然的心體自身。此與孔子「為仁由己」、「我欲仁，斯仁至矣」、孟子「仁義內在」之說相契，而以此去理解整篇大學，亦暢通無礙，沒有矛盾之處。這種道德行為之標準，不是一個外在教條式式的標準；而是一個「內在而超越」、「即活動即存有」的標準。它既是判別的標準，亦是參與到道德行為中去的行動主體。不似朱子格物之解，至善於外、致知格物於外，則心中之理如何由外之格物「一旦豁然貫通」，並無一合理的進程在其中。

四 人生之惡之源

儒學自孟子起講性善。千百年間，人性之善與惡之辨，似恆停息。雖然先賢歷代都給出了很通透、究竟的解答，但延至近代，仍有很多人會問：既然人性本善，何以人如此之惡？遠的不說，一二次世界大戰中那些極乎人之想像的惡行，即讓人感覺，人性怎可能是「本善」呢？陽明亦見此問題：「然心之本體則性也，性無不善，則心之本體本無不正也。何從而用其正之之功乎？」[6]而他對這問題的理解是：「蓋心之本體本無不正，自其意念發動，而後有不正。」[7]這是陽明給出，解釋人之所以有惡的解答。近儒唐君毅先生，亦明確的指出，人生一切之惡，皆是出於「一念之陷溺」[8]。這種對人性的把握，與陽明相同，亦與孟子言：「其所以陷溺其心者然也。」[9]其義相同。

五 落到生命實處的「格物致知」

至此，人心之本善，人生之惡之起源，兩者皆已明晰。剩下的問題，只是人如何完成其道德生命的純粹化，即由一善惡夾雜的生命，一步步走向純化的善之生命，而使其「仁性」全體展現，而成就一「大人」的生命。故《大學問》曰：「故欲正其心者，必就其意念之所發而正之……然意之所发，有善有惡……故欲诚其意者，必在于致知

---

4 （明）王陽明：《大學問》。
5 同上註。
6 同上註。
7 同上註。
8 唐君毅：《道德自我之建立》桂林：廣西師範大學出版社，2005年，頁12-13。
9 《孟子‧告子上》，取自網頁：〈https://ctext.org/ mengzi/gaozi-i/zh〉，瀏覽日期：2024年12月。

焉。」[10]既性之本善，而惡為念之陷溺，則人若有糾正惡的能力，必於其生命內在，有一本體式的道德判斷之標準存在。陽明直接了當的指出，這就是人的「良知」，是生而有之，天之所命之「知」，是心之本體本具之良能：「良知者，孟子所謂『是非之心……是非之心，不待慮而知，不待學而能，是故謂之良知。是乃天命之性，吾心之本體，自然靈昭明覺者也。凡意念之發，吾心之良知無有不自知者。」[11]

在陽明的解讀下，人生的一切道德行為之判別標準，不在外求，本在我們心中之良知。這是本體論下的「即活動即存有」之心體所本具的一種能力之展現。哲學上對道德標準根源的扣問，至此得解。吾人生命之一切意念發動，皆為吾心之良知所知。「至知」，即是使這良知不昧，沒有一點的自欺。良知以為善者，即不自昧而力行之，以為惡者，亦不自昧而力去之。故此中需要自誠其意的工夫。陽明謂之：「意念之發，吾心之良知既知其為善矣，使其不能誠有以好之，而復背而去之，則是以善為惡，而自昧其知善之良知矣。意念之所發，吾之良知既知其為不善矣，使其不能誠有以惡之，而復蹈而為之，則是以惡為善，而自昧其知惡之良知矣。若是，則雖曰知之，猶不知也，意其可得而誠乎？今於良知之善惡者，無不誠好而誠惡之，則不自欺其良知而意可誠也已。」[12]

六　誠意：毋自欺其良知

進而，陽明為「知」賦予一個更嚴格的規定。他認為良知有知，而選擇昧而背之，於陽明看來即是未知。誠意之毋自欺，即不自欺其良知：「今焉於其良知所知之善者，即其意之所在之物而實為之，無有乎不盡。於其良知所知之惡者，即其意之所在之物而實去之，無有乎不盡。然後物無不格，吾良知之所知者，無有虧缺障蔽，而得以極其至矣。夫然後吾心快然無復餘憾而自謙矣，夫然後意之所發者，始無自欺而可以謂之誠矣。」[13]致良知即使一切善善惡惡之知能實踐出來。此與朱子之致知截然為異。錢穆先生於此亦有解於心，其謂：「修身工夫只是誠意，就誠意中體當自己心體，令廓然大公，便是正心。正心之功，既不可滯於有，亦不可墮於無，猶中庸未發之中」。[14]使心中無有偷心、賊心，不能見諸他人的心念及從而有之之行為，是即正心。故以誠意，毋自欺即心中之理度／標準，自存自見（此為致知），然後與當下之行為心念相格，以求之自偏返正。此為格物功夫。在誠意、正心、格物之中，即能體證心體之存在與起用，由而把握之。

10　（明）王陽明：《大學問》。
11　同上註。
12　同上註。
13　同上註。
14　錢穆：《四書釋義》臺北：臺灣學生書局，1993年，頁333。

大人之學，儒者之學，致良知之學，最終歸於此極簡而具體的人生態度與原則：毋自欺於心之良知而力行之。可謂極簡至精，亦為人生最廣之大道，人人皆得以行之，而且求之在我，行則得之。儒學當抓緊此點，方能成為實學，而不蹈虛。

七　致知必須回歸到具體、真實的當下之活動：格物

　　人的意念之生發，必然是在自身與世界的接觸、互動之中生發。因此，吾人以此心與世間之具體的每一事一物相接，而用良知覓其中道、中節處，即為格物致知。良知之道德判準了然於自心後，即用誠意正心之工夫，毋自欺而不昧其良知，用力踐行，在過程提升主體的心靈、氣習，然後轉化氣質，使生命整體提升、靠近這中道的人生。蓋至知需於事上磨練（格物），知得一分，生命內涵即隨之提升一分，行亦提升一分。故知與行並進，是一個成長之過程。而儒學之格致工夫，必不能抽空，只能於一一之事上磨練。而人間事看似紛擾無窮，然久有用心，亦不外「處人、自處」二事。處人，即五倫；自處，即安頓自心，修己以敬，處事以忠，處人以信。因此，人生事無窮，而為人之方有限。能久而用心於每事每物，至一定積累，亦必有朱子所謂：「豁然貫通」之境。亦孔子從心所欲不逾距，孟子四十不動心，陽明龍場之悟之境。這並非遙不可及的事，非不可能之夢。正是「聖賢可學在人為」[15]。故陽明曰：「然欲致其良知，亦豈影響恍惚而懸空無實之謂乎？是必實有其事矣。故致知必在於格物。……苟不即其意之所在之物而實有以為之，則是物有未格，而好之之意猶為未誠也。良知所知之惡，雖誠欲惡之矣，苟不即其意之所在之物而實有以去之，則是物有未格，而惡之之意猶為未誠也。」[16]儒學，必須落到事上的磨練。道德自我之完成，亦必需於遇事中格物以見自心之起用，以良知誠其意，然後三綱八目自然開展，在具體之現實生活中，完成其道德生命。因此，凡吾輩學儒之人，必須於現實之中有所創造，才真是學到儒學，才把這學問的生命力展現出來。只有這樣，儒學才能是實學，而中國文化能重拾生命力。

15　摘引自唐君毅先生詩句。
16　（明）王陽明：《大學問》。

王陽明與湛甘泉辯格物

朱 雷

北京師範大學哲學學院

湛若水與陽明辯格物，主要問題集中在：一、他自己的「隨處體認天理」說，是否如陽明所批評的，是「求之於外」；二、湛若水視陽明所謂「心」，「指腔子裡而為言」，此點是否妥當；三、由於上一點，陽明的格物說，始終被湛若水認定為是「正念頭」，有「外物之病」，此亦是否妥當。至於「學問思辨行之功」與「勿助勿忘」問題，乃辯論所及的次要問題，無關宏旨，故不論。以下先說明甘泉之格物義，再討論二人論辯孰是孰非。

一　甘泉論心物關係

湛若水把「格物」訓釋為「至其理」或「造道」，而具體方法則是「體認天理」。按，「隨處體認天理」說，湛若水甚早即提出，且起初似未與「格物」聯繫起來。在寫於弘治十年丁巳（1497年，甘泉三十二歲）的〈上白沙先生啟略〉一書中，甘泉謂：

> 自初拜門下，親領尊訓至言，勿忘勿助之旨，而發之以無在無不在之要，歸而求之，以是持循，久未有著落處。一旦忽然若有開悟，感程子之言：「吾學雖有所受，天理二字，卻是自家體認出來。」李延平云：「默坐澄心，體認天理。」愚謂「天理」二字，千聖千賢大頭腦處。堯、舜以來，至於孔、孟，說中，說極，說仁、義、禮、智，千言萬語都已該括在內。若能隨處體認真見得，則日用間參前倚衡，無非此體，在人涵養以有之於己耳云云。[1]

據此，則甘泉「隨處體認天理」說，乃由程子「天理二字是自家體認出來」與李侗「體認天理」說啟發得之。據李侗謂「默坐澄心」云云，則此種「體認」之功，顯然是內向反省式，「隨處」只表示隨時隨地、無一刻間斷之意，其中並沒有一定要去「外物」上體認之意。這一思路顯然與延平、白沙一路相合，故此信得到陳獻章之贊許。[2]

---

[1]　（明）湛若水：《湛若水全集》上海：上海古籍出版社，2020年，第21冊，頁213。（以下徵引本書者，簡列篇名、書名、頁碼）
[2]　陳獻章〈與湛民澤〉（十一）書謂：「民澤足下：去冬十月一日發來書，甚好。日用間隨處體認天

但湛若水此後對於「隨處體認天理」的闡發，顯然與「默坐澄心」或「靜中養出端倪」的取徑背馳，更多地容納了認知外物的內容。由此，「隨處體認天理」成了「格物」的具體功夫。如他說：

> 格物者，至其理也。至其理者，非聲音笑貌之為也，學問思辨篤行所以至之也，是謂以身至之也。古人所謂窮理者如是也。近而心身，遠而天下，暫而一日，久而一世，只是格物一事而已。格物云者，體認天理而存之也，是天理至簡至易者也。[3]

> 格物即止至善也，聖賢非有二事，自意、心、身至家、國、天下，無非隨處體認天理，體認天理即格物也。……蓋自一念之微，以至事為之著，無非用力處也。[4]

因為「隨處體認天理」成了「格物」的具體功夫，「隨處」二字也有了實義。在《上白沙先生啟略》中，「隨處」似還僅是隨時隨地之意，「處」是虛字；而現在「處」則為實字，指貫動靜、包內外，自身心意至天下國家的一切事物。[5]正如陳來先生指出的：「隨處的處不只是一個空間概念，也是一個時間概念，指時時處處事事體認天理。」[6]湛若水是以「隨處」統包《大學》八條目的內容，這就使格物的內容，擴大到一切事物。

而這也就引起他與陽明關於「物」與「心」的辯論。按，正德十年（1515）乙亥湛若水丁母憂，扶柩南歸至南京，與陽明相會於龍江，二人辯論「格物」。這是陽明與甘泉第一次討論格物問題。時陳九川適來問學，《傳習錄》下卷載陳九川錄：「正德乙亥，九川初見先生於龍江，先生與甘泉先生論格物之說，甘泉持舊說。先生曰：『是求之於外了。』甘泉曰：『若以格物理為外，是自小其心也。』」[7]即其事。別後，甘泉立刻有書致陽明，〈與陽明鴻臚〉一書謂：

> 不肖孤稽顙，別來無任哀戀。昨承面論《大學》格物之義，以物為心意之所著，

理，著此一鞭，何患不到古人佳處也。」（《陳獻章全集》上海：上海古籍出版社，2019年，卷二，頁254。）按，湛若水初字民澤。

3 〈答陳宗享〉，《湛若水全集》，第21冊，頁244。

4 〈答王宜學〉，《湛若水全集》，第21冊，頁250-251。

5 如甘泉釋「隨處」二字曰：所謂隨處體認天理者，隨未發已發，隨動隨靜。蓋動靜皆吾心之本體，體用一原故也。（〈答孟生津〉，《湛若水全集》，第21冊，頁259。）
吾之所謂隨處云者，隨心、隨意、隨身、隨家、隨國、隨天下，蓋隨其所寂所感時耳，一耳。（〈答陽明王都憲論格物〉，《湛若水全集》，第21冊，頁254。）
體認天理而云隨處，則動靜心事皆盡之矣。（《新泉問辨錄》，見《湛若水全集》，第13冊，頁63。）
自意、心、身至家、國、天下，無非隨處體認天理，體認天理即格物也。蓋自一念之微，以至事為之著，無非用力處也。（〈答王宜學〉，《湛若水全集》第21冊，頁251。）

6 陳來：《宋明理學》北京：北京大學出版社，2020年，頁328。

7 《王陽明全集》上海：上海古籍出版社，2011年，頁102。

荷教多矣。但不肖平日所以受益於兄者，尚多不在此也。兄意只恐人舍心求之於外，故有是說。不肖則以為人心與天地萬物為體，心體物而不遺，認得心體廣大，則物不能外矣。故格物非在外也，格之致之之心又非在外也。於物若以為心意之著見，恐不免有外物之病，幸更思之。[8]

陽明以「意之所在」規定「物」，格物是格意念發動所著涉的物，亦即前文所謂「意念物」。關鍵在於，這「意念」是個體的意念所涉及的範圍，而非謂只要心體中所潛具者，即為意念所及。而甘泉所謂「物」，是指心中潛具的萬物，無論其是否被意識「觸及」、「點亮」，都是格物的內容。甘泉認為這是因為他與陽明對心之「容量」的理解不同——「蓋陽明與吾看心不同，吾之所謂心者，體萬物而不遺者也，故無內外。陽明之所謂心者，指腔子裏而為言者也，故以吾之說為外。」[9] 但實質上，正如陳來先生所一陣見血地指出的：「就王湛二人的分歧來看，問題的本質不在於把心定義為大心或者小心，把物叫作外或內，而在於要不要把獨立於個體意識之外的事物納入格物的範圍，在這點上二人的意見確實不同。」[10] 陽明格物說的範圍與技術方法與甘泉不同，關鍵在於陽明對心物關係的理解與甘泉不同，對何謂「心外無物」的理解不同。

甘泉對「心外無物」的理解，是一種質直簡單的理解，其義不外乎世界萬物皆在心中，心亦貫於世界萬物。如他說：

> 性者，天地萬物一體者也。渾然宇宙，其氣同也。心也者，體天地萬物而不遺者也。性也者，心之生理也，心性非二也。……曰：「何以小圈？」曰：「心無所不貫也。」；「何以大圈？」曰：「心無所不包也。包與貫實非二也，故心也者，包乎天地萬物之外，而貫乎天地萬物之中者也。中外非二也。天地無內外，心亦無內外，極言之耳矣。故謂內為本心，而外天地萬事以為心者，小之為心也甚矣。」[11]
> 夫聖人之學，心學也。如何謂心學？萬事萬物莫非心也。《記》曰：「人者天地之心。」人如何謂天地之心？人與天地同一氣，人之一呼一吸與天地之氣相通為一氣，便見是天地人合一處。[12]
> 大抵心與天下，不可分內外。稍云「求之本心」，又云「由內」，便有外物之弊。心體物而不遺，何往非心？此理一也。若真見得，亦不分高卑遠近也，高卑遠近一體也。[13]

---

8 〈與陽明鴻臚〉，《湛若水全集》，第21冊，頁213-214。
9 〈答楊少默〉，《湛若水全集》，第21冊，頁252。
10 陳來：《有無之境》，頁126。
11 湛若水：〈心性圖說〉，《湛若水全集》，第21冊，頁14。
12 《泉翁大全集》卷十二〈泗州兩學講章〉。
13 〈答太常博士陳惟浚〉，《湛若水全集》，第21冊，頁227-228。

「心包萬物」、「心貫萬物」、「心無內外」、「心體物而不遺」，字面上如此說，陽明自不會反對，甚至陽明也是如此主張的。但仔細分析甘泉之說，他的心外無物義，是一種質直的、簡單的、直接的無外，是把心與物平等對列而相互貫通之無外，這與陽明的心外無物義其實是以心攝物，是根本不同的。在甘泉這裡，「心」好像是一個現成給定的時空體，等同於「宇宙」，萬物都在此時空體內存在、活動。若如此說，則似乎可以合理地反問甘泉：既然心包萬物，萬物都在心中，那合乎邏輯的推論不恰恰應該是：格心中的物即等同於格天地萬物嗎？又何必要在外物上「體認天理」呢？如果強調要到外物上「隨處體認天理」，這不正說明心外有物，故不能只在心上做功夫嗎？

這種簡單質直的心外無物說，還面臨一個困難，即心之寂感義無法成立。甘泉曾說：「心與事應，然後天理見焉。天理非在外也，特因事之來，隨感而應耳。故事物之來，體之者心也，心得中正則天理矣。」[14]根據前文心包萬物的說法，亦可以合理地反問甘泉：若萬物在於心中，心又如何會有未與事物相接之時？事物不是時時刻刻都在心中嗎？既然說「事物之來，隨感而應」，那事物未來時，又在何處？既然說事物不在心外，可既在於心內，為何不與心相感應？如果承認心與事物終究有來與不來、感與未感的區別，那實際還是得承認某種意義上的心有內外，這種「內外」是以「寂感」即心意是否發動、與物接觸來分別的，而陽明正是在這個意義上來說明、界定「心外無物」與「格物」之「物」的。

不妨再回顧一下陽明對「心外無物」說的幾段重要論證——

> ……意之所在便是物。如意在於事親，即事親便是一物；意在於事君，即事君便是一物；意在於仁民愛物，即仁民愛物便是一物；意在於視聽言動，即視聽言動便是一物。所以某說無心外之理，無心外之物。[15]
> 心外無物。如吾心發一念孝親，即孝親便是物。[16]
> 先生遊南鎮，一友指岩中花樹問曰：「天下無心外之物。如此花樹，在深山中自開自落，於我心亦何相關？」先生曰：「你未看此花時，此花與汝心同歸於寂。你來看此花時，則此花顏色一時明白起來。便知此花不在你的心外。」[17]

陽明對於「心外無物」義的論證，其實是頗違背一般對於這個命題的理解的，或者說，是違背這個命題的字面意義的。而甘泉的理解，倒恰符合那種一般的理解或字面意義，即：若心外無物，則心包萬物，萬物皆在心中存在；無論意念感與未感，萬物都是現成地具備於心中的。而陽明則以「意之所在」規定「心外無物」之「物」，其義或可解釋

---

14 〈答聶文蔚侍御〉，《湛若水全集》，第21冊，頁256。
15 《傳習錄》上卷，《王陽明全集》，頁6-7。
16 同上註，頁28。
17 《傳習錄》下卷，《王陽明全集》，頁122。

為：心未與物接觸時，固然不可謂物在心外，但此時所謂物在心中，只是潛存地在，非現實地在。個體之心未接觸外物，物亦未被心所感而成為「意念物」，則心與物「同歸於寂」；心與物接觸時，物才從潛存狀態轉為現實狀態，被心所「點亮」而成為「意念物」，這才是有意義的格物對象。如意在於事親，則事親成為格物之對象，要處事得宜而使事親一事得其理，亦並使關於親的意念歸於正。心物接觸而產生「意念物」，心物未接觸則同歸於寂而兩忘之。心外無物不是簡單的心包萬物，而是心有使物由潛存地在轉變為現實地在的能力。心覺之即使之在，不覺之則同歸於寂體（當然此亦並非不存在，只是歸於潛存），此正是牟宗三先生所說的良知之存有性能，良知知之即使事物存在——「良知明覺是天地萬物之存有論的根據」，「良知明覺是『實現原理』。……就成物言，是宇宙生化之原理，亦即道德形上學之存有論的原理，使物物皆如如地得其所而然其然〔按，這一「使物得其所而然其然」之過程即格物功夫〕，即良知明覺之同於天命實體而『於穆不已』也。」[18] 知此，則知甘泉對「心外無物」的理解，正是那種簡單質直的、字面意義的理解。更不必說其合乎邏輯的推論，是不必去心外格物。

甘泉由反對心有內外，進而反對一切針對「心」的功夫，這就更加錯謬不通了。如上引文中他反對「求之本心」、「由內」之功夫。他甚至亦反對孟子「求放心」功夫，其〈求放心篇〉一文謂：

> 甘泉子曰：孟子之言求放心，吾疑之。孰疑之？曰：以吾心而疑之。孰信哉？信吾心而已耳。吾常觀吾心於無物之先矣，洞然而虛，昭然而靈。虛者，心之所以生也；靈者，心之所以神也。吾常觀吾心於有物之後矣，窒然而塞，憒然而昏。塞者，心之所以死也；昏者，心之所以物也。其虛焉、靈焉，非由外來也，其本體也。其塞焉、昏焉，非由內往也，欲蔽之也，其本體固在也。一朝而覺焉，蔽者徹，虛而靈者見矣。日月蔽於雲，非無日月也；鑒蔽於塵，非無明也；人心蔽於物，非無虛與靈也。心體物而不遺，無內外，無終始，無所放處，亦無所放時，其本體也。信斯言也，當其放於外，何者在內？當其放於前，何者在後？何者求之？放者一心也，求者又一心也，以心求心，所謂「憧憧往來，朋從爾思」，只益亂耳，況能有存耶？夫欲心之勿蔽，莫若寡欲，寡欲莫若主一。[19]

按，此文甘泉曾托陳洸（世傑）呈陽明，陽明對此文有辨說，惜其文已不存。[20] 甘泉此文對於「心」的理解是很成問題的。前半段論心之虛靈與昏蔽，字面義尚可通。至於說「心體物而不遺，無內外，無終始」，故「無所放處，亦無所放時」，則大不通。本心固然體物不遺而無內外之分，但心與物接觸則可能被物欲牽引而喪其本心之明。喪其本心

---

18 牟宗三：《從陸象山到劉蕺山》，《牟宗三先生全集》，第8冊，頁198、199。
19 〈求放心篇〉，《湛若水全集》，第21冊，頁23-24。
20 參束景南：《王陽明年譜長編》，頁1451。

之明，非謂本心不在，只是本心之明被物欲遮蔽而不發揮作用。此時，則可謂心放逸於外物，而成為「習心」、「欲心」。習心一起，逐於物而放逸於外，即遮蔽本心；本心一覺，則束縛制約奔逸之習心，使其離於物而歸於內。本心／習心之辨，不是說有兩個心，而是說心有不同的層次和功能，這又有何不可講通的呢？若問「當其放於外，何者在內？」則可答曰：當習心在外時，本心固在於內也；雖在而不覺，則猶似無所主於內，純任習心奔逸。「當其放於前，何者在後？」答之同也。謂「放者一心也，求者又一心也，以心求心，只益亂耳」云云，答曰：放者習心也，求之者本心也；本心與習心非二心，只是一心之不同層次與功能，以本心求放心，這有何不可說的呢？以為「益亂」，只是自己思路混亂或強行生辯而已。故「求放心」乃至一切針對心的功夫，都是可以成立的。功夫得以成立的主體（即由何者發動功夫）固然是心，功夫所對治的對象也同樣是心，這並無什麼問題，因心有不同層次與功能也。「以心求心」、「以心治心」等功夫皆可成立。由以上辯說可以進一步確證，湛若水對於「心體物不遺」、「心無內外」的理解是質直而膚淺的，心好似一至大無外的時空體，天地萬物皆在其中，物既不外於心，故心亦無所謂「放」與「不放」。如此的「心覺」與「物在」，都只是「死覺」、「死在」，實際無所謂心覺與否，物始終在，一切物亦始終應格。如此，其實倒恰恰架空、剝奪了「心」的功能。而在陽明的「心外無物」說中，「心覺」與「物在」是密切相關的，心覺之即在，心不覺即不在，不在非絕對的無，只是心物同歸於寂而兩忘之。心之寂感是物之「在場」與否的關鍵，而這才恰恰證明了物不在心外，因為是心使物「在起來」的，這才是心覺之大能。格物，亦只是格此心覺之物，而不必去強行格萬物。如童子之心，只接觸到灑掃應對，便教他去灑掃應對上格物，而不必強行讓他去天下萬物上「體認天理」。如此格物，才是有意義的格物，這也才是陽明始終不以甘泉格物說為然的原因。

甘泉認為心是萬物存在於其中的時空體，心無所謂放逸；物既永遠現成地在於心中，則亦無所謂來與不來、感與不感。如是，若按照傳統的寂感劃分，則當謂物始終為心所感，因物始終在於心中。故黃宗羲批評甘泉「隨處體認天理」說是「體認於感」，這是很有見地的批評。黃宗羲謂：

> 天理無處而心其處，心無處而寂然未發者其處。寂然不動，感即在寂之中，則體認者，亦唯體認之於寂而已。今曰「隨處體認」，無乃體認於感？其言終覺有病也。[21]

如上所說，「隨處體認」的確就是「體認於感」，而取消了感通之前針對心的一切功夫之可能性與必要性。有論者不同意黃宗羲的批評，謂：「湛若水雖是在感上、已發上體認

---

21 黃宗羲：《明儒學案》卷三十七〈甘泉學案一〉北京：中華書局，2008年，頁876。

『中正之本體』,但他所體認的中正之理卻有『增減不得』、恰到好處的性質,皆與寂體之『未發之中』一致。寂感體用一原,故不能說體認於感為非是。」[22]這一辯護未得要領。「寂感一如」,此甘泉與陽明所皆不能反對者,但二家義理則實有別。在甘泉,實已取消寂感之別,因物皆現實地在於心中。「中正之理」固然有「增減不得,恰到好處」的性質,但這種性質並沒有單獨的一段針對寂然未發之心的功夫作為保證,焉得謂其為中正乎?按照通常的寂感劃分來看,這當然就是只在感上體認,也就是陽明所批評的「求之於外」。陽明說他的致良知說與隨處體認天理說「命意發端處」有不同,也是指這種地方有不同。

二　甘泉《答陽明王都憲論格物》疏釋

以上,簡單分析了甘泉的「隨處體認天理」說及其中的心物關係,指出了其中的問題。下麵,再來看他對陽明格物說的直接批評。甘泉在正德十六年辛巳(1521年,甘泉五十六歲,陽明五十歲)寫有一長信〈答陽明王都憲論格物〉[23],其中詳細列舉了他認為陽明格物說的「四不可」及他自己的格物說的「五可采」。下面對此信加以疏釋與辯駁。

> 兩承手教格物之論,足仞至愛。然僕終有疑者,疑而不辨之則不可,欲辨之亦不可。不辨之,則此學終不一,而朋友見責。王宜學則曰:「講求至當之歸,先生責也。」方叔賢則亦曰:「非先生辨之,其誰也?」辨之,則稍以兄喜同而惡異,是己而忽人。是己而忽人,則己自聖而人言遠矣,而陽明豈其然乎?乃不自外而僭辨之。
> 蓋兄之格物之說,有不敢信者四。
> 〔一〕自古聖賢之學,皆以天理為頭腦,以知行為工夫,兄之訓格為正,訓物為念頭之發,則下文誠意之意,即念頭之發也,正心之正即格也,於文義不亦重複矣乎?其不可一也。

甘泉始終未理解陽明哲學的心物關係。正德十年的〈與陽明鴻臚〉一書謂陽明「以物為心意之所著」,這一說法是正確的,但甘泉似並未真正理解。此信中他以為陽明「訓物為念頭之發」,嚴格來講,這是誤解。陽明之意以為,意為心之發,其發未有懸空的,必著於物,故謂物為意念之著涉處。陽明是要強調「意念之發」中終究有物在,意終究是關於某物的意,而物亦同時被意念觸及而成為「意念物」。陽明的意思絕不是認為

22　張學智:《明代哲學史》(修訂版)北京:中國人民大學出版社,2012年,頁71。
23　《湛若水全集》,第21冊,頁252-255。按,云「答書」者,為答陽明《答甘泉》「世傑來,承示《學庸測》」一書(見下引)。此書中陽明對甘泉之說微有批評,故甘泉作此長信答之,亦可視為甘泉方面對兩人自正德十年(1515)以來論格物不合的一個總結式批評。

「物」就是「意念之發」，兩者可相互替代，由此格物就成了「格念頭」或「格心」。認為「格物」就是單純的「格念頭」，這是以念頭替換物，這恰恰是陽明一貫強調的「意未有懸空的」之反面，即把物直接替換為「念頭」而使念頭成為懸空的，使格物成為單純的格心。可見，甘泉始終不理解陽明所謂「物為心意之所著」的意涵，亦即不理解陽明哲學的心物關係。「格物」為「格念頭」既不能成立，則與「正心」重複云云，亦不攻自破。

〔二〕又於上文知止能得為無承，於古本下節以修身說格致為無取，其不可二也。

陽明以為「知止」是「知至善之在吾心，而不假於外求，則志有定向」（「定」），心有定向則「靜」，靜則能「安」，安則良知於意念之發「自有以詳審精察之，而能慮矣」（「慮」），則至善「可得」。而格物正是致良知實下手功夫，焉見其為無承？格物致知亦即所以修身，又焉見其為無取乎？此條強為辯說，甚無謂。

〔三〕兄之格物訓云「正念頭也」，則念頭之正否，亦未可據。如釋、老之虛無，則曰「應無所住而生其心」，無諸相，無根塵，亦自以為正矣。楊、墨之時，皆以為聖矣，豈自以為不正而安之？以其無學問之功，而不知其所謂正者乃邪而不自知也。其所自謂聖，乃流於禽獸也。夷、惠、伊尹，孟子亦以為聖矣，而流於隘與不恭而異於孔子者，以其無講學之功，無始終條理之實，無智巧之妙也。則吾兄之訓徒正念頭，其不可三也。

念頭之正否，根據在良知，念頭本身當然無可據。釋、老、揚、墨之「自以為正」，豈因其無學問思辨之功而自以為然？異端自有異端之學問講習之功、始終條理之實，異端讀聖人之書，將謂其不然而批判之。以為加以學問講習之功即可以正之，此甚天真而不相干。且在陽明看來，自知其念頭不足據而主動去加以學問功夫，此亦惟良知自知之，而著實去學問講習，即是格物以致良知。甘泉所論功夫，皆不能外於致知格物。但若良知不明而徒去講習，則為「少頭腦」。

〔四〕論學之最始者，則《說命》曰：「學於古訓，乃有獲。」《周書》則曰：「學古入官。」舜命禹則曰：「惟精惟一。」顏子述孔子之教則曰：「博文約禮。」孔子告哀公則曰：「學、問、思、辨、篤行。」其歸於知行並進，同條共貫者也。若如兄之說，徒正念頭，則孔子止曰「德之不修」可矣，而又曰「學之不講」，何耶？止曰「默而識之」可矣，而又曰「學而不厭」何耶？又曰「信而好古敏求者」何耶？子思止曰「尊德性」可矣，而又曰「道問學」者何耶？所講、所學、所好、所求者何耶？其不可四也。

認為陽明禁止學人去學古訓、博文約禮、加學問思辨篤行之功，這是最流俗的誤解。陽

明非禁止人學此，只是強調要「頭腦明白」，頭腦即良知。良知明白，自知不足，隨你去靜中體悟，隨你去事上磨煉，隨你去博文約禮，隨你去學問思辨，皆是灌溉良知的格物實功。但若良知不明，徒去學問上用功，此便是「求之於外」。從這條可以看出湛若水試圖吸納、調和朱子學的傾向。但在陽明看來，這顯然未得要領，仍蹈「支離」之弊。

> 若僕之鄙說似有可采者五。
> 〔一〕訓格物為「至其理」，始雖自得，然稽之程子之書，為先得同然，一也。

所謂「稽之程子之書，為先得同然」，湛若水在別處曾說：

> 自意、心、身至家、國、天下，無非隨處體認天理，體認天理即格物也。……蓋自一念之微，以至事為之著，無非用力處也。程子曰：「格者，至也。物者，理也。至其理乃格物也。致知在所養，養知莫過寡欲。」僕向在山中，忽悟此一段，後檢程書見此，深得我心之同然，遂沛然自信，持之久而未敢以語人，因竊為之說。[24]

小程「格物」之訓，亦只是其一家之言，焉可即以此為確論而破陽明之說乎？此其一也。更為關鍵的是，小程的格物說，亦根本與甘泉義不同，甘泉乃望文生義而強行比附而已。小程的格物訓釋，主要是以「窮」訓「格」，而謂「格猶窮也，物猶理也，猶曰窮其理而已」。[25]而為甘泉所引的這句，又以「至」訓「格」，不過是要強調窮理要至於物且要至其極，故謂「至其理乃格物也」，其本質上仍是認知主義地「至」，非心學系統中體驗地「至」或本心良知之至，這與甘泉「隨處體認天理」之體驗、印證式的「至」，完全不同其義。小程之格物義，完全為朱子所繼承，甘泉既不同意朱子的格物說，反引小程之言以為證，這完全是強行比附、望文生義。其相同，只是文字訓釋之表面相同，非義理之相通。

> 〔二〕考之章首「止至善」，即此也，上文知止能得為知行並進至理工夫，二也。
> 〔三〕考之古本下文，以修身申格致，為於學者極有力，三也。

此兩條為一義，謂於上下文義貫通而有據也。但凡此皆無必然之根據，如說「章首止至善，即此也」，「此」謂「至其理」，亦即「隨處體認天理」。然而，焉見其必然如此乎？

---

24 〈答王宜學〉，《湛若水全集》，第21冊，頁251。又如《寄陳惟浚》一書說：
格物者，即至其理也。意、心、身於家、國、天下，隨處體認天理也，與《中庸》之意同。煙霞中夜悟此一段甚適，復檢程子書云：「至其理乃格物也。致知在所養，養知莫過於寡欲。」乃先得我心之所同然者。（《湛若水全集》，第21冊，頁248。）
按，所引程子語見《程氏外書》卷二，《二程集》北京：中華書局，2004年，頁365，注明為小程語。

25《程氏遺書》卷二十五，《二程集》北京：中華書局，2004年，頁316。

「至善」不能指良知乎？又謂知止能得為知行並進之至理功夫，修身為甘泉所謂的格物致知功夫，這又有何證據呢？知止能得為何不能是致良知以格物（正物）之功夫呢？陽明之格致論難道不是修身？此焉足為據乎？提出這樣毫無必然性的論據，以為就證明了自己的觀點，不幾於癡人說夢乎？這樣的論證，比之陽明《大學問》對於字義訓釋與文義脈絡的疏通，不亦差之太遠乎？

> 〔四〕《大學》曰：「致知在格物。」程子則曰：「致知在所養，養知在寡欲。」以涵養、寡欲訓格物，正合古本以修身申格物之旨為無疑，四也。

此點更不成論據。所謂以涵養、寡欲訓格物，合於古本以修身申格物之旨，也就是說，涵養、寡欲是修身，因此可見以之訓格物是恰當的。然陽明「正其不正以歸於正」非修身乎？如甘泉所曲解之「正念頭」，非修身乎？焉見其必以涵養、寡欲為訓乎？又，涵養、寡欲與甘泉訓格物之「至其理」或「隨處體認天理」又有什麼關係呢？如果說，涵養、寡欲方能至其理，或隨處體認天理中包涵涵養、寡欲功夫，那又為何不能說涵養、寡欲方能「正其不正」或者陽明之格物功夫中包涵涵養、寡欲呢？（其實陽明正有此義，此即靜時格物之功也。）且若謂體認天理中包涵有涵養、寡欲功夫，此又何必「隨處」體認之乎？小程有「隨處」之義乎？其明謂涵養、寡欲乃致知前一段功夫也，與甘泉義甚不同。這一段論證亦毫無必然性。

> 〔五〕以格物兼知行，其於自古聖訓學、問、思、辨、篤行也，精一也，博約也，學古、好古、信古也，修德、講學也，默識、學不厭也，尊德性、道問學也，始終條理也，知言養氣也，千聖千賢之教為不謬，五也。
> 五者可信，而吾兄一不省焉，豈兄之明有不及此？蓋必有蔽之者耳。

陽明亦可謂，其致良知教法、格物之說，於自古聖訓、千聖千賢之教為不謬，且陽明亦常如此講，不必贅引。如此混舉一通，而謂「不謬」，無乃太疏略而大言不慚乎？這焉足為論據乎？詳釋甘泉以上「四不可」與「五可采」之說，看不出一點稍顯嚴格的論證，幾無一語可成立，皆近於自說自話、癡人說夢。比之陽明對格物之闡發，甘泉差之遠矣，其受蔽者誰耶？

> 僕之所以訓格者，至其理也。至其理云者，體認天理也。體認天理云者，兼知行、合內外言之也。天理無內外也。陳世傑書報吾兄疑僕隨處體認天理之說為求於外，若然，不幾於義外之說乎？求即無內外也。吾之所謂隨處云者，隨心、隨意、隨身、隨家、隨國、隨天下，蓋隨其所寂所感時耳，一耳。

甘泉以為他所謂的「隨處」體現了心包萬物之廣大也，但其實義只是範圍體量的廣大，乃至將心與萬物平列對等視之，失去了二者的輕重主次之別。此在陽明看來，必謂其

「無頭腦」。陽明之義，非不許學人在家、國、天下上格物，而是強調格物的家國天下，是意之所及的家國天下。若意未及之，卻強行要求學人去家國天下上體認天理，此即有外求之弊。如童子的良知只及於灑掃應對，便教他去灑掃應對上格物。若強行教他去體認天下國家之理，此便是逐物外馳。甘泉既在心物之間無所輕重地平列視之，則其「隨處」，只成為範圍體量的廣大，而非是心之存在性之偉大、作用能力的廣大。

> 寂則廓然太公，感則物來順應，所寂所感不同，而皆不離於吾心中正之本體。

我可反問甘泉，感則物來順應，當其未感時，物在於何處？物又從何而來？物既皆在心中而心無內外，為何又有感與未感、來與未來？其實，按照甘泉那種質直的、簡單的心外無物義，實已無法區分心之寂感，因為一切皆現成地具於心中而為心所感，皆當「隨處體認」。故黃宗羲批評甘泉是「體認於感」，其實是非常正確的。

> 本體即實體也、天理也、至善也、物也，而謂求之外，可乎？致知云者，蓋知此實體也、天理也、至善也、物也，乃吾之良知良能也，不假外求也。但人為氣習所蔽，故生而蒙，長而不學則愚，故學、問、思、辨、篤行諸訓所以破其愚，去其蔽，警發其良知良能者耳，非有加也，故無所用其絲毫人力也。如人之夢寐，人能喚之惺耳，非有外與之惺也。故格物則無事矣，《大學》之事畢矣。若徒守其心而無學、問、思、辨、篤行之功，則恐無所警發，雖似正實邪，下則為老、佛、楊、墨，上則為夷、惠、伊尹是也。何者？昔曾參芸瓜，誤斷其根，父建大杖擊之，死而復蘇。曾子以為無所逃於父為正矣，孔子乃曰：「小杖受，大杖逃」，乃天理矣。一事出入之間，天人判焉，其可不講學乎？詰之者，則曰：「孔子又何所學？心焉耳矣。」殊不知孔子至聖也，天理之極致也，仁熟義精也，然必七十乃從心所欲不踰矩。人不學，則老死於愚耳矣。

此段亦皆似是而非。其對於內外之辨之誤解，不煩再釋。陽明非戒人用學問思辨篤行之功，只是強調，若良知明白，則這些功夫皆成為有源之水而得力。「徒守其心」之弊，絕非陽明義，於此亦可見甘泉對陽明之理解甚淺，其說不足以為陽明學之佐證。至若所舉曾子芸瓜之例，則可改寫陽明〈答顧東橋書〉中的一段以答之——「小杖受，大杖逃」，豈孔子之前已有如此者為之準則，故孔子得以考之何典、問諸何人而為此邪？抑亦求諸其心之良知，權輕重之宜而制此禮邪？若孝子之心非誠於為事父，則逃父之責乃不孝也。後之人不務致其良知，以精察義理於此心感應酬酢之間，顧欲懸空討論此等變常之事，執之以為制事之本，以求臨事之無失，其亦遠矣！或者，亦可如此徑直答甘泉謂：你那聽聞「小杖受，大杖逃」而知其比「無所逃於父」為近於天理的心，就是你的良知。因為，若人是一種沒有道德感的生物，他便無法在諸道德準則間分辨優劣。而你那知道自己之知不足恃，需學於聖人之訓以破其愚的心，正是你的良知；你去學於古

訓，就是你的致良知功夫，這並不表明良知「不夠」而需要外來的加持。故若良知明白，則一切功夫皆為致知之功，亦皆得其本源。若良知不明，徒在外用功，此即失卻頭腦而有外求之弊。

以上疏釋甘泉此一長信畢，可見其批評陽明格物說的意見，恐無一點可成立，亦可見其自身思路的混亂與無稽。甘泉作此長信與陽明，陽明始終無答信，此似乎略欠禮數。甘泉在數月之後又寫信給陽明說：「前附潮人數通〔謂請陳洸向陽明遞書〕，必徹左右，未蒙示下，以為怏怏。」[26]並大論了一通朋友間辯論切磋之益，可見他是十分盼望陽明能作答的。但陽明始終不答，蓋答無可答。若詳細答之，若我如上之辯論，則頗傷二人感情。陽明一生對於甘泉之致辯，大體都是這種避其鋒芒、避而不談、求同存異之態度，蓋陽明甚重視與甘泉之友誼，不願深談傷情也。另外，恐陽明亦有思之未妥、不好回答處。此即，既然心外無物，則格物非外求，乃至可以認為朱子式的格物窮理亦是在認識本心，因物在於心內也。——這的確是一個不太好回答的觀點。陽明論說自己的思想固然甚清晰，但要回應甘泉，似終究有思之未熟處，這從他幾封僅見的論及「隨處體認天理」的信中或可看出。乃至，他在〈答羅整庵少宰書〉中，甚至借用了甘泉的思路，這就更可以看出他思之未熟了。

三　本於陽明哲學理路的回應

今可見陽明對甘泉「隨處體認天理」說之評論，有以下三書。

1. 〈答甘泉〉（正德十六年辛巳，1521年，陽明五十歲）：世傑來，承示《學庸測》，喜幸喜幸！中間極有發明處，但於鄙見尚大同小異耳。「隨處體認天理」，是真實不誑語，鄙說初亦如是，及根究老兄命意發端處，卻似有毫釐未協，然亦終當殊途同歸也。修齊治平，總是格物，但欲如此節節分疏，亦覺說話太多。且語意務為簡古，比之本文反更深晦，讀者愈難尋求，此中不無亦有心病？莫若明白淺易其詞，略指路徑，使人自思得之，更覺意味深長也。高明以為何如？[27]

2. 〈寄鄒謙之〉（嘉靖四年乙酉[28]，1525年，陽明五十四歲）：比遭家多難，工夫極費力，因見得良知兩字比舊愈加親切，真所謂大本達道，舍此更無學問可講矣。「隨處體認天理」之說，大約未嘗不是。只要根究下落，即未免捕風捉影，

---

26 〈寄陽明〉，《湛若水全集》，第21冊，頁276。
27 《王陽明全集》，卷五，頁202-203。
28 按，此書原題「丙戌」，據束景南考證，當在嘉靖四年乙酉，參氏著：《王陽明年譜長編》，頁1672。據改。

縱令鞭辟向裏，亦與聖門致良知之功尚隔一塵。若復失之毫釐，便有千里之謬矣。四方同志之至此者，但以此意提掇之，無不即有省發，只是著實能透徹者甚亦不易得也。世間無志之人，既已見驅於聲利詞章之習，間有知得自己性分當求者，又被一種似是而非之學兜絆羈縻（此「似是而非之學」似即指甘泉「隨處體認天理」說），終身不得出頭。緣人未有真為聖人之志，未免挾有見小欲速之私，則此種學問，極足支吾眼前得過（「支吾」，猶言勉強支撐、打發應付）。是以雖在豪傑之士而任重道遠，志稍不力，即且安頓其中者多矣。[29]

3. 〈與毛古庵憲副〉（嘉靖六年丁亥，1527年，陽明五十六歲）：凡鄙人所謂致良知之說，與今之所謂「體認天理」之說，本亦無大相遠，但微有直截迂曲之差耳。譬之種植，致良知者，是培其根本之生意而達之枝葉者也；體認天理者，是茂其枝葉之生意而求以復之根本者也。然培其根本之生意，固自有以達之枝葉矣；欲茂其枝葉之生意，亦安能舍根本而別有生意可以茂之枝葉之間者乎？[30]

又《傳習錄》下卷陳九川錄云：「正德乙亥〔正德十年，1515年，陽明四十四歲〕，九川初見先生於龍江，先生與甘泉先生論格物之說，甘泉持舊說〔引按，舊說指甘泉很早即提出的「隨處體認天理」說[31]〕。先生曰：『是求之於外了。』甘泉曰：『若以格物理為外，是自小其心也。』」[32] 又甘泉在書信中數次提到「陳世傑書報吾兄〔指陽明〕疑僕隨處體認天理之說為求於外」，據此，則陽明對於甘泉「隨處體認天理」說的核心批評即「求之於外」。上引諸信中所謂「命意發端處有毫釐未協」、「根究下落未免捕風捉影」、致良知與體認天理「微有直截迂曲之差」，皆指此內外之別而言。而甘泉則以為心無內外，「若以格物理〔體認天理〕為外，是自小其心也」答之，對此，陽明則未有直接之回應。陽明只是反覆強調，良知才是根本，致良知以格物才是本體功夫，是培養本根而達之枝葉之功夫，至若「體認天理」，則是僅在枝葉上用功。總之，還是「求之於外」的意思。但陽明僅如此答之，甘泉自不能服。甘泉亦可繼續回應說，若以為體認天理是只在枝葉上用功，是自小其良知也。你所說的良知，不也是無分於內外、兼體用、貫知行的嗎？既然良知無非內外，則在外「隨處體認天理」，亦只是體認良知、發明良知之功夫。若徒知致良知而反對隨處體認天理，此是自小其良知也，必有遺外之病。

若甘泉如此辯駁，陽明似亦甚難回應。但就一般之感受言，似終覺「隨處體認天

---

29 《王陽明全集》，卷六，頁224。
30 《王陽明全集》，卷六，頁243-244。
31 按，「舊說」，注家以為指朱子格物說，此釋非也。甘泉從學白沙後即已不認同朱子格物說，且早在三十二歲時已提出他的「隨處體認天理」說，舊說指此。甘泉後來還說過「世以想像記誦為窮理者遠矣」（〈寄陳惟浚〉，《湛若水全集》，第21冊，頁248），顯然是在批評朱子說。且下文云「九川甚喜舊說之是」，陳九川不可能喜歡朱子格物說，否則與陽明差之遠矣。
32 《王陽明全集》，頁102。

理」是向外用功，而致良知是向內用功、就內用功，是更為鞭辟近裡、切中本源之功夫。但良知無分內外，心體無分內外，此亦無人能反對。那麼，終究應該如何解釋陽明致良知功夫的有根性質，甘泉「隨處體認天理」功夫的無根性質，替陽明回應甘泉「自小其心」的批評呢？

今據以上所論，及「心即理」節的相關討論，為陽明學回應如下云——

（一）前文已說，甘泉與陽明的分歧，不在心之小大，而實在於對心之性能及心物關係的理解有不同。二人雖皆在字面上認可「心外無物」、「心無內外」、「心包萬物」等說法，但二人所設想的義理，是決然不同的。甘泉所設想的「心無內外」、「心外無物」，是「真無外而假無外」，意謂，甘泉哲學中的「心」概念，是一無垠的時空體，如同宇宙。一切皆在宇宙中，故一切皆在心內，此彷彿是「真無外」。但實際上，如此理解的心，是死心，萬物皆現成地具於心內，無所謂感與未感、來與不來。其言寂感，只是順傳統言辭不自覺地如此說而已，並無真實涵義。此是「假無外」。既然已經斬斷了心與物那種內在的、相互啟動的聯繫，心只成了萬物皆存在於其中的現成時空體那樣的東西，則在陽明看來，如此「格物」（且不論具體的技術是怎樣的），當然就是「求之於外」。

而陽明哲學所設想的「心外無物」、「心無內外」，是「假無外而真無外」。陽明以「意之所在」規定「物」，如此，則意未著於此物之時，此物即「不在」（與意同歸於寂體之「不在」，非純粹不存在）。物既不在於心意之中，便在於心外，此似乎承認心外有物，此似乎是「假無外」。但，未被意識所及之物之「不在」，非絕對的不存在於心中，而是潛存於大心之中。若是絕對的不存在，無論意識是否及之，都無法使之存在。惟因其潛存於心中，故覺之即在，不覺即不在，由此而見心之存在性能之偉力，此是「真無外」。由此亦可見，固然「心外無物」，但這只是就其潛能而言，因萬物皆潛存於心中，故謂心外無物。但，若就物之現實的、具體的、當下的存在性而言，則必在某種意義上分內外。這「某種意義上的內外」，即心之寂感之別。心物相感則相見（所謂「此花顏色一時明白起來」），未感則兩忘（「與汝心同歸於寂」），這才是真正的寂感一如。故心終究可分「內外」，這種「內外」是在「寂感」的意義上講的。覺之感之即啟動而照亮之，即使之在「內」；未感則與顯性意識同歸於寂然之潛在，即使之在「外」。格物之「物」是由意念所啟動而使之存在、使之明亮起來的「意念物」，是心物統一體。如此格物，才真正是「鞭辟向裡」、「培養根本」，是致良知之實功，而無外求之弊。

（二）還需一辨的是，在心認知性地窮理的意義上，心更是有內外之別的。無論是陽明的格物說還是甘泉的格物說，都仍為認知性地求理於外留下了通道，非絕對排斥朱子學的格物功夫。這在甘泉尤為明顯，如他對「學於古訓」、「學問思辨篤行」的強調。而陽明也說：「凡某之所謂格物，其於朱子『九條』之說，皆包羅統括於其中，但為之

有要、作用不同。」[33]「其所當知的，聖人自能問人。……不知能問，即是天理節文所在。」[34]但陽明又一再批評朱子學的格物窮理功夫為「支離」、「義外」、「外求」，顯然對於甘泉學的認知窮理功夫，陽明也會持此態度。那麼，是否可以借用甘泉的思路反駁陽明說，既然「心外無物」，那麼一切對於物理、事理的求索講習，都相當於是自知其心、發明本心的功夫呢？若以「求理於事物」為外求，是自小其心也。對此辨詰，陽明又將如何答復呢？

這是不能僅以上面所說的「意之所在即是物」之心物關係回答的。因為，心即使因寂感而分了「內外」，此「內外」亦非真內外，其實義只是寂感，是現實地在與潛存地在。但在心認知物的過程中，即使此物為意識所涉及而在於心「內」（即為心所感），心欲認知之，亦必得與之拉開距離，使之成為對象，方能認知之。也就是說，心若具有認知功能，就必分內外。道德心體可說無分內外，但認知心必與所知物有所間隔，方能使之成為對－象（ob-ject，對立之象，對拋之相），而認知之。此內外非寂感義，而是實有內外，實有區隔，實有對立。道德心自我收縮為認知心，與物為對，而認知之，此便是在「心即理」節討論過的道德心轉出認知功能的「坎陷」機制。

在「心即理」節已經指出，在道德心的求知、認知行為中，道德心遭遇並非先天地內在於自身、而是與自身相異質的事體。道德心遇到異質事體，而又欲真實地包涵之、真實地攝物以歸心，則必隨對象之曲折相而曲折自身以認知之、了別之。在此就形成道德心的一步收縮、一步後退、一步「坎陷」。由此一步，心即從無內外的轉為有內外的，此是道德心轉出認知功能所必經的一步。

如果在道德心的統攝下去求知、認知，在致良知的統攝下去（做朱子學意義上的）格物，因「為之有要」，故「作用不同」，也就是說，此求索講論之功夫皆轉化為擴充、灌溉良知之功夫。心在認知過程中雖分了內外，但在道德心之統攝下終歸於無分內外、攝外以歸內。經由道德心自我坎陷的辯證展開，心體的無內外、攝外歸內，方是真實的無內外。但如果功夫失卻「頭腦」，單純去做「求理於事物」的功夫，卻反而說事物不在心外，故求理於事物非外求，此則為顢頇誤解之論，是對於心之層次與功能的混淆。無分內外，用以形容道德本心，可，用以形容認知心，不可。而「求理於事物」，正是認知心的功能，若沒有良知的統攝（即經由道德本心轉出認知功能），只單純做窮理功夫，此正是求之於外，正犯支離之弊。甘泉格物說如果包涵了窮理求知的涵義，而其「心外無物」又無分心物的主次輕重，則亦正蹈陽明所謂「求之於外」之弊。

陽明的感覺並不錯，但陽明未能清楚地意識到這其中的原理。以上回應，雖非陽明本人之解說，陽明本人亦未意識及此，但根據陽明哲學之義理，則必如此分辨而回應

---

33 《傳習錄》中卷〈答羅整庵少宰書〉，《王陽明全集》，頁87。
34 《傳習錄》下卷，《王陽明全集》，頁110。

之。此義既明，相關爭論方可解決，而甘泉之學終是無根也。

（三）甘泉以為「心外無物」，格物之功非求之於外，那麼是否可以合理地反問他：既然萬物皆在心中，則亦不必外求，只格心即等於格盡萬物。如此，則成循環往復之無效辯論。其癥結即在於甘泉視心與萬物是平列而對等地相貫通的，故不論是格物以盡心，還是格心以盡物，在理論上都是說得通的。甘泉取格物以盡心的路徑，這只是他的個人傾向如此，但他卻未能給出必然如此的理由。

或謂，甘泉強調「心與事應，然後天理見焉。天理非在外也，特因事之來，隨感而應耳。故事物之來，體之者心也，心得中正則天理矣。」[35]則「體認天理」，必待心與事應而去事上體認，這就是甘泉給出的必取格物以盡心的功夫路徑的理由。我則認為，甘泉哲學對於心物關係的理解，實無法證成「心與事應，然後天理見焉」一語。我可反問甘泉，當心未與事應之時，事在何處？若以為在於心外，則心有內外；若以為在於心內，則如何不與心應？如果甘泉亦承認心有寂感之別，格物是格為心所感之物，未感之物不必強行去格，則這不正是陽明以意之所在規定格物範圍的思路嗎？意之所在之物則格而正之，意所未及之物則物歸於寂而不必格，如此，則心終以寂感而分「內外」。格物，是格心內之物、物上之心，而不應無論是否為心所感，皆隨處去體認天理，隨身心意與家國天下去格物。陽明批評甘泉，正因其無論是否為心所感而成為「內」，皆要求人隨處去體認，如此，則必導致向外逐物的心態。如果認為甘泉所謂「隨處」，亦是隨心之所感之處、隨意之所在之處而格物，那這又與陽明格物說有何不同？甘泉又何必起諍於陽明乎？

經過以上辨析，我終究判「隨處體認天理」是無根功夫。其根本癥結，在於甘泉對心之理解成問題。心外無物之心，是以心攝物、以心成物之心，而非心物對等平列而相互貫通之心。故甘泉之學，終是舍心逐物、求之於外的無根之學。

---

35 〈答聶文蔚侍御〉，《湛若水全集》，第21冊，頁256。

良知觀之中西互鏡
——王陽明與舍勒的良知思想比較及其現代啟示

林劍英

北京師範大學哲學學院

良知是任何時代個體所必需的道德判斷能力,它不可或缺地存在於每個人的內心之中。在中西傳統思想體系差異的背景下,王陽明深受儒家心性一體學說影響,其良知觀強調良知是人心內在固有的「是非之心」;舍勒(Max Scheler)則立足於現象學與直覺主義倫理學的視角,其良知觀根植於基督教傳統,他本人將良知視為「心靈」功能的直接體現。兩者在良知理論上的闡述,構成了鮮明的中西對比與互補。

本文以此為契機,將良知觀作為比較研究的核心。通過分析王陽明與舍勒良知觀的異同之處,以挖掘兩者間的互補價值,進而探索如何在當代社會背景下建構合理的良知觀。

一 王陽明和舍勒良知觀之共見

良知通常被理解為內在的道德感知和判斷力,它是行為主體辨別是非善惡、選擇正確行動的內在尺規,體現了主觀與客觀、理性與感性之間的和諧統一。在探討良知概念時,王陽明繼承了孟子思想,指出良知可以明德性,是人皆有之的是非之心;[1] 舍勒則將良知定義為「對個體而言的善」[2]。雖然歷史和文化背景不同,王陽明與舍勒均將良知視為道德判斷不可或缺的內在基礎。他們共同強調良知作為內心衡量是非善惡的根本標準的重要性。進一步來說,在王陽明與舍勒的良知觀念裡,良知展現出道德直覺的特性,這不僅是道德內意識本質的直接體現,也承載著道德情感的孕育與表達。

(一)良知與道德直覺

良知是道德判斷的內在基礎,是心靈認知的根據。在探討良知與心靈的關係時,兩

---

1. (明)王陽明:《王陽明全集》上海:上海古籍出版社,1992年,頁51。
2. (德)舍勒著,倪梁康譯:《倫理學中的形式主義與質料的價值倫理學》北京:商務印書館,2011年,頁47。

者均視心靈為良知的承載者，而良知則是心靈功能的直接體現。王陽明深諳良知是「心」之微妙而清晰的覺知，是人本然固有的良知潛能，它如同身心之主宰，引領著人的思想與行為。因此他說：「心者，身之主也，而心之虛靈明覺，即所謂本然之良知也。」[3] 舍勒也認為，除了普遍的、客觀的善之外，每個人也有「個體有效的、客觀的同時也是原則上明晰的善」，這種善可以通過「良知」來理解。[4]

在認知層面上，王陽明和舍勒都認為良知獲得道德知識的過程與物理知識的探索截然不同，它遵循著獨特的認知根據和途徑。良知不僅構成了主體對道德規範的內在感知能力的基礎，而且體現了道德直覺的特徵。

在王陽明那裡，良知是知行合一的基礎，良知的首要功能是獲得道德知識，但這個過程並不是物理主義的。王陽明經歷了「格竹」失敗的體驗，轉而主張良知即「心之本體」，這一認知過程的轉變揭示了兩種認識方式，即道德自覺和理性認知之間的本質區別。王陽明說「明德性之良知，非由於聞見耳。」[5] 由於方法和對象的不匹配，即便通過格物致知的方式，最多只能揭示出如竹子生長規律這樣的自然法則，但無法觸及和探究到封建社會的倫理綱常。[6] 其弟子亦指出：「知覺與良知，名同而實異。凡知視、知聽、知言、知動，皆知覺也，而未必皆善。」[7] 格物之知來自我們對世界的直接感知，而良知則關乎內心深處的善惡辨別與道德領悟，後者可以成為前者的道德指導，但是前者不能為後者提供根據。因此，深層的道德秩序並非簡單地通過外在感官對事物的知覺功能所能建構，它必須通過內心的自我反省、內在的自覺和體悟，才能達到對道德規範的深刻理解。

舍勒也提出了類似的觀點，他說「心靈有自己的根據，……知性也無法知道。」[8] 這與王陽明在「格竹」失敗後的體悟——內在自覺才是道德認識的真正途徑——不謀而合。知性或者知覺有其自身的認識邊界，無法越界取代良知的認知功能。換言之，我們只能通過知性去探究物理世界之「是」，但要深入理解倫理之「應當」，還需要依賴心靈內部的自覺與價值體悟。由此，王陽明和舍勒皆為良知明確了獨立的道德認知方式和價值判斷功能。

那麼良知如何具備知道能力？換句話說，良知進行內在道德判斷的根據是什麼？這個問題涉及王陽明和舍勒對良知本質（特別是其作為道德判斷本體的功能）的理解。對於舍勒而言，良知被理解為一種直覺意識和體驗，它具有先於價值的特性。這種良知體

3　（明）王陽明：《王陽明全集》，頁47。
4　（德）舍勒著，倪梁康譯：《倫理學中的形式主義與質料的價值倫理學》，頁730-731。
5　（明）王陽明：《王陽明全集》，頁51。
6　何靜：〈論致良知說在陽明心學中的作用和地位〉，《哲學研究》，2009年第3期，頁66。
7　歐陽德著，陳永革校理：《歐陽德集》南京：鳳凰出版社，2007年，卷一，頁12。
8　（德）舍勒著，張小楓編，孫周興等譯：《愛的秩序》北京：北京師範大學出版社，2014年，頁113。

驗是對當下狀態的直接把握,不需要任何載體,所以對於價值的意識並不建立在任何後天的評判或推理。[9]這意味著,良知能夠直接感知和判斷道德價值,而無需經過複雜的邏輯分析或外部標準的比對。王陽明則通過「吾心」的概念來闡述良知在道德判斷中的作用。在王陽明的理論體系中,任何事物,包括天理在內,都不能脫離「心」的關注和體驗。而「心之本體」即良知本體,就是認知能力和道德判斷的根據本身。當主體以「良心」去體驗和感知事物時,事物會以最真實、最原初的面貌呈現出來。具體而言,因為心有良知,所以「心自然會知」,比如「見父自然知孝」,於是主動地就知道要孝敬父母。在進行道德判斷時,「良心」能夠直接感知到道德規範和價值,從而作出正確的選擇。當然,舍勒也直接指出良知就是心靈的活動,良知和心靈只在本體論意義上有虛實之分。在某些語境下,舍勒的良知與良心也可視為同義表達。因此,兩者間的這一共識不僅深化了對良知本質的理解,也揭示了心或者心靈作為道德認知和道德實踐根源的重要性。

(二)良知直觀與道德內意識

在行動層面,王陽明和舍勒的良知觀共同強調,良知能夠直接和有效地指導主體的行為決策。鑒於良知本質上蘊含著道德直覺的特徵,一個關鍵的問題是:這種道德直覺指導行動時的客觀性依據何在?李澤厚指出,良知意識雖帶有自然而然、無需思索的直覺特性,看似不甚明晰、難以捉摸,但是以其正面的惻隱之心與反面的天理難容為內核,實實在在地制約著人們的行動選擇。[10]進而,我們必須面對一個更複雜的問題:良知是如何在認知層面上,既把握客觀世界,又超越純粹主觀性,以確保個體行動與其內在道德意識保持一致?換句話說,良知如何在道德直覺的瞬間洞察與道德行動的,建立起主客觀相統一的橋樑?

一方面,良知以直接的方式把握道德認識和道德行動的對象,這一點可以通過王陽明南鎮看花的例子來解釋。陳來認為「用胡塞爾的話來說,王陽明南鎮看花時,花的『顯現』是內在的自在意識的對象,而不是某個實在的內在的組成部分。」[11]這種「顯現」是主體通過「心」的直觀體驗而獲得的,它超越了物理世界的限制,進入到了主體的精神世界中。這種體驗是直接的、非仲介的,不需要任何外在的評判或解釋,因為其本身就是最真實的存在。再觀舍勒論證良知思想時運用的現象學方法。這種方法認為,對事物的認知都必須建立在主觀意識之上,即主體的直覺經驗是認知的基礎。因此,王

---

9 (德)舍勒著,倪梁康譯:《倫理學中的形式主義與質料的價值倫理學》,頁203。
10 李澤厚,楊國榮:〈倫理問題及其他——過程分析的視角〉,《社會科學》,2014年第9期,頁121。
11 陳來:《有無之境:王陽明哲學的精神》北京:北京大學出版社,2013年,頁53。

陽明所強調的「吾心」的內在體驗與舍勒關於道德意識主體先驗性的觀點，在某種層面上呈現出高度的契合。兩者都指向了道德判斷和行為指導的內驅力，即一種先驗的、直覺的道德感知能力。

另一方面，良知在認識道德內容的過程中，展現出了道德內意識的本質。這種直覺意識或內在精神體驗，是良知的行動論和認知論根源。良知本體，亦即「心之本體」，構成了道德判斷的基石；道德秩序通過良知的意向性活動，在心靈的內在覺悟中得以展開，在主體與對象的關聯中得以呈現。在現象學的話語體系下，我們可以將良知的這種獨特認識方式和實踐活動理解為道德內意識的一種體現。具體而言，當我們以積極的關注和反思將內在的態度投射到某個對象上時，這個對象便開始「屬於我」，進而影響我的存在。換句話說，主體的意向性活動使得被「關注」的對象與主體產生深刻的關聯。一旦主體通過良知的意向性活動與外部事物建立聯繫，這個主體必然要對這個對象負起完全的責任。更重要的是，道德秩序的對象在主體意識中真實存在，它根植於內在精神的直覺活動，而非外在規範的強加。

總的來說，在王陽明和舍勒對良知的道德認知功能的共見中，良知以其直接、獨特且自覺的認識方式，彰顯其作為道德內意識的根本屬性。這種認識方式賦予了良知在道德判斷和道德實踐中的客觀性，它讓道德內容與道德主體之間形成一種既非疏離，也非強加的，而是相互生法、相互促進的積極互動關係。這不僅是對良知道德本質的進一步發掘，也是理解其在實踐中如何發揮作用的關鍵。

（三）良知中的道德情感

從發生方式來看，王陽明和舍勒都認為良知是出自本能的對某一事物的好惡，並且這種好惡先於任何思考。王陽明說「見好色屬知，好好色屬行。只見那好色時已自好了，不是見了後別立個心去好。」[12] 用舍勒的話說「在人是思之在者或意願之在者之前，他就已經是愛之在者。」[13] 這意味著，個體在形成對某物的明確思考、認知和意願之前，就已經本能地對其產生了喜好。從這個意義上來說，良知表現為引起人們喜愛或厭惡的道德情感。良知蘊含道德情感，至少表現為三個方面。

第一，內容方面。王陽明和舍勒都認為道德判斷的內容體現在引起人們喜愛或厭惡的道德情感之中。王陽明說「良知只是個是非之心，是非只是個好惡。」[14] 舍勒也認為「在良知的鼓勵下，我們意識到一種無形的秩序」[15]，這就是反映主體愛恨的「愛的秩

---

12 （明）王陽明：《王陽明全集》，頁4。

13 （德）舍勒著，張小楓編，孫周興等譯：《愛的秩序》，頁105。

14 （明）王陽明：《王陽明全集》，頁111。

15 Max Scheler, *person and Self-Value, Three Essays* (Berlin: Springer Netherlands, 1987), p.118.

序」。對舍勒而言，雖然不是所有情感都具有倫理價值，但是倫理價值蘊含在部分情感中，預設了情感或同情本身就具有道德價值。[16] 情感好惡決定了道德判斷。

良知蘊含的道德情感具有自發性、自明性和純粹性三個特點，是構成道德判斷的合理性的基礎。一是自發性。王陽明認為，道德情感的「好惡」是「自己天然如此」，即「良知」自發呈現的。沒有外在的解釋和論證，情感就自然流露。舍勒也認為，在良知的指引下，我們「自發地」意識到一種「愛的秩序」，這就是反映主體愛恨的價值秩序，它是「自發地呈現出來的，沒有我們的解釋。」[17] 二是自明性。王陽明說「此心無私欲之蔽，即是天理，不許外面添一分。」[18] 舍勒也認為，愛或者情感本身就能直接呈現道德價值，不需要理性的驗證。換句話說，理性的補充或支持以及私欲的干擾反而會阻礙情感的發揮，使得道德判斷變得不再自明和純粹。三是純粹性。良心被譽為「率天性之道心」，而非「雜於人偽之人心」[19]。這裡的「天性之道心」即人天生具有的、未經外界侵蝕的、純粹的道德感知與判斷能力，它獨立於後天的學習和教育過程；「人偽之人心」則往往顯得複雜、充滿矛盾，甚至帶有虛偽，因為它深受人為因素和外界干擾的影響。這說明良心的本質從一開始就是純粹無雜質的，是未受世俗利益與外部誘惑沾染的本然之心。這種本然之心的判斷力之所以值得信賴，正是基於其固有的純粹性。

第二，行為方面。良知的萌發帶來情感的產生，這種情感是道德行為產生的動機。以孟子的「乍見孺子將入於井」之人「皆有怵惕惻隱之心」為例，不難理解這一點。廣義的情感動機背後的倫理價值則可以「來自於一個不參與觀察者對另一個人的態度或行為。」[20] 王陽明和舍勒提及的情感動機的發生機制，用現代話語來說，就是同情或者移情。舍勒的同情倫理學將愛視為最基礎的情感，它使人們能夠參與到他人的情感當中並與之產生共鳴。愛是同情得以發生的基礎，是「傾向或隨傾向而來的行為。」[21] 王陽明繼承和發展了孟子的心本源說和天賦良知說，自然不會否認，在經驗層面，個體所深切感受到的惻隱之心，能夠促使其採取對應的救助行為。

第三，價值根源方面。道德情感的價值並非源自外部的規範，而是根植於個體心性的完善性之中。從王陽明秉承的傳統儒家心性一體學說的角度來看，良心和天性的關係在「性是心之體，天是性之原，盡心即是盡性」[22] 這句話中得到了自然的體現。道德情感不僅反映主體的天生性格，而且基於這種性格，通過心性的體悟和發揮，展現出一種

---

16 A. R. Luther, *persons in Love, A Study of Max Scheler's Wesen und Formen der Sympathie* (Berlin: Springer Netherlands,1972), p.19.

17 Max Scheler, *person and Self-Value, Three Essays*, p.118.

18 （明）王陽明：《王陽明全集》，頁2。

19 同上註，頁132。

20 A. R. Luther, *persons in Love, A Study of Max Scheler's Wesen und Formen der Sympathie*, p.19.

21 （德）舍勒著，張小楓編，孫周興等譯：《愛的秩序》，頁103。

22 （明）王陽明：《王陽明全集》，頁5。

符合良知的情感反應。值得注意的是，雖然不是所有情感都具有倫理價值，但是倫理價值確實蘊含在部分情感中，這預設了情感或同情本身就具有道德價值。[23]用舍勒的話說，同情使人關切他人，這種價值根植於個人的形而上學維度。[24]這意味著道德價值和情感價值最終根植於人的內在本質之中，從根本上推動著一個人的行為與選擇。

由此，王陽明和舍勒的良知觀至少在三個方面具有高度一致性。兩者都認為良知是主體在認知、意志和行動前就已經具有的直觀的內在思維形式。這表明良知不是理性的產物，而更接近一種道德直覺。良知在道德判斷和行為選擇中佔據基礎性地位，其獨特之處在於作為一種道德內意識，它體現了主觀和客觀、理性和感性之間的融合。

二　王陽明和舍勒良知觀之差異

儘管存在諸多共性，王陽明與舍勒良知觀的存在重大差異，這是由於兩者的文化傳統和時代背景不同。文化傳統的差異主要表現為王陽明繼承了中國傳統儒家思想，其良知觀深植於「心即理」的觀點；舍勒則深受西方個人主義文化傳統和基督教思想的影響。從時代背景的差異看，王陽明身處明朝內憂外患時期，其心學繼承了中國儒家傳統思想，旨在增強社會團結意識，以推動民族復興；舍勒生活在現代西方資本主義盛行的時代，其價值哲學針對的是現代西方資本主義意識對宗教意識的威脅。

王陽明與舍勒由於所處時代和文化背景迥異，在構建良知思想時即呈現出不同的出發點和目的。這種差異進而影響了他們在宗教立場的選擇、對良知本體的理解，以及看待良知的社會功能的方式，在這些方面二者的理論呈現出根本性的不同。

（一）良知的實踐框架：宗教與非宗教立場

王陽明的良知觀念根植於儒家傳統，他尤其強調良知的自發性與自明性，認為這一過程無需依賴外部宗教框架的介入。相反，舍勒則致力於通過宗教的懺悔實踐來喚醒良知，這反映了他對現代社會中理性過度膨脹與工具主義盛行所持有的深切憂慮。王陽明與舍勒在宗教觀念上的這一根本分歧，直接影響了他們對道德實踐路徑的不同理解和追求。

舍勒觀察到，宗教價值在現代社會中正遭受工具價值的挑戰與貶低。他指出，西方基督教文明正處於價值論危機，根本源因在於現代社會「運用理智、技術、工業、語言

---

[23] A. R. Luther, *persons in Love, A Study of Max Scheler's Wesen und Formen der Sympathie*, p.19.

[24] 同上註, p.20.

的一切手段進行聞所未聞的野蠻行徑」使得聖訓失效、時代發生道德倦怠。[25]因此，舍勒重新審視和估算宗教價值在現代社會中的地位。他批判「理性主義的偏見」，指出現代科學並不以獨立於宗教為前提，恰恰相反，現代科學的目標和方法都以要加工和控制世界的宗教式意志為前提。[26]要恢復宗教價值的權威地位，必須先提高宗教實踐在道德實踐中的地位。實踐良知的方式就是在宗教的框架下進行懺悔，以此讓人獲得「罪的赦免」和新的精神力量。「懺悔假定了良知的全部含義。……當它不再僅僅針對『壞』，而是針對在上帝眼中是罪的『壞』時，它就具有其全部含義。當人們仰望上帝時，靈魂就會學會瞭解悔改的平安與平和，這是被稱為『罪的赦免』的神秘過程，是從事務中心注入新力量的過程。」[27]簡言之，實踐良知的方式就是在宗教的框架下進行懺悔。

王陽明對宗教的態度與舍勒相反，他總體上對宗教持批判立場，但這種批判並非針對佛教，也不是因為自身面臨理性主義偏見下的價值危機，王陽明更多地站在明朝內外交困的歷史背景下，批評佛教的「出家」思想，認為它是一種「自私的」態度，不適合負有天下國家的責任。[28]他認為，佛教強調的「出家」實際上是對人倫關係的逃避。在《傳習錄》中，他提到佛教因害怕人倫關係中的負累，如父子、君臣、夫婦等，而選擇逃避：「佛怕父子累，卻逃了父子；怕君臣累，卻逃了君臣；怕夫婦累，卻逃了夫婦。都是為了個君臣、父子、夫婦著了相，便須逃避。如吾儒有個父子，還他以仁；有個君臣，還他以義；有個夫婦，還他以別。何曾著父子、君臣、夫婦的相？」[29]王陽明批評說，這種逃避人倫的行為是「著相」，即執著於自己的私欲而非順應天命。因此「夫禪之說，棄人倫，遺物理，而要其歸極，不可以為天下國家。」[30]雖然禪宗也強調心性修養和覺悟，有一定積極意義，但是禪宗強調超越人倫物理的特點，難以契合國家治理之需。相反，儒家看似「著相」，實則不「著相」，因為儒家認可並用人倫關係中的仁、義、別等倫理來處理人際關係。於是，站在以家國天下為己任的立場上，王陽明堅持儒家的「積極入世」立場，以「成聖」為道德實踐的最高目標。與舍勒的觀點不同，個人實現這一目標的方式不依賴外在的恩典、來世或獎懲，而是直面自己內心世界，「去蔽明心」、「反求諸己」，在現實中實現「成聖」的最高目標。

綜上，兩者的宗教立場分歧直接導致了道德實踐方式的根本不同。王陽明宣導的是一種內向性的道德實踐，側重於個體內在良知的覺醒與心性修養；而舍勒則傾向於外向

---

25 田海平：〈從「控制自然」到「遵循自然」——人類通往生態文明必須具備的一種倫理覺悟〉，《天津社會科學》，2008年第5期，頁13。
26 （德）舍勒著，張小楓編，孫周興等譯：《愛的秩序》，頁2。
27 Max Scheler, *person and Self-Value, Three Essays*, p.118.
28 李承貴：〈王陽明思想世界中的佛教〉，《中山大學學報》（社會科學版），2010年第5期，頁133。
29 （明）王陽明：《王陽明全集》，頁99。
30 同上註，頁245。

性的道德引導，強調宗教對個體意志、信仰的塑造，以及對外部科學與社會實踐的積極影響。

（二）良知的價值本體：個體性與社會性

王陽明與舍勒的良知觀雖同以道德內意識為基礎，但是對價值本體的理解各有側重。王陽明直接以良知為價值本體，強調其共通性和統一性；而舍勒則以個體價值或意識為良知本體，[31]凸顯其差異性和個體性。

舍勒著重指出了個體道德意識的差異性。首先，舍勒批判了對價值判斷共同性的過度強調，認為這種強調使我們未能充分認識到道德意識的多樣性。他說「我們的差異意識對倫理學價值方面的反應要比對見解和判斷的理論區別方面的反應細微的多。」[32]然而，由於人們往往傾向於用「他人也曾這樣做」來為自己的行為辯護，價值判斷的共同性被不恰當地高估了。[33]其次，舍勒主張尊重個體價值判斷的差異性，實際上是對「內心的聲音」的尊重。他認為，個體的價值判斷實則深深植根於宗教價值之中。只要個體意識到「靈魂以其與主人和造物主的關係」，就可以聽見「上帝的聲音」，從而良心就能自發呈現出正確的價值秩序。[34]最後，舍勒堅信，缺乏個體良知的倫理學是不完善的，「倫理學永遠不能夠、永遠不應當替代個體良知。」[35]總之，舍勒強調了道德意識的個體差異性，反對將倫理價值判斷簡單等同於共同認知。他認為尊重個體的內在「聲音」和良知是道德哲學的重要基礎，倫理學應該建立在尊重個體價值判斷的基礎之上，而不是試圖替代個人的道德自覺。

王陽明則更加強調道德意識的普遍性和共同性，他宣導以「仁」為核心的道德人格的實現，以及個體修養與群體價值之間的統一。在承認個體良心的主體性的同時，他更為著力的是積極探求與強化共同意識，以實現群體價值的最大化。首先，良知的普遍性以天理的內在性和普遍性為基礎。「心外無理」說明「良心」一開始就以天理為內容，具有普遍性。[36]作為道德內意識的良知，並非外部強加的，而是人性本有的一部分，它是天理在個體內心的自然體現和內在化。其次，良知以仁為核心的道德實踐。「成聖」樹立了道德實踐的理想人格和共同目標。王陽明繼承儒家「為仁由己」的傳統，把「仁」作為道德實踐的核心價值取向。「聖人」就是對「仁」這一理性人格的具體體

---

31 （德）舍勒著，倪梁康譯：《倫理學中的形式主義與質料的價值倫理學》，頁731。
32 同上註，頁468。
33 同上註，頁468。
34 Max Scheler, *person and Self-Value, Three Essays*, p.118.
35 （德）舍勒著，倪梁康譯：《倫理學中的形式主義與質料的價值倫理學》，頁710。
36 楊國榮：《善的歷程：儒家價值體系研究》北京：中國人民大學出版社，2012年，頁226。

現。最後，王陽明的共同意識背後承載著特定的政治價值，良知也體現了個體修養與群體價值的統一。如前所述，王陽明特別強調了良知在社會團結和民族復興中的作用。他洞察到個體良知修養與群體政治價值之間存在的內在聯繫，這也與儒家「內聖外王」的傳統相一致。個體的道德自我完善不僅是為了個人的精神成長，更是為了實現以群體價值為基礎的社會目標。因此，良知不僅體現出一種道德人格，也體現出一種政治人格。具體來說，王陽明認為，個體的良知修養是以「為仁」為起點，逐步達到「成聖」的境界，這一過程中，個體不僅在道德上獲得了提升，而且也為實現更廣泛的社會價值提供了基礎。因此，道德和政治人格的完善，成為連接個體與群體、道德與政治的橋樑，是良知作為價值本體的最高實現。

總之，王陽明視良知為實現政治人格的基石，強調個體價值與社會價值的統一；舍勒則側重個體良知的獨特性，強調尊重差異與內心聲音。兩者的分歧揭示了道德哲學領域內個體良知的主體性與社會性之間的張力：一方面，王陽明的觀點傾向於構建一個以普遍良知為基礎的道德體系，強調道德的普遍適用性和統一性；另一方面，舍勒則呼籲關注並尊重每個個體在道德判斷上的自主權和差異性，反對以統一標準抹殺個人良知的多樣性。

（三）良知的社會功能：良知自由與國家權力

王陽明與舍勒在哲學層面均認同「良知」是對事物直接的好惡感受，且此感受先於理性思考而存在，構成道德認知和道德判斷的基石。然而，在探討個人良知與社會、國家關係的維度上，兩者對主體性與外部規範對統一性問題上持不同看法。具體來說，王陽明強調良知作為道德判斷內在準則的直接性，良知自由是以維護群體價值為目的的自由；而舍勒則側重於揭示良知在道德評估中的否定性角色，即通過排除不符合內在良知標準的行為來間接闡述其觀點，展現出一種道德批判力和反叛精神。

舍勒的良知自由思想帶有明顯的對權威主義的反叛色彩。首先，在普遍性與個人自由的關係上，舍勒認為，普遍有效的道德規範和認識容易損害個人良知的自由。「所謂普遍種屬理性，更確切地說，那種通過相互傳染而形成的大多數人的載體臆想的聲音便設定了對個體的束縛；而且這樣一來，良知和良知自由也就原則上已經受到損害。」[37]他強調個體良知應該擁有最大限度的自主性，不受外部強加的道德要求的束縛。

其次，舍勒堅定地將個人良知置於至高無上的地位，視其為一種不可侵犯的權利，這種權利高於國家權力的要求。他明確指出：「良知是倫常個體作為個體所具有的權利，這個個體會防止良知自由的原則提出單純普遍有效倫常法則的錯誤要求。」[38]舍勒

---

37 （德）舍勒著，倪梁康譯：《倫理學中的形式主義與質料的價值倫理學》，頁478。
38 同上註，頁477。

進一步對國家的道德權威提出質疑，特別是在那些要求個體違背個人良知以履行如服兵役等國家義務的情況下。他強調「在精神和個人存在的範圍內，個人站在國家之上，而不是在國家之下。」[39] 基於對個人良知的堅守，拒絕服兵役等違反個人良知的行為，在舍勒看來，是完全符合道德倫常的選擇。他認為，擁有如此堅定信念有思想的人「可以自行決定影響其良心的任何法律規定的形式和內容，特別是在戰爭等嚴重案件中。」[40]

最後，在良知的功能性質上，舍勒認為良知的本質功能是否定性的，即警告和禁止，而不是積極主動地宣導善。舍勒說：「良知展示什麼是壞、什麼是不應當的，它『提出責難』，如此等等。『良知』在萌動意味著，有某種東西在抵制有關的舉止；但它從不意味著：良知說：某事是善的。——良知是為「倫常」提供矯正服務的。」[41] 換言之，良知的作用是警告、禁止，而不是倡議、盼咐。因為良知「不具有一種提供原初積極明察的功能，而只具有一種批判的、部分是警告、部分是裁決的功能。」[42] 它的作用是為現存的道德體系進行矯正和修正，而不是提供新的道德指引。

王陽明同樣持有良知自由的觀念，然而其本質與舍勒的理念存在差別。具體而言，王陽明的良知思想並未顯著地展現出近代啟蒙運動所孕育的權利意識，而是側重於經世致用的道德觀念，尤其在社會與國家的治理中發揮作用。首先，王陽明的「心即理」，強調主體性與外部規範的統一，這與舍勒強調個人良知的獨立性和超越性是不同的。王陽明的良知自由建立在與理學僵化的「天理」所對立的主動認知之上。換句話說，「心外無理」是對程朱理學中從理到心關係的顛倒，即從心到理，而不是直接用心取代理、去掉理。因此，王陽明說的「心即理」雖然給予心以主體性和自由權，但這種自由不是舍勒意義上與外部限制對立的「無限制」，而是與理學僵化吸收天理對立的主動地認知天理。舍勒的良心則具有一種反叛意識，良心不是要去認識理，恰恰相反，是要從理（即外部規範）的束縛中掙脫出來。舍勒對理的超越比王陽明更加徹底。如果說王陽明欲使心、理處於同一戰線，那麼舍勒毫不懷疑心在理的對立面。

其次，在個人良知與國家權力的關係上，王陽明始終將人置於國家之下，沒有像舍勒那樣提出個人良知高於國家的觀點。他試圖通過心與理的合一來避免權威主義的過度強化，而不是直接以個人良知取代國家權力或者法律。在個人自由與國家的關係中，王陽明沒有走出時代的局限。雖然其良知觀給反對專制留下了巨大的空間，但是「與其說陸、王已在價值上超越了權威主義，不如說他們試圖通過心與理的合一而避免權威主義的過度強化。」[43] 王陽明的良知論不僅關注個體的內心修養，也試圖在個體與國家、權

---

39 A. R. Luther, *Max Scheler (1874-1928) Centennial Essays* (Berlin: Springer Netherlands, 1974), p.93.
40 同上註, p.93.
41 （德）舍勒著，倪梁康譯：《倫理學中的形式主義與質料的價值倫理學》，頁473。
42 同上註，頁473。
43 楊國榮：《善的歷程：儒家價值體系研究》，頁226。

威之間找到一種平衡。

最後,在良知的社會功能上,王陽明沒有像舍勒那樣強調良知的否定性,而是緊跟儒家的「修身齊家治國平天下」理念,體現了良知在實踐中的積極引導作用。實踐中,王陽明更有振經濟、辦書院、平叛亂等諸多功績,無一不證明其「知行合一」的理念和實踐。

總體而言,舍勒著重強調了個人良知的自主性與超越性,他視良知為一種至高無上的、不可侵犯的權利,這一權利甚至淩駕於國家要求之上。相比之下,王陽明則更為強調道德意識的同質性和以群體價值為導向的目標。兩者在這一點上存在的明顯分歧,反映了中西傳統背景下對良知本質及其社會功能的獨特理解。兩者在「良知」這一核心理念上的共鳴,雖然跨越時空界限,卻在具體的應用與闡釋上各自烙上了時代和文化特色。

三　王陽明與舍勒良知觀於現代啟示

面對中西文化碰撞、傳統價值衝突,以及當今世界普遍存在的精神危機時,我們認識到極端個人主義的傾向或是對傳統的簡單複製均非解決問題的可行之道。[44]如何實現中西互鏡視閾下,良知觀在理論與實踐上的互補與融合,是亟須面對的議題。鑒於此,我們有必要在總結和反思王陽明與舍勒良知觀念異同的基礎上,探索兩者間的互補價值,即在良知建構中,注重情感與理性的融合、良知實踐與宗教功能的互補,以及權利意識與公共價值的結合,對於塑造合理的良知觀具有重要意義。通過構建這「三個結合」,旨在塑造一種更加合理、適應時代需求的良知觀。

(一)情感與理性的融合

王陽明和舍勒都認為道德情感具有內在的直接性和自足性,無需外在的理性證明。這種對情感的自發性和自明性的強調,反映了兩者賦予內在體驗在道德認知中的核心地位,代表了他們共同的理論取向。但是,道德情感本身具有主觀性和局限性,容易受到外界因素的影響,甚至會導致「移情疲勞」。因此,雖然王陽明和舍勒都重視情感在道德基礎中的作用,但過度依賴主觀情感會產生問題。這就需要個體對自己的道德情感進行批判性反思。

合理的良知觀要求情感與理性相結合。主體必須對道德情感進行批判性反思,而這一反思過程需要理性的輔助。王陽明和舍勒所批判的「理性」,實際上指的是工具理性或者說是物理知性,而不是能夠容納良知情感的理性的反思功能。欲求良知的個體應該

---

44 黃玉順:《面向生活本身的儒學》成都:四川大學出版社,2006年,頁207。

轉向能夠反思、修正和篩選道德情感的認知模式，摒棄那些不穩定的情感，保留那些具有權威性的情感，如堅毅和無私。這些經過理性提煉的情感使道德主體能夠克服移情疲勞，構建更加理性和穩定的良知概念。

在探討情感與理性結合的語境下，現象學提供了一種方法論視角。具體來說，良知作為道德內意識的一種重要形式，與現象學的核心思想相一致，即強調從主體的心靈活動出發建立認知和價值體系，以對抗嚴格的物理主義視角。在此維度上，王陽明的「心外無理」原則與現象學和情感直覺主義在理論上產生了共鳴。而舍勒本人就是現象學價值倫理學的創立者，以及情感直覺主義的宣導者，更是直接推動了現象學方法在良知觀領域的運用。

從方法論層面看，王陽明與舍勒都展現出了對現象學方法的運用，儘管各自的應用方式和理論背景有所不同。用現象學的方法來闡釋良知或者說道德內意識，有助於克服心理學或其他觀點中固有的「理性與自我的分離」的局限。通過直接參與內心體驗，良知主體不僅能觸及所有反思性的道德情感，更重要的是，這種體驗構成了實現情理統一的關鍵。然而，將良知視為不證自明的道德情感和人性基本源則時，我們還要面對客觀性問題的挑戰，以及良心與格物之間的潛在張力。為解決這個問題，現象學必須與現代情感主義相結合，後者提供了情感的客觀性理由和情感價值的合理性論證，為基於現象學方法建構合理的良知觀提供了互補視角。

（二）良知實踐與宗教功能的互補

現代性所引發的社會結構、文化觀念及生活方式的深刻變革，不僅重塑了宗教的存在形態，也直接觸及並重新定義了良知的內涵。在這一背景下，一個重要的問題是：宗教背景與非宗教背景下，良知的觀念是否存在差異？此外，隨著科學日益遠離傳統的人類意義與目的探討，是否應當尋求宗教價值的介入，以挽救並豐富良知的內涵，成為一個重要議題。這些問題既向宗教提出了嚴峻的挑戰，也為其在轉變時期帶來了新的機遇與期許。

王陽明批判傳統宗教的消極避世傾向，轉而宣導儒家積極入世的道德實踐觀，為現代社會提供了重要的非宗教背景的道德指引。一方面，他認為，每個人都擁有與生俱來的善和道德感，這種內在良知可以通過自我發現和實際行動來培養，這與宗教傳統中將道德權威置於外在神性來源的做法形成鮮明對比。王陽明強調，道德實踐的核心在於向內探求，通過「反求諸己」與「去蔽明心」的過程，直接領悟並踐行內在良知，以此作為實現個人道德修養至高境界——「成聖」的基石。

另一方面，王陽明的「知行合一」理念在實踐中尤為突出，他摒棄了宗教倫理學中理論認識與實踐道德修養之間的僵化分離，認為真正的道德知識只能通過具體實踐來獲

得。他將道德權威置於個人之中，強調生活經驗高於抽象教義，鼓勵個人在世俗生活中積極作為。這一思想有助於在非宗教語境中，構建既符合外在現實需求又富有內在精神關切的道德實踐體系。

與此相對，舍勒則更注重宗教在現代社會中對於科學與道德的指引與修復作用。他認為良知不僅是內在覺悟，更深深植根於人的意志與信仰之中，並主張通過宗教的力量重建科學的道德根基，使外在的宗教實踐成為指導並重塑人類科學與社會行為的燈塔。舍勒試圖將價值的公共性建立在具有普遍性的宗教之上，以建立一種個人主義的反思模式，將宗教作為良知概念的前提和道德實踐的方式。

然而，將宗教作為道德實踐的前提這一觀念面臨挑戰，因為正如王陽明所揭示的，某些宗教可能蘊含「出世」思想，導致道德實踐的消極傾向。西季威克（Henry Sidgwick）曾批評道宗教普遍具有消極離世的態度，包括早期和中期基督教「對家庭關係和公民關係相對貶低，以及消極地與世界相疏離」。[45]實際上，良知可以在無宗教環境中獨立存在，且不同宗教信仰的社會未必共用對至高神祇的同一信仰。此外，宗教的消極作用在於，宗教的良心只關注人和上帝的關係，靈魂拯救與現世善行脫鉤。[46]若將良知置於宗教前提之中，容易忽視與世俗善行的直接聯繫。

不過，舍勒關於現代科學與宗教關係的觀點仍具重要價值。他挑戰了「理性主義偏見」，指出科學並非完全獨立於宗教前提和動機，而是以某些宗教或形而上學基礎為前提，包括良知和個人道德意識。舍勒敏銳地觀察到現代科學過於注重工具理性和實用主義，忽視了知識生產的道德和倫理層面，因此他主張通過宗教價值體系來指導科學，恢復科學的規範基礎，對糾偏現代科學的發展軌跡，實現人本主義目標有積極意義。

總之，王陽明與舍勒在道德實踐和良知觀念上展現了不同的思想路徑。王陽明強調人的內在力量和現實生活中的道德修養與行動，而舍勒則看重宗教在現代社會中的指引作用，儘管他也意識到宗教並非道德實踐的唯一或絕對前提。這兩種思想反映了不同文化背景下對人性和精神追求的不同理解，共同豐富了人類對於道德和宗教關係的思考。

（三）權利意識與公共價值的結合

舍勒賦予個人良知以極高的自由度，視其為抵禦外部不當干預的強大屏障，這一立場反映了西方資本主義文化背景下對個人權利的高度重視。舍勒將良知視為權利的觀念中蘊含著強烈的個體自由與自主精神。反觀王陽明所處的時代，正值明朝封建社會向更深層次轉型的關鍵時期，他的思想雖同樣重視個人良知的力量，但更多的是將其置於維

---

45 （應）西季威克著，熊敏譯：《倫理學史綱》南京：江蘇人民出版社，2008年，頁119。
46 張政文：〈德意志審美現代性話語的文化生態要素探究〉，《中國社會科學》，2012年第11期，頁31。

護社會和諧、促進道德修養的目的框架之中。王陽明對良知的思考體現了一種與當時社會結構相適應、強調個人修養與社會責任相統一的哲學思考。

良知既是個體道德判斷的內在聲音，也是連接個人與社會的橋樑。一方面，王陽明和舍勒的良知思想有一個共同前提，即良知是一種內在的道德能力，以人的主體性和道德自主性為基礎。他們認為良知是個人理解和應用道德標準的直接手段。這反映了對人類做出道德判斷的內在能力的共同強調。另一方面，他們對良知的價值本體的理解卻存在顯著分歧。王陽明的方法著眼於社會背景下的共同道德意識和價值整合。他認為良知是培養社會和諧和促進集體行動以實現共同利益的基礎。相比之下，舍勒的觀點更具個人主義色彩，對國家權威持批判態度。他主要關注個人良知的權利和自由，甚至不惜犧牲社會凝聚力。這種激進的反權威立場雖然在挑戰濫用權力方面很有價值，但也可能導致「民主暴政」——一種個人權利不受制約而破壞穩定有序的社會基礎的情況。王陽明的觀點較為溫和，認為個人良知有助於社會和諧和集體道德繁榮，提供了更具建設性的願景。通過承認價值整合和道德共識的必要性，他的觀點有助於避免道德解構主義的陷阱和公共意識的消解。

在構建合理的良知觀時，綜合這兩種方法將是最有益的，即尊重個人道德自主的重要性和共同道德意識的價值，同時在個人權利和集體利益之間達成平衡。這種平衡的方法既承認良知在道德決策中的核心地位，又承認個人道德選擇的社會影響。綜合王陽明和舍勒的良知思想，將有利於培養一種全面的良知觀：一方面，它有利於培養個人的道德能動性，使每個人都能具備獨立進行道德判斷的能力，並培養出深厚的道德責任感；另一方面，它有助於建立一個共同的倫理框架，以促進社會合作，追求共同利益。

歸根結底，合理的良知觀必須在尊重個人道德自主性與承認道德決策的社會維度之間取得平衡。通過綜合王陽明和舍勒等思想家的見解，我們可以構建對良知的理解，認同良知在驅動個人道德能動性和促進社會整體道德發展中的雙重重要性。

「天下之精神所注」的制藝
——袁宏道的時文觀評議

趙 玲
四川大學文學與新聞學院

「談到明清文學，如忽略了八股文，便無法把握住它的真精神。」[1]時文的缺失，易於忽略某些重要之視角，並於討論之際遺漏關鍵的細節。明初以來，八股文之地位，恆為模糊且時見輕蔑。世人多視之為應科舉而作之文，鮮以文體自尊。[2]雖然有明中葉王鏊試圖革新之，且唐順之、瞿景淳、薛應旂等輩相繼崛起，合稱「王瞿唐薛」，然而對八股文之文學價值，世人仍鮮有正視。詩、古文辭與八股文，雖各屬異體，前者卻時常並論，八股文則遭冷落，不過被視為取仕之梯。故當文藝復古之風起，復古派倡作文須摹古仿古，對於八股則持疏遠甚或輕蔑之態。復古派自王世貞卒後（萬曆十八年），漸見衰微，而袁宏道進士登科，標誌公安派之興起。[3]公安派重性靈與創新，反對復古派之摹古擬古。詩論上，復古派主「詩必盛唐」，公安派則不拘一格，肯定盛唐以來諸代詩作。從復古至公安，詩文觀念差異顯著，公安派之肯定今文，亦涉及對制藝之評價，乃至於正面肯定其價值，[4]故本文試圖從以下四個層面展開論述。

1　（日）橫田輝俊撰，前野直彬編：〈八股文〉，《中國文學概論》臺北：成文出版社，1980年，頁193。
2　有批評時文者，諸如吳寬（1435-1504）在〈舊文稿序〉中謂：「業稍長，有知識，竊疑場屋之文，排比牽合，格律篇同之，使人筆勢拘繫，不得馳騖以肆其所欲言，私心不喜」。吳氏指責八股文以「排比牽合，格律篇同之」的方式來束縛士人思想。（〔明〕吳寬：《匏翁家藏集》，卷四十一，《四部叢刊》本）；黃宗羲（1610-1695）在《科舉》一文中曰：「科舉之弊，未有甚於今日矣！」在《馮留仙先生詩經時藝序》中又謂：「士之不學，由專工於時藝也。時藝之不工，由專讀於時文也。」明確地告訴人們，墨卷及各種選本是怎樣促使倖進者不讀經史，只讀時文的。（黃宗羲：《黃梨州文集》北京：中華書局，2009年，頁344。）
3　關於文學復古運動的研究，本文主要參考了廖可斌、鄭利華等學者的研究成果和觀點。具體可見廖可斌：《明代文學復古運動研究》北京：商務印書館，2008年；鄭利華：《前後七子研究》上海：上海古籍出版社，2015年。其它專著如黃毅：《明代唐宋派研究》上海：上海古籍出版社，2008年；黃卓越：《明中後期文學思想研究》北京：北京大學出版社，2005年。
4　有關袁宏道八股文的研究，目前學界研究對此關注較少，有宋俊齡的〈袁宏道與八股文〉一文，文章分析各個時期袁宏道對八股文的評價和態度，但尚有深入討論的地方；又有陳瑞讚的博士論文《明代八股文及其文學面相研究》，文中將八股文與性靈文學單獨作為一節，將三袁對待八股文的態度合為論之，然而對袁宏道的討論亦不夠深入。其他著作對袁宏道的時文觀的討論，多集中在其對時文的認同如何成為其反對復古助力，或對其時文觀略有提及。具體參見朱傳譽主編：《袁宏道文學

一　超越古、今之別的制藝

在明代中期文藝復古運動中,復古派主張「文必秦漢,詩必盛唐」,於詩文之間,明確判別古今之分。凡讀書與為文,多取法於秦漢及隋唐之詩文,而輕棄兩宋以降的作品。至於復古派對八股文之定位,復古派的代表人物李維楨曾為陸弼之詩作序,其中提及:「科舉之業與古文辭分道而馳,士少年竊一第,弁髦棄之,而後專心學古,不然,則山林之士,不事科目者耳。」[5]李維楨區別古文辭與制藝,將古文辭視為學問之正途,而制藝則僅作為取得功名的手段,不被認為有資格與古文辭並列。這種觀點同樣體現在社集的活動中。以汪道昆在新安成立的豐干社為例。汪道昆在《豐干社記》中也提及:「今博士以經術繫諸生,不啻三木,童而屈首,既白紛如,即佔畢不違,何知六義?諸君子孳孳本業,徒以其餘力稱詩。才人人殊,要皆不溺于法。他日釋業,九歌二雅,亦其優為。」[6]汪道昆認為制藝之文以經學束縛人,士人直至頭髮斑白,皆未能深入理解六義,亦皆淪於俗套,意在說明制藝僅是應試之用,而不能與詩並列。

萬曆年間,公安派起而批評復古派,其評論之矛頭雖首指詩學,亦發表對制藝的看法。復古派持古法,主張詩歌應追尋盛唐之風骨,而公安派則重視真性情的發揮,不拘泥於時代之界限,故對盛唐以降各朝詩作亦予以肯定。由於公安派對「今文」的認同,制藝也因之受到重視。在袁宏道之前,李贄作為公安派的引路人,其在《童心說》中的言論經常被引述,公安派之言論在早期與之同調。李贄曰:「詩何必古《選》,文何必先秦,降而為六朝,變而為近體,又變而為傳奇,變而為院本,為雜劇,為《西廂曲》,為《水滸傳》,為今之舉子業,皆古今至文,不可得而時勢先後論也。」[7]李贄在此強調詩、古文與舉業之文皆是三種不同的文體,然而舉業之文往往不受重視。並進一步指出由詩而傳奇,變為院本,為雜劇,為小說,再變為舉業之文,此皆「古今至文」,故認為不應以時代先後論其優劣,這是較早對制藝的正面評價。

袁宏道對文體以及對制藝的看法,即在此脈絡下,袁宏道與李贄肯定今文及俗文學的觀點一致。袁宏道謂:「世人以詩為詩,未免為詩苦,弟以打草竿、壁破玉為詩,故足樂也。」[8]主張不假雕飾,不用古典,為文要有「信手拈來,拈花微笑」之感,作詩皆用民歌之格,且深為自得。同時,袁宏道也借制藝之「時」來批評復古派詩必盛唐的主張,曰:「唐自有詩也,不必選體也;初、盛、中晚自有詩也,不必初、盛也。李、

及其文學理論》臺北:天一出版社,1982年;周群:《袁宏道評傳》南京:南京大學出版社,1999年;戴紅梅:《袁宏道與晚明性靈文學思潮研究》武漢:武漢大學出版社,2012年。

5　李維楨:〈陸無從先生集序〉,陸弼:《正始堂集》,卷首,國家圖書館藏明萬曆間刊本。
6　汪道昆:《太函集》,卷七十二,明萬曆刻本。
7　(明)李贄:〈童心說〉,《焚書》北京:中華書局,2009年,卷三,頁99。
8　(明)袁宏道撰,錢伯城箋校:〈伯修〉,《袁宏道集箋校》上海:上海古籍出版社,2018年,頁526。

杜、王、岑、錢、劉，下迨元、白、盧、鄭，各自有詩也，不必李杜也。」[9]袁宏道批評時下的士人一味地以唐人為尊，又以不唐病宋。

袁宏道以超越古今之文的看法來肯定制藝：一是質疑古、今文之別的界線；二是從「文之變」的角度又讓制藝凌駕於古、今文的區辨之上，試圖賦予制藝更高的價值與地位。對於前者，袁宏道在《諸大家時文序》中有所提及：

> 夫詩之氣，一代減一代，故古也厚今也薄。詩之奇之妙之工之無所不極，一代盛一代，故古有不盡之情，今無不寫之景。然則古何必高，今何必卑哉？[10]

序中對古、今之詩的地位提出質疑，發出「古何必高，今何必卑」的感嘆，故而也不希望因制藝是今文而被貶低。

至於如何讓制藝凌駕於古、今之文的區上，宏道以時變為宗，謂之「文之變」在《與江進之》書信中云：

> 古之不能為今者也，勢也。其簡也，明也，整也，流麗痛快也，文之變也。夫豈不能為繁，為亂，為艱，為晦，然已簡安用繁？已整安用亂？已明安用晦？已流麗痛快，安用聱牙之語，艱深之辭？[11]

書中先論「文之始」到「文之變」，標榜為文主變。文中表明繁者必簡、晦者必明、亂者必整、艱者必流麗痛快，這是「文之始」。繼而又論及「文」亦有「變」，指出古人之法，不合今用，勿以艱深聱牙之辭替代流麗痛快之語，應取其簡明流暢，棄繁亂晦暗，強調文宜隨時變。最後又得出文無古今之別的結論，曰：

> 古不可優，後不可劣。若使今日執筆，機軸尤為不同。何也？人事物態，有時而更，鄉語方言，有時而易，事今日之事，則亦文今日之文而已矣。[12]

易言之，袁宏道強調人事變遷，文隨時變化，今日之事當以今日之文表述，故不可以古今之別而評優劣。袁宏道在《時文敘》中又對「文之變」作了進一步的解釋：

> 舉業之用，在乎得雋。不時則不雋，不窮新而極變，則不時。是故雖三令五督，而文之趨不可止也，時為之也。才江之僻也，長吉之幽也，錦瑟之蕩也，丁卯之麗也，非獨其才然也。體不更則目不體，雖李、杜復生，其道不得不出於此也，時為之也。[13]

9　（明）袁宏道撰，錢伯城箋校：〈丘長孺〉，《袁宏道集箋校》，頁304。
10　（明）袁宏道撰，錢伯城箋校：〈諸大家時文序〉，《袁宏道集箋校》，頁304。
11　（明）袁宏道撰，錢伯城箋校：〈江進之〉，《袁宏道集箋校》，頁551。
12　同上註，頁551。
13　（明）袁宏道撰，錢伯城箋校：〈時文敘〉，《袁宏道集箋校》，頁758。

敘中指出時文由窮新極變得來，有不因循守舊，不則時宜，則文不雋的特徵，故能借制藝之合時，常新論文。就體制而言，袁宏道列舉「才江之僻也，長吉之幽也，錦瑟之蕩也，丁卯之麗也」[14]，來說明與同一體之中正以獨創風格為奇，可稱之為同體之「變」。由「變」而論及「新」，就內容而言，袁宏道認為於措辭上，「所取者，皆一時新體之辭，而其所抹勒者，皆蕪穢也」，能「極新」不守舊，則可以觀其才，方可觀其時。

總之，世人往往將時文與古文劃界，一為功令之文，或謂之利祿之文，一為載道之文，故有高下之別。然袁宏道於革新與復古之議中，對此對立有獨到之見，可謂別開生面。袁宏道強調文宜隨時變，不拘古今之界。批評復古派的復古，以申己說。可見，袁宏道之志，非徒褒揚今藝，而是超越古、今文的界線，使制藝脫俗而獨立，不以時代之新陳為輕重之尺，亦不以古今之別為高下之界。比之籠罩於復古摹擬之風的傳統詩文，八股文之隨時變化，無疑顯得突出，對於求新求變的文學改革者而言，利用八股文以闡述文章與時俱進之理，實有其便利之處。

二　詩與舉子業，異調而同機

袁宏道除了從超越古、今之文的角度來定位制藝外，為了凸顯舉業之文的地位，袁宏道還提出「論文與詩同工」的論調，認為今之「以文取士，文猶詩」，將舉業之文與詩並提。袁宏道最先在《諸大家時文序》中提出：

> 今代以文取士，謂之舉業士，士雖借以取世資，弗貴也，厭其時也。夫以後視今，今猶古也，以文取士，文猶詩也。後千百年，安知不瞿、唐而盧、駱之，顧奚必古文詞而後不朽哉？[15]

袁宏道比較古、今的取士方式，認為今之「以文取士，文猶詩也。」強調明之舉業之文，正如唐之以詩取士，皆為舉業之用，認為「文猶詩」，故將二者同等對待。並指出千百年後，誰能確定當下的文章不會如古代的盧、駱之作般被傳頌？故並非要仿古文詞才能不朽。

此外，袁宏道又縱觀古文之流變，借題發揮來嘲諷前後七子「愈古愈近，愈似愈贗」以致「天地間真文漸滅殆盡」[16]，認為復古者實為文墨之蠹，然唯獨博士家言獨尊於世，即言舉業之文於世有益，曰：

> 獨博士家言，猶有可取。其體無沿襲，其詞必極才之所至，其調年變而月不同，

---

14 （明）袁宏道撰，錢伯城箋校：〈時文敘〉，《袁宏道集箋校》，頁758。
15 （明）袁宏道撰，錢伯城箋校：〈諸大家時文序〉，《袁宏道集箋校》，頁199。
16 同上註，頁199。

手眼各出，機軸亦異，二百年來，上之所以取士，與士子之伸其獨往者，僅有此文。而卑今之士，反以為文不類古，至擯斥之，不見齒於詞林。嗟夫！彼不知有時也，安知有文！[17]

袁宏道以時文之新意，駁斥輕八股者，認為為時文者，取其真，取其「伸其獨往」取其變，取其「年變而月不同，手眼各出，機軸亦異」，意在指責時下的文人摒棄不肖古的文章，致使真文消失殆盡。具體言之，「時」在袁宏道看來有「意則常新」，「調則無前」之意，由此批評卑今之士「不知有時也，安之有文」。[18] 袁宏道持此重時文而輕古文之態度，且將時文與詩並論之，實屬少見。不過，其後的焦循更在袁宏道的基礎上，進一步說：「明人之於時文，猶唐之詩，宋之詞，元之曲也。執成、弘之樸質，隆、萬之機局，以盡時文，不異執陳子昂、孟襄陽、韋蘇州以盡詩，執姜白石、張玉田以盡詞，亦學究之見而已矣。」[19] 焦循之言，非獨時文之可與詩並論也，即合漢賦、唐詩、宋詞、元曲、明時文而統論之。至民國，又有劉咸炘為時文辯護，證明「文各有體，本無高下」，且「唐之律詩、律賦、判詞，宋之經義、論策、四六，孰非幹祿之具？」認為這些文體至今仍受人重視，為什麼八股文幹祿就被人賤視呢？[20] 可見，後世論時文或多或少與袁宏道不謀而合。

值得注意的是，袁宏道言「體無沿襲」[21]，昭示其對文體變革之肯定，足見其對文章必合於時而作之「時」字之重視。此見解無不出於其洞察八股文隨著時代變遷而變化的特徵，即是袁宏道所言：「臣嘗以今日之時藝，與今日之時事相比較，似無不合者」[22]，又「今之時藝，格卑而意近，若於世無損益；而風行景逐，常居氣機之先」[23]，袁宏道論八股文，以其格調主宰世運，居氣機之先，認為文運亦能反哺時運。

袁宏道還在《郝公琰詩敘》中為制藝是今日應試之文進一步的迴護，指出詩與舉子業，異調而同機，即唐詩與制藝，他們雖然形式不同，但本質上有相同的目的，文中記載：

詩與舉子業，異調同機者也。唐以詩試士，如桃李不言、行不由徑等篇，束於對偶使事，如今程墨。然而集中所傳，多其行卷贈送之什，即今之窗課也。今代為詩者，類出於制舉之餘，不則其才之不逮，逃於詩以自文其陋者，故其詩多不工。

---

17 （明）袁宏道撰，錢伯城箋校：〈諸大家時文序〉，《袁宏道集箋校》，頁199。
18 同上註，頁199。
19 （清）焦循：〈時文說三〉，《雕菰集》卷十，清道光二十二年阮亨彙印文選樓叢書本。
20 劉咸炘撰，黃曙輝編：〈制藝法論鈔〉，《劉咸炘學術論集》廣西：廣西師範大學出版社，2007年，頁168。
21 （明）袁宏道撰，錢伯城箋校：〈諸大家時文序〉，《袁宏道集箋校》，頁199。
22 （明）袁宏道撰，錢伯城箋校：〈陝西鄉試錄序〉，《袁宏道集箋校》，頁1666。
23 同上註，頁1666。

> 而時文乃童而習之，萃天下之精神，注之一的，故文之變態，常百倍於詩。[24]

所謂「同機」，即指唐詩最初也是應試的文體，故以制藝與唐詩齊名，並論之，視之為當世應試文之精萃。同時，還指出作詩之弊，言唐以詩試士，有「束於對偶使事」之不足，且明代為詩者，多出於舉業之餘，故而文人之詩「多有不工」。

羅萬藻在《崖西詩序》中同樣也指出，「入明以來，學士大夫往往以全力用之制藝，而以其制藝之餘及詩。」[25] 相比之下，舉業之文則不受制於格律，又因文人少而習之，且制藝集「天下之精神，注之一的」，故制藝之形態，常倍於詩，此所謂「異調」。正因有此「異調」，袁宏道才將詩與舉業之文放在同一位置，認為二者同機而異調，因而又強調制藝乃「時王之制」與「天下之精神所注」[26]，時文在袁宏道眼中遂成為聯繫傳統經傳的紐帶。

三 制藝乃「天下之精神所注」

據《明史‧選舉志》所載，明萬曆十五年，禮部對於當時科舉文章混雜百家之言，偏離經典之正道的擔憂：

> 唐文初尚靡麗，而士趨浮薄；宋文初尚鉤棘，而人習險譎。國初舉業有用《六經》語者，其後引《左傳》、《國語》矣，又引《史記》、《漢書》矣，《史記》窮而用六子，六子窮而用百家，甚至佛經、道藏摘而用之，流弊安窮？[27]

《明史》記載萬曆年間，科舉文風日趨淺薄，由尚《六經》至雜引百家，甚至包括佛教、道教經典。學術混亂，文風失正。方望溪在《欽定四書文》中也對隆、萬年間的制藝之文有所論述，指出隆、萬之時，文人「兼講機法，務為靈變」，雖技藝精湛，卻「氣體茶然」。繼而又言至啟、禎，學者則「窮思畢精，務為奇特」，雖然「包絡載籍，刻雕物情」，卻有時「凡胸中所欲言者，皆借題以發之」，而忽略了經典的本義。[28] 方望溪切中肯綮地指出制藝發展至隆、萬年間，其文風走向輕率。董其昌在《袁伯應詩集序》中又謂：

> 蓋隆、萬之間，士子尺寸功令，宋人注疏之外，一步不窺。二十年來，破觚為圓，浸淫廣肆，子史空玄，旁逮稗官小說，無一不為帖括用者。[29]

---

24 （明）袁宏道撰，錢伯城箋校：〈郝公琰詩敘〉，《袁宏道集箋校》，頁1202。
25 （明）羅萬藻：〈崖西詩序〉，《此觀堂集》，卷三，清乾隆二十一年躍齋刻本。
26 （明）袁宏道撰，錢伯城箋校：〈陝西鄉試錄序〉，《袁宏道集箋校》，頁1667。
27 （清）張廷玉等撰：〈選舉志〉，《明史》北京：中華書局，1974年，卷六十九，頁1689。
28 （清）方苞：〈四書文選表‧凡例〉，《方望溪全集》（集外文）卷二，清咸豐元年戴鈞衡刻本。
29 （明）董其昌，邵海清點校：〈袁伯應詩集序〉，《容臺集》杭州：西泠印出版社，2012年，頁185。

董氏言自萬曆年初，八股之文愈發繁蕪，經義之文本之純潔性，幾至全失。與董其昌相同，張鳳翼亦認為八股文風在萬曆前期有較大的改變：「萬曆丁亥以來，文體漸變。至乙酉、丙戌間，則專尚詭譎，濫觴極矣，識者憂之。」[30] 從萬曆五年到十三、十四年，大約十來年的時間，八股文開始走向「詭譎」。所謂的「詭譎」，當指內容和形式都突破了八股功令的規範。

袁宏道即是前文所提及的「識者憂之」之士，他儘管認可制藝具有「時」與「勢」之優勢，卻也察覺到在隆、萬年間的制藝作品中，由於忽略了經典的義理，導致制藝流於輕率。基於此種認識，他從最初借制藝之「時」來反抗復古派，到最後選擇回到傳統經典本身：一是堅守經學的傳統，言朱子之要；二是評制藝是「天下之精神所注」，這也是其對制藝的最終歸宿。具體體現在《陝西鄉試錄序》一文中：

> 夫文章與時高下，今之制藝，格卑而意近，若于世無損益；而風行景，逐常居氣機之先，蓋天下之精神萃焉。故臣每于尺幅之中，閱今昔之變態，無不驗者。稍從坊市取時刻讀之，而心切切然懼也。[31]

袁宏道指出文章隨時代的變遷而有不同，制藝雖然在眾多文體中處於邊緣位置，但每閱讀坊間時刻，皆能在書卷中知曉時代之變化，故認為制藝不僅代表諸世之所趨，且是世之精神所繫。對此，袁宏道表明從坊間刊刻中知時代之變，譬如「洪、永之文簡質」，反映洪、永年間文之簡樸；又知弘、正年間，因「物力漸繁，而風氣漸盛，士大夫之莊重典則如其文，民俗之豐整如其文」，即因物質力量漸長，社會風氣也變得繁盛，故時風由樸而造雅。直至嘉、隆之際，「天機方鑿，而人巧方始」，天下運勢開始改變，人們的技藝也開始發展。然而，「鑿不累質，巧不乖理，先輩之風猶十存其五六，而今不可得矣。」[32] 簡言之，雖然時移世易，但這種變遷並未損害本質，制藝亦未逾越其法度，先賢之風範，猶存片鱗半爪，然而回視今日，已不可得。正如錢謙益所言，「隆慶初之一變，不可謂非其力也。今文運日靡，文心日薄。」[33] 這也是為何袁宏道重視傳統經典之真義的緣由，文中又言：

---

30 文中「丁亥」當為「丁丑」之誤，即萬曆五年（1577）。參見（清）張鳳翼：〈談輅〉卷下，《續修四庫全書》，第1127冊，影印明萬曆刻本。

31 （明）袁宏道撰，錢伯城箋校：〈陝西鄉試錄序〉，《袁宏道集箋校》，頁1666。

32 袁宏道所言：「洪、永之文簡質，當時之風習，未有不儉素真至者也。弘、正而後，物力漸繁，而風氣漸盛，士大夫之莊重典則如其文，民俗之豐整如其文，天下之工作由樸而造雅如其文。嘉、隆之際，天機方鑿，而人巧方始。然鑿不累質，巧不乖理，先輩之風猶十存其五六，而今不可得矣。」亦可看作其對明代八股文分期的論述，具體參見（明）袁宏道撰，錢伯城箋校：〈陝西鄉試錄序〉，《袁宏道集箋校》，頁1666。

33 （明末）錢謙益：〈家塾論舉業雜說〉，《牧齋有學集》，卷四十五，四部叢刊景清康熙三年刻本。

士無蓄而藻繢日工，民愈耗而淫巧奇麗之作日甚。薄平淡而樂深隱其頗僻同也；師新異而騖徑捷，其跳越同也。

時義而廢註疏，此奸紀之大者，天下翕然以為新，不惟見原，而且以得雋，後學何創焉。[34]

文中述及今之時風，本應質樸而有其獨到之處，然眾多學者尋求捷徑，多注重外表之華麗，忽視了深意之探求，由此文風日益趨向浮華。繼之，袁宏道對於當世學者對經典之誤解與妄用，亦甚表憂慮，反對「時義而廢註疏」的行為，認為此忽略經典之真義，僅為新奇而背逆傳統，[35]因之帶來嚴重的後果，才出發「不惟見原，而且以得雋，後學何創焉」的感嘆。接著袁宏道還論及治國之道、世道，二者與經典之文的關係，以此來凸顯經傳註疏的地位。序中曰：

夫高皇帝範圍天下之道，託于經傳，而章程于宋儒，此其中自有深意。故洛、閩之學脈窮，則高皇帝之法意衰，臣見天下之以令甲為兒嬉，而變更之無日也。夫士之競偶也，猶射者之望的，貨者之走壟也。冒焉以為及格，則群然趨之；趨之而不得，勢將自止。[36]

此段言高皇帝治國，道出於經，章於宋儒，意在說明其治理淵源於典籍之傳承。又言洛閩學風若衰，則帝法亦隨之弱，旨在強調朱子注疏的重要性。序中又以「天下之以令甲為兒戲，而變更之無日也」來斥責當下時風之輕佻，變化無常，人心之不固的現象。至於世道與文之關係，序中記載：

故文之至于瀾頹波激，而世道受其簸蕩者，取士者之過也。秦士之文，稍為近樸，臣猶自幸知言之易……竊料今天下浮豔之習，始于東南而漸于西北者不少，珠毛繡穀之飾，玩好茗錯之供，數者皆非北產，而在在有之。今秦之文，侵侵類是，是若有物挾與俱來者，而臣不敢以之程士也。[37]

文中所云：「故文之至于瀾頹波激，而世道受其簸蕩者，取士者之過也」者，言今之文風，猶大波濤之衝擊世風，這是選士之失，指出文與世道相依。又曰：「秦士之文，稍為近樸，臣猶自幸知言之易」者，感慨秦文尚存質樸，斯人猶可與言。繼而又言：「今

---

34 （明）袁宏道撰，錢伯城箋校：〈陝西鄉試錄序〉，《袁宏道集箋校》，頁1666。
35 袁宏道早期因迫切扭轉時風，為詩不受格律限制，喜用俗語；為文「窮新極變」，故而有刻意求新之嫌，對傳統又所忽視。然至中萬年以後，頗有自悔之意，其為文日漸穩實，其思想亦以儒家為旨歸。按其卒於萬曆三十八年，時四十二歲，此篇《陝西鄉試錄序》於萬曆三十四年作，時已三十九歲，故此序為其後期思想轉變的體現。
36 （明）袁宏道撰，錢伯城箋校：〈陝西鄉試錄序〉，《袁宏道集箋校》，頁1667。
37 同上註，頁1667。

秦之文,侵侵類是,是若有物挾與俱來者,而臣不敢以之程士也」表示擔憂秦地文風亦將染浮華,這非吾道。袁宏道意在警示時代之風氣的變遷對取士之風的影響。正因如此,他以身作則,積累學問,以期不違背王制,序中曰:

> 蓋臣之進諸士也以樸,而猶虞諸士之自謂以文也,則又申之以約曰:嗣今以往,第務積學守正,以求無悖之時王之制。[38]

據小修《吏部驗封司郎中中郎先生行狀》所載,袁宏道此時主持陝西鄉試,細閱群卷,所選之才,乃當年疆域之冠。[39]他嘉許秦人之文風質樸,又戒之曰:「嗣今以往,第務積學守正,以求無悖時王之制」,即希冀士人以質樸為體,又重申節制之要,且專心積累學問,守正不渝,以期符合昔日聖王之制。概言之,《陝西鄉試錄序》原為獻於天子之覽,其須言朱注之要。然也並非獨為御覽之故,亦恐是袁宏道為挽救顛沛流離世道的嘗試。

總體而言,制藝追新異之變的特徵,乃袁宏道最初贊許所在。然而制藝在變化之中亦顯虛浮與雜陳之態,無論觀之於文辭之構,抑或世道人心,新奇之風皆為袁宏道所摒棄。後期的袁宏道意識到趨新求異之風,多出於「士不知學」,「聖賢之學唯心與性」。[40]因之,袁宏道才勉勵當世學士,宜當返璞歸真,並且警示世風氣之浮薄與止於表面之弊,強調為制藝者不僅須深究經典之重要,而且應從形式上回歸崇經的路子,以此來提高制藝的地位。

四　翰墨治世,文政兼練

方望溪在論及明代經義文之流變時,指出自洪、永至化、治,百餘年間,「體凡屢變,皆恪遵傳注,謹守繩墨,尺寸不逾」,言此時期文人恪守傳統,然至正、嘉之際,文人則有所突破,「始能以古文為時文,融液經史,使題之義『隱顯曲暢』,為明文之極盛。」[41],所謂「融液經史」,乃言辭特徵也;「隱顯曲折」則是古文法度之運用,造成表達之效果。有經義文章,靈活運用經典言辭及古文法度,可逼近乃至達到唐宋古文之境,使得文章之義深邃而曲折流暢。

誠然,昔人言「以古文為時文」,意欲說明時文之筆亦可「載道」,並以「道」之精神融入其文。故此,時文可與古文並肩而行,同受文壇之敬仰。王世貞論及時文也說:

38　(明)袁宏道撰,錢伯城箋校:〈陝西鄉試錄序〉,《袁宏道集箋校》,頁1667。
39　(明)袁中道:〈吏部驗封司郎中中郎先生行狀〉,《珂雪齋集》,卷三十九,明萬曆四十六年刻本。
40　(明)袁宏道撰,錢伯城箋校:〈敘四子稿〉,《袁宏道集箋校》,頁751。
41　方苞:〈望溪先生文集·凡例〉,《望溪先生文集》,十八卷,清咸豐元年戴鈞衡刻本。

「善於撰寫時文者,皆能譯解經典,驅馳古意。」[42]即取古文之規以為時文之範,關注仍舊在文體法度之局。況且,以古文為時文,本質上是在其自足性不足以支撐創新時,借助外部資源尋求新變化的過程。[43]

基於以上背景,袁宏道並未依循「以古文為時文」的路徑,而是側重制藝與政事相結合,並提倡博學而後文,以期達到翰墨治世,文政兼練的效果。如何達到此種效果,袁宏道先是指出時下之弊,再言解決之道。同時,還褒揚能達到文政兼練的理想官員。

首先,袁宏道批評當下文體之禁與學問之淺薄的現象。在《敘四子稿》中謂:

> 今世禁文體者日益屬,而時文之轍日益壞,上之人刻意求平,下之人刻意求奇,所標若此,所趨若彼,豈文體果不足正哉?夫禁士者一人,取士者又一人,士響利則德,故從取不從禁,即不然,令禁士者取士,將一出于平,而平不勝取,不得不求其異者,求其異者;而平者自斥,雖欲自守其禁,不可得也,勢為之也。[44]

文中言今日文體之禁愈加嚴厲,而時文之質日漸敗壞,這裡提到的「禁文體者」和「取士者」象徵著社會上對文學創作的限制與選拔人才的方式,指出這種矛盾的現象導致了時文創作的質量下降。繼之,又析論此現象之因,「上之人刻意求平,下之人刻意求奇。」謂之由於上層求平庸而下層求新奇所致,言此種上下不統一的標準,使得時文創作之難,文體亦難得其發展。此外,文中還論及選拔文人之機制,謂「夫禁士者一人,取士者又一人。」指出選拔者與禁者往往非一人,由於文人多隨選拔者之好(利),而非遵禁者之規(德),此機制使時文創作偏向追新奇而非恪守嚴謹。倘若將負面後果歸於八股文這一文體,不究制度與作者之責,未免失之公正。[45]

至於造成當前文學混亂的原因,袁氏批評道:「余謂文之不正,在於士不知學」,指出當下學者不明白真正的學問,還提到「聖賢之學,惟心與性」強調學問的內在修養和道德的重要性。然而,當下的學者對於心性的理解卻茫然無知,從而導致了文學創作的表面化和虛偽。故而袁宏道批評當下文壇中的三大問題,即「險」、「表」、「貸」,這些問題分別代表了時文中過於艱深晦澀、過分追求外表修飾、以及剽竊他人觀點的現象。此又對應三類「不知學」者,一是「深者」,謂「深者勝之以險,麗者誇之以表,詭者

---

42 王世貞:〈雲間二生文義小敘〉,《弇州續稿》,卷四十一,影印文淵閣四庫全書,第1282冊,頁545-546。

43 龔宗傑:〈集部視野下明代經義的文體建設及文章學意〉,《復旦學報》,2021年第5期。

44 (明)袁宏道撰,錢伯城箋校:〈敘四子稿〉,《袁宏道集箋校》,頁751。

45 周勇提出了一個值得思考的駁論,認為同樣是程式化、格律化的考試文體,為何我們對唐代的試律詩、律賦能較為寬容地看待,甚至認為它促進了唐詩的繁榮,而對八股文卻苛責其阻礙古文發展?若將所有負面後果歸於一種文體,而不究及制度及作者之責,則未免失之客觀公正,實則部分開脫了這些因素應負之責任。具體參見周勇:〈明代古文與八股時文關係論〉,《文藝評論》,2013年第12期。

張之以貸」[46]，認為雖為「深者」，其用詞艱深，匿其心以欺人；二是「麗者」，其流於形式，「雕繪字句」[47]；三是「詭者」，其模擬尤甚，僅「剽竊二氏之皮膚」[48]而已。這些都是由於學者們只是為了應付考試而進行的淺顯工作，而未能真正理解學問的本質。最後，提出解決之道：「故士當教之知聖學耳，知學則知文矣，禁何益哉！」這表明只有當學者們真正理解並掌握了聖賢的學問，時文創作才能回歸正軌。

其次，袁宏道又以徐時進、葉使君等人為例，指出其政治與學術兼備，意在作正面的導向。譬如〈送徐太史府見可入計序〉一文，序中既論舉子業，又論徐時進其文，繼而又談及對不同文體的看法。論及舉子業，袁宏道暢談時下盛行舉子業，時人爭相學之的現象，並指出徐時進於舉子業用力頗深：「士之執舉子業者盈庭，公摘瑕指瑜，無不心折。」[49]論及徐時進其文時，文中又曰：

> 公之文，嚴於法而沉於氣，往往詘常調而自伸其才，故變幻詰曲，無不極情之所至。今公之果於裁者，文之法也；寬以調，文之氣也；使民若士之喧然者，百至而百應，文之詘常調而自伸其才者也。[50]

序中從其「文之法」、「文之氣」、「文之詘」等角度考量，言徐公之文筆，嚴謹如法，沉穩如氣，常突破常規以展示才華，既兼顧「變」，又有「至情」之特點；徐公於文中既嚴格遵循規範，又不失調和氣韻，使其文既有秩序又不乏活力，能應對百變。

接著，序中由徐時進之文，論及「文章與吏事一道」，即言從事時文創作與從政之間的密切關聯：

> 文章與吏事一道也。今之握鉛槧者，其初檢括陳言，而一旦為吏，遂欲舍所學而聽於胥，故經術與政事貳，少時習訓詁耳，壯而成名，迫於地謂之不得不然，間一習為篇章與有韻之文，而復不暇，故時術與古文詞貳。貳之則交病，漸靡實然。公秀發之才，出之有本，故卒然而藻之為文，飾之為吏，繩尺之為舉子業，其機圓，故其道可一貫，非獨問學功邃，抑天之所畀卓也。[51]

文中稱讚徐時進「文章與吏事一道」的做法，而批評時下「經術與政事貳」的現象。指出許多學者初學時勤於文章，然而一旦步入官場，便忽略所學，轉而依賴下屬，導致「經術與政事貳」，即言文章與政務分道揚鑣，袁宏道批評此種做法。同時，又提出解

---

46 （明）袁宏道撰，錢伯城箋校：〈敘四子稿〉，《袁宏道集箋校》，頁751。
47 同上註，頁752。
48 同上註，頁752。
49 （明）袁宏道撰，錢伯城箋校：〈送徐太史府見可入計序〉，《袁宏道集箋校》，頁1217。
50 同上註，頁1217。
51 同上註，頁1217。

決之道，認為應當將文學修養與政事能力融為一體，如此方能符合取士之目的。譬如，以徐公為例，其才能卓絕，能夠在文學與政事之間找到平衡，從而達到「其道可一貫」的境界，這表明真正的才能應當涵蓋文章與政務的綜合發展。[52]

那麼，如何更好地用所學治世，兼顧文與政？袁宏道以葉使君為例，讚揚葉使君是一位既通曉經世之才又有深厚學問的官員。他在任內推行政策，深得民心，並且在學問上也有極高的造詣。袁宏道在《送葉使君還朝序》中云：

> 余聞之歎曰：「葉使君心密而機靜，經世才也。」夫聖人之操天下，即操其心者也。故忠信，聖學也。[53]

序中言聖人治天下，先治其心，以忠信為學，而葉使君之心密機靜，乃治世之才，故能習得聖學。同時，序中又提及葉使君於經傳用力頗深，又擅治世，兼顧文政，袁宏道謂：

> 余觀敬君公事之暇，輒進諸生商略性命，無一語不入解。間托為舉子業，以暢舊旨，無一量不中聖賢窾奧。以至六書四韻，皆辨析毫髮。雖紛龐叢雜之中，而幽閒自得，手不遺編。是其心未嘗以靜噪二，是真學術也，操天下之密樞也。[54]

文中強調葉使君於公務之餘，常與學子論學問，洞悉性命之理，每言必中，深入聖賢之奧義。於六經四聲之學，亦能細致辨析，即使在繁雜之中亦能保持心靜，此乃真正的學問。其心靜噪，乃治理之要訣。

綜觀之，袁宏道欣賞「學博而後文」之士，反對「經術與政治貳」的行為，主張學術與治世應合為一體，否則無法兼備文治之大成。此外，袁宏道不僅肯定今文，亦期望制藝成為「真學術」，以期達到「操天下之密樞」的效果。

五　結語

袁宏道對制藝的定位，或有「借題發揮」的作法，然其背後深意卻在於彰顯時文之變革，於明代經義史有重要的意義。袁宏道超越古今之分野，認為文學應隨時而變，不拘泥於古人之法，不執著於艱深晦澀之辭，而應取其簡明流暢，以適應當下之需求。其對文學變遷之見解，深刻體現了他對制藝的高度重視和對時代精神的敏銳把握。他主張

---

[52] 考徐時進《袁石公山行記注引》亦知徐時進於宏道甚為傾倒，文中有言：「無意為文而文生，無意乎傳境而境在。此固山靈之所願托於石公，而以病遲石公之往者也……世罕有以不娛山水為病者，故以石公病為假，如舉國皆狂，一人不狂，而僉以不狂為狂，此類也。」具體參見徐時進：〈袁石公山行記注引〉，《啜墨亭集》卷八，明萬曆刻本。

[53] （明）袁宏道撰，錢伯城箋校：〈送葉使君還朝序〉，《袁宏道集箋校》，頁1223。

[54] 同上註，頁1224。

制藝「與詩同工」，二者「異調而同機」，將制藝提升到與詩同等的地位。同時，還強調制藝應該反映時代的精神，並能夠與當代的政治和社會現實相結合，故而指出制藝不僅是應試的工具，更是一種承載文化和道德價值的重要文體，以之凸顯制藝的經學本位立場。至於對制藝的治世之功效，袁宏道並非一味地以理論為旗幟，而是主張以翰墨治世，發揮制藝論政與治理之用，同時欣賞文政兼練之士，認為此類文士不僅能博學而後文，且能發揮其所學，成為理想的官員。總之，袁宏道的時文觀在明代經義史上的意義，不僅在於他對制藝的正面評價和推崇，更在於他對制藝的重新定位和對時代精神的深刻把握。

順治時代的「長恨歌」：
吳偉業《清涼山讚佛詩》主題探論

胡佳偉

北京師範大學文學院

對於吳偉業的《清涼山讚佛詩》四首，清代以來的論者大多注目於其詩歌本事的解讀與考證，甚至形成了董小宛入清宮與順治出家兩大百年學術公案。[1]民國時期，孟森和陳垣對這組詩歌的本事與相關歷史問題進行了翔實而準確的考證。二十世紀七〇年代，臺灣小說家高陽另闢蹊徑，撰寫考證文章《董小宛入清宮始末詩證》和小說《再生香》「還原」董小宛入清宮的全過程。首都師範大學鄧小軍教授更積十餘年之功於此一系列問題之研究，相關成果彙集為《董小宛入清宮與順治出家考》一書。相較於本事的聚訟紛紜，此前各家對這組詩歌創作意旨的談論或付之闕如，或語焉不詳。本文在梳理相關文獻的基礎上，對《清涼山讚佛詩》四首的創作主旨進行探究，力求揭示其詩歌意蘊與吳梅村的隱微心志。

一　《長恨歌》的文學範式

啟發筆者思考的主要是《清涼山讚佛詩》的三段評論文字：

> 詩特敘致瑰麗，遂有若《長恨歌序》云爾者。[2]
> 梅村詩當以《清涼山讚佛詩》四首為壓卷，淒心沁脾，哀感頑豔，古人哀蟬落葉之遺音也。非白香山《長恨歌》所及。[3]
> 梅村五言古詩最好的是《清涼山讚佛詩》，寫順治皇帝與董鄂妃事。順治帝出家說不可靠，而詩寫順治出家，是依據傳說。此詩類似白香山《長恨歌》，區別在時事。這既是愛情詩，也是諷刺詩。[4]

1　參見付定裕：〈百年公案，從頭斷認——董小宛入清宮與順治出家的百年學術史〉，《學術研究》，2019年第5期。
2　（清）吳偉業著，（清）程穆衡原箋，（清）楊學沆補注：《吳梅村詩集箋注》，卷十一《清涼山讚佛詩》北京：中華書局，2020年，頁632。
3　（清）文廷式：《純常子枝語》揚州：江蘇廣陵古籍刻印社，1990年，頁96。
4　錢仲聯著，魏中林整理：《錢仲聯講論清詩》蘇州：蘇州大學出版社，2004年，頁22。

程穆衡與文廷式將吳偉業的《清涼山讚佛詩》與白居易的《長恨歌》並提，主要基於二者在三方面的相似性：一，「敘致瑰麗」，即文辭華美；二，「淒心沁脾，哀感頑豔」，具有強大的藝術感染力；三，「古人哀蟬落葉之遺音」，敘寫了君王與妃子間的愛情故事。「哀蟬落葉」之典出於東晉王嘉《拾遺記》，漢武帝在李夫人死後為其賦《落葉哀蟬》之曲。[5]《清涼山讚佛詩》與《長恨歌》皆為詩歌史上的名篇，又在多方面表現出相似性，這不能不令人繼續思考二者在主題上的關聯。錢仲聯所論似乎觸及到了問題的關鍵，認為既是愛情詩、也是諷刺詩，但沒有展開分析。

關於《長恨歌》的作意，歷來有多種觀點，爭議的焦點在於愛情書寫還是政治諷喻，抑或二者兼而有之。張中宇《白居易〈長恨歌〉研究》一書詳細總結了歷來關於《長恨歌》主題的各種觀點和研究成果，概括為愛情說、隱事說、諷諭說、感傷說、雙重及多重主題說、無主題說與泛主題說等六大類、二十小類，並提出「動之以情的婉諷」說的新觀點：「白居易以唐玄宗、楊貴妃故事的傳奇性，極力鋪張渲染，著意描繪情愛的真摯、深厚以及馬嵬之變的慘烈，進而突出帝、妃感情損失之沉重，以特定背景下的悲情故事婉諷帝王，或者說婉諷政治。婉諷說的核心在於，認為對李、楊深情的渲染描繪有利於突出家、國損失之重，因此對帝王的諷勸（而不是批判）也更為有效。」[6] 張中宇的觀點很有啟發性。他沒有否認《長恨歌》中確有對唐玄宗與楊貴妃之間愛情傳奇的書寫與讚美，但結合白居易所處的時代、社會環境及他本人的政治與文學思想來分析，「選擇最有爭議、包涵政治因素最多的『愛情』題材來表達一個『純情』主題，對白居易來說，的確是難以想像的」[7]。事實上，「《長恨歌》寫至深的真情是實，渲染得美好、生動感人也是實，但需要注意，目的指向卻不在感情本身」[8]。

帝妃情愛的故事可謂源遠流長，《長恨歌》是詩歌史上書寫這類題材的首篇傑作。當吳偉業選擇相同的題材進行長篇敘事詩的創作時，經典作品的範式對他不可能沒有影響。作為一位優秀的詩人，他對傳統既有歷史慣性的因襲，又有出之以個人面目的創變。下文將結合詩歌文本與相關材料進行詳細分析。

二　構造寓言的書寫策略

相比白居易和元稹開創的在敘事中夾雜大量抒情筆墨與虛構情節的「長慶體」，吳偉業的敘事詩多吟詠歷史實事，旨在為一代存史。雖如趙翼所言，「梅村身閱興亡，時事多所忌諱，其作詩命題，不敢顯言，但撮數字為題，使閱者自得之」[9]，其實經歷過易

5　參見（晉）王嘉著，（梁）蕭綺錄，齊治平校注：《拾遺記校注》北京：中華書局，1981年，頁115。
6　張中宇：《白居易《長恨歌》研究》北京：中華書局，2005年，頁2。
7　同上註，頁114。
8　同上註，頁177。
9　（清）趙翼：《甌北詩話》北京：人民文學出版社，1963年，卷九，頁137。

代的讀者多能不言自明。康熙以後時移世易，後人通過閱讀程穆衡、靳榮藩、楊學沆、吳翌鳳等人所作的箋注依然能獲得對梅村詩歌的詳盡瞭解。《清涼山讚佛詩》則令人難以捉摸。一方面，宮禁深嚴固然是主要原因，「帷簿之事，跡涉曖昧，無從證明，史多不書」，[10] 且滿洲統治者在這方面可能更為敏感，詩人不得不「寫來疑是疑非，滿紙俱化煙霧矣」；[11] 梅村詩集的清人箋注中，成書於乾隆前期的程穆衡箋尚且敢於徑直道出「為皇貴妃董氏詠」，[12] 乾隆中期問世的靳榮藩《吳詩集覽》則托言「四首詠史」，[13] 更晚出的吳翌鳳《梅村詩集箋注》對此詩本事更是全無說明，可見文網日密。另一方面，選擇源遠流長的題材，卻出之以不同尋常的面目，表明詩人可能別具懷抱，體現在敘事策略上便是對現實人事的寓言式書寫。

（一）開篇：登場和序幕

詩題為「清涼山讚佛」，清涼山即山西五臺山。《華嚴經疏》：「以歲積堅冰，夏仍飛雪，曾無炎暑，故名清涼。」[14] 作為文殊道場的五臺山在佛教擁有重要地位，詩人便以之為故事展開的舞臺：

> 西北有高山，云是文殊臺。
> 臺上明月池，千葉金蓮開。
> 花花相映發，葉葉同根栽。[15]

「文殊臺」、「明月池」為五臺山地名，「金蓮」為五臺山名花。仙境澄澈，金蓮盛開，起首六句便營造出世外仙境的縹緲夢幻之感。接下來的四句對全詩的解讀至為關鍵。

> 王母攜雙成，綠蓋雲中來。

雙成是神話中西王母的侍女，姓董，詩人以此隱晦點出女主角為董鄂妃。董鄂氏（1639-1660），滿洲正白旗人，內大臣鄂碩之女。順治十三年（1656）八月入宮，立為賢妃，九月封皇貴妃，死後追封孝獻端敬皇后。作為順治帝最寵愛的嬪妃，董鄂氏的身

---

10 張爾田著，王鍾翰錄：《張孟劬先生遹堪書題》，《史學年報》，第2卷第5期，1938年。
11 同上註。
12 （清）吳偉業著，（清）程穆衡原箋，（清）楊學沆補注：《吳梅村詩集箋注》，卷十一《清涼山讚佛詩》，頁632。
13 （清）吳偉業著，（清）靳榮藩注：《吳詩集覽》，卷三上《清涼山讚佛詩》，乾隆四十年凌雲亭刊本。
14 （清）吳偉業著，（清）吳翌鳳注：《梅村詩集箋注》，卷三《清涼山讚佛詩》，嘉慶十九年滄浪吟榭刊本。
15 （清）吳偉業著，李學穎集評：《吳梅村全集》上海：上海古籍出版社，1990年，卷九《清涼山讚佛詩四首》，頁230。以下引用本詩原文不再標注。

世本應無疑義。然而，詩中這組比喻的現實指向卻值得注意。吳偉業在敘事詩的開篇處多會交代人物的身世背景，書寫皇室女性成員的作品如《永和宮詞》、《蕭史青門曲》等亦不例外，《清涼山讚佛詩》的女主人公則只有這兩句意象化的描述。下文中的各種人物設喻都存在現實的原型，那麼「王母」應作何解呢？且雙成的身分為侍女，以之比擬地位尊崇、備極恩幸的皇貴妃恐有不倫之嫌。「明清之際，詩文中的名字與身分，至為要緊。姓名的顯揚或隱匿，稱謂去取，乃至古今人名的比附，屢牽涉價值判斷。」[16]事關宮禁，不便多言，但按照創作慣例，詩人對董鄂妃的身世問題可能會有所暗示。下文的一句程箋提供了一點佐證，「以上敘貴妃由山西大同入京及從幸獵南海子」[17]，「雲中」正是山西大同的古稱。吳詩的各家注本中，程箋最大的特色就是多引錄正史之外的野史、筆記等材料，保存了許多官方記載之外的史料。程穆衡生於康熙四十一年（1702），與梅村及其家族同里，所謂去古未遠，其箋注中采輯的許多野史逸聞後來被證明是可信的。也許程穆衡曾接觸到一些關於董鄂妃身世經歷的隱秘，但或許因為明顯與官方記載相衝突，這一句在後來的楊學沆補注本中被刪掉了。

　　　　漢主坐法宮，一見光徘徊。

作為男主角的順治帝緊隨其後出場。「漢皇重色思傾國」[18]，《長恨歌》的開篇即以唐人慣例以漢喻今。清初詩文中言「漢」者則屬春秋筆法，意蘊較之唐人豐富得多。靳注、吳注均認為「光徘徊」的出處為《後漢書·南匈奴傳》：「昭君豐容靚飾，光明漢宮，顧景裴回，竦動左右，帝見大驚。」[19]將此典移用於滿洲統治者，在表意上創造出一種奇妙的張力——中華帝王，還是夷狄君長？孰先孰後，抑或兼而有之？

　　其實「綠蓋雲中來」一句也可以解讀出雙重意蘊。綠蓋為神話中仙女所乘車蓋，與「王母」一句相接恰如其分。鄧小軍則指出「綠蓋」的另一種含義：「綠色車蓋，漢代匈奴車蓋。漢賈誼《新書》卷四《匈奴》：『匈奴之來者，家長已上固必衣繡，家少者必衣文錦，將為銀車五乘，大雕畫之，駕四馬，載綠蓋，從數騎，御驂乘。且雖單于之出入也，不輕都此矣。』」[20]可見現實政治與民族關係始終是詩人的關注點之一。

　　以上四句之所以甚為關鍵，在於它們是作為詩歌文本主體的兩組寓言的引子。主角既已登場，正戲的帷幕便隨之緩緩拉開。

16　陳建銘：〈廣面具說——吳梅村〈贈陸生〉詩的曲折自辯〉，《漢學研究》，第36卷第2期，2018年。
17　（清）吳偉業著，（清）程穆衡箋：《吳梅村詩箋》，卷十一《清涼山讚佛詩》，舊山樓鈔本。
18　（唐）白居易著，謝思煒校注：《白居易詩集校注》北京：中華書局，2018年，卷十二《長恨歌》，頁944。以下引用本詩原文不再標注。
19　（清）吳偉業著，（清）靳榮藩注：《吳詩集覽》，卷三上《清涼山讚佛詩》，乾隆四十年淩雲亭刊本。
20　鄧小軍：《董小宛入清宮與順治出家考》上海：華東師範大學出版社，2018年，頁50。

（二）托言漢事：政治諷諭的表達

自「一見光徘徊」以下，首先進入讀者視野的是漢宮故事的托寓。

> 結以同心合，授以九子釵。翠裝雕玉輦，丹髹沉香齋。
> 護置琉璃屏，立在文石階。長恐乘風去，舍我歸蓬萊。

只此八句便已句句用典，充分體現出梅村詩歌「非隸事不辦」[21]的特點。同樣以漢事為喻的《長恨歌》也並非只有開頭一句「漢皇重色」而已，其實白居易在詩中使用了多位漢代後妃的典故，涉及陳皇后、李夫人、衛子夫等，[22]吳偉業的筆觸則集中於趙飛燕。「同心合」、「九子釵」，靳注引伶玄《飛燕外傳》：「婕妤上后二十六物，有同心大結。又：后持昭儀手，抽紫玉九雛釵，為昭儀簪髻。」[23]「玉輦」，「沈初明詩：玉輦迎飛燕。」[24]「琉璃屏」、「文石階」，《西京雜記》：「趙飛燕為皇后，其女弟上琉璃屏風」[25]，《漢書‧外戚傳》：「趙皇后弟絕幸，為昭儀，居昭陽舍，冒黃金，塗白玉階」[26]。皆為趙飛燕姐妹故事。眾所周知，趙飛燕的形象經漢代以來的正史、雜傳、小說等文本的多重演繹，已經成為紅顏禍水的典型。

「長恐乘風去，舍我歸蓬萊」，靳注引《拾遺記》：「每輕風時至，飛燕殆欲隨風入水，帝以翠纓結飛燕之裙」[27]，吳注引《飛燕外傳》：「上與飛燕登瀛洲榭，飛燕歌舞歸風送遠之曲，風大起，飛燕順風揚音，歌曰：『仙乎，仙乎！去故而就新，寧忘懷乎？』帝命飛燕所愛侍郎馮無方持後履，須臾風霽，後泣曰：『帝恩使我仙去不得。』」[28]如此高密度地使用趙飛燕相關典故，足以判斷作者的態度與傾向性。同時，仙去蓬萊的形象與全詩開頭「綠蓋雲中來」的出場畫面相呼應，也暗示了二者情緣的不終，正如靳注所言：「此段是定情後恩寵之盛，然乘風舍我，已有讖意。」[29]

> 從獵往上林，小隊城南隈。雪鷹異凡羽，果馬殊群材。
> 言過樂遊苑，進及長楊街。張宴奏絲桐，新月穿宮槐。

---

21 王國維：《人間詞話》，《王國維全集》杭州：浙江教育出版社，2009年，第一卷，頁478。
22 參見馬萌：〈《長恨歌傳》版本辨析〉，《文學遺產》，2008年第1期。
23 （清）吳偉業著，（清）靳榮藩注：《吳詩集覽》，卷三上《清涼山讚佛詩》，乾隆四十年淩雲亭刊本。
24 同上註。
25 同上註。
26 同上註。
27 同上註。
28 （清）吳偉業著，（清）吳翌鳳注：《梅村詩集箋注》，卷三《清涼山讚佛詩》，嘉慶十九年滄浪吟榭刊本。
29 （清）吳偉業著，（清）靳榮藩注：《吳詩集覽》，卷三上《清涼山讚佛詩》，乾隆四十年淩雲亭刊本。

上林苑、雪鷹、果馬、樂遊苑、長楊宮皆為漢代典故。雪鷹和果馬兩種動物的形象值得注意。果馬，靳注、吳注均引《漢書·霍光傳》注：「漢廄有果下馬，高三尺，以駕輦。師古曰：小馬可於果樹下乘之，故曰果下馬。」[30]但吳翌鳳還提供了另一條出自《魏書·東夷傳》的引文：「濊國出果下馬，漢桓時獻之。」濊國即濊貊族，是中原王朝自戰國至漢魏時期對今東北地區民族的稱呼。如果吳翌鳳此條出典合理，一望即知詩人所暗示的資訊。即使吳偉業本人或許並無此意，敏感的時代背景也極易喚起涉及民族關係的聯想。「雪鷹」靳注引元代揭佑民《柳林詞》：「雪鷹騰擊認鷫過」[31]。按照「果馬」條指引的思考方向，「雪鷹」也可能產生民族方面的暗示，可以指向被滿人奉為神鳥的海東青。

> 攜手忽太息，樂極生微哀。千秋終寂寞，此日誰追陪？
> 陛下壽萬年，妾命如塵埃。願共南山槨，長奉西宮杯。

此處詩意轉進一層，將上文之哀意加深，出之以女主角口吻的「萬年」、「塵埃」一聯顯係人之將逝的預言。「南山槨」用漢文帝與慎夫人事，出自《史記·張釋之傳》，非常切合此際哀意瀰漫的場景：「上使慎夫人鼓瑟，上自倚瑟而歌，意悽愴悲懷，顧謂群臣曰：『嗟乎！以北山為槨，用紵絮斮陳，蘌漆其間，豈可動哉。』釋之前進曰：『使其中有可欲者，雖錮南山，猶有隙。』注：美石出京師北山，言南山者，取其高厚之意。」[32]「西宮杯」亦屬吳注較為恰切，「王昌齡《長信秋詞》：火照西宮知夜飲。」[33]靳注引王昌齡《西宮秋怨》，「芙蓉不及美人妝，水殿風來珠翠香。誰分含啼掩秋扇，空懸明月待君王」[34]，雖然與趙飛燕有關，但冷宮失寵事與董鄂妃不合。

> 披香淖博士，側聽私驚猜。今日樂方樂，斯語胡為哉？
> 待詔東方生，執戟前詼諧。熏爐拂麗帳，白露零蒼苔。
> 吾王慎玉體，對酒毋傷懷。

本節靳注串講云：「此作兩層襯托。淖博士，褻御之人；東方生，侍衛之臣。『胡為哉』是猜，『毋傷懷』是諧也。」[35]作者的用意獲得了更為顯豁的呈現。「淖博士」出於《飛燕外傳》：「宣帝時披香博士淖方成，白髮教授宮中，號淖夫人。」[36]而《飛燕外傳》原

---

30 （清）吳偉業著，（清）靳榮藩注：《吳詩集覽》，卷三上《清涼山讚佛詩》，乾隆四十年凌雲亭刊本。
31 同上註。
32 （清）吳偉業著，（清）吳翌鳳注：《梅村詩集箋注》，卷三《清涼山讚佛詩》，嘉慶十九年滄浪吟榭刊本。
33 同上註。
34 （唐）王昌齡著，李雲逸注：《王昌齡詩注》上海：上海古籍出版社，1984年，頁140。
35 （清）吳偉業著，（清）靳榮藩注：《吳詩集覽》，卷三上《清涼山讚佛詩》，乾隆四十年凌雲亭刊本。
36 同上註。

文中此句後的內容為：「在帝後唾曰：『此禍水也，滅火必矣。』」[37]「禍水滅火」雖然出自小說家言，卻在歷史的演進中成為經典話語，《資治通鑑》卷三十一即曾引述。為梅村詩作注者多次引用《飛燕外傳》，不可能不了解文本的原貌。注中未引，固然因為存在過於直露之嫌，也可以理解為弦外之音式的留白。東方朔為漢武帝近侍，實則不過俳優蓄之，「朔之詼諧，逢占射覆，其事淺浮」[38]，並非正面形象。

《清涼山讚佛詩》第一首中的漢宮寓言以趙飛燕始，又以趙飛燕終，並以滑稽弄臣之語作結，無疑是在表達對順治帝與董鄂妃情愛之事的隱刺，是吳梅村在儒家詩學的政治闡釋傳統的影響下進行的程式化書寫，即所謂「懲尤物，窒亂階」[39]。但作者的意圖並非僅限於此，下文中有著更加豐富的呈現。

（三）展現喪儀：諷諭的延續與轉折

第一首詩中的哀音和識意在「禍水滅火」的諷諭後照進現實，第二首詩幾乎運用了全部篇幅來展現董妃的盛大葬禮與死後哀榮。

> 傷懷驚涼風，深宮鳴蟋蟀。嚴霜被瓊樹，芙蓉凋素質。
> 可憐千里草，萎落無顏色。孔雀蒲桃錦，親自紅女織。
> 殊方初雲獻，知破萬家室。瑟瑟大秦珠，珊瑚高八尺。
> 割之施精藍，千佛莊嚴飾。持來付一炬，泉路誰能識。
> 紅顏尚焦土，百萬無容惜。小臣助長號，賜衣或一襲。
> 只愁許史輩，急淚難時得。從官進哀誄，黃紙抄名入。
> 流涕盧郎才，咨嗟謝生筆。尚方列珍膳，天廚供玉粒。
> 官家未解菜，對案不能食。黑衣召誌公，白馬馱羅什。
> 焚香內道場，廣坐楞伽譯。資彼象教恩，輕我人王力。
> 微聞金雞詔，亦由玉妃出。高原營寢廟，近野開陵邑。
> 南望倉舒墳，掩面添淒惻。戒言秣我馬，遨遊淩八極。

「涼風、蟋蟀紀其時」[40]，董鄂妃死於順治十七年（1660）八月。「千里草」即「董」的拆字，暗示其人。自「孔雀蒲桃錦」至「掩面添淒惻」，所涉事件雖然出之以典故的面貌，但均實有其事，包括冥器奢靡、臣子助哀、詞臣進誄、大作佛事、赦罪減刑、孝陵營葬、殤子榮封等，詩中未言者尚有逾禮加謚、長行藍批、貞妃殉葬三事。前人已考

---

37 （漢）伶玄：《趙后外傳》，（明）吳琯輯校：《增訂古今逸史》，萬曆刊本。
38 （清）吳偉業著，（清）靳榮藩注：《吳詩集覽》，卷三上《清涼山讚佛詩》，乾隆四十年淩雲亭刊本。
39 （唐）陳鴻：《長恨歌傳》，（唐）白居易著，謝思煒校注：《白居易詩集校注》，卷十二，頁933。
40 （清）吳偉業著，（清）靳榮藩注：《吳詩集覽》，卷三上《清涼山讚佛詩》，乾隆四十年淩雲亭刊本。

證詳確，參見孟森〈清初三大疑案考實・世祖出家事考實〉、〈清世祖董鄂妃生死特殊典禮〉[41]；陳垣〈語錄與順治宮廷〉、〈順治皇帝出家〉、〈湯若望與木陳忞〉[42]諸文，此不贅述。

  順治帝與董鄂妃的情事在幾乎整個清代都是禁忌話題，這場違反儀制的葬禮是重要原因。不僅是清代，放眼整部歷史，即便漢、唐以來也未有嬪妃薨逝能得如此厚遇者，政治影響不可謂不大。順治帝崩後，遺詔罪己即有此一條：「端敬皇后於皇太后克盡孝道，輔佐朕躬，內政聿修，朕仰奉慈綸，追念賢淑，喪祭典禮，過從優厚，不能以禮止情，諸事踰濫不經，是朕之罪一也。」[43]所謂遺詔實際上出自孝莊太后與親貴大臣的授意，很可能是為了避免予人口實，畢竟當時清廷內外的政治環境均不容樂觀，孟森即認為遺詔內容大多不能代表順治帝的本意。[44]

  值得注意的是本首詩的末句，「戒言秣我馬，遨遊淩八極」一聯在整組作品的內容和結構方面都是一個重要的轉捩點。前兩首中作者明顯傾向於批評。如果說托言漢宮故事、借用趙飛燕的典型形象意在表示婉諷，鋪寫葬禮之靡費與禮制之僭越則已近於直刺。而在下文我們將會看到，董妃死後，詩人構造了另一個寓言，態度也發生了顯著的轉變。

（四）神人遇合：經典情節的創變

  仙遇是中國文學史上一個重要的情節母題，經常在帝妃情愛的敘事中出現，應如陳寅恪所言：「在白《歌》陳《傳》之前，故事大抵尚局限於人世，而不及於靈界，其暢述人天生死形魂離合之關係，似以《長恨歌》及傳為創始」，追溯其來源，則「此節物語之增加，亦極自然容易，即從漢武帝李夫人故事附益之耳。陳《傳》所云『如漢武帝李夫人』者，是其明證也。故人世上半段開宗明義之『漢皇重色思傾國』一句，已暗啟天上下半段全部情事。」[45]在《清涼山讚佛詩》的第三首中，吳偉業使用了大量具有強烈宗教色彩的典故，將順治帝與董鄂妃的情事塑造成了一個神人遇合的故事。其中不僅顯示出《長恨歌》的持久影響，更蘊含著獨具匠心的創變。

    八極何茫茫，曰往清涼山。此山蓄靈異，浩氣共屈盤。
    能蓄太古雪，一洗天地顏。日馭有不到，縹緲風雲寒。

---

41 參見孟森：《明清史論著集刊》北京：中華書局，2006年。
42 參見陳垣：《陳垣史學論著選》上海：上海人民出版社，1981年。
43 趙爾巽等：《清史稿》北京：中華書局，1998年，頁163。
44 參見孟森：〈清初三大疑案考實・世祖出家事考實〉，《明清史論著集刊》北京：中華書局，2006年，頁459。
45 陳寅恪：《元白詩箋證稿》北京：生活・讀書・新知三聯書店，2011年，頁13。

第三首開頭用頂針格連接第二首的結尾，並與第一首的開篇構成照應與延伸。既效周穆王遨遊八極，則所到之處必超逸凡塵，「千葉金蓮開」的清涼仙境因而獲得更完滿的呈現。陳衍認為此處「言生有自來，本從五臺山來，故亦往五臺山去也」[46]，可與上文所述董妃身世問題相參看。此節對應的現實事件是董妃死後順治帝命人於五臺山為其設道場。

> 世尊昔示現，說法同阿難。講樹聳千尺，搖落青琅玕。
> 諸天過峰頭，絳節乘銀鸞。一笑偶下謫，脫卻芙蓉冠。
> 遊戲登瓊樓，窈窕垂雲鬟。三世俄去來，任作優曇看。

如同上一節是對全詩開篇仙境描寫的延展，本節便是對女主角的仙人形象更加充分的呈現。「世尊」為佛陀的別稱，「阿難」是「歡喜」一詞的梵語音譯。《涅槃經》：「世尊在雙樹間演法。」[47]此處之佛陀一如第一首開頭的王母。「青琅玕」，靳注引張衡《四愁詩》：「美人贈我青琅玕。」[48]今人整理本《張衡詩文集校注》作「金琅玕」，注釋為：「金琅玕，《尚書‧禹貢》：『厥貢惟璆琳琅玕。』偽孔傳：『琅玕，石而似玉。』《爾雅‧釋地》：『琅玕，狀似珠。』詩言『金琅玕』，當以『似珠』為是。《玉臺新詠》作琴琅玕。《類聚》、《御覽》，琴皆作翠。」[49]雖然在流傳過程中產生了異文，但其主體為「美人」則很明確。「諸天」無疑指神界，「絳節乘銀鸞」非神仙不能。「偶下謫」典出《續窈聞》：「寒簧偶以書生狂言，不覺心動失笑，實則既一現後，即已深悔，斷不願謫人間，行鄙褻事。然上界已切責其一笑，故來。」[50]益之以後三句，綽約仙子的形象呼之欲出，如靳注所言：「引入某妃，飄飄有仙氣。」[51]偶謫凡塵的仙子如三千年一現的優曇缽花般難遇，經歷與君王的短暫遇合後即回歸仙界。「三世俄去來」透露出的宿命感與上文「舍我歸蓬萊」的悲音若合符節。

靳注言第三首「可抵《長恨歌》『忽聞海外有三山』以下半篇矣」[52]，二者實同中有異。白居易運用小說家筆法，將登仙後的太真描寫得委曲盡致、令人動容。原本這也是吳偉業的擅場之處，「一涉閨房兒女之事，輒千嬌百媚，妖豔動人」[53]，此處卻一反

---

46 陳衍：《石遺室詩話》，張寅彭主編：《民國詩話叢編》上海：上海書店出版社，2002年，第一冊，頁162。
47 （清）吳偉業著，（清）靳榮藩注：《吳詩集覽》，卷三上《清涼山讚佛詩》，乾隆四十年淩雲亭刊本。
48 同上註。
49 （漢）張衡著，張震澤校注：《張衡詩文集校注》上海：上海古籍出版社，2009年，頁5。
50 （明）葉紹袁：《續窈聞》，葉紹袁編，冀勤輯校：《午夢堂集》北京：中華書局，2015年，中冊，頁628。按，《吳詩集覽》此條引《買愁集》，《買愁集》實輯自《午夢堂集》。
51 （清）吳偉業著，（清）靳榮藩注：《吳詩集覽》，卷三上《清涼山讚佛詩》，乾隆四十年淩雲亭刊本。
52 同上註。
53 （清）趙翼：《甌北詩話》，卷九，頁138。

常態，作為董妃人格投射的仙女形象始終處於一種意象化的氛圍中，如姑射之神人，可望而不可即。這固然是因為歌行與五古體格不同，但更重要的是她的形象塑造並非詩人關注的重心所在。

> 名山初望幸，銜命釋道安。預從最高頂，灑掃七佛壇。
> 靈境乃杳絕，捫葛勞躋攀。路盡逢一峰，傑閣圍朱闌。
> 中坐一天人，吐氣如栴檀。寄語漢皇帝，何苦留人間？
> 煙嵐倏滅沒，流水空潺湲。回首長安城，緇素慘不歡。
> 房星竟未動，天降白玉棺。惜哉善財洞，未得誇迎鑾。
> 惟有大道心，與石永不刊。以此護金輪，法海無波瀾。

此處與《長恨歌》後半部分上天入地、海外求仙的情節相似，且更進一步，將求仙者由方士這一仲介改為皇帝本人。順治帝虔心向佛之事眾所周知，董妃死後他正欲親臨五臺道場。天人所言，不僅止於「因言太上皇亦不久人間，幸惟自安，無自苦耳」[54]的關懷，亦非「天上人間會相見」的美好願望，而是竟欲接引皇帝出世。天人相會的美好寓言在煙嵐流水中戛然而止，現實的時間繼續流動，「何苦留人間」的寄語竟變為現實，「十八年正月，將幸五臺，未及啟鑾而晏駕」[55]。董鄂妃薨逝後四個多月，二十四歲的順治帝也突然駕崩。[56]「房星」，吳注引《史記·天官書》：「房為府，曰天駟。注：房為天馬，主車駕。」[57]「白玉棺」借用《後漢書》王喬事：「喬為鄴令，天下白玉棺於堂前，吏人推排，終不搖動。喬曰，天帝獨召我也。」[58]如此則上文的求仙之旅便當視為心嚮往之的神遊。

吳偉業運用神人遇合的母題構造了帝妃情愛的寓言，從中能明顯體會到作者對二者生死不渝的愛情的讚美與情緣不終的惋惜，然而更為引人注目的卻是字裡行間瀰漫著的深刻的宿命感。面對人生悲劇與人間苦厄，詩人的處理方式充分展現了他的卓異之才。既不同於「此恨綿綿無絕期」的悵惘，亦非「織女星盟證長生殿」[59]的團圓，而是「資彼象教」，借佛法的方式獲得精神的超越，即詩題中的「讚佛」。本節末句，靳注引《首

---

54 （唐）陳鴻：《長恨歌傳》，（唐）白居易著，謝思煒校注：《白居易詩集校注》，卷十二，頁933。
55 （清）吳偉業著，（清）程穆衡箋：《吳梅村詩箋》，卷十一《清涼山讚佛詩》，舊山樓鈔本。
56 按，董鄂妃薨於順治十七年八月十九日，順治帝崩於順治十八年正月初七日。參見孟森：〈清初三大疑案考實·世祖出家事考實〉，《明清史論著集刊》北京：中華書局，2006年。
57 （清）吳偉業著，（清）吳翌鳳注：《梅村詩集箋注》，卷三《清涼山讚佛詩》，嘉慶十九年滄浪吟榭刊本。按，關於「房星」的所指存在爭議，張爾田經考辨後認為吳注為確。參見張爾田著，王鍾翰錄：〈張孟劬先生遁堪書題〉，《史學年報》，第2卷第5期，1938年。
58 （清）吳偉業著，（清）吳翌鳳注：《梅村詩集箋注》，卷三《清涼山讚佛詩》，嘉慶十九年滄浪吟榭刊本。
59 （清）洪昇著，徐朔方校注：《長生殿》北京：人民文學出版社，1958年，頁1。

楞嚴經》:「彼金寶者，明覺立堅，故有金輪保持國土。」梁簡文帝〈旻法師疏序〉:「法海波瀾，泛之者未易。」[60]清涼山雖未迎鑾，然道心永在，如石之不刊，故能永護金輪，禮佛得道，泛渡苦海。對作品意旨解讀最為關鍵的最後一首詩隨之自然引出。

（五）讚佛：人生苦難的解脫之道

前三首詩運用類似戲曲的結構，設置了男女雙主角以及兩幕展演空間。[61]第四首中，詩人則以敘述者的身分，站在更為宏觀的角度收縮題意。本首大意，程箋云：「題曰讚佛，大意如此」[62]，靳注作：「此首言自古帝王未能忘情，而歸之於讚佛也」[63]，均符合詩意。

> 嘗聞穆天子，六飛騁萬里。仙人觴瑤池，白雲出杯底。
> 遠駕求長生，逐日過濛汜。盛姬病不救，揮鞭哭弱水。
> 漢皇好神仙，妻子思脫屣。東巡並西幸，離宮宿羅綺。
> 寵奪長門陳，恩盛傾城李。秾華即修夜，痛入哀蟬誄。
> 苦無不死方，得令昭陽起。晚抱甘泉病，遽下輪臺悔。
> 蕭蕭茂陵樹，殘碑泣風雨。

此節用周穆王與漢武帝事，再次顯示出與《長恨歌》的奇妙關聯。白居易《新樂府》五十首之《李夫人》:「傷心不獨漢武帝，自古及今皆若斯。君不見穆王三日哭，重璧臺前傷盛姬。又不見泰陵一掬淚，馬嵬坡下念楊妃。」[64]陳寅恪認為，「此篇以《李夫人》為題，即取《長恨歌》及傳改縮寫成者也」，「故讀《長恨歌》必須以此篇參讀之，然後始能全解。蓋此篇實可以《長恨歌》著者自撰之箋注視之也」。[65]《李夫人》與《長恨歌》構成了互相闡釋與補充的關係，一如《清涼山讚佛詩》的末一首與前三首。

提起周穆王自然令人聯想到西王母，與「王母攜雙成」引起的仙遇情節相關，用漢武帝事則屬於漢宮敘事的延續。梅村詩篇回環照應之妙無所不在。兩位帝王皆求長生、好神仙，雖然馳騁萬里、脫屣妻子，終究未能忘情，「生則極其寵倖，沒則極其哀誄，

---

60 （清）吳偉業著，（清）靳榮藩注：《吳詩集覽》，卷三上《清涼山讚佛詩》，乾隆四十年凌雲亭刊本。
61 關於吳偉業的詩歌創作與戲曲的關係，可參見李瑄：〈「梅村體」歌行的文體突破及其價值〉，《文學遺產》，2017年第3期；〈「梅村體」歌行與吳梅村劇作的異質同構：題材、主題與敘事模式〉，《浙江學刊》，2016年第1期。
62 （清）吳偉業著，（清）程穆衡原箋，（清）楊學沆補注：《吳梅村詩集箋注》，卷十一《清涼山讚佛詩》，頁638。
63 （清）吳偉業著，（清）靳榮藩注：《吳詩集覽》，卷三上《清涼山讚佛詩》，乾隆四十年凌雲亭刊本。
64 （唐）白居易著，謝思煒校注：《白居易詩集校注》，卷四《李夫人》，頁405。
65 陳寅恪：《元白詩箋證稿》，頁270。

至終身而後已」[66]，順治帝亦恰如其分。漢武帝晚年下輪臺詔書自悔事對應的便是順治帝遺詔自責事，這是否出於他的本意並不重要，遑論求長生、思脫屣或難忘情，能留下的終究不過寂寞古墳、風雨殘碑而已。

> 天地有此山，蒼崖閱興毀。我佛施津梁，層臺簇蓮蕊。
> 龍象居虛空，下界閱鬥蟻。乘時方救物，生民難其已。
> 淡泊心無為，怡神在玉幾。長以兢業心，了彼清淨理。
> 羊車稀復幸，牛山竊所鄙。縱灑蒼梧淚，莫賣西陵屣。
> 持此禮覺王，賢聖總一軌。道參無生妙，功謝有為恥。
> 色空兩不住，收拾宗風裏。

白居易《李夫人》後半部分作：「縱令妍姿豔質化為土，此恨長在無銷期。生亦惑，死亦惑，尤物惑人忘不得。人非木石皆有情，不如不遇傾城色。」[67]陳寅恪言：「樂天之《長恨歌》以『漢皇重色思傾國』為開宗明義之句，其新樂府此篇，則以『不如不遇傾城色』為卒章顯志之言。其旨意實相符同。」[68]玩其詞意，白居易在表達政治諷諫的同時，依然為情感的書寫留下了空間，其宗旨呈現為一種兩可之間的婉諷。吳偉業則更進一層，表達了「色即是空」的終極關懷。

「天地有此山」以下四句言天地有限而佛法無限，全詩開篇「西北有高山」諸句的內蘊至此開始完全展開，章法之細密可見一斑。《大智度論》：「水行龍力大，陸行象力大，故負荷大法者比之龍象」[69]，申言佛法廣大而浮生若夢之意。澹泊無為、兢業以之，方能解脫苦海，達於忘情無我之境。「覺王」即佛，《佛地論》：「佛者，覺也。覺一切種智，復能開覺有情，如睡夢覺，故名為佛」[70]。既已了悟清淨之理，無論賢愚凡聖，皆不復為俗世而掛懷。詩義於焉完足。

「世法夢幻，惟出世大事，乃為真實。」[71]對佛學深有涉獵的吳偉業，詩文戲曲中常以佛法作為解脫人生困局的方式。入清後創作的雜劇《通天臺》中，主人公沈炯釋懷精神重負的途徑便是相信了其夢中漢武帝所言——舊主梁武帝本為「西方古佛」，而今亦已往生極樂。吳偉業本人雖未出家，但佛法於他而言始終是在艱難時世中生存下去的重要精神動力。他臨終前決定「吾死後，斂以僧裝，葬吾於鄧尉、靈岩相近，墓前立一

---

66 （清）吳偉業著，（清）靳榮藩注：《吳詩集覽》，卷三上《清涼山讚佛詩》，乾隆四十年淩雲亭刊本。
67 （唐）白居易著，謝思煒校注：《白居易詩集校注》，卷四《李夫人》，頁405。
68 陳寅恪：《元白詩箋證稿》，頁271。
69 （清）吳偉業著，（清）吳翌鳳注：《梅村詩集箋注》，卷三《清涼山讚佛詩》，嘉慶十九年滄浪吟榭刊本。
70 （清）吳偉業著，（清）靳榮藩注：《吳詩集覽》，卷三上《清涼山讚佛詩》，乾隆四十年淩雲亭刊本。
71 （清）吳偉業著，李學穎集評：《吳梅村全集》，卷一《贈願雲師並序》，頁16。

圓石,題曰『詩人吳梅村之墓』」[72]。對此,杜桂萍認為:「似乎,他既放棄了做清朝順民的資格,也不願褻瀆明代遺民的稱謂,僅僅珍惜他的『詩人』榮譽了。這彷彿是吳偉業的大解脫,以一個紅塵居士的身分去面見先皇於地下,似乎也有完成他欲皈依佛門的夙願的指向。」[73]

《清涼山讚佛詩》通過構造寓言的方式敘寫順治帝與董鄂妃的情愛故事,既表達了對君王溺情的諷諫,也流露出對至情不終的惋惜,最後以出世作為愛情與人生悲劇的解脫途徑。選擇當朝天子作為書寫對象,此舉可謂前所未有。順治帝的形象代表的並不僅僅是其自身,詩人所欲呈現的是對整個時代的觀照。

三 時代「長恨」的「詩史」吟詠

按照張暉的定義,「詩史」說是中國古典詩學中要求詩歌反映現實、記載現實的一種具有代表性的理論,其核心精神是強調詩歌對現實生活的記錄與描寫。[74]吳偉業的詩歌創作為後世留下了關於明末清初這個特殊時代的豐富的歷史記憶,那些流傳後世的名篇足當得起「詩史」二字。嚴志雄曾指出清初詩壇上存在著「詩史」創作的潮流:「它幾乎是一種集體的、近乎熾熱的共業,致力於記錄並理解正在發生的歷史事件。這種創作帶有一股悲情,傳達著詩人的內省、反思以及對過去的哀悼……它是劫餘之人的產物,也是一個怪異新世界到臨的見證。明清之際的詩歌以其對歷史的強烈關注與明顯的歷史意識為特徵。在這數十年間,時人對歷史記憶的執念無以復加。」[75]吳偉業的「詩史」創作與此際的諸多作品相比,在創作視角與表達方式上存在一處明顯的區別,即他用以展現宏觀歷史變遷的載體往往是個人的命運遭際與情感意志。無論是選擇親歷時代風雲的王侯將相如《臨江參軍》中的楊廷麟、《雁門尚書行》中的孫傳庭、《松山哀》中的洪承疇,抑或身經易代播遷的小人物如《吳門遇劉雪舫》中的劉文炤、《圓圓曲》中的陳圓圓、《悲歌行贈吳季子》中的吳兆騫,吳偉業的「詩史」皆表現出公共性的歷史記錄與個人性的心靈書寫的雙重性質,生動地展現了渺小的個體在時世滄桑中的載沉載浮。以此視角來觀照《清涼山讚佛詩》,會發現這組作品正是其一貫的創作思想的延續。

相較於之後的清代帝王,順治帝的形象顯得有些模糊。他在干戈擾攘之際沖齡踐祚,內有並立諸王、輔政權臣和強勢母后,外有南明勢力紛擾不休,始終身處於殘酷的歷史夾縫中,又在風華正茂之歲遽然崩逝。被迫北上仕清後,耳聞目睹了關於新皇帝與

---

72 （清）顧湄:《吳梅村先生行狀》,（清）吳偉業著,李學穎集評:《吳梅村全集》,頁1406。
73 杜桂萍:《遺民心態與吳偉業戲曲創作》,《文體形態、文人心態與文學生態:明清文學研究行思錄》北京:商務印書館,2019年,頁200。
74 參見張暉:《中國「詩史」傳統》（修訂版）北京:生活・讀書・新知三聯書店,2016年。
75 嚴志雄:《錢謙益的「詩史」理論與實踐》北京:中華書局,2019年,頁3。

新政權的種種事實與傳聞後，吳偉業可能便以「詩人慧眼」[76]敏銳地體察到，原來眼前的少年天子，這位普天之下的統治者，其實與芸芸眾生無異，都是清初這個歷史的修羅場中無力左右自己命運的受難者。

相傳京西天泰山慈善寺壁上所題偈語為順治帝所作：「天下叢林飯似山，缽盂到處任君餐。黃金白玉非為貴，惟有袈裟披最難。朕乃山河大地主，憂國憂民事轉繁。百年三萬六千日，不及僧家半日閒⋯⋯惱恨當年一念差，龍袍換去紫袈裟。我本西方一衲子，因何流落帝王家。十八年來不自由，江山坐到我時休。我今撒手歸山去，管他千秋與萬秋。」[77]皈依慈善寺即是順治出家傳說的版本之一，「殿有肉身僧端坐，頭微側，而土人妄謂此世廟仙蛻」[78]。這些民間傳說究其實當然是齊東野語，但其產生及流傳卻符合一定的邏輯。剝離了皇帝這一身分的愛新覺羅・福臨，也只是一個想在紛雜的世界中求得身心安頓的普通人。從這一角度來講，從清初就開始流傳的順治出家之說並不完全是空穴來風，且據陳垣考證，順治帝確有出家之意而實未遂。吳梅村在《清涼山讚佛詩》中為其安排的結局，與其心意恰相符合。

詩人的此種大膽之舉反映了其思想心態與詩歌創作上一次具有顯著意義的轉變。白一瑾指出，在經歷了易代之變、亡國之悲、失路之痛、仕清之辱後，吳偉業曾經「那種對於人物以主流忠節道德觀念進行核察與評價的書寫方式，在《家藏稿》前集中時常能見到，在後集中卻變得越來越可有可無，乃至在一些作品中完全被拋棄。」[79]在入清後的詩篇中，吳偉業「對於個人處於歷史大變革時期道德與本能、理智與情感的十字路口時種種或悲壯或尷尬的艱難選擇，卻往往能寄予一種發自切身感受的深長的同情與理解，這使得他筆下的很多不能為正統道德標準所容的人物，在因為他們的某些有損道義的行為經受譴責之餘，還顯現出了處於某種特殊情勢下，作為有血有肉活生生的人而引人共鳴的真切之感。對於他們在歷史巨變帶來的兩難境遇中的選擇，詩人給予了相當的寬容與設身處地的同情」[80]，所論十分精闢。詩人能夠將皇帝視作一個普通人，卸去其身上承載的家國天下的重任，消解其作為政治符號的意義，這樣的認識對傳統士人而言是難能可貴的。

帝王的命運便是時代的縮影。揭示了時代的苦難本質後，梅村將宗教視為人生悲劇的解決之道。雖然超脫，但未免虛無。虛無的色彩指向的是人生、歷史和世界的無意義，

---

76 （清）趙翼：「梅村身閱鼎革，其所詠多有關於時事之大者。如《臨江參軍》皆極有關係。事本易傳，則詩亦易傳。梅村一眼覷定，遂用全力結撰此數十篇，為不朽計，此亦詩人慧眼，善於取題處。」《甌北詩話》，卷九，頁131。

77 （清）翁同龢著，翁萬戈編，翁以鈞校訂：《翁同龢日記》上海：中西書局，2012年，頁2097。

78 同上註，頁2097。

79 白一瑾：《清初京城詩壇研究》北京：北京大學出版社，2022年，頁173。

80 同上註，頁174。

而無意義才是徹底的悲劇。「在他筆下,歷史變遷呈現出的是一種無是無非的混沌狀態,從道德上評判它沒有任何意義,因為它只是造化操縱的一場荒唐噩夢,一切都將破敗,一切都指向無目的的虛空,而活躍於其中的個人則只不過是渺小的歷史過客。」[81] 這是真正意義上的「此恨綿綿無絕期」。從這一角度來觀照,《清涼山讚佛詩》即是一曲時代的「長恨歌」。這就是《清涼山讚佛詩》的主旨。

---

81 白一瑾:《清初京城詩壇研究》,頁176。

論方苞《禮記析疑》即事之治的
禮樂美學思想[*]

李忠超

安徽安慶師範大學人文學院

　　方苞（1668-1749），字鳳九，一字靈皋，自號望溪，世稱望溪先生，江南安慶府桐城縣（今安徽桐城）人。方苞歷仕康雍乾三朝，深受康熙重視，康熙六十一年（1722），任武英殿修書總裁，雍正十一年（1732）擢升內閣學士兼禮部侍郎，乾隆時入南書房，三禮館開，又以副總裁贊修《周官儀疏》。方苞「學行繼程、朱之後，文章介韓、歐之間」[1]，他不僅是文學耆宿，亦是禮學大家，著有《周官辨》、《周禮集注》、《周官義疏》、《儀禮析疑》、《喪禮或問》、《禮記析疑》等。方苞治禮不講求器物度數之類的考辨，而是注重彼此互證，「注疏之學，莫善於《三禮》，其參伍倫類，彼此互證，用心與力，可謂艱矣。」[2]方苞禮學經解詮釋的指導思想是以程朱理學為鵠的，在尊崇程朱的同時，也不拘泥程朱。從《禮記析疑》經傳的方式來看，方苞「即事之治」禮學思想，既是詮經方法也是實踐原則。所謂「即事之治」，就是說在闡釋仁義禮智這些與儒家禮學、禮樂哲學、美學相關的概念時，並沒有將其進行虛玄化，當作靜坐修身、心性修養的靜觀之學來處理。與明清以來程朱理學後學展現出的靜坐修身、修養養性不同，方苞則更注重挖掘程朱理學的實學價值。從經世致用的立場看，方苞即事之治的禮學思想，明顯帶有實用主義價值取向。從明清實學思潮發展史來看，方苞以程朱之後自任的同時，也游離於程朱，對顏李實學有批評，但也汲取了其實用的一面。[3]方苞在《南山集》案後潛心禮學，不過方苞詮經並非復古，而是以禮行事，踐行禮義，他卸任後在家鄉建立教忠祠，訂立教忠祠規。[4]現存有《教忠祠規》、《教忠祠祭田條目》、《教忠祠禁》等體現了，方苞通過親親、尊尊之愛的禮義實踐，鞏固家庭倫理關係，利用血

---

[*] 基金專案：二〇二四年教育部人文社會科學研究青年專案資助「中國禮樂美學對身體的制度化建構」（24YJC720008）；二〇二三年度安徽省社會科學創新發展研究課題：「兩個結合」視域下桐城地方家訓的當代美育價值（2023CX128）；方苞三禮學美學思想研究（2022AH051013）。

1　（清）方苞：《方苞集》上海：上海古籍出版社，1983年，頁906。

2　（清）方苞：《禮記析疑》上海：復旦大學出版社，2017年，頁15。

3　王思豪：〈「程、朱之外」的望溪學問——方苞的實學、心學與佛老思想發微〉，《安徽大學學報》，2022年第6期，頁70-80。

4　馮峰：〈桐城派與徽州樸學〉，《安徽史學》2012年第5期，頁84-88。

緣關係，將血親相愛、宗族相親、親族團聚的觀念貫徹執行，達到團結子孫構建完整的社會組織的目的。方苞《禮記析疑》中的即事之治禮樂美學思想主要體現在應物而動、隨時隨事、義以隨時三個方面。

一　應物而動：方苞禮樂美學的生成理路

　　方苞禮學經詮以程朱為宗，不過他並沒有固守程朱窠臼而是竭力調和程朱理學與實學之間的衝突，盡力尋求在理學心學化與實學化之間建立平衡，其禮學美學的主要特點是折衷調和。元明清以來，程朱理學一直都是官方主流意識形態，元仁宗延祐年間恢復科舉，科考從「四書」中設問，並用朱熹章句集注，程朱理學成為官學。到了明代，朱元璋明確規定科舉考試必須以《四書》、《五經》文句為題。國家取士，說經者以宋儒傳注為宗。永樂年間，朱棣則借助《四書大全》、《五經大全》、《性理大全》的編纂進一步鞏固了專制統治，他親自作序頒行天下，全面實現禮樂文化專制。清代統治者也竭力鼓吹程朱理學，順治二年（1645）封孔子為「大成至聖文宣先師」，康熙則稱「萬世師表」。康熙時還編纂了《性理大全》、《朱子全書》、《性理精義》。以文明著稱於世的方苞，其禮學成就相對而言被輕視了。清代禮學以考證見著，禮書編纂卷帙浩繁。然清代禮學研究的復盛是有其時代語境的，這既是明清儒家禮教思想運動助推的產物，也是明清之際禮學實踐出現問題之後的古禮回歸。明清之際禮學的問題在於陽明心學對於主觀心性的追求，落入了空疏之弊。基於此，針對晚明以來的空疏之弊，禮學研究的興起，一方面是重新考證建構原始儒學，另一面則是進一步推動禮學世俗化，其中尤以《朱子家禮》及其禮書編撰為要。換言之，清代禮學家考證禮制，矯正了明代臆說，同時亦在禮學精神引領下建構社會政治生活秩序，體現禮學實踐務實的一面。方苞禮學正是在此種背景下展開其實踐的。方苞禮學最大的特點是尊崇程朱，不過在禮樂及其美學價值的生成問題上，方苞則表現出了不俗的一面，尤其他秉承了先賢「禮以時為大」禮樂美學精神，並將其貫注《禮記析疑》、《儀禮析疑》、《周官集注》的詮釋之中。禮樂制度並非純為專制而設，儒家政治美學的制度設計始終是禮樂先於政刑，這也是禮樂之治的根本，「治民之道有禮樂、政刑，然後能載之而出。」[5]不惟如是，從發生學角度而言，方苞認為禮樂生成路徑本身就昭示其實踐價值，具體來說其過程是：感物而動，以物節人，禮居成物。

　　第一，感物而動。「感物而動，性之欲也，非人生而靜之初矣，故曰『非性』。」[6]人感於物，逐於物，卻不役於物，成為被物驅使的對象。儒家禮樂美學是政治美學，也

5　（清）方苞：《禮記析疑》上海：復旦大學出版社，2017年，頁282。

6　同上註，頁281。

是修身育人之學。所謂政治美學就是借助禮樂手段實踐其政治美學理想，儒家政治美學理想就是禮樂達於天下的聖人之治。欲行聖人之治，需執政者具備君子聖賢一般的理想道德人格，故儒家講修身立其誠，同時也是希望以此規勸統治者，以禮修身，以身作則。之所以這樣做，那是因為在儒家看來，禮樂本身就是緣情感物的產物，就是同自然之物相交相與中生發出來的，聖人君子無不如此，這就是禮樂審美的普遍性。「人出言或通情款，或道事，故其辭意未有不首尾相應者。辭意相應，則其聲之或高或下，或疾或徐，自然而變者，可次以宮商而為之節族，即詩、歌、曲、調之所由成，故曰『變成方謂之音』也。然後以金、石、絲、匏、龍、土、革、木，比附詩歌之音以為樂章，而兼配以文武之舞，謂之樂。」[7]人之出言必有目的，無論傳情還是通事，都要做到辭意相應，樂的產生就是根據辭意相應的自然節律。因此，人之感物而動，是自然之理。

　　禮樂美感發生於人感物而動之際，人脫離自然的動物性，建構人類社會文明的過程也就是自然的人化過程。自然的人化過程也是將無序、混沌進行有序、整一化建構過程。在儒家美學視域內，自然的人化主要表現為禮樂化、禮法化，人為自然立法，按照美的規律來構建人類社會生活秩序。感物而動則體現了自然的人化過程中的及物性，不惟如是，在自然的人化過程，中國哲學並未堅持人類為中心將自然視作對象化的實踐客體。反之，儒家美學強調人與自然在生態位格上的平衡，既未陷入人類中心主義，也沒有落入生態中心主義，而是堅持以禮樂為仲介環節，在自然之物與人類社會之間建構平衡，這就是儒家美學「中庸」精神，不偏不倚之謂中。禮樂美感是感物而動，本就是人之自然欲望的表達，但是這種自然情欲倘若恣肆不拘，就會造成人之私欲勝過自然本身的承載力，也就是我們現在說的人類濫用工具理性與科技理性，騁其私欲，而這恰是儒家哲學所不願看到的結果。

　　第二，以物節人。儒家禮樂美學的制度實踐就是通過自然之物的禮法化來建構人類社會生活。自然之物本身具有的節律，成為禮樂美感及其秩序、制度建構的內在依據。禮樂之作，本就是象天法地，以征人事，以物節人。「樂重在聲，故論樂多主聲，奮疾而不拔，於聲亦然。」[8]樂之重在聲，論樂多主於聲，同時，聲也是樂之象。「『聲者，樂之象也。』奸聲、正聲感人氣，怡應以成象，故曰『聲者，樂之象』。君子所樂其順，而成象有也。或曰：『清明象天，廣大象地，故聲可以言象。』」[9]奸聲、正聲就是感人氣之作，「心之感而形於聲，人所同也，而所感之善惡則異。感之以正，則善心生，所謂『莫不和敬，莫不和順，莫不和親』是也。感之者不正，則樂心、喜心、愛心專趨於流蕩淫汙，哀心、怒心亦發於邪辟、暴亂，故所以感之者不可以不慎也。凡人之情，怒起於惡，欲生於愛，惟敬心則有補於天性，有益於人事，而於樂聲則難為感，故

7　（清）方苞：《禮記析疑》，頁281。
8　同上註，頁296。
9　同上註，頁296。

聖人為雅頌之音以導之，所以感其敬心也。敬心作，則懼心生，而五心之感咸得其正。」[10]

以物節人，最終是落腳於以禮節人，物之節，禮之制也。以禮樂精神建構社會政治生活秩序，需要將其進行制度化的建構。故禮樂制度規範對日常生活的規範較為精細，或者說繁文縟節。方苞注「粗則偏矣」曰：「禮之常如曲禮、少儀所以事父兄、君長之禮，無微不達。使稍有疏略，則於其本然之體、當然之則不能合矣。禮之變，如曾子所問，並遭君與父母之喪，或在君所，或歸於家，或私事畢而後之公，或公事畢而後治私。其間先後、緩急之節，毫釐不失，然後動而處其中。凡禮之參差、交會處皆然，觀此，則知稍粗必偏矣。」[11]方苞以禮之常、禮之變來論證禮樂實踐的時機、時宜，所謂禮之常就是禮之本然之禮，而禮之變則是具體禮樂生活之事的仁義顯現，是針對不同語境之下，物、事、人而興發。方苞指出禮樂實踐，關鍵是把握「時」與「事」。他在「禮樂之情同，故明王以相沿也。故事與時並，名與功偕」注曰：「和與節、愛與敬，禮樂之情也。事與時並、名與功偕，禮樂之文也。惟情相沿，故文不必相襲也。禮樂之情同，非謂禮與樂之情同也。五帝不相沿禮，三王不相沿樂，而節以合敬、和以合愛之情同，故明王以此相沿。」[12]禮之文不相沿襲，而其情同，即是說禮樂美學內在精神的制度顯現歷代不同，然其內在的仁義之道卻是永恆的，這種內在仁義精神就是禮樂之情。

禮居成物。方苞認為禮樂美感的興發是感於物，即於事，立於時。在物、事、時的基礎上，建構社會秩序，其中尤以倫理秩序為要。儒家禮樂美學是政治美學、修身美學，也是倫理美學。方苞以五音論君、臣、民、事、物，「必君、臣、民、事、物皆失其道，然後五音迭相陵，故可決共滅亡無日也。」[13]之所以以五音比附倫理秩序，就是因為方苞認為樂通倫理。「倫者，宮、商、角、徵、羽、清濁、大小之倫也。理者，君、臣、民、事、物、得失、盛衰之理也。生於人心者無定，而列於倫理者有常，故必取其聲之和者，以播之樂器，然後合於倫理而為雅樂也。惟有倫理，故審之可以知政，得之可以兼禮，君子所用以成德，莫要於此。或曰親疏、貴賤、長幼、男女之理，皆形見於樂，故曰『樂者，通倫理者也。』」[14]也就是說，親疏、貴賤、長幼、男女之理皆形見於樂，基於此，「合父子之親，明長幼之序，宇宙之達禮也。然必能敬四海之內，然後儀則可以使民觀感，政教足以達其分。願不如是，則禮不行。」[15]政教之行與禮之行互為表裡。禮樂之道之所以具有這種教化功能，就是因禮樂本身因天地之理而成，即

---

10 （清）方苞：《禮記析疑》，頁281。
11 同上註，頁286。
12 同上註，頁285。
13 同上註，頁282。
14 同上註頁283。
15 同上註，頁284

所謂居成物。方苞「樂著太始而禮居成物」注曰:「《史記》引古樂書語,聖人知天識地之別,故從有以至未有,以得細若氣、微若聲。聖人因神而存之,雖妙必效情。有者,天地之形也。未有者,天地之神,所謂『太始』也。著者,因六律五聲而發著神之存、情之效也。居成物者,因已成之物而措置之也。君臣、父子,物之已成者也,而制禮以明其分誼,聯其恩愛,所以居之也。尊者置之上,卑者置之下,所謂居成物。」[16]禮居成物,就是在已成之物的基礎上進行制度建構,制禮作樂之義就是明確等級社會的倫理秩序。這種倫理秩序的源於天地造化,體現在人的日常生活。「道體之精者存乎中和敬順、位育參贊之微,惟致禮致樂乃能凝之於性命之中。道體之粗者見於日用飲食、往來酬酢之跡,惟禮具樂行,乃能凝之於事為之際。故大人舉禮樂,然後人紀有節,而天地將為昭也。」[17]致禮致樂系於人之性命中,禮具樂行,凝之於事,這就是禮樂美學實踐的本質所在。

綜上,在方苞看來禮樂及其秩序、制度美感,感於物、即於事、立於時。以仁義無為核心的禮樂精神不僅是政事制度合理運行的內在理則,也滲透日常生活之中。日用飲食,動靜坐臥皆是自然之理。禮樂之作就是象天法地,就是因成物,物為之節,以禮節之,倫理精神與日常生活之事一一對應。方苞說的禮樂象天地萬物動靜之常,即此之謂也。物動靜之有常也。殊謂動靜異宜,非謂小與大殊。[18]

二 隨時隨事:禮樂生活之事的制度顯現

以仁義為核心的禮樂生活之事的制度顯現,集中體現在事與行。所謂事就是禮樂生活之事,舉凡日用飲食皆受禮樂制度的影響。方苞說:「禮以義起,各緣其事。經所舉,乃國政官司之守。記所傳,乃鄉黨燕私之儀。」[19]禮樂生活之事分別承載了不同的禮義精神,禮樂活動中的威儀、儀式、形式皆是遵循禮義精神卻又在不同的時空場域中呈現,故時變,事變,所蘊藉的禮義精神也是不同的。儒家禮樂美學的制度實踐不是徒有其表,而是具體呈現在禮樂生活、日常生活之中。

(一)在事中行,以禮行之

「禮從宜,使從俗。」方苞解釋道:「聖人制禮乃從義之所宜,而使民行禮,則必因其俗而利導之。居山以魚龜為禮,居澤以鹿豕為禮,君子謂之不知禮。義所必革,則

---

16 (清)方苞:《禮記析疑》,頁287-288。
17 同上註,頁297。
18 同上註,頁287。
19 同上註,頁28。

因其俗而變通之可也。」[20]禮樂制度美感的興發，是實實在在的。制度美感源於自禮樂生活之事，正是通過禮樂生活的學，在事中行、以禮行之，禮樂制度才能付諸實踐，成為實實在在的行為。儒家禮樂審美不僅僅是靜坐修身之學，只停留在口頭、紙上、心中、腦中的純概念、純文字性的儒家典要。禮樂生活之事的制度顯現就是人的禮樂行為實踐。我們判斷一個人是否有道德，不是說他內心是一個多麼善良的人，而是觀察到他在日常生活中身體力行，踐行了儒家禮樂道德，也就是說，道德顯現是行諸於事。同理，禮樂制度美感的興發也是行諸於事，具體來說就是禮樂生活之事。從興發狀態上來看，禮樂生活之事的興發具有時間性，這個時間性表現為禮樂美感興發的時體、時機、時宜、時態。所謂時體是禮樂制度作為時間制度在時間意識中的存在，時機則是禮樂制度美感興發即意義——時機的關係。禮樂制度美感興發時機，就是時宜之時。適時合宜，其一是何時開始做，應當做決斷的契機；其二是做與行，禮樂制度美感以正在進行著的禮樂之事方式，展現一件有意義的事或行為正在進行著，其時間狀態是正在進行時，也是審美的正在進行時。故禮樂生活之事與聖人禮樂之治，是相互對應的，也就是「即事之治」。子曰：「禮者，何也？即事之治也。君子有其事，必有其治。」[21]方苞曰：「先王緣人情而制禮，依人性而作儀，原其禮之所以立也。君子有其事，必有其治，究其用字所以行也。原其所以立，則知心有所不容已。究其所以行，則知道不可須臾離。事無其治，則性命之理不順，此精粗本末所以一貫也。」[22]在解釋「即事之治」時，方苞認為禮樂制度本就是援情而作，儀式、制度本就是人性的表達。

（二）制禮之義，以象事行

制禮作樂，隨時隨事，事舉其中，物之為節。禮樂制度的創設要遵循「情性、度數、禮義、生氣、五常」之合。不僅如此，禮樂制度、道德仁義也必須體現禮義內在價值和原則。「道德仁義，非禮不成。」；「道德仁義必以禮實之，然後順於性命，仁義必以禮達之，然後察於倫物。老莊之道德，楊墨之仁義，所以自賊而禍天下者，不知有禮故也。」[23]禮樂制度的創設本就是以秩序規範統攝日常生活，從這點看禮樂制度的創設是維護專制統治的必要工具。禮樂美學對日常生活的制度建構，就是將禮義精神付諸實踐，為日常生活劃定等級。「眾不可以徧告，俗不可以相通。先王制禮，事舉其中，物為之節，故惟是為能備。」[24]但是這種劃定並非不違背基本的人性觀念，恰恰相反，禮

---

20 （清）方苞：《禮記析疑》，頁18。
21 同上註，頁391。
22 同上註，頁391。
23 同上註，頁19。
24 同上註，頁19。

樂節情導欲之功用，恰恰是人之自然情性的體現。方苞認為禮樂制度創設本之情性，制度規範的設計初衷是合生氣，道五常。「音之感人如此，故先王作樂必本之情性，以建中和之極，然後稽之度數，而寓禮義於其中。以合造化之和氣，著生民之常德，然後其聲為正聲，樂為和樂。以之教人，可檢束其德性也。所以然者，樂之小大、終始，皆象人之行事。親疏、貴賤、長幼、男女之理，皆形見於此。」[25]儒家美學禮義精神本就寓於等級規範之中，「然後立之學等，廣其節奏，省其文采，以繩德厚，律小大之稱，比終始之序，以象事行，使親疏、也貴賤、長幼、男女之理，比形見於樂，故曰『樂觀其深矣』。」[26]禮樂制度、等級秩序合人之情性以象人事。儒家理想的社會生活乃是由道德為核心建構起來的禮樂生活，禮樂制度既然是緣情而作，象人之行事，社會政治秩序由此得以確立。可以說，儒家禮樂美學對制度文明的創構涉及社會生活的諸多方面，禮樂制度本身也就是禮義的呈現。日常生活、禮樂生活之事隨時而變，一言一行要符合禮儀制度規範，就需要制度設計因時變異。然即便禮樂制度因時而變，但制度之中依然有永恆不變的，那就是制禮之本義。方苞認為，聖人制禮作樂建構起來的社會政治秩序格局，小大、始終、親疏、貴賤、長幼、男女之理皆寓於制度之中。只有在禮別異的基礎上，才有樂合同，從這點看方苞禮樂思想是帶有鮮明的階級性的。日常生活之事，本是人依據個體情性而為，倘若這種生活沒有被禮樂制度進行規範，就會變得雜亂無序。儒家禮樂美學對日常生活的建構，就是使其有序合理化，使其符合道德仁義。總之，禮樂生活象人紀事是禮樂精神價值的體現。人的行為要體現禮義精神價值，就需要以身體踐行，禮樂制度最終落實在人的行為，也就是以身體為媒介的人日常實踐中。「言而履之，禮也。行而樂之，樂也。」方苞曰：「凡人之言，或汎論事理，或評議他人，未有不依乎天理者。若能身履之，則禮之實在是矣。凡人之行，必合乎天理，當乎人情，然後返之於心而安且樂焉。其然，則樂之道具是矣。」[27]儒家制禮之本義就是建構起來規範的社會生活，禮義之作載並非是虛設的，而是與日常生活息息相關。在儒家看來只要能做到以身踐履，禮之實在就是自然而然。

（三）禮儀威儀，無事非仁

禮之所尊尊其義。禮有三義，禮之義、禮之制、禮之儀。其中禮之義就是內在精神價值，禮之制、禮之儀則是外在的形式威儀。禮儀威儀不能脫離禮義，否則就是虛有其表。三代之後禮淪為虛名就是指禮樂制度、儀式淪為粉飾權力統治的工具和手段從而失去其內在精神。方苞認為禮樂制度、威儀呈現了儒家美學以仁義為核心的精神價值。方

---

25 （清）方苞：《禮記析疑》，頁291。
26 同上註，頁290。
27 同上註，頁393。

苞籲求建構以君主實行仁義,以禮樂制度規範社會生活政治秩序的理想生活。「君子欲興和樂以導民,必先使一身之內有順氣,而無逆氣。然後能辨正聲,興和樂,以移風易俗,下節所陳是也。」[28]君子時推行禮樂教化的主體,而禮樂制度所維護的也是以親親、尊尊為根本的倫理秩序。「親疏、貴賤、長幼、男女之理,皆形見於樂,故樂行而倫清。」[29]在這個前提之下,日常生活中的行為舉動皆要被禮樂化,或者說以禮樂化的方式呈現符合禮樂制度規範的行為舉止。「屈伸、俯仰、綴兆、舒疾之度,皆有數以紀之。」[30]禮儀三百,威儀三千。日常生活中的揖讓周旋,屈伸俯仰,綴兆舒疾皆要符合法度。而規定日常生活行為的禮儀典章就是《儀禮》,方苞認為《禮記》中《少儀》、《玉藻》、《內則》不僅體現了制度儀法,彰顯了禮樂社會的等級差序,還從日常生活的諸多方面制定了行為規範,可以說仁義精神無事不在,而這些皆非讀書記誦,所能學習的。「其儀法多見《曲禮》,凡《曲禮》、《少儀》、《玉藻》、《內則》所載,不獨事父母、君師也,即長幼、朋友、賓客、往來酬酢,少不由禮,則於心不安,而人情亦不能順,故張子曰:『禮儀三百,威儀三千,無一事非仁』,又曰:『仁體事而無不在,不知此,則雖能記誦,不可謂之學禮。』」[31]制度儀式形式規範多種多樣但內在精神價值原則卻是統一的,其總的原則是以仁體事,無事不仁。可以說,上自朝廷宗廟,下自閨門鄉黨皆有禮儀法度之規定。所謂非禮勿視,非禮勿言,禮樂對日常生活的制度規範已經滲透在方方面面。「不惟宗廟、朝廷、閨門、鄉黨之際會,非禮有常經,不敢輕動也。即尋常無事,一舉足、一發言,非理所當然,亦不敢動。必如是,而後謂之致禮以治躬。不惟祭祀、賓客、射鄉之樂歌,非比物飾節不敢輕作也,即燕居退息、御琴瑟、調磬管、非適會其節,亦不敢作。必如是,而後謂之致樂以治心。」[32]

總之,方苞認為禮樂生活之事的制度顯現,關鍵在於「隨時隨事」,即禮樂制度應根據具體情況靈活應用。他強調禮樂不僅是外在形式,更是內在精神的體現,認為禮樂應在具體情境中實施,而非僵化不變。方苞提出「禮從宜,使從俗」,指出禮樂制度應順應民俗,隨著時間和情境的變化而調整,這樣才能真正發揮其作用。在禮樂制度的具體實踐中,方苞主張「在事中行,以禮行之」,即禮樂不應僅停留在口頭上或文字中,而應體現在日常行為中。他認為,真正的禮樂生活是通過實際行動展現的,如日常的飲食、交往等,這些行為都應符合禮樂制度的要求。禮樂制度的美感體現在具體的禮儀活動中,通過這些活動展現出的適時合宜,反映了禮樂制度的內在精神。方苞還強調「制禮之義,以象事行」,認為禮樂制度的創設應遵循情性、度數、禮義、生氣、五常等原

---

28 (清)方苞:《禮記析疑》,頁292。

29 同上註,頁293。

30 同上註,頁293。

31 同上註,頁391-392。

32 同上註,頁392-393。

則，這些制度不僅規範了日常生活，還體現了道德仁義的價值。禮樂制度的設計初衷是合乎人性，引導人們遵守社會秩序，通過具體的儀式和規範來維護倫理關係和社會穩定。最後，方苞認為「禮儀威儀，無事非仁」，即禮樂制度的外在形式與內在精神應一致，任何行為都應符合仁義的標準。禮樂制度不僅限於朝廷宗廟，還包括日常生活中的各種行為舉止，從言行舉止到琴瑟調管，都應符合禮樂規範，這樣才能達到修身齊家治國平天下的目標。方苞的禮學思想強調禮樂制度在實際生活中的應用，體現了儒家禮樂美學的價值和實踐性。

三 義以隨時：方苞即事而治的禮學詮釋

方苞禮學詮釋遵循了「即事之治」的原則和方法，他並未將儒家禮樂美學對制度的創構停留於形式表徵，而是針對其內在的禮義精神實踐，具體到日常生活之事，堅持義以隨時，隨時隨事的禮學詮釋原則，堅持了儒家美學以身體實踐為中心的禮學實踐，將經義按之於事理，合於人心。蔡世遠說：「其說皆前所未有，而按以經義，揆之事理，無一不合於人心之同然，比之謂言立」[33]從漢學、宋學之爭的背景看，方苞禮學詮釋則有意祛除漢學之弊，轉以義理詮經，以程朱理學為正宗。葉國良將宋代經學特點歸納為兩點：「一是疑經改經的風氣，二是說經義理化的傾向。」[34]《國朝先正事略》稱方苞論學「一以宋儒為宗，其說經，皆推衍程朱之學。」[35]從明清實學思潮發展看，方苞禮學詮釋注重以經義參照事理的同時，也極為看重以身踐禮。禮樂美學的身體實踐是實實在在的，而不是靜坐修身之學，這同明末以來理學心學化之弊截然不同。戴震對程朱理學的批評主要集中在理學的虛玄化、心理化，方苞禮學詮釋則是折衷的，他意識到禮學經學實踐不能脫離具體生活之事，同時也不能脫離程朱之大本。禮樂審美活動是踐行著的即事之學，體現在「禮不逾節」的解釋中：

方苞《禮記析疑》卷一《曲禮上》曰：「禮不逾節」。孔穎達疏：「禮者所以辨尊卑，別等級，使上不逼下，下不僭上，故云禮不逾越節度也。」[36]孔穎達認為禮別義，區別身分尊卑之等，上下尊卑有序是謂不逾節越度，不違背禮法節度。這裡的節是等級秩序，禮節法度。方苞認為，違背尊卑上下的等級秩序、禮節法度應解釋為逾等，側重等級身分而言，而非逾節。逾節應從先後、緩急、前後、節目之意來解釋。方苞區別了「逾節」、「逾等」，它說：「逾節與逾等異義，或當後者而先之，當緩者而急之，皆逾節

---

33 （清）方苞撰，劉季高點校：〈附錄二〉，《方苞集》上海：上海古籍出版社，1983年，頁901。
34 葉國良、夏長樸、李隆獻：《經學通論》修訂版，上海：上海書店出版社，2016年，頁291。
35 （清）李元度：《國朝先正事略》長沙：嶽麓書社，2008年，頁454。
36 李學勤主編：《十三經注疏禮記正義》北京：北京大學出版社，1999年，頁14。

也。如婦人職當縫紝，而有女縫裳，則風人刺之。」[37] 婦人未出嫁職當縫紝而縫裳，是謂逾節。「職當縫紝」，見《禮記·內則》：「女子十年不出，姆教婉、娩、聽從，執麻枲，治絲繭，織紝、組、紃，學女事以共衣服。觀於祭祀、納酒漿、籩豆、菹醢，禮相助奠。十有五年而笄。二十而嫁，有故，二十三而嫁。」[38] 女子未出嫁前應該縫紝，出嫁之後才能縫裳。裳是下服、褻衣，因是女子出嫁為妻後的工作。「有女縫裳」，見《詩經·魏風·葛屨》：「糾糾葛屨，可以履霜？摻摻女手，可以縫裳？」，「摻摻，猶纖纖也。婦人三月廟見，然後執婦工。」鄭玄箋注：「言女手者，未三月未成為婦。裳，男子之下服，賤，又未可使縫。魏俗使未三月婦縫裳者，利其事也。」[39] 孔穎達疏：「魏俗趨利，言糾糾然夏日所服之葛屨，魏俗利其賤，至冬日猶謂之可以履寒霜；摻摻然未成婦之女手，魏俗利其士，新來嫁猶謂之可以縫衣裳。又深譏魏俗，言禯之也，領之也，在上之衣尊，好人可使整治之。裳乃服之褻者，亦使女手縫之，是其趨利之甚。」[40] 由此可見方苞以縫紝、縫裳來論證逾節與逾等之別，重點放在女子出嫁前後的禮節上。逾節的重點是禮儀行為適用的情境，而不是禮儀行為主體的身分等級。逾等側重的禮儀活動中實際行為主體的身分等級，出嫁前後顯然不是身分等級問題，充其量只是身分轉換，所以逾節只是禮儀活動本身的適用問題，突出的是禮樂活動中禮樂行為之事因時隨義的實踐性。這種實踐性也表明，禮樂生活之事的顯現是在具體禮儀行為活動之中，即禮樂審美實踐是即事之學。

方苞認為，仁義道德如天理流行，人行身遇物，皆要以得體、合禮的方式呈現。《禮記析疑·卷二十九·仲尼燕居》曰：「使女以禮，周流而無不徧也。」方苞注：「先王制禮隨時隨事，運天理而取其中。人之行身遇物，能以禮周流，則大中之理而無偏矣。即一貫之指，以禮言之，乃其顯而易見者。」[41] 以仁義為核心的禮樂生活之事的制度顯現就體現在以禮體事上，禮生於仁，仁以禮體事，行之於事，仁感於物。基於此，日常生活諸多國家禮儀祭祀，無不呈現禮制精神和原則。「老莊以禮為華而亂道，荀卿以禮為化性起偽，皆不知禮之生於仁也。仁以禮體事，故明無不照。仁以感物，故誠無不通。明於郊社之禮、禘嘗之義，則治國如指諸掌，職是故也。此『仁』鬼神」獨於郊社舉之者，禘嘗之為仁，顯而易見。」[42] 以仁義為核心的禮樂制度的確立，明確了社會政治生活的基本秩序和等級格局。即之所以制禮作樂，建構禮樂制度體系，乃是為了確立日常生活的倫理秩序，決嫌疑，別異同，明是非也。「是故以之居處有禮，故長幼辨也。以之閨門之內有禮，故三族和也。以之朝廷有禮，故官爵序也。以之田獵有禮，故

---

37 （清）方苞：《禮記析疑》，頁18。
38 李學勤主編：《十三經注疏禮記正義》，頁870-871。
39 同上註，頁361。
40 同上註，頁361-362。
41 （清）方苞：《禮記析疑》，頁289。
42 同上註，頁390。

戎事閑也。以之軍旅有禮，故武功成也。」甚至可以說，日常生活之事因禮樂制度而變得整飭有序，義以隨時，事各得其時，動靜得其宜。[43]「是故宮室得其度量，鼎得其象，味得其時，樂得其節，車得其式，鬼神得其養，喪紀得其哀，辯說得其黨，官得其體，政事得其施，加於身而錯於前，凡眾之動得其宜。」[44]

逾節，應從學習禮樂的先後之序來解釋，方苞有時也用陵節。《禮記析疑》卷十九《學記》：「當其可謂『時』，不陵節而施之謂『孫』。」方苞認為：「『不陵節』者，春誦夏絃，秋禮冬書，前業未終，不更授他務也。若雜然並授，是陵其節，而必至兩無所成矣，故曰：『雜施而不孫，則壞亂而不修』。」[45]鄭玄注：「陵節，謂不教長者、才者以小，教幼者、鈍者以大也。」孔穎達正義曰：「『當其可謂時者』，可，謂年二十之時。言人年至二十，德業已成，言受教之端，是時最可也。……謂教人之法，當隨其年才，若年長而聰明者，則教以大事，而多與之；若年幼又頑鈍者，當教以小事，又與之少，是不越其節分而教之，所謂『孫，順也』，從其人而設教。」[46]意思是是要在合適的時間進行適當的禮樂活動，禮樂活動應當有次序的展開，禮樂修習是講求先後的，每個階段都應該有學習的重點，在前業未成之時，不應該好高騖遠。為學之道，有先後，也有易難，先後、易難就是節目，不陵節，逾節，就是分清楚禮儀活動實行時的先後、主次、易難、節目，按照具體情境展開活動。《學記》：「善問者如攻堅木，先其易者，後其節目。及其久也，相說以解。不善問者反此。」方苞曰：「木之有節處似目，最堅而難攻。相說以解，即以攻木言，與莊子所謂『斲輪徐則甘而不固』，甘字義略同。蓋攻而不如，如相苦者，及順理而解，如相說也。」[47]禮樂活動當順理而為，順理而解。何為順理？就是在禮樂活動履踐過程中按照具體情境研判分清先後、主次、節目，順乎節目之理，自然可行。

總之，方苞禮學詮釋強調了禮樂制度的實踐性和靈活性，認為禮樂不僅是靜態的規則集合，而是動態地反映在人們的日常生活和行為之中。通過這一過程，禮樂美學實現了從自然到社會再到個人行為的全面覆蓋，體現了儒家「中庸」之道的精髓。他區分了「逾節」與「逾等」，前者強調禮儀行為應適配具體情境，後者則涉及禮儀主體的身分等級。方苞認為禮儀活動應當符合天理之流行，體現仁義道德的核心價值，並通過具體的禮樂實踐展現出來。他的觀點既是對漢學之弊的批判，也是對程朱理學的繼承與發展，旨在通過禮學實踐維護社會倫理秩序，實現個人修養與國家治理的和諧統一。

---

43 （清）方苞：《禮記析疑》，頁390。
44 （清）方苞：《禮記析疑》，頁390。
45 （清）方苞：《禮記析疑》，頁276。
46 李學勤主編：《十三經注疏禮記正義》，頁1061。
47 （清）方苞：《禮記析疑》，頁278。

四　結語

　　方苞的禮學詮釋強調「即事之治」，主張將儒家禮樂美學融入日常生活實踐，注重禮義精神的實際應用而非形式主義。方苞的禮樂美學生成理路強調了「應物而動」的理念，即將禮樂視為對自然和社會現象的感應與回應。他認為禮樂美學的生成包括三個主要方面：感物而動、以物節人、禮居成物。感物而動強調了人與自然的互動。禮樂美學始於人們對自然界的感知和反應，這種感知是自然欲望的表達，但不應放縱過度。禮樂作為調節工具，幫助人們在與自然的互動中找到平衡，避免過度消耗自然資源。以物節人是指通過自然之物的禮法化來構建社會秩序。自然之物本身具有一定的規律和節律，這些規律成為禮樂美感及其秩序建構的基礎。通過禮樂制度，人們的行為受到規範，形成有序的社會結構。禮居成物表明禮樂制度是在已有的社會基礎上進行的制度建構。方苞認為禮樂制度旨在明確社會中的倫理秩序，這種秩序源自天地自然法則，並體現在人們的日常生活中。禮樂不僅是政治美學的一部分，也是修身和倫理美學的重要組成部分。

桐城義法之新變與《左傳微》

吳敬堂
北京師範大學文學院

縱觀《左傳》之文學歷程，(南宋)真德秀選《左傳》文章散入古文選本《文章正宗》，在形式上已開經、史、文相融之趨勢：經傳勾稽方面，間錄賈逵、杜預等經生之說；史事評價如石碏諫寵州吁等事之尾評；文法評點諸如《敘秦晉相失本末》「此十數句如大具獄然，真名筆也」[1]特提句法等。具言之，《文章正宗》已粗具《左傳》評點之體式。降至明清，評點《左傳》蔚然成風，講求文法者諸如馮李驊《左繡》、王源《左傳評》，傾於義者如周大璋《左傳翼》。方苞起諸家之間，能獨樹一幟者，在其有一以貫之的「義法」理論。

一 方苞古文義法根源辨析與《左傳義法舉要》

方苞現存之《左傳》學著述，計有《左傳義法舉要》及《方氏左傳評點》兩種，前者有評無點，後者則有點無評。相比可見，以《左傳義法舉要》更為詳要。《左傳義法舉要》原為方苞口授弟子王兆符及程崟《左傳》以敘戰名篇之語，二人著於書紙，流傳於世。綜觀其書，方苞以「義法」理論為根柢評點《左傳》之文章。而義法之謂，方苞〈又書貨殖傳後〉敘云：

> 《春秋》之制義法，自太史公發之，而後之深于文者亦具焉。「義」即《易》之所謂言有物也；「法」即《易》之所謂言有序也。義以為經，而法緯之，然後為成體之文。[2]

方苞所言之「義法」，即根源於《春秋》。但「自太史公發之」有兩層意義，一則謂《史記》是傳繼《春秋》義法的典範。方苞謂：「蓋古文所從來遠矣。六經、《語》《孟》其根源也。得其支流而義法最精者，莫如《左傳》、《史記》。」[3]可見方苞將《左》、《史》

1　(宋)真德秀著：《文章正宗》，卷十六，元至正元年刻本。
2　(清)方苞著，劉季高校點：《方苞集》上海：上海古籍出版社，2008年，卷二〈讀子史〉，頁58。(以下徵引本書者，簡列篇名、書名與頁碼。)
3　《方苞集》，集外文卷四〈序〉，頁613。

視為《春秋》義法之苗裔。二為《史記》所載「西觀周室，論史記舊聞，興于魯而次《春秋》，上記隱，下至哀之獲麟，約其辭文，去其煩重，以制義法，王道備，人事浹」[4]之「義法」，側重說明太史公對《春秋》義法內涵的闡發。上述是方苞對「義法」的理論構建所尋繹的理論支持，也說明方苞棄用源流譜系更古、更明確的春秋書法，而採用司馬遷的「義法」之說。筆者認為，其意在推重「義」的優先地位，[5]也是強調「義」與「法」的分立與綰結。故張高評所謂「方苞義法之根源在春秋書法」[6]，則全然曲解了方苞本意，下試說明。

《春秋》有「文」、「事」、「義」解經層面，其源《孟子·離婁下》所言孔子作《春秋》「其事則齊桓、晉文，其文則史，孔子曰：『其義則丘竊取之矣。』」[7]方苞亦持相同觀點，〈春秋通論序〉載：

> 若《春秋》則孔子所自作，而義貫于全經……凡諸經之義，可依文以求，而《春秋》之義，則隱寓于文之所不載，或筆或削，或詳或略，或同或異，參互相抵，而義出于其間。所以考世變之流極，測聖心之裁制，具在于此。[8]

孟子所言之「義」與方苞所言「義貫全經」之「義」同，即《春秋》大義。「文」是《春秋》「載述的文詞」[9]，「事」即記事。「文」「事」之謂，可與通《禮記》所言「屬辭比事」[10]。張素卿參稽會通諸家意見，認為「屬辭比事」涵義為：「『屬辭比事』之《春秋》教也，是教化學者使之能善於連屬文句、比次事蹟，藉此判斷是非、嚴明大義；蓋『屬辭』以成『文』，而『事』即其實際的內容，編次『事』之始末而理序竟然，而『義』在其中矣。」[11]則屬辭比事即「連屬文句、比次事蹟」的修辭方式，所以李洲良稱《春秋》筆法的內涵外延的文法為「意在屬辭比事」[12]。春秋書法通於春秋筆法，[13]也就是說在文章學視域下，春秋書法，亦即「屬辭比事」偏重方苞「義法」理論之「法」，而非「義」。

4　（漢）司馬遷撰，（南朝宋）裴駰集解，（唐）司馬貞索隱，（唐）張守節正義，中華書局編輯部點校：《史記》北京：中華書局，1982年，卷十四《十二諸侯年表第二》，頁509。
5　詳見劉文龍：〈「義」「法」離合與方苞的評點實踐〉，《文學評論》，2020年第1期。
6　張高評：《左傳之文韜》高雄：麗文文化公司，1994年，頁227。
7　（清）阮元校刻：《十三經注疏·孟子注疏》，北京：中華書局，2009年，卷第八上《離婁章句下》，頁5932。
8　《方苞集》，卷四〈序〉，頁84。
9　張素卿：《敘事與解釋——《左傳》經解研究》臺北：花木蘭文化出版社，2008年，頁34。
10　（清）阮元校刻：《十三經注疏·禮記正義》北京：中華書局，2009年，卷第五十《經解第二十六》，頁3493。
11　張素卿：《敘事與解釋——《左傳》經解研究》，頁110-111。
12　李洲良：〈春秋筆法的內涵外延與本質特徵〉，《文學評論》，2006年第1期。
13　肖鋒：〈從「春秋書法」到「春秋筆法」名稱之考察〉，《北方論叢》，2009年第2期。

綜合上論，在文章學視域下，以往諸家所持的「方苞義法之根源在春秋書法」說法存在商榷空間。春秋書法側重「文」、「事」，講求「屬辭比事」的文法理論，這與方苞「義法」說則推重「義」的優先地位、強調「義」與「法」的分立與縮結的向度並不相合。

在《左傳義法舉要》的評點實踐中，方苞並未如真德秀一般引入注疏以及傳統的經傳勾稽方式解釋文義，而是承程朱遺緒，代以儒家義理解釋文義，即強調道德判斷。如《韓之戰》中以晉侯敗「德」作為韓戰之敗的原因；《邲之戰》強調楚子修德無釁以勝晉；《宋之盟》昭諸侯之無信等，皆是強調以道德化、倫理化的儒家義理作為文章之「義」。而「義法」之「法」，方苞不以名目眾多的春秋書法論文，而代以不書、特書、虛實、詳略、順逆、類比、終始等行文法式講論文章。[14]總言之，《左傳義法舉要》作為方苞的評點實踐，本質上是對「義法」理論的回歸與印證。

二 「以文為主」：《左傳微》的編纂原則

相較於方苞，吳闓生在《左傳微》所施用的「義法」理論，則表現出新的涵義。《左傳微》初名《左傳文法讀本》，示原稿之編寫究心於「文法」，後重新寫定改稱《左傳微》，示其書「專以發明《左氏》微言為主」[15]。在其編纂中，對於闡釋《左傳》微言之進路，吳闓生主張「以文為主」。

「以文為主」，言出《左傳微·例言九則》：

> 此編畫分章卷，以馬驌《左傳事緯》為藍本，而稍為之更定。馬氏以事為主，今以文為主，事具則文之本末亦具焉，故不能大有違異也。[16]

由上可知《左傳微》之編章分節，承襲馬驌《左傳事緯》，所不同者，馬書以事為主，而吳書則以文為主。馬驌作《左傳事緯》，「易編年為敘事」、「以立敘事之法」，可見《左傳事緯》究心敘事之首尾始末，「將令讀者一覽而解，且無遺忘之禍」[17]，故謂「以事為主」。而吳闓生以「文」區別「事」，雖「不能大有違異」，然語焉未詳。以敘事角度言，實為不同敘事視角下的改編方式之差異。下文結合《左傳微》、《左傳事緯》之比對加以說明。

---

14 詳參吳敬堂：〈《春秋》學視域下的方苞古文義法說新解——以《左傳義法舉要》為中心〉，《孔孟月刊》，2023年總第733-734期。
15 吳闓生著，白兆麟校點：《左傳微》合肥：黃山書社，2014年，卷首〈例言九則〉，頁1。
16 同上註，頁1。
17 （清）馬驌著：《左傳事緯》濟南：齊魯書社，1992年，卷首〈例略〉，頁1。

海登・懷特言:「一部作品的重點在另一部作品中是次要的或隱性的。」[18]此為敘事視角之不同,而「文」「事」之謂,即屬此例。如《左傳微・僖公逆祀》篇:

> 僖公三十三年,齊國莊子來聘,自郊勞至于贈賄,禮成而加之以敏。臧文仲言于公曰……
> 文公元年夏四月丁巳,葬僖公。穆伯如齊,始聘焉,禮也。……
> 二年丁丑,作僖公主。書,不時也。秋八月丁卯,大事于大廟,躋僖公,逆祀也。……
> 四年冬,成風薨。
> 五年春,王使榮叔來含且賵,召昭公來會葬,禮也。
> 九年,秦人來歸僖公、成風之襚,禮也。……[19]

「躋僖公而逆祀」,「躋」為「升」[20]。「逆祀」,「終文公至惠公七世,惠公為昭,隱公為穆,桓公為昭,莊公為穆,閔公為昭,僖公為穆,今躋僖公為昭,閔公為穆,自此以下昭穆皆逆」[21]。蓋昭穆祖禰,因之逆亂。吳闓生藉文法闡釋揭發文字修辭的隱微,繼而回應此篇「以臧文仲不智為主」[22]的題識,表明此篇之「義」主要貶斥臧文仲之不智。相對而言,《左傳事緯》則將此篇敘事文字置入〈慶父之亂〉篇,以哀姜、慶父之亂及僖公逆祀事通貫而下,逆祀事僅作為慶父之亂的片段。此篇尾評也著意在貶莊公、斥哀姜、表季友,甚至從未提及僖公逆祀之事,可見馬驌著眼在魯國禍亂之事的首尾始末。

由此可辨「文」「事」之區別。在不同的敘事視角下,馬驌《左傳事緯》之「事」關注敘事的首尾始末,更重要的是,《左傳事緯》通常不僅因事能否自立為編纂原則,而是注意事與事之間的關聯,即如上例。而吳闓生《左傳微》則「以文為主」,雖「每事自為一篇」[23],卻又強調「以文義為主」[24],所以《左傳微》中「文」與「文義」是相等的概念。筆者認為,因文法手段的介入,「以文義為主」便是對「義」的優先地位的建構,所以在《左傳微》中有篇題題識回應並總結該篇章中的眾多文法分析的結果。例如《左傳》所載商臣之亂:商臣陰賊殘刻,先見於譖子上,子上死而王無信臣,故舉朝皆商臣之黨;文公元年,商臣圍宮逼位,不許成王食熊蹯待援,而逼之縊。《左傳事緯》則將此篇文字補入〈楚穆圖北方〉篇,置於楚穆獨霸這一長時段的敘事中。相反,

---

18 (美)海登・懷特著,(美)羅伯特・多蘭編,馬麗莉、馬雲、孫晶姝譯:《敘事的虛構性:有關歷史、文學和理論的論文》南京:南京大學出版社,2019年,頁165。
19 吳闓生著,白兆麟校點:《左傳微》,卷二〈僖公逆祀〉,頁68-70。
20 《公羊》、《穀梁》皆解為「升」。
21 (清)陳壽祺撰,王豐先整理:《五經異義疏證》北京:中華書局,2014年,卷上,頁95。
22 吳闓生著,白兆麟校點:《左傳微》,卷二〈僖公逆祀〉,頁68。
23 吳闓生著,白兆麟校點:《左傳微》,卷首〈例言九則〉,頁1。
24 同上註,頁1。

《左傳微》並不以事之關聯為尚，而是更加關注「文法」及「文義」。《左傳微》將商臣之事單列，以貶商臣之無道。故其篇題識曰：「弒父大逆，記者有深痛存焉。文以商臣之忍為主。」[25]並在其文中藉文法分析其逆舉，如「將敘其大逆，先露端倪」、「言其忍也。微詞，補筆」等。又如〈隱公之難〉題識曰：「此篇以隱公讓位居攝、謹小節而昧大體、卒遭篡弒之禍為主。」而在其文中亦多可見藉文法評點隱公處如「申隱公之嫌」；「明公居攝之志而深雪其見弒之冤」；「伸公居攝之志而深明見弒之冤」；「明公之失政」；「凡公之所斤斤注意……皆小節耳，非君人之大德也」[26]等，皆是以「文法」闡釋為基礎，建立「文義」體系的編纂方式。

綜上所述，筆者認為吳闓生所謂「以文為主」，是建立在「文法」的闡釋結果的基礎上，繼而尋繹、建立「文義」體系的編纂方式。

三　桐城「義」、「法」之新變

吳闓生弟子曾克耑〈序〉曰：「蓋《左氏》義法，方姚首窺，梅曾繼起，略有發明。太夫子摯父先生引緒未申，而先生乃沈潛專到，窮探冥索，抉摘搜剔，豁露無餘。」[27]方苞以義法說《左傳》，逮至民國吳闓生又「繼承了桐城派從《左傳》中闡釋『義法』的傳統，並賦予其新的內涵」[28]，此之新變，桐城派之「義」、「法」皆有變化。

（一）「義」之新變及其特徵

義法之「義」，在方苞《左傳義法舉要》中表現為一種抽象的、概括性的儒家義理，即以「禮」、「德」等道德性的判斷替代明目眾多的「復仇」、「攘夷」等《春秋》大義。經筆者統計，《左傳義法舉要》一書提及「德」字計三十九，《韓之戰》、《城濮之戰》篇各計十五次。而吳闓生另闢蹊徑，將義法之「義」繫於《左傳》之微言。其謂：「《左氏》一書，傳孔門微言，為百世文章宗祖；其晦亂否塞，於諸書為尤甚。」[29]「晦亂否塞」處，即吳闓生所謂微言。繼言之，微言「即寓有隱晦、隱微之意」[30]。

吳闓生取《左傳》微言通變於義法之「義」，表現出兩方面的特徵：

其一為微言的具體化、精細化特徵。相對於方苞簡化《春秋》大義為道德判斷的做

25　吳闓生著，白兆麟校點：《左傳微》，卷三〈楚商臣之變〉，頁140。
26　吳闓生著，白兆麟校點：《左傳微》，卷一〈隱公之難〉，頁2-3。
27　吳闓生著，白兆麟校點：《左傳微》，卷首〈序〉，頁2。
28　方盛良：〈吳闓生《左傳微》與桐城「義法」的延展〉，《安徽大學學報》，2021年第2期。
29　吳闓生著，白兆麟校點：《左傳微》，卷首〈序〉，頁1。
30　刁生虎、胡乃文：〈「微言」為「隱」，「大義」而「喻」——論「春秋筆法」的隱喻品格〉，《南昌大學學報》（人文社會科學版），2019年第1期。

法，微言顯然更加繁複與精細，例如方苞《左傳義法舉要》謂〈城濮之戰〉篇「言晉侯有德有禮而能勤民，所以勝；子玉無德無禮不能勤民，所以敗。其大經也」[31]，此為道德判斷，《左傳微》則謂〈晉文之霸〉篇城濮戰事以「勝楚以狐疑多慮為主，見其微倖」[32]，此為推見至隱。《左傳義法舉要・宋之盟》志昭諸侯無信，而《左傳微》則以「以『詛道蔽諸侯』為主」[33]。除此而外，又例〈鄭共叔段之亂〉「誅莊公之不孝」，〈文姜之亂〉譏諷莊公「不復仇」，〈宋閔之弒〉矜宋桓之恤民等細目皆要納入吳闓生的考量範圍。

其二，因以文法介入經學解讀的新方式，時常會得出與傳統經師相左的意見，這形成了桐城之「義」疑經的價值導向。以鄭伯克段于鄢為例，茲節錄如下：

> 隱公元年，初，鄭武公娶于申，曰武姜，生莊公及共叔段。莊公寤生，驚姜氏，故名曰寤生，遂惡之。愛共叔段，欲立之。……公入而賦：「大隧之中，其樂也融融。」姜出而賦：「大隧之外，其樂也洩洩。」遂為母子如初。君子曰：「潁考叔，純孝也，愛其母，施及莊公。《詩》曰：『孝子不匱，永錫爾類。』其是之謂乎！」[34]

傳文載記及其所引君子之言皆指向「孝」是調解鄭伯、武姜母子衝突的關鍵因素。武姜與莊公相與賦詩，君子認為潁考叔之愛母施及莊公，遂「母子如初」。若遵循詩文的表層教訓，那麼「母子如初」是一種合樂的結局。但「如初」令我們輕而易舉地聯想到此段敘事開始以「初」字補敘的背景——「莊公寤生，驚姜氏，故名曰寤生，遂惡之」[35]。對比之下，「母子如初」便產生強烈的違和，所以許多注家傾向於以懷疑的態度解讀鄭伯克段于鄢，竹添光鴻甚至將莊公的悔恨與潁考叔的純孝看作是一場表演：「考叔固非孝子，莊公亦非孝感之人，君臣機詐相投，以欺一世。」[36]吳闓生亦於〈鄭共叔段之亂〉篇下題識曰：「此篇以誅莊公不孝為主」[37]。基於此，吳闓生又藉文法直陳己見，對莊公大加譏諷，「詞氣中便已不知有母」[38]；「不知有弟，而已有死之之意矣」[39]；「此

---

31 （清）方苞著，彭林、嚴佐之主編，高瑞傑整理：《方苞全集》上海：復旦大學出版社，2018年，第七冊《左傳義法舉要》，頁19。
32 吳闓生著，白兆麟校點：《左傳微》，卷三〈晉文之霸〉，頁113。
33 吳闓生著，白兆麟校點：《左傳微》，卷七〈晉楚弭兵〉，頁357。
34 吳闓生著，白兆麟校點：《左傳微》，卷一〈鄭共叔段之亂〉，頁6-8。
35 《左傳微》，卷一〈鄭共叔段之亂〉，頁6。
36 （日）竹添光鴻著，于景祥、柳海松整理：《左傳會箋・隱公第一》沈陽：遼海出版社，2008年，頁8。
37 吳闓生著，白兆麟校點：《左傳微》，卷一〈鄭共叔段之亂〉，頁6。
38 同上註，頁6。
39 同上註，頁6。

詭激譎宕之文也,明謂鄭莊不孝耳,卻吞吐其詞,不肯徑出,故文特婉妙。范彥殊云,不容其弟,反以『錫類』稱之,正深刺之也」[40]。上述諸論皆可發前人所未及,故而吳闓生自述其書「所說亦未敢自信,然語必出自心裁,未嘗有一字蹈襲也。」[41]

另有一顯例,即《左傳微》對晉文公的負面評價。[42]城濮之戰的敘事中有這樣一段文字稱讚晉文之教:

> 晉侯始入而教其民,二年欲用之。子犯曰:「民未知義,未安其居。」于是乎出定襄王,入務利民,民懷生矣。將用之。子犯曰:「民未知信,未宣其用。」于是乎伐原以示之信。民易資者,不求豐焉,明徵其辭。公曰:「可矣乎?」子犯曰:「民未知禮,未生其共。」于是乎大蒐以示之禮,作執秩以正其官。民聽不惑,而後用之。出穀戍,釋宋圍,一戰而霸,文之教也。[43]

遵從傳本表層教訓,上述引文解讀並稱贊了晉文公「文之教」,它表明了當晉文公之言行符合「義」、「信」及「禮」時,便獲得了權力與戰爭勝利。經生言及「文之教」,亦謂:「《論語》云:『上好禮,則民莫敢不敬;上好義,則民莫敢不服;上好信,則民莫敢不用情。』今晉侯以義、信、禮教民,然後用之,是文德之教也。」[44]但《論語》又載孔子言曰:「晉文公譎而不正,齊桓公正而不譎。」[45]更甚者,吳闓生引劉宗堯之語直指儒家稱頌的「文之教」不過為利益的考量:

> 宗堯云:此段鋪張晉文之重信義,然實寫其信義皆臨時措辦耳。「于是乎」字凡三見,所謂假仁義也。[46]

雖然《左傳》和經生反復稱述「文之教」是晉文公「禮」、「義」實踐的必然結果,但吳闓生卻藉助文法,認為文中三次出現的「於是乎」,表示「文之教」背後交織著權謀與利益的計算。如引文之例,在〈晉文之入國〉及〈晉文之霸〉篇中俯拾皆是,以至於蔡妙真將吳闓生眼中的晉文公總結為「有失臣格,不具君量」之形象。此亦為吳闓生不信傳統經生意見,而憑文法發掘新意之例。

綰結上述兩例可知,吳闓生自出心裁,藉文法分析《左傳》微言,從而發現前人未

---

40 吳闓生著,白兆麟校點:《左傳微》,卷一〈鄭共叔段之亂〉,頁8。
41 吳闓生著,白兆麟校點:《左傳微》,卷首〈例言九則〉,頁2。
42 對此,臺灣學者蔡妙真亦有論及,詳參蔡妙真:〈未許經典向黃昏——《左傳微》評點的時代特色〉,《興大中文學報》,2010年第1期。
43 吳闓生著,白兆麟校點:《左傳微》,卷三〈晉文之霸〉,頁115。
44 (清)阮元校刻:《十三經注疏·春秋左傳正義》北京:中華書局,2009年,卷第十六,頁3957。
45 (清)阮元校刻:《十三經注疏·論語注疏》,北京:中華書局,2009年,卷第十四〈憲問第十四〉,頁5456。
46 吳闓生著,白兆麟校點:《左傳微》,卷三〈晉文之霸〉,頁115。

及之新意。問題是，吳闓生如何藉文法解釋《左傳》微言，或者說桐城義法之「法」的新變，表現為何？

（二）文為根坻，會通經史：《左傳微》文法解析

義法之「法」，在方苞《左傳義法舉要》中呈現為不書、特書、虛實、詳略、順逆、類比、終始等細目的行文法式。在《左傳微》中，吳闓生則稱桐城義法之「法」為「文法」。如述《左傳》敘事之能時，以「逆攝」、「橫接」、「旁溢」、「反射」四端[47]從文章結構上總結《左傳》「文法之奇」[48]，所以《左傳微》書中稱「文法」例遠多稱「義法」者。又吳闓生弟子賈應璞在《跋》中敘《左傳》敘事亦稱「文法」，可見在《左傳微》中，桐城義法之「法」，即書中所稱「文法」。

相對於桐城義法之「法」，「文法」之新變傾向於綜合。眾所周知的是，《左傳》在自漢至清的漫長的研讀歲月中逐漸構建出三重性質，即經、史、文。曾克耑受學於吳闓生，又蠡測《左傳微》而作序，他提出「《左氏》一書，傳孔門微言，為百世文章宗祖；其晦亂否塞，於諸書為尤甚」[49]，所以專主一家者必有其失，如經生家治《左傳》「家自為說，人自為例，其不可通又別例之」，其失在「支離牽附」，故「其晦愈甚」；治史者則以《左傳》非「事以次歲月」之編年體「無以訂史」，但失於不能「動人觀覽、興其勸懲」；為文章者則取《左傳》一二單篇，研習《左傳》敘事文采，其失在「破碎割裂」、「務小而失大」。觀《左傳微》一書，其改進之舉措即以文為根坻，而會通經史。

以文為根坻自不必說，即包含上述之編纂原則與闡釋《左傳》之方法論。所言「經」者，不與傳統解經手段同，諸如「混論三傳、禮的辨析與重新檢視、引子學論經傳」等，蔡妙真說之甚詳，[50]此不贅述；所謂「史」者，大率見於被曾克耑詬病的編年史體被吳闓生改紀事本末體以易編《左傳》。不過，必須指出的是，《左傳微》之編纂雖是「微言」視角下「以文為主」的產物，但《左傳》原本的編年形式，客觀上造成某些敘事片段並不足以構建一段有首尾始末的完整敘事篇章，諸如〈楚滅諸國〉、〈王室昏齊〉、〈子產相鄭〉、〈吳季札讓國〉等，多以敘事性質類合而成，繼冠以主題。此屬史事相輯，大多可從篇題下題識鑒別，而無關文法、微言。此外，《左傳微》評點中又有著意分析史事者，如〈曲沃並晉〉「命之曰成師」下評曰「曲沃並晉，晉國之所以強。此

---

47 此四端之詳細解讀，可參見方盛良：〈吳闓生《左傳微》與桐城「義法」之延展〉，《安徽大學學報》（哲學社會科學版），2021年第2期。
48 吳闓生著，白兆麟校點：《左傳微》·卷首〈與李右周進士論左傳書〉，頁1-2。
49 吳闓生著，白兆麟校點：《左傳微》，卷首〈序〉，頁1。
50 詳參蔡妙真：〈未許經典向黃昏——《左傳微》評點的時代特色〉，《興大中文學報》，2010年第1期。此

一大事,故特鄭重言之」[51]等。「會通經史」之義涵,概闡釋如上。吳闓生以文為根柢,又匯通經史之法,其對「義」,即「微言」的闡釋路徑蓋可總結為三:

其一,單論文法。單講文法何以致「義」?「微言」即「隱」,而文法亦隱於文章字句、結構之中,所以從此意義上說,「文法」亦即「隱」。兩者之交織,使得《左傳微》中許多單談文法者,蘊含「微言」之意味。如〈晉惠之入〉篇「晉郤芮使夷吾重賂秦以求入」下評「『重賂秦以求入』,六字提挈,已貫全篇」[52],「貫全篇」即含夷吾得位不正、言行無禮之義。又如〈襄仲之亂〉篇逆出姜事引君子言論,吳闓生評曰:「深致惋嘆之詞而寄托無端。此等慨嘆若於事後發之,則意味全失矣。」[53]逆出姜之事實為後文襄仲之亂、哀姜大歸起本,先敘君子言論,亦兼後事而言之。文法不離義,即此。

其二,由文法及微言,即從傳文的文句、章法入手,落實《左傳》文本的可能指向,繼而映射、關聯《左傳》微言。舉例言〈周鄭繻葛之戰〉篇傳文「故周鄭交質」下,吳闓生評曰:「周鄭交質,周鄭交惡,皆作者特創此等名詞。不待詞畢,而天王下威、鄭伯不王,種種情事,固已畢露。」[54]周平王為天下共主,與一諸侯交質以示誠信,此為「下威」;鄭莊公身為諸侯,何敢與天子叫板,此是「不王」。誠如吳闓生所言,「周鄭交質」即有春秋時代周室衰弱,諸侯始強之義涵。此由文詞及微言者,此篇下對「二國」[55]之解析,亦屬此。又例《秦晉韓之戰》傳文「冬,秦饑,使乞糴于晉,晉人弗與。……慶鄭曰:『背施幸災,民所棄也。近猶讎之,況怨敵乎?』弗聽。退曰:『君其悔是哉!』」吳闓生評曰:「以慶鄭為線索,以明晉侯之乖戾。」[56]以慶鄭為線索者,當與晉惠歸國後殺慶鄭並看。慶鄭不逃死之「義」,與晉惠乖戾相對。此為由章法關聯微言之例。

其三,由文法及史事,由史事及微言。首先要從傳文的文法分析開始,確定《左傳》文本的可能指向,然後關聯及史事,藉由史實之本事,提煉《左傳》之微言。如〈晉楚弭兵〉襄二十五年傳文「趙文子為政,令薄諸侯之幣,而重其禮。穆叔見之。謂穆叔曰:『自今以往,兵其少弭矣。……若敬行其禮,道之以文辭,以靖諸侯,兵可以弭。』」[57]吳闓生評曰:

---

51 吳闓生著,白兆麟校點:《左傳微》,卷一〈曲沃並晉〉,頁20。
52 吳闓生著,白兆麟校點:《左傳微》,卷二〈晉惠之入〉,頁85。
53 吳闓生著,白兆麟校點:《左傳微》,卷三〈襄仲之亂〉,頁149。
54 吳闓生著,白兆麟校點:《左傳微》,卷一〈周鄭繻葛之戰〉,頁9。
55 《左傳微·周鄭繻葛之戰》所載傳文「君子結二國之信」下,吳闓生評曰:「君子結二國之信,『二國』句尤妙。周鄭既以等夷相待,故作者亦止可以二國目之。此所謂微文諷刺也。」(〔清〕吳闓生著,白兆麟校點:《左傳微》,頁9-10。)
56 吳闓生著,白兆麟校點:《左傳微》,卷二〈秦晉韓之戰〉,頁88。
57 吳闓生著,白兆麟校點:《左傳微》,卷七〈晉楚弭兵〉,頁357-358。

列國交爭之世，兵未有可以弭者。趙孟孱庸，舉中國之全力不能抗楚，而希冀弭兵于一時，諸侯疲于兩大，乃益困敝矣。向戌之倡弭兵，乃本于趙孟之意，故先記趙孟之言，以明責任之所在。宋之盟專以文辭見長，「文辭」二字先逆提於此。

又引劉宗堯之語繼言曰：

弭兵之舉，趙孟所欲也，故首敘趙孟之言，而末段借劉定公之論譏其無遠志也。[58]

「列國交爭之世……乃益困敝矣」，此為歷史背景；「文辭」者，意在晉楚弭兵唯有文辭可觀，「先記趙孟之言」、「文辭見長」、「逆提文辭」等則屬文法；後引劉宗堯所言趙孟無遠志則是微言。補敘歷史背景後，此敘事邏輯順序為，先提此篇關鍵文法——「文辭」，文辭起於趙孟之語，而通貫於弭兵之事，此為由文法及史事。弭兵既起於趙孟，而趙孟畏楚而無所為，吳闓生便得出趙孟之庸懦無遠志的微言。

綰結上論，《左傳微》以文為根柢，繼而匯通經史以變桐城義法之「法」，則其闡釋路徑有單談文法、文法－微言，文法－史事－微言三種，通過上述方式，吳闓生建構了獨屬《左傳微》的評點係統，並在《左傳》評點史及桐城派中，留下了濃墨重彩的一筆。

---

58 吳闓生著，白兆麟校點：《左傳微》，卷七〈晉楚弭兵〉，頁358。

晚清詩人江湜在閩事跡考辨

余樂川

北京中國人民大學國學院

晚清詩人江湜（1818-1866），字弢叔，江蘇長洲人，著有《伏敔堂詩錄》。江湜歷來被視為晚清宋詩派的先驅，其詩歌對後來的同光閩派產生了重大的影響。江湜一生三次入閩，閩地是他「擺脫人生困局，確定人生角色的福地。」[1]清代閩地詩風濃郁，詩人眾多，在同光以前，歷來是宗法漢魏盛唐詩風的重鎮，同光以後，則劇變為宋詩派的領地，而這一轉折發生的間隔期，江湜正好就在福建停留。正如孫之梅所指出：「（江湜）三次客閩與當地詩人的互動，對當地詩學新變產生過深遠的影響。」他在閩派詩學流變中占有重要位置，以鄭孝胥為首同光閩派對他的熱烈推崇已經證明了這一點。而如果考察江湜在福建期間的生活內容和詩歌創作，則可發現由於其詩集直到第三次入閩期間才刊印，此前都為私密傳播，流傳不廣，加以江湜地位低微，故前兩次入閩期間並未與閩地詩壇產生什麼有影響力的互動。直到一八六二年初，他在機緣巧合之下，由螺洲陳氏家中塾師一變為新任福建巡撫的座上賓，因而在閩地有了社會地位的顯著提升，其詩集也在此期間刊印，這幾段因緣及其影響，是江湜與閩地詩學轉變之間最為直接的聯繫。因此，考索江湜在閩的重要遭際，對探究其本人創作及閩地詩學轉變均不無意義。

一　授經螺洲陳氏的前後機緣

一八六〇年，太平軍攻破杭州城，江湜時在城內為吏，幸於亂軍中倉皇逃出，輾轉至永嘉，隨後又因寇亂逃至福州，一八六二年初到螺洲陳氏家中坐館，此螺洲陳氏正是晚清宋詩派另一位巨擘陳寶琛的家族，是福州有名的巨族。詳細推敲江湜的這一段經歷，不免要產生幾個問題：像江湜這樣初來乍到的外省難民，既無功名，也無聲望，何以有資格到螺洲陳氏這樣的官宦世家中教書？江湜和陳寶琛是否發生過聯繫？如果有過聯繫，陳寶琛的詩學取向是否受到了江湜的影響？對這些問題，下面將一一分析之。

江湜是晚清宋詩派的開風氣者，而陳寶琛是同光閩派的代表人物之一，陳寶琛生於一八四八年，比江湜年幼三十歲，江湜於一八六六年去世，這時陳寶琛也不過才十八歲，加上這二人集中全未提到過對方，他們看起來毫無交集，但如果詳察江、陳的人生

---

[1] 孫之梅：〈江湜三次入閩與閩地詩學轉變〉，《文學遺產》，2016年第5期。

軌跡和交際圈，還是能夠判斷出他們其實有過直接的接觸，並且還不是普通接觸，江湜無論於事實或名分上，都能算得上是陳寶琛的老師，因為江湜到螺洲陳氏家教書的時候，陳寶琛正好就在家中讀書。在江湜和陳寶琛家族之間，必定存在一個或多個中間人，正是由於中間人的介紹，江湜才能夠得到這份教職。

　　檢視一八六一年前後江湜與陳寶琛的人際圈，可發現他們共同認識兩個人，一個是謝章鋌，另一個是梁鳴謙。謝章鋌（1820-1903），字枚如，福建長樂人，他是晚清福建極負盛名的文人，陳寶琛、陳書、陳衍、林紓等人均出於其門下，謝章鋌與陳寶琛長期保持著密切聯繫，到謝氏八十歲時，陳寶琛還作序為賀。梁鳴謙（1826-1877），字禮堂，福建閩縣人，《陳寶琛年譜》記載譜主於十三歲時，「自濟南歸後，歷從鄉里名師，師從於同縣梁鳴謙（禮堂）最久。梁氏係咸豐九年（1859）進士，曾掌教鰲峰書院，後為三弟寶璐嶽父。」[2] 由此可見陳寶琛與這兩位老師的親密關係。

　　江湜與梁鳴謙結識於一八五五年，彼時他正在福州佐學政幕，已與林直、梁鳴謙等福州南社詩人有了來往。期間梁鳴謙作了兩首詩對江湜表達贊揚，其一云：「今代江發叔，論才古已稀。安心作初祖，隨手泄天機。」[3] 梁鳴謙極力稱贊江湜，認為江湜是能夠引領詩學潮流的重要詩人，對此江湜作《梁君禮堂讀拙詩有作見懷遙答其意》為報：

　　　若持邪意見，難與論詩文。
　　　言外能通悟，人間復有君。
　　　聖朝方辨賊，吾道不求聞。
　　　尚喜懷奇士，相知迥出群。

詩中將梁鳴謙引為知己，足見其感激之情。作為在福建濃厚的宗唐風氣中成長起來的詩人，梁鳴謙對取徑宋詩的江湜如此贊許，甚至譽之為「初祖」，可見他預感到劇變就要發生，新的詩歌時代即將到來，而福建的宗唐派已是強弩之末。梁鳴謙的具體詩學思想已不得而知，但必然與江湜十分契合，試舉江湜於一八六三年作的《禮堂見示苦雨及雨中見懷之作各和一首》詩中兩句：「詩來即挾持猛雨勢，筆到已奪唐人關。」可見奪唐人之關，是江、梁二人的共識，因此梁鳴謙應是宋詩一路。這種親切的交流為日後兩人的會面打下了良好基礎。由《十一日予來螺洲少香丈即以是日下世感嘆復作》可知，江湜於一八六二年正月十一日來到螺洲，其後所作的第一首詩便是《上元月夜訪梁禮堂作》，可見梁鳴謙在江湜交際圈中的分量。

　　與謝章鋌的見面則遲至一八六二年，是年正月，江湜得到了一份在螺洲陳氏家的教師工作。大約在江湜去到螺洲之前不久，他與謝章鋌已有了初次見面，後者贈詩云「已

2　張旭、車樹昇、龔任界：《陳寶琛年譜》福州：福建人民出版社，2017年，頁15。

3　（清）江湜著，左鵬軍點校：《伏敔堂詩錄》上海：上海古籍出版社，2008年，頁219。

是十年思一見，每從劉向話高名。」句下小註云「余同年炯甫盛稱君。」[4]也就是說，謝章鋌在十年前便已聽聞江湜的聲名，炯甫是閩縣人劉存仁的字，也就是詩中的「劉向」，劉於一八四九年中舉，彼時江湜正好在福建學政彭蘊章手下做幕僚，二人之間應有過直接接觸，因為江湜詩集直到一八六二年才刻印發行，這之前能讀到其詩的人，都是他的知交。

如果說梁鳴謙代表了閩地詩學接受新變的一派，那麼同樣作為陳寶琛的老師，謝章鋌則代表了閩地詩學的守舊派。江湜初次和謝章鋌見面，即發現了這一點，由而對他說了些很不客氣的話，對此謝章鋌耿耿於懷，他在《與梁禮堂書》中說：「江君弢叔評僕詩云：『閣下有蓋代之才，而未免為明人、國初人所囿，須先藥以山谷。』僕聞斯言，躊躇終夜。夫弢叔與僕相見不過一二次，毅然作此語，無論其見解之確，即其愛我可謂至矣。」[5]謝章鋌受到江湜的批評，乃至於「躊躇終夜」，可見他內心其實是不太能接受的。信中隨後針對江湜的批評，闡述了一通自己的詩學思想，江湜既說他「為明人、國初人所囿。」他就辯駁說自己「明詩則未嘗有所傾倒，國初亦未嘗有所向往。」江湜既說他「須藥以山谷。」他就表達對山谷的看法：「若宋詩於性尤為不近。山谷《內外集》亦嘗觀之，然終始不知其所以為美。」並請梁鳴謙代為質詢江湜，實則是要表示不服氣，而他之所以這封信寫給梁鳴謙而不是江湜本人，正是由於這樣的針鋒相對，於情面上頗為難堪。[6]

由於發生了詩學觀念的根本沖突，謝章鋌與江湜的交情止步於初次會面，其後再未有過詩文來往。而梁鳴謙則與江湜保持著良好關係。梁鳴謙與謝章鋌是陳寶琛的老師，也是江湜交際圈中唯一與螺洲陳氏有密切聯繫的兩人。而螺洲陳氏是當地巨族，江湜作為一個初來乍到的難民，又沒有什麼功名在身，之所以能夠獲得這樣一份教職，必然是有人作為他了強力的推薦，檢視江湜在福州的交際圈，既對江湜表示了認可、又有能力推薦他進入螺洲陳氏家中的，只有梁鳴謙一個人，因為他既是江湜的真誠擁躉，又是陳寶琛隨侍最久的恩師，所以可以判定，梁鳴謙就是為江湜和螺洲陳氏牽線搭橋的最關鍵人物。也就是說，江湜是受梁鳴謙的推薦，來到了螺洲陳氏塾中教書，關於這期間的事

4　（清）江湜著，左鵬軍點校：《伏敔堂詩錄》，頁316。

5　謝章鋌：《賭棋山莊文集》，光緒十年弢庵刻本。

6　孫之梅《江湜三次入閩與閩地詩學新變》文中謂「值得玩味的是謝沒有把信寫給介紹他們相聚的劉炯甫，而是寫給梁禮堂。個中原因是針對梁對江湜的推崇。而且南社詩人群體接受了江湜帶進來的異質詩學，這不能不讓老輩詩人懊惱。信的結尾……實質是用自己的理論教育新生代詩人。」此說有待進一步討論。謝章鋌寫這封信時身在永安，而寫信是為了讓江湜看到，劉炯甫此時遠在甘肅為官，故不可能寫給他。只有梁鳴謙與江湜同處一地，最為方便，而之所以要通過梁之手，無非是受了江湜的批評，面子上過不去。而劉炯甫也並未介紹過謝、江相聚，只是謝於多年前通過劉知道了江湜。此外，謝章鋌比江湜還小兩歲，比梁鳴謙也不過大六歲，故不應存在什麼老輩詩人教育新生代詩人的道理。

跡，王逸塘在《今傳是樓詩話》有所記載：「（江湜）初仕入浙，杭陷入閩，曾主螺江陳氏家。弢庵先生之從叔某某，均從授讀。」[7]這是說江湜在第三次入閩期間，曾在福州的螺洲陳氏家中授課，而陳寶琛的從叔某某，就是江湜的學生，這證明了江湜與陳寶琛家族存在過的密切關聯。而綜合各方面的因素進行判斷，可知陳寶琛本人也是見過江湜的。因為陳寶琛生於一八四八年，於一八五八年隨父「自山東運署歸，讀書家塾。」[8]此後數年間便一直就讀於螺洲家塾，江湜到螺洲教書時，陳寶琛尚不滿十四歲，而如前所述，介紹江湜到陳家的，是陳寶琛隨侍最久的恩師梁鳴謙，所以江湜到陳家之後，不管所教的是哪些學生，但既然上了人家的門，不可能不與梁鳴謙的學生會面。總之，江湜對陳寶琛而言，無論於名於份，都確是一位老師。

由此可知，謝章鋌、梁鳴謙和江湜，是陳寶琛的三位老師。而陳寶琛日後的宋詩取徑，最早是受了誰的影響？關於這一點，陳寶琛自己在《陳君石遺七十壽序》中提到：「予初學詩於鄭仲濂丈，謝丈枚如導之學高、岑。」[9]鄭仲濂即鄭守廉，是鄭孝胥的父親，而鄭孝胥正是晚清對江湜詩歌最為熱忱的宣傳者，至於陳寶琛本人的詩歌創作，幾乎尋不見高適、岑參的痕跡，故謝章鋌雖為陳寶琛的老師，其詩學主張並未對陳寶琛產生過什麼值得一提的影響。既然未跟從謝章鋌的宗唐主張，也就投向了宋詩派的陣營，也就與梁鳴謙和江湜成為了同路人。即使陳寶琛並未提起過梁、江對自己詩學的影響，但三人都熱愛詩歌，詩學取向一致，又曾為耳濡目染的師弟，很可能有過詩學方面的交流，三個取向一致的人產生了交流，很容易產生正向的影響。因此陳寶琛日後成長為福建宋詩派的巨擘，或與早年這兩位老師的影響有著一定程度的關聯，至於具體情形如何，則猶待進一步考證。

二　福建巡撫徐宗幹的座上賓

諸祖耿在《江弢叔先生年譜》中考證江湜於一八六三年正月「佐幕福州。」[10]也就是說，根據諸氏的判斷，江湜於一八六二年初去螺洲陳氏家塾，一八六三年初便佐幕福州，但關於從塾師到幕僚這一身分轉變的過程，諸氏並未深入探索。

能去當塾師，是因為存在著螺洲陳氏這樣的主顧，而能去當幕僚，則必然也存在著一個願意接納江湜的幕主。那麼這個幕主是誰？江湜又是否真是如諸祖耿所言，是一八六三年正月開始佐幕？

考察《伏敔堂詩錄》中一八六二年及一八六三年的詩作，可知江湜在螺洲只生活了

7　（清）江湜著，左鵬軍點校：《伏敔堂詩錄》，頁481。
8　張旭、車樹昇、龔任界：《陳寶琛年譜》，頁15。
9　陳寶琛著，劉永翔、許全勝點校：《滄趣樓詩文集》上海：上海古籍出版社，2006年，頁347。
10　（清）江湜著，左鵬軍點校：《伏敔堂詩錄》，頁534。

不到兩個月，他的塾師身分比一八六二的春天結束得更早。在發出「慨然海角又春深」（《同韻答叔安丈見賞近詩之作》）的感慨之前，他幸運地遇到了生命中的貴人，由《喜聞樹人先生由海道即至》一詩中的「憐我無親焉用祿」可知，這位樹人先生為他提供了一份俸祿，再由同詩中的「三年一別無窮事」可知，他與樹人先生還是舊交。在這首詩之後的詩作中，江湜再也沒有提及過螺洲，而諸如《院署雨夜》、《福州府席上》之類的詩題，已經清楚地表明了一條事實——他已經擁有了新的身分。在一八六二年的春末，江湜再一次成為了幕僚，而他的幕主，正是那一位意外相逢的舊交樹人先生。

樹人先生，就是徐宗幹。據《清史稿》記載：「徐宗幹，字樹人，江蘇通州人，嘉慶二十五年進士。」[11] 江湜於咸豐三年（1853）入閩遊李聯琇幕府，彼時徐宗幹正任福建臺灣道，他於咸豐四年擢福建按察使，旋受巡撫王懿德彈劾，於咸豐五年解職入京，正是在此期間，江湜得以與徐宗幹相識，具體情形已不得而知，但在徐氏啟程入京時，江湜曾作《送徐樹人宗幹先生入覲》一詩相送：

古例難援借寇恂，攀轅長切海邦人。
久將碩畫孚宸算，今見崇班待藎臣。
送別復看文士集，愛才真與古風親。
朝還若遇彭夫子，為話江郎跡更淪。

由此詩可知，徐宗幹已讀過江湜的詩集，並對他表示過贊許，這說明二人之間的關係有著良好的開端。在詩末，江湜還提及他在朝為官的表丈彭蘊章：「朝還若遇彭夫子」，這樣的提法，說明徐宗幹與彭蘊章亦為相識，這是合乎情理的，因為在徐宗幹任福建臺灣道期間，彭蘊章恰好在福建學政任上，二人同地為官，又同是江蘇老鄉，發生交集是可想而知的。此後，徐宗幹於咸豐七年（1857）授浙江按察使，巧合的是，江湜在同年入京覲見彭蘊章，得到後者的資助買官，而補官上任的地點正是徐宗幹所轄的浙江，這中間或不無千絲萬縷的聯繫。

在浙江為官期間，江湜和徐宗幹之間的關係得到進一步深化。由《候樹人先生近疾奉呈一詩》可知，江湜是有意識地向這位上司靠近，詩尾「如公亦是寒儒耳，盡許寒儒話客愁」兩句，將徐宗幹說成是「寒儒」，語似狷介，其實多有用心。江湜自己確實可謂寒儒，這樣說封疆大吏徐宗幹，意在稱贊他為官清廉而好讀詩書，對寒儒而言，無有官職品第之分，大家以「寒」自守行節，而以「儒」為人生底色，這是通過別出心裁地發掘共同點，從而拉近雙方的距離。江湜平生對攀附關係並不熱衷，而對徐宗幹特別上心，除了因為徐氏地位較高以外，應當也是出自真誠的敬佩，這一點在江湜奉徐宗幹之命所作的十首題圖詩可見一斑。詩題為「樹人先生自序在山左時及在蜀、在閩、在豫三

---

11 趙爾巽等：《清史稿‧列傳二百十三》，民國十七年清史館本。

十余年所歷戎馬之事，有圖命題，不敢以浮詞獻諛，以『風霜臣節苦，歲月主恩深』為韻作十詩奉呈」，直接點明了這十首詩的主旨，詩中稱贊了徐宗幹的循良廉勤，也抒發了對時局的擔憂，可謂進退得體。尤其值得稱道的是這種直接以整句詩為韻的方式，極盡發揮之能事，非斫輪老手斷不能為。這樣的一組詩呈上去，自然很見作者之苦心。

在浙江按察使任上不久，徐宗幹又遷任浙江布政使，大約在咸豐九年（1859），他離任而去，江湜曾特意前去送他，有《追送前院憲至桐廬晚泊桐君山下》一詩，但沒有趕上，於是作《送樹人先生追程不及作二詩以歸》。茲舉其一：

> 公此飄然去，山林歸興長。無才括兵餉，有惠在封疆。
> 兩浙民膏竭，連營兵氣揚。如聞群盜在，難用古循良。

這首詩贊揚了徐宗幹對於浙江的貢獻。而關於他解職的原因，則是因為「無才括兵餉」，這竟然也成為罪過，江湜覺得憤憤，因為連營的兵氣已經吸乾了兩浙的民膏，像徐氏這樣的循良之吏，在群盜橫行的當下，實在難以有所作為。言下頗有為其鳴不平之意。組詩其二又提到「三年欣侍側」，可見在浙江為官的這段歲月中，江湜始終受到徐宗幹的關照，故而對其感激不已。兩人之間的緣分到此告一段落，不久杭州城即為太平軍攻破，徐宗幹賴這次解職躲過一劫，而江湜歷經千辛萬苦、幾乎丟掉性命，幾經輾轉之下，最終又進入了福建，那裡是他和徐宗幹首度結識的地方。

同治元年（1862），暮春某日，也就是江湜來到福州的幾個月後，新任福建巡撫經由海路來到了福州，而江湜發現這位巡撫竟是舊日上司，一經重逢，他立即離開了螺洲，投入了徐宗幹的蔭庇之下。在《喜聞樹人先生由海道即至》作後不久，江湜有詩《院署雨夜》，從詩題可知他此時已身處巡撫駐所，而從詩中的「余生托知己，異地重合並。三年別來事，萬感傷人情」幾句可知，江湜受到了知己的關照，且這位知己與他是闊別三年後重逢的，而江湜與徐宗幹在浙江一別之後，至此時正好是三年，所以這位身處巡撫院署的知己，確是徐宗幹無疑。

徐宗幹為江湜提供了特別優渥的生活條件，《題寓齋壁》一詩即是證明。此詩題下有小序云：「齋舍為前院瑞公新築，時瑞公已回籍北上矣。」瑞公即是前任福建巡撫瑞璸，江湜此時所住的房子，正是瑞璸所建。詩開篇即云：「前官築此室，耽靜娛流年。室成奉召去，留下花木妍。後官起居處，近取聽政便。虛此屋五楹，在院之東偏。於以假我館，蕉窗舒簡編。」據此可知瑞璸所建的房屋有五間，在巡撫衙門的東面，幽靜舒適，是用來消閑的別墅，但房子剛建成，瑞便被召回京師，隨後接任的徐宗幹，又嫌此處離撫衙太遠，而選擇了一處更近的住所，於是這五間屋子便空了出來，徐宗幹便讓江湜住了進去。無論從哪一方面講，這都體現了徐宗幹對江湜的極大關照和重視，因為前任巡撫新建造的消閑別墅，條件自然相當之好，雖然原主人已離任，但後來者倘沒有一定的地位，是不能夠輕易住進去的。從這一關節上看，徐宗幹應為江湜提供了一個較高

身分的職務，這從此後江湜與徐宗幹及其他高級官員的頻繁交往中便可見出。

不久之後，江湜作《奉題樹人先生告天圖》，詩中對徐宗幹襃頌再三：「事事可告人，溫公之學醇乎醇。事事可告天，清獻之學幾大賢。我讀名臣言行錄，賢者有懷常不足。總是畏天一片心，出身力造生民福。侍公數年窺公深，藹然仁者公之心。一仁所發備眾德，如一木之化鄧林。公之仁心天可告，天乃默眷以美報。風濤戎馬十余年，身勞心安是其效。壽而壽後彌康強，澤及萬物非一方。」可見江湜對徐宗幹的深厚愛戴。江湜是個很耿介的人，並不肯諂媚官長，他的性格正如其《題座隅》一詩中所言：「性懶畏繁文，以簡近於傲。心淺輒多言，以直近於躁。」懶散、簡傲、耿直、急躁，他總結的這麼幾點，或許不無自貶，但大體是符合其品性的，懶於幹謁，傲於俗流，而又有著極強的自尊心，如其《有謁》詩中所說「上官倨不命之進，小吏退而羞所為」，便形象地體現出這一特點。他雖然長期身處貧寒，但總不肯屈心以抑志。比如他曾經在福建的幕主李聯琇右遷江蘇學政，招江湜回鄉應試，頗有提攜之意，而江湜竟一口回絕：「不敢援朋友之愛，濫竊品題。」並作詩云：「吾鄉昔有彭甘亭，白頭坐困一監生。有人令出我門下，卻棄鄉舉逃時名。（自註：甘亭以監生應鄉舉，有相知者典試江南，密寄文訣，甘亭不入場而返。）」（《柬小湖》）足見其不肯為五斗米折腰的強烈自尊心。又有《送小湖有作》詩云：「我只向來真面目，君休看作傲公卿。」以布衣忤顯宦，而語氣頗為強硬，如果說《題座隅》詩中所說的「性懶畏繁文，以簡近於傲。心淺輒多言，以直近於躁」還可以視為自貶，那麼這首《送小湖有作》中的「真面目」，則是江湜的自我認同和堅守了。堅守品格的江湜，對徐宗幹感戴如此，可見他是真的將徐氏引為知己。

在徐宗幹幕府是清閑而優渥的，從前無數次抱怨過的貧窮困頓，在此之後再也沒有提到過。他出入福建的上層官場，以詩歌得到了更多人的贊許，他的詩名開始迅速傳播起來，從未謀面的藝術家趙之謙給他寫信，表示願意兄事他，另一位藝術家吳鴻謨寫詩盛贊：「天其以是掃淫哇，賊火不敢圭璜燈。」[12] 福州的著名詩人們，紛紛與他進行詩歌酬唱，就連時任福建按察使桂超萬，也為他作和詩稱「同病憐逋客，扶輪屬雅人。苦吟毋損瘦，珍重望雲身。」[13] 對此他十分重視而感激，在桂超萬去世後，他寫了很多富有感情的詩去祭奠他。他的不幸人生到了這裡，才算得上有了一點起色，社會地位提高了，不用再為生計發愁，詩歌成就也受到了廣泛的稱譽，這一切改變的發生，不難想象，都離不開徐宗幹的扶持。一八六二年，《伏敔堂詩錄》在福州首次刻印面世，徐宗幹為之題詞：「瓦缶滿市，忽睹鼎盛。淫哇盈耳，倏聆宮徵。大雅正始，古人復起，時俗靡靡，方茲禰矣。」[14] 足見他對江湜及其詩歌的推重態度，而主政者的推重，對江湜

---

12 （清）江湜著，左鵬軍點校：《伏敔堂詩錄》，頁339。
13 同上註，頁343。
14 同上註，頁461。

詩歌在閩地的傳播無疑會起到積極作用。

三 結語

　　一個詩人要對整個地域的文學宗尚產生影響，首先必須要在這個地域中樹立起相當程度的名望，這樣才會有人去註意到他的作品，並隨之接受他的理念。江湜的詩歌令他得到了福州人梁鳴謙的崇拜，因此機緣巧合成為陳寶琛的老師，而陳寶琛日後遂成長為宋詩派巨擘，這點對點之間的聯繫存在著值得進一步深究。而由於巡撫徐宗幹的慷慨扶持，江湜的詩歌在閩地廣受歡迎，則造成了點對面的影響。這一切都說明，作為盛唐詩風重鎮的福建，終於熱情地接納了作為宋詩派的江湜，對於後來閩地由唐入宋的詩學轉變而言，或可視為第一聲春雷。

老子「道法自然」義研究

李玉琪

北京師範大學哲學系

「道法自然」思想在老子思想體系中占有非常重要的地位。「老子的哲學思想，有兩個東西最為重要，一個是其學說的核心概念——『道』，一個是其思想的基本精神——自然主義。『道』是老子學說的基石，自然主義是老子學說的靈魂。」[1]「道法自然」這句話同時涉及「道」和「自然」這兩個概念，可見其在老子思想中的地位之重。這決定了，探求老子「道法自然」思想的本義是解讀老子思想意涵的重要門徑。然而，從古至今，學界有關老子「道法自然」義的解讀始終存在著很大的爭議。究其原因，縱觀歷史，早在唐初「道法自然」問題就成為重要論題之一。[2]從問題本身而言，一者，「道」的終極性問題是產生分歧的一個重要原因：按照「人法地，地法天，天法道」的直觀表達邏輯來看，「道法自然」應該是道效法「自然」這個對象。然而老子之「道」是宇宙間萬事萬物產生、存在和發展的終極依據，因而是無須效法它者的，這就造成了一個邏輯矛盾；二者，以上對「道法自然」理解也會相應地產生「四大」、「五大」的衝突：老子言「域中有四大」（二十五章），然而，如果「道」要效法更高的「自然」，如此豈不是應該有「五大」。有關老子「道法自然」本義的解讀，儘管學界的觀點有很多，然至今尚未有定論。可見，有關於老子「道法自然」本義的探究，是學界研究老子思想不可回避的複雜而又關鍵的問題。這也便是本次研究的意義所在。

在本文中，筆者對學界有關「道法自然」問題的各種觀點進行了梳理，這些觀點具體可分為「自然」在「道」之上、「自然」在「道」之外、「自然」在「道」之內、「自然」的主體指向人這四種類型，筆者在分析這些觀點之後進而發現，當前學界的解讀尚且存在的問題和面臨的困難仍然在對「法」的理解上。基於此，筆者嘗試結合學界當前的研究成果，對「道法自然」問題中有關於「法」以及「自然」，對「道法自然」整體的理解提出一點新的思考，當然，這些觀點目前還是一個初步的分析，或許是我們接下來可以嘗試的方向。

---

[1] 白奚、王英傑著：《道法自然的境界《老子》》北京：研究出版社，2022年，頁5。
[2] 盧國龍著：《道教哲學》北京：華夏出版社，2007年，頁216-223。

一　「道法自然」解讀爭議

關於「道法自然」的解讀，學界的分歧首先分為如下兩類：一是懷疑、否定老子版本或思想本身，如郭沫若先生認為讓至上的「道」再去效法「自然」，這表現了老子思想有不圓熟的一面；[3] 張純一先生提出：「道法自然句，未免頭上安頭，似非《老子》之舊。」[4] 二是直面問題並提出合理的解讀，筆者將此一共分為「自然」在「道」之外、「自然」在「道」之上、「自然」在「道」之內、「自然」的主體指向人四類。具體如下：

（一）「自然」在「道」之上

歷史上唐高祖武德、貞觀年間，與李仲卿辯論的惠乘以及唐太宗時沙門釋法琳都認為「自然」高於「道」。之後唐玄宗和宋徽宗分別在《御制道德真經疏》和《御注西升經》中對「自然在道之上」的觀點提出反駁，如唐玄宗以「妙本」統一「道」「無」「自然」三者關係；宋徽宗同樣將此三者視為對同一本體的不同角度的描述，消解了「虛無生自然，自然生道」的「生」的實際含義。

具體而言，慧乘指出，既然「道」是最高的，「道」便是「至極之法」，然「道法自然」，可見「道」並非最高的。對此，李仲卿的回答是「道即自然」，慧乘借此發問，「道即自然，自然還法道否？」進而舉例非難，如果「道即自然」且「道法自然」，那麼「地法天」，「地即是天」，顯然地不是天，那麼「道」也不應是「自然」，「於是仲卿在座，周漳神府，抽解無地，忸抱無答，當時容貴唱言：道士遭難不通。」[5] 釋法琳在《辯正論‧三教治道篇第二（下）》中提到通人的辯駁，其大概的意思即：如果「道自生道」，那麼「道自法道」。老子言「道法自然」也就意味著「道」是從「自然」生，「自然」是高於「道」的。「若道不從自然生」而能夠自生，「亦一不從道生」而能自生。[6]

在此辯論期間，佛教徒如惠乘、法琳等人都將「自然」和「道」割裂開來，而道教重玄學者的理解並非如此，比如，成玄英就肯定河上公「道性自然，無所法也」的觀點，肯定「自然」不是另外的實體，只是「道」之性。他將「道」與「自然」置於本際、體用的關係上加以解釋：「既能如道，此須法自然之妙理，所謂重玄之域也。道是際，自然是本，以本收之際，故義言法也。」之後，唐玄宗作《御注道德真經疏》回應了佛教徒有關「道法自然」的疑問：

3　郭沫若著：《郭沫若全集‧青銅時代‧先秦天道觀之進展》北京：人民出版社，1982年，頁354。
4　張純一著：《老子通釋》北京：商務印書館，1946年，頁46。
5　（唐）釋道宣撰，劉林魁校注：《集古今佛道論衡校注》北京：中華書局，2018年，頁179-180。
6　《大正藏》，第52卷，頁499。

> 道法自然，言道之為法自然，非復仿法自然也，若如惑者難以道法效于自然，是則域中有五大，非四大也。又引《西升經》云「虛無生自然，自然生道」，則以道為虛無之孫，自然之子。妄生先後之義，以定尊卑之目，塞源拔本，倒置何深？且嘗試論曰：虛無者，妙本之體，體非有物，故曰虛無；自然者，妙本之性，性非造作，故曰自然；道者，妙本之功用，所謂強名，無非通生，故謂之道。約體用名，即謂之虛無自然之道爾。尋其所以，即一妙本，復何所相仿法乎？則知惑者之難，不詣夫玄鍵矣。

唐玄宗以「妙本」統攝「道」「虛無」「自然」三者，解決了「虛無生自然，自然生道」這句話引起的理論爭議，這場論爭也隨之告一段落。[7] 之後宋徽宗在《御注西升經》中也用同樣的思路，將「道」、「虛無」、「自然」統一於一個本體：

> 于此言虛無生自然，自然生道，何也？蓋言虛無，則自然在其中矣；言自然，則道在其中矣。別而言之，裂一為三；合而言之，貫三為一。自其無所有，則曰虛無；無所因，則曰自然；偶而應之，則曰道，烏有先後之殊哉？[8]

總而言之，這類觀點的產生根源於佛道論爭二教對自家教派話語權和社會地位的爭奪，顯然，這種將「自然」置於最高地位的解釋是違背老子思想的本義的。

（二）「自然」在「道」之外

在對「道法自然」的解讀上，有些學者的觀點認為「自然」屬於「萬物」，將「道法自然」理解為「道」遵循萬物的「自然」，還有一些學者將「自然」理解為「自然界」，如此，「自然」並非作為一種屬性內在於「道」之內，「自然」不是「道」自身的東西。筆者將這兩類觀點統一歸納為「自然」在「道」之外的觀點，具體如下：

一是「道」遵循萬物的自然。王中江老師認為「自然」不是「道」的屬性，「道」和聖人的特徵是「無為」，對應於萬物和百姓的自然，支持王弼的觀點，認為「道不違自然」是指「道」不違萬物的「自然」，最終將「道法自然」解釋為「道遵循萬物的自然」。王中江老師認為一些注釋家在對「道法自然」作注釋時存在兩個問題：一是「『道法自然』的『法』字被省去了」，二是「把自然看成是『道』自身的東西」，而老子的「自然」是與「萬物」「百姓」聯繫在一起的。[9] 王中江老師的觀點沒有在「自然」方面作進一步闡釋。

7　參見盧國龍著：《道教哲學》，頁216-223。
8　《道藏》文物出版社、上海書店、天津古籍出版社，1988年，第十一冊，頁502。
9　王中江：〈道與事物的自然：老子「道法自然」實義考論〉，《哲學研究》，2010年第8期，頁37-39。

二是「道」效法自然界。持有這種觀點的學者有郭沫若、尹振環等。例如，尹振環將「希言自然」解釋為「少說關於大自然方面的話。」他指出這裡的「自然」同「道法自然」的「自然」都為大自然。[10]對此，學界反駁的觀點指出「自然界」一詞是近代以後的詞彙。在古代相當於自然界的詞彙是天地或者萬物。然而，也有學者結合老子所在楚地的獨特自然地理環境等方面因素指出「自然」一詞雖不能直接譯為「自然界」，但不能排除沒有「自然界」的含義。[11]

（三）「自然」在「道」之內

一是「道性自然」。古代的解讀有：河上公：「道性自然，無所法也。」（《老子道德經河上公章句》）；葛長庚解釋「道法自然」為「道自己如此」（《道德寶章》）。吳澄指出：

> 道之所以大，以其自然，故曰法自然，非道之外別有自然也。自然者，無有無名是也。（《道德真經注》）

焦竑認為「道以無法為法者也。無法者，自然而已，故曰道法自然。」（《老子翼》）王弼言：

> 法，謂法則也，……道不違自然，乃得其性，法自然也。法自然者，在方而法方，在圓而法圓，于自然無所違也。自然者，無稱之言，窮極之辭也。

可見王弼也指出了「自然」乃「道」之性，不同的是，王弼認為「自然」是高於概念意義的「道」的，如「用智不如無智，而形魄不如精象，精象不及無形，有儀不及無儀，故轉相法也」。這裡的「有儀」指的是「道」，「無儀」指的是「自然」。他指出：「自然者，無稱之言、窮極之辭也。」[12]

現代學者的解讀有：童書業先生指出：「自然」的意思即自然而然。道法自然的意思即道的本質是自然的。[13]陳鼓應先生認為「道法自然」即「道」的本性是「自然」。[14]馮友蘭先生指出：

> 「自然」只是形容「道」生萬物的無目的、無意識的程式。「自然」是一個形容詞，並不是另外一種東西，所以上文只說「四大」，沒有說「五大」。[15]

---

10 尹振環著：《帛書老子釋析》貴州：貴州人民出版社，1995年，頁342-344。
11 鄭好：〈試論老子的道法自然觀〉，《知與行》，2018第3期，頁151。
12 （三國魏）王弼注，樓宇烈校釋：《老子道德經注》北京：中華書局，2011年，頁66。
13 童書業著：《先秦七子思想研究》山東：齊魯書社，1982年，頁113。
14 參見陳鼓應著：《老子今注今譯》北京：商務印書館，2016年，頁175。
15 馮友蘭著：《三松堂全集・中國哲學史新編試稿》河南：河南人民出版社，2000年，卷7，254。

其與王中江老師的觀點看似相似。有學者將「道法自然」解讀為「道」效法「萬物」自己如此的性質，該觀點表示「自然」作為萬物生成的性質，而「道」為老子通過觀察萬物後對這一性質的高度抽象，從這個角度來講也可以說自然即道。[16]顯然，這種觀點也是將「自然」視為「道」的屬性，與王中江老師的觀點是根本不同的。這種解讀存在的一個問題就是忽視了老子的「道」在宇宙論層面的實然意義。除此之外，有學者將「道法自然」解讀為「道由自然而有其常」，這實際上也是將「自然」看作「道」的性質。不同於王中江老師把「自然」的主體僅僅視為「萬物」，該學者從「道物不二，體用一如」的角度闡釋「自然」與「道」的關係，認為「四大」圓融為一，「自然乃是道、天、地、人所張開的域，它貫通道、天、地、人。」他將「人法地……道法自然」一句理解為「人因地之自然，由天道之自然而得其常。」[17]

二是「道」的法則是「自然」。這種觀點可以分為兩類，一類是只將「道法自然」之「法」解讀為「法則」。如許結教授為河上公的解讀做了進一步解釋：

> 「『道性自然，無所法也』當作此類理解，前三句是『主、謂、賓』結構，末句不同，『道法』是名詞作主語，『自然』作謂語形容詞。」[18]；同樣，文選德先生指出：「宇宙中的『四大』，是人取法於地，地取法於天，天取法於『道』，『道』的法則規律則是自然的。」

這樣解讀的不足在於如劉笑敢先生所言河上公等人忽視句法結構來詮釋「道法自然」：「前三句的『法』都是動詞，惟獨最後一句的『法』突然解釋為名詞，殊為突兀，於理未愜。」

另一類將四個「法」都解讀為「法則」，這種解釋克服了以上所言之不足。有學者將「人法地，地法天，天法道，道法自然」中的四個「法」都解釋為名詞法則。早在明代的洪應紹就指出：

> 予謂法非效法之法，乃如心法治法之法耳。蓋曰人之法即地是地之法，即天是天之法，即道是道之法，即自然是通天地人，總一自然之道而已，正所謂混成者也。[19]

當代學者王西平同樣指出「人法地……道法自然」中的四個「法」都是名詞，意思是人、地、天、道的法則都是自然而然。「道法自然」即「道的法則是自然而然」。該學者認為言「道」遵循、效法、不違「自然」都是有悖於「道」的終極性的，認為「道法自

---

[16] 參見張敏：〈《老子》文本中的自然觀念〉，《理論月刊》，2015年第2期，頁32-33。
[17] 劉靜：〈何謂自然？——「道法自然」義再探析〉，《中國哲學史》，2017年第2期，頁13。
[18] 許結著：《老子講讀》上海：華東師範大學出版社，2008年，頁69。
[19] 熊鐵基、陳紅星著：《老子集成》北京：宗教文化出版社，2011年，第七卷，頁706。

然」的「自然」與「道」是體用的關係，不能作名詞或名詞性質的形容詞。[20]這種將「法」作名詞來理解的觀點繼承了河上公的「道性自然」，並且將河上公的觀點說得更明確，不僅克服了王中江所批評的沒有譯出「法」字的理論缺陷，而且也維護了老子之「道」的終極性。

三是「道」效法自然的原則。尹志華老師不贊同古書中王弼以及當今學者王中江老師的觀點，指出王弼認為「『無稱』的『自然』高於作為概念的『道』」，這其實消解了「道」的終極性。而作為王弼觀點的支持者王中江老師將「法」作「效法」理解，也是有違背「道」的終極性的。因此尹志華老師認為最後的結論是「道法自然」之「自然」只能作為一種原則講，「而不是某一實體或實體的屬性」，「道法自然」即「道遵循自然的原則」。[21]與尹志華老師的觀點比較相似的是劉笑敢先生提出的「道效法自然的原則」，認為「法自然也就是效法自然而然的原則，隨順外物的發展變化，不加干涉」[22]，強調老子的「自然」具有「整體義」、「最高義」、「價值義」。[23]

四是「道」效法它自己。張岱年先生認為「道法自然」即「道以自己為法」。[24]任繼愈先生認為「道法自然」即「道效法它自己」。[25]許抗生先生指出作為根源性的「道」只能效法自己那個自然而然的存在。[26]蕭無陂先生指出：「『道法自然』實際上是『道法道自然』，這樣『道』所效法的原初狀態不過是其自身的根源性狀態。」[27]

（四）「自然」的主體指向人

與前述直接解讀「道法自然」的方法不同，這類觀點中，注家另闢蹊徑，提出將「人法地……道法自然」作新的斷句。如此，「法自然」的主體不再是「道」而是「人」，進而也就不存在「道法自然」會降低「道」的至高地位這一說法了。

唐代李約在《道德經新注》中對「人法地，地法天……道法自然」的斷句為：

> 「人法地地，法天天，法道道，法自然」，他指出「王（人）者，法地、法天、法道之三自然妙理而理天下也，故曰：王（人）法地地，法天天，法道道，法自

---

20 王西平：〈論老子所說的「道法自然」〉，《人文雜誌》，2020年第4期，頁33-37。
21 尹志華：〈「道法自然」的理論困境與詮釋取向〉，《哲學動態》，2019年第12期，頁46-50。
22 劉笑敢著：《老子古今：五種對勘與析評引論》北京：中國社會科學出版社，2009年，上冊，頁316-319。
23 劉笑敢：〈「自然」的蛻變：從《老子》到《論衡》〉，《哲學研究》，2020年第10期，頁50-51。
24 張岱年著：《中國古典哲學概念範疇要論》，1989年，79頁。
25 任繼愈著：《老子繹讀》北京：北京圖書館出版社，2006年，頁56。
26 許抗生著：《帛書老子注譯及研究》浙江：浙江人民出版社，1985年，頁114。
27 蕭無陂：〈論早期道家「自然」概念的雙重意蘊〉，《中州學刊》，2010年第5期，頁143。

然。……如君君、臣臣、父父,子子之例也。[28]

張松如先生贊同李約的解讀,他指出:

「人法地,地法天,天法道,道法自然。」這種讀法雖讀得順口,但其實義云何,終覺不甚明瞭。莫若李約讀法,義穎而瑩也。前面說:「域中有四大,而王居其一焉」,重點轉到「王」,突出「王」並且集中于「王」,因此接著說「王」如何體道,四句皆以「王」為主語,順理成章。[29]

高亨先生也採用李約的觀點說到:「意謂王者法地與地同德,法天與天同德,法道與道同德,總之是法自然。」[30] 楊公驥先生從用語習慣方面對李約的解讀提出反對意見:

李約注中將之視作「如君君、臣臣、父父、子子之例」,然先秦文藉中「君君、臣臣、父父、子子」或屬動賓結構,其義乃「君其君、臣其臣、父其父、子其子」,或屬主謂結構,其義乃「君為君、臣為臣、父為父、子為子」。然而,「地地、天天、道道」,既不能解釋作「地其地、天其天、道其道」,也不能解釋作「地為地、天為天、道為道」。

又言老莊學派愛用遞轉推衍的句法,如「字之曰道,強為之名曰大,大曰逝,逝曰遠,遠曰反」,再如四十二章:「道生一,一生二,二生三,三生萬物」等。此外,楊公驥先生還指出,按照李約的斷句方法,老子所言的「域中有四大」就變成了「五大」,「自然」也成了一大。[31]

二 「道法自然」爭議分析

前述有關「自然」在「道」之上的說法顯然與「道」的終極性不相應,這是學界基本一致的看法。這裡就不再詳述。此外,在「自然」在「道」之外的這一類解讀中,有學者將「自然」解為「自然界」,目前學界也普遍認為不合理。前述筆者在梳理這一類解讀時,已經列舉了學界的反對觀點,這裡同樣不再贅述。

關於將「自然」的主體指向人,劉笑敢先生對此是贊同的:

在這裡的論證中,地、天、道都是過渡、鋪排和渲染的需要,全段強調的重點其實是兩端的人和自然的關係,說穿了就是人,特別是君王應該效法自然。……對

---

28 轉引自張松如:《老子說解》山東:齊魯書社,1987年,頁169。
29 同上註,頁169。
30 高亨著:《老子正詁》上海:開明書店,1948年,頁5。
31 張松如:《老子說解》,頁174-175。

於這一段，有人主張讀為「人法地地，法天天，法道道」。按照這種讀法，人法自然的思想就更直接了。[32]

不過，問題在於這樣的理解仍然不能解決「道法自然」義存的解讀矛盾，比如「法」怎麼解釋？如果按照李約的「人法地地，法天天，法道道，法自然」的斷句，的確可以解釋「法」的意思，但如楊公驥先生所言，這樣斷句又出現了域中有「五大」而非「四大」的新問題。

再看「自然」在「道」之內這一類解讀，總結起來，目前學界存在的幾種觀點分別是：「道性自然」、「道的法則是自然」、「道效法自然的原則」、「道效法自己的樣子」以及「道效法本來的樣子」。在這四種解讀中，以漢代河上公為代表的「道性自然」雖然符合《老子》的文意，但是同樣解決不了「道法自然」的矛盾。如前述王中江先生所言：按照這樣的解讀，「法」究竟是什麼意思？「道性自然」這一解讀無法回應這個問題。當然，有學者指出將「道法自然」的「法」作法則講，最後的解讀即「道的法則是自然的」。這種解讀目前存在的問題即如前述劉笑敢先生所說，唯獨將最後一個「法」作名詞解顯得殊為突兀。筆者也認為雖然這種解讀從《老子》文意上是講得通的，但是，無論是從語言表達的流暢度還是與《老子》中其他相近句法的統一性方面，這種解讀都是有待商榷的。比如《老子》中類似風格的表達還有：「道生一，一生二，二生三，三生萬物」（四十二章），這裡面的四個「生」無論從詞性還是意思上都是一樣的。再如「大曰逝，逝曰遠，遠曰反」，對於這裡的四個「曰」，陳鼓應先生統一作「『而』或『則』字解」[33]，在整句話中，無論從詞性還是意思上都始終是一致的，又如「歸根曰靜，靜曰復命，復命曰常，知常曰明」（十六章）的四個「曰」也同理。以上三句不僅每一句重復的詞都是一致的，而且語氣連貫，層層推進。如果唯獨將「人法地，地法天，天法道，道法自然」這一句的「法」作不同的理解，這樣的可能並非一定不存在，但就目前的分析來看是不夠合理的。

與「道性自然」的觀點意思相近的是「道效法它自己」。對此，劉笑敢先生指出：「人、地、天、道各自效法自己，如此，『法地』、『法天』、『法道』的說法就落空了。」[34]筆者認為，這裡，人、地、天所效法的自己的樣子、本來的樣子指的是「自然」，因此這樣解讀不存在「法地」、「法天」、「法道」之說法的落空，只是人、地、天同具「道」之「自然」，「效法」一詞的使用是不妥的。另外，「道」始終「自己如此」，這是「道」一個本然的呈現，又何須「道再去效法呢？

在解讀「道法自然」這一問題上，目前學界最有代表性的兩種解讀即以劉笑敢先生

---

32 劉笑敢：〈試論老子哲學的中心價值〉，《中州學刊》，1995第2期，頁67-73。
33 陳鼓應著：《老子今注今譯》，頁170。
34 劉笑敢著：《老子古今》北京：中國社會科學出版社，2006年，頁288。

為代表的「道效法自然的原則」,以及以王中江老師為代表的「道遵循萬物的自然」。這兩種解讀的共同點即都將「道法自然」的「法」作動詞理解,如此,一方面,「法」字有了一個相應的解釋,另一方面,也可以使「人法地,地法天,天法道,道法自然」整句話的表達具有連貫性。

　　首先看「道效法自然的原則」這一種解讀。按照直觀的理解,老子的「道」是終極性的存在,那麼,「道」是不需要效法他物的。「道」效法「自然」,「自然」就高於「道」。這在邏輯上似乎是行不通的。劉笑敢先生然將「法」理解為動詞性質的「效法」,這樣的解讀基於其對「道」和「自然」的特殊的界定。

　　對於老子的「自然」,劉笑敢先生言老子的「自然」具有「整體義」、「最高義」和「價值義」。此外也認為老子的「道」是實然和應然的統一。他將「自然」的這三種含義統稱為老子「自然」的「體系義」。所謂「體系義」就類似於「隱含意」、「深意」,這種「體系義」是通過「作者之整個思想體系中的核心概念體現出來」的,需要結合文章的整個思想體系以及概念之間的關係中才能把握得到。劉笑敢先生認為,在解讀老子「自然」這一概念時,學界以往的解讀缺乏這樣的視角。[35]

　　具體而言,關於「價值義」,劉笑敢先生指出「四大」是「所有的現實存在的實體和哲學意義上的實體」,指出「自然」作為在四大之外又值得取法的一種非實體「只能是概念、理想、狀態之類,概括地說就是一種最高的價值」,又言:「『道之尊,德之貴』也是自然的,說明這是最高的道和德所體現的價值。」[36]劉笑敢先生將老子的「自然」定性為一種價值,這是比較合理的。首先,他指出在實體「四大」之外的只能是非實體,這是毋庸置疑的。其次,「道之尊,德之貴,夫莫之命而常自然」這一句中,「道」和「德」在老子思想中的地位就已經很高了,他們的「尊」與「貴」最後又推向「自然」,一定程度上可以看出,「自然」的地位也不一般,是一種值得推崇的非實體,這時候的非實體就可以說是一種價值。

　　關於「最高義」,劉笑敢先生指出:「『四大』層層遞進,逐級上升,取法於更大更高的概念,最後就是『自然』,這樣自然就被推到了最高的位置。」這裡,劉笑敢先生的分析也是比較合理的。無論學界對「人法地,……道法自然」以及「道之尊,……夫莫之命而常自然」這兩句的解讀存在多大的爭議,不可否認,「自然」這個概念兩次與四大一併被提到,可見「自然」的地位是不一般的。而且,「自然」總是放在了「四大」之後,作為一個有根本性意味的概念被提及,一定程度上就可以看出「自然」在老子思想中的最高地位。當然,這裡的最高僅僅指的是老子想要推崇的最高意義是「自然」。這就是劉笑敢先生所說的:「自然」是價值意義的最高概念,而非實體意義的最高

35　參見劉笑敢:〈「自然」的蛻變:從《老子》到《論衡》〉,頁50。
36　同上註,頁50。接下來的有關劉笑敢老師之「最高義」、「整體義」的闡述皆引自此處,不另注。

概念，價值意義上的最高概念和實體意義上的最高概念不衝突。實體意義上的最高概念仍然是「道」，而「自然」只是老子借助「道」所提出的最高價值。[37]

關於「整體義」，劉笑敢先生指出：《老子》二十五章中的人、地、天、道都作為整體性概念取法於自然，這就可以看出「自然」是整體狀態的自然，而不是具體物的「自然」。根據劉笑敢先生的分析，老子所言「自然」不同於後來出現的「自然」，區別在於「著眼點」的不同。老子的「自然」其著眼點始終是整體。劉笑敢先生不贊同河上公將「輔萬物之自然」中的「自然」解釋為「自然之性」，認為「將其解釋為『萬物自然之性』就將『輔』的物件引向了萬物中的個體」[38]。劉笑敢先生對「整體義」分析也是有一定道理的。老子言「輔萬物之自然」而非「物之自然」，「物之自然」關注的是個體的物的狀態。老子言「人法地，地法天，天法道，道法自然」，人、地、天、道層層推進，「自然」是「四大」所共同呈現出來的「自然」，這都可以看出老子之「自然」的關注點在於整體。

不過，這裡需要存疑的是，「功成事遂，百姓兼謂我自然」（十六章）中的「我」如果指的是百姓，那麼，百姓說自己「自然」，這時候，「自然」的關注點就有了個體性。竹簡本《老子》中這一句與通行本不同，即「百姓曰我自然也」。儘管劉笑敢先生進行了一番考證，說這裡的「曰」實際是指「謂」，只是先秦時期的人沒有把這兩個字明確區分開來。但這種說法也不能排除本身就是「曰」這一可能。因此學界對這一句中的「自然」之主體的界定仍然是存有爭議的。

除了對「自然」的界定外，劉笑敢先生對老子中的「道」做了這樣一種界定。在分析《老子》二十五章最後一句「人法地，地法天，天法道，道法自然」時，他指出老子的「道」「絕不是純實然之物，而是人所當追求的價值的體現者，是人所應當效法的物件」，強調「道既是宇宙起源之實然，又是人之價值之應然的根源」，又言老子的「道」是「與社會人生有密切關係的最高原則的體現」，這種最高價值就是「自然」[39]劉笑敢先生認為「道法自然」是一種應然的體現。

基於對老子的「自然」和「道」的考察，劉笑敢先生最後指出「道效法自然的原則」這種解讀並不會降低「道」的終極性地位：「道是一個哲學化的、理論性的、想像中的最高『實體』或『存有』，是非現實的哲學概念，而自然則是道所推重的要在現實世界中實現的最高的價值、原則或理想狀態，或曰和諧的秩序。總之，自然不是另一個實存之物。實有義的最高不同於價值義的最高，二者不屬同一序列，沒有可比性。」[40]

---

37 參見劉笑敢：〈什麼是老子之自然的「體系義」〉，《福建論壇（人文社會科學版）》，2021第10期，頁55。

38 劉笑敢：〈「自然」的蛻變：從《老子》到郭象〉，《文史哲》，2021年第4期，頁45。

39 劉笑敢：《老子古今》，頁322。

40 劉笑敢：〈什麼是老子之自然的「體系義」〉，頁55。

筆者認為，儘管價值義的最高和實有義的最高沒有可比性，然而，言實有義的最高「效法」價值義的最高，好像在一定程度上也是有失妥當的。具體原因如下：

其一，儘管「道法自然」是一種應然的體現，然而，這種應然體現於人效法「自然」，而不能是「道」效法「自然」。「道」效法「自然」是人效法「自然」這一應然的形而上之依據。換言之，「道法自然」只有從「人法自然」的形而上之依據這一角度看，才稱得上是一種應然的體現。舉例言之，在「道常無為而無不為，侯王若能法之，萬物將自賓」中，「道」之「無為」在實體的「道」這一層面是實然，如果讓「侯王法之」，那「無為」又成了一種應該的價值、法則。可見，「道常無為」既是一種實然也是一種應然。但是，這種應然具體指的是人效法「無為」，而非「道」效法「無為」。同理，「道法自然」在應然層面也指的是人效法「自然」，而非「道」效法「自然」。

「效法」一詞只能用在「道」的應然層面，並且構成人與實然的「道」之「自然」的一種應然關係。特別需要注意的是，這時候，「自然」的主體指向的是人而不能是「道」。如果連「道」都需要通過「效法」與「自然」構成這種應然關係，那麼，實然層面的「道」之「自然」就不是本身存在的了，人效法「自然」這一應然也失去了形而上之依據。

其二，人之所以效法「自然」的原則，前提是「道」這個實然之體呈現出了這種「理想狀態，或曰和諧的秩序」，這才能得以被效法。而如果「道」效法「自然」的原則，「道」所效法的「理想狀態，或曰和諧的秩序」由誰去呈現呢？如果由另外的實存之物去呈現，那「道」就效法了另外的實存之物，「道」也就不是最高的。可見，「道」要效法的這個「理想狀態，或曰和諧的秩序」，只能由自己去呈現，然後去效法，但是，自己已經呈現出來的「理想狀態，或曰和諧的秩序」，又何須言「效法」。可見，「效法」一詞用在人與「道」之間的關係上是妥當的，而用在「道」自身上面，進而言道效法自然的原則，「效法」一詞的使用是否合適是有待斟酌的。

其三，劉笑敢先生也指出：「道的原則或根本是自然」[41]。既然「自然」是「道」本有的原則，「道」與「自然」之間就不具有「效法」關係。

再看以王中江老師、葉樹勳老師為代表的「道效法萬物的自然」這一種解讀。葉樹勳老師將「道」作「遵循」講，這仍然和劉笑敢老師的「效法」的意思是大致一致的。不同的是，在葉樹勳指明了「最高的價值、原則或理想狀態，或曰和諧的秩序」所得以呈現的實存之物，那就是「一切物件」。即葉樹勳老師在劉笑敢先生的解讀基礎上進一步指出：

「『道』要效法『自然』的原則，這裡的『自然』是指一種抽象的準則，並沒有指明主語是誰。」那麼「當我們說『道』要遵循『自然』的原則，其實也就意味

---

[41] 劉笑敢：《老子古今》，頁318。

著『道』的活動將會遵循一切物件的『自然』。那麼，在老子思想中，與『道』相對、表示一切物件的概念是什麼呢？這便是其間頻頻出現的『萬物』。」[42]

如前文已經分析，「道」所效法的「理想狀態，或曰和諧的秩序」如果由另外的實存之物去呈現，那「道」就效法了另外的實存之物，「道」也就不是最高的了。「道效法萬物的自然」也就是說「道」效法了其他實存之物的「理想狀態，或曰和諧的秩序」。如此，「道」在實體上的最高義就不存在了。因為無論怎樣解釋這種對萬物之「自然」的效法，都不能免除實體的「道」效法了另一個實體這一層含義。

具體分析王中江老師和葉樹勳老師的論證就能發現，其論證的主要邏輯大致是這樣的：首先，兩位老師都分析了《老子》中出現的五處「自然」都指向了「萬物」，其次，老子思想體系存在這樣一種內在理路：「道」無為以讓萬物「自然」，對應於人類社會中就是「王無為而百姓自然」[43]。「道法自然」即「道遵循萬物的自然」。對於前者，兩位老師將「自然」的主體指向「萬物」也是有一定道理的。例如《老子》第六十四章「以輔萬物之自然而不可為」明確提到了「自然」的主體是萬物。然而，老子之「自然」的主體僅僅指向萬物是有待商榷的，因為《老子》中的五處「自然」所指向的主體除了六十四章明確指向「萬物」外，其它章節都存在爭議。對於後者，筆者同樣認為兩位老師對老子「內在理路」的分析是有一定道理的。這種觀點看到了老子的「自然」與「萬物」的密切關係，也注意到了「自然」和「道」與「萬物」、聖王與百姓這兩種對待關係之間的密切聯繫，筆者將會在接下來的第三部分內容重對此作具體論述。這給我們解讀老子的「自然」提供了一種新的思路。

王中江老師提到「道遵循萬物的自然」並不會降低「道」的最高地位，理由是：

> 最高的「道」恰恰又高度尊重它產生的「萬物」，這是道的「玄德」。……就像父母生兒育女，不控制子女、讓子女自由發展那樣。[44]

王中江老師所言「道尊重萬物」這是有合理性的，「萬」無為於「萬物」，也就體現了「道」對萬物的尊重，具體體現如道不強加分辨萬物，體現為一種「玄德」，「善者吾善之，不善者吾亦善之，德善」。問題的關鍵在於「尊重」不等於「效法」，「效法」則降低了「道」的最高地位。對於這一點，尹志華老師就曾指出：父母不控制子女和父母效法子女不是一回事，同樣，「道效法萬物的自然」不等於「道尊重萬物的自然」。「道」效法萬物降低了道的終極性。[45]

---

42 葉樹勳：〈道家「自然」觀念的演變──從老子的「非他然」到王充的「無意志」〉，《南開學報》，2017年第3期，頁123。
43 同上註，頁123。
44 王中江：〈道與事物的自然：老子「道法自然」實義考論〉，，頁37-39。
45 尹志華：〈「道法自然」的理論困境與詮釋取向〉，頁50。

此外，兩位老師都將「道」對「萬物」的無為看成是一種「遵循」，「無為」是否等同於「遵循」「效法」呢？這也是需要斟酌的。

如王中江老師所言：「作為萬物之母的『道』，它又讓萬物按照各自的本性自由發展，……『道』對它產生的萬物完全不加干涉和控制，而是讓其自身自由變化和表現。」又言：

> 「道」的這種本性老子稱之為「無為」。……「道常無為」，王弼的解釋是「順自然」，更具體說是順從萬物的自然。這同「道」為萬物提供幫助和監護並不矛盾。[46]

可見，在解釋「道遵循萬物的自然」是否降低道的終極性地位時，王中江老子的解釋是「道」無為、不控制、不干涉萬物。葉樹勳同樣指出：「『道常無為而無不為』和『道法自然』之間可互相詮釋。」[47]

將「道法自然」的「法」解為「遵循」，那麼，再看「人法地，地法天，天法道」的意思就是：人遵循地，地遵循天，天遵循道。如果將「遵循」理解為「無為」、「不干涉」、「不控制」，那麼，也就是說，「人法地」就是人不干涉、不控制地。在《老子》中，「天地」顯然是高於人的。比如「天地尚不能久，而況於人乎」，意思就是「天地的狂暴都不能持久，何況人呢」，可見，老子認為人的能力是低於天地的。如此，怎麼可能言人不干涉甚至不控制天呢？可見，王中江老師和葉樹勳老師之所以做出這樣的解讀，其本意是為了表達「道尊重萬物」這一層意思，問題仍然在於對「遵循」一詞的使用還是不夠恰當的。

從「法」的詞源上分析，古代的「法」做繁體為「灋」，其中包含的「廌」，是一種能辨別是非曲直的神獸，能用角「觸不直」，《說文解字》中對這個字的解釋說：

> 「灋，刑也，平之如水，從水。廌，所以觸不直者去之，從去。」[48]

「水」始終是平的，水平面就是一個人們參照的標準。「水」和「廌」都可以作為一種參考，是一個需要遵循的標準。如果將「法」解為一個動詞，「法」的客體就是「道」所參照的一個物件，而「道」是沒有參照物件的，只存在讓其它實存之物去「法」的情況。即使這個客體只是一個應然的價值，那也離不開實然的「道」本體而獨立存在。因此也不存在「道」再去「效法」一說。

總而言之，「道法自然」的「法」解為「效法」、「遵循」，在一定程度上仍然是行不

---

46 王中江：〈道與事物的自然：老子「道法自然」實義考論〉，頁44-45。
47 葉樹勳：〈道家「自然」觀念的演變——從老子的「非他然」到王充的「無意志」〉，頁124。
48 （漢）許慎撰：《孫氏覆宋本說文解字》桂林：廣西：廣西師範大學出版社，2021年，下冊，頁348。

通的。無論怎樣界定「道法自然」中的「自然」與「道」，都不可避免地存在在以下這些問題：一者，稱「道」效法某某未免有些多餘，「法」對應的客體之「自然」是「道」本身的一個呈現（如在「道效法自然的原則」這樣的解讀中，「自然的原則」是「道」自身呈現出來讓它物效法的，不存在「道」再去效法的可能）；二者，如此解釋一定程度上會降低「道」的最高地位（如「道遵循萬物的自然」，「道」既以「萬物的自然」為參照的標準，「道」就很難說仍然是最高的存在）。

三　「道法自然」問題新思

　　通過對學界在解讀「道法自然」這一問題的爭議分析，尤其是對學界兩種最具代表性的觀點的分析發現，目前學界對這一問題的研究上存在一個突出困難仍然是「道法自然」的「法」究竟應該如何解。接下來，筆者將嘗試在這一問題上提出一點新的思考。

　　首先，關於「道法自然」之法，那麼，既然將學界將「法」解讀為動詞始終是行不通的，那麼，可能依然採用將「法」解作名詞「法則」是較為妥當的。

　　「道」在老子思想中占據著最高的地位，這種終極性地位具體表現在這兩個方面：一者，「道」是自生的。「有物混成，先天地生，寂兮寥兮，獨立不改，周行而不殆」，從「先天地生」可見，「道」是根源性的存在，不由任何事物產生，也就是說「道」是自生的。「道」是自生的，這也就決定了「道」是「獨立而不改」的，即「道」始終以自己本有的法則運行，不由任何其他事物決定其運行的方式。二者，道生萬物。「道生一，一生二，二生三，三生萬物。」（四十二章）萬物既由「道」所生，其運行的根源性依據離不開「道」。「歸根曰靜，靜曰覆命。覆命曰常，知常曰明。不知常，妄作凶」（十六章），從這種萬物向「道」的復歸，也體現出了「道」對萬物存在和發展的決定作用。因此，「萬物莫不尊道而貴德」。「道」的終極性地位決定了「道」不需要效法「自然」這種最高原則，因為這種最高原則本身就是「道」的原則。同理，「道」也不會遵循任何其它事物的法則。就此可見，「道法自然」之「法」作名詞，即「法」屬於「道」自身的法則，這樣的解讀似乎更為合理。

　　其次，關於「自然」，王中江老師意識到老子的「自然」與「萬物」的密切關係，提出了將「自然」和「無為」放在「道」與「萬物」、「王」與百姓這兩對關係構成的內在理路中考察，筆者對此是比較贊同的，這或許是我們接下來解讀「道法自然」的突破口，是學界有待努力的方向。

　　雖然老子的「自然」很難說只與「萬物」有關，但在《老子》的論述中，我們不難發現，「自然」與「萬物」、與「無為」有著密切的關係，且總是和「道」與「萬物」，王與「百姓」之間的相互對待有著密切聯繫。

　　從《老子》中出現的五處「自然」來看，除了第二十五章以外，其餘四處談「自

然」的地方都講如何對待萬物。

《老子》文本中共出現五處「自然」，分別是：

> 功成事遂，百姓兼謂我自然。（十七章）
> 希言自然。（二十三章）
> 萬物莫不尊道而貴德。道之尊，德之貴，夫莫之命而常自然。故道生之，德蓄之。生而不有，為而不恃，長而不宰，是謂玄德。（五十一章）
> 人法地，地法天，天法道，道法自然（二十五章）
> 是以聖人欲不欲，不貴難得之貨，學不學，復眾人之所過，以輔萬物之自然而不敢為。（六十四章）[49]

第十七章「功成事遂」後面言「百姓兼謂我自然」，本章談得是在上位的侯王與在下位的百姓之間的對待關係，無論這裡的「我」指的是「道」還是百姓，可以肯定的是，「自然」和百姓的「功成事遂」有密切的關係。第二十三章的「希言自然」，「希言」指的就是減少聲教法令對萬物的干涉，是一種「道」或「王」處理與萬物間關係的法則，這句話後面緊接著又說「故飄風不終朝，驟雨不終日」，王淮言：「『飄風』以喻暴政之號令天下，憲令法禁是也。」[50] 顯然「驟雨」也同「希言」有相近的意思，可見這一句講的也是有關處理與百姓關係的內容。尤其是一個「故」字，更能看出來這一句是對「希言自然」的展開之論說。「自然」緊跟在「希言」之後，可見，「自然」和「希言」、萬物都有著密切的關係。第五十一章的「夫莫之命而常自然」與「希言之間」所表達的意思是相近的。這句話後面緊接著言「故道生之，德蓄之。生而不有，為而不恃，長而不宰」。顯然這是一種處理道物關係的「無為」法則。這句話同樣是以一個「故」字承接上一句「夫莫之命而常自然」，可見這裡的「自然」也同「萬物」、「無為」有關。並且，該句緊跟在「萬物莫不尊道而貴德」之後，這就是在解釋「道」與「德」因何受到萬物的「尊」和「貴」，這句話最後將原因推到「自然」，明顯可知這裡的「自然」反映著一種道物關係。第六十四章「以輔萬物之自然而不可為」中「自然」的主體明確指向「萬物」。

由以上分析可知，《老子》中提到「自然」的地方往往是講如何對待萬物，「自然」作為「道」與萬物有著密切的關係，同時也和「無為」有密切關係。

再結合前述，我們將「法」仍然採用作名詞「法則」的解釋，那麼，「自然」相應地就是「道」之法則，這一點與劉笑敢先生的解釋是相符的。經過分析我們又不難發現「自然」與「萬物」、「無為」的密切關係，而且《老子》中談到的「自然」往往都處在

---

49 陳鼓應著：《老子今注今譯》。以上所引《老子》原文均出自此處。
50 轉引自陳鼓應著：《老子今注今譯》，頁164。

反映「道」與「萬物」,「王」與「百姓」間的對待關係這樣的語境中。到此可知,「道法自然」之「自然」很可能是反映道物關係之法則,是「道」對待萬物的一種「法則」。

最後,我們再看關於「道法自然」的解讀。如果仍然將「法」作名詞來解釋,「道法自然」即「道法,自然」,也就是解釋為「道」的法則是「自然」,如前述許結、文選德等學者均已提到,這樣的解釋似乎沒有新意,存在著前述指出「人法地,地法天,天法道」的落空以及四個「法」不統一的問題。然而,對於前者,當我們對「自然」作了上述新的界定後,這樣的問題就不存在了。

具體而言,首先,劉笑敢先生認為將「道法自然」解讀為「道法,自然」存在「於理未恰」的問題,具體指的是:將「道法自然」理解為「道」自然而然、自己如此、「無所法也」,前面的「人法地,地法天,天法道」也就落空了。然當我們將「自然」看作「道」對待萬物的一種法則後,「道」的法則是「自然」側重講的就不再是「道」自己如此,而是「道」讓萬物自己如此。「人法地,地法天,天法道,道法自然」表明的是人、地、天的法則都是「道」之讓萬物自己如此這一對待萬物的法則。

其次,如果前面的「人法地,地法天,天法道」的三個法同樣作名詞「法則」解,如此,整個句子也就不存在因最後一個「法」和前面三個「法」之詞性的不同所引起的表述突兀的問題了。將四個「法」都作名詞解的觀點,前述明代洪應紹以及當代學者王西平均已提到。王西平學者依據王弼「法,謂法則也」的注解,強調四個「法」都為名詞法則。[51]不過,王弼所言「法,謂法則」的「法則」是否是名詞是存疑的,比如,尹志華老師就指出王弼所說的「法則」是動詞,也就是遵循、效法。[52]總之,明代洪應紹的觀點給我們解讀「道法自然」提供了一定的借鑑意義,其將四「法」全解作名詞「法則」的觀點實則是將「人法地,地法天,天法道,道法自然」一句作一種新的斷句,即「人法,地;地法,天;天法,道;道法,自然。」其意思就是:人的法則即地的法則,地的法則即天的法則,天的法則即「道」的法則。那麼,「道」的法則是什麼呢?「道」的法則即「自然」法則。這種斷句和對「法」、「自然」以及「道法自然」的解釋是否一定合乎老子的本義,這是難以斷言的。但就文法和義理上而言,這種解釋似乎是目前的各種解釋中相對更容易說得通的。諸如此類的解讀或許是我們接下來在這一問題上可以嘗試探索的方向。

---

51 參見王西平:〈論老子所說的「道法自然」〉,頁33-37。
52 尹志華:〈「道法自然」的理論困境與詮釋取向〉,頁49。

黃侃教授〈與長女念容函〉考述

何廣棪
新亞研究所教授

　　甲辰（2024）端午佳節，留家翻書，檢出中貿聖佳二〇一九秋季藝術品拍賣會刊行之《萬卷——名人信劄古籍善本專場》。此書編號3765，為黃侃教授〈與長女念容〉書劄，乃舊寫本。拍賣價六萬至八萬人民幣，頗不菲也。劄旁有提要，曰：

> 拍品寫於後面之上，品相上佳。黃侃（1886-1935）初名喬鼐，後更為喬馨，最後改為侃，字季剛，又字季子，晚年自號量守居士，湖北省蘄春縣人，生於成都。中國近代民主革命家，辛亥革命先驅，著名語言文字學家。一九〇五年留學日本，在東京師事章太炎，受小學、經學，為章氏門下大弟子。曾任北京大學、中央大學、金陵大學、山西大學等校教授。

以上提要未知撰自誰氏，提供之資料可視作簡介。若須詳悉季剛教授生平行實，自應細讀司馬朝軍、王文暉合撰之《黃侃年譜》；另則研閱潘重規教授《季剛公傳》。

黃侃教授遺像

　　為使讀者得讀黃教授〈與長女念容函〉內容，謹先將其手稿影本迻錄於前，又將全函釋文附後，俾供參閱。黃侃教授〈與長女念容函〉，其影本如下：

釋文：

予近緣念儀久欸，殊為煩媰。昨得汝信知思歸，并言姑母在鄂。得此書後，望即奉姑母挈其幼孫買舟東下。汝母葬期已定在六月初八日，我或自往料理，或遣田隨悼歸，未定。汝婚期擬俟汝歸次與石禪商量定之，大約在六月中、下旬。敬輿於五月初七日在天津舉一女，我尚未送禮，俟姑母來時再說。

汝之衣物宜悉數攜歸。

《郡齋讀書志》不必買，我久已有之。

五月二十日，書與容。　　侃

案：黃教授與長女函，內容約談七事。其一言兒子念儀久咳，殊覺煩惱。函中此句寫作「久欬」與「煩嬼」。其「欬」字，與「咳」字通；惟「嬼」字，商務印書館刊《古代漢語詞典》無其字。《康熙字典》「集下」，「女部十畫」則有「嬼」，其下注曰：「《集韻》，力求切，音留，女部。」其字切音「留」，與「惱」音近，惟未明言其字是否可作「惱」解。竊疑黃函中之「煩嬼」，仍可與「煩惱」通。余作上述之解釋，未知吻合黃教授函意否？此第一事。

黃函之二，言念容之姑母在鄂（湖北），命念容陪姑母挈同其幼孫，買舟東下。此第二事。

黃函之三，言念容母之葬期將至，謂己或自往，或遣田隨焯歸。田應為黃家家僕。此第三事。

黃函之四，言念容婚期須俟歸家後與未婚夫石禪商量後始定之。石禪，潘重規教授別字，其後於當年六月乃與念容成親，即為季剛先生佳婿。石禪教授亦余恩師，學問淵博，授課臺、港、法、韓諸地之上庠數十載，培育人材無數；且精書法。拙作《新印校點本瓜沙曹氏年表》於民國七十三年（1984）七月由香港里仁書局初版時，曾敬乞潘師題耑，迄今仍感恩不盡。石禪師一九〇七年生，二〇〇三年四月二十四日卒，享年九十七歲，殊遐壽也。其生平事蹟可檢閱陳玉堂編著《中國近現代人物名號大辭典續編》「潘重規」條；如另細讀其治喪委員會撰之〈潘重規先生行述〉，則更知所詳。惜上述二篇文字過冗，無法錄附本文，以供讀者研閱矣！

潘重規教授遺像　　　　　　　　　　《新印校點本　瓜沙曹氏年表》封面題耑

黃函之五，言念容表兄敬輿五月初七在天津舉一女，尚未送禮，此事可俟姑母來時再說。函末另附二小事，其一乃吩咐念容須悉數攜歸衣物；其二謂《郡齋讀書志》已有，不必買。考《郡齋讀書志》一書乃宋人晁公武撰之目錄書，與陳振孫《直齋書錄解題》齊名。當代研究晁書者，有復旦大學孫猛教授撰《郡齋讀書志校證》。孫氏治《校證》，用力至深，成績至贍，余捧讀後，深表拳拳服膺。

　　又案：潘教授所撰《季剛公傳》，中有句云：「侃長女念容據手批《文選》，輯錄為《文選黃氏學》，後又影印家書為《量守居士遺墨》。」據是，則季剛教授有女多藝多才，而重規教授有妻著述亦富，殊為人生大幸事，難能而可貴也。余既知念容師母曾編理《量守居士遺墨》，以家無其書，遂向香港中央圖書館商借，幸有所得。詳閱書後，乃知書中收有〈與長女念容函〉，惟題作「〈十七年告念容書〉」。函之內容與《萬卷——名人信劄古籍善本專場》拍賣本全同。余前頗疑己所得者乃佚函，詹詹而自喜；後詳考之，則知所得者殊非佚函也。由是而知，吾人治學態度，絕不可輕忽而有失矜慎！至前引書，其題作「〈十七年告念容書〉」者，蓋指民國十七年（西元 1928），乃此函作年；而函中之「五月二十日」，殆指作信月日也。

　　余於季剛教授〈與長女念容函〉已考述如上，蕪文倘有錯誤或不及處，敬請讀者不吝指正。

一九〇〇至一九一二年香港
教育制度的開端

陳志軒

香港理工大學

　　隨著鴉片戰爭的戰敗,香港島割讓給英國,從此與國內在經濟、文化等方面開始拉開距離。然而,在英國最初占領香港時,銳意經營的是闢山開路,為貿易拓展的建設,對於人口迅速增加所需的教育供應,只採取不干預政策。[1]所以,香港的現代化發展雖然在一八四一年開埠後逐漸開始,但本地教育在此時期則未有太大轉變。由於英政府奉行自由主義,政府對於教育並未加以干涉,使香港在此時期的教育發展較為緩慢,教科書的發展亦然。所以,從開埠初期至十九世紀末,港英政府對本港的教育一直維持著有限度的資助及補貼,除了建立「皇家書院」外,大多教育事業都由教會或民間的私立私塾維持著。對此,在一九〇五年科舉制度取消之前,大部分在港華人仍然以科舉中舉入仕為讀書目標,在學習內容上亦與傳統中文教育無太大分別,沒有分級制的教育難以使用統一的教科書進行學習,大多都是使用傳統的《三字經》、《千字文》等讀本。而中央書院等有分級制的學校,則能按照年級區分程度,給予符合該年級的教材作教學。因此,在二十世紀初,香港教科書實際上並未有太多的發展。

　　而這種政府對於教育事業的自由放任情況,在二十世紀初仍然可見,但亦因此形成了香港本土教育的多元化。除了政府之間管轄的官立學校及資助的補助學校外,還有教會、傳教士建立的教會學校,慈善團體建立的義學,和在新界較為普遍的由塾師或宗族建立的私塾。不過,隨著二十世紀初中國經歷了清朝滅亡、民國建立,英國面對了第一次世界大戰等重要的歷史事件,對於香港的教育發展亦造成了極大影響。在此時期,於政府加強了對於學校的關注,除了建立官立學校外,亦增添了補助的學校,並對私立學校的建設有所管控,使受教育的孩童數目開始逐步上升。

　　教科書亦在此階段出現了明確的發展。科舉的廢除推進了新式學校的建立,隨著中國出現了「壬子癸丑學制」、「六三三四制」後,在中文教育上亦開始分程度教學,使現代教科書得以應用在教學上。在新式中文學校建立時,英文學校、傳統私塾等亦同時並存於香港教育中,不同類型的學校皆使用不同的教科書,使教科書在此時期出現了多元

1　王賡武:《香港史新編》香港:三聯書店有限公司,1997年,下冊,頁423。

的發展。不論是學制的出現、政府對私立學校的管控、對中文課程的標準規定，還是國內僑校在香港增加分校、新式學校的出現，這些變化都推進了教科書的進步。而在戰後，香港教育迅速發展，很大部分是建基於戰前的教育基礎上進行改革。因此，二十世紀初的香港教科書發展對於了解當時以及日後的本地教育發展相當重要。

二十世紀初的教科書發展是香港教育發展的關鍵時期。此時期見證了香港的教育如何從自由放任的狀態，到政府逐漸加強關注，制度化地管理及制定相關政策。同時由於此時期開始完善教育制度，私立學校質素提升，而增加了受教育的學童，教育蓬勃發展，並奠定了英文、中文兩種主要教學語言雙軌並行的教育局面，更為戰後重建工作打下堅實的基礎。香港教育發展的第一個時期便是一九〇〇年至一九一二年，教科書發展的潛伏時期。在此時期，在英文學校教育方面，多數使用外籍教師編排的教科書，或直接使用外國出版的教科書，但在中文學校教育上仍處於使用傳統讀本的情況，未有顯著變化，故為教科書發展的「潛伏時期」。下將會分為兩部分探討此時期的教育情況，並討論這些情況如何對教科書發展造成影響。

一　強化英文教育

在二十世紀初，香港的教育面對著政府「重英輕中」政策的情況，這一情況亦使此時期除了英文為主要使用語言的教科書有所規範外，在以中文為主要使用語言的教科書仍然沿襲傳統私塾使用的讀本或經典為主，並未有明顯的發展。此部分將先討論，重視英文教育的局面從何形成，以及當時的英文教科書情況。

在一九〇〇年前，香港教育經歷了幾階段的變化，從政府自由放任教育發展，到十九世紀末後期的「重英輕中」方針，大致形成了在二十世紀前，香港公立學校（官方學校）教育，在語言上側重英語的局面。而在一九〇二年港英政府的教育委員會發表了《教育委員會報告書》，更是使重視英文教育的觀念進一步被強化。由於一八八〇年代開始，從港英政府對於官立學校的校制及課程安排中，反映政府開始加強對於英文及以英文為使用語言的科目的學習，而有意識地削弱中文教育。在香港第一所官立中學——中央書院，即皇仁書院方面，中文部更是在一八九五年取消，只剩下了非必修科目的中文科，直到一九〇四年才重新恢復。[2] 政府對於英文教育的重視，使英文教育在學校質素、課程安排上的發展都較為領先，這些都會影響到教科書的使用。可見，政府在一九〇〇年以前便已經在教育方面實行「重英輕中」的策略，這一取向亦反映在一九〇二年《教育委員會報告書》中。報告建議：

（1）開設只供英童就讀的書館。

2　王齊樂：《香港中文教育發展史》香港：香港三聯書店，2002年，頁172。

（2）開設高等漢文書館。

（3）一般漢文書館應將西方知識列為必修科，英語列為特殊科目。

（4）成立管理英文書館，學童入學時，必須在漢文書寫方面有足夠的知識。[3]

而在報告書的結語部分，亦明確指出了港英政府對於香港教育的兩大目標——「精英教育」和「重英輕中」。

> 本委員會認為，對於教育的實施，應該徹底進行。協助啟發上層社會華人的知識，所得的效果，實較勉強以新思想灌輸給一般大多數人民為佳。使領導階層的人士具有開明的思想，應是最好的或是目前唯一的開導方法。為了這理由，對英文書館的注重，要比漢文書館為多。[4]

所以，淡化中文、重視英語教育，和小數人的精英教育，成為了港英政府在二十世紀初的教育政策大原則。同時，因為港英政府相對不注重大多數華人的教育，使傳統漢文教育（私塾）在香港並未受到很大管制，在教育內容上亦未有很大的改變。傳統的教學內容得以繼續教授，在教科書的使用上亦然，關於私塾的教科書內容在下部分將會詳細討論。

另一方面，香港大學的成立更加推動了英文教育於學童學習的重要性。一九一一年，香港第一所高等院校——香港大學宣告成立。自此香港的教育制度得以完善，建立了從初等教育到高等教育的升學途徑，適逢中國國內失去了科舉考試的進士途徑，香港大學的出現為本地華人提供了讀書升學的新出路。雖然香港大學不是直接隸屬港英政府，但作為遠東地區的第一間英式大學，香港大學的建校目的是為了「訓練一批青年人為大英帝國利益服務」。[5] 從此建校目的上看，香港大學顯然是要延續香港的英文教育向高等教育發展。

此外，當時的英文教育發展迅速，並有完整制定的課程內容。在官立學校上，一九○七年的課程設置有英文讀本、英文文法、英文作文、中英文互譯、歐洲歷史及地理、代數、幾何、幾何繪圖測量、三角、普通常識、衛生、簿記，但沒有設立中國歷史科目，中文亦不是必修科目。[6] 而在英文學校方面，學者方美賢紀錄了一九○九年英文學校的課程內容，科目包括英文讀本、英文寫作、吟誦、地理、實物課、算術、代數、幾

---

3 香港教育資料中心編寫組：《香港教育發展歷程大事記（一零七五——二零零三）》香港：香港各界文化促進會，2004年，頁31。

4 方駿、熊賢君編：《香港教育通史》香港：齡記出版有限公司，2007年，頁119。

5 香港教育資料中心編寫組：《香港教育發展歷程大事記（一○七五——二○○三）》，頁35。

6 方美賢：《香港早期教育發展史》香港：香港中國學社，1961年，頁65；香港教育資料中心編寫組：《香港教育發展歷程大事記（一○七五——二○○三）》，頁34。

何，以及衛生。[7]以英文讀本的教科書為例，當時主要使用的教科書為 Thomas Nelson and Sons Ltd. 出版的 "Royal Readers"，共五個系列，並且在一八七〇年代已經開始在歐洲國家作教學用途。以 "Royal Readers No.1" 為例，此系列的教科書是作「英文讀本」科教學用，而 No.1 為第八級的學生使用，第七班使用 No.2，第六班使用 No.3 如此類推。"Royal Readers No.1" 的序言中指出：[8]

> The Prose lessons in Part I., are wholly in words of one syllable. Though the spelling of some of these words is more difficult than that even of polysyllables, yet for reading purposes monosyllables have the great advantage of presenting to the child only single sounds.
>
> In Part II., words of two syllables are first gradually and afterwards freely introduced. The Principle of arrangement has been to place latest those lessons which are most difficult in subject-matter as well as in style.
>
> The whole book, like the other books in the Series, has been constructed with a view to induce children to take a real exercise their power of reading.
>
> Great use has therefore been made of the objects of Natural History, and of the incidents and common things of daily life, by which children are most likely to be attracted.
>
> The illustrations in which the book abounds will be an important aid to the teacher, in quickening the interest of the children in their works. To bring out their full educational value, however, these pictures should be made the subject of special questioning after the lesson has been read.
>
> By being made to frame each answer in the form of a sentence, the child thus unconsciously produces a little composition exercise.
>
> As a special lesson in Pronunciation, the more difficult words are divided into syllables, and accentuated. Teachers will find words correctly in syllables, the difficulty of spelling has been greatly reduced.
>
> The spelling lessons consist of two parts, words in columns for oral spelling, followed by a line of words for dictation. The latter are printed in a very simple and bold character, giving merely the essential body of each letter without any attempt at ornament. The use of this character is strongly recommended, both for spelling practice

---

7　詳細課程內容參見「表二　一九〇九年英文學校的課程內容」。
8　Thomas Nelson and Sons Ltd.: *Royal Readers No. I. First Series* (London; Toronto: Thomas Nelson and Sons Ltd., 1916), preface.

on the slate, and as a first step towards ordinary writing.

序言指出 *Royal Readers* 系列教科書是為了引導學生培養學習興趣，及鍛鍊閱讀能力為目的。所以使用的字詞都是來自於自然歷史，並與日常生活中會接觸到的事物有關。因為小童對這些事物最有興趣，會因此對閱讀產生興趣。在課程編排上，分為幾個部分，先是用單音節為初始教學內容，繼而加深至雙音節的字詞，整個編排基於字詞從簡易到困難的準則。同時會加插豐富的插圖作為教學工具，提高小童對教科書內容的興趣。

從目錄中可見，*Royal Readers* 教科書按照課文用字的難度分為三部分，如序言所述，第一部分主要以單音節的字詞為主，而第二、三部分則按照字詞的困難程度以及文章篇幅劃分。第一部分有二十二篇課文，第二部分有二十四篇課文，第三部分有十八篇課文，內容大多關於動物、自然、季節、人物故事等。下將在每個部分各選取一篇課文為例。

Part I: THE CAT ON THE TREE[9]

Look at that cat high up on the tree. Good cats stay in the house. They catch mice and rats.

But this cat climbs trees, to catch birds. It kills and eats them.

There are wild cats, which live in the woods. They spend most of their time on trees, where they catch birds and rob their nests. This cat is like one of them.

Part II: RAIN[10]

Rain comes from the clouds. Look, there are black clouds now in the sky. How fast they move along! See, they have hidden the sun. They have covered up the sun, just as you put something over it. But there is one little bit of blue sky still.

Now there is no blue sky at all: it is all black with the clouds. It is very dark, like night. It will rain soon.

Now the rain begins. What large drops! The ducks are very glad: but the little birds are not glad, ─they go and shelter themselves under the trees.

Now the rain is over. It was only a shower. Now the flowers smell sweet, and the bright sun shines, and the little birds sing again.

Part III: THE TWO WHITE RABBITS[11]

---

9 Thomas Nelson and Sons Ltd.: *Royal Readers No. I. First Series*, p.8.
10 同上註, p.45.
11 Thomas Nelson and Sons Ltd.: *Royal Readers No. I. First Series*, p.62.

Little Henry one day got a present of two white rabbits. One was a big rabbit, and the other was a little one.

They were put into a little house made of wood. Do you know what a ribbit-house is called? It is called a hutch.

One day the door of the hutch had been left open, and the rabbits got out.

They both ran about the garden, seeking for something to eat.

A big basket filled with fine fresh turnips and carrots stood a little way off.

The rabbits soon found their way to it, and began to eat off all the green leaves.

There they are in the picture! Do you see them? The big rabbit sits on his hind feet, and reaches to the top of the basket.

See! He has pulled a turnip down. It has fallen on the ground, and the little rabbit runs to it and begins to eat too.

It is a good thing that the big rabbit pulled this turnip down, for the little one could not have reached to the top of the basket.

In this way the big one helped the little one. This is just what boys and girls should do at their meals. They should help the little ones first.

That is a good lesson to learn from Henry's white rabbits. Is it not?

可見，每篇課文的編排是先列出標題、正文、繼而是課文的重點單詞，以及需要串字練習的字詞。同時，隨著課文的難度加深，第二、三部分會增加發音部分，標示出較困難的字詞的發音方法，在文章篇幅上亦有增加。為了增添學習的趣味，部分課文更為添加插畫，以加深學生的記憶力。而在內容方面，作為一本英文讀本教科書，*Royal Readers* 多以故事形式教授英文，故事內容亦以日常事物如天氣、動物為主，並在故事中教授一些美德及道理，如在 THE TWO WHITE RABBITS 中便教導了幼童關於互相幫助的美德。

另一方面，在漢文書館（中文學校）上，二十世紀初港英政府的教育委員會曾在一九〇二年發表了《教育委員會報告書》。報告書指出，「改善漢文書館的教學。應將歷史、地理列為必修科目；英文為『特殊科目』，可在較高班級中開設；教學方法應加以改革，『應儘量減少背誦而多加解釋』。」[12] 可見二十世紀初期的漢文書館有科目分類的概念，並且有英語課程的教授。在教科書的使用上，學者陸鴻基指出，書館採用的教科書絕大部分是從英國或上海進口的。[13] 而學者李光雄亦從對翁仕朝（1874-1944）的研究

---

[12] 方駿、熊賢君編：《香港教育通史》，頁117。
[13] 陸鴻基：《從榕樹下到電腦前：香港教育的故事》香港：進一步多媒體公司，2003年，頁79。

中指出，當時私塾使用的現代教科書多數來自上海商務印書館。[14]對此，現以商務印書館在一九〇八年出版的《新體英語教科書》為例，了解當時漢文書館的英文教學情況。

《新體英語教科書》旨在解決中國學生在學習英語用語上遇到的問題，以便於學生在學習後能夠更容易用英語去表達自己的想法。在課文編排上，該教科書共四十一課，內容從最初淺易的尋常句子，到後期會有一些會話練習，如師生問答，或在特定場景下的句子使用，如購物、要求詞、感謝辭，以及文法的句式練習，像是動詞、量詞等。在內容組成上，課文分為兩部分，一是中英互譯的句式，二是句式中使用的單詞。以第一課尋常句語（Simple Phrases and Sentence）為例，內容分為中英互譯的語句，以及詞彙練習兩部分。[15]

首十句句語：

1	Come in.	進內來
2	Come here.	來此處
3	Go there.	去那邊
4	I have a book.	我有一冊書
5	He has a picture.	他有一幅圖
6	We have a dog.	我們有一犬
7	You have a cat.	你（或你們）有一貓
8	They have a horse.	他們有一馬
9	I am a shopkeeper.	我是店夥
10	He is a schoolmaster.	他是教員

和此節的詞彙練習（vocabulary and spelling exercise）：

1	Man	人	11	Son	子
2	Woman	女人	12	Daughter	女
3	Boy	男孩	13	Beef	牛肉
4	Girl	女孩	14	Mutton	羊肉
5	Child	兒女	15	Fish	魚
6	Baby	嬰孩	16	Pork	豬肉

---

14 李光雄：〈近代村儒社會職能的演變：翁仕朝的教育和醫療事業〉，劉義章、黃文江編：《香港社會與文化史論集》香港：中文大學聯合書院，2002年，頁80。

15 蔡博敏：《新體英語教科書》上海：商務印書館，1908年，頁2-3。

7	Husband	夫	17	Help	助
8	Wife	婆	18	Send	送遣
9	Father	父	19	Fetch	取來、拿來
10	Mother	母	20	Carry	帶、檯、擔、負、挾

除了日常用語，在量詞使用方面，如第七課，前詞一（prepositions I），教授、"of"、"on" 的使用：[16]

1	A man of Shanghai.	一個上海人
3	A cup of tea.	一杯茶
9	He is a man of honor.	他是貴人
10	Of which man are you speaking? Of the tall one.	你說何人，說長的人
11	Confucius said "Men of principle are sure to be bold."	孔子曰「仁者必有勇」
17	The rich man gave of his wealth and the poor of his poverty.	富者照富出，窮者照窮出
19	The fruit is hanging on the tree.	果懸於樹
27	It was not done on purpose but quite accidentally.	此非有意，實出於偶然
29	He excuses himself on the plea of age.	他以年長推託
33	On what terms was peace declared.	以何條約議和

和此節的詞彙練習（vocabulary and spelling exercise）：

1	Bread	麵包	8	Health	康健	15	Earth	地
2	Dead	死	9	Pleasure	喜樂	16	Early	早
3	Thread	線	10	Measure	量	17	Learn	學
4	Lead	鉛	11	Leather	皮	18	Pearl	珍珠
5	Dread	可怕	12	Jealous	妬	19	Search	搜尋
6	Feather	毛羽	13	Earn	獲得	20	Heard	聽見
7	Weather	天氣	14	Earnest	誠心			

以及在課文互譯中，中文譯文的表達方式偏向半文言半白話，如第十五課，聯詞（conjunctions）中，使用了一些中文句式如「若其作事適當，則其位可久居」、「彼啞口無言如心有所思」、「我富如汝」等。反映此教科書的受眾在中文學習上還是以文言文

---

[16] 蔡博敏：《新體英語教科書》，頁16-18。

為主，尚未全然使用白話文教學。下為第十五課首十個例句：[17]

1	I cannot forgive you *unless* you promise to do better in the future.	若汝不應許將來改良，則我不難恕汝
2	The situation will be permanent *provided* his work is satisfactory.	若其作事適當，則其位可久居
3	He remained dumb *as if* lost in thought.	彼啞口無言如心有所思
4	The conditions cannot be altered *whether* you like them *or not*.	無論汝願不願，此時不能改變
5	He is quite competent *although* he is so young.	他年雖幼而頗有才幹
6	I could not afford to buy it however much I should like to.	我雖欲此而無力購買
7	He did **** no work: **** that he drew his salary regularly.	他絕不作事然仍支棒照常
8	*Although* it is impossible to like him yet he has many good qualities.	雖決不能喜愛其人，然彼固有多端長處
9	Oppressive *as* the conditions were the work had to be completed.	勢雖急迫事須作成
10	I am *as* rich *as* you.	我富如汝

（****為模糊不清的字詞）

課文版面以一條橫線分開英語句子和中文譯文，而這種排列方式便於背誦記憶，學生能夠用手掌蓋在中文譯文一面去反覆背誦、默書。同時，每一節課文都用斜體表示改課文學習的文法或重要詞彙，並以大量的例句示範，令學生能夠從中學習到文法及詞彙的實際運用方法，亦利於口語練習。

從上述兩本教科書中可見，英文學校將英語設為必修科目，並細分為英文讀本、英文寫作、吟誦三小科，而漢文書館（中文書館）的英語科目並非必修科目，在內容教授上亦不如英文學校般細分。由於學校的差異，兩者使用的教科書在出版地上有明顯分別，這也會對內容編排及強調的學習重心有所不同。

在英文學校方面，英文學校基本上沿襲英國的分級制，在教育思想上亦更為重視梯級漸進式的教授，強調知識與技術的吸收和學習，所以大多使用英國等歐美國家出版的教科書，而這些教科書會分系列編排，由 "Royal Readers No.1" 到 "Royal Readers No.5" 不斷深化教育。在每個系列裡的課文亦會按照深淺分為第一部分（Part I），第二

---

17 蔡博敏：《新體英語教科書》，頁37-40。

部分（Part II），並在每篇課文裡面分為閱讀、串字、發音等小節，更會在部分課文中加插插畫，務求令學生更容易學習，進而對學習產生興趣。教科書的編排不但為了教授知識，更可見現代教育理論的實際實踐，即學生能夠從學習和運用實踐語言中培養語言能力，繼而對學習本身產生興趣，並能將這種興趣推展到對其他科目的學習中。[18]

在中文學校方面，對英語的態度比起深入學習，更接近於實用性質。由於出版地為中國內地，在學習視角上亦是以華人文化作切入，以中英對照的方式學習，而非直接學習英語。而《新體英語教科書》在序言中指出，「當學生的英語水平上升，便能減少以中文輔助閱讀的情況」[19]，反映該教科書的目的便是為了輔助學習英語會話，而非直接從語言文化角度學習。這一點正符合當時期華人學習英文的原因，處於實用、功利主義的角度，學習英文有助於在港發展商業或從事商業工作。所以在句式例子上亦多以現實場景的對話、溝通為主，目的在於能夠在日常中的英語會話對答，重視實際使用多於語言學習。

二　重視傳統的中文教育

在中文教育方面，二十世紀初的中文學校（或稱漢文書館）為一般學塾和政府設立的漢文書館。前者為傳統的私塾教育，未有明確的班級、科目之分，後者則會有年級、科目、課程之分。但由於港英政府在一九一三年才得到香港學校的確切數據，因此在此時未能知道中文學塾與書館的準確數目。[20] 但根據史釗活在一八八三年對港島書館的統計中顯示，政府及資助書館有三十九間，補助書館有四十八間，私人學塾一〇三間，但就學生人數上看，政府及資助書館有二〇八〇人，補助書館有三五一七人，私人學塾只有一一六一人。[21] 這意味著平均一間學塾只有學生十一人，在這些人數基數相當小的學

---

[18] 關於語言學習的相關理論，在二十世紀八〇年代由國外教育專家提出了課堂教學方法，即「任務型教學模式」（task-based learning）。該教學模式在香港二〇〇四年的《英國語文課程指引》被建議使用。「任務型教學是以具體的任務為學習動力或動機，以完成任務的過程為學習的過程，以展示人物成果的方式來體現教學的成果。通過特定的教學內容，去培養語言能力為主旨，以任務為中心，以活動為有效途徑，創設貼近學生生活，讓學生在輕鬆、愉快的活動中學習、理解並大膽地使用所學到的語言，從而達到一個學以致用的目的和進行初步交際的能力。」英語課程標準研製組編寫：《英語課程標準解讀》北京：北京師範大學出版社，2002年。而 Royal Readers 系列在推出使用之時並未有這些教學理論出現，但從其內容編排上可見到後世教育理論的雛形。

[19] "In Proportion as the knowledge of English increase, Chinese as the medium of explanation should decrease, until English is used entirely" 蔡博敏：《新體英語教科書》，〈序言〉。

[20] 在一九一三年，香港初次通過立法程序公布了教育法例，即《一九一三年教育條例》，該條例明文規定全港所有的公、私立學校都需要接受政府的監督。所以所有學校便需要向政府申請辦理註冊手續，從而得到準確的學校數目。

[21] Welsh, *Frank: A History of Hong Kong*, (London: Harper Collins Publisher, 1997) p.239.

校，是難以進行教學分班及分級的。加上華人群眾通常對於教育抱持著懂得基本文字和算數即可的心態，學童的輟學率相當高，所以實際入學數據也難以統計。但可確定的是，在當時接受傳統教育的在港華人仍占據多數，即使政府不重視中文教育的發展，但不意味著接受中文教育的華人變少，唯一受影響的只是中文教科書在港發展的進度未有顯著變化。

如引言部分所述，在一八七六年「教科書」正式出現之前，私塾等學習場所早已使用《三字經》、「四書五經」等讀本作為教育用途。而香港作為廣東省的一部分，在香港未有正式的升學考試前（高等院校未建立），大部分華人學子雖然在英國的殖民統治下，但仍然以科舉考試為其晉升仕途的唯一途徑。在港華人除了就讀官立、教會學校之外，更多人就讀傳統中文私塾。據學者方駿推測，香港在十九世紀末的私塾在三百〜六百之間，在一八九八年時獲得政府補助的書館也僅為一百間，其中包括了教會學校。[22] 而在學者王齊樂的研究中則指出一八九八年香港有一〇八間不受政府管理及資助的傳統中文學塾，學童接近二千五百名。[23] 而隨著一九八九年新界納入香港後，香港的人口迅速攀升，在一九一一年的人口普查報告中，香港的人口總數已高達是四十六萬，接近一九八九年的兩倍。由於新界地區基本上以傳統私塾為主，亦因而增加了香港中文私塾的數目。這意味著在二十世紀之初，香港教育的主體仍是以傳統的私塾為主。所以，傳統讀本作為教科書的使用，一九〇五年之前仍占據香港教育中很大的一部分。同時，雖然中國內地最早的教科書在十九世紀期中後期出現，但傳統的科舉考試卻在二十世紀初（1906）才正式廢除，這意味著在十九世紀中至二十世紀初中國的教育是教科書及傳統教育讀本是同時存在並被使用著的。

在傳統私塾上，雖然傳統私塾沒有正式的「教科書」，但會使用一些啟蒙讀本及經典作為課本教學用。以清代文學家龍啟瑞（1814-1858）在一八四七年制定的《家塾課程》為例，提出了當時學童蒙學的課程內容。

> 大約以看、讀、寫、作四字為提綱，讀熟書（經類及文選、古文詞類纂）以沃其義理之根；看生書（史類），以擴其通變之趣；寫字，以觀其用心之靜躁；作文，以驗其養氣之淺深。四者具，而學生之基業始立，鮮勵志亦鮮遁情矣。初上學者，先作讀、寫兩字功課為要。[24]

對此，學者吳洪成在《中國近代教科書史論》終將十九世紀中〈鴉片戰爭時期〉的教科書分為兩類，第一類是蒙學教科書[25]，第二類是儒學經典。蒙學教科書有五種，如下表：

---

22 方駿、熊賢君編：《香港教育通史》，頁150-151。
23 王齊樂：《香港中文教育發展史》，頁175。
24 舒新城：《中國近代教育史資料》北京：人民教育出版社，1981年，上冊，頁85。
25 吳洪成、田謐、李晨等：《中國近現代教科書史論》北京：知識產權出版社，2017年，頁5。

蒙學教科書

類別	教科書
識字課本	《三字經》、《百家姓》、《千字文》
詩文課本	《千家詩》、《唐詩三百首》、《唐宋八大家文鈔》、《笠翁對韻》
博物常識課本	《詩經》、《名物蒙求》
德育課本	《增廣性理字訓》、《名賢集》
歷史課本	《蒙求》

　　第二類為儒家經典，這類教科書基本上是為科舉考試所用。主要為「四書五經」、《通鑑》、《性理》，而地方學塾還會使用《御纂經解》、《古文辭》、《十三經》、《二十二史》、《三通》、《四子書》、《通鑑綱目》、《歷代名臣奏議》、《文章正宗》、《五經》等作教學用途。[26]另一方面，不以入仕為官的學童則會學習《幼學瓊林》等雜學內容。可見，雖然傳統私塾沒有硬性規定、按照年級、學童程度分類的「教科書」，但仍能通過一些經典著作及啟蒙讀本，達到教學的目的。

　　以《幼學瓊林》為例，從其內容中不難發現，這些啟蒙讀本的編排邏輯並非按照現代的學識內容深淺排序，而是以生活及周邊的知識去編寫。《幼學瓊林》，原名為《幼學須知》，相傳是明末西昌人程登吉著寫，及後在清初由汀州人鄒聖脈（1692-1762）進行增補，便更名為《幼學故事瓊林》，簡稱《幼學瓊林》。[27]讀本以駢體文及對仗書寫，是明清時期學童啟蒙的重要書籍之一，能夠教授成語以及典故。而早在香港開埠之時，當時的教育委員會便指出過私塾學習的最大問題在於重背誦而輕理解的教學方法上。[28]而作為童蒙讀本，又作為類書，《文言對照幼學瓊林讀本》在原有《幼學瓊林》的基礎上增添了簡潔有力的白話文註釋，方便學習之用，使原本晦澀難懂的內容變得較易理解，一改以往只注重背誦不注重理解的教學方法，可見時人對於傳統讀本的改革之意。參考廣益書局出版的《文言對照幼學瓊林讀本》的總目，全書分為四卷，共三十三門，包括：

卷一：天文、地輿、歲時、朝廷、文臣、武職

卷二：祖孫父子、兄弟、夫婦、叔侄、師生、朋友賓主、婚姻、婦女、外戚、老幼、壽誕、身體、衣服

卷三：人事、飲食、宮室、器用、珍寶、貧富、疾病死喪

---

26 吳洪成、田謐、李晨等：《中國近現代教科書史論》，頁5。

27 馬自毅注譯：《新譯幼學瓊林》臺北：三民書局，2007年，導讀。

28 「教育委員會曾多方面強調，不可令兒童徒然背誦和強記書本的課文，先明瞭課文的內容，然後誦讀書寫。」王齊樂：《香港中文教育發展史》，頁107。

卷四：文事、科第、製作、技藝、訟獄、釋道鬼神、鳥獸、花木[29]

從卷目中可見，《文言對照幼學瓊林讀本》的內容包羅萬象，猶如古代的小型百科辭典。範圍廣闊，涉及倫理關係、天文地理、政治結構、生活知識、自然哲學、技術、生死觀等自然常識教育。值得關注的是，內容的論述方式是以成語、典故的方式道出，既達到知識傳授，又達到道德、道理的灌輸與教化。以第二卷的「祖孫父子」為例，茲抄錄全文如下：[30]

> 何謂五倫？君臣、父子、兄弟、夫婦、朋友；何謂九族？高、曾、祖、考、已身、子、孫、曾、玄。始祖曰鼻祖，遠孫曰耳孫。父子創造，曰肯構肯堂；父子俱賢，曰是父是子。祖稱王父，父曰嚴君。父母俱存，謂之椿萱並茂；子孫發達，謂之蘭桂騰芳。橋木高而仰，似父之道；梓木低而俯，如子之卑。不痴不聾，不作阿家阿翁；得親順親，方可為人為子。蓋父愆，名為干蠱；育義子，乃曰螟蛉。生子當如孫仲謀，曹操羨孫權之語；生子須如李亞子，朱溫嘆存勖之詞。菽水承歡，貧士養親之樂；義方是訓，父親教子之嚴。紹箕裘，子承父業；恢先緒，子振家聲。具慶下，父母俱存；重慶下，祖父俱在。燕翼貽謀，乃稱裕後之祖；克繩祖武，是稱象賢之孫。稱人有令子，曰麟趾呈祥；稱宦有賢郎，曰鳳毛濟美。弒父自立，隋楊廣之天性何存；殺子媚君，齊易牙之人心何在。分甘以娛目，王羲之弄孫自樂；問安惟點頷，郭子儀厥孫最多。和丸教子，仲郢母之賢；戲彩娛親，老萊子之孝。毛義捧檄，為親之存；伯俞泣杖，因母之老。慈母望子，倚門倚閭；遊子思親，陟岵陟屺。愛無差等，曰兄子如鄰子；分有相同，曰吾翁即若翁。長男為主器，令子可克家。子光前曰充閭，子過父曰跨灶。寧馨英畏，皆是羨人之兒；國器掌珠，悉是稱人之子。可愛者子孫之多，若螽斯之蟄蟄；堪羨者後人之盛，如瓜瓞之綿綿。

「祖孫父子」以儒家思想中的五倫關係作切入，討論了族群、血脈何以承傳，對孝道的提倡，祖業的繼承，並論及一些歷史故事，從而達至道德教化之意。又如卷一「朝廷」論道：[31]

> 三皇為皇，五帝為帝。以德行仁者王，以力假仁者霸。天子天下之主，諸侯一國之君。官天下，乃以位讓賢；家天下，是以位傳子。陛下尊稱天子，殿下尊重宗藩。皇帝即位曰龍飛，人臣覲君曰虎拜。皇帝之言，謂之綸音；皇后之命，乃稱懿旨。椒房是皇后所居，楓宸乃人君所蒞。天子尊崇，故稱元首；臣鄰輔翼，故

---

29 佚名：《文言對照幼學瓊林讀本》上海：廣益書局，年份不詳，上冊，頁1-2。
30 同上註，卷二，頁1-8。
31 同上註，卷一，頁31-35。

日股肱。龍之種，麟之角，俱譽宗藩；君之儲，國之貳，首稱太子。帝子愛立青宮，帝印乃是玉璽。宗室之派，演於天潢；帝冑之譜，名為玉牒。前星耀彩，共祝太子以千秋；嵩岳效靈，三呼天子以萬歲。神器大寶，皆言帝位；妃嬪媵嬙，總是宮娥。姜後脫簪而待罪，世稱哲後；馬後練服以鳴儉，共仰賢妃。唐放勳德配昊天，遂動華封之三祝；漢太子恩覃少海，乃興樂府之四歌。

此文更強調了帝皇制度下的社會管治關係，傳遞了儒家文化的核心——「家天下」思想，強調宗法、禮樂制度。從「祖孫父子」及「朝廷」兩文中可清晰見到，《幼學瓊林》旨在建構緊密的「君臣、父子」儒家倫理關係及孝道思想，除了是傳統私塾教育中相當重視的教育內容，更是傳統華人社會中家庭觀念的根本。

同時，如上文所述，英文學校重視知識分深淺、教育分級別、內容分科目，使教學更為有條理。但中文教育則不然，知識的教授不局限於科目，甚至是沒有明確的科目之分，所以在一本課本中會同時出現語言學習以外的內容，包括地理、歷史、社會、自然、哲學等，相較吸收知識及技術，更重視道德教化，了解周邊的生活。在這一點上，亦符合了傳統華人對於學習的看法。一是學習基本的生活知識，二是為了科舉考試學習，三是灌輸儒家倫理和上下尊卑的觀念。[32]

此外，港英政府對於傳統文化的重視亦可見於英文學校的課程及教科書使用中。據方美賢記載，一九〇九年的英文學校的課程內容及相關書籍中，在第四到第一班漢文班的課程內容中古文、傳統中國文化的部分占多數。

表一　一九〇九年英文學校的漢文課程內容[33]

科目	第四班的漢文課程內容
讀解	國民教科讀本第三、第四冊，鑑史節要卷七（本朝史事）
譯文	串句、問答
字課	默書、抄書、摹字

科目	第三班的漢文課程內容
讀解	國民教科讀本第五、第六冊
選講	書通信札，婦孺釋問
譯文	串句、問答、信札（啟告、便函）
字課	默書、抄書、摹字

---

32 陸鴻基：《從榕樹下到電腦前：香港教育的故事》，頁22。
33 方美賢：《香港早期教育發展史》，頁70-72。

科目	第二班的漢文課程內容
讀解	國民教科讀本第七、第八冊
選講	上論，古文，時務論說（從報章選講）
譯文	串句、問答（選自國文教科讀本）
字課	默書、抄書、摹字（摹仿名人楷書）

科目	第一班的漢文課程內容
讀解	國民教科讀本第九、第十冊
選講	孟子，古文，時務論說（從報章選講），東萊博議，鑑史提綱
譯文	串句、問答（選自國文教科讀本）
字課	默書（選自國文教科讀本）、抄書（選自國文教科讀本）

同時，皇仁書院在一九〇四年重新恢復漢文部，目的在於重新加強學生的中文互譯能力。時任教習吳銘泉、曾達廷在校刊（school magazine）《黃龍報》（The Yellow Dragon）的〈漢文復設〉一文指出：「天下事相資有則有濟，專注則或偏，如英文、漢文是也。英文為當今之要務，非博學不足以擅長；漢文為翻譯之急需，非兼精不足以達用。」[34] 在〈漢文復設〉亦列出了當時的課程內容：[35]

班級	課程內容
第五班	《蒙學七集》、《古文評註》、《秋水軒尺牘》、《左傳句解》、《四書·下·孟》
第四班	《蒙學七集》、《論說入門》、《古文亭評註》、《寫信必讀》、《四書·上·孟》
第三班	《蒙學五、六集》、《訓蒙捷徑》、《故事瓊林》、《寫信必讀》、《四書·上·論》
第二班	《蒙學三、四集》、《通文便集》、《四書·上·論》、《婦孺釋詞》
第一班	《蒙學一、二集》、《婦孺淺吏》、《通問便集》、《四書·上·論》

可見，即便在中國內地的教學已經開始以新文化等現代知識為主，但在香港教育中的中文課程上，還是以傳統經學為依歸。從傳統經學被納入在官立學校漢文課程的舉措上，反映當時港英政府認同的中文教育仍是以傳統的經學教育、儒家思想為主。除了因為現代知識能夠從以英語為主要教學語言的科目（如生物、數學）中進行教授外，還因為香港的華人群眾更加偏向於傳統漢文教育。所以，港英政府設置這些課程的目的亦是在於能夠切合華人的需求，以便於融入華人群體，維持社會平穩。

另一方面，本地華人團體興辦的中文學塾──義學亦推動了傳統文化的教育。由於

---

34 The Yellow Dragon, Vol. 5, May 1904, no page number.

35 同上註。

香港在一九七〇年代才展開義務教育工作，所以在此之前香港的教育事業一直是由政府的官立學校，進行有限度的補貼，以及教會、公共團體及私人辦學多方進行。其中，公共團體大部分都以華人組織為主，如東華三院、保良局等，還有一些是富商巨賈為了開展公共慈善事務而建立的商會或鄉會。華人組織需要在維持與殖民地政府的關係，及獲得華人基層的支持中保持平衡，從而使保持他們在港的營商優勢及對華人的管理。因此，在義學的籌辦中，除了要考量到政府強調的英語教育的重視，還需要尊重華人社會長期珍視、以廣義儒家思想為主體的中國傳統文化。[36] 其中，華人群體是香港人口的主要組成部分，所以這些華人團體更以維護傳統價值為己任，這種取向皆反映在其辦學中。在義學的課程裡，對國文學習尤其重視，需要學習《論語》、《孟子》、《左傳》、《孝經》、《唐詩》、《漢文》、《秋水軒尺牘》等。[37] 以文物廟的義學為例，在一九〇四年以前，學習內容與傳統私塾無異。一九〇四年七月十三日開始依照國內的教育政策，使用現代課本（教科書）教學，至一九〇七年除了「四書」一科之外，其他科目都採用國內的新課本。[38] 學校教學內容的現代性取向，很有可能受到國內在一九〇五年廢除科舉制度影響，轉而與內地的教學發展同步。

同時，隨著中國內地的政治形勢不斷改變、社會動盪，部分曾經獲得顯赫功名，在廣東鄉間有獨特地位的「晚清遺老」南下香港，備受華商青睞。學者程美寶指出：「當時中國一片更新冒進的氣象，主要城市的文教活動，不少已為新派人士把控，廣東遺老因地利之便得以避居香港。在英人的統治下，香港不論是社會或文教政策，皆比中國保守，這片殖民地反成遺老的樂土。」[39] 華商期望招攬這些代表著「傳統文化」的清遺老以鞏固個人或團體在華人的地位。更大力支持清遺老在港開設的塾館，並推動民間其他華人組織的發展，如孔聖會（1909）、孔聖支會（1917）、中華聖教總會（1921）等，令香港民間極為推崇孔教儒學。[40] 這些遺老在日後更建立了學海書樓（1923），以及成為香港大學中文學院（1927）的教授，標誌了傳統經學知識在香港中文教育的重要意義。

三 總結

總括而言，在二十世紀初期，香港教育大致以官方重視英文教育，忽視中文教育發展為主。隨著一九〇二年的《教育委員會報告書》推出，更加確定了港英政府期望本地

---

36 蔡榮芳：《香港人之香港史1841-1945》香港：牛津大學出版社，2001年，頁50-52。
37 方美賢：《香港早期教育發展史》，頁159。
38 方美賢：《香港早期教育發展史》，頁161。
39 程美寶：《地域文化與國家認同：晚清以來「廣東文化」觀的形成》北京：生活・讀書・新知三聯書店，2006年，頁192。
40 盧湘父：〈香港孔教團體史略〉，吳灞陵編：《港澳尊孔運動全貌》香港：中國中國文化學院，1955年，頁1-4。

教育培育的是接受英文教育的華人精英份子，目的在於希望通過教育訓練出一群雙語精英，以便於交流中英，推動商業發展。因此，華人接受的英語教育相當重要，在教科書的編排上亦能反映其教育思想。不是囫圇吞棗、不求甚解地背誦，而且循序漸進，有系統性地教育，皆可見學校對於知識吸收的重視。加上香港大學在一九一一年宣告成立，其英式大學的背景和以英文為主要教學語言的舉措，更直接推動了英語教育的發展。可見，英文教育的發展是建基於港英政府與中國國內等地的商業需求而迅速發展，使接受英文教育的學生，尤其是華人學子能夠適應香港這個華洋雜處，中外文化交融的地方，繼而推動經濟發展與互動。

然而，這些教育都只是針對小部分人運作的精英式教育，香港的主要群眾在此時還是以接受中文教育為主，尤其是傳統教育。英國在二十世紀之前的管治策略一直將華人與西人區分開，如在居住政策上，就將華人與西人的商住區分開，認為華人的居住環境惡劣會影響西人的健康。[41]即使在二十世紀初時，這種華洋區分的政策仍然存在，令華人與歐人的交流及溝通少之又少。對此，一八九四年港督威廉・羅便臣在立法局會議中指出：「香港絕大部分華人在接受了五十五年英國統治後，所受英國（文化及生活方式）影響仍然極少。」[42]港英政府顯然並未打算溝通英人與華人，這種態度亦可見於其精英式教育中，只關注於小部分能夠推動中英交流的精英華人階層，而對市民階層缺乏關注。因此才會出現英文教育有明顯發展，而中文教育仍以傳統私塾為主的情況。

在中文教育方面，雖然在一九〇〇之時，中國國內已經有不少學堂使用翻譯自西方或日本教科書的現代教科書，但就香港而言，傳統的私塾教育還是占據主流。在香港的人口結構中，一直都是華人居多，占百分之九十以上。而華人社會有著重教興學的傳統，加上深受內地科舉制度的吸引，因此私塾數量與人口基本呈同比增長態勢。[43]而新界本身就是香港傳統教育中發展得相對出色的地方，古代香港有不少著名的學塾都是來自新界。所以當一八九九年新界被納入香港版圖之內後，全港的私塾都迅速攀升。在此背景下，亦增強了傳統中文教育在港的持續發展。雖然科舉制度在一九〇五年廢除，而清朝亦在一九一一年覆滅，傳統文化及學說一時之間失去了學習的用途，但在現代中文學校未建立之前，傳統私塾仍是主流的中文教育。

值得注意的是，就讀私塾並不代表不會就讀英文學校或漢文書館。私塾作為游離在現代學校制度以外的學習場所，可以作為正式學習的地方，亦能作為提供學前教育的地方，亦有家長會安排學童在課後時間去私塾上課，以學習傳統文化。這種情況在一九二〇年代隨著新式中文學校的建立及僑校的進駐更為普遍，不少學子會選擇先就讀於私塾，再接駁去讀英文學校或新式中文學校。因此，在教科書的使用上，亦是會新舊混雜

---

41 王賡武：《香港史新編》香港：三聯書店有限公司，1997年，上冊，頁105。
42 Welsh, Frank: *A History of Hong Kong*, (London: Harper Collins Publisher, 1997) pp. 243.
43 方駿、熊賢君編：《香港教育通史》，頁150。

地學習及接觸。即便如此，從就讀私塾的人數數據上看，中國傳統文化的教授仍然於香港這個主要人口為華人的社會而言，具有一定程度的重要性。

表二　一九〇九年英文學校的課程內容[44]

科目	第八班使用書籍
英文讀本	Royal reader no.1, Royal School Series Primer（T. Nelson and Sons出版）
英文寫作	默書，造句，看圖寫字，抄寫簿（Vere Foster's New Civil service copy. book, Nos. 1-5, Blackie &Son）練習
吟誦	無指定教科書
會話	Pictorial Language Series（The Welsh Educational Publishing Company出版）
地理	以學校附近鄉土地理為主 Meiklejohn's new geography（Meiklejohn and Hobden出版）
實物課	Regina Reading and Object lesson sheets（George Gill and Sons 出版）
算術	Loney's Arithmetic for Schools（Marmillan and Company ltd.出版）

科目	第七班使用書籍
英文讀本	Royal Reader no.2
英文寫作	Vere foster's new civil service copy. Book, nos. 6-7,
吟誦	無指定教科書
英文文法	J.C. Nesfield's idiom, Grammar and Synthesis（Macmillan & Company ltd出版）
會話	無指定教科書
地理	香港之地理
實物課	Regina reading and object lesson sheets（George Gill and Sons 出版）
算術	Loney's Arithmetic for schools（Marmillan and Company ltd.出版）

科目	第六班使用書籍
英文讀本	Royal Reader no.3, course of Hygiene, Elementary（Noronha and Company出版）
英文寫作	Vere Foster's new civil service copy. Book, nos. 7-8
吟誦	無指定教科書
英文文法	J.C. Nesfield's idiom, grammar and synthesis（Macmillan & Company ltd出版）
會話	無指定教科書

---

44 方美賢：《香港早期教育發展史》，頁68-72。

地理	廣東地理, 中國地理, 貿易航線等教材
實物課	無指定教科書
算術	Loney's Arithmetic for schools（Marmillan and Company ltd.出版）
衛生	Course of Hygiene, Elementary（由Nornoba and Company出版） Willoughby's Hygiene for students（由Macmillan and Company ltd. 出版）

科目	第五班使用書籍
英文讀本	Royal Reader no.4, course of Hygiene, Elementary（Noronha and Company出版）
英文寫作	vere foster's new civil service copy. Book, nos. 9-10
吟誦	無指定教科書
英文文法	無指定教科書
地理	亞洲地理、中國地理等教材
實物課	無指定教科書
算術	Longy's Arithmetic for schools（由Macmillan and Company ltd. 出版）
代數	Hall and Knight's Elementary algebra（由Macmillan and Company ltd. 出版）
幾何	John Carroll's Practical Geometry for Art student（由Burns and Oates ltd. 出版），hall and stevens' school geometry
衛生	Willoughby's Hygiene for students（由Macmillan and Company ltd. 出版）

科目	第四班使用書籍
英文讀本	Royal Reader no.5, course of Hygiene, Elementary（Noronha and Company出版）
英文寫作	Vere Foster's new Civil service copy. Book, nos. 10-11
吟誦	無指定教科書
地理	關於英國地理、香港政府組織、生產品毛衣、潮汐與水流的教材
實物課	無指定教科書
算術	Loney's Arithmetic for schools（Marmillan and Company ltd. 出版）
代數	Hall and Knight's Elementary Algebra（由Macmillan and Company ltd. 出版）
幾何	John Carroll's Practical Geometry for Art student（由Burns and Oates ltd. 出版），Hall and Stevens' school Geometry
衛生	Willoughby's Hygiene for students（由Macmillan and Company ltd. 出版）

論牟宗三判教思想中的心性之學

張豔麗

北京師範大學哲學學院

在中華上下五千年的歷史發展過程中，儒家思想逐漸成為主流文化，佔據了意識形態最高點，而心性論則是儒家思想研究的主要內容，集中體現了儒家的核心內涵和文化特色，尤其是在宋明時期對心性論思想的研究愈發圓融。牟宗三作為當代新儒家的領軍人物，是最具原創性和影響力的哲學家，他認為從先秦人性論到宋明理學，儒家心性之學形成了一個完整的學術系統，並在此基礎上創造性地提出了內在超越的道德形上學，實現了儒家思想的創新性發展。

一 宋明理學人性論的兩條進路

儒家思想是一個不斷發展的過程，期間雖然有流變，但並不是無端而來。宋明理學是儒家心性論思想發展的高峰，牟宗三通過對該時期的學術思想進行判教來建構自己的道德形上學，他將宋明時期人性論的根源追溯到先秦時期，並提出了儒家追求人性根源的兩條路徑：即孟子「即心見性」的道德的進路和以《中庸》、《易傳》為代表的宇宙的進路。

道德的進路發端於孔子和孟子。孔子思想主要以「仁」為主，他的思想中也有來自中國傳統的「天」、「天命」思想，但孔子撇開客觀面的「天」、「天命」，主張通過踐仁知天，重視人的道德價值，強調人所以能契接天的主觀根據，但是孔子的「仁」與天仍有一定的距離，天道高高在上，通過踐仁知天只是一種遙遠的契接，而無法與天完全為一。到孟子時以道德本心含攝孔子的「仁」，他以「不忍人之心」說「仁」，即心見性，「將存有問題之性即提升至超越面而由道德的本心以言之，是即將存有問題攝於實踐問題解決之，亦即等於攝『存有』於『活動』（攝實體性的存有於本心之活動）。如是，則本心即性，心與性為一也。」[1]孟子承孔子仁教思想發展而來，但在他的思想中更加突出「性」的問題，他以「仁義」言內在的道德之性，將道德本心提升為超越的義理之性，本心即性，盡心知性知天，心之內涵具有無限延伸的創造能力，使人的主體性真正挺立起來。

---

[1] 牟宗三：《心體與性體》上海：上海古籍出版社，1999年，上冊，頁22。

以《中庸》、《易傳》為代表的一路可以用「天命之謂性」一句概括，「天命」「天道」是儒學的最高概念，《中庸》的「天命之謂性」代表了從天道下貫為人性的傳統。天道高高在上，具有超越意義，但是儒家的天道只有通過「作用」即通過具體的事物才能表現自己，這也意味著天道只有下貫到人身上，天道「於穆不已」、生生不息的作用才能得以實現。天道具有超越性，當天道下貫到人成為人性，這時天道又是內在的，天道性命相貫通，牟宗三就以「內在超越」一詞指稱天道，所以儒家哲學的重點就落在如何體悟天道上，這也是為什麼中國的天道沒有從具有人格神意義的「天」發展成為宗教。「天命」不同於「天定」，「天命」是一條生化之流，其生生不息的創造之幾流行到哪里便是命到哪里而成為性，天命流行是「生物不測」的，所以具有普遍性，天命不僅流行到人身上，也流行到有生命的草木和無生命的瓦石之類，萬物都由天命生化而成，可以說「人物同體」。雖然從天命生化萬物一層講萬物同體，但是從「性」的方面說則有「人禽之辨」。牟宗三將人性分為兩個層面，上層的人性指創造之真幾，下層的指「類不同」的性，人以外的萬物只有「類不同」的性，比如動物的生理本能，無生命物體的墮性，這些都是「結構之性」，而人不僅有結構之性還具有創造之性，「人物之別不以降衷與天命判，而以能不能推判。人能推而能實有此天命流行之體以為己性，則就其為性之為先天而定然的言，亦即等於天所命也。是則天命之流行於人而命於人不獨命人之存在，而且命以超越的義理當然之性也。物不能推，則物即不能實有天所命者以為己性，結果物只有物質結構之性，墮性，或本能之性，而不能有『道德的創造性』之性，是則就此性言，物既不能吸納而實有之，天對之亦即無所命也。然其個體之存在仍是天命流行之體所實現（生化），此亦是『天命』也。此則天只命其有個體之存在，而不能命其有『道德的創造性』之性也（不能命是因物不能推而不能命）。」[2] 人心能自覺，天命流行之體命於人，人能將天命吸納到自己的生命中而成為定然之性，人是實有天命而為己性，而物則不能吸納此生命流行之體，物只有結構之性，雖然潛在的涵具一切理卻不能實有此理，天外在而超越的命之而不能成為其內在之性，所以人禽之辨的關鍵就是能否含攝天地之本性為己性。

由《中庸》而來的「天命之謂性」賦予了人性超越的內涵，人性由天道、天命下貫而成，雖然天道具有道德的含義，但並不能說明人性就是「道德的善本身」，「道德的善」必須就道德說道德，不能繞出去從外面建立，所以對性的認識要轉向到對內在的認識，牟宗三認為這一轉向是由孟子完成的，孟子的仁義內在認為人性就是道德的善本身，是直接從人的內在道德性說人性，只有從內在性出發才能說明「道德的善本身」和「道德性」。「道德的善本身」要從主觀道德意識出發才能顯露道德的善與不善，人有罪惡感也有道德意識，只有在二者的對治中才顯示道德的善，從宇宙萬物的客觀面看，所

2　牟宗三：《心體與性體》，上冊，頁200-201。

謂罪惡只是道德的善的映照。

牟宗三認為儒家論述心性之學的這兩條路徑是相繼承、相呼應的，雖然孔子的仁和孟子的盡心知性是一路，《中庸》和《易傳》從超越的天道建立性體是一路，但是這兩條道路並不是截然相反的，後一路是前一路思想的進一步發展，沒有後一路孔孟的思想就無法達到圓滿，沒有天道、性體也無法建立儒家的道德的形上學。先秦儒學由《論語》、《孟子》發展到《中庸》、《易傳》是一個歷史的過程，直到宋明時期才發展成為圓滿的道德形上學，「先秦儒家如此相承相呼應，而至此最後之圓滿，宋、明儒即就此圓滿亦存在地呼應之，而直下通而一之也：仁與天為一，心性與天為一，性體與道體為一，最終由道體說性體，道體性體仍是一。若必將《中庸》、《易傳》抹而去之，視為歧途，則宋、明儒必將去一大半，只剩下一陸、王，而先秦儒家亦必只剩下一《論》、《孟》，後來之呼應皆非是，而孔、孟之『天』亦必抹而去之，只成一氣命矣。孔、孟之生命智慧之方向不如此枯萎孤寒也。是故儒家之道德哲學必承認其函有一『道德的形上學』，始能將『天』收進內，始能充其智慧方向之極而至圓滿。」[3]雖然牟宗三認為《論語》、《孟子》與《中庸》、《易傳》在儒家心性之學的進路上存在差異，但二者本是一根而發，不僅不相對還有一種生命智慧上之相呼應。孔子講踐仁，孟子依孔子而言本心即性，《論語》、《孟子》雖然都以主觀面為主，但其中也含有一客觀的、超越的『天』存在，如果『天』不向人格神的方向發展，順此趨勢，自然會與《中庸》、《易傳》的性體相接。《中庸》、《易傳》以於穆不已的實體為萬物創生的根源，並從此實體講性體，從而與孔孟的心性思想打成一片，實現兼顧主觀心體與客觀天道性體的圓滿發展，牟宗三將此稱為是「道德意識之充其極」，是一「道德的形上學」。

二 劃分宋明理學正宗與歧出的標準

先秦人性論由孔孟道德進路發展到《中庸》、《易傳》宇宙的進路，二者相互呼應，牟宗三也以此為標準建構他的道德的形上學，天道是內在超越的，由此而來的道德理性是「即存有即活動」的，這也是牟宗三對宋明理學進行判教的標準。在他看來濂溪、橫渠至明道以《論語》、《孟子》、《中庸》、《易傳》為依據，由此發展而來的才是儒學的正宗，而在大宗中胡五峰、蕺山與象山、陽明的學理不同，可分為兩個小系，伊川和朱子以《大學》為中心只能說是「別子為宗」。五峰、蕺山一系由《中庸》、《易傳》回歸《論語》、《孟子》；象山、陽明一系以《論語》、《孟子》攝《中庸》、《易傳》而以《論語》、《孟子》為主；伊川、朱子一系以《中庸》《易傳》結合《大學》而以《大學》為主，這就是牟宗三著名的三系說。雖然牟宗三將宋明理學細分為三系，但是前兩系都是

---

3 牟宗三：《心體與性體》，上冊，頁30-31。

順應先秦人性論思想發展而來，實際上只存在正宗與旁支的區別。

宋明儒學順應《中庸》的發展，性體與天命實體上下相通為一，性命之學也得到圓滿發展，性命天道合一幾乎是宋明諸儒共同的認識。牟宗三認為只有橫渠、明道、象山、蕺山一系是承《中庸》、《易傳》的圓滿發展，是儒學大宗的嫡系，雖然象山和陽明純是孟子學，但並未偏離《中庸》、《易傳》的思想內涵，伊川和朱子則由於對實體、性體的理解有偏差，天理「只存有不活動」，喪失了實體「於穆不已」和性體道德創造的活動義。在儒學的大宗中，既承接由《中庸》、《易傳》而來的性體，又接續《論語》、《孟子》的心體，主客觀兼備而成一圓教模型，而象山和陽明只是孟子學的深入與擴展，將道德本心充其極，只是一心之朗現，一心之遍潤，牟宗三認為這一系純從主觀面伸展至圓滿，而相對忽視客觀的道體性體，不如蕺山一系的圓教模型圓滿。儒學大宗中雖分為兩系，但都以《論語》、《孟子》、《中庸》、《易傳》為標準，可看作是一圓圈之兩來往，五峰、蕺山一系從《論語》、《孟子》滲透到《中庸》、《易傳》，此為一圓圈，象山、陽明一系從《中庸》、《易傳》回歸《論語》、《孟子》也為一圓圈，所以兩系可會通為一大系，其道體、性體都是「即存有即活動」的，牟宗三稱這一大系為縱貫系統。伊川、朱子一系主要以《大學》為主，伊川把《中庸》、《易傳》的道體提煉為一個只存有不活動的理，把《論語》、《孟子》的仁與性提煉而為理，心則只成為一個實然之心，伊川還把本心拆分為心、性、情，性只是理，心發為情，心性二分，二者有後天與先天，經驗與超越之分，所以牟宗三稱其為「別子為宗」，是儒學正統之歧出，這一系統由朱子繼承並得到充分發展，他稱這一系主觀地說是靜涵靜攝系統，客觀地說是本體論的存有系統，總之是橫攝系統。

牟宗三以「即存有即活動」的縱貫系統作為儒家的正宗，並從道體、性體、心體三個方面進行論述，說明其優於橫攝系統之處。道體即是天道，牟宗三也稱為形而上的實體，是能夠起宇宙生化作用的創造實體，道體是道德意識的終極的根源，是「於穆不已」的天命流行之體，天道永遠不停地起作用，不斷創生萬物。「如果『天』不是人格神的天，而是一『於穆不已』的『實體』義之天，而其所命給吾人而定然如此之性又是以理言的性體之性，即超越面的性，而不是氣性之性，則此『性體』之實義（內容的意義）必即是一道德創生之『實體』而此說到最後必與『天命不已』之實體（使宇宙生化可能之實體）為同一，決不會『天命實體』為一層，『性體』又為一層。」[4] 儒家的天道是具有道德創造作用的實體，天道的展開必然下貫至人成為性體，性體內在於個體而成為性體，性體來源於道體，所以其本身也具有道體的性質，道體、性體名稱不同但內容意義是一樣的。牟宗三認為人性有三個層面：一是屬於最底層的生物本能、生理欲望、心理情緒等的自然之性；二是由於氣質清濁、薄厚、剛柔、偏正、智愚等的氣質之性；

---

4 牟宗三：《心體與性體》，上冊，頁26。

三是超越的義理當然之性,是純粹的道德精神生命,具有絕對普遍性,這是從《中庸》《易傳》之性發展到宋明的義理之性,第三種人性也是牟宗三主要討論的內容。

性體在孟子的思想中是即心見性,至《中庸》《易傳》由於穆不已的道體創生萬物並為萬物之性,可以說「此性體是本體宇宙論的生化之源,是『生物不測』的『創生實體』,是『即活動即存在』者,而在人處則真能彰顯其為『創生實體』之實義,而其彰顯而為創造之實體則在實體性的道德本心處見。在此本心處見,即是此本心足以形著之也。形著之即是具體而真實化之為一創造實體也。蓋此本心亦是實體性的『即活動即存有』者。故對『於穆不已』之性體言,此心即為『主觀性原則』,亦曰『形著原則』。此形著是通過心之覺用而形著,不是在行為中或在『踐行』中形著。是故性之主觀地說即是心,心之客觀地說即是性;性之在其自己是性,性之對其自己是心;心性為一,而『無心外之性』也。」[5]性體是生物不測的創生實體,既是事物存在之存在性,也是使事物存在得以實現的力量,所以性體是「即存在即活動」的,既是客觀性原則又是自性原則,一切存在皆因性體得其客觀性,也因此具有自性。但性體要在心處彰顯,性體的創造作用表現在人身上,必須通過道德本心實現,所以「心」是形著原則,沒有心體的彰顯,性體只能是潛隱自存,只有通過「心」的形著作用,性體的作用才能具體化、真實化。牟宗三所說的心體不是經驗的、認知的心,而是道德的本心,心主觀的、實際的為性之形著之主,心體全幅朗現,性體全部明著,心性為一,所以在形著原則中,心體的作用非常重要,只有通過心體才能使性體的作用全部顯現出來。

通過形著原則性體與心體達到統一,性體與心體彼此不分,但又有所不同。一方面通過形著原則,性體得到彰顯,心體使性體真正活動起來,另一方面性體保證了心體的客觀性,才能使心體不至於陷入種種流弊之中,「性體若離開心體即無以體現而實現之者。體證之即所以彰著之。是則心與性之關係乃是一形著之關係,亦是一自覺與超自覺之關係。自形著關係言,則性體之具體而真實的內容與意義盡在心體中見,心體即足以彰著之。若非然者,則性體即只有客觀而形式的意義,其具體而真實的意義不可見。是以在形著關係中,性體要逐步主觀化、內在化。然在自覺與超自覺之關係中,則心體之主觀活動亦步步要融攝於超越之性體中,而得其客觀之貞定——通過其形著作用而性體內在化主觀化即是心體之超越化與客觀化,即因此而得其客觀之貞定,既可堵住其『情識而肆』,亦可堵住其『虛玄而蕩』。」[6]性體是超越的、客觀的、普遍的,心體是內在的、主觀的、具體的,通過形著原則,性體實現主觀化、內在化,同時心體也上升為性體,實現超越化、客觀化,心性完全為一。至此,牟宗三實現了其道德的形上學的理論建構。

5　牟宗三:《心體與性體》臺北:聯經出版事業公司,2003年,第二冊,頁546。
6　牟宗三:《從陸象山到劉蕺山》臺北:聯經出版事業公司,2003年,頁367。

三　宋明理學道德實踐的工夫入路

　　儒家思想是心性之學，其主要目的一直都是成就內聖人格，所以宋明理學的主要課題就是成德之教，「宋、明儒之將《論語》、《孟子》、《中庸》、《易傳》通而為一，其主要目的是在豁醒先秦儒家之『成德之教』，是要說明吾人之自覺的道德實踐所以可能之超越的根據。此超越根據直接地是吾人之性體，同時即通『於穆不已』之實體而為一，由之以開道德行為之純亦不已，以洞徹宇宙生化之不息。性體無外，宇宙秩序即是道德秩序，道德秩序即是宇宙秩序。」[7]儒學的最高目標一直是成聖、成仁，通過道德修養成就理想的人格，能夠在個體有限的生命裡實現無限的圓滿發展。從先秦到宋明，儒家思想的主題也一直是成德之教，且儒家思想發展到宋明時期，其成德之教才得到最大化發展。宋明儒學通過對心性理關係的創造性轉化，闡釋了人的道德實踐所以可能的超越根據以及道德實踐的入手問題。由於牟宗三將宋明理學劃分為兩大系，這兩大系由於對道體的理解不同，所以工夫入路也大不相同。「依『只存有而不活動』說，則伊川、朱子之系統為：主觀地說，是靜涵靜攝系統；客觀地說，是本體論的存有之系統。簡言之，為橫攝系統。依『即存有即活動心』說，則先秦舊義以及宋、明儒之大宗皆是本體宇宙論的實體之道德地創生的直貫之系統，簡言之，為縱貫系統。系統既異，含於其中之工夫入路亦異。橫攝系統為順取之路，縱貫系統為逆覺之路。此其大較也。」[8]牟宗三稱儒家正宗為縱貫系統，其工夫為逆覺之路，伊川、朱子之歧出一路為橫攝系統，其工夫路徑為順取之路，兩個系統一縱一橫，經之縱需要緯之橫來補充。雖然牟宗三將宋明時期的思想分為正宗和旁出，但其對朱子一系並非貶斥，反而在工夫路徑上伊川、朱子一系倒有一點新意味，儒學正宗是方向倫理，朱子一系則新開出本質倫理。

　　牟宗三認為儒家的道體、心體並不是抽象的概念，道體是一呈現而不是假設，人通過道德實踐成就道德人格。道德實踐是道德的形上學必不可少的一環，在這一踐仁盡性的實踐過程中步步證實道體的真實性，而且道體、心體本身也在此體悟中起作用。儒家「內聖之學以相應道德本性而為道德實踐為第一義，即為其本質，以此為學之本質，則自以逆覺體證復其本心為道德實踐之本質的關鍵（正因工夫）。」[9]牟宗三認為儒家內聖之學的本質就是復其本心，以五峰、象山、陽明、蕺山為代表的的儒家正統的復性工夫才是第一義的工夫。而伊川、朱子心性二分，「其所言之心只是『實然的心氣之靈』之心與『實然的心氣之偶然凝聚』之心，故主觀地須有涵養工夫以使之常常凝聚而不散亂，並使此心氣之靈常清明而不昏昧，而客觀地復須有『認知的格物窮理以致知』之工夫，以加強此心之凝聚與清明以使其一切發動較能如理而合道。故其所言之涵養，是涵

7　牟宗三：《心體與性體》，第一冊，頁32。
8　同上註，頁51。
9　牟宗三：《心體與性體》，第二冊，頁543。

養此實然的凝聚之心與清明之心，而非是涵養吾人之實體性的道德本心也。故重點不能不落在致知格物上。」[10]伊川、朱子一系由於心性二分，人心之中不僅有天命之性的成分還有氣質之性的成分，所以道德修養就分為未發的居敬涵養和已發的格物致知。牟宗三認為道體、性體、心體為一，對道體性體的體證不能言格物窮理，沒有人能夠由格物窮理而貫通天命實體，也沒有人能夠以此來肯定上帝，更沒有人能夠通過格物窮理來瞭解人內在的道德本心，儒家正宗走的都是逆覺體證的道路，只有伊川、朱熹把道體看作是「只存有不活動」的存在，講格物致知，走順取之路，構成性體、心體的根本轉向。牟宗三還對朱子一系的順取之路進行了概括：「只順心用而觀物，即曰『順取』。故其正面意思只是『以心觀物，則物之理得』，『本心以窮理，而順理以應物』，此即為『順取』之路也。」[11]順取就是以本心觀物，通過格物窮理認識外在之理。雖說理不離事，無論是像忠孝、仁義等的道德之事還是物理之事，通過格物認識的理都是相對外在於性的。朱子堅守伊川「性即理」的理論，性具眾理是其應有之義，此性具是分析的具，是必然的內含內具，朱子一系心性二分，但又說心具眾理，此心具不同於性具，是綜合關係，不是必然的內含內具，只能是如理或合理，所以通過格物認識的理只可能無限接近天理而不能與其合一，其道德力量相對減少。牟宗三認為這是泛認知主義的格物窮理，最終使道德成為他律道德，有違先秦儒家立教的本義、大義。而儒家正宗在本體上認為心性理為一，其工夫主張復其本心，牟宗三將這種工夫路徑稱為逆覺體證，逆覺是反身的體證，相對順取有一種回轉的意味。

逆覺體證是對心的觀照，通過觀心識得心性本體，這也是朱子所駁斥的，因為在朱子看來，心具有觀照的作用，心是主體，所觀之物是客體，心為主不為客，如果說反觀心，以心觀心，那麼心又變成了客體，需有一外在的心來觀照心，不僅將心分為二，而且心既為主體又為客體，這是自相矛盾的。牟宗三認為這是朱子對道體偏離造成的誤解，在儒家正宗心性理合一的前提下，觀心實際上只是本心之呈現，是心之反身自知，將心的觀照作用用之於自身，心只是一心，並不是有另一個心來觀照心，心既是能知又是所知，能所並無實義。而且從實踐的意義上說，心的這種反身自知所透顯得是心的認知作用不隨外物隨波逐流墮落下去，而是逆回來體證其自己，自覺的做道德實踐的工夫，「自持其自己而凸現，吾人即順其凸現而體證肯認之，認為此即吾人之純淨之本心使真正道德行為可能者。此種體證即曰『逆覺的體證』，亦曰『內在的逆覺體證』，即不必離開那滾流，而即在滾流中當不安之感呈現時，當下即握住之體證之，此即曰『內在的逆覺體證』。」[12]人自出生就在自然生命之流中，人的生命也會受到感性制約，生活的世界充滿了各種誘惑和欲望，逆覺體證就是在道德本心的指引下不隨物欲之流而是調

---

10 牟宗三：《心體與性體》，第二冊，頁543-544。

11 同上註，頁376。

12 牟宗三：《心體與性體》，第三冊，頁373。

轉船頭回復先天的良知本心，這種回轉的關鍵就是不安之感，這種不安類似於孟子所說的惻隱之心，是本心善端呈露的萌芽，人並不是像動物一樣安然地接受命運所給予的一切，而是有自覺意識，能將天命之性內化為己性，在生命的滾滾洪流中，道德本心能夠隨時呈露出來堅定生命的方向，不安感即是轉機，當不安感覺醒的時候，當下抓住這種感覺，不要再順物欲繼續下去，而是要停一停逆回來，體證肯認本心。

牟宗三認為儒家正宗與旁支工夫的區別還表現在對察識涵養的工夫次第上的不同。正宗的逆覺體證也就是察識涵養，察識即順著當下呈露的端倪體證心性本體，涵養即是存養此本心。凡是逆覺體證之路必須先對道德本心有所察識覺知，然後才能涵養，但是逆覺之路的先察識後涵養只是邏輯上的先後，並非時間上的先後，而且察識涵養都是施於道德本心。伊川、朱子也講察識涵養，但與儒學正宗所說的大有不同，朱子修養工夫講未發時涵養、已發時察識，「此涵養察識所貫注之心並非此超越之本心，而乃是平說之就事論事之心，須待涵養察識工夫之貫注始能使其轉至寂然不動感而遂通之境，以著其如理合道之妙。涵養施之於未發不是孟子所說的存心養性，乃只是於日常生活中使心收斂凝聚，養成好習慣，不致陷於昏惰狂肆之境，故於其發也，易於省察，庶可使吾人易於逼近如理合道之境。」[13] 涵養是涵養實然而自然的人心，使心氣常常收斂凝聚而不散亂，從而養成一種不自覺的從容莊敬的好習慣，但其涵養只是空頭的涵養，察識則是指已發的格物致知。由於伊川、朱子沒有心性合一的道德本心，所以其察識只是外向的認知，涵養也不是涵養道德本心，涵養只是涵養敬心，使心氣常常凝聚不散亂而如理合道。

總之儒家正宗的逆覺體證工夫重視道德心體的作用，性體、心體是定然真實的，是人人都具有的，每個人都有成聖的可能。這樣的性體、心體具有三種含義：一是「截斷眾流」，「必須把一切外在對象的牽連斬斷，始能顯出意志底自律，照儒家說，始能顯出性體心體的主宰性」[14]。二是「涵蓋乾坤」，「定然而真實的性體心體不只是人的性，不只是成就嚴整而純正的道德行為，而且直透至形而上的宇宙論的意義，而為天地之性，而為宇宙萬物底實體本體，為寂感真幾、生化之理」[15]。三是「隨波逐浪」，「這道德的性體心體不只是在截斷眾流上只顯為定然命令之純形式義，只顯為道德法則之普遍性與必然性，而且還要在具體生活上通過實踐的體現工夫，所謂『盡性』，作具體而真實的表現」[16]，顯示了道德本心的純潔性、普遍性和真實性。伊川、朱子的順取之路重在格物窮理，通過格物實現對超越之理的認識，但畢竟心、性有別，通過格物帶來的更多的是經驗性的知識，對於道德實踐有補充助緣的作用，但不能直接把握超越之理，這也是

---

13 牟宗三：《從陸象山到劉蕺山》，頁104。

14 牟宗三：《心體與性體》，上冊，頁118。

15 同上註，頁118。

16 同上註，頁118。

牟宗三將伊川、朱子視為歧出的一個原因,「吾人所以不視伊川、朱子學為儒家之正宗,為宋、明儒之大宗,即因其一、將知識問題與成德問題混雜在一起講,即於道德為不澈,不能顯道德之本性,復於知識不得解放,不能顯知識之本性;二、因其將超越之理與後天之心對列對驗,心認知地攝具理,理超越地律導心,則其成德之教固應是他律道德,亦是漸磨漸習之漸教。」[17]伊川、朱子之所以為歧出,一是因為依知識之路講道德,將知識與道德混雜在一起,知識本身當然有價值,但對於成就道德不過是「閑議論」,對道德成就沒有本質意義;二是將心、性二分,將超越之理與後天之心相對待,天理高高在上,即使從格物講到天道性命,其所成就的也只是靜涵系統下的他律道德。從把握超越之理方面說,儒家正宗的逆覺體證的工夫是本質工夫、第一義工夫,伊川、朱子心性二分是對先秦以來的道體的歧出與轉向,其格物窮理的工夫路徑只能說是儒家成德之教的第二義工夫。

從學術淵源看,自從孔子創立儒家仁學以來,經過孟子、《中庸》、象山、陽明、蕺山的一脈相承,儒家心性之學得到了長足發展,但其中也不免有「超潔者蕩之以玄虛」、「倡狂者參之以情識」的流弊,牟宗三挖掘出象山、陽明一系重視道德本心活動性的特點,五峰、蕺山重視性體的特點,將二者結合建構成「即存有即活動」的道德形上學,不僅解決了心學的流弊,還以此將儒家心學一系判教為儒家的正宗。而且他還以極強的洞察力注意到朱子思想中心性二分造成理只存有而不活動的問題,導致道德實踐何以可能缺乏有力的保證,直指其思想的致命處,並以判教的方式將其定為歧出。在義理系統上,牟宗三通過對儒家人性論的根源追溯,並以此心性傳統作為宋明儒正宗和歧出判教的標準,由於兩大派對於道體的理解不同,將其分為縱貫系統和橫攝系統,其道德工夫路徑也分為逆覺體證和順取之路。

一般學術界對宋明以來的哲學研究主要以宋明理學為主,心學與理學是宋明理學中的兩大派,南宋以降理學經過朱熹的發展,其學派發展甚至有超過心學的趨勢,而牟宗三以超人的智慧和膽識對儒家學說系統的重新建構,將朱子一系判為對儒家思想的歧出,不管他的判教思想是否值得商榷,他建立的道德的形上學確實是對儒家思想的創新性發展,是新時期儒家學者自覺承擔時代使命,自覺為儒家思想尋找新的出路,他的手筆和氣魄在現代新儒家中也無第二人可與之比肩,而且他的思想也是任何研究儒家哲學的學者不可跨越的學術大山。

---

17 牟宗三:《心體與性體》,上冊,頁44。

人際關係與商業營運
——以中興銀行為例

胡　孝

武漢商學院

學界一直關注及研究華僑對僑居地、故鄉的經濟貢獻，而學者在研究華僑商人時不能忽視血緣與家族之間的密切關係，一方面帶來在海外營商的安全感，更是一種團結同宗族、地方華人，集中資源的方法。[1]然而，這種以親屬、地緣關係為首的營商方法在商業社會中實際上如何影響企業的營運，近年以《19世紀檳城華商五大姓的崛起與沒落》所闡釋的跨網絡——跨姓聯姻及聯盟的概念較為詳細，[2]但書中對檳城華商五大姓是如何利用此網絡進行利益獲取無詳細談及，故此文[3]希望實際舉出菲律賓中興銀行了解人際、親屬關係是如何建構且影響其營運。當然，在讚譽這種人際與方言、血緣結合的關係有助華人營商時，筆者更有興趣這種人際關係會否造成不利因素，而華商又如何應對呢？本文研究的對像菲律賓中興銀行[4]不單是藉親屬關係建立，其營運的方式與華人的「信譽」概念極有關係，而信譽亦是源自地域、血緣、名望等。[5]但現代銀行業的概念源自西方，其中在貸款中是最講求財富、抵押等概念，以降低銀行所承受的壞賬風

1　PHILIP A. KUHN: *Chinese Among Others: Emigration in Modern Times,* (Lanham：Rowman & Littlefield Publishers,2008), pp.170-178.

2　參Wong Yee Tuan: *Penang Chinese Commerce in the 19th Century: The Rise and Fall of the Big Five,* (Singapore: Iseas-Yusof Ishak Institute,2015).

3　本文感謝菲華商聯總會借出有關菲律賓岷里拉中華商會的檔案，即菲華商聯總會的前身，更感謝理事長借出有關中興銀行的財務考察報告和部分書信。

4　菲律賓中興銀行為現時的Philippine China Banking Corporation，現時學界有關中興銀行的研究不多，簡述中興銀行的研究有施雪琴：〈戰前菲律賓華僑社會的閩籍僑領〉，《八桂僑史》，第4期，1995年，頁22-26；黃滋生、何思兵：《菲律賓華僑史》廣州：廣東高等教育出版社，1987年；施振民：〈菲律賓華人文化的持續：宗親與同鄉組織在海外的演變〉，《民族學研究所集刊》，第42期，1976年；羅元旭：《東成西就：七個華人基督教家族與中西交流百年》香港：三聯書店，2012年；夏誠華：《菲化政策對華僑經濟之影響》臺北：中華民國海外華人研究學會，2003年。惟王國柱博士在書中以比較的方式呈現中興銀行和另一銀行華興銀行的營運迥異，見K. C. Wong: *The Chinese in the Philippine Economy, 1898-1941,*(Manila: Ateneo de Manila University Press, 2000).

5　Chee-Kiong Tong: *Chinese Business: Rethinking Guanxi and Trust in Chinese Business Networks,* (Singapore: Springer Singapore, 2014), pp.1-12.

險。[6]中興銀行縱然是採用美國的管理制度，卻在貸款業務上處處展現出人際關係的影響，這在以華僑為主要的客人的中興銀行上有著有利作用，但也成為銀行在一九三五年險面臨倒閉的主要因素。看似矛盾的觀點卻是曾在此銀行身上發生，實值得注意。

一　中興銀行的創立與密友關係

　　本文立論於孔力飛教授所提出的初級組織和次級群體組織。他指出初級組織為地緣、血緣所形成的宗親關係，是華人移民後最大的依靠，往往會衍生出各種的合作關係，甚至會成為事業的繼任者。而次級群體組織，如商會、公所，這種突破方言界限已產生的組織，往往是因為要捍衛華人利益而出現，甚至成為應對主流社會的重要群體。[7]當然，華僑的關係更多情況下，在初級組織和次級群體組織中與其他華僑有大量的交集，並在長久的相處下，成為超越夥伴、朋友，此文稱此關係為密友關係。[8]

　　而信任在華商社會中，是一種無形的資產，是擺脫物質估算的重要因素，當一個華商在華人社會中未能達至誠信、不良財務管理能力、不良信貸紀錄，則他便會被華人排斥在外。華僑而言，這意味著生意破產，故他們往往會竭力維持他人對他的信任，並會積極貢獻社群、故鄉，以獲更好的名望，累積更多無形資產。[9]

　　中興銀行於一九二〇年七月成立，銀行的董事分別為李清泉、黃念憶、黃奕住、薛敏老、邱允衡、吳記霍、施光銘與李文秀。中興銀行的董事成員之間正是一種初級組織與次級群體組織相互交織的複雜關係。[10]論及銀行的創立，應先提及黃奕住的倡導。黃奕住為福建省南安人，是印尼著名的糖商，一戰時因不少同行屯積糖希望運往歐洲大陸，但歐洲政府召回貨船，令貨物滯銷，故黃奕住與同業提出合組公司，希望向荷蘭商業銀行貸款。但荷蘭商業銀行卻要求要以十間糖廠作抵押，故令同業打消念頭，亦使華僑陷入困境。在擺脫困境後，黃奕住深知建立華僑銀行的重要性。在一九一九年十二月訪問菲律賓岷里拉中華商會[11]，更言：「聞岷里拉華僑多泉（州）人，金融之權操縱於

6　參Howard Bodenhorn, *State Banking in Early America: A New Economic History*, (New York: Oxford University Press, 2002).

7　Philip A. Kuhn, *Chinese Among Others: Emigration in Modern Times*, (Lanham: Rowman & Littlefield Publishers, 2008), pp.170-172.

8　密友關係，強調相互作用和相互依存，具有感情支持和伴隨著信任，參R. S. Miller, D. Perlman & S. S. Brehm, *Intimate Relationships (4th ed.)*, (Toronto: McGraw-Hill, 2007).

9　參James L. Watson, *Emigration and the Chinese Lineage: The Mans in Hong Kong and London*, (Berkeley: University of California Press, 1975)；王賡武：《中國與海外華人》臺北：商務印書館，1994年；陳烈甫：《東南亞洲的華僑華人與華裔》臺北：正中書局，1979年。

10　黃滋生、何思兵：《菲律賓華僑史》廣州：廣東高等教育出版社，1987年，頁337。

11　學界現時有大量有關菲律賓岷里拉中華商會的研究，專著有：朱東芹：《衝突與融合：菲華商聯總合與戰後菲華社會的發展》廈門：廈門大學出版社，2005年；張存武、王國璋：〈菲華商聯總會的功能

外國銀行,損失甚鉅」[12],並游說李清泉等人共組中興銀行,而中興銀行當時需實繳資本二百九十萬,黃奕住負責其中的一百萬。黃奕住透過岷里拉中華商會認識當時的菲律賓著名木材商人李清泉,李清泉與黃奕住之間除了同為福建人外,擁有著方言紐帶的連繫,同時兩人均是愛國商人,在一九一九年五四運動中兩者均曾分別代表菲律賓和印尼對北京政府反對出賣民族利益而抗議。[13]他們兩者均本著愛國之心,自然在文化、思想較近,拉近彼此的關係。

所有的董事除了薛敏老並非在福建出生和成長外,其餘均互相具有地緣的紐帶,而薛敏老因曾在福州就讀英華書院,通曉福建話,同時祖籍福建,[14]故彼此容易靠攏且合作,實際上可被稱作福建幫。除此之外,董事之間亦因次級群體組織而變得更為密切,主要呈現在岷里拉中華商會和西文簿記法案抗爭委員會。

岷里拉中華商會是邱允衡在一九〇〇年成立,當時鑑於美國有計劃把禁止華工入境法令延伸至菲律賓,為向政府表達不滿,遂與林文質、施光銘、黃念憶、李文秀等人籌組小呂宋中華商務局,即岷里拉中華商會的前身。商會的成立組織地團結當地的華商,邱允衡亦先後成為商會的五屆會長,廣獲僑領認識。中興銀行的各位董事先後加入岷里拉中華商會,一九〇四年吳記霍加入商會,並出任董事;一九一〇年李清泉加入商會,更於一九一九年起連續出任五屆會長。[15]可見他們不單是具有方言紐帶更因岷里拉中華商會的因由一同共事超過十年,所設立的不只是單純的友誼,而是一種長年累月的人格信用審核,[16]這種長期觀察實際上是建立彼此之間的信任,而華人企業家在選擇合作夥伴時,除了地緣外,更是考驗為人是否誠實、可靠。[17]他們在商會中逐漸建立的信任和本來存在的方言紐帶,昇華成為一種「密友關係」。美治菲律賓,開始對華人有所打

與發展一九五四~一九九八〉,《漢學研究通訊》,第19卷第2期,2000年,頁204-218;陳福壽:《菲華商聯總會之研究》臺北:中國文化大學民族與華僑研究所碩士論文,1980年;邵世光:《新加坡中華總商會與菲華商總之比較研究》臺北:中國文化大學民族與華僑研究所碩士論文,1981年,未刊稿;Schubert S. C. Liao, *Chinese Participation in Philippine Culture and Economy,* (Manila: University of the East, 1964); Antonio S. Tan, *The Chinese in the Philippines, 1898-1935: A Study of Their National Awakening*, (Quezon City: Garcia Publishing Co., 1972); James R. Blaker, *The Chinese in the Philippines: A Study of Power and Change*, Ph. D dissertation, (Ohio: Ohio State University, 1979)。

12 趙德馨:《黃奕住傳》湖南:湖南人民出版社,1998年,頁122。
13 黃滋生、何思兵:《菲律賓華僑史》廣州:廣東高等教育出版社,1987年,頁296。
14 施雪琴:〈戰前菲律賓華僑社會的閩籍僑領〉,《八桂僑史》,第4期,1995年,頁22-26。
15 參黃曉滄:《菲律濱岷里拉中華商會三十週年紀念特刊》馬尼拉:菲律濱岷里拉中華商會,1935年,頁1-10。
16 施振民:〈菲律賓華人文化的持續:宗親與同鄉組織在海外的演變〉,《民族學研究所集刊》,第42期,1976年。
17 企業家精神研究組:《華人企業家精神》北京:中國經濟出版社,2001年,頁77;李恩涵:《東南亞華人史》臺北:五南圖書出版公司,2003年,頁660。

壓。商會協助華人捍衛在菲律賓的利益，在一九〇七年至一九二〇年曾三次聯合當地華僑進行抗爭，包括一九〇七年十月抗議菲海關以眼疾傳播為由阻礙華僑到菲律賓；一九一七年抗議菲律賓海關不准華僑登輪送行；一九〇九年開始抗議西文簿記法。每次的抗爭均有中興銀行的董事成員參與在內，[18]密友關係與日俱增，而西文簿記法更是令眾人在華僑之間名聲大振，更是中華商會與另一位董事薛敏老建立密友關係的重要事件。

　　早在一九〇九年，菲稅局為限制華人的商業影響力，特別是基層的零售，即菜仔店，提出所有記賬均要以英文、西班牙語或土著文記錄，違者罰一萬坡索，無疑是對華商的大大打擊，故中華商會為首的僑領多次去信要求稅局擱置法例。縱然條例在一九〇九年至一九一一未被提起，但一九一二年起，菲律賓議會多次討論有關法案，面對潛在的威脅，中華商會急需一個具法律資格的華僑協助，此人正是薛敏老。[19]

　　薛敏老於美國密歇根尼亞大學取得律師資格，而其亦是商務印書館創辦人之一鮑咸昌的女婿，一九一三年成為菲島首位華人律師，在華人社會中已有一定地位。他的華人律師且祖籍福建的身分獲中華商會注意，加上當時薛敏老的兄長薛芬士為時任中華商會主席施光銘打工。[20]在多重的紐帶下，薛敏老受邀加入中華商會，出任法律顧問，開始與其他董事在次級組織中建立親密關係。一九一四年，為阻礙法案通過，中華商會籌組出抗爭委員會，以李清泉、薛敏老為核心的抗爭委員幹部會；李成業、邱允衡為幹部會委員，黃念憶為交涉委員，而李文秀為抗爭委員會經濟部主任，負責籌措抗爭經費。[21]法案於一九二一年二月正式頒布，而同月薛敏老作為菲方代表親自前往美國解釋法案的不合理，並獲當時新任總督渥特允許延緩至一九二三年執行。西文簿記法於一九二三年正式實行，當時著名木材僑商楊孔鶯成為首位被告者，並由薛敏老出任代表律師。薛敏老在一九二三年於法庭上提出此例違反美國憲法，更向美國最高法院上訴，此舉震驚當時的華僑，從此聲名大噪。一九二六年美國最高法院宣布法案違法。菲方後來容許以中文記賬，但要求每頁查賬費一仙，[22]這亦是中興銀行的主要業務之一。西文簿記法案無疑助薛敏老建立在華僑之間的名聲，亦由於華僑代表的形象和與著名華商關係密切，又為中華商會的法律顧問，令他在善於遊走於華僑之間，故亦能明白為何中興銀行在一九二四年改革後，聘請薛敏老為副經理，以加強客戶和銀行的關係。[23]

18　黃曉滄：《菲律濱岷里拉中華商會三十週年紀念特刊》，頁56-71。

19　同上註，頁57。

20　羅元旭：《東成西就：七個華人基督教家族與中西交流百年》香港：三聯書店，2012年，頁322。

21　石獅市地方志編纂委員會：《石獅市志》北京：方志出版社，1998年，卷二十六，頁31。

22　夏誠華：《菲化政策對華僑經濟之影響》臺北：中華民國海外華人研究學會，2003年，頁74。

23　陳烈甫：《菲律賓的資源經濟與菲化政策》臺北：正中書局，1969年，頁172。

二 中興銀行的結構

  在創立的結構中，不難看出密友關係是銀行的關鍵，而從他們籌組的過程中亦發現是以取悅華人，建立出具有財力、名望、解決法規困難作軸心的銀行。從李清泉在銀行的開幕辭中提及華僑雖擁有超過五十萬的資產，但無從獲得貸款，他強調服務對像正是一群具能力的華僑，希望滿足他們的金融需求。[24]

  中興銀行並非單純由董事集資而成的銀行體制，而是以「同股不同權」的制度進行股票的認購，早期是以一大型基金持有所有股票，後來隨著業務發展開始於馬尼拉證券交易所掛牌。在創立之初共有五百位股東，而百分之二十六的股票由董事所持有。[25]由於中興的服務業對像為菲律賓本地的華商，大多持有股票的為菲律賓華僑，基於各董事在菲律賓華商圈子間具有足夠的名望，亦對他們具有足夠的信任，以令他們將所有的公司管理權交託予各董事。當然，在一九二〇年成立之際，銀行業是馬尼拉新興的西方先進知識[26]，華僑根本未曾掌握有關的營運方式，加上董事各自擁有其龐大的企業，因此銀行主要的管理交由 J. W. MCFerran，[27]他為美國 Bank of Akron 的首任經理之一。[28]一九二二年起由 E. E. Wing（音譯伊榮）接任，[29]伊榮於一九二〇年曾於位於菲律賓的美國國家銀行任職，後來出任中興銀行的銀行經理。[30]事實上，由美籍銀行家管理為當時中興銀行的其中一賣點為美國人管理，在當時一份報紙的廣告上可見，中興銀行強調銀行由華僑經營，而由美國人進行管理。[31]這對當時的華商來言是非常吸引，既能依靠華人身分在金融業服上取得方便，又因伊榮的西方銀行業管理經驗而不用擔心管理不善的問題，這成為吸引華僑入股和存款的重要因素之一。

  在討論中興銀行的具體業務上，應先了解銀行內部，特別是董事之間是如何分享利益。誠如上曾言，黃奕住作為銀行的牽頭人和最大股東，他長居廈門未有參與銀行的實際營運，這是非常不尋常的。但看當時中興銀行的財務報告會發現，中興銀行在一九二五和一九二八年分別於廈門及上海建立的分行的業務就能了解這三間銀行的業務有著極

---

[24] K. C. Wong, *The Chinese in the Philippine Economy, 1898-1941*, (Manila : Ateneo de Manila University Press, 2000), p.131
[25] 同上註, pp.132-133.
[26] *Annual Report of the Governor General, Philippine Islands, 1920* (Philippines: Gobernador-General, 1920), p.5
[27] 同上註, p.69
[28] "Bank of Akron", *Akron Daily Democrat*, 1899-5-17.
[29] E. E. Wing（音譯伊榮），見王國柱：《美治時期（1898-1941）菲律賓華商企業成敗的研究》香港：鷺達文化出版公司，2010年，頁139。
[30] *Annual Report of the Governor General, Philippine Islands, 1920* p.71.
[31] *Philippine Finance Review*, (Philippines: Philippine Finance Review, 1928), annex I.

大的不同。中興銀行在廈門的分行主要是處理來自菲律賓的僑匯，而在報告中指出他的兒子黃友情會為銀行往返菲律賓與廈門，亦為黃奕住的股權代表人。[32]黃奕住早於一九二一年創立日興銀號，為海外僑民匯款到故鄉建築房屋之用，主要服務者為印尼華僑，包括著名僑商李丕樹，他曾一次匯寄三十萬元大洋。[33]中興銀行的廈門分行，為他控制來自菲律賓僑匯，故他未有參與菲律賓本地的業務。除此以外，他更於一九二一年已開設上海中南銀行，為當時全國最有規模的僑資銀行，他的兒子黃浴沂在一九二四年後成為其上海中南銀行的代理人。[34]中興銀行的分行主要為上海與菲律賓之間的貿易提供保險，亦為想投資上海[35]的僑商提供渠道。[36]這說明了黃奕住為何沒有干預菲律賓的中興銀行，甚至銀行的報告是以每地的分行作結算。

然而，菲律賓的中興銀行主要負責的業務為存款、借貸予當地的華商和諮詢服務。銀行的諮詢服務實際是為岷里拉中華商會服務，協助商會會員處理西文簿記法案衍生的稅務和一些有關金融的爭議。[37]在檔案上未見銀行因此獲利，反而銀行的主要收入源自存款和貸款。在一九二〇年年末，銀行在短短五個月便吸引了五三〇萬披索存款，貸款為一一〇萬披索，[38]到一九二四年存款增長自七〇一萬披索，貸款為四四〇萬披索。[39]隨著業務的發展，中興銀行在一九二四年於 Dasmainas 設立銀行總行，[40]銀行的業務、管理發生了重大的轉變。首先銀行設立三個常務委員會，包括行政委員會、金融評估委員會及銀行借貸委員會，分別負責行政、投資及存款、借貸審核，其中借貸審核非常值得進行研究。

中興銀行的重要收入源貸款。根據一九二五年報告指出在基本上債務人均由董事或現有客戶介紹，[41]這與一般的銀行有所不同。一般的銀行貸款者大多是以利率等元素為借款的最大考量，但在中興銀行中，除了華商未必容易獲得一般西方銀行貸款外，更可見他們在選擇銀行貸款時會考慮華人間的關係和信用。當然，銀行的貸款因受菲島銀行的約束，不得不設立銀行借貸委員會，雖然有進行查察，但查察借款的委員是由董事局

---

32 *Examiner's Report of the Condition of CBC,* 1925, p.72; *Examiner's Report of the Condition of CBC,* 1928, p.56.

33 趙德馨：《黃奕住傳》湖南：湖南人民出版社，1998年，頁174。

34 同上註，頁181。

35 有關當時上海的繁華，參李歐梵：《上海摩登：一種新都市文化在中國1930-1945（修訂版）》上海：三聯書店，2008年。

36 *Annual Report of the Governor General, Philippine Islands,1925* p.22

37 菲律濱岷里拉中華商會：《菲律濱岷里拉中華商會三十週年紀念特刊》馬尼拉：菲律濱岷里拉中華商會，1935年，頁46。

38 *Examiner's Report of the Condition of CBC,* 1920, pp.22-23.

39 同上註, p.21.

40 夏誠華：《菲化政策對華僑經濟之影響》臺北：中華民國海外華人研究學會，2003年，頁58。

41 *Examiner's Report of the Condition of CBC,* 1925, p.46.

委任的華人委員。一九二四年至一九三○年的華人查察委員為李成業與施宗符。

　　李成業和施宗符與董事局的關係實為非常密切。李成業既為福建人，又為岷里拉中華商會的幹部之一，[42]亦是西文簿記法案中幹部會委員。同時，他亦與施光銘共同擁有航運公司萬益行，主要為施光銘的木行運輸木頭到福建等地。[43]同時，一九一九年泉州華僑女子公學由王辟塵前往馬尼拉進行募款，吳記藿捐出一千五百元、李文秀捐出五百元、李清泉出捐五百元、李成業捐五十元、施光銘公司捐出一百五十元。一九二二年泉州華僑女子公學舉辦創校五週年紀念活動，當時所有菲律賓善長共同前往出席活動。[44]可見他與董事之間不單是一般的合作關係而是具極深厚的交情。施宗符則為施光銘的侄甥，更在施光銘死後繼任為董事局成員。[45]

　　兩人在地緣、血緣、合作上均與董事局成員有密不可分的關係，加上人選由董事局提名，他們作為查察委員，只是在制度上迎合政府的要求，但西方銀行借貸時所要求的財務紀錄、商業證明等，顯然逐漸受到這種多重的關係網所取代，這不難理解為何公司大部分的借款人與董事局有關。中興銀行亦明白公司的客源多為華僑，他們所強調的卻不只是銀行服務，更重要的是與他的關係和對銀行的信任，這並非伊榮所能掌握的。因此，銀行特意禮聘因西文簿記案而成名的薛敏老出任銀行副經理，[46]他憑藉著在菲律賓的名望和作為商務創辦人之一的女婿之特殊身分，填補了伊榮的人事缺乏。

　　正因銀行加強人事關係，以往西方銀行的管理模式被削弱，特別在借貸方面尤為明顯。從檔案指出中興銀行並沒有如一般的銀行具有債務者的詳細，反之如果借貸者是具良好財務聲譽、有足夠的名望董事局就會批出款項。[47]這無疑是打破銀行業的慣例，伊榮未能掌握華人的複雜關係，在一九二四年後不再管理作為銀行重要業務的借貸部分，只將所有借貸申請交給銀行借貸委員會，由他們審批，僅負責後續的行政事務。[48]這種以宗族及彈性的處理方式大大吸引華僑存款和借貸。

42　菲律濱岷里拉中華商會：《菲律濱岷里拉中華商會三十週年紀念特刊》馬尼拉：菲律濱岷里拉中華商會，1935年，頁122

43　陳烈甫：《菲律賓的資源經濟與菲化政策》臺北：正中書局，1969年，頁170-171。

44　泉州市鯉城區委員會文史資料委員會：《泉州鯉城文史資料》泉州：泉州市鯉城區委員會文史資料委員會，1998年，第十四輯，頁22。

45　K. C. Wong, *The Chinese in the Philippine Economy, 1898-1941,* (Manila :Ateneo de Manila University Press,2000), p.134

46　陳烈甫：《菲律賓的資源經濟與菲化政策》臺北：正中書局，1969年，頁172。

47　*Examiner's Report of the Condition of CBC,* 1924, p.76.

48　同上註, pp.78-80.

表一　中興銀行財務狀況（萬披索）

	1920年末	1923年末	1927年末	1929年末	1930年末
存款	520	710	810	820	1290
董事借貸	110	150	347	530	550
借貸	231	440	522	690	800
總資產	970	1230	1560	1780	2030

參 K. C. Wong, *The Chinese in the Philippine Economy, 1898-1941*, (Manila: Ateneo de Manila University Press, 2000), pp.144-145; *Examiner's Report of the Condition of CBC*, 1924-1930.

從上表可見，在一九二四年改革中興銀行的存款開始緩慢上升，而一九二九至一九三〇年因大蕭條，華商從菲律賓以外調回資金，故存款忽然增加。[49]在借貸上可見，借貸的金額逐年上升，而在改革後董事的借貸佔總借貸額超過百分之六十，這些貸款無疑地是透過親屬、人際關係取得，往往是沒有足夠的抵押。以當時一筆由菲律賓善舉公所貸款為例，共一萬五千元，雖然有公所的董事局成員作為擔保人，但公所的董事局成員包括李清泉、邱允衡、吳記靄。[50]從這貸款可見，雖然銀行有按菲島銀行要求進行風險分擔，但未能否認其中的人事因素。當然，這或是董事局所希望見的，某程度上銀行成為了董事及與其相關的華商的大型基金，銀行透過發行股票、存款擴大資本，而董事則彼此按照其需要從銀行中大量提取資金，利用外來的資金壯大個人或親屬的商業實力，完全並非單純地提供金融服務。一九二九年，董事借貸達五百三十萬，其中李文秀、邱允衡、吳記靄三人占了三百五十萬元。[51]進一步肯定銀行的作用漸有轉變，從服務華僑改為服務董事和小部分與董事有關的華商，包括施宗符、施宗庚[52]、詹成發鐵器[53]等。但在此段時期中這種做法依然是有助銀行的發展，至少在銀行的總資產上可反映出業務穩定上揚。

中興銀行董事之間具有一種超越方言關係的密友關係，彼此信任，甚至是借出金錢予對方或其相信之華商，均不會過於關注借貸人的財務狀況。董事之間更會互為擔保，

---

49 *Examiner's Report of the Condition of CBC*, 1930, p.3.
50 參菲律濱岷里拉中華商會：《菲律濱岷里拉中華商會三十週年紀念特刊》馬尼拉：菲律濱岷里拉中華商會，1935年，頁11-13；菲律濱華僑善舉公所百年大慶紀念刊編纂委員會編：《菲律濱華僑善舉公所百年大慶紀念刊》馬尼拉：菲律濱華僑善舉公所百年大慶紀念刊編纂委員會，1977年。
51 *Examiner's Report of the Condition of CBC*, 1929, p.82.
52 施宗庚為施宗符的弟弟。
53 詹成發鐵器的創辦人為詹孟杉，而詹孟杉曾在一九二〇年代至一九三〇年代末為華僑善舉公所主席和馬尼拉中華商會董事，與各董事在各組織上關係密切，見蕭曦清：《中菲外交關係史》臺北：正中書局，1995年，頁107；夏麗清：《泉州僑批故事》北京：九州出版社，2016年，頁158。

如李文秀曾為邱允衡等董事作擔保人。[54]可見此種關係廣泛在企業出現，並影響原來西方的銀行體制

三 大蕭條下的禍患

　　中興銀行以人際關係借貸，希望以名聲、信用等道德規範管制債務人，本來並非不可行之事，華商會因華人的道德規範而非常重視個人的信貸名聲、財務管理上的聲譽，甚至視為資本之一。但當面臨重大經濟危機，名聲自然不比實際的財富重要，縱然華商希望兩者同時擁有。大蕭條[55]下菲律賓經濟受到嚴重破壞，而其人均收入大幅受挫，一九二六年至一九二八年菲律賓的人均收入高於全球人均收入百分之七十二，而一九三一年至一九三六年僅高於全球人均收入百分之二十四，更在整個一九三〇年代投資資金每年平均萎縮百分之五，[56]可見菲律賓經濟在大蕭條下大幅衰退，華商自然亦受到影響。大蕭條下華商難以還款，中興銀行借出的款項更是以名聲為基礎，欠缺財務抵押。一九三一年一月，中興銀行被傳出無法周轉，引發擠提，一個月間存款從十二月的一二九〇萬，下跌至七八〇萬。一些可以先還錢的董事，包括李清泉、李文秀等先還款，但由於華商實難以周轉，故借貸總額從一九三〇年末的八百萬增至一九三一年末的一二五〇萬。[57]當然，在經濟衰退的情況下，銀行採用更謹慎的貸款方式，要求借款人必須抵押，如一九三〇年詹成發鐵器借貸三十萬時，以一百股公司股票、土地和房產進行抵押。雖說是有所抵押，但合共價值為不足二十萬，[58]此舉反映出其在借貸的選擇上，依然是重視親緣和密友關係。

　　此情況在銀行一九三三至一九三九年期間的財務狀況更為清晰，一九三三年銀行存款有六一〇萬，但借貸總額達八一〇萬，在一九三五年銀行存款有七三〇萬，而借貸總額擴大至九一〇萬，其中將近一半為壞賬或呆賬。[59]菲島銀行有見及此，要求中興向客戶追加財務證明，並加速還款，以避免倒閉危機，甚至強調會對銀行的財政進行更嚴厲監管[60]。中興明白施加壓力只會讓華商倒閉，導致真正的壞賬出現，中興一直拖延，直

---

54 *Examiner's Report of the Condition of CBC,* 1929, p.82.

55 有關大蕭條的研究可參Lionel Robbins: *The great depression*, (London: Macmillan, 1934)；Ben Bernanke: *Essays on the great depression,*(Princeton: Princeton University Press, 2000).

56 Ian Brown, "The Philippine Economy During the World Depression of the 1930s", *Philippine Studies,* 40(3), pp.381-387.

57 *Examiner's Report of the Condition of CBC,* 1931, pp.2-6; K. C. Wong: *The Chinese in the Philippine Economy, 1898-1941,* (Manila :Ateneo de Manila University Press,2000), p.138.

58 *Examiner's Report of the Condition of CBC,* 1930, pp.13-14

59 *Examiner's Report of the Condition of CBC,* 1935, pp.38-40.

60 "Instruction for bad debts" (letter from Bank of the Philippine Islands),1935.

至一九三九年存款增至一一五〇萬，僅有七七〇萬借貸，重回可控制的借貸比例。[61]中興銀行董事局深信華商會因其名聲、人際網絡等因素還款，故守得雲開見月，重拾財務穩定。

四　結論

　　華人的人際關係一直是華僑研究中一大重點，從中興銀行一例可見，董事局成員的多重且親密的關係大大影響著企業的運作。縱然，以關係、信任借貸的發展方向實為中興銀行期望之事，但不可否認人際關係成為銀行在大蕭條下飽受挑戰的主因，亦是與西方的銀行管理模式有所衝突之處。中興更因為考慮到與華商之間的關係，故無視菲島銀行的警告，最終渡過困難。人際關係並非單向破壞或支持事業，它在商業中的價值並不能以一種絕對的立場看待，而應了解它在行業中具體的運作才能準確給予判斷。

61　*Examiner's Report of the Condition of CBC*, 1939, p.22.

石排灣漁村水上話的語法

馮國強

香港樹仁大學中文系

一 石排灣水上族群的來源略述

在香港島石排灣旁的鴨脷洲,有一座洪聖古廟,廟內有一個古鐘,鐘文顯示此廟建於乾隆三十八年(1773),鐘銘寫著是由「順德陳村罟棚」的水上族群所籌建。筆者於二〇〇二年曾前後兩次帶領二十多名學生到陳村考察,個人也曾在此考察一次。現在珠三角的河涌的捕魚主要方式是「流刺作業」,並不是「罟棚作業」,昔日與今天的順德陳村河涌還是通過「流刺作業」來捕捉魚類,[1]與其他內河河涌作業方式一致。因此這個乾隆年間建的洪聖爺廟所稱順德陳村人,是這群已落戶石排灣的順德陳村人指稱其原來祖籍,不是指順德陳村漁民千里迢迢到此捐錢建廟。[2]又這群人來了石排灣後,把流刺作業捕魚的操作方式轉成罟棚進行作業,[3]所以他們捐錢建廟時便稱「順德陳村罟棚眾信弟子」,這個鐘銘明顯交代今天石排灣水上族群當中一個歷史源流。[4]

---

1 調查時,順德陳村水上人稱他們過去到現在都是流刺作業。流刺作業是指船將很長的長條狀刺網放置海中,等待魚群自行刺入網目或纏在漁網。參見台灣漁業資源現況。
2 梁炳華《南區風物志》(香港:南區區議會出版,1996年)頁94。
3 筆者在石排灣調查時,當地漁民都說在上世紀八〇年代以前,石排灣以拖網、罟網為主,兩者又以罟網(罟棚是罟網當中的一種捕魚法)為主。可參看一八五一年六月之《漢會眾兄弟宣道行為》頁六十二便提到石排灣有大拖船數十艘。大拖船就是拖網漁船,不是以流刺操作。這帳本是香港收藏家林學圖林先生從英國商人手中得到一冊原由港華傳教士傳教手卷《漢會眾兄弟宣道行為》,原定在二〇〇三年香港在首屆民辦「書節2003」以港幣五十萬元出售,出售不果,便把這本於一八五一年刊行的彩色影本送給香港大學馮平山圖書館。此手卷帳簿是極其大本,要動用特大的複印機複印。
4 蕭鳳霞、劉志偉(1955-)〈宗族、市場、盜寇與蛋民——明以後珠江三角洲的族群與社會〉,《中國社會經濟史研究》(廈門:廈門大學,2004年),第三期,頁7:「據當地一些年老蛋民回憶,他們多來自江門市和順德縣的陳村、四邑的三埠。」由此可知香港島的石排灣陳村漁民也是移民來港,不是來此拜神和作出一些捐獻。試看中山,操沙田話的原是漁民,來自南番順,主要是來自順德為主。如橫欄鎮的四沙貼邊,從順德陳村邊來為主。

洪聖廟的古鐘，銘文顯示鴨脷洲的居民來自順德陳村流，
從剌操作轉成罟棚操作的漁民（筆者攝於二〇〇一年三月八日）

口述方面，石排灣黎金喜稱其祖先受張保仔搶劫東莞太平鎮便轉到香港仔石排灣。黎氏又補充說他所知的漁民朋友，有不少自東莞遷來，東莞中又以太平最多。此外，黎氏也表示從番禺遷來的也不少，他說全港和全國著名人物霍英東先生也是香港仔漁民，在香港仔出生，他的祖先從番禺新造鎮練溪村[5]遷來香港仔。霍英東先生可能是佛山三水西南董營村上下霍村家鄉的人。

---

[5] 練溪村被稱為前國家領導人之一霍英東的家鄉，故筆者希望探討練溪村水上話與香港仔石排灣水上話之間的方言的傳承。霍英東先生稱自己是香港仔石排灣水上人，也生於石排灣，坊間稱霍英東是番禺練溪村人（現在還存在許多爭議），原因是廣東省一些語言學者（不知道是誰）通過語音決定霍英東是練溪村人，這是筆者前往調查原因。調查後，發現霍英東的口音與練溪村完全不同；第二，練溪村霍氏的人七成務農，三成人從事工商行業，從來沒有人從事打魚和水上運輸工作。練溪村確實有水上人，他們還有打魚的，他們卻普遍姓陳，不是姓霍。筆者的調查合作人是練溪村前村書記霍煥然（1941年-），霍煥然稱一九七三年這些陳姓水上人全部遷調到新墾鎮紅海村（現在已劃歸南沙區萬頃沙鎮），筆者推測是所謂專家是找到練溪村姓陳的水上人對口音而已。雖然對上，但不是霍氏村民口音。第三點，霍英東說祖家附近有條鐵路，但霍書記稱練溪村遷村行動之前（因建大學城），是在一個孤島上建村，沒有鐵路經過。霍煥然的口音根本與霍英東不同。霍英東先前在香港無線電視一次訪問中強調自己是水上人，更以水上話說了幾句，當中說了洗腳上床四字。霍英東講成「洗角爽床」。練溪村前書記霍煥然在我們一起吃午飯時便說起曾跑到香港的漁村，發現漁村的人說話跟他們不同，練溪村說「香港」二字，是說成「鄉講」（hœŋ⁵⁵ kɔŋ³⁵），就是跟香港陸上人說成一樣，沒有特點，但他說到香港水上人說「香港」是說成「糠港」（hɔŋ⁵⁵ kɔŋ³⁵），竟成了他們口中的趣事，很新鮮。這一笑，便表明練溪村村話不是霍英東的家鄉母語了。

霍英東生前稱其父說老家附近是有鐵路的，練溪村卻是沒有鐵路經過，那麼只有佛山三水西南董營村可能是霍氏家鄉。這個推測源於筆者前於二〇一四年八月底前往董營村進行過方言調查，得到區、鎮政府協助，陪同一起調查。調查時，發現當地上霍村和下霍村霍氏村民，操的是流利廣州話，不是水上話。有火車經過此村，確是實事。董營村的村民很強調祖先是從珠璣巷而來，不是水上人，故筆者猜霍英東的父輩是三水董營霍家的人，來了香港，為了生計，只能跑到石排灣跟水上人一起過水上生活，方習得水上話，霍英東也因此認為自己的家族是水上人。

二 聲韻調系統

　　珠三角舡語音系最有特色是香港石排灣，本文調查合作人分別來自石排灣的黎金喜（1925-？）[6]、黎炳剛（1955-）、盧健業（1990-），本文反映的石排灣舡語音系，是以黎金喜作代表。黎金喜稱其祖輩自東莞太平鎮遷來香港仔，到他最少已六代。[7]金喜叔長期在石排灣附近一帶打魚，也在香港仔漁民互助社當理事。筆者在香港仔石排灣漁村進行調查，只有黎金喜先祖是遷港最早的漁民，再者，其音系完整，極少受到粵語的粵化影響。

（一）聲韻調系統

1　聲母十六個，零聲母包括在內

p	包必步白	pʰ	批匹朋抱	m	媽莫文吻
				f	法翻苦火
t	刀答道敵	tʰ	梯湯亭弟	l	來列李年
tʃ	展站租就	tʃʰ	拆雌初車	ʃ	小緒水舌
				j	人妖又羊
k	高官舊瓜	kʰ	抗曲窮群	w	和橫汪永
				h	海血河空
ø	壓哀丫牛				

---

[6]　賀喜、科大衛編《浮生　水上人的歷史人類學研究》上海：中西書局有限公司，2021年6月，頁284：第二節〈「游動的漁民」和「固定的漁民」〉。黎金喜是石排灣是固定居住的漁民，不是水上人自稱的水流柴那類游動漁民，所以筆者便以他為石排灣漁民話的合作人。

[7]　筆者曾前往東莞太平進行調查，發現當地已沒有數代居於太平的水上人，筆者接觸的全是一九四九年從別處漁村遷調到虎門。那次調查，鎮政府安排了四個人，一個是後從太平威遠島九門寨遷來；一個是在沙葛村遷來（非數代於太平沙葛漁村，父輩也是從別處遷到沙葛漁村）；一個是從廣州南沙黃閣鎮小虎村遷來；一個是廣州市南沙南沙街鹿頸村遷來。由於不是來自東莞太平，筆者二話不說，不調查便離開了，跟著便跑到番禺去調查。

2　韻母

韻母表（韻母三十六個，包括一個鼻韻韻母）

單母音		複母音		鼻尾韻		塞尾韻	
a 把知亞花	ai 排佳太敗	au 包抄交孝		an 炭山奸三	aŋ 坑橙橫省	at 辣八刷答	ak 拆或擲責
(ɐ)	ɐi 例西吠揮	ɐu 某浮九幽		ɐn 吞燈信林	ɐŋ		ɐt 筆濕出得
ɛ 些爹車野					ɛŋ 餅鏡鄭頸		ɛk 劇隻笛吃
e	ei 皮悲己女				eŋ 升亭兄聲		ek 碧的役式
i 知私子豬		iu 苗少挑曉		in 篇天卷尖		it 熱別缺帖	
ɔ 多波科靴	ɔi 代胎開害			ɔn 竿看寒安	ɔŋ 旁床王香	ɔt 葛割渴喝	ɔk 莫縛確腳
o		ou 部無毛好			oŋ 東公捧種		ok 木篤菊局
u 姑虎符附	ui 妹回會灰			un 般官碗本		ut 潑末活沒	
ɵ			ɵy 吹退徐取				
鼻韻 m 唔五午吳							

說明：

an at 很不穩定，黎金喜常讀成 aŋ ak，但不構成意義上對立。

3　聲調九個

調類	調值	例字
陰平	55	知商超專
陰上	35	古走口比
陰去	33	變醉蓋唱
陽平	21	文雲陳床
陽上	13	女努距婢
陽去	22	字爛備代
上 陰入	5	一筆曲竹
下	3	答說鐵刷
陽入	2	局集合讀

三 語音特點

（一）語音特點

1 聲母方面

（1）無舌尖鼻音n，古泥母、來母字今音聲母均讀作l

古泥（娘）母字廣州話基本n、l不混，古泥母字，一概讀n；古來母字，一概讀l。石排灣舡語，老中青把n、l相混，結果南藍不分，諾落不分。

	南（泥）		藍（來）		諾（泥）		落（來）
廣　州	nam²¹	≠	lam²¹	廣　州	nɔk²	≠	lɔk²
石排灣	lan²¹	=	lan²¹	石排灣	lɔk²	=	lɔk²

（2）中古疑母洪音ŋ-聲母合併到中古影母ø-裡去

古疑母字遇上洪音韻母時，廣州話一律讀成ŋ-，石排灣舡民把ŋ聲母的字讀作ø聲母。

	眼	危	硬	偶
廣　州	ŋan¹³	ŋei²¹	ŋaŋ²²	ŋɐu¹³
石排灣	an¹³	ei²¹	aŋ²²	ɐu¹³

（3）沒有兩個舌根唇音聲母kw、kwʰ，出現kw、kwʰ與k、kʰ不分

	過果合一		個果開一		瓜假合二		加假開二
廣　州	kwɔ³³	≠	kɔ³³	廣　州	kwa⁵⁵	≠	ka⁵⁵
石排灣	kɔ³³	=	kɔ³³	石排灣	ka⁵⁵	=	ka⁵⁵

	乖蟹合二		佳蟹開二		規止合三		溪蟹開四
廣　州	kwai⁵⁵	≠	kai⁵⁵	廣　州	kwʰei⁵⁵	≠	kʰei⁵⁵
石排灣	kai⁵⁵	=	kai⁵⁵	石排灣	kʰei⁵⁵	=	kʰei⁵⁵

2 韻母方面

（1）沒有舌面前圓唇閉元音y系韻母

廣州話有舌面前圓唇閉元音y系韻母字，石排灣白話舡語一律讀作i。

	豬遇合三	緣山合三	臀臻合一	血山合四
廣州	tʃy⁵⁵	jyn²¹	tʰyn²¹	hyt³
石排灣	tʃi⁵⁵	jin²¹	tʰin²¹	hit³

（2）古咸攝開口各等，深攝三等尾韻的變異

　　石排灣舡語在古咸攝各等、深攝三等尾韻m、p，讀成舌尖鼻音尾韻n和舌尖塞音尾韻t。

	潭咸開一	減咸開二	尖咸開三	點咸開四	心深開三
廣州	tʰam²¹	kam³⁵	tʃim⁵⁵	tim³⁵	ʃem⁵⁵
石排灣	tʰan²¹	kan³⁵	tʃin⁵⁵	tin³⁵	ʃen⁵⁵

	答咸開一	甲咸開二	葉咸開三	帖咸開四	立深開三
廣州	tap³	kap³	jip²	tʰip³	lɐp²
石排灣	tat³	kat³⁵	jit²	tʰit³	lɐt²

（3）古曾攝開口一三等，合口一等，梗攝開口二三等、梗攝合二等的舌根鼻音尾韻ŋ和舌根塞尾韻k，讀成舌尖鼻音尾韻n和舌尖塞音尾韻ɐt

	燈曾開一	行梗開二	牲梗開二	轟梗合二
廣州	tɐŋ⁵⁵	hɐŋ²¹	ʃɐŋ⁵⁵	kwɐŋ⁵⁵
石排灣	tɐn⁵⁵	hɐn²¹	ʃɐn⁵⁵	kɐn⁵⁵

	北曾開一	黑曾開一	陌梗開二	扼梗開二
廣州	pɐk⁵	hɐk⁵	mɐk²	ɐk⁵
石排灣	pɐt⁵	hɐt⁵	mɐt²	ɐt⁵

3　差不多沒有舌面前圓唇半開元音œ（ɵ）為主要元音一系列韻母

　　這類韻母多屬中古音裡的三等韻。廣州話的œ系韻母œ、œŋ、œk、ɵn、ɵt、ɵy在石排灣舡語中分別歸入ɔ、ɔŋ、ɔk、ɐn、ɐt、ei。

（1）沒有圓唇韻母œ、œŋ、œk，歸入ɔ、ɔŋ、ɔk

	靴果合三	娘宕開三	香宕開三	雀宕開三	腳宕開三
廣州	hœ⁵⁵	nœŋ²¹	hœŋ⁵⁵	tʃœk³	kœk³
石排灣	hɔ⁵⁵	lɔŋ²¹	hɔŋ⁵⁵	tʃɔk³	kɔk³

（2）沒有 ɵn、ɵt 韻母，分別讀成 ɐn、ɐt

	鱗臻開三	准臻合三	栗臻開三	蟀臻合三
廣　州	lɵn²¹	tʃɵn³⁵	lɵt²	ʃɵt⁵
石排灣	lɐn²¹	tʃɐn³⁵	lɐt²	ʃɐt⁵

（3）只保留 ɵy 韻母

石排灣舡語 ɵy 韻母與 k、kʰ、h、l 聲母搭配，則讀成 ei。「女」字，合作人一時讀 lɵy¹³，一時讀 lei¹³，很不穩定，但不構成意義上的對立。其餘讀音與廣州話相同。

	序遇合三	對蟹合一	醉止合三	水止合三
廣　州	tʃɵy²²	tɵy³³	tʃɵy³³	ʃɵy³⁵
石排灣	tʃɵy²²	tɵy³³	tʃɵy³³	ʃɵy³⁵

當遇上古遇合三時，與見系、泥、來母搭配時，便讀成 ei。

	舉遇合三見	佢遇合三群	墟遇合三溪	女遇合三泥	呂遇合三來
廣　州	kɵy³⁵	kʰɵy³⁵	hɵy⁵⁵	nɵy¹³	lɵy¹³
石排灣	kei³⁵	kʰei³⁵	hei⁵⁵	lei¹³	lei¹³

4　聲化韻 ŋ̍ 多歸併入 m̩。

「吳、蜈、吾、梧、五、伍、午、誤、悟」九個字，廣州話為[ŋ̍]，石排灣舡語把這類聲化韻[ŋ̍]字已歸併入[m̩]。

	吳遇合一	五遇合一	午遇合一	誤遇合一
廣　州	ŋ̍²¹	ŋ̍¹³	ŋ̍¹³	ŋ̍²²
石排灣	m̩²¹	m̩¹³	m̩¹³	m̩²²

（二）聲調方面

香港石排灣舡語聲調共九個，入聲有三個，分別是上陰入、下陰入、陽入。陰入按母音長短分成兩個，下陰入字的主要母音是長母音。

四　詞法方面

（一）小稱

石排灣水上話的小稱最常見的小稱形式，主要常用的後綴有「仔」、「子」、「兒」。

仔：用於人、動物、物體等，表示親暱、可愛。例如：
　　阿仔a³³ tʃɐi³⁵：男孩
　　狗仔kɐu³⁵ tʃɐi³⁵：小狗
　　車仔tʃʰɛ³⁵ tʃɐi³⁵：小車

子：用於人、動物、物體等。例如：
　　菩提子phou21 thɐi21 tʃi35（葡萄）
　　波子pɔ55 tʃi35（小珠）
　　一毫子jɐt5 hou21 tʃi35（一毛錢）
　　栗子lɵt2 tʃi35（板栗）

兒：用於人、動物、物體等，表示親暱、可愛。例如：
　　貓兒貓兒擔凳姑婆坐[8]
　　mai55 ji21 tan55 tɐn33 ku55 phɔ21 tʃhɔ13→ mai55 ji21-55
　　tan55 tɐn33 ku55 phɔ21 tʃhɔ13

通過連讀變調35來處理小稱：

燒鴨ʃiu⁵⁵ ap³→ ʃiu⁵⁵ ap³⁻³⁵
鰱魚lin²¹ ji²¹→ lin²¹ ji²¹⁻³⁵
牛扒ɐu²¹ pʰai²¹→ ɐu²¹ pʰai²¹⁻³⁵

通過連讀變調55來處理小稱　。一般人會把這類些變調稱為「高平變調」或「小稱變調」：

烏蠅wu⁵⁵ jɛŋ²¹→ wu⁵⁵ jɛŋ²¹⁻⁵⁵
荷蘭hɔ²¹ lan²¹→ hɔ²¹ lan²¹⁻⁵⁵
乞兒hɐt⁵⁵ ji²¹→ hɐt⁵⁵ ji²¹⁻⁵⁵
汗毛hɔn²² mou²¹→ hɔn²² mou²¹⁻⁵⁵

---

[8] 「貓兒擔凳姑婆坐」，出自廣州兒歌〈排排坐，食粉果〉。

腳趾尾（小拇趾）kɔk³ tʃi³⁵ mei²¹ → kɔk³ tʃi³⁵ mei²¹⁻⁵⁵

雨微微 ji¹³ mei²¹ mei²¹ → ji¹³ mei²¹⁻⁵⁵ mei²¹⁻⁵⁵

捉伊人（捉迷藏）tʃok⁵ ji⁵⁵ jɐn²¹ → tʃok⁵ ji⁵⁵ jɐn²¹⁻⁵⁵

貓兒[9] mai⁵⁵ ji²¹⁻⁵⁵

（二）名詞前綴

1 「阿」a³³

「阿」字用於詞頭，在石排灣水上話中有幾種用法：（1）用於對人稱呼，一般是比較親切或隨便的稱呼，如「阿婆」，對老年婦女的尊稱。（2）用於親戚，如阿嫂，就是指嫂子。（3）敬語，與英語一起用，如阿 Sir。（4）敬語，指先生，如阿生，指那位先生。例如：阿生，請你入嚟。此字在水上人用法跟岸上人用法一致，不存在差異。

2 「老」lou¹³

「老」字在石排灣水上話中有多種用法：（1）表示尊敬或親暱：可以用來稱呼年長者、上司、老師等，表達對他們的敬意或親近感，例如：「老張」、「老王」、「老馮」[10]。（2）表示熟悉或親密：用於與熟人、朋友、同學等交往時，表示彼此之間的熟悉和親密關係，例如：「老友」、「老同學」、「老鄉」。（3）表示經驗豐富或資深：用於形容一個人在某個領域或工作上有豐富的經驗和專業知識，例如：「老師傅」、「老手」、「老兵」。（4）表示某種狀態或特徵：用於形容某物或某人具有特定的狀態或特徵，例如：「老舊」、「老實」、「老遠」。（5）表示程度或強度：用於形容某種程度或強度很高，例如：「老高」、「老快」、「老熱」。

（三）名詞後綴

1 「仔」tʃɐi³⁵

此多用於詞尾，在石排灣水上話有幾種用法：（1）用於指年齡較小的男性，如司機仔（是指年輕的男司機）。（2）用於年紀較細的人，如後生仔。（3）用於姓和名之後的年輕人，如陳仔、明仔。（4）指嬰兒，如 BB 仔。（5）昵稱，如伢伢仔。此字在水上人用法跟岸上人用法一致，不存在差異。

---

9 「貓兒擔櫈姑婆坐」，出自廣州兒歌〈排排坐，食粉果〉。

10 「老馮」此說法，佛山市三水西南河口、肇慶瑞州廠排和鼎湖區廣利漁村水人稱他們未聽過有如此尊敬或親暱說法。

2 「公」koŋ⁵⁵

「公」這個詞，在石排灣水上話有幾種用法：（1）表示對男性的尊稱或稱呼，例如，「阿公」表示「爺爺」、「公公」。（2）表示是「丈夫」，則稱「老公」。（3）指人時，用於成年男性，如盲公（瞎子，男的）、衰公（壞傢伙，指男的）。（4）用於動物，如雞公（公雞）。（5）用於某些事物的稱呼，如雷公（雷）、手指公（大拇字）。

3 「佬」lou¹³

「佬」這個詞，在石排灣水上話有幾種用法：（1）主要用於對男性的稱呼。它可以用來尊稱一個人，如「大佬」。（2）也可以用來指代某一地方的人，如「東莞佬」、「順德佬」等。（3）它也可用於表達職業身分，比如「泥水佬」、「豬肉佬」表示賣豬肉的男人。（4）可以用來稱呼男性，尤其是成年男性，例如「肥佬」、「鄉巴佬」等。（5）還可以用來稱呼那些從事不正當行業的人，例如「挑夫佬」、「戲子佬」等。

4 「哥」kɔ⁵⁵

「哥」這個詞，在粵語中有幾種用法，通常用於稱呼年紀較大或地位較高的男性長輩，表示尊重和敬意。（1）「大哥」：用於稱呼年長的大哥，表示尊重和敬意。（2）「哥哥」：用於稱呼哥哥，表示親切和親密。（3）「老土哥」：用於形容很老土的人。（4）可以用來稱呼某個年齡段的人，例如「小鮮肉哥」、「文藝青年哥」等。（5）也用於物，如「鼻哥」（鼻子）、「鸚哥」、「八哥」。（6）「新郎哥」指新郎，是在婚禮場合稱呼表達對新婚男子的尊重和祝福。

5 「乸」la³⁵

「乸」這個詞，在石排灣水上話中的字面意思是雌性，有兩種用法：（1）通常指雌性動物，例如「雞乸」指母雞，「豬乸」指母豬。（2）在部分語境中，「乸」也可以用來形容人，例如「乸型」、「乸乸地」指女性化的行為或外表，含貶義。

（四）指示代詞

石排灣水上話的指示代詞是用來指示人、事物、地點、時間等的詞語。石排灣水上話的指示代詞主要有以下幾種：

1 近指代詞

近指代詞是用來指示離說話人近的人、事物、地點、時間等。石排灣水上話的近指

代詞主要有以下幾種：

呢：用來指示離說話人近的事物，例如：
呢本書好睇。li⁵⁵ pun³⁵ ʃi⁵⁵ hou³⁵ tʰɐi³⁵
呢條街好長。li⁵⁵ tʰiu²¹ kai⁵⁵ hou³⁵ tʃʰɔŋ²¹
依：用來指示離說話人近的人或事物，例如：
依家幾點？ji⁵⁵ ka⁵⁵ kei³⁵ tin³⁵
哩：用來指示離說話人近的事物，例如：
哩件事好重要。li⁵⁵ kin²² ʃi²² hou³⁵ tʃoŋ²² jiu³³
哩個問題好難答。li⁵⁵ kɔ³³ mɐn²² tʰɐi²¹ hou³⁵ lan²¹ tat³

2　遠指代詞

遠指代詞是用來指示離說話人遠的人、事物、地點、時間等。石排灣水上話的遠指代詞主要有以下幾種：

嗰：用來指示離說話人遠的事物，例如：
嗰本書好睇。kɔ³⁵ pun³⁵ ʃi⁵⁵ hou³⁵ tʰɐi³⁵
嗰條街好長。kɔ³⁵ tʰiu²¹ kai⁵⁵ hou³⁵ tʃʰɔŋ²¹

3　中指代詞

中指代詞是用來指示離說話人不太近也不太遠的人、事物、地點、時間等。石排灣水上話的中指代詞主要有以下幾種：

啲：用來指示離說話人不太近也不太遠的事物，例如：
啲書好睇。ti⁵⁵ ʃi⁵⁵ hou³⁵ tʰɐi³⁵
啲街好長。ti⁵⁵ kai⁵⁵ hou³⁵ tʃʰɔŋ²¹
啲人：用來指示離說話人不太近也不太遠的人，例如：
啲人好奇怪。ti⁵⁵ jɐn²¹ hou³⁵ kei²¹ kai³³
啲嘢：用來指示離說話人不太近也不太遠的事物，例如：
啲嘢好重要。ti⁵⁵ jɛ¹³ hou³⁵ tʃoŋ²² jiu³³

（五）人稱代詞單複數

石排灣水上話的人稱代詞的單複數用法與普通話有所不同，但也遵循一定的規律。

石排灣水上話的人稱代詞主要分為三類：第一人稱（我、我哋），第二人稱（你、你哋），和第三人稱（佢、佢哋）。這些代詞在表達單數和複數時，形式會有所變化。

1 第一人稱

單數：「我」[ɔ¹³] 表示說話人自己。

複數：「我哋」[ɔ¹³ tei²²] 表示說話人及與說話人相關的一方或多方。其中，「哋」[tei²²] 是石排灣水上話中表示複數的標記。

2 第二人稱

單數：「你」[lei¹³] 表示對話的另一方。

複數：「你哋」[lei¹³ tei²²] 表示對話的多個對方。同樣，[tei²²] 用來表示複數。

3 第三人稱

單數：「佢」[kɵy¹³] 用來指代第三方單數。

複數：「佢哋」[kɵy¹³ tei²²] 表示第三方多數。這裡也是用「哋」[tei²²] 來標記複數。

（六）疑問代詞

石排灣水上話的疑問代詞在問句中扮演著引導提問的角色，與英語中的疑問代詞相似。

邊個 pin⁵⁵ kɔ³³（邊位）：用來詢問「誰」，相當於英語中的「who」。
    你係邊個？lei¹³ hei²² pin⁵⁵ kɔ³³（你是誰？）
    邊個係老闆？pin⁵⁵ kɔ³³ hei²² lou¹³ pan³⁵（誰是老闆？）

乜嘢：用來詢問「什麼」，相當於英語中的「what」。
    你食緊乜嘢？lei¹³ ʃek² kɐn³⁵ mɐt⁵ jɛ³³（你在吃什麼？）
    佢講咗乜嘢？kʰɵy³³ kɔŋ³⁵ tʃɔ³⁵ mɐt⁵ jɛ³³（他說了什麼？）

點解：用來詢問「為什麼」，相當於英語中的「why」。
    你點解唔返屋企？lei¹³ tin³⁵ kai³⁵ m²¹ fan⁵⁵ ok⁵ kʰei¹³（你為什麼不回家？）
    佢點解唔嚟？kʰɵy³³ tin³⁵ kai³⁵ m²¹ lɐi²¹（他為什麼不來？）

幾時：用來詢問「什麼時候」，相當於英語中的「when」。
    你幾時放假？lei¹³ kei³⁵ ʃi²¹ fɔŋ³³ ka³³（你什麼時候放假？）
    佢幾時走？kʰɵy³³ kei³⁵ ʃi²¹ tʃɐu³⁵（他什麼時候走？）

點樣：用來詢問「怎麼樣」，相當於英語中的「how」。
    你點樣返屋企？lei¹³ tin³⁵ jɔŋ²²⁻³⁵ fan⁵⁵ ok⁵ kʰei¹³（你怎麼回家？）
    你今日覺得點樣呀？lei¹³ kɐn⁵⁵ jɐt² kɔk⁵ tɐt⁵ tin³⁵ jɔŋ²²⁻³⁵ a³³（你今天感覺怎麼樣啊？）

（七）形容詞重疊式

　　石排灣水上話形容詞的重疊形式多樣，可以通過重疊來表達程度的加深或強調某種特性。下面是一些常見的形容詞重疊形式及其例子：

AA 哋： 這種形式常用來表達程度較輕的狀態。例如：
　　　　高高哋kou^{55} kou^{55} tei^{35}（稍微高一點）
　　　　靚靚哋lɛŋ^{33} lɛŋ$^{33\text{-}35}$ tei^{35}（稍微漂亮一點）

ABB： 這種形式通過在單音節形容詞後添加雙音節的後綴來強化或改變原有形容詞的意義。例如：
　　　　紅噹噹hoŋ^{21} toŋ^{55} toŋ$^{55\text{-}33}$（非常紅）
　　　　熱辣辣jit^{2} lat$^{2\text{-}5}$ lat$^{2\text{-}5}$（非常辣）

AAB： 這種形式較少見，但在口語中也偶爾出現。例如：
　　　　高高掛kou^{55} kou^{55}ka^{33}：形容事物懸掛得很高。例如：個燈籠高高掛喺門口。kɔ^{33} tɐn^{55} loŋ^{21} kou^{55} kou^{55} ka^{33} hɐi^{35} mun^{21} hɐu^{35}（燈籠高高掛在門口。）
　　　　慢慢行man^{22} man$^{22\text{-}35}$ haŋ^{21}：形容走得很慢的樣子。例如：唔使急，慢慢行。m̩^{21} ʃɐi^{35} kɐt^{5}，man^{22} man$^{22\text{-}35}$ haŋ^{21}（不用急，慢慢走才行。）

AABB：這種形式通過重覆形容詞兩次來增強語氣。例如：
　　　　高高大大kou^{55} kou^{55} tai^{22} tai^{22}（高大）
　　　　清清楚楚tʃʰeŋ^{55} tʃʰeŋ^{55} tʃʰɔ^{35} tʃʰɔ^{35}（清楚）

（八）助詞

1　「囉」ʃai^{33}

　　石排灣漁村水上話助詞「囉」字，是一個多功能的助詞，通常緊跟在動詞或形容詞之後，用來表示不同的狀態或程度。下面是一些「囉」的常見用法：（1）程度副詞：「囉」可以用來表示程度，類似於普通話中的「得很」。它可以強調動作或狀態的程度。例如，「熱囉」（熱得很）、「開心囉」（非常開心）。（2）完全程度：在一些情況下，「囉」可以表示完全程度，類似於普通話中的「完全」。例如，「食飽囉」（吃飽了，完全飽了）。（3）狀態變化：「囉」還可以用來表示狀態的變化。例如，「變紅囉」（變紅了，完全變紅）。（4）用於強調的有時候，「囉」可以用來強調一個動作或狀態的發生。例如，「冇錯囉」（確實沒有錯），這裡的「囉」強調了沒有錯的事實。

2 「埋」mai²¹

石排灣漁村水上話助詞「埋」字的使用有多種不同的類別。根據不同的語境和用法，可以歸納為以下兩種類型：（1）用於動詞後表示動作的完成或實現，例如「食埋」ʃek² mai²¹（吃完）、「洗埋」ʃei³⁵ mai²¹（洗完）等。（2）都有、一併、一起，如「帶埋條仔嚟」tai³³ mai²¹ tʰiu²¹ tʃɐi³⁵ lɐi²¹（把男朋友都帶來）。（3）有靠近之意，如「坐埋啲」tʃʰɔ¹³ mai²¹ ti⁵⁵（靠近一點兒坐），「走埋啲」tʃɐi³⁵ mai²¹ ti⁵⁵（走得靠近一點）。

3 「番」fan⁵⁵

石排灣漁村水上話助詞「番」字的使用也有多種不同的類別。根據不同的語境和用法，可以歸納為以下幾種類型：（1）用於動詞後表示動作的完成或實現，例如「睇番」tʰɐi³⁵ fan⁵⁵（看完了）、「食番」ʃek² fan⁵⁵（吃完了）等。（2）用於形容詞後表示程度或狀態的加強或加深，例如「好番」hou³⁵ fan⁵⁵（非常好）、「爛番」lan²² fan⁵⁵（非常差）等。（3）用於表達某種狀態，例如「笑番」ʃiu³³ fan⁵⁵（笑著）、「醒番」ʃɛŋ³⁵ fan⁵⁵（醒來）等。

4 「住」tʃi²²

石排灣漁村水上話「住」字主要有以下兩種用法：（1）放在動詞後面，表示動作或行為的持續或進行，相當於普通話中的「著」「在」。例如：企住kʰei¹³ tʃi²²：站著；睇住tʰɐi³⁵ tʃi²²（看著）。（2）放在形容詞後面，表示程度的加強，相當於普通話中的「很」「非常」。例如：好住hou³⁵ tʃi²²：這裡很好住之意。

（九）擬聲詞

石排灣水上話的擬聲詞是一種用來模擬自然界聲音或人類活動中發出的聲音的詞語。這些擬聲詞生動形象，能夠準確地表達各種聲音的特徵和情境。以下是一些石排灣水上話中常見的擬聲詞：

嘩喇喇 wa⁵⁵ la⁵⁵ la⁵⁵：形容大聲的、猛烈的聲音，如倒塌、破碎等。
　　例子：那塊舊牆突然嘩喇喇塌咗落嚟。
　　　　　la¹³ fai³³ kɐu²¹ tʃʰɔŋ²¹ tɐt⁵ jin²¹ wa⁵⁵ la⁵⁵ la⁵⁵ tʰat³ tʃɔ³⁵ lɔk² lɐi²¹

嘻嘻哈哈 hi⁵⁵ hi⁵⁵ ha⁵⁵ ha⁵⁵：用來形容人們開心的笑聲，表達輕鬆愉快的氛圍。
　　例子：一班細路仔聚埋一堆嘻嘻哈哈喺度玩，好熱鬧。
　　　　　jɐt⁵ pan⁵⁵ ʃɐi³³ lou²² tʃɐi³⁵ tʃɵy²² mai²¹ tʃɐt⁵ tɵy⁵⁵ hi⁵⁵ hi⁵⁵ ha⁵⁵ ha⁵⁵ hɐi³⁵ tou²² wan³⁵, hou³⁵ jit² lau²²。

這些擬聲詞不僅能生動地描繪聲音的特徵，還能夠傳達出相應的情緒和氛圍，使得語言表達更加豐富多彩。在石排灣水上話的日常交流中，這些擬聲詞經常被廣泛使用。

五　句法方面

（一）比較句（Comparative Sentences）

石排灣水上話的比較句用於比較兩個或多個事物、情況或屬性之間的差異或相似性。以下是一些水上話中的比較句示例以及它們的用法：

1. 形容詞比較句：這種句子用來比較兩個事物的性質或特徵。
   例句：「呢個蘋果大啲。」li⁵⁵ kɔ³³ pʰeŋ²¹ kɔ³⁵ tai²² ti⁵⁵（這個蘋果比較大。）
   在這個句子中，「大啲」（比較大）表示了一個比較關係，將一個蘋果的大小與另一個蘋果的大小相比。
2. 動詞比較句：這種句子用來比較兩個動作的不同或相似。
   例句：「佢走得快啲。」kʰɵy¹³ tʃɐu³⁵ tɐt⁵ fai³³ ti⁵⁵（他走得比較快。）
   這個句子中的「快啲」（比較快）用於比較一個人的步行速度與另一個人的速度。
3. 名詞比較句：這種句子用來比較兩個名詞或物體之間的關係。
   例句：「佢兩個朋友啲書多啲。」kʰɵy¹³ lɔŋ¹³ kɔ³³ pʰɐn²¹ jɐu¹³ ti⁵⁵ ʃi⁵⁵ tɔ⁵⁵ ti⁵⁵（他兩個朋友有更多的書。）
   在這個句子中，「多啲」（更多）用於比較兩個人的書的數量。
4. 差異比較句：這種句子用於強調差異。
   例句：「佢同佢老豆唔同。」kʰɵy¹³ tʰoŋ²¹ kʰɵy¹³ lou¹³ tɐu²² m̩²¹ tʰoŋ²¹（他和他爸爸不一樣。）
   這個句子中使用「唔同」（不一樣）來表達兩者之間的不同之處。

石排灣水上話的比較句結構可以根據具體的比較物件和屬性而變化，但通常都包括一個比較詞彙來引導比較，並使用適當的詞語或結構來表示比較。這些句子在日常交流中非常常見，用於表達差異和相似性。

（二）雙賓句（Double Object Sentences）

石排灣水上話的雙賓語句是一種語法結構，其中一個動詞有兩個賓語，通常是一個直接賓語和一個間接賓語。這兩個賓語分別表示動作的接受者和受益者。以下是石排灣水上話中雙賓語句的一些示例和講解：

1. 直接賓語＋動詞＋間接賓語：

   例句：「我畀書阿媽。」ɔ¹³ pei³⁵ ʃi⁵⁵ a³³ ma⁵⁵（我給媽媽書。）

   在這個例句中，「書」（書）是直接賓語，表示動作的接受者，「阿媽」（媽媽）是間接賓語，表示受益者。動詞是「畀」（給）。

2. 直接賓語＋動詞＋間接賓語＋直接賓語的具體信息：

   例句：「佢畀咗張票佢老細。」kʰɵy¹³ pei³⁵ tʃɔ³⁵ tʃɔŋ⁵⁵ pʰiu³³ kʰɵy¹³ lou¹³ ʃɐi³³（他給老板一張票。）

   在這個例句中，「張票」（一張票）是直接賓語，「老細」（老板）是間接賓語。動詞是「畀」（給），而「咗」（了）表示動作的完成。

3. 直接賓語＋動詞＋間接賓語＋直接賓語的數量：

   例句：「佢畀曬張票佢老細。」kʰɵy¹³ pei³⁵ ʃai³³ tʃɔŋ⁵⁵ pʰiu³³ kʰɵy¹³ lou¹³ ʃɐi³³（他給了老板一張票。）

   這個例句中，「曬」表示動作的完成，「張票」（一張票）是直接賓語，「老細」（老板）是間接賓語。

石排灣水上話雙賓語句可以根據具體的語境和需要來構造，但通常都包含一個直接賓語和一個間接賓語，用來表示給予或交付某物的行為。這些句子非常常見，並在日常交流中經常使用。

（三）被動句（Passive Voice）

石排灣水上話中的被動句用於強調動作的接受者或強調動作本身，而不是執行動作的主體。水上話的被動句通常採用以下結構：

主語＋被＋動作動詞＋〔其他成分〕＋基本補語

以下是一些石排灣水上話的被動句的例句以及解釋：

1. 強調動作的接受者：

   例句：「佢被老師鬧咗。」kʰɵy¹³ pei³⁵ lou¹³ ʃi⁵⁵ lau²² tʃɔ³⁵（他被老師罵了。）

   在這個句子中，「佢」（他）是主語，「被」是被動句的標誌，「老師」是動作的執行者，「鬧咗」（罵了）是動作動詞，強調了動作的接受者，也就是「佢」。

2. 強調動作本身：

   例句：「我個仔唔係唔肯去讀書，係唔被允許去讀書。」ɔ¹³ kɔ³³ tʃɐi³⁵ m̩²¹ hɐi²² m̩²¹ hɐn³⁵ hɵy³³ tok⁵ ʃi⁵⁵, hɐi²² m̩²¹ pei³⁵ wɐn¹³ hɵy³⁵ hɵy³³ tok⁵ ʃi⁵⁵（我的孩子不是不肯去讀書，是不被允許去讀書。）

在這個句子中,「我個仔」(我的孩子)是主語,「唔被允許」是被動句的標誌,「去讀書」(去讀書)是動作動詞,強調了孩子的動作本身。

這句話的意思是,孩子本身是願意讀書的,但是由於某種原因,他不被允許去讀書。這裡強調的是不被允許這個動作,而不是孩子的意願。

3. 被動句的其他成分:

被動句還可以包含其他成分,如時間、地點等,這些成分通常放在動作動詞後面。

石排灣水上話,被動句的使用與普通話或其他漢語方言中的被動句相似,用於強調動作的接受者或動作本身,根據具體的語境和需要,可以調整句子的結構。

(四)有字句(Existential Sentences)

石排灣水上話的「有字句」用於表達存在或有的情況。這種句型強調某物或某事的存在,類似於英語中的存在句(There is/ There are)或漢語中的存在句式。水上話中的「有字句」通常使用以下結構:

1. 有+名詞:這是最基本的形式,用於表達某物或某事的存在。

例句:「屋企有本書。」ok^5 k^{h}ei^{13} jɐu^{13} pun^{35} ʃi^{55}(家裡有一本書。)

在這個句子中,「有」後面跟著名詞「本書」,表示在家裡存在一本書。

2. 有+數詞+名詞:這個形式用來表示數量,並且強調某物或某事的存在。

例句:「條街有兩間餐廳。」t^{h}iu^{21} kai^{55} jɐu^{13} lɔŋ^{13} kan^{55} tʃ^{h}an^{55} t^{h}ɛŋ^{55}(這條街有兩家餐館。)

這個句子中,「有」後面跟著數詞「兩」(兩)和名詞「餐廳」,表示這條街上存在兩家餐館。

3. 有+量詞+名詞:在石排灣水上話中,有些名詞需要使用量詞,因此在「有字句」中,也可以使用量詞來強調存在。

例句:「碗碟有個櫃。」wun^{35} tit^2 jɐu^{13} kɔ^{33} kɐi^{22}(碗碟有一個櫥櫃。)

這個句子中,「有」後面跟著量詞「個」和名詞「櫃」(櫥櫃),表示碗碟存在一個櫥櫃裡。

「有字句」在石排灣水上話中非常常見,用於描述物品或事物的存在。這種句式的結構比較簡單,通常在日常交流中頻繁使用。

(五)處置句(resultative construction 或 resultative phrase)

石排灣水上話中的處置句具有獨特的語法結構,其中包括了一種稱為「處置句」的

結構。處置句用於表達某種動作或狀態正在進行中，或已經完成，這些動作或狀態通常涉及到對象的處理、改變或處置。以下舉兩個例子來示範其語法結構：

我洗碗ɔ¹³ ʃei³⁵ wun³⁵：在這個句子中，「我」是主語，「洗」是處置動詞，「碗」是對象。這表示主詞正在進行洗碗的動作。

佢煮飯kʰɵy¹³ tʃi³⁵ fan²²：這句話中，「佢」是主語，「煮」是處置動詞，「飯」是對象。這表示他／她正在煮飯。

這些例子展示了水上話處置句的語法結構，其中包括主語、處置動詞和對象，可以用來描述各種處置動作或狀態。

處置句在石排灣水上話中是一種常見的語法結構，用於表達處理或處置事物的動作，並可以根據需要進行時態的調整。處置句是粵方言語法中的重要部分，用於日常交流中描述各種處置動作。

（六）否定句（Negative Sentence）

石排灣水上話中，否定句通常使用「唔」或「冇」來表達否定。這兩個詞在否定句中具有不同的語法作用。

1. 使用「唔」m̩²¹：在水上話中，否定句通常以「唔」來表達否定，這個「唔」相當於標準廣州話中的「唔」。

    例子：「我唔識講英文」ɔ¹³ m̩²¹ ʃek⁵ kɔŋ³⁵ jeŋ⁵⁵ mɐn²¹

    這句話的意思是「我不懂講英文」，其中「我」表示主語，「唔」表示否定，「識講」表示懂得講，「英文」表示英文。整句的意思是「我不懂講英文」。

2. 使用「冇」mou¹³：「冇」通常用於否定名詞，表示缺少或不存在的意思。

    例子：「我冇錢」ɔ¹³ mou¹³ tsʰin²¹⁻³⁵

    在這句話中，「我」表示主語，「冇」表示否定，「錢」表示錢。整句的意思是「我沒有錢」。

（七）疑問句（Interrogative Sentence 或 Question Sentence）

石排灣水上話中的疑問句有多種語法結構，但通常使用問詞或語調來表示疑問。以下是一個例子：

石排灣水上話中的疑問句用於詢問信息，請求確認或引起對話對象的回應。這些句子通常以問詞或語調表示疑問：

例子：「你食咗飯未？」lei¹³ ʃek² tʃɔ³⁵ fan²² mei²²

這句話中，「你」表示主語，「食咗飯未」表示詢問對方是否吃飯。「食」表示吃，「咗」是過去完成的助動詞，「未」表示是否。整句的意思是「你吃過飯了嗎？」

（八）多少句（Interrogative Sentence of Quantity）

1. 「多」tɔ⁵⁵句：在石排灣水上話中，「多」用來表示數量多或多餘的意思。它通常放在名詞之前，以描述有多少個或多少事物。

   例子：「我哋有多人？」ɔ¹³ tei²² jeu¹³ tɔ⁵⁵ jɐn²¹

   在這句話中，「我哋」表示我們，「有」表示有，「多人」表示多少人。整句的意思是「我們有多少人？」

2. 「少」ʃiu³⁵句：在水上話中，「少」用來表示數量少或不足的意思。它也通常放在名詞之前，以描述有多少個或多少事物，但是指的是較少的情況。

   例子：「冇咗兩個人，依家係少咗幫手。」mou¹³ tʃɔ³⁵ lɔŋ¹³ kɔ³³ jɐn²¹，ji⁵⁵ ka⁵⁵ hei²² ʃiu³⁵ tʃɔ³⁵ pɔŋ⁵⁵ ʃeu³⁵

   在這句話中，「冇咗」表示失去了，「兩個人」表示兩個人，「依家」表示現在，「係」表示是，「少咗」表示少了，「幫手」表示幫忙。整句的意思是「失去了兩個人，現在幫手少了。」

（九）賓補次序（Object-Verb-Complement Order）

在石排灣水上話中，賓補次序指的是賓語和補語在句子中的排列次序。通常，水上話的賓補次序為「主語＋謂詞＋賓語＋補語」，這與標準的普通話（官話）語法基本相同，[11] 普通話的賓語和補語次序通常是「主語＋謂詞＋賓語＋補語」。

以下是石排灣水上話的語法示例：

1. 賓補次序：在石排灣水上話中，賓補次序在句子中通常是「主語＋賓語＋動詞＋補語」。

   例子：「我飲咗杯咖啡。」ɔ¹³ jɐn³⁵ tʃɔ³⁵ pui⁵⁵ ka³³ fɛ⁵⁵

   在這句話中，「我」表示主語，「飲咗」表示動詞（「飲」表示喝，「咗」表示完成

---

[11] 李新魁、黃家教、麥耘、施其生、黃芳：《廣州方言研究》廣州：廣東人民出版社，1995年6月，頁580：賓語和補語的次序，廣州話只有少數地方和普通話不一樣。筆者調查時，也發現方言水上話的賓補次序跟普通話是一致的。高然著；中山市人民政府地方志辦公室編：《中山方言志》廣州：南方出版傳媒、廣東經濟出版社，2018年11月，頁116-121：中山粵語水上話語法則未有觸及。

的助動詞),「杯」表示賓語,「咖啡」表示補語。整句的意思是「我喝了一杯咖啡。」

這種賓補次序在石排灣水上話中相當常見。如果水上話在某些情況下採用了不同的賓補次序,那可能是特定方言或口語的特殊現象,這是筆者未遇上而已。

六　語語

從語音系統或語法方面來看,石排灣漁村白話水上人的方言接近粵方言,特別是語法方面最接近。

石排灣漁村白話水上人的方言在語音系統和語法方面都與粵方言有一定的相似性,尤其在語法方面,它與粵方言最為接近。

從語音系統來看,石排灣漁村白話水上人的方言保留了粵方言的特點,比如聲母、韻母和聲調的組合模式。儘管具體的發音細節可能會有所不同,但整體上仍然可以辨認出粵方言的基本框架。

在語法方面,石排灣漁村白話水上人的方言與粵方言的相似性更為顯著。例如,粵語方言中常見的句式結構和詞序在石排灣漁村白話水上人的方言中同樣適用,至於粵語中特有的助詞的使用,在石排灣漁村白話水上人的方言中也是與粵語一致的。

石排灣漁村白話水上人的方言在語音系統和語法方面都與粵方言有著密切的聯繫,尤其是在語法方面,它與粵方言的相似性更為突出。這種相似性不僅體現在基本的句式結構上,還反映在助詞的運用上。

A Study of Corporate Link in Relation to Corporate Culture of Lee Kum Kee – Si Li Ji Ren, Entrepreneurial innovations[*]

Au Chi Kin

Hong Kong Shue Yan University

1. Introduction

Study on enterprise development investigates internal factors such as work attitude of employees, teamwork within the enterprise, and identifying with and practicing the organizing principles of an enterprise, and external factors such as the overall development of the sector and the operation strategy of the enterprises within that sector.[1] In particular, practicing the organizing principles of an enterprise by its employees is important to succeeding and expanding the enterprise. A Hong Kong Chinese example is Lee Kum Kee (hereinafter referred to as Lee Kum Kee) International Holdings Limited, a "world-renowned" multinational food manufacturing company. Founded in 1888, Lee Kum Kee has a history of 143 years until 2021. In the 1990s, Lee Kum Kee began to expand and build production bases around the world. It has won accreditations such as the "No. 1 Food Brand in Asia", and "Asia Pacific International/ Malaysian Integrity Enterprise Golden Sword Award", achieving its business goal of "where there are people, there is Lee Kum Kee". Such an achievement is attributable to practicing the organizing principles by its employees. A significant resource to understand how employees of Lee Kum Kee practice the organizing principles is its publication, *Corporate Link*. This study on *Corporate Link* analyzes how employees practice the organizing principles of the founder including "Si Li Ji Ren" (Considering Others' Interest) and "Enterprise for Innovation".[2]

---

[*] Sincerely thanks to Lee Kum Kee International Holdings Limited for sponsoring the project "Transnational, Cross-Generation Enterprise: Research of Lee Kum Kee Sauce Group" (2020-21).

[1] For studies on interaction between corporate entrepreneurship and development, see M.K. Nyaw. (1991). Macroscopic view of enterprises in Hong Kong: An analytical framework. In M.K. Nyaw, W.C. Lo, K.K. Tse, and F. Cheung (Eds.), *Enterprise environment and management in Hong Kong*. Hong Kong: HKMA CEC.

[2] See H. Zhu, W.W. Li, and T. Huang. (2013). *Family business in Guangdong: The transition from personalism to rule-based governance*. Beijing: Social Sciences Literature Press.

A well-known global sauce brand, Lee Kum Kee was founded by Mr. Lee Kum Sheung in Nanshuizhen in 1888, with a history of more than 130 years. Since the reunification of Hong Kong with mainland China in 1997, the political and economic development of Hong Kong SAR has empowered Lee Kum Kee to develop further from its existing foundation. At such a historical moment as 1997, Lee Kum Kee founded its publication *Corporate Link*, with a history of more than 20 years.

A bimonthly newsletter for employees of Lee Kum Kee, *Corporate Link* was launched in 1997 when Hong Kong was going through the Asian financial turmoil. With more than 6,000 employees worldwide facing a weak market and impacted business, Lee Kum Kee decided to uplift employee morale by launching the publication. Its preface was co-written by the then chairman Mr. Lee Man-tat and the then CEO Mr. Eddy Lee, which encourages the employees to be proactive in face of ever-changing economic conditions. The choice of the cover photos of the first Lee Kum Kee branch in Hong Kong in the 1930s expresses the enterprise's intention to remind the employees about the hardships experienced by its founders so that they would have the courage to develop with the enterprise.[3] Since then, *Corporate Link* has also become a platform for employees to communicate with the management. It not only allows employees to understand the development direction of the enterprise more specifically, but also with the high transparency and clear direction helps build the cohesion within the company, as well as conveys and establishes the enterprise's operational principles and culture. On the whole, *Corporate Link* serves as a valuable reference to the historical development of Lee Kum Kee from 1997 to the present. More importantly, the publication shows how Mr. Lee Man-tat and his successors have practiced and conveyed the corporate culture of Si Li Ji Ren in promoting and actualizing the business of Lee Kum Kee.

The present study, therefore, attempts to consolidate pieces of information and adopts *Corporate Link* as the major literature of reference, in order to investigate how Lee Kum Kee practices such corporate philosophies as Si Li Ji Ren and the three principles of *Benefitting the Community, Pragmaticism and Integrity, and Constant Entrepreneurship*. That would deepen understanding of how Lee Kum Kee promotes its sustainable development based on such philosophies.

---

3 *Corporate Link*. (1997). Issue 1.

2. Si Li Ji Ren – the sole principle to treat customers, employees and business partners

Si Li Ji Ren (Considering others' interests) is definitely one of Lee Kam Kee's corporate cultures.[4] The phrase comes from a couplet written by Mr Sun Yat-sen "one doesn't live to gain fame, nor to earn without considering others' interests". Mr. Lee Man-tat was deeply inspired by the phrase and made it the core corporate culture of Lee Kum Kee. Up till now, there is still Mr Lee Man-tat's calligraphy of "Si Li Ji Re" hanging on the wall of the Lee Kum Kee office. To put the concept into practice, one needs to adopt helicopter thinking, be in others' shoes and care others' feeling: first, helicopter thinking means changing your perspective from "I" to "we"; second, being in others' shoes means putting yourself into others' situation; third, caring others' feelings means being respectful to others to gain their participation and agreement. When doing so, there are three major principles that must be adhered to: pragmatism, integrity and constant entrepreneurship.[5] It is precisely because Lee Kum Kee has adhered to the philosophy of "Si Li Ji Ren" and put it into practice when treating its employees, partners and society that it has been able to build the kingdom of sauce it is today and create a multi-win situation. The following is an analysis of how Lee Kum Kee realise the philosophy from four aspects:

---

[4] Relevant scholars, the media and even the senior management of Lee Kum Kee have all affirmed the importance of Si Li Ji Ren to the development of Lee Kum Kee. Related literatures can be found in Q.H. Wu and W. Wu. (2005). From Si Li Ji Ren to Invisible Leadership: An Interpretation of Southern Lee Kum Kee's Chinese-Style Management; (2006). Lee Man-tat: Si Li Ji Ren is corporate value, *Operators (Financial Characters Edition)*; T. Deng and B. Chen. (2007). Southern Lee Kum Kee: Si Li Ji Ren Culture. *Human Resources*; Y. Yan. (2007). Si Li Ji Ren becomes the best employers: the secret of maintaining high employee engagement in South Lee Kum Kee. *Human Capital*; (2008). The Rise of Si Li Ji Ren and Enterprises - Lee Kum Kee's Centennial Growth Road. *Enterprise Technology and Development*; H.F. Zhang. (2008). Southern Lee Kum Kee: Si Li Ji Ren Mission Continuing Life. *WTO Economic Tribune*; L.X. Feng. (2010). Si Li Ji Ren. *Enterprise Reform and Management*; H.S. Li. (2013). Si Li Ji Ren and Automated Transmission. *Enterprise Research*; S.H. Luo. (2015). Is your work Si Li Ji Ren? *WTO Economic Tribune*; (2016). Lee Kum Kee: Si Li Ji Ren. Practice Social Responsibility. *Together in the Boat*; Si Li Ji Ren Public Welfare Foundation: Helping Healthy China to Explore the Path of Poverty Alleviation and Teaching Assistants - Documentary of the Charity Poverty Alleviation Activities of Si Li Ji Ren Foundation. (2018). *Chinese Social Organizations*; L. Li. (2020). Adhering to Si Li Ji Ren fully supports the fight against the epidemic—Lee Kum Kee conveys love through taste. *Economic Journal*. Mr. Li Huisen even wrote a book here, which shows the iconicity of this corporate culture. Jian's book: *The Power of Si Li Ji Ren* (Beijing: CITIC Publishing House, 2012)

[5] These three principles correspond to the nine principles of "mission, leverage, innovation, self-discipline, concentration, integrity, learning, balance, and system". See *The Power of Si Li Ji Ren*.

i. Customers

Customer support has been an integral part of Lee Kum Kee's success over the years that Lee Kum Kee has been placing much emphasis on their needs. Since the 1980s, Lee Kam Kee has been actively expanding its market by introducing new products around the world, many of which have been specially designed to cater to local markets. More importantly, many of the products developed by Lee Kum Kee have been well received by the market, but less attention has been paid to the production costs and efforts behind them.

Over the years, Lee Kam Kee has launched countless new products, such as the Special Soy Sauce in 1998;[6] collaborated with Nissin Foods to promote Lee Kum Kee XO Sauce in Australia in 2002;[7] launched Premium Seasoning Soy Sauce[8] and Chicken Bouillon Powder Bricks in 2008.[9] Later in 2016, Lee Kum Kee introduced in Hong Kong Sodium Reduced Seasoned Soy Sauce, Supreme Seasoning Soy Sauce, and Double Deluxe Seasoned Soy Sauce with no flavouring added, cater to the needs of different groups of people.[10] In recent years, Lee Kum Kee has again introduced brand-new Salt Reduced Soy Sauce in response to people's changing diet and Convenience Sauce,[11] which allows young people to make a dish with simply one pack of ready-to-serve sauce, satisfying their dedication in convenience and efficiency.

Over the years, Lee Kum Kee has insisted on constantly introducing new products to satisfy different customer taste buds, maintaining its market position and business development while keeping its products in line with current trends. In fact, Lee Kum Kee is almost the only sauce brand in the market that is eager to make constant attempts in coming up with new products at all costs, just to satisfy customer's needs.

ii. Employees

Lee Kum Kee's management understands that for a company to grow in the long term, it is crucial of it to attain perfection in all aspects. Therefore, opinions of every staff in every

---

[6] *Corporate Link.* (1998). Issue 7.
[7] *Corporate Link.* (2002). Issue 21.
[8] *Corporate Link.* (2008). Issue 41.
[9] Ibid., Issue 41.
[10] *Corporate Link.* (2016). Issue 70.
[11] https://hk.lkk.com/zh-hk/products/salt-reduced-soy-sauce.

stage of production, from frontline marketers who promote and create the products, to leaders of the management, are of paramount importance. In order to maintain harmonious relationships between the team, Lee Kum Kee Corporate has documented the interactions between the management and the staff in *Corporate Link*, in which internal activities organised by the Group during each period (such as gathering and training activities) as well as staff's opinions have been included.

Because of the importance and care that Li Kam Kee has shown to its employees, they have also shown their loyalty to the company in return and the most iconic story is recorded in *Corporate Link Vol.1*. Leung Cheung Hing (Uncle Hing),[12] Lee Kum Kee's first employee who had started working for the company ever since Mr Lee Siu Nam, the second generation of Lee Kum Kee, was in charge. He has served Lee Kum Kee for more than half a century that even when he was too old to work, Lee Kum Kee did not lay him off until his retirement. This exemplifies the management's heartfelt respect to Uncle Hing. In 2005, Lee Kum Kee (USA) Food Limited held a farewell dinner to celebrate the retirement of their founding figure, Mr. Wong Kwok Chi.[13] These long-serving seniors have devoted half a lifetime into Lee Kum Kee and have set an excellent example for their fellow colleagues, reflecting the strong human touch the internationally renowned company maintains.

Lee Kum Kee does not only value their long-serving seniors, but also respects all employees who have contributed to the company. As seen in the *Corporate Link Vol.25* published in 2003, the Group hosted a farewell dinner for Mr Tang Fook Chuen, Deputy General Manager of Nanfang Lee Kum Kee Health Products Co Ltd., who had served the Group for several years.[14] Mr Tang's "Six Pleasures" demonstrated the deep friendship between the Group and its staff, as well as the fact that Lee Kum Kee has always been committed to the philosophies of Si Li Ji Ren (Considering others' interests), respecting employees' contribution and valuing their feelings.[15] Meanwhile, newcomers' words are also valued and included in *Corporate Link* which records employees' gratitude towards Lee Kum Kee. For example, one employee thanked Mr Lee Wai-hung for his repeated support and sympathy when her husband was ill, which left her a strong impression.[16] At Lee Kum Kee, staff of all levels and departments are proud to be part of the company and care a lot about its

---

[12] *Corporate Link.* (1997). Issue 1.
[13] *Corporate Link.* (2005). Issue 32.
[14] *Corporate Link.* (2003). Issue 25.
[15] Ditto
[16] *Corporate Link.* (1998). Issue 2.

development, actively voicing out suggestions in the publication.[17]

Apart from that, Lee Kum Kee also places great importance on employees' efficiency and performance that they are required to be aware of each other's needs and to do their utmost to cater each other's needs, in order to be a collaborative team. To achieve this goal, Lee Kum Kee's Executive Director, Mr. Lee Wai-hung, has issued guidelines to employees in the internal newsletter published in *Corporate Link* in 1998. It was clearly stated that employees should abandon individualism, stay alert for potential crisis at all times and cultivate a sense of the big picture. It also stressed that all staff should "take care of not only their own business, but also that of others", seeing that the company can only grow upon a solid foundation built with wholehearted devotion of its employees.[18] To enhance efficiency, Lee Kum Kee encourages their staff to be proactive, conducts regular performance assessment,[19] launches elections on Best Employees and Best Management,[20] and set up Long Service Awards,[21] hoping to achieve mutual growth between both the company and its employees. More importantly, Lee Kum Kee takes priorities to employees' opinion that it holds regular employee communication meetings[22] to heed their opinions and make them feel valued, thus boosting their motivation to work.

In addition, Lee Kum Kee believes employees' health is of utmost importance among all. This can be proved in 2003 when SARS stormed and dealt a severe blow to Hong Kong. Its Chairman Lee Man-tat wrote in *Corporate Link Vol. 24* to encourage and unite employees to sail through the storm, calm the worrying crowd while highlighting again the corporate philosophies "Si Li Ji Ren".[23] In addition, a series of special measures was implemented, including the establishment of task forces, seminars on the "5S" to promote awareness of self-protection among employees. For pregnant staff, Lee Kum Kee granted them paid annual leave to minimise their contact with public. During recent outbreak of COVID-19 in early 2020, Lee Kum Kee distributed right away 800,000 anti-pandemic kits to its franchised stores and implemented flexible working hours and social distancing policies, allowing employees to work from home so as to reduce their risk of infection.[24]

---

[17] *Corporate Link.* (1998). Issue 3.
[18] Ibid., Issue 2.
[19] Ibid., Issue 3.
[20] Ibid., Issue 3.
[21] Ibid., Issue 4.
[22] *Corporate Link.* (2002). Issue 22.
[23] *Corporate Link.* (2003). Issue 24.
[24] *Corporate Link.* (2020). Issue 85.

iii. Business Partners

Lee Kum Kee has also established strong bonding with their business partners. It attaches particular importance to the interests of its distributors and will ensure their profits through market regulatory systems to maintain a mutually beneficial partnership. Having understood the power of a team is always greater than that of individuals, Lee Kum Kee has always maintained good long-term relationships with its business partners.

Mr Lee Man-tat's focus on business partners' interests was clearly illustrated in the *Biography of Lee Man-tat, the King of Sauce*. For example, Lee Kum Kee's collaboration with Shek Wah Tong, the label printer of the company, has been maintained across four generations and has developed into a family relationship. It even provided timely support to Daiei Trading Co., Ltd., its long-serving agency which experienced financial setbacks. In 1991, it participated in the Japan Food Fair, where Daiei Trading had its title shown at Lee Kum Kee's booth, exemplifying the strong friendship between them.[25]

As mentioned in *Corporate Link*, Lee Kum Kee has joint hands with Daiei Trading Company and Lion Corporation to take part in Japan Food Fair 1998, Asian's largest food and beverage exhibition at that time. It was even stated that 2019 was the 55th anniversary of collaboration between Lee Kum Kee and Daiei Trading Company.[26] The fact that they have been together for half a century is a testament to the strength and stability of their partnership, and these connections have helped Lee Kum Kee to navigate through the road to business growth while its generosity in sharing the fruits of success has contributed to the ever-improving development of the century-old company.

4. The three principles of Si Li Ji Ren: Benefitting the comm.-unity, pragmaticism and integrity, and constant entrepreneurship

i. Benefitting the community

It is with benefitting the community as its operational principle that Lee Kum Kee practices its social responsibility, as the Group believes its profit, which is earned from the

---

[25] H.T. Ning. (2016). *Family spirit: Centennial strength inherited by Lee Kum Kee*. Hong Kong: Et Press.
[26] *Corporate Link*. (2019). Issue 82.

community, should return to the community. Therefore, Lee Kum Kee has founded its charitable funds to subsidize and promote various philanthropic causes. In September 2010, the Group recruited a volunteer team which actively participates in a range of voluntary work to help the needy. In early 2011, 180 team members joined *Charity Walk* organized by Lok Chi Association, participated in games with students of Fresh Fish Traders' School, and visited 60 lone-living elderly people.[27] In September of 2013, the Group established its Global Volunteer Team, which since then has gone beyond Hong Kong for voluntary work for the elderly and the young. Examples include the 2015 *Farming for Fun*, and the *International Master Chef's Charity Gala Dinner 2019 Singapore* where voluntary chefs used sauces of the Group to cook delicacies for over 700 elderly people and people with disabilities.[28] In addition, the Group has initiated projects to develop Xinhui, the hometown of the Group's founder. Projects have included building of Lee Man Tat Secondary School and Lee Man Tat Bridge. Just in 2017, Lee Kum Kee supported 170 projects with HKD$11.5 million.[29]

In promoting Chinese cuisine worldwide continuously, Lee Kum Kee launched *Hope as Chef* program, *Provision of Sauces for Astronauts*, and *Promotion of Chinese Culinary Culture Partnered with Confucius Institute*, equipping youngsters from the mainland with a practical skill out of poverty. By early 2019, over 600 participants had received chef training to succeed cooking skills.

As sustainability goes, the Group has in recent years gone green by adopting a long-term strategy of "developing clean energy and building a sustainable green factory." From 2007 to 2011, the group has won the "Hang Seng Pearl River Delta Environmental Awards" for three consecutive times. In recent years, Lee Kum Kee has been trying different methods to promote "local environmental protection". For example, the introduction of good agricultural practice (GAP) management model to share advanced agricultural knowledge with farmers and teach them to standardize planting to increase yield and income. Lee Kum Kee is also committed to minimizing impacts on the environment in terms of areas of packaging design, transportation, use and disposal. The Group continues to increase the amount of flexible packaging used, so that consumers continue to enjoy the sauce at reduced transportation and energy consumption costs through the use of lightweight packaging, which also mitigates impacts on the

---

[27] *Corporate Link.* (2011). Issue 50.
[28] https://www.finet.hk/newscenter/news_content/5d23142087e097216f33d9fa.
[29] China Enterprise Confederation's Family Business Research Group: The Longevity of a Family Business (Part 1) The Enlightenment of Hong Kong's Lee Kum Kee Group's Development Over the Past 100 Years. *Jiangsu Enterprise Management. 1*: 41-43.

environment. In addition, the easy-tear plastic cover has been introduced to make the waste easy to classify. The Group has also increased the ratio of recyclable waste, and has a set of methods for water resource treatment. Its factories have wastewater treatment facilities, with a daily treatment capacity of close to 10,000 tons. The after-treatment outputs enhance the reuse rate of clean water resources. In addition, the artificial wetlands, with specific plantation, can efficiently purify sewage through the natural ecosystem. In addition, the wind power generation system that Lee Kum Kee has been planning since 2014, combined with the photovoltaic power generation system, has made Lee Kum Kee a demonstration base for clean energy and smart grid applications and awarded the platinum certification of Leadership in Energy and Environmental Design (LEED).[30] The above-mentioned attempts and affirmations prove Lee Kum Kee's perseverance in developing green industries, which also demonstrates Si Li Ji Ren - while making profits, contributing to sustainable development and the well-being of the next generation.

ii. Pragmaticism and Integrity

When it comes to putting pragmaticism and integrity into operational practice, Lee Kum Kee attaches high importance to food safety. The Group is concerned about the health of its customers and their role as consumers. That is why the Group has come up with the quality statement of "100 minus one equals zero" with endeavor to achieve zero fault product quality. In 1994, it became the first Hong Kong food manufacturer to obtain ISO9001 certification. In 1997, the Group adopted Hazard Analysis and Critical Control Points (HACCP2) as the production safety management system, and obtained HACCP certification for its oyster sauce and shrimp sauce.[31] In 2001, its laboratories was certificated by the Hong Kong Laboratory Accreditation Scheme of the Hong Kong Accreditation Service.[32] By 2021, Lee Kum Kee's products have obtained multiple quality certifications around the world.[33]

At its early stage of development, Lee Kum Kee based in the North American market, and its product quality gained high acclaims. In 1998, Lee Kum Kee (USA)'s factory in Los Angeles obtained an "Excellence" certificate on food hygiene and safety audit by AIB

---

30 *Corporate Link.* (2020). Issue 85.
31 *Corporate Link.* (2014). Issue 61.
32 *Corporate Link.* (2001). Issue 17.
33 https://hk.lkk.com/zh-hk/foodservices/our-capabilities/international-quality-certifications.

(American Institute of Baking).[34] In 2003, the Group made it again, with a score of 950 out of 1000,[35] and in 2004 with 960.[36] Until 2006, Lee Kum Kee (USA) has been awarded the certificate by AIB for seven consecutive years.[37]

    Since China's reform and opening up in the 1980s, Lee Kum Kee has gradually developed its mainland market, and its quality performance has been recognized by the mainland's quality assurance authority. In 2002, the Lee Kum Kee factory in Xinhui obtained ISO9001 (Quality Management System) and HACCP (Food Safety Control System) certificates by the Hong Kong Quality Assurance Agency (HKQAA) Certification Committee.[38] In 2003, Lee Kum Kee (Xinhui) received the plaque and certificate of "Chinese Name-Brand Products" awarded by the General Administration of Quality Supervision, Inspection and Quarantine of the People's Republic of China in Beijing, becoming one of the first soy sauce manufacturers in the country to receive the award.[39] In 2004, Lee Kum Kee (Guangzhou) obtained 1SO9001: 2000 and HACCP certificates issued by China Quality Certification Center (CQC).[40] In 2009, Lee Kum Kee formed Lee Kum Kee Food Safety and Nutrition Expert Committee to regularly provide advice on food safety policies and regulations. The founding committee members included experts from China Institute of Food Science and Technology, China Condiment Association, China Center for Disease Control and Prevention, National Youth Food Quality Supervision and Inspection Center, China Agricultural University, Shanghai Ocean University, Health Supervision Center of the Ministry of Health, among others.[41] In 2011, Lee Kum Kee was awarded the "Favorite Condiment Brand" by the second "Online Survey of Food Industry Quality and Safety" hosted by People's Daily Online.[42] In the same year, the Lee Kum Kee Food Safety and Nutrition Expert Committee held a meeting in Beijing, which was attended by eight experts from China Condiment Association, China Institute of Food Science and Technology, China Agricultural University, Shanghai Ocean University, National Youth Food Quality Supervision and Inspection Center, among others, on issues such as source safety control of the food supply chain, to strengthen food safety risk

---

34 *Corporate Link.* (1998). Issue 4.
35 *Corporate Link.* (2003). Issue 23.
36 *Corporate Link.* (2004). Issue 27.
37 *Corporate Link.* (2006). Issue 35.
38 *Corporate Link.* (2002). Issue 20.
39 *Corporate Link.* (2003). Issue 25.
40 *Corporate Link.* (2004). Issue 28.
41 *Corporate Link.* (2009). Issue 45.
42 *Corporate Link.* (2011). Issue 51.

management for the Group.[43] In 2015, the Infinitus Product Testing Center passed the re-validation and on-site validation by China National Accreditation Service for Conformity Assessment (CNAS), and was awarded the title of "Accredited Laboratory" again. The certificate was officially issued on May 4, and the validity period is 3 years. The approval covers four categories: traditional Chinese medicine, food, health supplements, daily chemical products, and clean rooms. Approved items increased from the 25 to 218.[44] In 2016, Lee Kum Kee (Xinhui) was awarded the Grade AA Enterprise in Credit of Entry-Exit Inspection and Quarantine by the General Administration of Quality Supervision, the People's Republic of China, among 278 others.[45]

Lee Kum Kee's food safety and quality excellence has qualified the Group as selected food provider for astronauts in their space travel. In 2011, Lee Kum Kee and the China Condiment Association co-hosted Food Safety Working Symposium on Chinese Condiments, which was attended by representatives from the Food Safety Commission of the State Council, Ministry of Health, General Administration of Quality Supervision, Inspection and Quarantine, as well as those of State Food and Drug Administration, and over 70 others from the food industry.[46] In 2012, Lee Kum Kee was appointed the Official Partner of China Space Industry. Five types of sauces passed through the stringent tests of quality, safety and flavors for use on the spacecraft Shenzhou-9,[47] and in 2013, the Group was selected as Shenzhou-10 aerospace food provider.[48] In 2017, Lee Kum Kee was invited again to be official partner, providing six safe, reliable and delicious sauces with the China Astronaut Research and Training Center (China Space Center) for two Shenzhou-11 astronauts in their space travel.[49]

The endeavors of Lee Kum Kee in product quality assurance are seen in its huge investment of energy and capital. For example, as early as 2009, it established the Food Safety and Nutrition Expert Committee to support the Group's quality control,[50] introducing such total quality management concepts as "100 minus 1 equals to zero" and "zero defect", which specifically conveys its strict control requirements for food quality. In practice, at present, its new products need to go through as many as 900 food safety tests from selection of

---

[43] *Corporate Link.* (2011). Issue 52.
[44] *Corporate Link.* (2015). Issue 67.
[45] *Corporate Link.* (2016). Issue 71.
[46] *Corporate Link.* (2011). Issue 52.
[47] *Corporate Link.* (2012). Issue 56.
[48] *Corporate Link.* (2013). Issue 59.
[49] *Corporate Link.* (2017). Issue 72.
[50] *Corporate Link.* (2009). Issue 45.

ingredients to delivery. To effectively monitor the production process of oyster sauce and more than 200 other kinds of seasonings, the Group has even invested in oyster farms to achieve effective monitoring of each process "from farm field to dining table".[51] On the whole, Lee Kum Kee's performance in quality and safety fully reflects its adherence to the concept of pragmatism and integrity.

iii. Constant entrepreneurship

Constant entrepreneurship means that the Group's management would review past failures, and then discuss with employees as to strengthen the "winner" enterprising spirit with reminders to avoid arrogance, to be shared among employees.[52] This is especially manifested in the Group's entry into the mainland China market. Since 1980, Lee Kum Kee founded its own oyster sauce products, and in 1995 set up a factory in Fuzhou, which is rich in oyster resources. In 1992, the Group became more diversified and established Lee Kum Kee Health Products Group (LKKHPG), with the mission of "advocating the excellence of Chinese wellness traditions". Later, LKKHPG cooperated with the then Military Medical University to develop traditional Chinese herbal health products, Chinese herbal plantations and other businesses. LKKHPG's Infinitus invented a product, *Health Tonic*, sells more than 100 million vials annually, which not only brings considerable profits to Infinitus, but also successfully promoted traditional Chinese medicine culture. In 1998, since Lee Kum Kee's Guangzhou Huangpu factory opened. The business gradually kept pace and has now become a well-known brand in China and around the world. The production capacity of the sauce section has also further improved. Based only on the two major production bases in Xinhui and Huangpu, the gross production in 2016 increased by more than 32 times compared with the year when Hong Kong reunified with China. The net sales of the sauce business in the China market increased by 34 times.[53] Since the late 2000s, Lee Kum Kee's profit and scale have grown even more, and has become an important national enterprise. It has been selected as designated catering supplier for the 2008 Beijing Olympic Games and an official catering raw and auxiliary material supplier for the 2010 Shanghai World Expo. As mentioned above, since 2012, the historic expeditions to space have selected Lee Kum Kee as provider for special sauces for the astronauts of Shenzhou-9, Shenzhou-10 and Shenzhou-11, which has facilitated "existence of

---

51 *Corporate Link*. (2016). Issue 70.
52 *Corporate Link*. (1998). Issue 2.
53 *Corporate Link*. (2017). Issue 74.

Lee Kum Kee even where no one exists." The Group has seized several rare opportunities to serve a number of major events hosted by the country. The rapid expansion of Lee Kum Kee within 20 years is not only thanks to the opportunities provided by the country's development, but also because Lee Kum Kee keeps pace with the times and has the strength that earns the trust of the country. The group has become a member of Office of National Brands Project of Xinhua News Agency in 2019, empowering Lee Kum Kee to reach a new height by becoming a national enterprise.[54]

The rapid expansion of Lee Kum Kee during this period was not only because of the opportunities provided by the development of the country, but also because of the Group's ability to keep pace with the times and its courage to forge ahead and take risk.[55] Although it is natural that not all attempts would lead to success, the Group would not hesitate to push forward its plans and initiatives. This best exemplifies constant entrepreneurship.

This entrepreneurship is also reflected in the optimization of the oyster sauce production process. In the 1990s, the process of making oyster sauce, including cooking soybeans and heating up charcoal stoves, was still done manually. Such technical limitations created a daily production ceiling of only about five or six tons. Until 2015, the group introduced the automatic fermentation system jointly developed with Japan's Fujiwara Techno-Art Co., Ltd. This world's first fully automatic system uses raw soybeans to produce soy sauce and is able to handle 20 tons of soybeans per hour.[56] The Group continued to improve its production efficiency. In the 1990s, the annual output of Lee Kum Kee soy sauce was 2,000 tons. By 2003, with the introduction of the new German filling technology, the production speed was greatly increased to 18,000 bottles per hour. In 2019, the production efficiency saw another breakthrough. On September 19, Lee Kum Kee officially launched a fully automatic high-speed production line that was able to process 48,000 glass bottles of soy sauce per hour at the Xinhui production base. The upgraded production line processing and control system was more efficient, with a clear operation interface and intelligent design, effectively reducing manpower and improving work efficiency. In addition, the upgraded conveying system did not require fans or cooling fins, which was more energy-efficient than the old model, saving about 1,000 kWh per year. Also, the lubrication device of the conveyor belt greatly reduced the friction between the container and the chain, improving the conveying efficiency and usability,

---

[54] *Corporate Link.* (2019). Issue 81.
[55] Ibid., Issue 81.
[56] *Corporate Link.* (2015). Issue 67.

allowing 24-hour continuous operation, and extending service life of the parts.[57] In recent years, the continuous optimization of the production process has resulted in patented technologies such as the smart soybean soaking system, the spore retracting device, and the low-temperature storage and delivery system of koji seeds.[58]

Lee Kum Kee's constant entrepreneurship has guided the Group in continuing to move forward as a veritable kingdom of sauces, firmly consolidating its brand quality and reputation on the world stage. Constant entrepreneurship also means constantly seeking changes for the better, keeping pace with the changes in people's life and habits, as well as the times. Such business philosophy of keeping up with the pulse of the market has empowered this century-old brand to endure times.[59]

5. Conclusion

In July 2021, Lee Kum Kee saw the passing of Mr. Lee Man-tat, the third in the line of power of Lee Kum Kee, who lead the group to achieve rapid growth. Mr. Lee's legacy of Si Li Ji Ren as the operational philosophy of Lee Kum Kee still promotes the Group's diversified development in different directions. Just as in recent years, many scholars have analyzed the development process of enterprises (especially Chinese enterprises) from the perspective of "entrepreneurship", and developed a relationship between entrepreneurship and corporate culture.[60] Mr. Lee not only is the most indispensable leader of the Lee Kum Kee sauce

---

[57] *Corporate Link.* (2019). Issue 83.

[58] Ibid., Issue 82.

[59] https://www.capital-hk.com/2018/11/15/%e3%80%90%e4%ba%ba%e7%89%a9%e5%b0%88%e8%a8%aa%e3%80%91%e6%9d%8e%e6%83%a0%e4%b8%ad%ef%bc%9a%e6%9d%8e%e9%8c%a6%e8%a8%98%e8%90%bd%e6%88%b6%e5%bb%a3%e5%b7%9e%e5%8d%97-%e8%bf%8e%e5%a4%a7%e7%81%a3%e5%8d%80/.

[60] Entrepreneurship can be said to be an expression of entrepreneurial competence, a word derived from the word entrepreneur, first coined by Richard Cantillon in his book *Essai sur la Nature du Commerce en Général*, see Richard Cantillon: trans. Henry Higgs, CB, Essai sur la Nature du Commerce en Général, (London: Frank Cass and Company LTD., 1959). But the concept didn't really become widely known until 1911, when Joseph Alois Schumpeter wrote *The Theory of Economic Development*, in which he identified the source of the concept of the entrepreneur, and he extended the concept in *Introduction to the Nature of Business* which proposes that the entrepreneur occupies a position that cannot be ignored in the process of economic development. See: J. A. Schumpeter. (1983). *The Theory of Economic Development: An Inquiry Into Profits, Capital, Credit, Interest, and the Business Cycle*. New Jersey: Transaction Publishers. Many Western scholars believe that the innovation of enterprises and the market insights of entrepreneurs are the key to success. On the contrary, the research findings of Chinese scholars are different. As scholar Jiang

kingdom, but also an important figure in promoting such corporate cultures as Si Li Ji Ren. This research article on *Corporate Link* explores how Mr. Lee established and practiced the corporate culture of Lee Kum Kee, and how he led the company to flourish for many years. This work also hopes to express the respect for and memory of Mr. Lee.

Lee Kum Kee has always adhered to Si Li Ji Ren and constant entrepreneurship that Mr. Lee actively promoted during his lifetime, which has turned the Group into an uncommon century-old brand among Chinese enterprises, and realized "Where there are people, there is Lee Kum Kee." From the corporate culture of Lee Kum Kee, it is not difficult to find that it is also the way to success for Lee Kum Kee, because Si Li Ji Ren has guided the management to attach importance to the interests of other interest parties, the passion for constant entrepreneurship, and the ideology of preparing for crisis in times of peace. This not only has enabled Lee Kum Kee to go further, but also has kept the business expanding. This unique business model and philosophy is really worthy of more in-depth research.

Yanqiao wrote in an article, he pointed out that entrepreneurship is a phenomenon that reflects local cultures. Entrepreneurship can lead to the emergence and evolution of different entrepreneurial spirits due to the culture and complexity of entrepreneurial groups. See Y. Q. Jiang. (2004). Thinking about Entrepreneurship. *Zhejiang Social Sciences*. *3*: 57-162. Since entrepreneurship will evolved by culture, Chinese and Western entrepreneurship are naturally different. Chinese businessmen believe that the most important factors leading to success in entrepreneurship are hard work, conscientiousness, hands-on, credit, followed by cooperation with employees and partners, and then the only thing is the quality and technology of the product. See: Q. Duan, X. N. Huang, and C. S. Ye. (1986). *Research on Chinese Entrepreneurs: A Case Study in Hong Kong and Guangzhou*. Hong Kong: Centre for Asian Studies, University of Hong Kong; *Entrepreneurship Research Group: Chinese Entrepreneurship*. (2001). Beijing: China Economic Press.

《新亞論叢》文章體例

一、每篇論文需包括如下各項：
（一）題目（正副標題）
（二）作者姓名、服務單位、職務簡介
（三）正文
（四）註腳
二、各級標題按「一」、「（一）」、「1.」、「（1）」順序表示，儘量不超過四級標題.
三、標點
1. 書名號用《》，篇名號用〈〉，書名和篇名連用時，省略篇名號，如《莊子·逍遙遊》。
2. 中文引文用「」，引文內引文用『』；英文引文用" "，引文內引文用' '。
3. 正文或引文中的內加說明，用全型括弧（）。

> 例：哥白尼的大體模型與第谷大體模型只是同一現象模型用不同的（動態）坐標系統的表示，兩者之間根本毫無衝突，無須爭執。

四、所有標題為新細明體、黑體、12號；正文新細明體、12號、2倍行高；引文為標楷體、12號。
五、漢譯外國人名、書名、篇名後須附外文名。書名斜體；英文論文篇名加引號" "，所有英文字體用 Times New Roman。

> 例：此一圖式是根據亞伯拉姆斯（M. H. Abrams）在《鏡與燈》（*The Mirror and The Lamps*）一書中所設計的四個要素。

六、註解採腳註（footnote）方式。
1. 如為對整句的引用或說明，註解符號用阿拉伯數字上標標示，寫在標點符號後。如屬獨立引文，整段縮排三個字位；若需特別引用之外文，也依中文方式處理。
七、註腳體例
（一）中文註腳
1. 專書、譯著

> 例：莫洛亞著，張愛珠、樹君譯：《生活的智慧》北京：西苑出版社，2004年，頁106。

或

> 莫洛亞著，張愛珠、樹君譯：《生活的智慧》（北京：西苑出版社，2004年），頁106。

2. 期刊論文

　　例：陳小紅：〈汕頭大學學生通識教育的調查及分析〉，《汕頭大學學報（人文社會科學版）》，2005年第4期，頁20。

3. 論文集論文

　　例（1）：唐君毅：〈人之學問與人之存在〉，收入《中華人文與當今世界》臺北：學生書局，1975年，頁65-109。

　　例（2）：黃仁宇：〈從「三言」看晚明商人〉，見氏著《放寬歷史的視界》，頁12。

4, 再次引用

　　（1）緊接上註，用「同上註」，或「同上註，頁4」。

　　（2）如非緊接上註，則舉作者名、書名或篇名和頁碼，無需再列出版資料。

　　例：唐君毅：〈人之學問與人之存在〉，頁80。

5. 徵引資料來自網頁者，需加註網址以及所引資料的瀏覽日期。

　　例：取自網址：www.cuhk.edu.hk/oge/rcge，瀏覽日期：2017年5月14日。

（二）英文註腳

　　所有英文人名，只需姓氏全拼，其他簡寫為名字 Initial 的大寫字母。如多於一位作者，按代表名字的字母排序。

1. 專書

　　例（1）：J. S. Stark and L. R. Lattuca, *Shaping the College Curriculum: Academic Plans in Action* (Boston: Allyn and Bacon, 1997), pp.194-195.

　　例（2）：Helmut Thielicke, *Man in God's World*, trans. and ed. John W. Doberstein (New York: Harper and Row, 1963), p10.

2. 網頁資料

　　例：R. C. Reardon, J. G. Lenz, J. P. Sampon, J. S. Jonston, and G. L. Kramer, *The "Demand Side" of General Education—A Review of the Literature: Technical Report Number 11* (Education Resources Information Centre, 1990), www. career.fsu.edu/documents/technicalreports, retrieved 20-10-2011.

3. 會議文章

　　例：J. M. Petrosko, "Measuring First-Year College Students on Attitudes towards General Education Outcomes," paper presented at the annual meeting of the Mid-South Educational Research Association, Knoxville, TN, 1992.

4. 期刊論文

　　例：D. A. Nickles, "The Impact of Explicit Instruction about the Nature of Personal Learning Style on First-Year Students' Perceptions 259 of Successful Learning," The Journal of General Education 52.2 (2003): 108-144.

5. 論文集文章

　　例：G. Gorer, "The Pornography of Death," in *Death: Current Perspective*, 4th ed., eds. J. B. Williamson and E. S. Shneidman (Palo Alto: Mayfield, 1995): 18-22.

6. 再次引用

　　（1）緊接上註，用"Ibid"，頁數或舉作者名、書名／篇名和頁碼，無需再列出版資料。

　　（2）非緊接上註，舉作者名、書名／篇名和頁碼，無需再列出版資料。

　　例1（篇名）：G. Gorer, "The Pornography of Death," 23.

　　例2（書名）：Helmut Thielicke, *Man in God's World*, p18.

大學叢書・新亞論叢　1703011

新亞論叢　第二十五期

主　　編	《新亞論叢》編輯委員會
責任編輯	林以邠
發 行 人	林慶彰
總 經 理	梁錦興
總 編 輯	張晏瑞
編 輯 所	萬卷樓圖書股份有限公司
排　　版	林曉敏
印　　刷	百通科技股份有限公司
封面設計	黃筠軒
發　　行	萬卷樓圖書股份有限公司
	地址　臺北市羅斯福路二段 41 號 6 樓之 3
	電話　(02)23216565
	傳真　(02)23218698
	電郵　SERVICE@WANJUAN.COM.TW
香港經銷	香港聯合書刊物流有限公司
	電話　(852)21502100
	傳真　(852)23560735

ISBN 978-626-386-264-7　（臺灣發行）

ISSN 1682-3494（香港發行）

2024 年 12 月初版一刷

定價：新臺幣 820 元

如何購買本書：

1. 轉帳購書，請透過以下帳戶

　合作金庫銀行　古亭分行

　戶名：萬卷樓圖書股份有限公司

　帳號：0877717092596

2. 網路購書，請透過萬卷樓網站

　網址　WWW.WANJUAN.COM.TW

大量購書，請直接聯繫我們，將有專人為您服務。客服：(02)23216565 分機 610

如有缺頁、破損或裝訂錯誤，請寄回更換

版權所有・翻印必究

Copyright©2024by WanJuanLou Books CO., Ltd.

All Rights Reserved　　　Printed in Taiwan

國家圖書館出版品預行編目資料

新亞論叢. 第二十五期/<<新亞論叢>>編輯委員會主編. -- 初版. -- 臺北市：萬卷樓圖書股份有限公司, 2024.12

　面；　公分. --(大學叢書. 新亞論叢；1703011)

年刊

ISBN 978-626-386-264-7(平裝)

1.CST: 期刊

051　　　　　　　　　　　　114003542

香港
ISSN 1682-3494
9 771682 349008

台灣
ISBN 978-626-386-264-7
00820
9 786263 862647
書號：1703011　定價：820元